《四大检察文库》编委会

主　任：童建明

副主任：潘毅琴

委　员：（按姓氏笔画排列）

万　春　马怀德　王　轶　王利明　卞建林
龙宗智　朱孝清　刘仁文　汤维建　孙　谦
苏德良　杨春雷　张守文　张志杰　张雪樵
陈兴良　陈国庆　宫　鸣　韩大元

四大检察文库

检察官主导责任研究

段明学 等 著

中国检察出版社

图书在版编目（CIP）数据

检察官主导责任研究／段明学等著.—北京：中国检察出版社，2022.3

ISBN 978-7-5102-2619-9

Ⅰ.①检… Ⅱ.①段… Ⅲ.①检察官-责任制-研究-中国 Ⅳ.①D926.3

中国版本图书馆 CIP 数据核字（2021）第 144522 号

检察官主导责任研究
段明学 等 著

责任编辑： 芦世玲
技术编辑： 王英英
美术编辑： 曹 晓

出版发行：	中国检察出版社
社　　址：	北京市石景山区香山南路 109 号（100144）
网　　址：	中国检察出版社（www.zgjccbs.com）
编辑电话：	（010）86423750
发行电话：	（010）86423726　86423727　86423728
	（010）86423730　86423732
经　　销：	新华书店
印　　刷：	保定市中画美凯印刷有限公司
开　　本：	710 mm×960 mm　16 开
印　　张：	41.75
字　　数：	556 千字
版　　次：	2022 年 3 月第一版　2022 年 3 月第一次印刷
书　　号：	ISBN 978-7-5102-2619-9
定　　价：	138.00 元

检察版图书，版权所有，侵权必究
如遇图书印装质量问题本社负责调换

主要作者简介

◇ 段明学，男，1973年2月出生，四川安岳人，法学硕士，现任重庆市人民检察院第一分院检察委员会委员、二级高级检察官，西南政法大学人工智能法学院兼职硕士研究生导师，西南政法大学"刑事检察研究基地"兼职研究员。自2001年至今，在《人民检察》《检察日报》《中国检察官》《中国刑事法杂志》《国家检察官学院学报》《检察论丛》等报刊公开发表论文70余篇，主持、参与省部级以上各类课题10余项。著有《检察改革论略》《比较检察制度研究》专著二部，参与贺恒扬主编《检察机关适用认罪认罚从宽制度研究》《新时代检察改革研究》等著作的撰写。

《四大检察文库》出版说明

在第二个百年奋斗目标新征程中，面对社会主要矛盾转化，面对人民群众在民主、法治、公平、正义、安全、环境等方面更高层次、更丰富内涵的需求，检察机关要以更加强有力的履职，推进"四大检察""十大业务"全面协调充分发展，进而以自身高质量发展服务保障经济社会高质量发展。在这艰巨而复杂的过程中，一系列重大命题等待实践者去探索、去破解，一系列重大理论问题等待研究者去总结、去回应。可以说，党绝对领导下的检察事业90年辉煌历程中，从来没有像今天这样对理论武装需求如此迫切！

为深入贯彻落实《中共中央关于加强新时代检察机关法律监督工作的意见》，切实肩负起加强新时代检察理论研究的重任，助推检察工作高质量发展，经高检院党组批准，我们设立专项资金支持检察著作出版，推出《四大检察文库》系列丛书。《四大检察文库》旨在深入研究四大检察中丰富的实践和理论问题，特别是其中的新思想、新理念、新问题、新举措、新成效。基本要求是：

一是坚持以习近平新时代中国特色社会主义思想、习近平法治思想武装头脑、指导研究。坚持用马克思主义立场、观点、方法分析和解决检察工作发展中的问题，以创新发展的检察理论，发出新时代检察最强音，推动、引领中国特色社会主义法治道路自信、理论自信、制度自信、文化自信。

二是聚焦四大检察实践中的前沿、重大、复杂问题。围绕检察实践中的基础性、全局性、重大性、复杂性问题，反映四大检察重大实践创新成果，力求在解决重大理论问题和现实问题、推进检察理论和检察实践发展中具有重大指导意义。

三是理论联系实际。坚持以人民为中心的研究方向，着眼于人民群众关心关注的检察实践问题，回应人民群众的普遍关注问题，解决检察人员、司法人员的困惑、难处，推理严密，论证充分，文字畅达，具有较强的原创性、理论性和实用性。

高检院对《四大检察文库》系列丛书的出版高度重视，专门成立编辑委员会，常务副检察长童建明担任编辑委员会主任，政治部主任潘毅琴担任编辑委员会副主任，其他院领导、检委会专职委员和专家学者担任委员，对作品质量予以把关。

《四大检察文库》的出版得到了理论界与实务界的广泛关注和大力支持，得到了全国广大检察人员的积极参与。我们对社会各界给予的关注和厚爱表示衷心感谢。希望《四大检察文库》能够成为荟萃优秀作品的开放平台，慧聚更多名家大腕、实务精英，共同推动检察理论研究深入发展，推进中国特色社会主义检察事业不断走向新境界，为服务保障第二个百年目标实现作出应有的贡献！

中国检察出版社
2022 年 1 月

总序

以习近平法治思想指引检察理论研究
为检察工作高质量发展提供理论支撑

近年来，全国检察机关坚持以习近平新时代中国特色社会主义思想为指导，深入学习贯彻党的十九大和十九届历次全会精神，认真学习贯彻习近平法治思想，紧紧围绕党中央关于全面依法治国重大决策部署，紧盯事关检察事业长远发展的主要矛盾和突出问题，不断加强和深化检察理论研究，研究的广度深度不断拓展、成果不断丰富、力量不断壮大，为新时代检察工作创新发展提供了有力理论支持。问题是工作的导向。对照以检察工作自身高质量发展服务保障经济社会高质量发展的目标要求，检察理论研究总体还是跟不上，理论供给与实践需求不适应，理论研究工作发展不平衡。做好新发展阶段的检察理论研究工作，根本要在习近平法治思想指引下，以高度的政治自觉、法治自觉、检察自觉，持续深化、更新理念，锚定正确研究方向，围绕服务高质量发展的目标，切实找准理论研究的着力点和切入点，更加积极主动担当作为，服务、引领与时代同步蓬勃发展的检察实践。

一、检察工作身处"变局"之中，检察理论研究必须跟上、适应进而走向引领

习近平总书记深刻指出，实践没有止境，理论创新也没有止境。当前，我国正值全面建设社会主义现代化国家开局起步之时，又逢百年变局和世纪疫情交织叠加，经济社会发展内部条件和外部环境都在发生深刻复杂变化。尤其是进入新发展阶段，面对高质量发展对高水平法治保障的要求，面对人民群众在民主、法治、公平、正义、安全、环境等方面更趋多元多样的需求，法治产品、检察产品"好不好"的问题更鲜明、更突出摆在我们面前。

理论是实践的先导、行动的指南。习近平总书记强调："要坚持实践第一的观点，不断推进实践基础上的理论创新。"形势、环境、任务、要求的变化，使得检察工作比以往任何时候都更需要理论上的支持，以引领、助力检察人准确识变、科学应变、主动求变。越是实践中急需解决的问题，越要在理论上作出回答。必须看到，近些年来，在习近平法治思想指引下，司法检察工作快速发展，步幅更大、影响深远。相应的理论总结、阐释、研究远未跟上！比如，适应国家治理体系和治理能力现代化要求，深化认罪认罚从宽制度检察适用、公益诉讼检察、行政争议实质性化解等工作；针对网络犯罪持续攀升，最高检专设惩治网络犯罪指导组，促进网络综合治理；组建知识产权检察办公室，开展知识产权刑事、民事、行政三位一体综合司法保护试点；依法有序推进涉案企业刑事合规试点，促进"严管"制度化，不让"厚爱"被滥用；改版检察指导性案例，既指导办案又向社会释法；推行"案－件比"质效评价标准，完善检察人员"全员、全面、全时"考核机制，促进监督办案求极致，等等。所有这些，作为检察新实践、新举措，社会广泛认同、效果良好。怎样理解这些工作创新是时代大背景下的"应运而生"？怎样做到持续、深化发展？迫切需要从理论上去总结、阐释、论证。

检察理论研究工作存在的不足，根本还是认识问题、观念问题，没有认清检察理论研究肩负的责任，没有认清理论滞后与实践创新之间的脱节，是更深层、更实质的"跟不上""不适应"！问题表现在面上，根子在思想、头脑里。一定要正视问题所在、认清责任所在，关键就在"关键少数"！"关键少数"的认识跟不上，因此组织、推动理论研究工作跟不上。《最高人民检察院关于加强和改进新时代检察理论研究工作的意见》强调，"要鼓励研究能力强的同志积极参加年会、培训、申报课题和案例分析研讨。对于高层次检察理论研究人才，可以采取推荐研修、支持在检察学研究会任职、参加科研成果评奖等方式，为其提供锻炼机会和展示平台。在干部选拔任用、考核中，要把是否有研究能力作为选任领导干部、遴选检察官、择优晋升检察官等级的重要参考，把检察理论研究成果作为衡量检察人员绩效的一个重要方面。"这些要求在落实中还有许多不足，营造更好的检察理论研究氛围还远远不够！各级检察院领导都应当以习近平法治思想为指引，进一步增强深化检察理论建设的政治自觉、法治自觉、检察自觉，组织广大检察人与专家学者们携手，高度重视、积极开展检察理论研究，进而引导检察实践产出更优法治产品、检察产品，更好地为全面建设社会主义现代化国家提供更有力服务、保障。

二、深入学习贯彻习近平法治思想，深刻把握新时代检察理论研究的正确方向

习近平法治思想是做好检察工作的根本遵循，是检察理论研究的根本指引。要坚持以习近平法治思想为指引，让检察理论研究始终沿着正确道路前行、发展！

深刻把握检察理论研究的政治性。检察工作是政治性极强的业务工作，也是业务性极强的政治工作。检察理论研究是检察工作的重要组成部分，必须旗帜鲜明讲政治，深入学习领会"两个确立"的决定性意义,不断增强"四个意识"、坚定"四个自信"、做到"两个维护",从理论上深刻领悟为什么必须坚持党对检察工作绝对领导、怎样更好地捍卫党的领导。抓检察理论建设,首先必须把握根本、认清本质,坚定中国特色社会主义道路自信、理论自信、制度自信、文化自信,坚定不移走中国特色社会主义法治道路。要不断提高政治判断力、政治领悟力、政治执行力,坚持正确政治方向,始终自觉用习近平法治思想指引检察理论研究,始终自觉围绕中国特色社会主义法治体系建设认识、研究、解决重大检察理论和实践问题,形成独具特色、符合中国特色社会主义法治规律的检察理论体系。对鼓吹西方所谓"宪政""三权鼎立""司法独立"等错误思潮和言论,要敏于辨识其本质、要害所在,旗帜鲜明抵制、有力有效批驳,坚决维护理论研究领域意识形态安全。

深刻把握检察理论研究的人民性。坚持以人民为中心,是贯穿习近平法治思想的根本政治立场。人民检察为人民,必须把以人民为中心贯穿检察工作包括检察理论研究全过程。经济社会发展、人民群众根本利益对检察工作的需求,就是检察理论研究的着力点、动力源。比如,杭州"取快递女士被造谣出轨案"。网络时代侮辱诽谤的危害、对名誉权的保护能和几封信、小字报、口口相传的过去一样吗?新时代、新发展阶段,老百姓维权门槛那么高、违法犯罪成本那么低,人民群众何以感受公平正义?检察机关推动自诉转公诉,不少法学专家撰文予以理论上的阐释,这就是对检察工作直接、强有力的支持,更是对中国特色社会主义法治、司法的促进!检察人更应该自觉、深入从理论上加以探讨、研究!经此一案,产生一批理论成果,今后再遇到类似案件,依法公诉不就顺理成章了吗?再比如,最高检将人民群众的诉讼体验、当事人的实际感受纳入案件质量评价指标体系，研究提出"案-件比"质效评价标准，根本是为了满足新时代人民群众对司法公正的更高要求！"案-件比"的实证分析、研究成果已经有不少，学理、法理研究还要跟上，深入阐释"案-件比"的政治、社会、法治意义。

深刻把握检察理论研究的系统性。习近平总书记强调，全面依法治国是一个系统工程，要整体谋划，更加注重系统性、整体性、协同性。加强检察理论研究也要强化系统观念，跳出检察研究检察。要深入思考和研究，在党和国家工作大局中，在国家治理大格局中，在中国特色社会主义法治体系中，检察工作、检察制度处于什么样的位置，应该发挥怎样的作用，践行中还有哪些差距、怎样跟上、进而引领？等等。检察机关办理的每一起案件，都事关人民权益。越是贴近百姓生活的"小案"，越能让老百姓体会到司法的公平正义；越是发生在群众身边的"小案"，越关涉人心向背这个最大的政治。要深入研究检察监督办案与厚植党的执政基础的关系，从理论上探析、深化办案与民生、办案与民心的内在联系，用理论引领、推动检察办案融通法理情，更加自觉助力实现监督办案"三个效果"的统一。随着经济社会关系更趋多元复杂，涉案刑事、民事、行政法律关系往往相互交织，对"四大检察"的理论研究要有系统思维，研究某项业务要系统地考虑关联效果，不能孤立地、局部地看问题；不仅"四大检察"之间要融通，而且应当将司法与行政执法乃至整个法治建设相融通，才能更好地促进检察职能的发展，促进党和国家法治事业的发展。

三、准确把握检察理论研究重点，助推检察工作高质量发展

新发展阶段、新的征程中，要紧扣推动检察工作高质量发展这一目标，紧密结合党和国家工作大局和检察中心、重点工作，

坚持理论联系实际，坚持问题导向，切实找准检察理论研究的着力点和切入点，在检察实践中彰显、检验理论的指导作用。

深化对人民检察制度、规律和历史经验的研究。百年发展历程，我们党始终在探索运用马克思主义关于国家与法的理论指导人民民主专政政权建设。人民检察制度发展历史脉络、规律经验的深入研究基础扎实，已形成一批重要成果。但相对于中国特色社会主义国家与法的制度建设，特别是进入新时代新发展阶段，"有法可依"问题总体解决后，"有法必依、执法必严、违法必究"问题对中国特色社会主义司法检察制度提出的新课题、形成的新考验，我们从历史中总结规律、寻找方法还不够。一些时候、有的检察工作是在推着干、干着看的"必然王国"中游历，与时代的发展，与人民群众对民主、法治、公平、正义、安全、环境等更高水平的要求不相适应。比如，随着时代发展，法律监督的内涵、外延应有怎样的发展、深化？人民检察独特的成长背景、制度特征，与其他国家检察制度根本区别在哪里，共性发展规律、可以相互借鉴的有哪些？又比如，法律监督与侦查、审判、监察机关之间相互配合、相互制约的关系该如何认识、正确把握？什么是监督？什么是办案？如何更加自觉、自如地做到在办案中监督、在监督中办案？回答好这样的时代之问、发展之问，对检察机关法律监督的功能和定位，对中国特色社会主义检察制度内涵、本质的认识就更深一层，投身人民检察事业发展、人民检察制度成熟定型的"自由王国"就更进一步。为此，必须紧密结合百年党史和党绝对领导下的90年人民检察史加以研究、把握，在历史演进中寻找发展脉络，系统探究我国检察制度发展规律、检察职权配置规律和检察活动基本规律，以更好地认识、把握中国特色社会主义根本制度和发展规律，为建成富强、民主、文明、和谐、美丽的社会主义现代化国家作出中国特色社会主义检察制度和检察人的贡献。

深化对检察实践创新和发展的研究。实践每向前推进一步，理论支撑就要跟进一步。落实认罪认罚从宽制度，法律有明确规定，实践中取得很好的效果。要深化这个领域的理论研究，通过理论认同进一步形成实践共识。民法典实施赋予检察机关更重责任，特别是民事诉讼范围进一步扩大，相应民事诉讼监督范围也将扩大、难度增加，如何把民法典人格权保障等立法精神贯彻到"四大检察""十大业务"中去，有效保障民法典统一正确实施？最高检提出行政检察"一手托两家"，针对一些行政诉讼程序空转，开展行政争议实质性化解，实践效果很好，这项工作的法理依据该怎样认识？维持形式上并无不当裁判的同时，促进行政机关调整原不当决定，争议化解、讼争平息，相关法律制度当如何完善？党的十九届四中全会对公益诉讼检察工作作出新部署，强调要"拓展案件范围"，实践中获得了充分认可。法律供给还在过程之中，各级检察机关积极、稳妥办理群众反映强烈的公益损害案件，法理上该如何深化规律性认识？所有这些，既是实践发展、创新，当然也应当是理论研究的重点课题。检察理论研究就要着眼于这些新的实践和新的发展，不断拓展深化。同时，要把能够融入、引领检察、司法、法治实践作为检验理论研究成果科学性、合理性的重要标准，避免检察理论研究"自说自话""自我评价"。

深化对检察理念、检察政策的研究。理念、政策是引领检察监督办案的思想和灵魂。伴随经济社会快速发展，司法检察理念、政策都在不断适应调整。比如，改革开放40多年来，刑事犯罪结构发生巨大变化。最高检主动适应国家治理体系和治理能力现代化要求，落实、践行少捕慎诉慎押的刑事司法政策。实践中如何有效落实、正确适用，恰当把握追诉程序宽严适当与实体处理宽严适当的关系？又比如，在正当防卫问题上，检察机关严格依法处理了几个影响性案件、发布"昆山龙哥案"等指导性案例"激活刑法正当防卫条款"后，促进社会观念深刻转变，"法不能向不法让步"日益深入人心。"法不能向不法让步"的内涵是什么？理论上的探讨还需深化，结合办理的一系列正当防卫案件，深研有哪些司法规律应当探索、遵循？"不让步"的把握为什么深得民心？理念的转变、政策的落实不可能一蹴而就，形成共识和自觉更不容易，亟需通过理论的研究、引领去促进、推动、深化。再比如，党的十九大以来，对标新时代人民群众新期待，检察机关不断深化检察改革、优化检察管理，推动落实"案-件比"、业绩考评机制改革，对检察办案产生了哪些深层次影响？促进了检察官哪些方面履职能力的提升？对司法检察事业发展，进而对检察制度、司法制度的建设与发展将产生怎样的影响？脚踏实地着眼国家治理体系和治理能力现代化这一重大课题，检察理论研究无止境！

　　党绝对领导下的人民检察制度90年辉煌历程告诉我们，检察理论研究始终是推动检察事业不断创新发展的基础性工程。新发展阶段、新的征程，全国检察机关要始终坚持以习近平法治思想为指引，更加奋发有为、砥砺奋进，努力开创检察理论建设新局面，推动新时代检察工作高质量发展！

最高人民检察院
2022年1月

目 录

第一章 检察官主导责任的基础理论 / 1
第一节 检察官主导责任的基本概念 / 1
一、主导责任相关概念界说 / 2
二、检察官主导责任的界定 / 6

第二节 检察官主导责任的形成机理 / 11
一、检察官取代纠问法官,成为公诉发动的主导者 / 12
二、检察官控制警察活动,成为侦查程序的主导者 / 15
三、检察官取代预审法官,成为"审前程序"的主导者 / 18
四、检察官承担法官部分职能,成为整个刑事诉讼程序的主导者 / 22

第三节 检察官主导责任的法理依据 / 27
一、控审分离原则 / 27
二、客观公正原则 / 31
三、监督制约原则 / 33
四、诉讼经济原则 / 35

第四节 检察官主导责任与刑事诉讼模式转型 / 38
一、刑事诉讼模式及其分析框架 / 39
二、刑事诉讼模式与检察官的角色职责 / 44
三、检察官主导责任与"分工负责、互相配合、互相制约"原则 / 49
四、检察官主导责任对刑事诉讼结构的影响 / 54

第二章　检察官主导责任与检警关系 / 65

第一节　大陆法系国家的检警关系 / 66
一、法国的检警关系 / 66
二、德国的检警关系 / 79

第二节　英美法系国家的检警关系 / 91
一、英国的检警关系 / 91
二、美国的检警关系 / 101

第三节　混合法系国家的检警关系 / 114
一、日本的检警关系 / 114
二、俄罗斯的检警关系 / 124

第四节　我国检警关系的反思与重构 / 135
一、我国检警关系的基本框架 / 135
二、我国检警关系之反思 / 141
三、我国检警关系模式的选择 / 146

第三章　检察官的诉（审）前主导责任（上）
——检察官介入侦查程序研究 / 152

第一节　检察机关介入侦查引导取证 / 153
一、检察机关介入侦查工作的简要回顾 / 153
二、检察机关介入侦查引导取证的重要价值 / 155
三、检察机关介入侦查引导取证存在的问题及制度完善 / 160
四、检察机关介入侦查引导取证应注意的问题 / 163

第二节　检察机关退回补充侦查与自行补充侦查 / 166
一、检察机关退回补充侦查、自行补充侦查的必要性 / 166
二、检察机关退回补充侦查、自行补充侦查的实践考察 / 168
三、检察机关在退回补充侦查中的主导作用 / 171
四、检察机关自行补充侦查的工作要求 / 176

第三节　检察机关对退查后未重报案件的监督 / 181
一、检察官对退查后未重报案件进行监督的规范依据 / 182

二、检察官对退查后未重报案件的监督现状 / 186
三、加强对退查后未重报案件的监督力度 / 192

第四节 检察机关立案监督与侦查活动监督 / 194
一、"两项监督"的范围界定与监督情形 / 195
二、"两项监督"的现状与境遇 / 198
三、强化"两项监督"主动性的因应对策 / 205

第五节 捕诉一体与降低审前羁押率 / 210
一、审前羁押的相关概念 / 211
二、审前羁押率的基本情况 / 214
三、影响审前羁押率的主要因素 / 216
四、降低审前羁押率的制度性思考 / 225

第四章 检察官的诉（审）前主导责任（下）
——检察裁量权研究 / 230

第一节 检察裁量权的基础理论 / 230
一、什么是自由裁量权 / 230
二、检察裁量权的内涵、构造及性质 / 238
三、检察裁量权的价值 / 248

第二节 起诉法定主义与起诉便宜主义
——检察裁量权的理论来源及发展趋势 / 257
一、起诉法定主义与起诉便宜主义的历史起源 / 258
二、起诉法定主义与起诉便宜主义的理论基础 / 259
三、起诉法定主义与起诉便宜主义的关系 / 268
四、从起诉法定主义到起诉便宜主义是刑事诉讼发展的基本趋势 / 271

第三节 检察主导视野下我国检察裁量权的合理运用 / 294
一、我国检察裁量权的沿革 / 295
二、我国检察裁量权适用现状 / 300
三、我国检察裁量权的完善与规范 / 306

第四节　检察主导视野下的证据不足不起诉 / 313
一、检察机关适用证据不足不起诉的现状分析 / 314
二、检察官办理"证据不足"案件的若干误区 / 316
三、影响检察官办理"证据不足"案件的综合因素 / 325
四、准确规范适用证据不足不起诉的主要举措 / 328

第五章　检察官在指控、证明犯罪中的主导责任（上）
　　——一般理论 / 334
第一节　检察官指控、证明犯罪主导责任的理解与把握 / 334
一、检察官指控、证明犯罪主导责任的内涵及依据 / 334
二、检察官指控、证明犯罪主导责任的构成 / 336
三、检察官指控、证明犯罪主导责任的重要价值 / 340
四、两大法系国家检察官指控、证明犯罪的主导责任 / 346
第二节　我国刑事审判方式转型背景下"法官主导庭审"之评析 / 358
一、我国刑事审判方式的转型 / 359
二、"法官主导庭审"的观点评析 / 365
第三节　发挥好检察官在指控、证明犯罪中的主导责任 / 369
一、强化当庭讯问 / 371
二、强化举证 / 372
三、强化当庭质证 / 376
四、强化法庭辩论 / 379
五、提出量刑建议 / 382
六、充分发挥检察长列席审判委员会的作用 / 383

第六章　检察官在指控、证明犯罪中的主导责任（下）
　　——配套措施 / 389
第一节　改革卷宗移送制度 / 390
一、卷宗移送制度的渊源及法理分析 / 390
二、卷宗移送制度对公平审判的影响 / 393

三、我国卷宗移送制度的改革设想 / 395

第二节 区分控方证人与辩方证人 / 399
　　一、区分控方证人与辩方证人的意义 / 400
　　二、完善控方证人与辩方证人出庭作证的机制 / 402

第三节 规范变更起诉和追加、补充起诉 / 414
　　一、变更起诉和追加、补充起诉的基本概念 / 415
　　二、变更公诉制度的比较法考察 / 419
　　三、变更起诉和追加、补充起诉的立法及运用 / 426
　　四、变更起诉和追加、补充起诉的法律完善 / 435

第四节 确立检察官法庭上的"言论自由权" / 438
　　一、检察官法庭上"言论自由权"考察与评析 / 438
　　二、检察官法庭上"言论自由权"的法理缘由 / 442
　　三、检察官法庭上"言论自由权"的制度建构 / 444

第七章 检察官在认罪认罚从宽制度中的主导责任 / 447

第一节 认罪认罚从宽制度的基础理论 / 447
　　一、认罪认罚从宽制度的基本属性 / 447
　　二、认罪认罚从宽制度的理论依据 / 452
　　三、认罪认罚从宽制度中检察官主导责任的确立及深化 / 462

第二节 检察官主导责任在认罪认罚从宽制度中的体现 / 466
　　一、主导认罪认罚从宽制度的适用 / 466
　　二、主导认罪认罚协商 / 471
　　三、主导程序分流 / 475
　　四、主导定罪与量刑 / 478
　　五、积极做好被害方的工作，促进矛盾化解 / 481

第三节 强化认罪认罚案件犯罪嫌疑人、被告人的权利保障 / 488
　　一、犯罪嫌疑人、被告人知情权的保障 / 489
　　二、犯罪嫌疑人、被告人律师帮助权的保障 / 491
　　三、犯罪嫌疑人、被告人认罪认罚权的保障 / 494

四、犯罪嫌疑人、被告人从宽处理权的保障 / 499
　　五、犯罪嫌疑人、被告人程序选择权的保障 / 500
　　六、犯罪嫌疑人、被告人量刑协商权的保障 / 501
　　七、犯罪嫌疑人、被告人公正审判权的保障 / 503
　　八、犯罪嫌疑人、被告人救济权的保障 / 506
　第四节　推进认罪认罚从宽制度在特定案件中的适用 / 508
　　一、认罪认罚从宽制度在重罪案件中的适用 / 508
　　二、认罪认罚从宽制度在未成年人犯罪案件中的适用 / 520
　　三、认罪认罚从宽制度在职务犯罪案件中的适用 / 533

第八章　检察官在刑事合规中的主导责任 / 541
　第一节　刑事合规制度的发展与完善 / 542
　　一、企业合规制度的起源与发展 / 542
　　二、刑事合规制度的内涵与运作 / 547
　第二节　企业刑事责任与企业刑事合规 / 553
　　一、企业刑事责任理论的发展与辨析 / 553
　　二、刑事合规制度下的企业归责理论 / 558
　　三、我国企业刑事责任理论分析 / 562
　第三节　检察机关主导下的企业刑事合规之构建 / 567
　　一、学习借鉴西方刑事合规制度需要注意的问题 / 568
　　二、完善我国企业刑事责任理论与制度 / 572
　　三、建立企业犯罪案件特别诉讼程序 / 577

第九章　检察官主导责任与检律（诉辩）关系 / 582
　第一节　检察官主导责任下的诉辩关系 / 583
　　一、传统诉辩关系的分类检视 / 583
　　二、检察官主导责任下诉辩关系的新发展 / 587
　第二节　诉辩关系的道德风险 / 593
　　一、检察官：履行诉讼关照义务的现实困境 / 594
　　二、律师：职业与执业间的潜在张力 / 597

三、法官：居中还是对立的追问／600
　　四、被害人：权利保障与诉讼地位的变与不变／604
第三节　推动诉辩关系的良性发展／605
　　一、检察官义务维度／606
　　二、诉讼程序维度／608

结　语／615

参考文献／630

后　记／639

第一章　检察官主导责任的基础理论

　　刑事诉讼法规定了认罪认罚从宽制度，确立了检察官在认罪认罚从宽制度中的主导地位。2019年全国"两会"上，最高人民检察院首次将检察官在办理认罪认罚案件中的主导作用写入工作报告。检察官主导责任，反映了检察官在刑事诉讼中角色、职能的新发展和新变化，即"从原来审前程序的主导，提升为整个刑事诉讼程序的主导"①。那么，如何理解和把握检察官主导责任？提出检察官主导责任的依据是什么？检察官主导责任对刑事诉讼结构会产生什么样的影响……这些问题，亟待理论界及实务部门予以研究和解答。

第一节　检察官主导责任的基本概念

　　美国大法官卡多佐曾说过："定义是种冒险。"② 然而，理论研究往往不得不从界定概念开始，因为概念乃是解决法律问题所必需的工具。"没有概念，我们便无法将我们对法律的思考转变为语言，也无法以一种可理解的方式把这些思考传达给他人。"③ 目前，理论界对检察官主

---

① 朱孝清：《认罪认罚从宽制度对检察机关和检察制度的影响》，载《检察日报》2019年5月28日。

② ［美］本杰明·N.卡多佐：《法律的成长》，董炯等译，中国法制出版社2002年版，第16页。

③ ［美］E.博登海默：《法理学：法律哲学与法律方法》，邓正来译，中国政法大学出版社1999年版，第486页。

导责任并未有统一的、权威性的界定，由此导致对该问题的研究陷入某种程度的混乱。鉴于此，对检察官主导责任作一个明确的界定是十分必要的，这有利于求得基本的话语共识，为更深入的研究奠定基础。

一、主导责任相关概念界说

（一）何为主导

关于主导，《现代汉语词典》第1版的解释为：（1）主要的并且引导事物向某方向发展的；（2）起主导作用的事物。① 根据该解释，主导一词主要有两种释义：一是释作形容词，表示起主导作用的（方面）；二是释作名词，表示起主导作用的事物。《新华词典》《现代汉语大词典》等也作了类似的解释。

一直到第6版，《现代汉语词典》将主导的解释修订为：（1）决定并且引导事物向某方面发展；（2）起主导作用的事物。② 根据该解释，主导除用作名词外，还用作动词。

有的词典对主导的解释与《现代汉语词典》的解释略有不同。如《现代汉语造句词典》将主导解释为："（1）统领全局，推动全局发展；（2）引导全局并推动全局发展的事物。"③

在笔者看来，无论是用作名词、形容词还是动词，主导都是一个反映事物之间相互关系的概念。在矛盾的两个方面中，居于主导地位的一方面发挥决定、支配性作用，规定事物的性质和发展方向。因此，主导体现了一个事物与另一个事物之间的相互关系，即该事物在诸多事物中所具有的地位和作用。我们必须将某一事物置于一定的环境、关系中去考察，才能确定它是否为主导。离开了一定的环境、关系，离开了一定

---

① 《现代汉语词典》（第1版），商务印书馆1978年版，第1495页。
② 《现代汉语词典》（第6版），商务印书馆2012年版，第1699页。
③ 苏新春主编：《现代汉语造句词典》，上海辞书出版社2009年版，第655页。

的参照对象，该事物就只能孤立地存在，所谓的主导就无从谈起。比如，党的十九大报告指出："坚持科学立法、民主立法、依法立法，完善党委领导、人大主导、政府依托、各方参与的立法工作格局。""推进纪律监督、监察监督、派驻监督、巡视监督统筹衔接，健全人大监督、民主监督、行政监督、司法监督、群众监督、舆论监督制度，发挥审计监督、统计监督职能作用。以党内监督为主导，推动各类监督有机贯通、相互协调。"即在立法领域，要以人大为主导；在监督领域，要以党内监督为主导。为什么要提人大主导、党内监督为主导？原因在于：在我国政治体制下，不仅人大有立法权、行政机关也有立法权；不只存在党内监督，还存在人大监督、民主监督、行政监督、司法监督、群众监督等。人大主导、以党内监督为主导就是相对于其他立法主体、监督主体而言的。如果只有人大掌控立法权，只有党内监督这一种监督形式，那么提出人大主导、党内监督为主导就毫无意义。

在实践中，主导既可以单独使用，也可以与其他词语搭配组成新的词语。常见的有：主导地位、主导作用、主导责任、主导思想、主导力量、主导产业、主导权等。

（二）何为责任

"责任，就像和平、母亲一样，属于那类瞬间就能唤起所有正面形象的美好词汇。"① 韦雷德里克·莫舍认为，"在公共行政部门和私人部门行政的所有词汇中，责任一词是最为重要的"②。责任是什么意思呢？《现代汉语词典》对责任的解释是：（1）分内应做的事；（2）没有做好分内应做的事，因而应当承担的过失。③ 王成栋认为，责任一词有广义

---

① ［美］小威廉·T. 格姆雷、斯蒂芬·J. 巴拉：《官僚机构与民主：责任与绩效》，俞沂暄译，复旦大学出版社2007年版，第8页。

② ［美］特里·L. 库珀：《行政伦理学：实现行政责任的途径》，张秀琴译，中国人民大学出版社2010年版，第73页。

③ 《现代汉语词典》（第6版），商务印书馆2012年版，第1627页。

与狭义之分。广义的责任是指在政治、道德或在法律等方面所应为的行为的程度和范围;狭义的责任则指违反某种义务(政治的、道德的、法律的)所应承担的后果,这种后果往往与谴责、惩罚联系在一起,因而是不利的后果。① 张贤明则认为,"责任的内涵具有复杂性和多层次性。它包括三个有机组成部分:第一,责任主体的分内之事;第二,责任主体没有做好分内之事时应受的谴责和制裁;第三,对责任主体行为的评价。这三部分都与责任主体的社会角色有关。在社会中的角色不一样,责任主体的分内之事、评价的标准、应受的处置就不同,责任的具体内涵也就有所区别。换言之,责任主体的社会角色不同,其适用的社会规范就不一样,而社会规范的层次及其调整社会关系的范围、对象、手段不同,责任的性质也就有差异,如政治责任、法律责任、道德责任等"②。

在英文中,"责任"一词也有多种表达方式,如 Duty、Responsibility、Accountability、Culpability、Liability、Obligation,等等。与许多用中文表达的政治学术语一样,"责任"一词常常处于易于混淆的状态。但这几个词是有差别的,这些差别显然无法从中文的"责任"二字中找到,具体见下表。

英文中"责任"的差别 ③

英文中的"责任"	含义的指向
Accountability	最初的起源显然是会计责任,即强调责任的经济性、可计算性。后指由职责引起的、对行为后果的说明和承担,即问责性。包含受托者负有对委托者的解释、说明其活动及结果的义务的意义。

---

① 王成栋:《政府责任论》,中国政法大学出版社 1999 年版,第 5 页。
② 张贤明:《论政治责任——民主理论的一个视角》,吉林大学出版社 2000 年版,第 4 页。
③ 李自立:《中国行政领导人问责制研究》,华东师范大学 2006 年硕士学位论文。

续表

英文中的"责任"	含义的指向
Answerability	强调在道德或法律方面应负的自觉责任。
Duty	来源于职位的规定，应予完成的规定，对人的负责，强调道德方面的责任感，是"积极意义上的责任"。
Incumbency	强调任期内的职责，具有时限性。
Liability	在行为实施之后的一种评判，并对不当行为承担的责任——撤销或纠正错误的行为和决策，惩罚造成失误的决策者和错误行为的执行者，并对所造成的损失进行赔偿，是"消极意义上的责任"。
Obligation	来源于法律、合同、诺言、道德规范及其他社会关系的规定，对事的负责，强调这些外界因素该做或不该做，也是"积极意义上的责任"。
Responsibility	行为主体在行使权力之前就明确形成权力所追求的公共目标，普遍意义上的责任，范围最广，强调应该履行的任何形式的责任或义务。

尽管在不同的时代，因为不同的文化氛围、不同的研究取向，导致人们对责任内涵有不同的理解，但是，究其精神实质，仍然表现出极高的相似性。一般地说，责任的内涵表现为两个方面：一方面是责任主体应尽的职责和义务，它要求责任主体不但要做正确的事，还要正确地做事，属于积极责任范畴；另一方面则体现为责任主体因未履行或未正确履行职责和义务而承担的否定性后果，即应当被追究的责任，带有谴责和惩罚的含义，属于消极责任范畴。就积极责任与消极责任的关系看，积极责任是消极责任的前提和基础，消极责任则是积极责任的必要保障。

(三) 主导责任与主导地位、主导作用辨析

何为主导责任？目前并未有统一的、权威的界定。在实践中，有的

将主导责任与主导作用混同。如周连辉所著的《生态责任主体及其相互关系论》一书写道:"在生态文明建设过程中,各国之地方政府一般说来应着力承担如下这些'主导责任':在城乡规划与布局工作中发挥主导作用、在不同社会主体相互联系相互协作过程中发挥主导作用、在产业定位互补融合过程中发挥主导作用。"① 根据该论述,发挥主导作用就是承担主导责任的要求,承担主导责任与发挥主导作用是一致的。

主导责任与主导地位、主导作用关系密切。主导地位具有以下含义:(1)主要且引导地位;(2)人或团体在社会关系中所处的位置;(3)人或物所占的比较有利的地方;(4)起主导作用的人或事物所处的关键位置和环境。所谓主导作用,就是一种主导的且具有引导性的作用,或者说是一种引导性的且是主要的作用。② 所谓主导责任,则是指某人或团体所承担的主要的、引领性的责任。可以看出,主导地位强调位阶,主导作用强调功能,主导责任则强调责任、担当。从联系看,主导地位是主导作用、主导责任的前提和基础。所谓"不在其位,不谋其政",某一事物、某一机构不具有主导地位,就不能发挥主导作用,承担主导责任。同时,主导作用与主导责任只是从不同的侧面对某人或团体功能、职责的强调,本质是一致的。发挥主导作用要求承担主导责任,反之亦然。正因如此,本书在研究检察官主导责任时,并不刻意回避主导地位、主导作用等提法。

二、检察官主导责任的界定

所谓检察官主导责任,是指检察官通过履行侦查或引导侦查、审查批准逮捕、决定起诉或不起诉、开展认罪认罚协商、提出量刑建议、提出抗诉等职能,决定并引导刑事诉讼进程,使犯罪嫌疑人、被告人得到

---

① 周连辉:《生态责任主体及其相互关系论》,研究出版社2018年版,第92页。
② 石书臣:《现代思想政治教育主导性研究》,学林出版社2004年版,第12页。

及时、公正处理的责任。在把握检察官主导责任的概念时，应当注意以下几点：

第一，检察官主导责任贯穿于刑事诉讼全过程。检察官不是仅在刑事诉讼中的某一个阶段、某一个环节发挥主导作用，而是在整个刑事诉讼流程中都发挥着主导作用。在大陆法系国家及地区，检察官是刑事诉讼中唯一的全程参与者，从侦查、起诉、审判到执行，都需要检察官主导或者参与。这与警察通常只负责侦查、法院通常只负责审判形成了鲜明的对比。正因如此，检察官在刑事诉讼中具有多重角色。"在侦查中有'司法警察官'职能，起诉决定裁量时有'审判官'之职能，莅庭实施公诉时有'公益辩护人'之职能，执行刑罚时有'罪犯矫治师'之职能。"[1]

司法警察官职能，是指检察官作为侦查主体，既可以指挥、监督警察进行侦查，也可以亲自进行侦查，扮演着警察的角色。审判官职能，是指检察官对案件进行审查后，既可以决定起诉，也可以决定不起诉；而检察官的不起诉决定，具有类似于法官判决的终局性确定力。公益辩护人职能，是指检察官在莅庭公诉时，作为公共利益的代表承担着指控、证明犯罪的职责。与被告人辩护人只是角色、分工不同，在法庭上的活动技巧、出庭公诉的方式并无本质性区别。罪犯矫治师职能，是指检察官通过执行刑罚或者监督刑罚的执行，保障犯罪人的合法权益，并根据犯罪人对犯罪的认识和悔改情况决定刑罚处遇的方式，促使其积极改恶从善，复归社会。

我国台湾地区检察官朱朝亮明确提出检察官才是刑事程序全局之主导者。他认为，"刑事诉讼程序全程，皆在检察官掌控中。故检察官实为刑事诉讼全程'主宰'者"，"检察官在刑事诉讼程序中之实为全程

---

[1] 蔡碧玉等：《检察官伦理规范释论》，中国检察出版社2016年版，第26—27页。

支配者地位"。① 这里,朱朝亮用了"主宰者""支配者"两个词语来强调检察官在刑事诉讼程序中承担着主导责任,决定并引导着刑事诉讼程序的进展。

与大陆法系国家及地区检察官相比,我国检察官的职权范围存在以下差异:一是对侦查机关侦查的普通刑事案件,不享有侦查指挥权,只享有侦查监督权。二是在判决执行阶段,检察官不享有判决执行权,只享有刑事执行监督权。但这并不能否认检察官在刑事诉讼中所承担的主导责任。我们在讨论检察官在刑事诉讼程序中的主导地位时,不应纠结于"一城一地之得失",而应当注意从宏观程序走向上认识和把握我国检察机关的功能和作用。② 总体上看,我国检察官职权范围覆盖从立案、侦查、起诉、审判到刑罚执行的整个刑事诉讼流程,其为刑事诉讼程序的主导者乃名副其实。在审前阶段,检察官通过行使审查逮捕、审查起诉以及侦查监督等职能对侦查施以积极影响,从而主导审前程序的运转。在庭审阶段,检察官通过承担指控和证明责任,确保庭审程序的顺利推进;同时,检察官通过变更起诉、追加起诉、撤回起诉等,对庭审程序的运转施加实质性的影响。在裁判执行阶段,检察官对执行的监督也是承担主导责任的一个重要方面。执行法院裁判,不只是监狱和司法行政机关的责任,检察机关在执行监督方面要负主导责任,要监督到位,以保障法院的判决裁定得到执行。

第二,检察官主导责任意味着责任和担当。提出检察官主导责任,并非要与其他机关争地位、争权力,而是意味着责任和担当。张军检察长指出:"提出主导责任绝不意味着你高我低,或者是权力上的主次,而是要让我们意识到责任!更重的责任!正确、充分地履职。"③

---

① 朱朝亮:《检察官之变革与愿景》,载倪英达、颜大和主编:《海峡两岸检察实务研究》,中国检察出版社 2011 年版,第 86 页。

② 万毅:《论检察官在刑事程序中的主导地位及其限度》,载《中国刑事法杂志》2019 年第 6 期。

③ 张军:《关于检察工作的若干问题》,载《人民检察》2019 年第 13 期。

一方面，检察官主导责任"重"在"主导"，即主动作为，正确充分履职。与审判权运行的被动性、消极性相比，检察权的运行具有积极主动的特点。"检察机关是维护国家法制积极而活跃的机关。其职能活动，无论是侦查起诉，还是实施监督，都具有主动性的特征。"① 检察官一旦发现有犯罪事实，即应主动开展侦查，或者监督公安机关立案侦查；在案件符合提起公诉的条件时，应依法向法院提起公诉；在法庭上，检察官要积极承担指控证明犯罪事实的责任，努力将犯罪分子绳之以法；同时，要秉持客观公正立场，积极履行好法律监督职责，在办案中监督，在监督中办案，积极发挥应有的主导作用，保障无罪的人不受刑事追究，维护司法公正。

另一方面，检察官主导责任"要"在"责任"，即勇于担责，敢于担当。检察官主导责任既意味着检察官在刑事诉讼中发挥着更大的作用，同时也意味着更大的责任和担当。这种责任和担当体现在：对促进刑事诉讼的高效、有序运转承担更大的责任；对犯罪嫌疑人、被告人及时、公正处理承担更大的责任；对更好地实现打击犯罪与保障人权的诉讼目的承担更大的责任。

在刑事诉讼中，检察机关前连侦查，后接审判，处于承前启下的中间阶段，对案件质量的管控发挥着关键性作用。正因如此，有人提出"检察机关是刑事错案的第一责任人"②，引起了广泛的关注和讨论。当然，所谓"第一责任"，并不意味着出现冤假错案时，唯检察机关是问，追究检察机关的责任。哪个环节出了办案质量问题，哪个办案主体就应承担相应的司法责任，这乃责任自负原则的必然要求。在笔者看来，这里的"第一责任"，应当指防范冤假错案的第一责任。从这个意义讲，不独检察机关，公安机关、法院等都负有防范冤假错案的第一责任，都

---

① 龙宗智：《检察制度教程》，中国检察出版社2006年版，第6页。
② 娄凤才：《检察机关是刑事错案的第一责任人》，载《检察日报》2020年3月11日。

是"第一责任人"。一方面，侦查是刑事诉讼的首要环节，侦查中所犯的错误往往具有不可弥补性。故而，侦查机关对防范冤假错案负有首要的、第一的责任。正如我国台湾地区学者林钰雄所言："许多实证研究指出，错误裁判最大的肇因乃错误侦查，再好的法官、再完美的审判制度，往往也挽救不了侦查方向偏差所造成的恶果。"① 另一方面，审判具有"盖棺论定"性质，对被告人是否有罪，是否应当承担刑事责任，承担多大的刑事责任具有决定性意义。审判出现冤错，将从根本上影响司法公信力，导致人们对司法的不信任。正因如此，可以说审判对防范冤假错案负有最重要的责任，称"第一责任"并不为过。陈卫东教授甚至认为，冤假错案不能追究侦查人员和检察人员责任，只能追究法院责任。其理由在于："一个冤假错案的最终形成，公安机关的侦查是元凶，没有错误的侦查这个案件怎么会导致错判呢？检察院也脱不了干系，检察院是帮凶，在审查起诉时为什么不把好关，把案件带病移送到了法院，没有错误的起诉，这个案件怎么会导致错判呢？但是，无论元凶还是帮凶都抵不上法院这个冤假错案的真凶。正是因为法院的判决使得错案变成了现实。错误的侦查和错误的起诉都不是导致错判的最终原因，如果法院对案件严格审理，把好了庭审这最后一关，就不可能产生冤假错案。"② 事实上，发生冤假错案时，无论是"元凶""帮凶"还是"真凶"，都负有不可推卸的责任。

由于检察机关在刑事诉讼中发挥着主导作用，其职权范围涵盖刑事诉讼全程，在立案、侦查、起诉、审判到执行五大程序中都具有防止错案、发现错案、纠正错案的职责，可以说在错案防治中是"全程责任人"③。因此，检察机关要有"如履薄冰，如临深渊"的自觉，主动担当起防范冤假错案的"第一责任"。"检察机关'铁肩担道义'，既是人

---

① 林钰雄：《刑事诉讼法》（下册），中国人民大学出版社2005年版，第4页。
② 陈卫东：《以审判为中心：解读、实现与展望》，载《当代法学》2016年第4期。
③ 高一飞：《检察机关是刑事错案的全程责任人》，载《人民检察》2020年第7期。

民群众对于检察机关的角色期待,也是检察机关义不容辞的义务,把道义放在心头,对于错案的可能性时刻保持警惕,把防止错案的'第一'责任担起来。"①

第三,检察官主导责任并非包办、代替其他机关依法履职。根据职权法定原则,公安机关、检察机关、审判机关都有自己确定的职权范围,公安机关负责对刑事案件的侦查、拘留、执行逮捕、预审;检察机关负责直接受理的案件的侦查、批准逮捕、提起公诉;审判机关负责审判。每一种权力都有自己的范围和边界,不得随意染指其他权力范围,检察权也有自己的法定边界。"检察权系公权力,适用'法无明文规定则禁止'的原则,检察权的权能以法律规定为限,不得有任何逾越。"②检察机关在刑事诉讼中承担主导责任,并不意味着"以我为主",更不是喧宾夺主,要包办、代替公安机关侦查取证、审判机关依法审判,而是体现在公检法等机关分工负责、互相配合、互相制约中。检察机关与相关执法司法部门形成良性、互动、积极的工作关系,既相互协作,也相互制约,共同实现刑事诉讼打击犯罪与保障人权的目的。

第二节　检察官主导责任的形成机理

大陆法系国家长期流传着这样的法谚:"检察官乃刑事诉讼程序的主人。"所谓"主人",即主导者,意指检察官在刑事诉讼程序中居于主导地位。我国台湾地区朱朝亮检察官指出:"相对于法官消极被动性格,可知检察官才是刑事程序全局之主导者。"③ 检察官在刑事诉讼中的主导责任并非与生俱来的,其地位、权限在不同的国家随着时代的发展而

---

① 张建伟:《六问破解"第一责任人"迷思》,载《人民检察》2020年第7期。
② 薛献斌:《话说检察权》,中国检察出版社2010年版,第210页。
③ 蔡碧玉等:《检察官伦理规范释论》,中国检察出版社2016年版,第27页。

变迁。其中有以下几个关键节点：

一、检察官取代纠问法官，成为公诉发动的主导者

现代意义的检察制度起源于法国，它萌芽于中世纪欧洲的控诉制度，在纠问制时期得以发展。"到14世纪中叶，法国刑事诉讼中最终设置了国王检察官。从这一时期开始，独立于任何私人控诉人而发动公诉的职责已经落在国王检察官的肩上。"[①] 从诉讼结构看，当时正处于从控诉制向纠问制的转型时期。尽管检察官已经被赋予发动公诉的职责，但私人控诉继续存在。只有在任何私人控诉人都可能没有提出控诉时，检察官才会出面发挥作用。可见，检察官发动公诉仅仅是为了弥补私人控诉的不足，并未取得公诉主导地位。

随着中央集权制的加强，法国刑事诉讼开始向纠问制诉讼发展。纠问制诉讼最先产生于教会法庭，后在世俗法院得到推广。法国国王先后于1453年、1498年、1539年、1670年发布重要敕令，越来越广泛地采用了纠问式诉讼。在纠问式诉讼中，法官成为刑事诉讼的主导者，一手包办自始至终的刑事诉讼程序。"法官被认为是唯一适合负责发现真相的官员，这一观念在欧陆国家根深蒂固。以法官为中心的诉讼程序意味着诉讼的每个方面，包括侦查犯罪、预审讯问以及审判的方向和结论，都应当由代表公共利益的纠问法官独立地研究、指示、监督和作出权威决定。"[②] 尽管检察官已经作为专门的控诉人存在，但当时的法学家都承认，法官可以依控告受理案件。"一切法官都是检察官"，是纠问制诉讼的一条重要规则。"在旧制度末期，在通常的诉讼程序中，法官往往都是依据控告而主动发动公诉，仅仅是将诉讼的进展情况告知检察官。

[①] ［法］贝尔纳·布洛克：《法国刑事诉讼法》，罗结珍译，中国政法大学出版社2009年版，第35页。

[②] Christa Roodt. A historical perspective on the accusatory and inquisitorial systems. Fundamina 2004（10）p.140.

对于现行轻罪案件，法官也自行受理案件。"①

由于存在上述规则，法官无需等待检察官提起公诉，即可在必要时自行受理诉讼并采取一切必要的手段，以查明事实真相。故从理论上讲，纠问制诉讼中本没有检察官什么事，检察官属于可有可无的存在。但实际情况是，随着纠问制的发展，检察官担当检举、追诉犯罪之权限，亦不断得到发展、扩张。可以说，纠问制度为检察官制度的进一步发展提供了契机。"在刑事司法程序转向纠问制的大格局中，于12世纪晚期萌芽、13世纪下半叶初步建制的国王检察官制，到15世纪和16世纪，已经稳步地确立起了检察官在刑事权力体制中的程序启动者的重要地位。"②那么，在纠问制诉讼中，为什么需要检察官介入？笔者认为主要有以下三个原因：

一是维护王权的需要。我们知道，检察官由国王代理人演化而来，其参与刑事诉讼，不仅在于维护国王的财产利益，更在于维护国王的治安利益。检察官与犯罪并没有利害关系，其提起刑事指控主要是基于"国王的和平"。他是以所有犯罪的告发人身份，出现在法庭上，介入所有案件，时而单独行事，时而与个别私人（被害人）一起。检察官作为"王室利益的保护者、王意的贯穿者、王权的执行者"③，保护王权的稳固和统一是检察官参与刑事诉讼的合理基础。

二是分担纠问法官工作压力的需要。在纠问制诉讼中，法官一手包办所有刑事诉讼程序，工作负担较重。为了减轻办案压力，法官不得不将控诉的工作授予检察官行使。根据1347年的法令，检察官的职责就是"发动诉讼"。但是，由于当时尚未建立公诉制度，检察官发动诉讼，并非基于其本身的职权，而是基于法官之同意或授权。根据1350年法

---

① ［法］贝尔纳·布洛克：《法国刑事诉讼法》，罗结珍译，中国政法大学出版社2009年版，第41页。

② 黎敏：《西方检察制度史研究》，清华大学出版社2010年版，第142页。

③ 邵晖：《中国检察权的内部组织构造研究》，中国政法大学出版社2017年版，第53页。

令第15节的规定,除了在证据充分的条件下,并有法官的命令,任何人不得被控诉。在检察官单独或与其他人提起诉讼之前,他应当将其所依据的信息材料交由法院的官员进行审查。①

三是监督法院的需要。在法国中央集权制形成过程中,"因王权扩张引发了国王与法院的权力斗争,于是国王把属于法院的检事局定位为司法官,连同对犯罪的追诉权甚至监督法院的权限均收入手中。"② 检察官介入刑事诉讼的一个重要目的,在于监督法院,制约法院的司法权。检察官对法官的监督具体体现在:(1) 在诉讼的启动上,"假如一项犯罪发生而受害人没有控告,或者受害人不确定,王室检察官可以要求纠问法官或地方司法行政官员展开调查受理案件"③。(2) 在预审阶段,预审法官受理案件后,发动侦查,搜集、调查证据,讯问证人,并建立卷宗档案转交检察官征询其意见。检察官阅卷之后有权以书面表达意见。(3) 预审结束后,卷宗会再一次送给检察官,由检察官实时(三天内)提出结论意见或最后动议。检察官如果发现被告提出确切的事实如提出不在场证明等而做无罪答辩,可以要求被告立即提供证人的姓名,由法官或其助理,依职权讯问。被告如未能提出有利于己的事证,则将面对终局裁判或者刑求;检察官也可以在最后动议中请求对被告刑求,如果合议庭认为被告罪证虽不足,但强烈推定其犯罪,需裁定对被告刑求,以取得被告之自白。④

以中世纪的眼光来看,纠问制诉讼是一个崭新的"发明",因为它把"犯罪"定义为对社会秩序的破坏,并将刑事审判拉回认定犯罪事实,以所认定的犯罪事实来定罪,相较于中世纪的审判方式(神明裁判),无疑是一个比较文明而理性的制度。同时,透过公权力的介入,

---

① 汪海燕:《刑事诉讼模式的演进》,中国人民公安大学出版社2004年版,第85页。
② [日]森际康友编:《司法伦理》,于晓琪等译,商务印书馆2010年版,第166页。
③ 黎敏:《西方检察制度史研究》,清华大学出版社2010年版,第106—107页。
④ 钟凤玲:《从检察制度的历史与比较论检察官之定位与保障》,台湾政治大学2008年博士学位论文。

使得搜集证据、调查犯罪事实更有效率,使得犯罪的惩罚,不单只是被害人或其家族寻求报复而已,而是社会秩序的维护。而公权力介入,也促成审判专业化,裁判结果更具可预测性。① 但另一方面,纠问制诉讼亦存在以下弊端:一是纠问法官独揽追诉审判大权,权力没有任何限制,容易滥权;同时,纠问法官既负责侦查追诉,也负责审判,心理上容易先入为主,无法做到客观公正的裁判;二是被告人只是被纠问的"客体",其权利缺乏任何保障。纠问制诉讼的严重错误,在于将追究犯罪的任务交给法官,从而使法官与当事人合为一体。根据纠问程序的本质,允许在没人控告的情况下,由法官"依职权"干预。如果说过去的控告程序是在原告、被告和法官三个主体之间进行,则纠问程序中就只有法官和被控人两方。被控人面对具备法官绝对权力的追诉人,束手无助。正所谓:"控告人如果成为法官,就需要上帝作为律师。"② "法官的全部艺术"在于取得被告人的供述。"法官为取得口供起见,慢慢地恢复从前的拷问。这种方法自十五世纪末叶以后变成了法院常用的手段,一直到法国革命的时代。"③

为革除纠问制的弊端,法国 1808 年刑事诉讼法典明确将公诉的发动权授予检察院。同时,采行控诉原则,由检察官担任控方,决定是否提起公诉。在该原则之下,"无控方之起诉,即无法官之裁判",即所谓的"不告不理"。因而,检察官成为公诉发动的主导者和法官裁判的把关者,法官则被局限于被动消极的角色,以维持其客观性、中立性。

二、检察官控制警察活动,成为侦查程序的主导者

1498 年,路易十二世颁布《普罗亚条例》,明确规定检察官有"侦

---

① 钟凤玲:《从检察制度的历史与比较论检察官之定位与保障》,台湾政治大学 2008 年博士学位论文。
② [德]拉德布鲁赫:《法学导论》,米健等译,中国大百科全书出版社 1997 年版,第 121 页。
③ [法]瑟诺博斯:《法国史》,沈炼之译,商务印书馆 1964 年版,第 150 页。

查犯罪"的职权。但在纠问制诉讼下，由于法官主导了整个刑事诉讼程序，纠问机关不仅是掌握犯罪侦查与追诉权力之机关，而且兼为审判机关。因此，于欧陆盛行纠问程序的时代，尚无现代刑事诉讼制度可言，亦无现代犯罪侦查机关的概念。①

1667年，路易十四世颁布敕令，在巴黎建立起第一支非军事化的警察部队。确保市民福利，并规范食品、住房、健康和安全的广泛权力被赋予低级警察并由其行使。此外，政治警察（高级警察）则关注于广泛的监听和政治安全，以保卫君主的政体。到1699年，这一制度开始延伸到各省。② 在路易十四时代，警察所起的作用特别大，他们的权力几乎没有限制，可以干预各个部门的社会生活和私人生活。③ 由此，法国成为令人恐怖的"警察国家"。

贝卡里亚在《论犯罪与刑罚》一书中明确反对"警察国家"，并且提出了警察权行使的法治原则。他指出："在夜间公费照明；在城市的各条街道派进卫队；进行通俗和道德的宗教讲演，保持受公共当局保护的教堂的安宁及其神圣秩序；在国家的集会上，在会议上，在那些体现着君权的地方，呼吁人们维护私人和公共的利益。上述措施都能有效地防止人民欲望聚合的危险。这些就是被法国人叫作警察的官员应严守的主要职责。但是，这些官员如果不是根据公民手中法典所确定的条文进行工作，而是口含天宪的话，那么，他们就为伺机吞噬政治自由的暴政开放了门户。"④

在贝卡里亚、孟德斯鸠等思想家的影响下，法国大革命废除了纠问

---

① 李翠玲：《论侦查主体》，台湾中正大学2005年硕士学位论文。
② ［英］杰奎琳·霍奇森：《法国刑事司法——侦查与起诉的比较研究》，张小玲、汪海燕译，中国政法大学出版社2012年版，第120页。
③ ［苏］罗琴斯卡娅：《法国史纲：十七世纪——十九世纪》，刘立勋译，三联书店1962年版，第28页。
④ ［意］贝卡里亚：《论犯罪与刑罚》，黄风译，中国法制出版社2005年版，第103页。

制诉讼体制,这使得犯罪侦查权从审判权中脱离出来。但与国家机器同生的警察机构,同样易受打击犯罪热情的驱使,在侦查活动中始终具有漠视法治、侵害人权的危险和倾向。鉴于此,法国国民公会于1795年制定《警察法典》,首次提出行政警察与司法警察的分类,初步实现了警察权的法治化。1796年10月督政府颁布法律,规定警察必须以维持公共秩序、个人的自由权利和安全为目的,并从组织上提出行政警察与司法警察两种基本形式,赋予警察警告、预防、取缔、驱散、镇压、罚款、行政拘留、提起公诉的权力。① 根据法国学者的观点,行政警察所做的工作集中在预防犯罪方面。对于行政警察来说,就是要防止社会秩序受到侵害,并且在必要情况下尽快地恢复受到扰乱的秩序。如果有人实行了犯罪(违反法律或条例的规定就可能属于这种情况),就有必要追查谁是犯罪行为人,以便对其提起公诉。这种"调查职能"便不再属于预防性质,而是属于制裁性质(或者更确切地说,具有"配合制裁"的性质)。这一调查职能属于司法警察应当履行的职责,它明显有别于行政警察的职责。② "至于法国之所以创设此区别之理由,虽出于政权分立之思想,然司法警察现属刑事诉讼手续之一部分。别其形式,与行政警察区别之至实用。"③

　　法国1808年刑事诉讼法典沿袭了行政警察与司法警察的分类,将追查犯罪的任务交由司法警察负责。同时,为避免警察用权逾限而害及司法公正,该法典明确将司法警察置于检察官的指挥控制之下。该法典第1条规定,公诉权专属于检察官;第8条规定,司法警察侦查犯罪,搜集证据,将犯人送交法院;第9条规定,司法警察执行职务受检察官指挥,从而确立起检主警辅的模式,检察官由此成为侦查程序的主导

---

① 王均平主编:《治安学》,武汉大学出版社2016年版,第74页。
② [法]贝尔纳·布洛克:《法国刑事诉讼法》,罗结珍译,中国政法大学出版社2009年版,第202页。
③ [日]织田万:《清国行政法》,李秀清、王沛点校,中国政法大学出版社2003年版,第27页。

者。目前,检主警辅模式成为大陆法系国家检警关系的主导范式。我国台湾地区学者林钰雄认为:"创立检察官之另一目的在于摆脱警察国家的梦魇,因而,需要一个严格受法律训练及法律控制的法律官来监督控制警察侦查活动的合法性。据此,检察官乃侦查主,刑事警察仅为其辅助机构,乃势所必然的安排设计。"①

三、检察官取代预审法官,成为"审前程序"的主导者

法国1808年刑事诉讼法典根据职能分工原则,将刑事诉讼程序分为三大阶段:追诉、预审和审判阶段,这一诉讼构架延续至今。基于对检察官中立性、独立性的种种疑虑,法国侦查程序采用预审法官主导模式,检察官反而沦为配角。法国检察官虽然是案件起诉之后的公诉人,但其侦查与起诉权限,却受钳制,于重罪案件其作用仅在于启动预审法官而已,并无自行侦查的权限,这种法国模式曾在欧洲盛极一时。②

按照1808年刑事诉讼法典的规定,预审法官具有高级司法警察警官的身份,因此在预审方面,他仅仅是一名普通的侦查人员,负责查找与搜集证据。1856年,法国对《刑事预审法》进行修订,赋予了预审法官"裁判法庭"的角色。法国现行刑事诉讼法典取消了预审法官的司法警察警官的资格,其职权包括两个方面:一是查找证据,二是以司法裁判权性质的决定对证据作出判断。因此,预审法官既是负责查找证据的侦查人员,又是裁判法庭。③

预审法官因身兼数种重要职权,一直被视为法国"最有权力的人"。但事实上,检察官才是预审程序名副其实的主导者。正如一位法国检察

---

① 林钰雄:《检察官论》,法律出版社2008年版,第11页。
② 林钰雄:《开启检察官定位的新纪元——从奥地利刑事诉讼与检察官制度的变革谈起》,载《侦查监督指南》2015年第3辑,中国检察出版社2015年版,第78页。
③ [法]贝尔纳·布洛克:《法国刑事诉讼法》,罗结珍译,中国政法大学出版社2009年版,第254—255页。

官所言:"人们说预审法官是法国最强大的人,但是对于(检察官)来说,那是个玩笑,因为我们知道,他所做的很多事情受到我们的控制……检察官才真正是刑事侦查的核心。"① 检察官介入预审的各个阶段,对预审活动进行强有力的监督与控制。首先,预审法官并没有权力启动正式侦查,将案件提交预审法官的权力属于检察官。即使在正式侦查过程中,预审法官发现了与另一项独立罪行相关的证据,他也不能在现有的预审程序中对此进行侦查。而应当将这一事项交给检察官,由检察官启动一个独立的或者补充性的侦查,此时预审法官才可调查收集与第二项罪行相关的证据。其次,尽管预审法官在正式侦查过程中,有权独立地开展其认为对查明事实真相有必要的任何预审活动,但是根据法国刑事诉讼法的规定,在下列情形下,需要告知或者听取检察官的意见,并接受共和国检察官的监督:(1)预审法官作出裁定命令将提出的告诉报告共和国检察官,以便共和国检察官提出意见书(《法国刑事诉讼法典》,下同,第86条第1款)。(2)在提出异议或者宣告民事当事人的请求不予受理的情况下,预审法官在向检察院报送案卷之后,以说明理由之裁定作出审理裁判,某些情形下仍然需要听取检察官的意见(第87条第3款)。(3)预审法官可以前往现场进行一切有益的查证、勘验,或者进行搜查。预审法官应当通知共和国检察官;共和国检察官有权选择决定陪同预审法官(第92条第1款)。(4)如果因侦查要求有此必要,预审法官在告知本法院共和国检察官之后,可以与其书记员一道,前往全国范围内的任何地点进行任何预审行为,但应当事先通知其打算前往的地点所在辖区的法院的共和国检察官(第93条)。(5)共和国检察官可以列席对受审查人、民事当事人以及受援助的证人的讯问、询问、听证与对质。只要共和国检察官向预审法官表明其打算列席,预审法官的书记员最迟应当在讯回受审查人之前两日,用简单通知的方式

---

① [英]杰奎琳·霍奇森:《法国刑事司法——侦查与起诉的比较研究》,张小玲、汪海燕译,中国政法大学出版社2012年版,第293页。

告知共和国检察官（第 119 条）。（6）预审法官指挥讯问，询问、听证与对质。共和国检察官、各当事人的律师以及受援助的证人的律师，可以提问，或者提出简短的意见说明（第 120 条第 1 款）。（7）如果当事人在逃，或者，如果其居住在法国领域之外，在犯罪事实当处以轻罪监禁刑或更重刑罚的情况下，预审法官在共和国检察官提出意见之后，要对该人签发逮捕令（第 131 条）。（8）预审法官认为侦查已经结束时，向共和国检察官报送案卷。如果受审查人已受到羁押，共和国检察官在 1 个月内，或者其他情况下，在 3 个月内，向预审法官提出说明理由的意见书。1 个月或者 3 个月期限届满之后，共和国检察官及各当事人可以在 10 日内，其他情况下则在上述 1 个月内，根据此前向他们传达的辩解意见或检察院的意见书，向预审法官提出补充意见书或者补充的意见说明。

在法国，预审法官也是最具争议性的角色。争议的焦点在于对严重和复杂的刑事案件，预审法官既要负责侦查，也要负责裁判，从而造成职能的混淆，并损害了司法职能的独立性。因此，法国对预审法官制度的改革从来就没有停止过。1993 年，法国戴尔玛斯-玛尔蒂委员会提出一项立法议案，建议实行更为严格的权力分立，将侦查的全部职责转移至检察官，将预审法官转化为更为严格界定的"司法"的角色，但该议案未被立法机关采纳。2000 年，法国创立了自由与羁押法官后，预审法官不再行使审前羁押的批准权，而由自由与羁押法官负责确定被侦查的犯罪嫌疑人是否要被羁押。2009 年，一项改革提案提出要废除预审法官，以便检察官统一行使刑事调查权。该项改革引起了法国预审法官们的反对，由于争议较大，改革提案被推迟。2011 年，法国政府最终放弃了该想法。如今，只有严重罪行的调查才提交预审法官，每年通过预审程序处理的案件不足 5%。检察官在没有预审法官任何干预的情况下处理了很大比例的案件。此外，预审法官人数持续减少，这也可能导致该制度逐渐消失。①

在所有受法国司法制度影响的检察制度中，预审法官的地位急剧下降，与此同时，检察官的权力则急剧上升。德国 1877 年《刑事诉讼法典》大量借鉴了法国 1808 年刑事诉讼法典的内容，规定了法国式的预审法官制度和预审程序。但预审法官制度内在的缺陷如侦查职能与审查起诉职能混为一体、预审法官权力过大等，在德国同样招致激烈的批评。鉴于此，德国在 20 世纪五六十年代对预审程序进行了大幅度的改革，并在 1975 年最终废除了预审法官，将侦查的领导权从预审法官转移给检察官。② 1880 年，日本在法国法学家邦索那德的帮助下制定了《治罪法》，规定正式审判以前设有预审程序，重罪案件必须经过预审。但是，预审制度在当时就遭到较多的批评。1922 年，日本制定了第三部刑事诉讼法，规定检察官可以根据案件的性质，依照自己的自由裁量，自由选择预审程序或者省略预审程序直接进入公审程序并提出请求。"二战"后，日本对刑事诉讼制度进行了根本的改革。在 1948 年日本刑事诉讼法即现行刑事诉讼法中，废除了预审制度。③

随着预审法官的消亡或者地位的下降，一些国家法律授权检察官"组织实施"审前侦查的任务。在一些事项上，诸如严重的商业犯罪，检察官实际上会做部分侦查工作，甚至会聘请自己的专家。当一个案件引发公众关注的时候，检察官也会与警察保持密切联系。在一些法律体系中，检察官为警察制定侦查规则。④ 由此，检察官事实上成为审前程序的主导者。

---

① ［瑞士］古尔蒂斯·里恩：《美国和欧洲的检察官》，王新玥等译，法律出版社 2019 年版，第 247 页。
② 潘金贵：《刑事预审程序研究》，法律出版社 2008 年版，第 43—44 页。
③ 潘金贵：《刑事预审程序研究》，法律出版社 2008 年版，第 48 页。
④ ［德］托马斯·魏根特：《德国刑事程序法原理》，江溯等译，中国法制出版社 2021 年版，第 187—188 页。

四、检察官承担法官部分职能,成为整个刑事诉讼程序的主导者

伴随着风险社会的到来,各国的刑事司法政策逐渐呈现出"严而不厉"的趋势,刑事案件逐年攀升。客观情势推动着检察官在简化审判程序中逐步形成主导地位,以有效分流案件,协助法院应对案多人少的普遍难题。至此检察官形成了自审前到审判的全流程主导地位。①

随着各国刑事诉讼制度的交流和融合,传统上将两大法系刑事司法制度区分为起诉法定主义与起诉便宜主义的做法已经不合时宜。没有一个国家的刑事司法制度严格适用起诉法定主义,起诉便宜主义大行其道。在英美法系国家,由于素有私人起诉的传统,以及实行当事人主义诉讼模式,检察官历来享有广泛的、几乎不受控制的起诉裁量权。在大陆法系国家,检察裁量权也得到广泛的扩张,以适应形势需要。"一般来说,行使检察自由裁量权会导致形成事实上的'检察裁决'。在多数替代程序中,是由检察官向法庭提交案件的处理建议,因为法庭极少驳回检察官的提议,所以实际上是由检察官最终'裁决'了案件。"②

1. 检察裁决权

在刑事诉讼中,检察机关承担起诉任务和法院承担裁判任务之间一直泾渭分明。但是,随着不少国家的检察机关也被赋予一些裁判和处分权力,这种区分在日渐缩小。③

一是附条件不起诉。在一些国家,检察官可以要求犯罪嫌疑人交付一定的金钱,或者履行其他规定的义务,从而对犯罪嫌疑人不予起诉。

---

① 陈卫东:《刑诉中检察官主导地位:形成、发展与未来》,载《检察日报》2019 年 8 月 21 日。

② [瑞士]古尔蒂斯·里恩:《美国和欧洲的检察官》,王新玥等译,法律出版社 2019 年版,第 264 页。

③ [荷]皮特·J. P. 泰克编著:《欧盟成员国检察机关的任务和权力》,吕清、马鹏飞译,中国检察出版社 2007 年版,第 7 页。

根据《德国刑事诉讼法典》第153条a的规定，检察院可以对轻罪暂时不提起公诉，同时科处被指控人履行一定的负担与指示。这些负担与指示包括：(1)履行一定给付，修复犯罪行为造成的损害；(2)向某公益设施或国库交付一笔款项；(3)履行其他公益给付；(4)承担一定数额的抚养赡养义务；(5)真诚努力地与被害人达成冲突调处（犯罪人与被害人冲突调处），并修复其犯罪行为造成的全部或绝大部分损害，或者力求修复损害；(6)参加社会训练课程，或者(7)参加《德国道路交通法》第2条b第2款第2句规定的进修补习课程或该法第4条a规定的驾驶矫正课程。如果犯罪嫌疑人同意并在规定时间内履行了规定义务，检察官就不再提起公诉，诉讼程序即终止。"要求被告人支付款额以撤销案件的权力实际上已经使得检察官的作用类似于（量刑）法官。虽然这些款额技术上未被视为罚金，但它们起到了类似的惩罚作用。"① 但是，对于犯罪嫌疑人而言，附条件不起诉至少有两个好处：第一，可以使其从烦琐的诉讼程序中解脱出来；第二，对其施加的各种处罚并非刑事制裁，不记入官方档案或者公开；同时，可以使被告人免予正式的定罪或者至少是免予被公开审判的难堪，所以受到被告人的欢迎。"许多犯罪嫌疑人喜欢这种程序的不公开化、不认定有罪以及无犯罪记录的优点，所以愿意支付大笔金钱以获得有条件不起诉。"②

二是刑事和解。如在法国刑事和解程序中，检察官可以在《刑事诉讼法》第41—2条规定的18项和解措施中，建议适用一种或几种措施。一旦犯罪嫌疑人承认其罪行，检察官会提出书面建议，包括指控事实和建议替代措施的性质、数量。犯罪嫌疑人可以请求律师的帮助，并有10天准备时间考虑是否同意刑事和解协议。如果犯罪嫌疑人同意检察官提

---

① ［德］托马斯·魏根特：《德国刑事诉讼程序》，岳礼玲等译，中国政法大学出版社2004年版，第46—47页。
② ［荷］皮特·J.P.泰克编著：《欧盟成员国检察机关的任务和权力》，吕清、马鹏飞译，中国检察出版社2007年版，第121页。

议的措施，检察官可以请求法院院长认定刑事和解的有效性。如果法院院长批准刑事和解协议，已经决定的各项措施应当交付执行。

三是刑事处罚令。刑事处罚令程序首创于德国，后被法国、意大利、日本等许多大陆法系国家效仿。根据德国《刑事诉讼法》第407—410条的规定，检察官在侦查结束时如果认为证据足以定罪且无审判必要，则可以提出书面申请，请求法官或陪审法庭不经审判以书面处罚令确定对犯罪行为的法律处分。在申请书中，检察官应提出具体的处罚建议，如罚金、没收、吊销驾驶资格或最高1年的缓刑、实刑。法官或陪审法庭应当对检察院的处罚令申请进行审查。在司法实践中，法官或陪审法庭绝大多数时候都会同意检察官的申请，签署处刑命令。

总之，检察官不仅在起诉或不起诉之间拥有"全有或全无"的选择权，而且还可以利用大量的"中间"选项。检察官可以自由裁量提供或保留此类选项，这极大地扩展了检察官的权力，并赋予了他们类似于法官的权力。尽管判处监禁刑仍然被视为是法庭的特权，但是检察官仍然掌握着一定的权力，包括财产刑、社区服务刑以及参与"受害人—罪犯"和解项目等。中间选项的引入实际上将检察官推向了作出量刑决定和制定刑事政策的位置。"检察官的角色已经从看门人推进到准司法官，他们决定着谁将受到警告后被释放、谁将受到罚金，或者另一种在一些法律制度中可能是很严厉的惩罚。"①

2. 认罪协商权

在过去30多年间，随着认罪协商在大陆法系国家的兴起，检察官开始在认罪协商程序中扮演着关键性角色。就协商主体而言，大多数国家采取检察官与被告方协商模式，少数国家采取法官与被告方协商模式。

2004年3月9日，法国借鉴意大利庭前认罪协商程序，参考美国辩

---

① ［德］托马斯·魏根特：《德国刑事程序法原理》，江溯等译，中国法制出版社2021年版，第199—200页。

诉交易制度，创设庭前认罪程序，以减轻法院负担，节省司法资源。与美国辩诉交易程序和意大利的庭前认罪协商程序相比，法国庭前认罪程序中检察官的作用得到加强，即被告人承认有罪的前提下，检察官作出一个如何惩罚的建议并经过法官的批准后即生效执行。其运行程序主要分为四个阶段：一是被告认罪；二是检察官提出量刑建议；三是被告是否接受检察官的量刑建议；四是法官对该量刑建议进行形式和实质审核。庭前认罪程序给法律职业者的角色带来了重大影响。检察官提出量刑建议后，直接通知犯罪嫌疑人是否接受，犯罪嫌疑人必须有辩护律师在场协助，而法官的职责则是在法庭上确认或者拒绝已经达成的量刑协议。这一程序更加体现了以当事人为中心，而不是以法官为中心的特征，因而，该程序被认为是更适宜于对抗制程序。它要求犯罪嫌疑人和检察官达成一项审前协议，检察官代行了法官部分刑罚裁量权。法官的权力仅限于接受或拒绝当事人所作的量刑提议——他没有权力去修改该提议。①

　　与当事人主义之美国协商主体必为检察官与被告人显著不同，在职权主义的德国，协商主体主要是法官和被告人及其辩护律师。德国《刑事诉讼法》第257条c第1项规定，"在适当情形中，法院可以与诉讼参与人就嗣后的程序进程与结果，依照下列各款指示进行协商"。虽然德国法律要求法官保持中立立场，但这一规定也将法官置于角色冲突的困境之中。一方面，普通职权主义审判中，法官被认为是中立的事实发现者而非程序参与者；另一方面，当法官与被告及其律师协商一致或协商失败后，法官又被要求在后续程序中中立地对待被告人，就好像协商从未发生以及没有被告人供述那样。这样的角色转换很难保证法官没有

---

① ［美］艾瑞克·卢拉等主编：《跨国视角下的检察官》，杨先德译，法律出版社2016年版，第118页。

偏见。① 鉴于此,德国《刑事诉讼法》赋予诉讼参与人有发表意见的机会,检察官对协商结果有否决权。检察官在法院达成重大协议而未知会其情况下,可以对法官个人成见声明异议,也可以上诉的方式,推翻已经达成的量刑。

就技术层面而言,尽管辩诉交易、控诉交易和量刑协商存在差异,但它们的相同点是检察官在量刑程序中扮演着积极参与甚至是共同决策的角色。现代的裁判协商现象也因此进一步强化了检察官的准司法官地位。②

总体说来,为了应对日益增加的案件负担,两大法系国家刑事司法系统开始引入替代程序,但替代程序的引入却导致刑事诉讼权力逐渐从法官转移到检察官身上,由此增强了检察官对整个刑事诉讼程序的主导作用,使得当今的检察官不仅享有宽泛的程序处分权,而且握有部分案件的实体处分权,得以影响甚至决定绝大多数刑事案件的走向。"法官主导案件解决的传统观点变得值得商榷。在很多体系下,检察官享有广泛的'结案'选择权,即终止刑事诉讼的权力,包括享有指导侦查、影响法院决定、在受到很少的(如果有)外部审查的情况下实现定罪等权力。"③ 检察官因此成为名副其实、当之无愧的刑事诉讼程序的主导者。正是在这个意义上,所谓"刑事诉讼程序乃检察官之程序"这一法谚越来越得到验证。

---

① 高通:《德国刑事协商制度的新发展及其启示》,载《环球法律评论》2017年第3期。

② [德]托马斯·魏根特:《德国刑事程序法原理》,江溯等译,中国法制出版社2021年版,第202页。

③ [美]艾瑞克·卢拉等主编:《跨国视角下的检察官》,杨先德译,法律出版社2016年版,序言第7页。

第三节　检察官主导责任的法理依据

检察官主导责任具有充分的法理依据并符合以下原则：

一、控审分离原则

所谓控审分离原则，是指在刑事诉讼中，控诉职能与审判职能应委以不同的国家机构行使；控诉机关与审判机关之间相互独立、相互制约，以维护刑事司法权运行的客观性、公正性。具体而言，控审分离原则包括以下内容：

一是职能分立。所谓职能分立，是指控诉职能与审判职能分立，这是控审分离原则的前提。在中世纪纠问制诉讼中，并没有控诉职能与审判职能区分的观念，纠问法官集控诉职能与审判职能于一身。法国1808年刑事诉讼法典规定的"一项最重要的也是最新的原则"就是职能分立原则。即将刑事诉讼职能分为追诉职能、预审职能与审判职能，并由不同的机关和司法官行使。"之所以要规定审判、追诉与预审分开，目的是要保证'决定被告人有罪还是无罪的法官'享有独立与公正地位。"[①]

二是机构独立。所谓机构独立，即控诉机关与审判机关相互独立，彼此不具有隶属关系，这是控审分离原则的核心。在纠问制诉讼中，检察官并没有独立的地位和独立的职权，不过是纠问法官的附庸和奴婢。"作为纠问程序的推动者，早期检察官与王室法院的纠问法官本身就是一个整体，共同参与调查，这一点与现代检察官略有不同。"[②] 目前，在检察机关的设置上，素有审检合署与审检分立两种形式。法国、德

---

① [法]贝尔纳·布洛克：《法国刑事诉讼法》，罗结珍译，中国政法大学出版社2009年版，第29页。

② 黎敏：《西方检察制度史研究》，清华大学出版社2010年版，第106页。

国、意大利、奥地利、荷兰、西班牙、葡萄牙等国均实行审检合署制。但由于审检合署制有碍于检察机关的独立,影响其发挥功能,而且容易导致检法两个机构在人员管理及司法行政事务上的矛盾,许多国家已经不采审检合署,而改作审检分立。

三是权力制约。所谓权力制约,是指控诉机关与审判机关相互制约,彼此节制,这是控审分离原则的本质。"控审分离原则的确立充分体现了现代刑事诉讼的精神和实质——以程序制约权力,即通过程序机制的设置来确保国家追究犯罪的活动按照公正的程序轨道进行,防止国家滥用刑事追究权、侵犯国民人权。"①

从控审不分到控审分离,是刑事司法史上的一次伟大"革命",它标志着刑事诉讼从传统到现代的转型,刑事诉讼结构趋于理性、合理化。同时,控审分离原则促进了检察官与法官在刑事诉讼结构中的角色、地位此消彼长的变化,具体体现在:

第一,从角色地位看,法官从积极主动的追诉者兼裁判者角色转变为消极中立的裁判者角色。在纠问制诉讼中,法官既是裁判者,也兼追诉者,有权积极主动地发动追诉。控审分离后,"法官被局限于被动消极的角色,但也因而保住其作为裁判官不可或缺的客观性,可谓一大丕变。"② 检察官则从法官的附庸解放出来,成为独立的追诉主体。与法官的被动中立性相比,检察官的活动具有积极主动特点。"检察机关是维护国家法制积极而活跃的机关。其职能活动,无论是侦查起诉,还是实施监督,都具有主动性的特征。"③

第二,从职能范围看,法官的职能范围不断收缩,检察官的职能范围不断扩展。在纠问制诉讼中,法官独揽追诉审判大权。控审分离后,法官从刑事诉讼中全线撤退,仅承担审判任务。其活动范围局限于审判

---

① 许永俊:《多维视角下的检察权》,法律出版社2007年版,第88—89页。
② 林钰雄:《检察官论》,法律出版社2008年版,第7页。
③ 龙宗智:《检察制度教程》,中国检察出版社2006年版,第6页。

阶段。法官原则上不介入审前程序，仅保留对强制性侦查措施的司法审查权。反观检察官，不仅取得了追诉权，还取得判决的执行权等权力。如在法国，经过1808—1810年的改革、整顿，法国检察官在司法制度中乃盘踞独特且重要之一角，不仅在刑事诉讼上拥有：（1）指挥司法警察而从事犯罪之侦查；（2）提起公诉、维持追诉；（3）指挥、监督预审法官；（4）执行裁判等权限，且在民事诉讼上，对公益有关之案件，在审判时，也有莅庭陈述意见、监督审判之权限。同时，在司法行政上，检察官还具有监督警察、律师、执达吏、法院书记官等权限。① 检察官的职能范围不仅涵盖刑事诉讼全程，而且扩展到民事行政等领域。

第三，从制约关系看，法官对检察官的制约是被动的、消极的，而检察官对法官的制约是积极的、主动的。法官对检察官的制约，主要体现在对检察官提起公诉的案件进行审判，认为指控的事实不成立或者证据不足的，依法做出无罪判决。法官不得主动对检察官办理的案件进行干预。检察官对法官的制约主要体现在三个方面：（1）"无原告即无法官"，起诉是审判的前提和基础。"不告不理"，是控审分离原则的核心内容。所谓不告不理，指未经检察官起诉，法官不得自行地、主动地对公诉案件开启审判。从这个意义上讲，起诉是审判的原动力，是审判的发动器，没有起诉，就没有审判。从时间承续看，先有起诉，后有审判，这个次序不能颠倒；从内容看，起诉的对象和范围决定了审判的对象和范围，"控诉方起诉什么，法院便只能审判什么，法院审判的范围不得超过起诉书指控的范围。"② 从效力看，除了例外情况下，提起公诉必然引起审判程序。（2）检察官莅庭公诉是审判程序顺利进行的必要条件。"检察官必须莅庭实施公诉，此乃检察官最基本之任务，亦为控

---

① 黄东熊：《中外检察制度之比较》，台湾地区"中央文物供应社"1986年版，第10页。

② 黄文：《刑事诉审关系研究》，西南师范大学出版社2006年版，第11页。

诉原则及言词原则最基本的要求。"① 检察官提起公诉后，理应莅庭公诉，宣读起诉书，举示被告人犯罪的证据，与被告人及其辩护人进行辩论，并协助法庭发现真相。如果检察官不出庭或者中途退庭，将导致审判无效。如在法国，"如果检察官没有参加审判，决定则会被宣布无效。虽然在庭审过程中，检察官可能会被替换，但是检察官的位置不能空缺。"② 在庭审中，检察官有权变更、追加起诉，从而引导刑事程序的运转。除了例外情况下，检察官起诉后撤回起诉将直接导致刑事诉讼程序的终结。此外，检察官提出的量刑建议，对法院的量刑权构成一定的制约。（3）检察官有权对法院的审判活动进行监督。在庭审中，检察官既是控诉一方，也是公益代表人，因此，检察官有权监督法院审判活动，以保证法院裁判的客观性和正确性。韩国、日本检察厅法均规定，检察官有权"请求法院正确适用法律"。韩国检察官朴良浩认为，"检察官作为公益的代表，在刑事诉讼程序中，虽然是诉讼当事人，但要超出本位，为了实现正义及发现实体真实发挥适当的作用。必要的时候行使对法院的请求权即请求法院适当适用法律（《韩国检察院法》第4条第1项第3项），进而制约法院以实现审判的适当性。"③ 在日本，检察官请求法院正确适用法律的权限包括："在对请求保释作出决定时陈述意见；对审判程序中认定事实和适用法律陈述意见；通过控诉、上告、抗告、准抗告等要求对违法或者不当的裁判予以更正；请求再审或非常上告等。"④ 此外，日本检察官认为审判长根据《日本刑事诉讼法》第294

---

① 林钰雄：《检察官论》，法律出版社2008年版，第14页。
② ［荷］皮特·J.P.泰克编著：《欧盟成员国检察机关的任务和权力》，吕清、马鹏飞译，中国检察出版社2008年版，第110页。
③ 朴良浩：《韩国检察制度》，载卞建林等主编：《第七届、第八届中韩刑事司法学术研讨会论文集》，上海社会科学院出版社2017年版，第245页。
④ ［日］伊藤荣树：《日本检察厅法逐条解释》，徐益初等译，中国检察出版社1990年版，第27页。

条行使诉讼指挥权违反法令时,还有权提出异议。①

总之,控审分离原则的确立终结了一个"旧时代",开启了一个"新时代"。它宣告了法官主导刑事诉讼的格局正式终结,检察官将成为刑事诉讼新的"主人"和主导者。

二、客观公正原则

客观相对于主观而言,指观察事物时不带有个人主观好恶成见、公正无私。所谓客观公正原则,又称客观公正义务,是指检察官履行职责时必须坚持客观公正立场,摒除个人主观想法以探求事实真相,即客观调查事实、收集证据、还原案件事实原貌,以实现司法正义。具体而言,客观公正原则包括以下三层内涵:(1)坚持客观立场。检察官必须站在客观立场、而不应站在当事人立场上活动。(2)忠实于事实真相。检察官必须努力发现并尊重案件事实真相,还案件的本来面目,并严格依据案件的事实真相从事诉讼活动。(3)实现司法公正。检察官必须通过自己的诉讼活动使案件的办理达到公平正义的目标。②

19世纪中期,德国法学家萨维尼提出了"检察官客观、公正"义务,得到德国1877年刑事诉讼法的采纳,从而以法律的形式固定下来。赋予检察官客观公正义务的主要缘由,在于实现刑事诉讼的目的:发现真相与保障人权。无论在法律上还是在道义上,检察官都负有发现事实真相的义务。具体包括消极义务和积极义务两个方面。就消极义务而言,检察官不得有妨碍事实真相的行为,即不得伪造、隐匿证据,不得提出虚假不实的证据等。就积极义务而言,检察官应当"协助被告取得有利证据、协助被告及法院澄清事实真相,以及对事实真相作预先的评判,如果没有相当的确信,就应该有道德勇气拒绝起诉"③。赋予检察

---

① 裘索:《日本国检察制度》,商务印书馆2003年版,第190页。
② 朱孝清、张智辉主编:《检察学》,中国检察出版社2010年版,第473页。
③ 郭吉助:《检察官客观性义务之研究》,台湾大学2012年博士学位论文。

官客观公正义务，检察官要注重追诉犯罪，也要注意收集有利于犯罪嫌疑人、被告人的证据，注意保障犯罪嫌疑人、被告人应有的程序性权利。这既有利于发现事实真相，也有利于保障人权。"将刑事诉讼之目的与客观性义务一并为观察，可知检察官负有客观性义务之主要目的在于注意利于被告之情事，用以保障被告之人权，达成刑事诉讼之目的。"①

综观两大法系国家，不论将检察官定位为行政官还是司法官，也不论将检察官定位为一造当事人还是法律守护人，检察官都负有客观公正义务，应当客观、公正、妥当地行使检察职权。如在法国，检察官与法官一样，必须遵守中立性原则。法国前副总检察长伊夫指出："中立性原则是法官和检察官都要共同遵守的重要原则。在法国，对于法官和检察官的教育培训内容是相同的，任何人一旦成为法官和检察官，都必须宣誓遵守这个原则。法官和检察官的重要使命在于维护公民自由，任何公民认为自由受到威胁时，均可向法官、检察官提出保护要求。"② 英国《皇家检察官准则》（第8版，2018年10月修订）第2.5条规定："检察官有责任确保以准确的罪名起诉准确的人，并尽可能将罪犯绳之以法。公正、无偏私和正直地做出案件处理决定有助于被害人、证人、嫌疑人、被告人和公众维护正义。检察官必须确保正确适用法律，向法院提交相关证据，并履行披露义务。"第2.7条规定："在作出决定时，检察官必须公正和客观。他们决不能让任何人对嫌疑人、被告人、被害人或任何证人的种族或国籍、性别、残疾、年龄、宗教或信仰、性取向或性别身份的看法影响他们的决定。他们也不得有出于政治动机的考虑。检察官必须始终为正义而行动，而不能单纯谋求定罪。"《全美检察准则》（2009年第三版）将"寻求正义"列为检察官的"首要责任"，

---

① 谢明智：《检察官客观义务之评析》，台湾东吴大学2009年硕士学位论文。
② 《国际司法对话：法国司法制度和检法及检警关系》，杨蓉、高峻记录整理，载《中国检察官》2008年第1期。

强调:"检察官是司法正义的独立管理者,其首要责任是通过描述和呈现真相以寻求正义。这种责任包括但不限于:保证有罪的人受到惩罚,保证无罪的人不受惩罚,保证所有参与人特别是受害人的权利得到尊重。"该准则还对检察官如何践行客观公正义务提出了一系列指示和要求,检察官在诉讼的各个阶段都须遵循客观公正义务。

在我国,由于职责所系,法官主要在审判环节应秉持客观公正立场,而检察官是刑事诉讼全程的参与者,从侦查、起诉、审判到刑罚执行,每一个环节都需要检察官的参与。正因如此,检察官履行职责的各个阶段、各个环节,都须保持客观公正立场。如果说,全程参与是检察官成为刑事诉讼主导者的必要条件,那么,客观公正立场则是检察官成为刑事诉讼主导者的充分条件。由于秉持客观公正立场,检察官更有资格成为刑事诉讼的主导者,也应当担当起刑事诉讼的主导责任。

三、监督制约原则

创设检察官制度的一个重要目的,在于摆脱警察国家的梦魇,实现法治国家的梦想。什么是法治国家?简而言之,就是建立在民主基础上,实行依法而治的国家。民主与法治构成法治国家的两大支柱,二者缺一不可。因此,法治国家,准确地讲就是"民主"+"法治"的国家,即民主法治国家。澳门特区学者米健精辟地指出:"民主就是通过民意形成公共权力,而法治则是将这种公共权力置于一种可以被社会监督和民意控制的权力行使秩序之中,并且这种权力控制的秩序只能通过一种权力的制衡实现。所以,民主法治就是十二个字:民意上达,权力控制,监督制衡。"[1]

在建设法治国家过程中,检察官扮演着一个十分重要的角色,它的存在发挥着一种权力控制的机能,而这种权力控制正是民主法治秩序的

---

[1] 米健:《检察官的角色与担当》,载《国家检察官学院学报》2011年第3期。

重要基石。一方面，检察官作为公共权力的一个组成部分和延伸，代表着社会或国家的公共利益或国家利益。其主要功能，在于代表国家或政府对犯罪嫌疑人发动追诉，以维护国家或社会的公共利益。另一方面，检察官又是与公共权力相分离，不受其他权力机关影响、支配和控制的司法体系。其主要功能，则在于实现国家权力的双重控制，"既要保护被告免于法官之擅断，亦要保护其免于警察之恣意。"[①] 之所以赋予检察官这种权力，既在于保证社会和国家利益得到最大限度地实现，也在于保障社会和国家在追求这种国家或公共利益的过程中，把可能产生的风险与偏差降到最低。检察官的这种功能和目的，不可避免地造成了检察官的特殊角色与担当。而恰恰是这种特殊的角色和担当，构成了一个民主法治国家不可缺少的重要环节。"概括地讲，检察机关源于国家公共权力机关，但许多情况下又与国家权力执行机关相对分离；在有些国家，它属于国家司法机关，但又与实现权力控制的司法审判机关相对峙，实现着对司法审判机关的监督和制衡。实质上，检察机关的存在实现着一种权力控制的循环，它是一种权力控制的控制，权力制衡的制衡。"[②]

我国检察机关，无论是基于"国家法律监督机关"的宪法定位，还是基于"分工负责、互相配合、互相制约"的宪法原则，都是作为一支监督性、制衡性力量而存在的。在刑事诉讼中，检察机关居于中间环节，起着承上启下的作用，对警察、法官发挥着双重控制的功能。而法官并不与警察直接联系，故法官无法直接监督警察的侦查活动。由审判机关角色的被动性、中立性和有限性所决定，审判机关很难，也不适合承担"主导"责任。检察权的能动性要远远高于审判权，并且出于监督制约，维护司法公正的需要，检察官理应在刑事诉讼中承担主导责任。

[①] 林钰雄：《检察官论》，法律出版社2008年版，第9页。
[②] 米健：《检察官的角色与担当》，载《国家检察官学院学报》2011年第3期。

四、诉讼经济原则

在我国台湾地区学者吴从周看来,诉讼经济原则包括两个层面的内涵:第一,以简单、便宜、迅速、合目的性且最少的花费,理性地形成诉讼程序(或谓"程序的理性化")。这层含义,是对诉讼经济原则定义的通说。据此,透过诉讼经济原则,诉讼目的与因该诉讼而生之劳费产生关系。第二,要求纷争一次解决。也就是避免相同的诉讼标的以重复的诉讼程序加以审理,避免重复诉讼;或者说,尽量避免多余的诉讼步骤或者无用的途径,以减少法院诉讼程序在费用与时间上的花费;或者说,减轻法院的负担。纷争一次解决面向诉讼经济要求,认为作成裁判所必要的花费,应尽可能广泛而安定地提供法律保护,以便以一个纷争,能够在一个诉讼程序中解决。诉讼经济原则的两个层面,前者侧重对当事人提供迅速而便宜的权利保护;后者则侧重避免不必要的诉讼程序,透过顺畅的程序解决纷争,节省法院的人力物力,减轻法院之负担。前者可联结在对"个人利益"的保护上,后者则可联结在对"集体利益"的保护上,同时涉及诉讼经济与诉讼目的之关联。①

诉讼经济原则最初是适用于民事诉讼程序的一项基本原则。"二战"后特别是20世纪70年代以来,随着犯罪率的持续攀升,各国政府都面临着较大的犯罪压力。在这种情况下,法律经济学兴起并将诉讼经济原则引入刑事诉讼程序中。法律经济学主张"效率优先",对效率可谓推崇备至。由此,效率超过公正提升为法律经济学最基本、最核心的概念。无论是波斯纳的《法律的经济分析》还是罗伯特·考特的《法和经济学》等使用的都是效率概念。"法律经济学所主张的研究核心的改变触及法学研讨的中心。上述议程的改变简直就像是一场革命:法律分析

---

① 吴从周:《初探诉讼经济原则——一个法律继受的后设描述》,载《兴大法学》2010年第6期。

应集中研究效率而不是正义，效率应成为法律解释的关键。"①

效率本质上体现的是投入与产出、成本与收益之间的比例关系。从更深层次的意义来说，效率就是一种资源配置方式。当社会资源的配置使越来越多的人改善境况而同时没有人因此而境况变坏，那就意味着效率提高了。效率的产生基于这样一对矛盾，即人的欲望和需要是无限的，而社会能够提供或满足人类欲望和需要的资源总是有限的、不充足的，这种资源的相对有限性被称为稀缺性（scarcity）。为解决这一矛盾，必须建立所谓的效率机制（Mechanism of Efficiency）。萨谬尔森、诺德豪斯指出，"稀缺是指这样一种状态：相对于需求，物品总是有限的""鉴于人的欲望的无限性，就一项经济活动而言，最重要的事情当然就是最好地利用其有限的资源。这使我们不得不面对效率这个关键性的概念"②。

在刑事诉讼中，由于犯罪具有不断增长的特点，而刑事司法资源却是有限的，不能满足惩治犯罪的需要，正是在这种矛盾挤压下产生了效率问题。为了缓解法院的审理负担，避免诉讼的严重拖延，客观上要求尽可能地适用替代程序处理案件。于是，检察官被推向前台，承担起在刑事诉讼中的主导责任。正如瑞士学者古尔蒂斯·里恩指出的："刑事司法系统面临着繁重的案件负担。因此，对每个被告都进行审判不是明智的选择。摆在各国面前共同的难题是，必须找到有效的方法为应该进入审判程序的案件保留通道，并选取合适方式处理绝大多数无须审判的案件。当前，解决案件积压问题的主要方法有三种：包括非罪化、选择性执法和起诉。在此背景下，检察官的地位发生了巨大的变化""为了应对日益增加的案件负担，刑事司法系统逐渐引入了替代程序，检察官在这类程序中开始发挥主导作用。随着时间的推进，检察官逐渐开始扮

---

① ［美］乌戈·马太：《比较法律经济学》，沈宗灵译，北京大学出版社2005年版，第3页。

② ［美］保罗·萨谬尔森、威廉·诺德豪斯：《经济学》，萧琛主译，北京邮电出版社2008年版，第4页。

演决定者的角色"①。

改革开放以来，我国面临着与西方国家同样的犯罪增长窘境。据最高人民法院工作报告显示，2008—2012 年，各级法院共审结一审刑事案件414.1 万件，判处罪犯 523.5 万人，同比分别上升 22.3% 和 25.5%。2013—2017 年，各级法院共审结一审刑事案件 548.9 万件，判处罪犯 607 万人，同比分别上升 32.6% 和 16%。这表明，我国刑事犯罪案件上升幅度越来越大，司法机关的工作负荷越来越重。在员额制改革后，部分基层司法机关案多人少的矛盾特别突出。严峻的社会现实决定了对犯罪不应当也不可能做到每案必诉、每案必审以及适用单一诉讼程序处理案件。采取多元化的案件处理方式十分必要，这有利于实现繁简分流，提高诉讼效率。

无论从法律规定还是实践运作看，侦查机关、审判机关都难以承担起刑事诉讼的主导责任。因为要发挥主导作用，应当具备三个条件：一是能够较早地并尽可能全程参与诉讼；二是应当具备足够的程序处分权或实体裁量权，可以作出终局性的处理决定；三是具有一定的中立性，能够客观公正地作出处理决定。而在刑事诉讼中，侦查机关肩负依法全面取证的重任，有鲜明的追诉倾向，而且没有起诉裁量权，只能对不应当追究刑事责任的案件进行撤案处理，不具备"程序从简、实体从宽"的职权条件。审判程序虽然是刑事诉讼的"中心"，但审判机关并非追诉发起者，法官作为裁判者的被动、中立地位，使其不适宜与辩方进行认罪以及量刑协商。同时，由于其所处诉讼环节的后置性，如果将认罪认罚重心放在审判环节，也无助于实现"繁简分流、节约资源、提高效率"的制度初衷。而检察机关的法律监督职责和客观公正立场促使其必须同时扮演好犯罪追诉者和权利保护者两种角色。从介入侦查，到审查逮捕、审查起诉，直至出庭公诉，检察官几乎全程参与诉讼，其不仅是犯罪追诉者，还是案件的过滤把关者，以及通过起诉裁量实现繁简有

---

① ［瑞士］古尔蒂斯·里恩：《美国和欧洲的检察官》，王新玥等译，法律出版社 2019 年版，第 3 页、第 249 页。

别、程序分流的调控者。可见，检察机关和检察官的职责定位决定由其发挥主导作用更为适宜。

通过检察主导下的认罪认罚从宽的普遍适用，可以有效降低"案－件比"，减少一案多件现象，让公正的实现更有效率，让有限的审判资源，更多投入不认罪和重大、疑难、复杂案件中。"在未来很长的一段时间，检察官在审判程序中的主导作用会逐步强化，最终会形成法官仅负责处理5%左右的不认罪案件，检察官负责处理95%的认罪案件这样一种大致格局。"① 所以，检察官的主导责任是由司法实践的现实状况所决定的，是诉讼经济原则的客观要求。

第四节 检察官主导责任与刑事诉讼模式转型

"任何系统，不管是生物组织还是金融市场，可以被认为是由相互制约和相互依赖的部分构成的统一实体。刑事司法体系也不例外，它由可辨别的机构组成——警察、检察官、辩护律师和法官——他们虽各司其职但又相互关联，构成一个拥有内生特征的整体。"② 检察官是组成刑事司法体系的制度链条的一部分，其地位独特而重要。确立检察官主导责任，必将促进刑事诉讼结构的深刻变革。瑞士学者古尔蒂斯·里恩认为，检察官的工作对刑事诉讼运行至关重要，这反过来又会影响刑事司法原则。他还认为，诉讼权力从法官向检察官转移，带来了关于刑事诉讼规则转变的问题。③ 因此，应当充分认识检察官主导责任对刑事诉

---

① 陈卫东：《刑诉中检察官主导地位：形成、发展与未来》，载《检察日报》2019年8月21日。
② [美] 艾瑞克·卢拉等主编：《跨国视角下的检察官》，杨先德译，法律出版社2016年版，第169页。
③ [瑞士] 古尔蒂斯·里恩：《美国和欧洲的检察官》，王新玥等译，法律出版社2019年版，第1页、第4页。

讼模式的影响，并努力调和检察官主导责任与现行诉讼结构的关系。

一、刑事诉讼模式及其分析框架

（一）刑事诉讼模式的内涵及功能

刑事诉讼模式，又称刑事诉讼构造、刑事诉讼结构等，是指由一定的诉讼目的所决定的，刑事诉讼中控诉、辩护、裁判三方的法律地位和相互关系。在把握这一概念时，应当明确以下两点：

第一，刑事诉讼模式与诉讼目的有密切的关联。刑事诉讼目的，系国家进行刑事诉讼所期望实现的目标、愿景。一方面，刑事诉讼目的决定刑事诉讼结构。有什么样的诉讼目的，就需要考虑与之相适应的诉讼结构。另一方面，刑事诉讼结构的变迁，又反过来现实地影响着特定诉讼制度所能实现的诉讼目的。"从立法角度看，立法者总是基于实现一定刑事诉讼目的的需要，设计有助于实现该目的的诉讼模式……在司法层面上，刑事诉讼模式的立法选择又反过来决定了该诉讼制度所能实现的诉讼目的及其实现程度。"[①]

第二，刑事诉讼模式主要反映控、辩、裁三方的法律地位及其相互关系。在任何刑事诉讼中，都存在着控诉、辩护、裁判三方。只不过在传统纠问式诉讼中，纠问法官集控诉与审判于一身，而被告人处于程序客体地位，基本上不享有辩护权。在现代刑事诉讼中，随着刑事诉讼职能的分化，控诉、辩护、裁判职能分别交由不同的机关行使。控诉是对被告人的追诉活动，包括侦查和提起公诉。辩护是指犯罪嫌疑人、被告人及其辩护人为其利益所进行的防御性诉讼活动。裁判是指对刑事案件实体问题和有关的程序问题作出具有裁决性质的处理，主要是指法官在审判程序中对案件作出的判决和裁定。"刑诉中存在着诉讼参加人与诉讼参与人之间的各

---

① 卞建林主编：《刑事诉讼法学》（第 2 版），中国政法大学出版社 2012 年版，第 41 页。

种矛盾关系,而只有控、辩、裁三方的矛盾关系,才是刑诉中的主要矛盾。这一矛盾的存在和发展规定和影响着刑诉其他矛盾的存在和发展。"①

控、辩、裁三方的法律地位和相互关系,则是由一定的诉讼基本方式所体现出来。例如,侦查程序中的侦查不公开主义;起诉程序中的起诉法定主义、起诉便宜主义、起诉书一本主义、卷宗移送主义;审判程序中的公开、直接、言词原则;证据规则中的自白排除法则、非法证据排除法则等,都是基本的诉讼方式。采取不同的诉讼基本方式,体现出控、辩、裁三方不同的法律地位和相互关系。②

美国学者罗奇教授指出:"模式提供了一种妥善处理刑事诉讼复杂性的有效方法,它们允许简化细节而突出共同的主题及发展趋势。"③他认为,刑事诉讼模式有多种功用:提供了判断刑事司法制度实际运行的一种指南;可以为主导刑事法的价值选择提供一种规范性的指南;可以描述有关刑事司法的理念和学说。

刑事诉讼模式以控辩审三方的诉讼地位及其相互关系为研究对象,侧重对诉讼制度进行结构性、整体性研究。"诉讼模式犹如一幅素描,其所呈现的不是诉讼制度的全貌,而是对诉讼制度整体框架的粗线条勾勒。"④ 由于模式是一种经过简化、抽象所形成的样式,它所反映的不是系统或过程原型的全部特征,但能够描述出原型的本质特征,因而模式分析法具有高度的抽象性和概括性。通过这一概念,人们可以真正从纯粹"诉讼"的角度,将控诉、辩护、裁判三方主体的地位作为分析的重心,将三方的法律关系作为诉讼程序的整体框架。诉讼模式所反映的诉讼制度的本质特征,不仅能够折射出该制度深层次的精神、理念,而

---

① 李心鉴:《刑事诉讼构造论》,中国政法大学出版社1992年版,第15—16页。
② 李心鉴:《刑事诉讼构造论》,中国政法大学出版社1992年版,第16页。
③ [美]虞平、郭志媛编译:《争鸣与思辨:刑事诉讼模式经典论文选译》,北京大学出版社2013年版,第217页。
④ 卞建林主编:《刑事诉讼法学》(第2版),中国政法大学出版社2012年版,第40页。

且体现为一系列具体的程序、规则和制度，是刑事诉讼法学研究体系中连接抽象理念与具体制度设置的中介。从更广阔的视角来看，"刑事诉讼模式高度抽象、概括了其代表的刑事诉讼制度，因而在研究刑事诉讼制度与其所在社会背景下各种具体因素，包括政治权力结构、经济因素、文化传统因素等之间的互动关系时，也是一种有力的分析工具"①。

（二）刑事诉讼模式的分析框架

怎样分析、区别、比较不同的刑事诉讼模式？比较法学者通常采用两种分析方式：一是最大公约数方式。按照最大公约数方式，不同诉讼模式就是一个集合体，具有各自共同的特点的集合体。因此，寻找"最大公约数"，是判断两个以上诉讼模式是不是同一种诉讼模式的基本方法。但这种分析方式存在诸多的问题，难以应对伴随着法律传统的相互影响而出现的混合式诉讼模式。二是理想类型方式。马克斯·韦伯提出的"理想类型"（ideal type）是指"透过某一个或某一些观点的片面提升，以及透过将一大堆混乱而分离的、这里多一点儿那里少一些、有些地方甚至根本不存在的合乎那些以片面的方式挑选出来的观点的个别现象，进而整合成的一个本身具有一致性的图像"②。理想类型属于理论工具，它将某些特征结合为统一的整体，作为比较的试金石。③迈克西摩·郎格运用韦伯的理想类型方法来比较对抗制与讯问制两种模式。在他看来，历史上出现的各种诉讼制度都不可能完全符合这种人为建构的模式，但大陆法系诉讼程序更加接近讯问制模式，而普通法系的诉讼程序更加接近对抗制模式。这种分析模式比最大公约数方式的分析模式更

---

① ［美］虞平、郭志媛编译：《争鸣与思辨：刑事诉讼模式经典论文选译》，北京大学出版社2013年版，导言第6页。

② 何远长：《从理想类型到对比研究——韦伯的得与失》，载《江苏科技大学学报》（社会科学版）2019年第4期。

③ ［美］阿兰·G.帕杰特等：《基督教与西方思想：哲学家、思想与思潮的历史》（卷2），刘平译，人民出版社2017年版，第324页。

加有效，也弥补了后者的许多缺陷。如理想类型方式的分析方法明确了对抗制与讯问制之间的有关差异，这样对抗制或者讯问制模式某一具体制度的改变并不必然导致整个模式构造界定的变化或者抛弃整个诉讼模式，具体制度的变化带来的结果只是对某一模式的更加接近或者更加疏远。此外，这种理想模式的分析方法对于分析混合式诉讼模式更加有效，该模式通过明晰与各模式相应的具体特征来解构各种混合式诉讼程序。该模式也为分析普通法系与大陆法系之间的制度的输出与引入提供了有效的分析框架：它提供了具体的参照物，使我们可以看出法律移植与外来影响引发了多大程度上的诉讼程序上的变革；通过显示一国具体的诉讼程序在多大程度上接近一种诉讼模式，使我们能够预见到诉讼制度中对某项改革的潜在抵制因素。

为了清晰地描述不同诉讼模式之间的差异，郎格使用一种"新的理论分析框架"对理想类型模式予以补充完善。这种新的分析框架主要包括语义解释的结构体系、个人倾向、程序性权力三大要素。

1. 语义解释的结构体系

所谓"语义解释的结构"，由美国人类学家吉尔茨教授提出。他认为，语义结构是个人或者人的群体赖以生存的中介，通过符号或者符号体系，不同的语义结构得以形成、相互交流、相互影响、相互改变、不断再生。郎格借用"语义解释的结构"这一概念，将对抗制与讯问制看作是两种不同的语义解释结构，而相应诉讼模式中的不同主体正是运用这些解释构造来理解有关的诉讼模式与自身在程序中的定位。在这两种不同的语义解释结构中或者说两种不同的"程序语言"中，同一术语或者同一指代往往具有不同的含义。正是由于两种诉讼模式下的各个参与者自觉或不自觉地使用各自的语义解释结构，才使得我们分析两种诉讼模式具有了可能性。

2. 个人倾向

语义解释结构不断地被程序的参与者内化，郎格将这种内化后的结果称为"个人倾向"。① 个人倾向经过程序语义解释结构的内化而实现，这种内化过程又是通过一系列的社会化过程（法学院教育、司法学校培训、检察官办公室与律师事务所的培训以及通过审判活动与法庭的交流等）实现的。这种社会化过程使得刑事程序的参与者都以一种特定的方式来理解刑事程序以及各自的角色定位，这种个人倾向随着时间的推移而越发持久牢固。

个人倾向这一分析进路对于理解程序制度以及程序语义解释结构的变迁至关重要。程序语义解释结构与个人倾向之间是相互影响的：语义解释结构对个人倾向的影响体现为程序参与者通过一系列社会化过程获得了对具体制度的理解，进而依照这些理解与感悟在程序进行中行事；但如果为数众多的程序参与者内化了不同的语义解释结构（如在美国学习的大陆法系的律师们部分地内化了对抗制语义结构），这就可能导致程序参与者开始质疑原有的处于主导地位的程序语义结构，转而寻求引入其他程序语义体系中的法律制度与实践做法。

3. 程序性权力

对抗制与讯问制之间的另外一项差异在于程序性权力配置方式的不同。两大法系诉讼中的程序参与者包括法官、检察官、辩护律师、被告人以及警察在程序性权力与职责的分配上存在明显差异。此外，程序参与者个体之间的权力差异也可以通过各个程序实施机关（检察院、法院、律师协会、公共辩护律师办公室、警察局）拥有权力的不同情况体现出来。

程序性权力这一研究工具与语义解释结构、个人倾向两个分析工具之间也相互影响。实际上，三个要素或者说分析工具是共同发挥作用的，它

---

① 郎格使用"个人倾向"这一概念主要是受到了社会学家皮埃尔·布尔迪厄的启发。皮埃尔·布尔迪厄使用了"习惯"这一概念来指代一系列个人倾向。因此可以认为，"个人倾向"就是指"习惯"或者说"文化"。

们之间或相互支持，或者在某些条件下相互削弱各自作用的发挥。①

二、刑事诉讼模式与检察官的角色职责

自从赫伯特·帕克于1964年发表《刑事诉讼的两种模式》以来，对刑事司法的许多思考均受到模式构造的影响。帕克提出的犯罪控制模式和正当程序模式为整整一代研究者奠定了基础。② 由于刑事诉讼模式主要解决控、辩、审三方的法律地位和相互关系问题，因此，不管哪种诉讼模式理论，都不可避免地涉及控方的地位和权限问题。

从刑事诉讼模式的演进看，人类历史上存在四种主要的诉讼模式，即近代以前的控诉式与纠问式诉讼模式以及近现代职权主义与当事人主义诉讼模式。职权主义诉讼模式，又称讯问制（审问制），适用于大陆法系国家。当事人主义诉讼模式，又称对抗制，适用于英美法系国家。这两种诉讼模式，不仅可以被看作是在不同的诉讼主体之间分配权责的两种不同方法，同时也可以被视为两种不同的诉讼文化。运用郎格"新的理论分析框架"，可以看出这两种诉讼模式在程序语言、个人倾向以及程序性权力三大要素方面都存在显著的差异。下面主要考察检察官在两种诉讼模式中的定位与职责。

（一）两种诉讼模式的"程序语言"："检察官"的不同含义及定位

在对抗制与讯问制两种诉讼模式中，尽管"检察官"都是不可或缺的诉讼主体，但其内涵、定位并不相同。在对抗制中，刑事诉讼与民事

---

① ［美］迈克西摩·郎格：《从法律移植到"法律翻译"：辩诉交易的全球化与刑事诉讼的美国化》，程雷译，载樊崇义主编：《诉讼法学研究》（第九卷），中国检察出版社2005年版，第403—411页。

② ［美］虞平、郭志媛编译：《争鸣与思辨：刑事诉讼模式经典论文选译》，北京大学出版社2013年版，第221页。

诉讼一样，长期被视为解决纠纷的活动或者说是一场竞赛活动。在这种诉讼模式下，"检察官"一词指的是与案件的结果有切身利害关系的纠纷中的一方当事人。检察官与被告人同为诉讼中的当事人，被称为"两造"，法官则处于居中裁判地位。作为当事人，检察官与案件的处理结果具有切身利害关系。"相对大陆法系的检察官而言，美国的检察官常常作为与案件结局有直接利害关系的一方当事人处理案件。比如他们经常认为如果指控成功，他们就胜诉了，相反，如果被告人被无罪开释，自己就是败诉方。"① 当然，所谓"利害关系"，并不意味着检察官像民事诉讼中的原告那样，须承担败诉后的损害赔偿责任。指控的成败，仅仅关系到检察官的声誉、职业前景而已。在讯问制中，检察官指的是以追求事实真相为目标的中立的官方调查者。大陆法系国家检察机关在组织体系上属于行政系统，但检察官通常被视为司法官或"准司法官"。检察官与法官并无高低之分，往往接受共同的司法训练，享有相同或基本相同的待遇，并且可以实行任职交流。检察官与案件并无利害关系，他并不是作为一方当事人出现在诉讼中，而是作为法官之外的另一种以追求案件事实真相为己任的官方调查人员参与诉讼。"尽管在检察官与法官之间存在一定的分工，即检察官负责请求法官调查有关案件事实、出示有关证据、适用有关法律，法官负责出示证据与适用法律，但二者的本质是相同的：均属于负责发现真实的中立的国家官员。"②

（二）两种诉讼模式中的"个人倾向"：检察官的司法文化

在讯问制中，检察官作为与法官"同质"的司法官，具有"法治守

---

① ［美］迈克西摩·郎格：《从法律移植到"法律翻译"：辩诉交易的全球化与刑事诉讼的美国化》，程雷译，载樊崇义主编：《诉讼法学研究》（第九卷），中国检察出版社2005年版，第422页。

② ［美］迈克西摩·郎格：《从法律移植到"法律翻译"：辩诉交易的全球化与刑事诉讼的美国化》，程雷译，载樊崇义主编：《诉讼法学研究》（第九卷），中国检察出版社2005年版，第423页。

护人""公益代表者"之司法性格。"检察官的司法地位,定义了支撑检察官存在的角色和价值观,并且决定了被认为必要的对被告人的相应保护措施。"① 检察官应客观公正地按照事实和法律进行公诉,保证对被告人所涉嫌犯罪的指控具有真实性和可信性,而不能把获得有罪判决作为唯一目标。检察官在认为符合总体利益的情况下,可以要求宣告被告人无罪而不是要求对其作出有罪判决。如德国检察官在吕北克难民楼纵火案中,经过与辩方激烈辩论后,最终请求法院对被告人作无罪判决。② 正因如此,德国检察官被誉为"世界上最客观之官署"。在法国,检察官除了请求审判法庭作无罪判决外,还可以要求"法庭在认定被告人有罪之后,宣告对该犯罪人免除一切刑罚,或者推迟宣告刑罚"。

在对抗制中,由于控辩双方与案件具有利害关系,因而他们关注的焦点是如何获胜而不是发现真相。"辩护律师的目标不是为被告人赢得公正的审判;公正的审判可能对其当事人来说意味着灾难,因为它有可能导致定罪,这取决于证据情况。反之,辩护律师的目标就是胜诉,这意味着竭尽全力去获取胜诉。"③ 检察官也一样,在诉讼中经常表现出强烈的"追求有罪"倾向。"数年前,乔治·费尔肯内斯发现,检察官办公室既面临外部压力,也面临内部压力,这两者都可能导致一种'定罪心理'。多年来,没有任何迹象表明这种现象已经消失。"④ "尽管形式上要致力于实现正义而不是片面追求胜诉,但是大部分美国检察官办公室并不会把精力投入对被告的罪行进行客观和准司法化的评估活动

---

① [美]艾瑞克·卢拉等主编:《跨国视角下的检察官》,杨先德译,法律出版社2016年版,第124页。
② 林钰雄:《检察官论》,法律出版社2008年版,第26页。
③ [美]威廉姆·皮兹:《不追求真相的审判》,郭志媛译,载[美]虞平、郭志媛编译:《争鸣与思辨:刑事诉讼模式经典论文选译》,北京大学出版社2013年版,第389—390页。
④ [瑞士]古尔蒂斯·里恩:《美国和欧洲的检察官》,王新玥等译,法律出版社2019年版,第197页。

中，这与很多大陆法系国家的检察机关的职责不同。"①

（三）两种诉讼模式中的程序性权力：检察官的主导责任

李心鉴认为，职权主义诉讼构造强调作为国家专门机关的控方和裁方在诉讼中的主导作用；当事人主义则注重控方和辩方（当事人）在诉讼中的平等地位和主导地位。② 可知，检察官在两大诉讼模式中都发挥着主导作用。只不过，在讯问制中，检察官与法官一起发挥主导作用；而在对抗制中，检察官与辩方一起发挥主导作用。程序参与者在两种模式中的相互关系见下图：

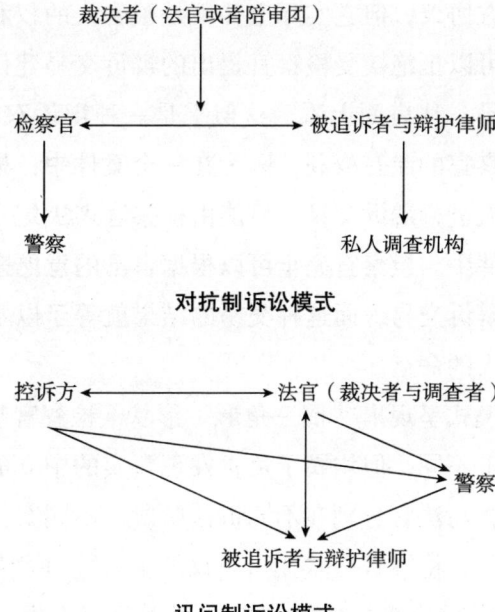

对抗制诉讼模式

讯问制诉讼模式

---

① ［美］艾瑞克·卢拉等主编：《跨国视角下的检察官》，杨先德译，法律出版社2016年版，第188页。

② 李心鉴：《刑事诉讼构造论》，中国政法大学出版社1992年版，第15页。

从上图可以看出，对抗制诉讼模式呈现出"正三角形"形状，检察官与辩方处于同一直线上，都是程序的主导者，享有相对平等的程序性权力，共同推动程序的进展。检察官的主导作用主要是通过广泛的起诉裁量权和辩诉交易来实现的。如在美国，检察官的主导作用主要体现在"选择性起诉"及"辩诉交易"这两项制度上。"选择性起诉"指的是并非所有犯罪都必须被起诉到法院接受审判，检察官可以根据案件的具体情况和有关的社会政策，有选择地起诉一部分犯罪，而对另一部分犯罪持宽容的态度。至于哪些犯罪和哪些犯罪人应该截留在司法程序之外，完全取决于检察官的自由裁量。美国检察官在刑事案件处于主导作用的另一个表现是在"辩诉交易"活动之中。虽然辩诉交易是被告人和检察官达成的双方协议，但它实际上并不是被告人的权利，而是检察官的权力。被告人可以拒绝接受检察官提出的辩诉交易建议，但他却无权要求得到辩诉交易。从表面上看，这似乎是一种辩诉双方的平等权利，但它实际上是检察官的专有权利，因为在一个案件中，是否进行辩诉交易，和哪个被告人进行辩诉交易，只能由检察官来决定。在有多名被告人的共同犯罪案件中，检察官完全可以根据自己的意愿来决定同其中的某个被告人进行辩诉交易，而这种交易的结果就等于以不同的方式决定了那些共同犯罪人的命运。①

讯问制诉讼模式呈现出"倒三角形"形状，检察官与法官居于同一直线上，虽然分工不同，但均属于负责发现真实的中立的国家官员。在该模式中，检察官与法官分别在不同诉讼阶段、不同案件中发挥着主导作用。在审前程序，检察官是"无可争议的主人"。检察官的主导作用，主要体现在检察官对侦查权的控制以及起诉分流方面。对一些轻微案件，检察官通过不起诉或者通过处罚令等程序直接作出终结性处理决定，发挥着类似于法官的作用。如在德国，刑事诉讼法赋予检察官在从

---

① 徐家力：《美国检察官在刑事诉讼中的主导作用》，载《国家检察官学院学报》2002年第1期。

侦查开始的最初阶段到执行刑罚的最后阶段的主导地位。如果案件进入审判阶段,检察官将其主导地位转移给法官。检察官的责任是提出指控,并监督法院遵守程序规则。审判结束时,检察官总结证据,并对法院的裁决提出具体建议。①

三、检察官主导责任与"分工负责、互相配合、互相制约"原则

"分工负责、互相配合、互相制约"是我国刑事诉讼法特有的基本原则。据王桂五回忆,互相制约是由彭真的秘书李琪提出来的。互相制约一词,是借用斯大林在《联共党史》第四章辩证唯物主义和历史唯物主义中关于事物之间互相联系、互相制约的提法而来的。② 1954 年 6 月,彭真明确提出,公检法"这三个机关是互相配合、互相监督、互相制约的,目的是建立一种制度,以便在处理案子时少犯错误"③。1979 年《刑事诉讼法》第 5 条正式将"分工负责,互相配合,互相制约"载入,并沿袭至今。

"分工负责、互相配合、互相制约",突出地体现了我国刑事诉讼在组织结构方面的特点。即国家专门机关在处理刑事案件过程中形成一种"线性结构"关系,具有明显的"诉讼阶段论"特征。公检法三机关分别负责侦查、起诉与审判,"铁路警察各管一段",三个主要的诉讼阶段上公、检、法三机关分别具有排他性的垄断地位,三个阶段相互独立,前后衔接,犹如一个工厂的三个车间和一架机器的流水线。这种诉讼结构的意义在于:一是便于各个机关有针对性地开展工作,提高工作效率;并通过权力的分离,防止司法权的过分集中,在体制架构上实现相互制约。二是通过相互支持,共同合作,使案件的处理能上下衔接,协

---

① [德] 托马斯·魏根特:《德国刑事诉讼程序》,岳礼玲等译,中国政法大学出版社 2004 年版,第 38—39 页。
② 《王桂五论检察》,中国检察出版社 2008 年版,第 429 页。
③ 彭真:《论新中国的政法工作》,中央文献出版社 1992 年版,第 99 页。

调一致，共同完成查明案件事实、追究、惩罚犯罪的任务。三是通过互相制约，防止司法权力被滥用，使刑事诉讼能够文明、公正、科学地进行，在打击犯罪的同时充分保障人权，保证案件质量。

习近平总书记在党的十八届四中全会关于《中共中央关于全面推进依法治国若干重大问题的决定》的说明中强调："我国刑事诉讼法规定公、检、法三机关在刑事诉讼活动中各司其职、互相配合、互相制约，这是符合中国国情的，具有中国特色的诉讼制度，必须坚持。"① 检察官主导责任不会从根本上打破三机关"分工负责、互相配合、互相制约"的格局，也不会从根本上动摇或改变我国刑事诉讼模式。"认罪认罚从宽制度强化了检察机关在控与辩、控与审上的主导地位，但没有改变控、辩、审三方在刑事诉讼中的法律关系与构造格局，辩护权、法院居中裁判权并未受到根本动摇。"②

（一）检察官主导责任与分工负责

所谓分工负责，是指公、检、法机关在刑事诉讼中，根据法律的授权行使各自的职权，各司其职，各负其责，不可相互替代和推诿。分工负责具体包括：（1）职能上的分工。对刑事案件的侦查、拘留、执行逮捕、预审，由公安机关负责。检察、批准逮捕、检察机关直接受理的案件的侦查、提起公诉，由人民检察院负责。审判由人民法院负责。（2）案件管辖上的分工。刑事案件的侦查由公安机关进行，法律另有规定的除外。人民检察院在对诉讼活动实行法律监督中发现的司法工作人员利用职权实施的非法拘禁、刑讯逼供、非法搜查等侵犯公民权利、损害司法公正的犯罪，可以由人民检察院立案侦查。对于公安机关管辖的

---

① 习近平：《关于〈中共中央关于全面推进依法治国若干重大问题的决定〉的说明》，载《人民日报》2014年10月28日。
② 曹东：《论检察机关在认罪认罚从宽制度中的主导作用》，载《中国刑事法杂志》2019年第3期。

国家机关工作人员利用职权实施的重大犯罪案件,需要由人民检察院直接受理的时候,经省级以上人民检察院决定,可以由人民检察院立案侦查。设置"分工负责"原则一方面便于各个机关有针对性地开展工作,提高工作效率,更重要的目的是通过权力的分离,防止司法权的过分集中。①

  检察官主导责任并未否定分工负责原则。一方面,检察官主导责任并非要包办或代替其他机关依法履行职责,公检法机关按照法律规定各司其职。另一方面,检察官主导责任并非主动揽责,将本属于公安机关、法院的错案责任揽在自己身上。"检察机关是刑事错案的第一责任人",并不意味着错案责任全由检察机关承担,公检法按照规定各负其责。② 值得注意的是,分工负责原则是相对的,并不意味着公检法之间存在着绝对的、不可逾越的界限。在司法实践中,出于对公正、效率等因素的综合考量,法官行使追诉权、③ 检察官行使裁判权的现象并不鲜见。随着认罪认罚从宽制度的实施,检察官在实体方面发挥着重要的主导作用,包括认罪、认罚、罪名认定、量刑适用等。④ 检察官获得广泛的自由裁量权,已经成为"法官之前的法官",但这并未从根本上动摇分工负责原则。

---

  ① 王天若:《"分工负责、互相配合、互相制约"原则的正当性》,载《人民法治》2016年第7期。
  ② 娄凤才:《正确解读"检察机关是刑事错案的第一责任人"》,载《检察日报》2020年3月14日。
  ③ 如在西方一些国家,法官对于藐视法庭的犯罪行为可以直接判刑,而无须检察官起诉。之所以这样规定,是因为藐视法庭的犯罪行为就发生在法官眼皮底下,证据"确实充分",用不着检察官起诉、举证。由法官直接判刑,有利于提高诉讼效率,同时也有利于维护法庭的权威和尊严。
  ④ 曹东:《论检察机关在认罪认罚从宽制度中的主导作用》,载《中国刑事法杂志》2019年第3期。

（二）检察官主导责任与互相配合

所谓互相配合，是指公、检、法机关在分工负责的基础上，相互支持，共同合作，使案件的处理能上下衔接，协调一致，共同完成查明案件事实并追究、惩罚犯罪的任务，切实落实刑事诉讼法的作用。虽然公检法三机关在刑事诉讼中各有职责，各负其责，但同时又具有共同打击犯罪和保障人权的目的，所以在刑事诉讼活动中必须紧密合作，互相协调。

在刑事诉讼中，互相配合具体表现在以下几个方面：（1）侦诉配合。公安机关的立案、侦查，应为检察机关审查批捕、提起公诉做好准备；检察机关对于公安机关提请逮捕而又符合逮捕条件的，应及时批准逮捕；检察机关直接受理的自侦案件，需要拘留、逮捕犯罪嫌疑人的，应由检察机关作出决定后，由公安机关加以执行；检察机关需要通缉被告人时，应当通知公安机关执行。（2）诉审配合。检察机关的起诉应当为法院审判做好准备，法院对检察院提起的公诉只要起诉书中有明确的犯罪事实和附有相关证据材料的，应当及时开庭审判；人民法院审理公诉案件，人民检察院除特定情况外应当派员出席法庭支持公诉。

检察官主导责任在一定程度上强化了互相配合原则。比如，根据《刑事诉讼法》第201条的规定，对于认罪认罚案件，人民法院依法作出判决时，一般应当采纳人民检察院指控的罪名和量刑建议。根据该规定，除了几种特殊情形外，人民法院应当"配合"检察机关，采纳检察机关指控的罪名和量刑建议，而不得随意拒绝或者变更。

（三）检察官主导责任与互相制约

所谓互相制约，是指公、检、法机关按照诉讼职能的分工和程序上的设置，相互制约和约束，防止权力滥用，防止和及时纠正可能发生的错误和偏差，确保法律正确实施。

在刑事诉讼中，互相制约主要体现在以下几个方面：（1）侦诉制约。一是在逮捕权限上互相制约。公安机关逮捕犯罪嫌疑人，要提请人民检察院批准。对于不批准逮捕的决定，公安机关认为有错误的时候，可以要求复议；如果意见不被接受，还可以向上一级人民检察院提请复核。二是在不起诉权限上互相制约。公安机关侦查终结的案件，应当移送人民检察院审查起诉。对于检察机关的不起诉决定，公安机关认为有错误的时候，可以要求复议，如果意见不被接受，可以向上一级人民检察院提请复核。（2）诉审制约。一方面，人民法院经过审理，认为检察院的指控案件事实清楚，证据确实、充分，依据法律认定被告人有罪的，应当作出有罪判决；依据法律认定被告人无罪的，应当作出无罪判决。另一方面，人民检察院对人民法院的判决、裁定认为有错误时，有权按第二审程序或审判监督程序提出抗诉。

从法理讲，公检法三机关的"互相制约"具有双向性，即"承担侦查、控诉、审判职能的公检法三机关之间的制约具有相互性，每一个机关都对其他机关形成一定制约，同时它也成为其他机关制约和监督的对象"①。但在实践中，只有侦诉、诉审之间的相互制约，而无侦审之间的相互制约。侦审之间是脱节的，必须通过检察院这一中介联系。因此，审判机关并不能直接制约侦查机关，这与国外普遍由法官直接制约侦查权（强制措施决定权）形成鲜明的对比。坚持互相制约原则，还应当构建审判机关制约侦查机关的相关机制，加强侦审的直接联系。

检察官主导责任与互相制约原则并不矛盾。检察官主导责任贯穿于刑事诉讼全过程，通过引导侦查和监督侦查活动、程序分流、指控和证明犯罪、提出量刑建议、监督法院审判活动等来实现。在认罪认罚案件中，检察机关指控的罪名和量刑建议，对法院具有拘束力，法院"一般应当采纳"，这是检察官主导责任的体现。但是，在出现"（一）被告

---

① 王天若：《"分工负责、互相配合、互相制约"原则的正当性》，载《人民法治》2016年第7期。

人的行为不构成犯罪或者不应当追究其刑事责任的；（二）被告人违背意愿认罪认罚的；（三）被告人否认指控的犯罪事实的；（四）起诉指控的罪名与审理认定的罪名不一致的；（五）其他可能影响公正审判的情形"时，人民法院有权拒绝检察机关指控的罪名和量刑建议，这是对检察机关的制约，体现了互相制约原则。

四、检察官主导责任对刑事诉讼结构的影响

从长远看，确立检察官主导责任，有利于打通三个诉讼阶段的隔离态势，使侦查、起诉、审判三阶段的联系更加紧密。"确立检察官的主导地位必须打破诉讼阶段论的藩篱，重塑刑事诉讼的纵向构造。"① 这将影响到控（包括侦查）、辩、审三方程序性权力的配置，并将影响到侦诉、诉审、诉辩关系。

（一）检察官主导责任对侦诉关系的影响

一直以来，公检法机关对"分工负责、互相配合、互相制约"原则的理解与适用存在某些误区，导致出现"重侦查，轻审判"的现象。在刑事诉讼理论上，虽然强调侦查、起诉和审判处于"平分秋色"、平起平坐的地位，没有中心，但事实上形成了"侦查中心主义"。"公安机关、检察机关的控诉主张及相关材料通常成为法院裁判结论及定案证据，相应地，在事实操作层面体现的是以侦查为导向的中心化。质言之，侦查、起诉、审判三阶段中，侦查才是真正的中心，审判基本上沦为案卷的展示过程。"② 在侦诉分离的工作模式下，侦查与起诉脱节，侦查机关难以从有效指控的角度来侦查取证，而检察机关难以把握案件

---

① 陈卫东：《刑诉中检察官主导地位：形成、发展与未来》，载《检察日报》2019年8月21日。
② 左卫民：《健全分工负责、互相配合、互相制约原则的思考》，载《法制与社会发展》2016年第2期。

的全部情况,特别是侦查中的活动情况,从而影响了判断的准确性。其结果,可能导致"一步错,步步错",侦查中出现的错误很难在起诉、审判环节得到纠正。

优质高效的侦查取证,是整个刑事诉讼得以顺利推进的前提和基础,并直接影响诉讼的最终结果。特别是办理认罪认罚案件强调速度和效率,容易导致重效率轻质量情况,这特别要求提高侦查取证的质量。检察官主导作用的有效发挥,离不开高质量的侦查活动。一方面,认罪认罚不意味着证据和证明标准降低,仍应坚持"事实清楚、证据确实充分"的证明标准;另一方面,很多认罪认罚案件也离不开公安侦查人员的权利告知和教育劝导。在有限的审查起诉期限内,能否达成控辩一致的协商结果,在侦查阶段的有效认罪格外关键。发挥检察机关在审前程序中的主导作用,有利于形成"大控方"格局,促使侦查活动始终围绕公诉之要求而展开,使侦查职能最终能够服从并服务于检察机关的公诉职能。检察官要坚持以证据为核心,充分发挥诉前主导、审前过滤、侦查监督、人权保障等作用,加强对侦查取证的引导和监督。积极构建认罪认罚从宽视角下的侦、诉联动机制,保障案件程序进程同步,动态高效运转。健全对重大疑难案件的提前介入引导侦查取证机制,通过提前介入引导取证、受理前审查、侦查终结前会商等,筑牢定案证据基础、研判是否符合侦结条件、提前把握案件诉讼走向等。通过履行审查逮捕和侦查监督职能,对侦查程序走向形成强有力影响与牵制,确保侦查活动合法规范,定案证据确实、充分,认罪认罚自愿真实。

(二)检察官主导责任对诉审关系的影响

检察官因制衡法官权力过大而诞生,但在司法制度发展史上,检法关系却呈现出错综复杂的样态。"历史上每一次诉讼模式的更替,刑事诉审关系都会发生相应的变化,可以说,刑事诉讼模式演进的历史,也是刑事诉审关系发展的历史。"① 为了应对日益增加的案件负担,各国刑事司法系统逐渐引入了替代程序,检察官的作用越发重要,在很大程度上决定着案件的最终处置。由此,检察官逐步取代法官,不仅在替代程序而且在整个刑事诉讼中都承担着主导责任。检察官主导责任反映了刑事诉讼中诉审关系的新发展、新变化,并深刻地影响到以审判为中心的诉讼制度改革。

推进以审判为中心的诉讼制度改革,旨在强化审判的中心地位,发挥审判在查明事实、认定证据、形成裁判中的决定性和最终性作用。从理论上讲,以审判为中心具有以下特征:一是整体性。即以审判为中心是相对于整个刑事程序而言。在整个刑事诉讼程序中,审判自始至终居于中心地位。这一点,使它与庭审中心主义区别开来。二是决定性。即审判程序具有"盖棺论定"性质,决定了控辩双方主张是否成立,决定了被告人是否有罪、是否负刑事责任,决定了案件的实体处理结果。② 但从我国司法实践看,以审判为中心主要指"以庭审为中心",突出庭审的实质化。而在整个刑事诉讼中,由于侦审脱节,审判程序对侦查程序并不具有制约功能,故无法确立审判程序在整个刑事诉讼中的中心地位。

强化检察官主导责任与以审判为中心(本质上是以庭审为中心、以证据为中心)的刑事诉讼制度改革目标完全一致,都是诉讼规律的体现,旨在优质高效办好案件、维护司法公正。"检察机关在刑事诉讼中的主导责任与'以审判为中心'并不矛盾,是在'以审判为中心'前提下明确检察机关的主导责任,检察机关主导责任的承担是深入推进以审判为中心诉讼制度改革的很重要的一个环节。把主导作用发挥好、证据审查好、起诉工作准备好、在法庭的证明义务履行好,法院的审判才

---

① 黄文:《刑事诉审关系研究》,西南师范大学出版社2006年版,第61页。
② 段明学:《检察改革论略》,中国检察出版社2016年版,第85页。

能顺利进行。"① 因此,检察官主导责任并不动摇以审判为中心,以审判为中心也不排斥检察官主导责任。无论是"中心"还是"主导",都回避不了司法资源有限、案多人少的现实制约,也离不开案结事了、化解矛盾、减少对抗、增进和谐的社会治理需求。

第一,检察官主导大部分轻微犯罪案件的审前分流,既动摇或者消减了审判的中心地位,又为确立重罪案件、不认罪案件的审判中心地位创造了条件。一般地说,实现审判中心地位,首先需要案件能够进入审判程序。没有审判,何谈审判中心地位。检察官主导下的审前分流,导致许多案件尚不能进入审判程序。即使进入审判,庭审空心化、虚化严重,也只不过是对检察官所提出的定罪和量刑建议的确认而已。以德国为例,正式的控告和完整的审判成了例外:在已然查明犯罪嫌疑人的案件中约有三分之二的案件是由检察官终结诉讼的;即使是那些提起公诉的案件,接受完整审判的也不足二分之一,甚至在这二分之一案件中,也存在审判简化的趋势。② 在案件没有进入审判程序的情况下,审判中心地位已然是"水中月,镜中花"。在庭审空心化、虚化情况下,虽然法官对检察官提出的定罪和量刑建议的认可仍然体现了以审判为中心的基本原则,但审判的中心地位无疑被消减。另一方面,随着案件量的激增,所有案件都进入审判程序,必将导致审判程序超负荷和难以为继,庭审实质化将面临严峻挑战。"传统的法庭中心主义的路径已经无法承载日益增长的案件量,从而导致今天的刑事司法体系要更多地倚重替代性程序来解决案件。"③ "从二十世纪中后期开始,现代社会的经济发展及其附随的犯罪,就已经让审判中心的模式捉襟见肘了,经济犯罪与有

---

① 龚云飞:《检察机关在刑事诉讼中的主导责任——访中国政法大学教授樊崇义》,载《检察日报》2019年10月28日。
② 樊崇义:《认罪认罚从宽制度的理性认识与实施建言》,载张志杰主编:《刑事检察工作指导》2019年第1辑,中国检察出版社2019年版,第99—100页。
③ [美]艾瑞克·卢拉等主编:《跨国视角下的检察官》,杨先德译,法律出版社2016年版,序言第7页。

组织犯罪等刑事案件，无论是质还是量都已经超过审判中心模式的负荷。"① 因而，实现审判中心地位，必须辅之以审前分流。检察官将大量轻微案件、认罪认罚案件及时分流出去，有利于法官集中精力审理重大疑难复杂案件，实现庭审实质化。

第二，检察官在认罪认罚从宽制度中的主导责任将导致"认罪即定罪"，检察官量刑建议影响司法裁判成为常态。在域外协商性司法发展过程中，传统法官居中裁判的审理者角色，已转变为认罪协商的审查者，并有向合作者衍化之趋势。② 随着检察官主导责任在认罪认罚从宽制度中的确立，检察官、法官的职责和工作重心都应相应调整，诉审关系亦需要重构。

首先，检察官主导责任并不意味着包办、代替法院裁判权。检察机关作出的程序选择、指控罪名和量刑建议都需经过法院同意，体现了司法最终决定原则。检察官应当尊重法院的裁判权，把握好主导责任的限度。检察官除了继续做好定罪之诉外，还要更加重视量刑之诉，阐明量刑建议的理由依据和形成程序，以便法院依法公正裁判。

其次，法官应成为"积极的合作者"。对于检察机关在认罪认罚从宽案件中提出的量刑建议，由于"它是控辩双方就量刑问题协商后达成的'合意'，体现了代表国家的检察机关基于被告人的认罪认罚在实体上作出量刑减让的一种承诺"③，法官应当予以充分尊重。除了法定情形外，"一般应当"采纳检察机关指控的罪名和量刑建议，不得轻易地偏离量刑建议作出量刑裁判。因为，"在认罪认罚案件中，依法兑现

---

① 转引自郭松：《审判中心主义的域外图景与我国的现实选择》，载《江海学刊》2018年第1期。

② 王迎龙：《认罪认罚从宽制度实行中法官角色的转变》，载《人民法院报》2020年4月24日。

③ 胡云腾：《正确把握认罪认罚从宽保证严格公正高效司法》，载《人民法院报》2019年10月24日。

'从宽'政策、实现司法公正,乃是检察机关和法院的共同责任"[①]。但在司法实践中,只有20.2%的受访法官表示会"尊重控辩双方协议,按照量刑建议裁决";有48.2%的受访法官表示是"以量刑建议为基础,必要时可进行微调";有31.6%的受访法官表示"依照事实和法律作出裁决,不受量刑建议的限制"。[②] 如果法官可以对检察官提出的量刑建议随意进行调整,或者完全不受量刑建议的约束,就可能陷检察官于不诚信的境地,最终导致认罪认罚从宽制度成为泡影,不仅会损害检察机关的公信力,也会损害法院自身的公信力。

最后,法官要成为认罪认罚案件的审查者。对于认罪认罚案件,庭审程序有所简化。为此,法官应当加强对认罪认罚案件的全面审查,不仅要审查被告人认罪认罚是否自愿、合法,认罪认罚具结书是否真实、有效,还要审查认罪认罚和量刑协商过程是否合法、规范,检察机关指控的罪名和量刑建议是否适当等,并依法作出判决。

第三,在少数重大、疑难、复杂或者被告人不认罪案件中,检察官发挥指控证明犯罪的主导责任,有利于推动庭审实质化,强化审判的中心地位。在少数重大、疑难、复杂或者被告人不认罪案件中,随着庭审实质化的推进,审判中心地位得到加强。检察官通过发挥指控证明犯罪的主导责任,推动着审判程序的进展。在庭审中,控和辩由公诉人引发,法庭调查、法庭辩论都是围绕检察机关的指控来进行。法官(审判长)要充分履行指挥庭审的职责,保证庭审的顺利进行,同时要尊重检察官指控证明犯罪的主导责任,避免越俎代庖,履行公诉人的职能;检察官也要尊重法庭的庭审指挥权,服从法庭指挥,充分履行指控证明犯罪的主导责任,切实推进庭审实质化,使以庭审为中心、以证据为中心

---

① 孙长永:《认罪认罚案件"量刑从宽"若干问题探讨》,载《法律适用》2019年第13期。

② 宋善铭:《认罪认罚从宽案件中法官作用的实证研究》,载《法律适用》2019年第13期。

的刑事审判落到实处。

(三) 检察官主导责任对诉辩关系的影响

随着认罪认罚从宽制度在我国法律制度中的正式确立，及其在司法实践中的广泛推开，我国刑事诉讼结构正从达马斯卡所称的"阶层模式"逐步转变为"协作模式"。"协作模式的根本价值取向要求权力的等级尽可能地温和。"① 体现在诉辩关系上，强调诉辩平等，诉辩之间根据平等、自愿、合作、互利等原则解决刑事纠纷。在协作模式下，被告人的角色发生了显著的变化，从处于受到国家非难、承担责任的地位向自己承受罪责、反省、解决案件的地位转化。被告人角色的变化，导致对刑事诉讼目的的新规定。赫尔曼教授指出："被告人并不仅仅是服从者，默默地接受对他作出的决定。被告人可以创造性地参与定罪和量刑的过程。同样，辩护人作为法官、检察官的伙伴同样有权协助寻找解决问题的对策，辩护人认为有必要时，应当尽全力为委托人提出主张。法官、检察官方面也应当把辩护人作为协作的伙伴。""诉讼参与人作用的变化会产生对刑事程序的目的进行重新界定的效果。刑事程序应当放弃专门为贯彻实体刑法发挥作用的传统原理，而应当建立新的理念：刑事司法是解决社会问题的一个装置，正因为所有的诉讼参与人都能够接受刑事司法的目的（结果），它才能实现正义。"② 对此，日本学者田口守一评论道："这种刑事诉讼目的论是十分重要的。在被告人承认自己实施了该犯罪案件并希望解决该案件时，他所面对的问题不仅是违反抽象的法律，还涉及对于被害人或社区带来的损失，一方面服从外界的强制性刑罚，另一方面应当考虑让被告人自己做些什么。由此看来，犯罪

---

① [美] 达马斯卡：《权力结构与比较刑事诉讼》，载 [美] 虞平、郭志媛编译：《争鸣与思辨：刑事诉讼模式经典论文选译》，北京大学出版社 2013 年版，第 272 页。
② [日] 田口守一：《刑事诉讼的目的》，张凌、于秀峰译，中国政法大学出版社 2011 年版，第 13—14 页。

嫌疑人、被告人也就被纳入了'解决案件的主体之中'。"①

检察官的主导地位与犯罪嫌疑人、被告人的程序主体地位并不冲突。检察官要充分尊重犯罪嫌疑人、被告人的程序主体地位，加强与辩方的合作协商，努力构建既有效对抗又平等协商的新型诉辩关系。

第一，检察官主导责任有助于促进诉辩之间的相对平等。控辩平等是现代刑事诉讼机制的基本要求。只有控辩双方拥有均等的攻击和防御手段，才有平等参与诉讼并最终赢得胜诉的机会和能力。要实现控辩平等，就必须赋予控辩双方平等的诉讼权利和攻防手段，这就是平等武装。欧洲人权委员会在对奥夫纳与鲁普芬格诉奥地利（Ofner and Hopfinger v. Austria）一案的裁决中认为："检察官与被告人（在刑事诉讼中）的程序平等（procedural equality）一般可称为平等武装，这是公正审判的一项内在要素。"② 联合国《关于检察官作用的准则》第 20 条规定："为了确保起诉公平而有效，检察官应尽力与警察局、法院、法律界、公共辩护人和政府其他机构进行合作。"③ 国际检察官联合会《检察官职业责任准则和主要权利义务准则》也规定："为了保证起诉的公正和效率，检察官应当与警察、法院、从事法律事务的人员、辩护律师、公共辩护人以及其他政府机构合作，不管其是国内的或国际的。"《全美检察准则》（2009 年第三版）第 2 – 8.3 条规定："检察官应在刑事诉讼所有阶段与辩护律师通力合作，以确保正义之实现及个案最恰当之处置结果。"根据该规定，为实现个案之正义，检察官应主动或在辩护律师提出合理请求的情况下，在提供信息或其他帮助方面与辩护律师进行合作。

但是在刑事诉讼中，完全拥有平等武装，却是一个遥不可及的梦

---

① ［日］田口守一：《刑事诉讼的目的》，张凌、于秀峰译，中国政法大学出版社 2011 年版，第 14 页。
② 陈瑞华：《刑事审判原理论》，北京大学出版社 2003 年版，第 230 页。
③ 见联合国公约与宣言检索系统 https：//www. un. org/zh/documents/treaty/files/OHCHR – 1990 – 3. shtml。访问日期：2021 年 3 月 2 日。

想。国家机关与犯罪嫌疑人、被告人之间天然存在实力落差。"一来是因为以强大组织为后盾的国家机关，为求真相之发现，得对被告进行调查程序并发动强制处分，因而与被告的实力并不平等；二来，被告的法律知识与国家的专职法律人员并不相当。"① 如果放任这种不平等，则会使刑事诉讼的结局受力量左右，而不是由案件的事实来决定，这最终会使国家设立的烦琐的刑事诉讼程序变得毫无意义。为此，必须努力在诉辩之间实现最大限度的平等，实现公民权利与国家权力之间的相对均衡。一方面，要加强犯罪嫌疑人、被告人的权利，特别是辩护权利，使之能够与国家权力相抗衡，弥补诉辩之间的实力落差。另一方面，要加强国家权力的自我限缩。通过辩诉之间的"一增一减"来实现平等武装。

　　检察官主导责任强化了检察官的责任和担当，要求检察官正确、充分履职，从组织法下职责与职权的辩证角度来看，这也是对检察官权力的自我约束、自我加压。犹如在传统诉讼程序中要求听取律师意见，听取意见既可以视为检察机关的职权，也可以视为检察官的职责。"检察官主导责任包含为被追诉人提供权利保障的内容"②，检察官主导责任是检察官承担的对犯罪嫌疑人、被告人的一项特别责任，即诉讼关照、帮助的责任，这也是对犯罪嫌疑人、被告人提供的"实质性辩护"。检察官不应单纯谋求证明犯罪嫌疑人、被告人有罪，而应该确保其受到公正的审判和处理。顾永忠教授认为，检察官在适用认罪认罚从宽制度中的主导责任包括四个方面：一是应确保认罪者系有罪之人且依法应当追究刑事责任；二是应确保认罪者认罪罪名之准确；三是应确保认罪认罚的自愿性；四是应确保认罪与从宽系控辩双方平等协商之结果。③ 这四

---

① 林钰雄：《刑事诉讼法》（上册），中国人民大学出版社2005年版，第158页。
② 韩旭：《刑事诉讼中检察官主导责任的理论考察》，载《人民检察》2020年第5期。
③ 顾永忠：《检察机关的主导责任与认罪认罚案件的质量保障》，载《人民检察》2019年第18期。

个方面的主导责任，实际上就是检察官对犯罪嫌疑人、被告人所承担的特别责任。这既有助于调节国家与犯罪嫌疑人、被告人的实力差距，也有利于促进诉辩双方的平等。

第二，检察官主导责任有助于促进诉辩之间的理性对抗。刑事诉讼中，辩诉双方的对抗是本能的，是制度运行机制使然。"刑事诉讼的过程，也就是控、辩双方对抗的过程。"[①] 特别是在庭审环节，为了澄清事实和法律问题，诉辩之间要展开针锋相对的辩论，双方唇枪舌剑，互相诘问和反驳，表现了强烈的对抗性。但在实践中，诉辩之间的对抗有时变了味，出现了失控、失序的情况。有的公诉人"在法庭上常常将自己设置为一个实现公诉目的的斗士，一切公诉行为，均与诉讼对方的观点针锋相对，以对抗代替沟通、协调乃至必要的妥协"[②]。有的律师在办理案件过程中，拒绝与公安司法机关合作，用"死磕"警察、检察官和法官的方式代理案件。"'死磕'是控辩关系、审辩关系的一种扭曲，是一种不正常的诉讼状态，是现代司法制度异化和法治文明的悲哀。"[③] 造成诉辩之间非理性对抗的原因是多方面的。其中之一，就是诉辩之间互不信任、充满敌意。突出检察官的主导责任，特别是在庭审中指控和证明犯罪的主导责任，有利于检察官增强主导意识，切实承担起指控和证明犯罪的职责，杜绝出现强词夺理和无谓的"表演"，理性地与辩护律师展开对抗，协助法院实现公正审判。

第三，检察官主导责任有助于促进诉辩之间的务实合作。从诉辩对抗走向诉辩合作，是世界主要法治国家刑事诉讼发展的基本趋势。诉辩对抗虽然有利于发现真相，但其弊端却是以低效率为代价，耗费了大量司法资源。在对传统对抗制诉讼模式的反思中，合作型司法应运而生。"协同型司法以控辩双方协商形成合意并由法官审查把关为内容，控辩

---

① 孙洁冰主编：《刑事诉讼法》，重庆大学出版社1996年版，第47页。
② 龙宗智：《检察官客观义务论》，法律出版社2014年版，第238页。
③ 冀祥德：《律师缘何"死磕"?》，载《中国司法》2013年第9期。

双方对于案件的处分权得以实现,被告人对于自己案件最终的处理结果有一定的决定作用。"① 认罪认罚从宽制度顺应刑事司法程序繁简分流的发展趋势,是对加强包括律师在内的诉讼参与人的人权保障需求作出的回应。它以诉辩对话的实质化设计——协商与见证,从制度层面为双方之间增加了可供交流的内容和价值,也即注入了协商的因子。在认罪认罚从宽制度中,诉辩之间都有合作的动机和意愿。对于犯罪嫌疑人、被告人来说,认罪认罚可以尽快从诉讼中解脱出来,并且可以获得从宽处罚;对于检察官来说,犯罪嫌疑人、被告人认罪认罚有利于减轻指控和证明的负担。检察官通过履行主导责任,对犯罪嫌疑人、被告人积极做好教育转化工作,认真听取犯罪嫌疑人及其辩护人、值班律师和被害人的意见,有利于确保诉辩之间的协商、合作取得各方都满意的效果,实现双赢多赢共赢。所以说,检察官承担主导责任,并不构成诉辩之间合作的障碍,反而有助于促进诉辩合作与协商。

---

① 张建伟:《协同型司法:认罪认罚从宽制度的诉讼类型分析》,载《环球法律评论》2020 年第 2 期。

第二章　检察官主导责任与检警关系

检警关系是刑事诉讼中一对重要的、基础性的法律关系，是构造刑事诉讼"大厦"之基石。和谐顺畅的检警关系，有利于形成打击犯罪合力，提高办案质量和效率。目前，域外检警关系大体呈现出以下模式：一是检警一体模式。检察官为侦查程序的主导者与指挥者，警察在检察官的指挥监督下开展侦查活动，此种模式为大陆法系国家普遍采用。二是检警分立模式。由警察自行进行侦查，检察官基本上不介入警察侦查活动，此种模式为英美法系国家采用。三是检警协作模式。警察与检察官均拥有侦查权，但检察官有权介入侦查活动进行指导和监督。此种模式为混合法系国家如日本采用。

有论者认为，检察官主导侦查程序，在两大法系国家实践中基本上都未曾成为现实。在英美法系国家，警察承担侦查工作，检察官承担起诉工作，两者职能分离。两者基于工作需要，会形成多样的合作关系，但这种关系只是合作，不存在检察官领导警察的问题，也谈不上检察官主导侦查工作。大陆法系国家的检察官同样对侦查程序难以起到主导作用。① 笔者认为，在大陆法系国家，检察官对侦查程序的主导作用是毋庸置疑的。在英美国家，虽然实行检警分立，但检警之间的联系合作日益加强，检察官不断加强对侦查程序的介入和控制，其在侦查程序中主导作用已经显现。

---

① 秦宗文：《"检察机关刑事诉讼主导责任论"辨析》，载《法治现代化研究》2020年第3期。

第一节　大陆法系国家的检警关系

一、法国的检警关系

法国"Procureur",虽然直译为"检察官"(prosecutor),但相对于英国皇家检察官算是"另类"(different creature)。[①] 体现在检警关系上,法国实行检警一体模式,比英国皇家检察官更早介入刑事案件的调查程序。检警一体制有利于加强对侦查权的制约,确保侦查取证满足于公诉的需要,形成追诉犯罪的合力,提高追诉效率。下面拟以勒芒(LeMans)凶杀案为例,深入探讨法国检警一体制的运作状况。

勒芒凶杀案基本案情: 1991年3月,犯罪嫌疑人的妻子准备与犯罪嫌疑人离婚并返回位于勒芒另一个村庄的娘家。是年5月,她开始和另一个男人交往,由此引起犯罪嫌疑人的强烈不满。6月16日晚,犯罪嫌疑人携带一把猎枪、一把左轮手枪窜至被害男子家。在当晚10点30分左右,被害人发现犯罪嫌疑人,并堵住房门防止犯罪嫌疑人进入房间。房间内有犯罪嫌疑人妻子、被害人的女儿及其男友。于是,犯罪嫌疑人用猎枪冲着房门连开数枪,一发子弹打中被害人的左大腿。紧接着,犯罪嫌疑人破门而入,在屋里又连开数枪,一发子弹击中受伤倒地的被害人身体左侧。被害人当场殒命。混乱中,犯罪嫌疑人妻子仓皇跳下窗户,逃至另一间屋内。犯罪嫌疑人发现后,拿着左轮手枪朝其妻子房间内连开数枪,其中一枪击中其妻子后脑,但并未致命。

犯罪嫌疑人后携带枪支驾车逃离。他返回自己家中清洗了枪支并且

---

① [英] Charlotte Harris. Investigating homicide investigation in France, Policing & Society, Vol. 23: 3, p.329 (2013).

将它们藏在了阁楼。该案最终造成一死一伤的严重后果。①

（一）法国勒芒凶杀案的调查情况

根据《法国刑事诉讼法典》第53条的规定，此案属于现行重罪案件。在现行犯罪案件调查中，"司法警察不仅有查证、勘验犯罪的广泛权力，而且可以立即查找任何有益的情况；司法警察在进行这些活动时，可以采取具有强制力的措施（采用具有强制力的手段）"。②

该案发生后仅数分钟，5名乡村警察就到达案发现场。当地检察官在得到通知后也很快抵达现场。在检察官的授权下，司法警察进行了一系列调查，包括：

（1）现场勘验。对房子及其周边进行检查，在前门外发现4个弹壳；对尸体位置及现场环境进行拍照；安排医学专家检查尸体，得出初步的调查结论；对房屋布局、射击轨迹进行绘图等。

（2）将尸体运至停尸间放置（属于检察官职权）。

（3）搜寻并拘留犯罪嫌疑人。案发后两个半小时，司法警察在犯罪嫌疑人住所附近将其抓捕，并带至警察局。犯罪嫌疑人被羁押于拘留所。

（4）讯问犯罪嫌疑人。在拘留期间，司法警察对犯罪嫌疑人进行了间歇式讯问。讯问每三个半小时，犯罪嫌疑人休息一次。犯罪嫌疑人被问到个人经历和关于枪击事件的相关事实。但他自始至终否认与枪击案有牵连。他辩称从6月16日下午6点起就一直在家，其间去了一趟位于400米之外的母亲家，回来的路上就被捕了。

（5）询问证人。首先，询问犯罪嫌疑人的妻子。询问的内容涉及枪

---

① 勒芒凶杀案的完整情况，参见印波：《法槌下的正义——审判中心视野下两大法系辩审关系探析》，人民法院出版社2018年版，第235—248页。

② ［法］贝尔纳·布洛克：《法国刑事诉讼法》，罗结珍译，中国政法大学出版社2009年版，第226页。

击事件的相关事实,以及她与犯罪嫌疑人关系的历史,她与死者的关系。其次,询问死者的女儿及其男友。他们证实看到犯罪嫌疑人在枪击现场并开枪的事实。再次,询问犯罪嫌疑人的母亲。询问内容是核实那天深夜是否有人到访,他母亲证实没有。最后,询问其他知情人。除了询问上述人员外,司法警察还约谈了与此案相关的11人,包括犯罪嫌疑人的大儿子、弟弟,4个先期到达现场的消防队员,5个邻居。

其他的调查还包括:查封(死者和犯罪嫌疑人的房屋)、搜查(犯罪嫌疑人和他母亲的住所)、扣押(犯罪嫌疑人开的汽车及一些衣物)。

司法警察的调查记录,显示指控犯罪嫌疑人谋杀、蓄意谋杀、袭击并使用武器伤人等罪名的表面证据成立。6月18日晚上8点,司法警察将犯罪嫌疑人解送至最初参与调查的检察官那里。

本案较为典型地体现了法国检警关系的特点。案件发生后,司法警察立即报告检察官,并前往现场进行一切必要的查证、勘验。检察官在得到司法警察通知后,很快抵达现场,指令司法警察继续办案。司法警察在调查中,享有勘验、搜查、扣押,身份检查,听取证人证言,拘留、讯问犯罪嫌疑人等权力。整个调查过程在检察官的指挥监督下完成。调查终结后,由检察官作出是否发动公诉的决定。检察官在调查过程中承担着主导责任,发挥着主导作用。

(二)法国检警关系的基本框架

法国1808年刑事诉讼法典确立了检警一体化模式,并为现行刑事诉讼法所沿用。现行《法国刑事诉讼法典》第12条规定:"司法警察职权,由本编所指的警官、官员与警员在共和国检察官的领导下行使。"第41条规定:"共和国检察官对违反刑事法律的犯罪行为进行或派人进行一切必要的追查与追诉行为。为此目的,共和国检察官领导其驻在法院的辖区内的司法警察警官与司法警察警员的活动。"① 上述规定确立了检警关系的基本原则，奠定了检警一体制的基本构架。勒芒凶杀案距今接近30年，这期间，法国刑事诉讼法修改频繁，已是今非昔比，但检警一体化的基本模式并未改变。

1. 检察官指挥监督的权限

法国检察官虽然不是司法警察，但具有司法警察的色彩，拥有司法警察的全部权力。并且，自20世纪70年代开始，法国立法机关通过了一系列法律，不断扩大检察官在侦查方面的权力。作为司法警察的"上司"，检察官既可以发布有关侦查行为的一般指令，也可以针对个案发布指令，其权限具体包括：

（1）汇集犯罪信息权。检察官是其辖区内犯罪信息的接收者和掌控者。一方面，检察官接受告诉与告发。任何依法设立的权力机关，任何公务官员或公务员，在履行职务中知悉重罪或轻罪的，均有义务立即向检察官进行报告。另一方面，为使检察官的指挥监督更加有效，法国刑事诉讼法强化了司法警察的报告义务。

——知悉犯罪时的报告义务。司法警察得知发生重罪、轻罪与违警罪案件时，应当立即报告检察官（《法国刑事诉讼法典》，下同，第19条）。发生现行重罪案件的情况下，得到报案的司法警察立即报告检察官（第54条）。在发现尸体的情况下，如果死因不明或者死因可疑，无论是否属于暴死，得到报案的司法警察应当立即报告检察官（第74条第1款）。

——调查中的报告义务。在司法警察依职权进行查案行动时，如果自行动开始已经超过6个月，应当向共和国检察官报告案件调查的进展状况（第75-1条第2款）。在初步调查中，只要已经查明有线索推定其实施了犯罪或者犯罪未遂的人的身份，司法警察应当向检察官报告

---

① 《法国刑事诉讼法典》，载《世界各国刑事诉讼法》（欧洲卷·上），中国检察出版社2016年版，第543页、第550页。本文所引法国刑事诉讼法法条，均出自本书。

(第75-2条)。

——拘留及讯问中的报告义务。自拘留开始,司法警察即通过任何方法向检察官报告对某人实行拘留。司法警察向检察官报告有正当理由按照第62-2条的规定对该人实行拘留,并且报告已经按照第63-1条第2点的规定向被拘留人告知犯罪事实所涉及的罪名(第63条第1款)。对被拘留的人进行讯问时,应当录制视听音像。如果由于技术上无法做到而不能录制视听资料,应当在讯问笔录上作出记载,并指明无法录制的性质。此事由立即报告检察官(第64-1条第6款)。

(2)亲临现场指挥侦查权。检察官到达现场,司法警察警官即停止对案件的管辖。在此情形下,由检察官完成所有的司法警察的活动。检察官亦可指令所有的司法警察继续办案活动(第68条)。一般地说,犯罪的性质、后果越严重,越需要检察官亲临犯罪现场指挥侦查。在对一名驻大审法院检察官采访时,他就谈道:"发生人身伤害犯罪的时候,通常我会来到警察办案现场。无论哪一天,无论几点钟,司法警察都可以联系到我的。我觉得经常去现场也是一件非常重要的事情。"

(3)巡视、监督权。检察官一年至少有两次机会深入司法警察的实际工作中去,他们会巡查司法警察办公室,检查设在司法警察办公室的拘留室及其周边设施状况。

检察官只要认为有必要,均可以对拘留场所进行巡视。检察官须建立登记簿,记录其在各拘留场所进行监督的次数与频率(第41条第3款)。同时,唯有司法警察可以依职权或者按照检察官的指令,对某人实行拘留(第63条第1款)。检察官既有权指令对某人实行拘留,也有权对拘留的执行实行监督。并且,这种监督是全方位的、全程性的。具体包括评判拘留的适当性、变更司法警察报告的罪名、批准延长拘留时间、决定是否同意被拘留人提出的各项请求、批准推迟律师参与案件的时间、指令释放被拘留人或者将其送交司法官等。

(4)重大事项批准、决定权。在现行犯罪调查、初步调查中,检察官拥有一系列特有的、专属的权力。以现行犯罪调查为例，检察官享有以下专属性权力：

——决定并延长调查时间。司法警察对现行重罪或轻罪案件的调查，可以在8日内不间断地进行。为查明重罪或者当处5年以上监禁刑的轻罪所必要进行的调查不能推延时，检察官可以按照相同条件决定延长调查时间，但最多只能延长8日（第53条）。

——在特殊情况下批准搜查。在对现行重罪案件的调查中，司法警察为了取得犯罪证据，可以自行搜查并扣押与犯罪事实有关的文件、材料、信息数据或者其他物品。但是，"如果只是为了查找并扣押按照《法国刑法典》同一条文第5款与第6款的规定应予没收的财产，进行搜查之前应当事先得到检察官的批准"（第56条第1款）。

——同意继续扣押。司法警察警官经检察官同意，可以只继续扣押有益于查明事实真相的那些物品，文件与信息数据材物料以及《法国刑法典》第131-21条规定应予没收的财产（第56条第7款）。

——批准动用公共力量。受到司法警察警官传唤的人有义务到场。对于不回答传唤的人或者担心其不回答传唤的人，事先经检察官批准，司法警察警官得动用公共力量强制其到案（第61条第3款）。

——发布通缉令。在对现行重罪或者至少当处3年监禁刑之轻罪进行调查时有此必要，对于存在一项或数项合乎情理的理由可以怀疑其实行了犯罪或犯罪未遂的任何人，检察官可以发出通缉令（第70条第1款）。

——批准进行和解交易。根据《法国刑事诉讼法典》第41-1-1条规定，司法警察警官可以对几类特定案件与自然人及法人实行和解交易，但是必须经检察官批准。案件范围包括：《刑法典》规定的违警罪，但按照《法国刑事诉讼法典》第529条的规定通过支付定额罚金公诉已经消灭的第一级至第四级违警罪除外；《法国刑法典》规定的处罚金刑的轻罪；《法国刑法典》规定的处最高刑期为1年监禁刑的轻罪，但该法典第433-5条第2款规定的侮辱罪除外；《法国刑法典》第311-3条规定的轻罪,在盗取的财物的价值低于法令确定的界限时;《公共卫生法典》第3421-1条规定的轻罪;《建筑与住宅法典》第126-3条第1款规定的轻罪。和解交易的提议,根据犯罪情节、严重程度、原犯罪行为人的人格、物质、家庭与社会状况及其收入与负担情况来确定。交易内容包括:a)犯罪行为人应当缴纳的和解交易罚金的数额,但此数额不得超过法律规定的最高罚金数额的三分之一;b)相应情况下,犯罪行为人赔偿犯罪造成的损害的义务;c)支付罚金的期限,如有必要,履行赔偿义务的期限。犯罪行为人在规定的期限内完全履行了其同意和解所产生的各项义务时,公诉消灭。

(5)侦查终结后的处理决定权。司法警察调查终结后,是否起诉、如何起诉的决定均由检察机关作出。检察官认为追诉不具备法定条件或者不适当时,可以作出不提起追诉(不予立案)的决定。如果认为提出追诉合法适当,可决定发动公诉。检察官也可以视案件具体情况决定实行刑事和解、刑事调解,庭前认罪答辩程序等公诉替代措施,以提高诉讼效率。

在法国,检察官是唯一可以对外发表案件讯息的机关,警察相对而言不能对外发表与案件相关的任何讯息。①

2. 检察官行使指挥监督权的方式

在实践中,检察官除了亲临现场指挥侦查外,还通过电话指挥、例行会议等方式行使指挥监督权。

(1)电话指挥。为了方便检警之间的日常联系,法国检察机关普遍设立了值班电话。值班检察官每天(节假日也不例外)24小时待命,随时接听司法警察关于案件侦查的各种问题,包括发现线索的处置、嫌疑人的强制措施的适用及延长、调取的新证据以及案件的侦查走向,等等。关于司法警察的报告或者问询,检察官应当随时答复,作出指示。

---

① 张安箴:《大陆法系与英美法系检警关系之差异》,载《检协会讯》第23期(2007年12月20日),第7页。

比如，警方拘留犯罪嫌疑人以后，进行了初次讯问，随后联系值班检察官，告知当前案件具体情况。检察官则根据掌握事实材料考虑案件后续处理程序。如果检察官通过直接传讯（citation directe）将犯罪嫌疑人拘传至法院，那么检察院就会提前确认案件开庭的时间，而司法警察负责向犯罪嫌疑人送达传唤通知书（convocation），传唤通知书应该载明受到追诉的犯罪事实、法律依据、受理法院以及庭审日期。通过检警之间的电话联系，使案件得到适时的、快速的处理。

（2）例行会议。在大多数情况下，检察官领导侦查活动基本上是通过每周或者每月组织的一系列会议展开。会议通常在驻法院检察官办公场所举行，有时也会在司法警察或宪兵的工作场所举行。与会者汇聚司法警察部门的负责人，省公共安全厅局长、宪兵队的指挥官和跨区域司法警察机构的主任。同时参会的还包括当地军队首长、保安部队与司法警察警官（根据案件管辖权确定）。会议内容十分广泛，包括：回顾这一周（月）的工作情况，总结工作中不协调的问题，安排下一阶段的工作；对审讯情况进行总结，使检察官掌握了解没有掌握的相关信息，从而给予一些技术性的指导；对采取的一些调查手段以及做出的某些决定造成的影响进行评估，提出改进的措施；针对某些特殊案件、特殊领域或者侦查政策的适用等问题下达进一步指令，发挥引导作用；统一与媒体沟通的口径；等等。

有时，也会召开高规格的战略性会议。与会者层级更高，一般是由司法警察机构首脑或者是所在辖区的省长来参加。会议通常针对那些重大的，需要司法当局紧迫解决的案件。通常都是一些特殊犯罪案件，比如重大的有组织犯罪等。

（3）更换司法警察。检察官如果对司法警察的调查不满意，可以中止司法警察的调查权，改由宪兵警察来调查。这对司法警察来说，无疑是职业生涯的一个"污点"。正如法国学者伊夫所言："法国检察官没有自己的警力，不能直接进行调查。但他可在宪兵警察和司法警察之间决定选择谁来调查,这对落选一方来说很不光彩。"①

(4) 考核惩戒机制。法国司法官员让·马里·休特认为,"检察官是掌控保护个人权利的重要机关,且应密切管控刑事犯罪,所以给检察机关扩大管控警察机关工作绩效评比的权力。"②

《法国刑事诉讼法典》第19-1条规定,检察长对经授权办案的司法警察警官所做的评语,在作任何提级晋升时,均在考虑之列。司法警察调查不力,重复出现不良表现,检察机关在对其工作评估中会给予相对较低评分。此外,检察官根据民众对警察机关提出的意见与抱怨,对司法警察进行道德审查。当发现司法警察出现违反职业道德的严重过错(如刑讯逼供、故意或过失遗漏某些证据材料等)时,报请驻上诉法院检察长作出纪律处分的决定。

(三) 法国检警一体化评析

1. 法国检警一体化的优势

第一,有利于加强对警察权的制约,确保侦查取证的合法性。历史地看,当初法国采用检察官制之用意,一个重要方面是"以检察官节制'不可能脱离行政权掌握'的警察,控制其侦查措施的合法性"③。对警察权滥用的担忧和恐惧,长期萦绕在法国人的脑海中。法国学者爱黑克·马蒂阿斯认为,警察活动经常带有有罪推定的倾向,其活动的目标(逮捕犯罪罪犯本人)与实现目标的手段(逮捕一个罪犯)经常分离:"警察的逻辑是进行刑事追究的逻辑……他们的任务是发现罪犯而不是

---

① 周洪波等:《国际司法对话:法国司法制度和检法及检警关系》,载《中国检察官》2008年第1期。
② 张安箴:《大陆法系与英美法系检警关系之差异》,载《检协会讯》第23期(2007年12月20日),第7页。
③ 林钰雄:《开启检察官定位的新纪元——从奥地利刑事诉讼与检察官制度的变法谈起》,载《检察新论》2010年第8期。

发现无罪者。"① 近年来，法国司法警察在对一些案件的调查中，鲜明地反映出有罪推定的倾向。他们通过不正当方式确定犯罪嫌疑人的犯罪行为，调查和证明事实的过程有瑕疵，导致证据的公正性受到了质疑，被法院认定为无效证据逐年增加，这给检察官指控、证明犯罪带来了很大的压力。检察官不仅要面对对程序瑕疵越来越挑剔的律师，还要面对针对程序瑕疵问题越来越苛刻的法官。因此，加强检察机关对司法警察的指挥监督十分必要，这有利于防止警察在侦查中的滥权和有罪推定倾向，确保案件的证据材料无可指摘。正如美国学者理查德·弗雷斯所言，即使法国检察官在实践中很少直接进行侦查，也很少指挥司法警察侦查，但"仅仅具有这种干预的可能性，就可以在监督警察行使权力方面发挥重要的作用……如果警察使用的调查方法有问题，共和国检察官可以及时进行干预，以保障公民的权利，同时确保搜集的证据具有可采性"②。

第二，有利于形成追诉合力，实现控诉目的。在刑事诉讼中，检警的任务分工有所不同，但二者具有同质性和同向性。同质性，即二者本质上均为控诉机关，承担着控诉职能（侦查职能被认为是控诉职能的一部分）。同向性，即在审判中心主义视野下，侦查、起诉都是为审判程序服务的，应当向审判程序"看齐"。"在犯罪侦查工作上，检、警本为一体，具有一致之目标，即有效且合理之抗制犯罪。"③ 检警一体化的意义，不仅在于检警"组织一体"，更在于"心理一体"，即检警双方"心往一处想，劲往一处使"，增强对目标的认同感以及步调的协同性，

---

① ［法］爱黑克·马蒂阿斯：《论欧洲五国警察机关与检察机关的关系》，李晴兰、赵海峰译，载樊崇义主编：《诉讼法学研究》，第五卷，中国检察出版社2003年版，第476页。

② Richard S. Frase. Comparative Criminal Justice as a Guide to American Law Reform: How Do the French Do It, How Can We Find out, and Why Should We Care? California Law Review, Vol. 78: 3, p. 558 (1990).

③ 傅美惠：《侦查法学》，中国检察出版社2016年版，第82页。

从而壮大控诉力量,形成追诉合力,更好地实现控诉的目的。

第三,有利于优化司法资源配置,提高诉讼效率。"法国的检警关系倾向于打击犯罪,强调效率。"① 在检警一体模式下,司法警察接受检察官的指挥监督,侦查职能服从并服务于控诉职能,这无疑使检察官的控诉更容易,有利于加快控诉的速度。同时,检警之间具有相对明确的分工,发挥各自优势:司法警察本于组织及专业侦查技术上的优势,负责一线侦查工作;检察官"因受有严格之法律训练,善于证据之法律评价及逻辑思维"②,负责进行法律指导。检察官就证据收集向司法警察提出建议和要求,指明侦查方向,司法警察将收集证据的情况及时向检察官进行通报和沟通,及时调整侦查方向,从而将侦查方向与公诉方向统一起来。由此,可以避免检察官反复退回补充侦查造成"案-件比"上升,有利于促进司法资源的优化配置。检察官在指导侦查的同时,一并进行审查起诉,将侦查、审查起诉两个诉讼阶段合并进行(实际上省略了审查起诉程序),有利于缩短诉讼周期,节省诉讼成本,提高诉讼效率。

2. 法国检警关系的现状及问题

对于法国检警一体制,法国内外都不乏唱衰的声音。以法国学者爱黑克·马蒂阿斯、英国学者杰奎琳·霍奇森、中国学者张小玲等为代表,认为法国在立法上虽然对检警一体制有明确的规定,但在司法实践中并未得到切实的贯彻执行。如张小玲认为,"在法国,检察官对警察拘留环节的介入是非常有限的,在大多数地区和大多数案件中,检察官对警察的'领导'至多也不过是基本的证据和程序事项上的指导,而且多限于电话、传真等间接方式……考虑到拘留作为强制措施所具有的严厉属性,不难想见,对于其他侦查行为,检察官也不太可能有更多的介入,更不用说领导了。可见,在法国,检察官领导侦查或者侦诉一体在

---

① 刘林呐:《法国检察制度研究》,中国检察出版社2015年版,第192页。
② 蔡碧玉:《检警关系实务之研究》,载《法令月刊》1997年第1期。

很大程度上也只是停留在立法中，司法实践中的情况并非如此。"① 的确，法国检警一体制在运行中存在诸多问题，主要体现在：

第一，司法警察的双重领导体制，容易导致检警之间的矛盾冲突。在法国，司法警察既要接受内政部在行政方面的领导，完成内政部直属领导制定下发的工作目标；又要接受检察官在业务方面的领导，完成检察机关给他们提出的要求。为此，司法警察需要在这双重目标之间综合平衡把握。但在实践中，双重领导体制并未使司法警察成为平衡发展的"双头兽"。这是由于，检警职责分工不同，工作目标及关注的重点也有所不同。检察官经常把自身定位于回应当地公共安全政策警察侦查行为的驱动者，而警察部门则把他们的精力集中于维护公共秩序。在双方的目标不一致的时候，就容易产生某些矛盾。而对于司法警察来说，职业生涯问题（行政上的附属地位）显然比程序问题（业务上的附属地位）更重要。这是司法警察有时抵制检察官领导的一个重要原因。

在实践中，司法警察怠于或者迟延履行报告义务，在一定程度上弱化了检察官的指挥监督权。"一方面，由于案件量和时间问题，司法警察不可能对办案过程全部记录；另一方面，对于一些不太严重的犯罪，他们可以在向检察官报告前依职权自行调查。"② 检察官实际上是面对已经完成的侦查，司法警察报告检察官其知悉的犯罪的义务退化为通知其已经侦查清楚的案件的义务。"人们可能要问警察在最后时刻通知检察机关的这种做法，是否已使检察机关指挥侦查活动的权力缩减为一种虚幻的权力。"③

---

① 张小玲：《审判中心背景下审前侦诉关系之重塑》，载《政法论坛》2016年第3期。
② ［瑞士］古尔蒂斯·里恩：《美国和欧洲的检察官》，王新玥等译，法律出版社2019年版，第225页。
③ ［法］爱黑克·马蒂阿斯：《论欧洲五国警察机关与检察机关的关系》，李晴兰、赵海峰译，载樊崇义主编：《诉讼法学研究》，第五卷，中国检察出版社2003年版，第469页。

第二，检察官人力不足，难以有效指挥监督警察。在法国，检察官指挥着 10 万名训练有素的司法警察和宪兵，每年办理 600 万宗案件。由于缺乏充足的人力，检察官无法以更为主动、积极的方式介入警察的侦查活动。"检察官的直接参与是如此之少，可以说《法国刑事诉讼法》第 41 条的表述中的颠倒词序如实地反映了大陆法系国家的情况：检察官让他人或自己进行所有追诉刑事犯罪必需的侦查活动。"① 只有在最严重、最复杂的案件或者那些将引发媒体关注的案件中，检察官才会更紧密地介入侦查。即便如此，检察官所关心的，是"规范所取得的证据的性质，以及从犯罪嫌疑人处获得尽可能多的信息，而非审查获得上述证据和信息的方法"②。在大多数案件中，检察官主要通过电话指挥的方式，适时处理案件。一方面，由于案件数量过多，检察官回应司法警察咨询的强度与速度几乎以一种工业化流水线的节奏来进行，根本来不及对案卷材料作全面的考虑；另一方面，由于亲历性不足，检察官作出处理决定不得不依赖于司法警察提供的信息，受到司法警察在客观方面和主观方面的双重影响。上述两个方面局限了检察机关管控的实现，导致实践中容易作出错误处理决定。

尽管存在上述问题，但如果据此认为法国刑事诉讼法关于检警一体的规定"只停留在立法中"，显然是不客观的。事实上，随着《欧洲人权公约》的广泛影响，法国刑事诉讼法不断扩张检察官的权力，以加强对司法警察的控制，确保侦查取证的合法性、正当性。检察官虽然只参与了少数案件的侦查，但并未弱化对司法警察的控制。如前文所介绍的，重大侦查行为和强制性措施，司法警察无权自行决定，而必须由检察官或者自由与羁押法官决定。

---

① ［法］爱黑克·马蒂阿斯：《论欧洲五国警察机关与检察机关的关系》，李晴兰、赵海峰译，载樊崇义主编：《诉讼法学研究》，第五卷，中国检察出版社 2003 年版，第 470 页。

② ［英］杰奎琳·霍奇森：《法国刑事司法——侦查与起诉的比较研究》，张小玲、汪海燕译，中国政法大学出版社 2012 年版，第 227 页。

近年来，改革检警关系的呼声在法国一直很高。建议主要有：一是派驻。以特律什为主席的司法反思委员会建议，通过任命司法官（检察官），使其分别常驻于警察总局局长、宪兵总队总队长、海关总署署长所在单位，行使对司法警察的监督权。① 二是转隶。即将司法警察从普通警察组织分离，直接纳入检察机关管辖，实现检警组织体系的一体化。

当然，上述建议都过于理想化，很难得到立法机关的采纳。对于检察官来说，改善检警关系的可行路径是加强与司法警察的联系，增进检警互信。他们深知，"在缺乏足够资源的情况下，信任可以取代真正的监督和照管……一种建立在对警察的侦查工作进行质疑和核实基础上的监督模式，将导致对抗并损害信任"②。如今，在对司法警察工作的监督活动中，检察官已经不再运用过去那种专制和独断的方式来彰显其权威。他们把在侦查阶段的领导地位定义为是一种监督与引导的关系，就某些司法程序或者对于某些法律规定的执行提供一些司法建议。同时，检察官经常去警察局拜访警察加强沟通联系；这并不被视为加强监控，而是作为促进对警察工作的认识和理解的途径。这些措施，得到了司法警察的认可与欢迎。

二、德国的检警关系

德国检警一体制，虽然继受法国法而来，但经过本土化改造，已经脱胎换骨，别具一格。在法国，司法警察得接受检察官与预审法官的"双重领导"。检察官对司法警察的指挥监督限于现行犯罪调查和初步调

---

① ［法］爱黑克·马蒂阿斯：《论欧洲五国警察机关与检察机关的关系》，李晴兰、赵海峰译，载樊崇义主编：《诉讼法学研究》，第五卷，中国检察出版社2003年版，第473页。

② ［英］杰奎琳·霍奇森：《法国刑事司法——侦查与起诉的比较研究》，张小玲、汪海燕译，中国政法大学出版社2012年版，第216页。

查阶段。在正式侦查阶段，司法警察"执行预审法庭的委派授权，按照预审法庭的要求办案"（《法国刑事诉讼法典》第14条第2款）。德国虽然也移植了预审法官制，但仅是局部移植，其角色、任务与法国法相去甚远。1975年德国废除预审制度后，侦查构造产生根本变化，犯罪侦查概归检察官负责，警察协助检察官侦查犯罪，法院不再介入。德国检警关系模式适应了犯罪率上升对侦查效率的要求，兼顾了打击犯罪与保障人权的统一，因而受到欧盟的认可，① 并成为欧陆其他国家继受的蓝本。

（一）德国警察机关的任务及职权

在德国，警察机关具有双重职能：一是防御对公共安全或公共秩序的危险，此即警察机关的固有职能，来自警察法的规定。二是参与犯罪追诉，负责侦查和查明犯罪，此即警察机关的继受职能，来自刑事诉讼法的授权。前者的身份为行政警察，后者的身份为司法警察。

德国有联邦刑法典和刑事诉讼法典，各州并没有自己的刑法典或刑事诉讼法典。但就警察法而言，不仅联邦，各州均有自己的警察法。德国《联邦刑事警察法》第1条第3款规定："如果法律上没有特别的规定，犯罪的调查、预防以及其他危险性事务的预防是州事务。"根据警察机构的组织方式，各州大体上可分为两种模式：单一模式与分离模式。这两种模式的形成，有其复杂的历史因素。历史上德国各邦林立，靠近法国的邦深受法国法律影响，靠近奥地利的巴伐利亚州又处处与德国其他地方格格不入，其他不计其数的邦国又各有法律渊源，这一局面到德国统一后才有所改善；但"二战"结束时，（联邦）德国又分别被英、美、法等国分区占领，各个占领区内的警察制度又互不相同，导致

---

① 如2000年欧盟刑事法典草案以德国为蓝本，建议欧盟采行检察官作为侦查主模式。参见林钰雄：《开启检察官定位的新纪元——从奥地利刑事诉讼与检察官制度的变法谈起》，载《检察新论》2010年第8期。

了今天德国的警察制度如此不同一的局面。① 目前,适用单一模式的州有巴登－符腾堡州、不来梅州、萨克森州及萨尔兰州,其余所有州都适用分离模式。在适用单一模式的州里,凡是执行"危险防御"任务的政府机构都属于广义的"警察",包括州、区、县级行政的整体管理部门和矿山、林业、卫生、工商企业甚至劳动保护等管理部门,这部分一般统称为行政警察或者行政警务当局;也包括主管刑侦、治安、巡查、保卫等这类比较符合一般人印象的警察业务,具体又可分为执行警察与保安警察等机构。在适用分离模式的州里,所谓警察机构主要指执行警察,行政业务则由单独成立的行政机关来完成。

在德国,"检察官为'唯一的侦查主体'——是检察官们自始至今的主张。刑事警察只是检察官的'辅助机关',检察官才是'法律的守护者'。"② 但这并不意味着警察总是被动地、根据检察官的要求开展侦查,而是有权在法律授权情况下自主地进行侦查。根据《德国刑事诉讼法典》第158条第1款的规定,警察有义务接受公民对犯罪行为的告发或者被害人的告诉,并启动侦查程序。警察在自行发现犯罪踪迹时,也有权开始侦查。在大多数案件中,侦查的启动及其理由都要记录在警察局的日志或案卷中。进行侦查是警察的法定义务,"警察必须侦查犯罪。违反追诉犯罪的法定义务可能会导致刑事后果。例如,一个警察在执勤时得知犯罪信息,却违背其职责,不尽力追诉(和/或侦查),那么,他就犯下了疏忽放纵犯罪的罪行。"③

《德国刑事诉讼法典》第163条第1款第1句规定:"警察机关及警察官员应当侦查犯罪行为,作出所有不允许延误的决定,以避免事实真相被掩盖。"根据该规定,警察拥有一项特殊的权限——对刑事案件的

---

① 熊琦:《德国刑法问题研究》,元照出版有限公司2009年版,第281页。

② [德]托马斯·达恩史戴特:《失灵的司法:德国冤假错案启示录》,郑惠芬译,法律出版社2017年版,第108页。

③ [德]Volker F. Krey:《德国刑事程序的典型特征——美国刑事程序法的一个替代选择?》,陈芳译,载《研究生法学》2007年第2期。

初次干预权（第一行动权）。从立法技术讲，这是一项紧急职权，其目的在于防止警察拖延侦查而造成调查案件真相的困难。为了达到这个目的，2000年修法新增的本条第2句规定，警察"有权请求（ersuchen）所有机构提供信息，在有延误之虞情形下，有权要求（verlangen）提供信息并开展各种方式的侦查，法律另有规定的除外"。这将警察采取"第一行动"的义务和权利变为侦查措施的一般授权基础，并且准许侦查机关进行干涉人民基本权的侦查活动。从立法技术方面看，总体上这是个紧急授权，但实际上，警察的第一行动是很普遍的。"将权力实际上移转给警察，是出于他们特别的技术装配及人员配置，特别是他们配有刑事警察。此外，大多数案件有紧急需要，这也决定了由警察采取第一行动。"①

在德国，警察无权自行终止侦查程序。根据《德国刑事诉讼法典》第163条第2款的规定，警察机关及警察官员应当毫不延迟地将侦查结果送交检察院。实践中，警察在开启侦查程序一段时间后（一般为2—3个月），不管是已查明案件事实还是无法查明案件事实，都须把全部案卷移交给检察机关，由检察官审查决定是否需要进一步侦查。

（二）德国检察官在侦查程序中的角色地位

在德国，检察官是"侦查程序的主人"。开展侦查活动、查明案件事实是检察官的重要任务之一。为此，检察官在侦查程序中享有广泛的权力，既可以自己，也可以委托警察部门实施任何形式的合法的侦查活动。

1. 受理告诉、告发，发动追诉程序

《德国刑事诉讼法典》第160条第1款规定："检察院一旦通过告发或者其他途径获悉有犯罪行为嫌疑的，须对事实情况进行审查，以决定

---

① ［德］科劳斯·缇德曼：《德国刑事诉讼法导论》，载《德国刑事诉讼法典》，宗玉琨译注，知识产权出版社2013年版，第56—57页。

是否提起公诉。"这里,"决定是否提起公诉"不应理解为向法院提起公诉,因为此时仅有"犯罪行为嫌疑",还未正式进入侦查程序;将其解释为"决定是否发动追诉"无疑更为妥帖。正如德国学者克里斯蒂安·瓦格纳所言:"根据德国刑事诉讼法,如果有足够的线索证明犯罪行为嫌疑,检察机关有义务(而不是仅仅有权利)启动追诉程序(法定追诉义务原则)。也就是说,对于检察机关而言,存在着一种追诉的强制。据此,一旦检察院得知有可疑的犯罪行为,它就必须介入并对客观事实进行调查。随着对这种所谓'起始嫌疑'的确定,刑事诉讼程序之门对于检察院而言就打开了,下一步就转入'侦查程序'。"①

2. 自行开展侦查

《德国刑事诉讼法典》第161条第1款规定:"为了第160条第1-3款所述目的,检察院可以要求所有公共机关部门提供情况,并且要么自行,要么通过警察机关及警察官员进行任何种类的侦查,就其权限法律有特殊规定的除外。"根据该规定,检察院可以单独侦查任何刑事案件。如何开展侦查活动,由检察官自己依判断决定。原则上,检察官有权自由地安排侦查程序,可以根据自己对犯罪活动情况的判断来决定具体侦查行动的类型、顺序以及强度。

3. 指挥侦查

德国检察官虽有权自行侦查,但检察机关并无侦查部门之设置。可以说,检察官有"有头无手"。为此,检察官有权要求警察进行侦查。《德国刑事诉讼法典》第161条第1款第2句规定:"警察机关及警察官员负有接受检察院的请求、委托的义务。"另外,德国《法院组织法》第152条第1款规定:"检察院的侦查人员根据其特性有义务遵守其管辖区检察院的命令和其上级官员的命令。"根据上述规定,检察官在侦查程序上具有三种性质的指令权:请求(Ersuchen)、委托(Auftrag)、

---

① [德] 克里斯蒂安·瓦格纳:《德国检察机关》,朱军译,载南京大学—哥廷根大学中德法学研究所编:《中德法学论坛》,第3辑,南京大学出版社2005年版,第10页。

命令（Anordnungen）。① 这三种指令权并非完全独立，而是存在交叉。

（1）请求。当检察官的指令对一般警察人员均适用时，称之为"请求"。所谓一般警察人员，系不具有检察院侦查人员资格的警察人员。这类警察人员与检察官不具有直接的上下级关系，是不受检察官指挥的。检察官在执行特定侦查活动中，如果侦查活动性质并非检察官所固有权限（通常属于警察的共同职权范围），必须通过请求的方式进行。这些事项包括：卧底侦查人员（《德国刑事诉讼法典》，下同，第110条b）、身份检查（第163条b）、科技侦查手段——住宅监听措施之投入使用（第100条c）、摄像、按捺指纹存档（第81条b）、（准）现行犯逮捕（第127条）、紧急逮捕（第127条）等。检察官的请求只能向被请求的警察机关提出。此时，检警之间无法形成从属关系，所呈现的是宪法规定的职务协助（支援）关系。检察官的请求在性质上仅是形式指令权，并非实质的检察官指令权范围。

（2）委托。当检察官的指令只适用于检察院的侦查人员时，则称为"委托"。"'侦查人员'不是一个职业，而是一项职能。因此，侦查人员并不是检察官的合作人，而是检察院的辅助人。"② 根据德国《法院组织法》第152条第2款的规定，成为检察院的侦查人员，须满足两个条件：一是须为公务员或者雇佣职员。雇佣职员必须从事公共职务、年满21周岁且至少在被任命的公务员及雇佣群体中工作2年；二是得到州政府或州司法行政机关的任命。在实践中，绝大多数的警察都是检察

---

① 在中国大陆及台湾地区，学术界对德语"Ersuchen""Auftrag"存在不同的翻译。如在罗科信《刑事诉讼法》一书中，吴丽琪将"Ersuchen"翻译为"嘱托"，将"Auftrag"翻译为"委托"。参见[德]罗科信：《刑事诉讼法》，吴丽琪译，法律出版社2003年版，第79页。而在周庆东发表的《检警关系新探——以德国的检警关系为考察》一文中，将"Ersuchen"翻译为"请托"，将"Auftrag"翻译为"嘱托"。参见周庆东：《检警关系新探——以德国的检警关系为考察》，载《警察法学》2012年第11期。笔者通过查阅德语工具书，依通常的译法，将"Ersuchen"翻译为"请求"，将"Auftrag"翻译为"委托"。

② 魏武：《法德检察制度》，中国检察出版社2008年版，第195页。

院的侦查人员。"警察官员和检察院的辅助人之间的区别实际上并不是特别重要，因为基本上只有培训中的警察和职务较高的警察不是检察院的辅助人。"① 委托的事项为检察官的固有职权范围，检察官原本可以自己行使。将这些权力委托给检察院侦查人员行使，使他们获得了与检察官相当的广泛侦查权。如同检察官，检察院侦查人员可以代替法官，在迟延就有危险的情况下命令采取强制措施。具体包括：搜查（第105条）、扣押（第98条）、采集血样（第81条a）、对证人进行检查（第81条c）、对犯罪嫌疑人住宅进行监听（第100条c）、设卡检查（第111条）、长期监视（第163条f）、拉网缉捕（第163条d）等。通过委托，检警之间形成了一种内在联系，即形成了所谓有关具体个案相关的从属关系——个案从属关系。

（3）命令。在命令方面，德国对检警关系所持的见解是，如果在具体情况下并没有特定的人员从事案件调查，检察官须向警察机关发布命令，而不是直接向特定警察人员。唯有在"即刻的危险"时，检察官才能够直接下命令给特定警察人员。也就是说，在没有特别紧急对基本权的干预情形存在时，检察官通常是不直接下令给特定警察人员的。②

对于请求与委托，根据德国刑事诉讼法的规定，侦查人员只需"满足"即可。而对于命令，依照法院组织法的规定，侦查人员必须服从。通常情况下，在实施特定侦查措施或调查时，适用请求与委托。而在发动个别、具体的刑事诉讼法上的具有重大干涉人民基本权利的强制措施上，适用命令。但是，委托与命令并不能截然分开。如果说，德国法院组织法的规定是在补充刑事诉讼法的规定，那么，针对特定的基本权干预事项则必须利用委托的形式进行，此时的委托即法院组织法上的一种

---

① ［德］科劳斯·缇德曼：《德国刑事诉讼法导论》，载《德国刑事诉讼法典》，宗玉琨译注，知识产权出版社2013年版，第57页。

② 周庆东：《检警关系新探——以德国的检警关系为考察》，载《警察法学》2012年第11期。

命令。比如，检察官委托采集血样时，同时也是在发布采集血样的命令。

4. 作出最终的处理决定

德国法律规定，只有检察官才有权决定侦查是否终结，由检察官对侦查成果和证据的可靠性承担最终的责任。对于警察移送的无法查明犯罪嫌疑人的案件，检察官如果认为有必要进一步侦查，会将案件退回并通知警察进行相关侦查活动，也可以自己侦查；如果认为不必继续侦查或经进一步侦查仍然无法查明犯罪嫌疑人的，则由检察官向案件报案人或检举人写一封信，说明案件侦查情况及结案决定，并向受害人道歉。对于犯罪事实已经查清的案件，检察官根据情况作出起诉或不起诉的决定。

(三) 德国检警关系的法理、实务及改革前景

1. 德国检警一体制的法理缘由

德国在19世纪初期，警察逐渐获得了原本属于法院的刑事侦查权，其侦查工作也由违警罪扩充至所有的犯罪行为。在侦查完毕前，警察可对案件作任意的处置，完全排除法院的干预，导致侦查权的滥用。"警察成为普鲁士军队之外最重要的社会犯罪与治安控制机制，实质上把握着刑事调查与检控大权。警察国家与'军人国王'威廉一世执政以来普鲁士社会的普遍军国主义化是一脉相承的。"[1]

在引进法国检察制度的过程中，德国立法者确立检警一体制，主要有两个重要的考虑因素：

一是明确将检察机关定位为"客观的法律守护人"，负有发现真实的重大责任。1845年12月2日，法律修订部部长萨维尼、司法部部长乌登在一次会议上达成共识："检察机关不仅应保护国家利益，还应同

---

[1] 黎敏：《西方检察制度史研究——历史缘起与类型化差异》，清华大学出版社2010年版，第327页。

等保护被告人的利益,为其进行有效辩护。这将在很大程度上促进公众支持建立新机构的计划,并有利于驳斥检察机关只是国家打击政治犯罪新工具的观点。"① 这是首次明确提出检察机关应该是有利于被告人的法律守护人。《德国刑事诉讼法典》第160条第2款规定:"检察院不仅要侦查对犯罪嫌疑人不利的情形,而且还要侦查对犯罪嫌疑人有利的情形,并且负责提取有丧失之虞的证据。"检察官的法律守护人定位,奠定了检警一体制的重要理论基础。

二是为摆脱警察国家的梦魇,实现法治国家的梦想。1845年12月23日,萨维尼在给内阁的呈文中强调,"正是在……警察机关的行动中存在违反法律的危险,而且经验告诉我们,下级警员侵犯相关人员权利的违法行为并不少见"。他建议,警察机关必须每天向检察机关报告其获悉的违法行为。在重要案件中,检察机关必须"有权立即自行采取干预措施,而且警察机关有义务……执行其指令"。② 为了摆脱警察国家的梦魇,实现法治国家的梦想,客观上需要将警察置于检察官的控制之下。

总之,德国于模仿法国检察制度之际,乃含有达成以下三种目的之愿望:(1)为彻底废除纠问主义刑事诉讼制度,使追诉工作与审判工作分开,以担保审判之客观性与正确性;(2)使检察官在刑事司法中居于"法的看守人"之地位,以期刑事法规切实被遵守,并确保刑事司法之公平与公正;(3)使检察官对警察为维持法治国家体制之控制,以保障人权。③ 检警一体制是实现检察官对警察和法官"双重控制"的重要一环,对于加强对警察侦查活动的监督控制,提高追诉效率,形成追诉合力具有重要的意义。

---

① [德]克劳思·罗科信:《论检察机关的法律地位:昨日与今天》,魏武译,载陈泽宪主编:《刑事法前沿》(第6卷),中国人民公安大学出版社2012年版,第297页。
② [德]克劳思·罗科信:《论检察机关的法律地位:昨日与今天》,魏武译,载陈泽宪主编:《刑事法前沿》(第6卷),中国人民公安大学出版社2012年版,第297页。
③ 黄东熊:《中外检察制度之比较》,中央文物供应社1986年版,第13页。

2. 德国检警关系呈现出法律与实践相脱节的现象

德国学者赫尔曼指出:"在阅读刑事诉讼法文本时,我们不能陷入一种天真的法律实证主义的思想,认为实际中的刑事诉讼程序在任何一个方面都是与法律的规定相吻合一致。"为证实这一观点,赫尔曼先生所举的第一个例子就是德国的检警关系问题。他说:"《德国刑事诉讼法典》第163条规定,在侦查刑事犯罪行为范围内,警察只担负着辅助检察院的责任,只能作'不允许延误的'决定,对自己的侦查结果应当'不延迟地'送交检察院,由检察院进行进一步侦查。然而实际情况却是警察常常自主地将侦查程序进行到底,然后才向检察院移送侦查结果。而对于检察院来讲,如果没有足够的人员,它也根本不可能执行刑事诉讼法所规定的程序模式。"[①]

具体而言,德国检警关系存在法律与实践相脱节的情况主要体现在:

一是检察官作为法定的侦查主体,有权自行侦查所有刑事案件,但在实践中,70%以上的刑事案件都是由警察单独侦查完成的。检察官由于受到人力、物力、专业等的限制,其自行侦查的案件主要集中在重大犯罪、政府犯罪、环境犯罪、经济犯罪(税收犯罪除外)等案件和具有疑难法律问题的案件中。因此,托马斯·维特曼教授认为,警察已无远弗届凌驾于检察官之上,因为他们拥有更多财力、人力,以及搜寻真相所需的诀窍。检察机关的主导功能,"已经受到大幅限缩"。训练不足以及缺乏专门化,导致检察机关必须仰赖刑事警察方面的专业知识。警方挟其高科技的设备,可以在很大程度上自主决定侦查走向,而且也的确这么做。这导致"身为独立第三权代表的侦查机关(按:指检察机关)

---

① [德]约阿希姆·赫尔曼:《〈德国刑事诉讼法典〉中译本引言》,载《德国刑事诉讼法典》,李昌珂译,中国政法大学出版社1995年版,第3页。

成为有名无实的单位"①。

二是在侦查警察过程中,拒绝向检察官报告案件的相关信息,导致检察官难以对侦查过程进行有效的监督控制。在检警关系中,信息是最重要的因素。"检察官在不了解案件的情况下,无法有效控制和监督警察工作。"② 因此,警察在独立侦查的绝大多数案件中,拥有较大的行动自由权。警察在不为人知的情况下僭越而成为侦查的主体,导致了事实上的侦查中心主义,发现真实的过程失控。

三是警察侦查对检察官起诉决定具有决定作用,侦查结论预定了案件审理结果。检察官对于警察的侦查结论往往不作过多地审查,对于大部分侦查结果照单全收,在起诉直接依据方面,检察官起诉依赖于司法警察的侦查结论。警察的侦讯笔录主导案件的最终结果,法庭审判流于形式,从而产生了一系列冤假错案。博恩·许乃曼教授指出:"警方的侦讯笔录通常早已暗中主导着判决结果的理由。"卷宗里面写的东西"对于法官下判决的影响力巨大"。检察官经常只是法庭里的装饰品,而法官则毫不费力地追随警察的判断。许乃曼将这种现象称为"固着效应"。③

3. 德国检警关系的调适

对于德国检警关系,立法者在《法院组织法》的立法说明中就指出,"因为二者之间缺乏机构中的联系",检警关系"尚未定型,其界限尚不确定"。这种状况一直延续到今天。④ 为了纠正这种状况,改革检

---

① [德]托马斯·达恩史戴特:《失灵的司法:德国冤假错案启示录》,郑惠芬译,法律出版社2017年版,第110页。

② [瑞士]古尔蒂斯·里恩:《美国和欧洲的检察官》,王新玥等译,法律出版社2019年版,第205页。

③ [德]托马斯·达恩史戴特:《失灵的司法:德国冤假错案启示录》,郑惠芬译,法律出版社2017年版,第111页。

④ [德]克劳思·罗科信:《论检察机关的法律地位:昨日与今天》,魏武译,载陈泽宪主编:《刑事法前沿》(第6卷)中国人民公安大学出版社2012年版,第312页。

警关系的呼声一直未停止。主要有两种代表性的观点：

（1）检警分立论。这种观点主张将侦查全部交由警察负责，检察机关只负责提起公诉或终止程序。其理由在于，提起控诉是一种"衡量与决定的活动"，而侦查则是"刑事追究与澄清的活动"。二者之间存在明显且不能调和的差异，不能由一个机关同时承担，否则会使该机关落入左右为难的矛盾状况，无法很好实现这两个任务。① 进行这种改革就等于回到了1846年前的状况，检察机关对警察的法律守护人地位将受到很大程度的削弱，因而该观点未能被接受。

（2）检警组织一体论。这种观点主张将刑事警察从警察机构中分离出来，设立直接隶属于检察机关的下属侦查机构，使得检察机关单方面完全获得对所有侦查活动的程序主宰权。然而，将司法警察归属于检察机关管辖之下，必然割裂司法警察与行政警察之间的紧密联系。因此，这一建议也难以付诸实施。

罗科信教授则认为，应当保留两个独立侦查机构并立的模式，并应当维持、强化检察官在侦查程序中的主导地位。为此，他建议从以下几个方面予以改革完善：一是大幅度改善检察机关的人员配置。使检察机关有能力培养更多的专业化特殊检察官，让他们成为有能力向警察发出指令、警察无法取代的搭档。目前在经济犯罪案件方面检察机关已经取得一定成功，其他领域也应相应加强。二是检察机关必须有权直接进入所有与刑事案件有关的警察数据库，这样才有能力"独立制定追诉策略、批判性地领导该领域的警察工作或通过具体指令纠正警察的错误行为"。三是赋予警察向检察机关报告重大侦查活动的义务，这样就可以随时对警察侦查进行法律监督，有利于防止警察独断专行。②

---

① 李冬妮：《中德检警关系比较研究》，中国政法大学2008年硕士学位论文。
② ［德］克劳思·罗科信：《论检察机关的法律地位：昨日与今天》，魏武译，载陈泽宪主编：《刑事法前沿》（第6卷），中国人民公安大学出版社2012年版，第313—314页。

第二节　英美法系国家的检警关系

一、英国的检警关系

英国检警关系长期实行警察检察官模式——侦诉一体模式，警察既承担侦查职能又承担起诉职能。1986年皇家检控署成立后，检警关系发展为菲利浦模式——检警合作模式，警察与检察官彼此独立，既分工负责，又相互合作。① 但在实践中，存在着检警合作过于松散，检察官对警察侦查活动监控不力、侦查与起诉相脱节等问题。为此，英国政府采取了一系列改革措施，加强检察官对侦查活动的引导和监督，努力构建检警分立前提下更加紧密的检警关系。

（一）英国检警关系模式的流变

1. 警察检察官模式

植根于个人主义的深厚土壤，英国长期保持着私诉的传统。犯罪并不被认为是对国家利益的侵犯，而是被视为对公民个人权利的侵犯。因此，无论中央政府还是地方政府，都没有专门执法的职责。任何人都可以对犯罪提起诉讼。实践中，犯罪嫌疑人通常是由被害人提起诉讼，并没有赋予警察或者其他人特别的起诉权力。

历史上看，英国警察相对较晚出现。1829年，英格兰和威尔士建立了第一支职业警察部门。但是，"警察权的发展起点几乎是全面禁止"②。18世纪兴起的自由立宪主义要求限制政府权力，使国家干涉公

---

① ［瑞典］布瑞恩·艾斯林：《比较刑事司法视野中的检警关系》，侯晓焱译，载《中国检察官》2006年第11期（下）。

② ［英］麦高伟等：《英国刑事司法程序》，姚永吉等译，法律出版社2003年版，第50页。

民生活的能力最小化。警察理所当然地被视为国家强制力的代表，而为人们所警惕和防范。"英格兰在历史上有两种相关理念构成形式法律理性的核心内容，这两种构造都是因为人民对警察国家的恐惧所引起的。第一是公民自由。……第二个理念是，假如警察在正式参与社会控制时缺乏具体规定的法定权力，他们实际上就没有特别的执法权：警察在官方话语中被解释为仅仅是'穿着制服的公民'"。①

随着警察机关的不断壮大，警察的权力亦在不断拓展。被害人由于没有能力、权力和资源去侦查和起诉，他们期望警察能为他们发动和实施起诉行为。于是，警方逐渐获得了逮捕的权力，并负责搜集证据指控犯罪嫌疑人。到19世纪中叶，警察占据了起诉的主导权。由于没有任何法律赋予警察特别的起诉权力或者责任，因此警察在事实上获得了决定是否起诉的完全的自由裁量权。"在英国对某类案件起诉或不起诉，法律实施机构的裁量权绝对自主，这就是'警察独立'原则。"②

当然，警察独立原则并不意味着警察的起诉权力不受任何制约。1879年，英国颁布《犯罪起诉法》，设置了检察长（DPP）这一职位。检察长不仅直接负责某些类型案件如叛国案、谋杀案、过失杀人案、淫秽出版物案和危害国家安全案等的起诉工作，而且查办警察的违法犯罪案件。尽管检察长负责处理的案件远不足起诉刑事案件总数的1%，但他们的工作对整个刑事司法系统来说，特别是对警察来说，都具有十分重要的意义。首先，检察长在认为合适的时候，可以正式或非正式地向警察和政府机构提供建议。其次，关于某些刑事案件的情况，警方必须向检察长报告；大约有60个国会法案详细规定了警方在起诉之前必须获得检察长同意的情况。例如，1967年的《性犯罪法案》中规定，在

---

① ［英］麦高伟、路加·马什：《英国的刑事法官：正当性、法院与国家诱导的认罪答辩》，付欣译，商务印书馆2018年版，第60页。
② ［英］安德鲁·桑达斯、瑞恰德·扬：《起诉》，载江礼华等主编：《外国刑事诉讼制度探微》，法律出版社2000年版，第136页。

同性恋犯罪案件中,如果有一方的年龄低于 21 岁,警方则应在起诉前征得检察长的同意。此类规定的目的在于确保起诉标准的一致性,从而维护法律的公正。最后,法律还规定,如果检察长认为合适的话,他有权干预任何刑事案件中处于任何工作阶段的起诉活动,甚至取代原来的公诉人。①

2. 菲利浦模式

1985 年,英国颁布的犯罪起诉法并没有效法被津津乐道的大陆法系国家检警一体模式,将警察置于检察官的控制之下,而是基于分权原则采用检警分立制,以克服侦诉一体的弊端。新设置的皇家检控署与警察机关在组织上互不隶属,警察机关非检察机关的辅助机关,检察机关也不是警察机关的控诉犯罪的代理机构。在职权配置上,"警察仍然保留侦查犯罪和指控被告的责任。检察长领导下的检察机构将由此介入和接管案件。然后由检察机构决定是继续或变更指控,甚至中断或撤销指控。在决定是继续还是中断起诉上完全不受警察的任何影响"②。

(1) 警察特有的权力。在英国,警察对于其管辖的刑事案件拥有独立的、排他的侦查权。在立案方面,只有警察有权接受报案,并启动侦查程序。在侦查中,除了一些侦查措施需要事先取得令状外,警察可以自主地开展侦查活动,讯问犯罪嫌疑人、询问证人、执行逮捕、搜查、扣押,收集证据。侦查终结后,警察独自评价侦查结果,有权决定不采取进一步行动,以警告、附条件警告等方式结案或者决定起诉。整个侦查过程不受检察官控制,"为了获得有关法律问题的咨询意见,警察在侦查的任何阶段都可以将案件提交皇家检察院,但它们没有这样做的义

---

① [英] 菲利浦·约翰·斯特德:《英国警察》,何家弘、刘刚译,群众出版社 1990 年版,第 156—157 页。

② [英] A. N. 卡恩:《英国新建立的刑事检察机构》,么志龙译,载《法学译丛》1987 年第 2 期。

务。在大多数情况下，警察侦查犯罪无需征求皇家检察院的意见。"①检察官没有侦查权（连自行侦查的权力也没有），也没有侦查指挥权。对于警察的不作为，检察官也不承担任何责任。

（2）警察和检察官共有的权力。根据1985年犯罪起诉法的规定，警察决定起诉的案件，要移送检察官进行审查，并由检察官决定提起公诉或者终止诉讼。2003年修改的《1984年警察与刑事证据法》第37B条（2）（3）款规定："检察长应当决定是否有充分证据指控嫌疑人犯罪。如果认为有充分证据指控嫌疑人犯罪，则检察长应当决定：a）是否应当指控，如果指控应以何种犯罪指控，并且b）是否应当给予警告，如果给予警告应以何种犯罪警告。"② 由此，英国的刑事诉讼程序增加了一个补充性的步骤，它在某种意义上建立了一种"起诉的双重审查制度"：警察保留在"第一个层次上"专属性的决定不起诉的权力；相反，如果他决定起诉，其决定须接受"皇家检察官"的审查，检察官通过重新审查侦查中收集的证据的恰当性和诉讼对公共利益的作用，拥有了一项专属性权力，即他可以通过作出不起诉的决定，在"第二个层次上"阻止警察提起的诉讼。③ 这有别于英国以前刑事诉讼的提起方式。在以前，将案件提交法庭（审判）仅根据警察的决定即可，现在必须根据以下程序：警察官和皇家检察官先后并必然介入，前者提起刑事诉讼，后者加以审查确认。检察官的作用，不是开始起诉，而是"接管"警察决定提起的诉讼。"提起刑事诉讼已不再是警察机关的特权：一方面，警察拥有的专属性权力不再涉及决定起诉本身，而仅仅涉及起诉的开端

---

① 王晋、刘生荣主编：《英国刑事审判与检察制度》，中国方正出版社1999年版，第29页。

② 孙谦主编：《刑事起诉制度：外国刑事诉讼法有关规定》，中国检察出版社2017年版，第266页。

③ ［法］爱黑克·马蒂阿斯：《论欧洲五国警察机关与检察机关的关系》，李晴兰、赵海峰译，载樊崇义主编：《诉讼法学研究》，第五卷，中国检察出版社2003年版，第465页。

（警察着手进行诉讼）；另一方面，确切意义上起诉决定先是由警察参与，然后是皇家检察署的参与，这在一定程度上形成了两个机构的共同权力（警察和检察机关启动诉讼）。"① 这种制度设计使得英国的刑事诉讼与其他国家明显地靠近了。

（二）英国检警关系的运行困境

"在任何一个刑事司法体系中，为犯罪的侦查和起诉是由一个机关还是由两个独立的机关来进行；如果由两个独立的机关来进行，是否要赋予起诉机关以监督和控制侦查机关的权力，这是一个重要的政策问题。"② 皇家检控署建立的原则，就是明确区分侦查权（属于警察局）与起诉权（属于皇家检控署）。这种检警分立模式有利于防止刑事司法权力的过度集中，通过检察机关对侦查结论的独立审查，倒逼侦查机关依法取证，尊重和保障犯罪嫌疑人的权利。"在公民的自由权处于险境的地方，迫切需要根据客观的标准决定侦查终结后是否应当起诉。当侦查和起诉程序由同一机关掌握时，审判不仅不能进行，而且显然无法进行。""刑事侦查和刑事起诉之间的分离应当受到欢迎。"③

英国检警关系的制度性构造也有检讨余地。特别是在20世纪90年代，刚刚成立的皇家检察署与英国警方的交流十分有限，由于缺乏足够的检警沟通，警察有不少案件缺乏足够的证据便交由皇家检察署检控，造成大量案件延期或终止控诉，皇家检察署的工作也遭受社会公众的诟

---

① [法] 爱黑克·马蒂阿斯：《论欧洲五国警察机关与检察机关的关系》，李晴兰、赵海峰译，载樊崇义主编：《诉讼法学研究》，第五卷，中国检察出版社2003年版，第466页。

② 王晋、刘生荣主编：《英国刑事审判与检察制度》，中国方正出版社1999年版，第35页。

③ [英] A. N. 卡恩：《英国新建立的刑事检察机构》，么志龙译，载《法学译丛》1987年第2期。

病。① 英国检警关系的问题，主要体现在：

一是侦查权的行使基本上不受检察机关的监督控制，容易出现滥权，也不利于提升侦查质量。权力导致腐败，绝对的权力导致绝对的腐败。在英国，警察腐败问题备受关注。英国学者麦高伟、路加·马什通过剖析大量的典型案例，揭露了"英国存在体制性的警察腐败问题"，"由于警察机关的组织结构形式，腐败事件往往不止一人参与，可能会涉及若干群体或单位部门内的体制性问题"。② 当然，他们所称的"警察腐败"，内容比较宽泛，涵盖警察违法侦查、不当取证等诸多情形，如警察刑讯逼供、疲劳审讯、诱导犯罪嫌疑人认罪、非法进行拦截与扣押、非法限制辩护律师的参与、隐瞒对犯罪嫌疑人有利的证据，等等。警察腐败是司法不公的根源之一。在英国，20 世纪 80 年代和 90 年代发生的大量冤假错案，警察毫无疑问是"第一责任人"，导致许多人开始不信任警察。"20 世纪 90 年代，公众对警察的信任度仍然持续下降，而在 1999 年的《麦克佛森报告》公布以后，公众信任度更是急速直线下降。"③ 2002 年 7 月，英国内政部长、上议院大法官及总检察长呈议会的《所有人的正义——英国司法改革报告》坦诚英国刑事司法程序的不足，其中包括：警察只能侦破 23% 的在案犯罪；在有争议的案件中，有 45% 的证据材料没有被警方正确地收集；警方移送起诉的刑事案件中，有 13% 因缺乏证据，以及证人不愿意或不能作证而被检察机关终止。④

二是检察机关缺乏对侦查程序的介入，不得不依赖警方侦查，导致审查起诉工作出现被动。"虽然皇家检控署负责决定是否公诉成年人的

---

① 杨宇冠、段雪飞：《英国：建议、介入以及合作互动的检警模式》，载《检察日报》2020 年 8 月 6 日。

② [英]麦高伟、路加·马什：《英国的刑事法官：正当性、法院与国家诱导的认罪答辩》，付欣译，商务印书馆 2018 年版，第 375 页、第 382 页。

③ 《英国法律体系》，徐妮娜译，武汉大学出版社 2003 年版，第 79 页。

④ 最高人民检察院法律政策研究室组织编译：《所有人的正义——英国司法改革报告》，中国检察出版社 2003 年版，第 45 页。

案件，但它需要依赖警方的工作，在很大程度上受制于警方事先准备的案件证据以及这些材料所隐含的目标。"① 警方移送起诉的案件通常具有明显的可起诉性，因为支持案件的事实都是精心选择的，并且这些材料不会被忽略、被隐藏或被削弱。检察官只能根据警方提供的证据对警方的案卷质量进行审查，"无法知道在他们所获得的信息之中所存在的盲点"②。正因如此，检察官很难得出与警察迥异的结论。这导致一些证据不足的案件也被提起公诉，最终被法院判决无罪。

三是检警之间不可避免地存在紧张关系，难以形成追诉合力。在英国，"警察倾向于将皇家检控署视为历史上的闯入者，其霸占了警察职能中重要的一部分：'警察已经让出了他们的起诉权，他们不愿意在侦查事务上再失去任何领地。'两大职能之间内在的冲突激化了这一紧张关系。"③ 对于警方移送起诉的案件，检察官认为证据不足时，无权自行补充侦查，只能要求警察补充侦查。当警察拒绝补充侦查时，检察官一筹莫展，唯一能做的就是终结案件。这既容易引起警方的不满和怨恨，也引起了公众的强烈质疑，认为"不应该由于警察机关与检察机关的这种摩擦，使罪犯得不到追诉"④。《所有人的正义——英国司法改革报告》亦对检察机关终止案件的做法表示担忧："中止案件，改变指控罪名以及进一步收集证据都会引起犯罪嫌疑人的疑虑，延误向法庭起诉的时间。这样还会导致被害人或证人不愿意更进一步地参与到案件中

---

① ［英］麦高伟、路加·马什：《英国的刑事法官：正当性、法院与国家诱导的认罪答辩》，付欣译，商务印书馆2018年版，第212—213页。
② ［英］麦高伟、杰弗里·威尔逊：《英国刑事司法程序》，姚永吉等译，法律出版社2003年版，第147页。
③ ［英］杰奎琳·霍奇森：《法国刑事司法——侦查与起诉的比较研究》，张小玲、汪海燕译，中国政法大学出版社2012年版，第102页。
④ 最高人民检察院外事局编：《中国与欧盟刑事司法制度比较研究》，中国检察出版社2005年版，第286页。

去，甚至会拒绝在以后的审理中作证。"①

由于皇家检控署在结构上依赖于警察，却被迫远距离操作，因此在检警关系中始终处于一种尴尬、矛盾的状态。一方面，检察官通过终止案件，向警方施加压力；另一方面，当警方提出相反意见时，却不得不做出妥协。"颠覆一个主体作出的决定而又要与之保持合作关系是很难的一件事，而且会永远存在着紧张关系。因此，毫不奇怪，'起诉动力'被激发出来，它削弱了皇家检控署的独立性和'平等武装'原则的实行，以致那些本不应继续的案件还会被诉诸法院。"②

（三）英国检警关系的发展完善

"警察与皇家检控署必须紧密合作，因为这对警官作为证人出庭、当需要私人证人时对他们加以警告以及收集皇家检控署需要的进一步证据是必要的。"③ 目前，皇家检控署与警方正在努力发展和维持全天候的、具有建设性的伙伴关系，加强在各个方面的合作与互助。但是，皇家检控署与警方在合作时必须恪守独立性原则。皇家检控署发布的《英国检警关系指南》（2018年12月）规定："在与警方密切合作时，不得损害皇家检控署的独立性。皇家检控署和警方的职能是截然不同的。在向警察提供咨询意见时，检察官不得扮演侦查人员的角色或直接执行警察的工作程序。"

1. 加强对侦查活动的一般性引导

虽然皇家检控署与警察部门相对独立，但由于侦查与起诉的密切关系，因此法律授予皇家检控署对警方提出建议的权力。《1985年犯罪起

---

① 最高人民检察院法律政策研究室组织编译：《所有人的正义——英国司法改革报告》，中国检察出版社2003年版，第55页。
② ［英］麦高伟、杰弗里·威尔逊：《英国刑事司法程序》，姚永吉等译，法律出版社2003年版，第147页。
③ ［英］约翰·斯普莱克：《英国刑事诉讼程序》，徐美君、杨立涛译，中国人民大学出版社2006年版，第80页。

诉法》第 3 条（e）款规定，检察长"在其认为适当的范围内，就所有与刑事犯罪有关的事实向警方提出建议"。根据该规定，皇家检控署既可以就个案向警方提出建议，也可以对侦查活动发布一般性建议（指引）。2003 年修改的《1984 年警察与刑事证据法》第 37A 条规定："（1）符合下列条件，检察长可以公布指南：（a）为了使羁押官能够根据上述第 37 条第（7）款或者下述第 37C 条第（2）款决定应当如何处理嫌疑人，并且（b）根据下述第 37B 条第（1）款传达给检察长的信息。(2) 检察长可以随时修改根据本条签发的指南。(3) 羁押官在根据上述第 37 条第（7）款或者下述第 37C 条第（2）决定如何处理嫌疑人时，应当考虑检察长的指南。……（6）指南可以对不同的案件、不同的情形或者不同地区作出不同的规定。"① 在实践中，皇家检控署可以与警方联合发布指引，但更多的是单独发布指引。皇家检控署发布的《皇家检察官准则》，主要是为检察官决定起诉提供指引，但其中的有关内容对警察侦查活动同样适用。如该《准则》第 4.8 条规定检察官在决定是否有充分的证据起诉时，应考虑：这个证据能用于法庭吗？这个证据可靠吗？这个证据可信吗？警察在侦查活动中，应当重视上述指引，确保证据的合法性、可靠性和可信性。

截至目前，皇家检控署在其官网就警察、检察官履行职能发布了林林总总的、成百上千个准则。准则既有针对侦查、起诉活动一般情形的，如《检警关系指南》《指控指南》（2020 年第 6 版）等，也有针对个案的，如《办理强奸和性犯罪案指南》《办理未成年犯罪指南》等。皇家检控署定期对这些准则进行更新，以反映法律和实践的变化。这些准则对于规范警察、检察官的侦查和起诉活动，统一法律适用标准，加强检警协作，更好地实现打击犯罪与保障人权的诉讼目的具有重要的意义。

---

① 孙谦主编：《刑事起诉制度：外国刑事诉讼法有关规定》，中国检察出版社 2017 年版，第 265—266 页。

2. 加强检察机关对个案侦查取证的引导

就所有与刑事罪行有关的事宜，向警方提供法律意见，是皇家检控署的一项核心法定职能。《皇家检察官准则》（第8版，2018年10月）第3.2条规定："检察官应向警察及其他调查人员就可能合理的调查方式、证据条件、诉前程序、信息公开管理和总体调查策略提供建议。这可以包括决定细化或缩小调查中的犯罪行为范围或嫌疑人数量。此类建议有助于警察和其他调查人员在合理的时间内完成调查，以及构建最有效的起诉案件。"《检警关系指南》规定，警察可以随时寻求皇家检控署的建议，检察官则应保持警觉，利用任何合适的机会向警察提供建议。

在大多数情况下，警方会就具体案件或关注的领域向检察官征求意见。检察官可根据侦查的进展情况提供非正式或正式的建议。

(1) 非正式的建议。警方可以在没有提交文件的情况下，以面谈或电话的形式提出咨询请求。检察官如何处理口头请求取决于具体的主题。一般情况下，检察官主要提供一般的法律观点，而不宜提出具体案件如何处理的建议。检察官在处理非正式咨询请求时应极为谨慎，避免作出草率或考虑不周的建议误导警察侦查。

(2) 侦查早期阶段的建议。警察可以在侦查的任何阶段寻求检察官的建议，但是尽早寻求建议，能够让警察和检察官在以后的诉讼中节省资源和时间。对于严重、敏感或复杂的案件，以及警察部门认为有助于确定支持起诉所需的证据或决定案件是否可提交法庭的任何案件，警察均可请求检察官提供指导和意见。特别是在涉及凶杀、强奸或者其他严重性犯罪案件，或者有明确的犯罪嫌疑人且现有证据足以支持作出控诉决定的案件，警方应当尽早将相关案件移送地区检察官。在可行情况下，如犯罪嫌疑人已被拘留，应在20小时内移送；如犯罪嫌疑人已被保释，应在7日内移送。

(3) 起诉前的建议。警察在决定是否需要向皇家检控署移送起诉前，经常会征求检察官的建议，这也是检警互动最频繁的阶段。检察官在作出正式起诉决定前，如果认为证据不充分，可以建议警察进一步搜集证据。检察官的建议主要包括以下内容：指明所需证据的性质；评价某项实际实施或提议实施的活动对起诉可能带来的影响；确定需要解决的法律或证据问题；对已获得或可能获得的证据的可采性；强调需要考虑的可能影响最终起诉的公共利益因素。

"英国检察官对侦查程序的主导性影响是客观存在的。"[①] 随着检警双方越来越密切的合作与联系，检察官越来越频繁地介入侦查程序。检察官虽然不能指挥警察侦查，但所提的意见建议对警方有效侦办案件产生了积极作用，皇家检控署的退补率呈逐年下降趋势。"皇家检控署会将少数案件（1%到2%）退回警方进行补充侦查。三年前，所有案件的退回补充侦查率为6%，这显示了皇家检控署在更早的阶段对侦查活动施加影响的程序上获得了成功。"[②]

二、美国的检警关系

在美国，"当前检警关系的重要性不言而喻，普遍认为警察的侦查和逮捕是刑事司法体系几乎所有后续工作的起点"[③]。警察决定哪些案件需要调查、哪些案件需要移送给检察官，一定程度而言，警察决定了检察官的工作量。对于警察移送的案件，检察官作出的起诉决定确定案件的优先次序，确定检察官、辩护律师和法院的工作量，并反过来影响警察侦查的方向和重点。尽管检警之间在法律上相互独立，各司其职，但随着刑事司法理念的转变，检警双方都加强了协作与配合，从而推动了检警关系向积极的方向发展。

---

① 郝银钟：《论法治国视野中的检警关系》，载《中国人民大学学报》2002年第6期。

② ［美］艾瑞克·卢拉等主编：《跨国视角下的检察官》，杨先德译，法律出版社2016年版，第214页。

③ ［美］琼·E. 雅各比、爱德华·C. 拉特利奇：《检察官的权力——刑事司法系统的守门人》，张英姿等译，法律出版社2020年版，第42页。

(一) 美国警察体系及其职权

美国不存在全国性的警察力量，警察机构分为联邦、州、地方三个层次。在联邦层面，有六十多个拥有侦查权的联邦警察机构，它们从属于联邦政府的司法、国防、内政、财政等部门，都有权在各自管辖范围内行使侦查权。① 在司法部内，就有多个执法机构承担着侦查职能。其中，联邦调查局（即 FBI），有权调查所有非其他联邦机构享有专门调查权的刑事犯罪，亦调查负责间谍、破坏、叛国及其他属于国内安全的各类案件；缉毒局（即 DEA），侦查所有关于违反联邦药品管制法规之案件；移民局侦查违反移民法案件；国境巡逻及外国人之登记。司法部内的各个刑事调查机构都是通过司法部副部长向司法部部长报告工作。

每个州都有自己的州警察（夏威夷除外），每个地方政府（包括县、市、镇、村）也都有自己的警察体系。据 2008 年的统计数据显示，"美国有近 18000 个执法机构，包括 12501 个地方警察局，3063 个治安官局，50 个州警察部门，1733 个特别警察部门及 65 个联邦警察部门"。"2008 年，地方和州执法机构共雇用了 731903 名全职宣誓警察，有 105000 名联邦警察有权携带武器和执行逮捕（该数字不包括军队执法人员）。自 1992 年以来，州和地方执法人员数量大幅增加，到 2008 年，全职宣誓警察人数比 1992 年增加了约 34%。"②

美国没有单独法律规定赋予警察权限，联邦警察以联邦宪法第一条第八项作为执法依据，州警察的主要职权来源于州立法。因各州制定法不同或各州判例所决定，警察职权的范围与内容常有差异。"美国有关警察职权之规定分别以制定法和判例法为依据，但警察权之行使常因不具备'相当理由'以作为执法基础，以致是否违反宪法增修条文第 4 条

---

① 耿青国：《美国刑事侦查探析》，载《净月学刊》2012 年第 6 期。
② [美] 塞缪尔·沃克、查尔斯·M. 卡茨：《美国警察导论》（第 8 版），张小兵等译，中国人民公安大学出版社 2016 年版，第 71 页，第 73 页。

的规定而适用证据排除法则时有争议,最后由联邦最高法院判决以形成判决先例,而具有法律拘束力,所以常常有判例法推翻制定法之情形出现。"①

在美国,大量犯罪行为是由在地方或州层面运行的警察部门处理的。警察通常从以下三方面获知犯罪:(1)居民报案;(2)警察视线中观察到的犯罪;(3)警方发起的调查。前两个是被动式的反应;第三个是主动式的反应。对于公民的报案,警察必须对案件进行正式的记录,以便将案件录入统一犯罪报告(UCR)系统。然而,警察经常没有完成对公民报案的记录,被称为不立案。无论是在法律中、联邦调查局的法规中还是警察局的政策中,警察未完成报案登记都不会受到惩罚,这属于不受约束的警察自由裁量范围。②

犯罪被警察正式记录在案后,警察不会立刻逮捕犯罪嫌疑人,而是开始刑事侦查程序。美国刑事侦查程序包括初步侦查和后续侦查两个阶段。

(1)初步侦查。初步侦查由巡警负责,包括5个基本步骤:确定和逮捕任何犯罪嫌疑人;向任何需要医疗救助的被害人提供帮助;保护犯罪现场,防止证据遗失;收集所有相关物证;准备初步侦查报告。实践中,巡逻警察而非侦探执行了约80%的逮捕。多数逮捕发生在犯罪嫌疑人在犯罪现场或者就近被马上指认出来的情况下。当犯罪嫌疑人没有被立刻逮捕并且没有犯罪嫌疑人的明确信息时,逮捕的可能性则相对较小。

(2)后续侦查。后续侦查由侦探负责,包括3种活动类型:日常活动、二级活动和三级活动。日常活动包括询问被害人和检查犯罪现场,约90%的盗窃和抢劫案件会采用这些步骤。二级活动包括游说目击者、

---

① 陈盈村:《检警侦查权限之研究》,台湾天主教辅仁大学2010年硕士学位论文。
② [美]塞缪尔·沃克、查尔斯·M.卡茨:《美国警察导论》(第8版),张小兵等译,中国人民公安大学出版社2016年版,第298页。

询问证人和其他人、与主管们讨论案件以及收集物证。三级活动包括与巡逻警察一起研究案件、讯问犯罪嫌疑人、与其他侦探讨论案件、翻阅警察局的记录、检索国家犯罪信息中心（NCIC）的计算机档案、检查其他记录、询问信线人以及进行监视。

在后续侦查阶段，并不是所有的案件都会受到同样的重视。侦探通常对案件进行筛选来决定要花费多少精力在不同的案件中。这种筛选主要基于犯罪的严重程度和可以执行逮捕的证据是否存在。侦探通常是把那些难以侦破的案件筛掉，以集中力量去解决那些有可能侦破的案件。

侦查终结后，警察认为案件符合起诉条件，应当提起公诉时，即将所制作的笔录、卷宗等资料移送检察官，由检察官决定是否提起公诉。当然，这只是一般的情形。例外的情形包括："在一些州，指控犯罪嫌疑人的权力交给了警察，因此检察官办公室只有在对犯罪嫌疑人指控结束后才能接收案件。还有一些州规定，如果重罪系由警察提出指控，则需要获得检察官的批准，而轻罪则不需要。"[①]

（二）美国检察机关的地位和职权

美国检察机关包括联邦和州两套系统。

美国联邦检察官为联邦地方法院检察署的首长，是其辖区内最重要司法人员。联邦检察官在总检察长（司法部长）的领导和监督下，代表联邦政府在联邦地方法院执行职务，负责追诉违反联邦刑事法规的案件，并在民事案件中代表国家担任原告或被告。在联邦94个司法管辖区内，除了关岛和北马里亚纳群岛这两个地方共任命1名联邦检察官之外，其他每个司法管辖区分别任命一名联邦检察官。目前，全美共有93名联邦检察官，他们根据总统的命令任命。各联邦检察官办公室在大小及组成上有很大区别。通常来说，一个联邦检察官办公室至少会有一个

---

① ［瑞士］古尔蒂斯·里恩：《美国和欧洲的检察官》，王新玥等译，法律出版社2019年版，第55页。

刑事部、一个民事部和一个行政部，大一点的检察官办公室还会有负责上诉的部门。在大的司法管辖区内，每个部还可以分成不同的部门。比如，明尼苏达州的刑事部有三个部门：诈骗与贪污部、常见犯罪与优先起诉部、毒品组织犯罪专案组与暴力犯罪部。通常来说，刑事部的规模远大于民事部。①

在州层面，每个地区都有自己的检察官办公室，且有其各自的组织形式。地方检察官办公室的规模和组成取决于其所服务的司法管辖区，各州各地区差别较大。通常，地方检察官办公室既有刑事部也有民事部，其中多数对轻罪和重罪都有管辖权。在一些自治市或者市，轻微犯罪由市级检察机关起诉。

"在刑事司法程序中，检察官位居主导，有权独立决定是否提起公诉。检察官据案决断，确保办案合理合法，社会认同。"② 美国检察官的主要职能，是代表政府或人民对犯罪提起公诉。因此，检察官的工作重心一般放在担任追诉官角色上，且对追诉与否的决定，检察官拥有几乎不受限制的自由裁量权。以何种罪名起诉，检察官也可自由决定，不受任何人指示及证据拘束。即使已起诉的案件，检察官也有权在判决前撤回起诉。唯为准备追诉，检察官时常须先为侦查工作。检察官除亲自侦查外，亦会本其法律专业检视警察所搜集之证据是否完备，这是因警察侦查的内容与嗣后公诉有密切的关联性。

（三）美国检警关系的基本特点

在美国，警察负责侦查，检察官负责起诉，这是检警的基本职责分工。由此，检警之间形成一种"接力"关系，既相互独立，也相互依

---

① ［瑞士］古尔蒂斯·里恩：《美国和欧洲的检察官》，王新玥等译，法律出版社2019年版，第48页。
② ［美］琼·E. 雅各比、爱德华·C. 拉特利奇：《检察官的权力——刑事司法系统的守门人》，张英姿等译，法律出版社2020年版，第5页。

赖，还形成某种制衡关系。

1. 相互独立

在美国，独立与自治是根深蒂固的文化传统。正如尼科尔斯教授在《自治文化的历史》演讲中所说："美利坚合众国所具有的主要社会特征是这一事实：它是一种致力于自治的民主文化，从技术上来说，所有的人都同这种自治有关，并且，对这种自治所表现的兴趣显然是这一民族自我认同的关键。自治可以被用作我国文化的标志。"① 这种独立与自治，在美国刑事司法中也有鲜明的体现。

首先，美国警察机构高度自治。尽管美国有近18000个执法机构，但每个机构都非常自治。每个警察机构都是独立的办案单元，并不受更高层级的警察机构指挥，不论大小，皆有充分自主权。警察机构彼此之间相互独立，它们在自己的地域和管辖范围内运作。

其次，检察官以个人负责制为基础，独立行使检察权。联邦检察官虽然要接受总检察长的指挥监督，但他们在履职时仍然具有相当的独立性。总检察长不必对联邦检察官作出的所有指控决定实行中心化监管，联邦检察官每天指控和审理案件的工作几乎不受直接的监督或干涉。②在各州，地方检察官按规定和传统都非常自治。尽管地方检察官隶属于政府的行政部门，但是检察官不是市长或其他任何政府机构行政官员的雇员。除联邦外，各州检察长均非为地方检察官的顶头上司。除法律有特别规定外，各州检察长并不能指挥、监督各州地方检察官，也不能干预普通刑事案件之检察事务。

最后，检警之间相互独立。美国警察并非检察机关的辅助机关，而是具有与检察机关平行的法律地位，各自独立地履行职责。犯罪侦查主

---

① ［美］罗伊·F. 尼科尔斯：《自治文化的历史》，载中国美国史研究会编：《现代史学的挑战：美国历史协会主席演说集1961—1988》，王建华等译，上海人民出版社1990年版，第103页。

② ［美］爱伦·豪切斯泰勒·斯黛丽、南希·弗兰克：《美国刑事法院诉讼程序》，陈卫东、徐美君译，中国人民大学出版社2002年版，第209页。

要由警察担任,警察在处理刑事案件时,有独立侦查权及裁量权。对于侦查的手段,除对于搜索扣押、拦停询问、监视监听以及诱惑侦查等方面有较多限制外,警察皆有裁量的空间,而其对案件是否移送检察官,以使其进入侦查程序,也可以裁量决定。即警察认为有犯罪嫌疑时,得依裁量决定是否开始及实施侦查,侦查的结果如发现所调查的证据显然不足,则不移送;反之,如认为证据充分,则可移送侦办。检察官并非侦查程序的主导者,对于警察侦查工作的计划与实施,几无影响力,也很少加以管制。"警察部门和检察官办公室彼此独立运行。他们不是属于同一政府机构的一部分,而且警方不向辖区内的检察官报告工作或正式地向它们负责。可以说,警察部门和检察官办公室都是辖区内执法团队的一部分,但是各自独立工作并处在连续的刑事司法程序的不同节点上。"① 即便与联邦检察官办公室同样隶属于联邦司法部的联邦调查局、缉毒局,也不受联邦检察官的指挥、调度,彼此处于对等的关系,分别致力于犯罪的侦查与追诉。

2. 相互依赖

尽管检察机关和警察机关彼此独立,但某种程度上也相互依赖。因为,没有任何一个机构拥有足够的权力和资源去落实从调查到处罚的整个执法任务。为促成定罪,检警之间必须良好合作。一方面,警察实施侦查和逮捕,但他们不能自己决定了结案件,必须依赖检察官将案件提起公诉。此外,随着实体法和程序法越来越复杂,警察也越来越需要依赖检察官提供专业建议。另一方面,检察官缺乏资源和经验来开展侦查,他们需要依赖警察去寻找和询问证人,并依赖警察去搜集足够有力的证据,以便在法庭上出示,从而证明被告有罪。若无警察的配合,检察官就没有充足证据起诉和获得有罪判决。

---

① [美]艾瑞克·卢拉等主编:《跨国视角下的检察官》,杨先德译,法律出版社2016年版,第44页。

3. 相互制约

在美国，检警之间虽然都是执法主体，但目标并不完全一致。警察侦查犯罪系以将被告定罪为目标，并不以逮捕犯罪嫌疑人为满足。事实上，逮捕犯罪嫌疑人只不过是刑事程序的开端，只有透过刑事程序将被告定罪才是案件的终点。但是，"检察官以案件质量为主导思想，必须确保每个起诉到法院的案件都事实清楚、证据确实充分。"① 对于警察移送的案件，检察官经审查后若认为证据不足，得退回警方要求其补充侦查，或决定不起诉，或起诉后撤回起诉，而使警察期待的侦查结果无法达成。由于警察是靠检察官确认及接受其侦查的结果，因此检察官的决定对警察侦查形成了某种程度的制约。对于检察官的不起诉、撤回起诉等处理决定，警察并无权提出复议、复核。但是，警察也会采取一些措施去影响检察官的决定，以达致自己的目的。一个做法就是"挑选检察官"，即主动去寻找那些在犯罪情节考虑上与自己持相同意见的检察官，希望由他来办理这些证据较弱的已逮捕案件。比如，某个被告人因非法持有毒品被逮捕，该案中，证明被告人本人"非法持有"毒品的证据比较薄弱。毒品并非直接在被告人身上扣押到，而是在他的汽车里扣押到，但这辆汽车里还坐着另外两名乘客。执行逮捕的警官对于支持自己作出逮捕决定的证据很薄弱这一点心知肚明，因此他找到检察官办公室里一名因对毒品零容忍而名声在外的检察官来审查这个案件。之后这名检察官便将案件起诉到了法院。

(四) 美国检警关系的实践样态及发展趋势

1. 美国检警关系的实践样态

在实务中，美国检警关系有五种样态，即从属型、中立型、对抗型、管理型和主动型，其中，前三种显露了美国检警关系的问题与不

---

① [美] 琼·E. 雅各比、爱德华·C. 拉特利奇：《检察官的权力——刑事司法系统的守门人》，张英姿等译，法律出版社2020年版，第77页。

足，可谓异化的检警关系样态；后两种则代表了检警关系的主流和发展趋势。

（1）从属型。在某些司法管辖区，检察官将自己作为执法团队的一部分，其职责是在警方侦查后继续履行职责，换句话说，"我的工作是起诉警察移送的案件"。这明确定义了检察官的起诉权。检察官受案并按照警察报告指控起诉，但自行决定辩诉交易，起诉或撤诉。只要案件办理符合警方的起诉预期，令警方满意，案件就算办结了。在一些地处农村地区的小型检察官办公室，检察官就倾向于无条件地与警察"合作"。这意味着检察官将起诉权力转移给警察，仅仅成为"二传手"。其弊端是显而易见的："当检察权转移到执法部门，并且检察官认为应当按照行政司法官移送的案件进行起诉时，就将方向盘交给了行政司法官，任其占据主导作用，司法系统就失去了制衡功能。"①

（2）中立型。有时候，检察官办公室对执法的立场是中立的，既不积极支持警察的行动，也不提出反对意见。事实上，检察官对把警察的利益与自己的利益结合起来不感兴趣，每个机构只是"做各自分内事"。警察维持治安，检察官负责起诉，没有更多奢求。中立的好处是有利于充分发挥检警双方的主观能动性，不会受到彼此的干扰和制约。但是，中立关系会使警察处于不利地位。"如果一项新的警方计划需要得到检方的积极回应，如改变优先事项或针对特殊人群或案件，该计划可能无法达到预期的目标。如果警察行动与起诉的优先事项不一致，起诉的目标也会削弱。"②

（3）对抗型。检警关系并非都是顺畅的，也通常会存在一定程度的紧张、互不信任和相互怀疑。由于各自角色和功能不同，所处的社会阶

---

① [美]琼·E.雅各比、爱德华·C.拉特利奇：《检察官的权力——刑事司法系统的守门人》，张英姿等译，法律出版社2020年版，第50页。

② [美]琼·E.雅各比、爱德华·C.拉特利奇：《检察官的权力——刑事司法系统的守门人》，张英姿等译，法律出版社2020年版，第51页。

级不同、教育水平有差别以及类似的差异,可能导致他们对特定案件的观点存在诸多的分歧。警官们经常抱怨检察官不理解警察工作的艰辛,而且检察官们通过对罪犯惩罚不够严厉的辩诉交易"出卖了他们"。"有时警官怨恨检察官要求补充侦查。警察可能将检察官的要求理解为检察官对他们的第二次猜疑,和甚至是对他们可信度的怀疑。如果检察官对补充侦查的目的和需要缺乏耐心和没有清楚地跟警察交流,警官的怨恨可能加深。"① 检察官们则抱怨警察不理解在执法时需要遵守法律,而且警方对立案和破案的合法性关注不足。

猜疑和不信任,导致警察和检察官权力的分离,以对彼此争权的极度敏感。曾在一个时期,检察官很难获得指控犯罪所需的额外侦查信息,在多次向警方提出请求而徒劳无功后,检察官致函被害人,通知他们,由于警方无法提供重要信息,案件将被驳回。如果被害人希望进一步讨论此案,检察官会提供警察局局长的姓名、地址和电话号码。此种做法对改善双方关系虽然无益,但很有效。警方不得不做出某些改变,以满足检察官对侦查信息的需求。"这两个机构之间会有公开的冲突,甚至是敌意,只是公众从未看到过。"②

2. 管理和控制:美国检警关系的发展趋势

美国学者认识到,"检警关系在性质上是管理关系。管理关系的目的是使警察和检察官的办案程序高效并富有成果,以便不浪费警察资源,使检察官得以获得推动案件进展的信息。"③ 构建管理、控制型检警关系,强化了检察官在侦查程序中的权力和地位,使检察官的影响远远超出其办理案件的传统定位,深刻地改变了起诉的性质和范围。

---

① [美]爱伦·豪切斯泰勒·斯黛丽、南希·弗兰克:《美国刑事法院诉讼程序》,陈卫东、徐美君译,中国人民大学出版社2002年版,第281—282页。

② [美]琼·E. 雅各比、爱德华·C. 拉特利奇:《检察官的权力——刑事司法系统的守门人》,张英姿等译,法律出版社2020年版,第52页。

③ [美]琼·E. 雅各比、爱德华·C. 拉特利奇:《检察官的权力——刑事司法系统的守门人》,张英姿等译,法律出版社2020年版,第55页。

（1）检察官担当警察的教育培训者角色。即平时有计划、有效率地对警察进行教育培训，以提高其法律素养。《全美检察准则》（2009年第三版）第2-5.3条规定："检察长应鼓励并与警方合作进行执法培训，条件允许情况下可向后者提供协助；检察官应敦促当地执法官员参加适合其自身条件的全国、州及区域性培训课程。"第2-5.4条规定："检察长应通过讲授定期课程、讨论或研讨会等形式，以协助正在进行的执法官员培训，使其熟悉最新法院判决、立法及刑事诉讼规则的变化。"[1] 检察官在地方执法部门培训和专业化塑造中发挥着重要作用。检察官有责任督促地方警察尽可能地参与州、地区及全国性培训项目。如果在司法区内不存在这种项目或该项目并非适用于警察，检察官应推进适合于警察的项目的发展，这种培训会促进更成功的检控。同时，检察官可以在审前刑事程序方面对警察予以指导，包括搜查和扣押的有关法律、逮捕程序、使用武力及审讯。特别是对于证据可采性有关的不同非法证据排除规则，检察官应教育警察知悉法院判决中的通常影响以及这些判决影响初审法院于个案中不予采纳证据的情形。

（2）检察官介入侦查程序，引导警察侦查取证。此时，检察官担当警察的法律顾问的角色，即在警察执法时提供法律意见，促使警察在逮捕人犯或侦查犯罪时遵守法律程序。《全美检察准则》第2-5.6条规定："检察官应向当地执法部门就具体检控提供独立法律建议。内容涉及刑法之确切解释、实施刑事指控或逮捕证据之充分性、获取对物证及电子监控等刑事调查有关事项搜查令之要求。作为顾问，检察官应推动合法调查手段，确保其经得起随后的司法调查。检察官应鼓励执法官员在刑事调查中尽早求教于检察官。在条件允许情况下，检察官应在检察

---

[1] 《全美检察准则》（第三版），张鸿巍等译，载孙谦主编：《检察论丛》，第19卷，法律出版社2014年版，第465页。

院设置主要联系渠道,以专门接收和反馈来自执法部门法律咨询。"①

实践中,当警察制作搜查令或逮捕令时,检察官审查申请并确保在向法院提起令状之前提供合法充分的帮助。有时警察在非寻常情形进行搜查之前就特定程序的合法性征询检察官的意见。同时,检察官还通过几种方式介入侦查,"一些检察官完全依靠警察进行侦查,另一些案件检察官则指导警察进行特殊侦查或进行与警察无关的侦查。……检察官常常介入有组织和白领犯罪的侦查。观点明确的案件,一旦警察确定了犯罪嫌疑人,检察官则指挥侦查"②。

(3)检察官通过行使起诉裁量权,引导警察办案。美国检察官拥有巨大的、几乎不受制约的起诉裁量权。检察官通过行使这一权力,作出检察决定,影响刑事司法政策、程序与实务,并深刻地影响着警察侦查的方向和重点。

检察官依据政策把握起诉轻重缓急,区分主次,统筹办理。比如,谋杀案自然比毒品持有案需要花费更多精力。起诉政策也势必影响检警关系。严重犯罪案件牵扯检方大量精力,检察官需引导警方调查取证,确保逮捕有据。

检察官有权影响乃至改变警察机关既有政策。检警两方办案重点时有分歧,此时便彰显检察话语权。检察官若瞄准家庭暴力、入店行窃、空头支票、虐待儿童或醉驾等特定犯罪,警方依据检察办案重点决定逮捕,就可以提升工作实效。警方办案重点如与检方不一致,就会缺乏后劲。比如,检方只对涉案金额较大案件提起公诉,警方若热衷打击小偷小摸,可能吃力不讨好。③

---

① 《全美检察准则》(第三版),张鸿巍等译,载孙谦主编:《检察论丛》,第19卷,法律出版社2014年版,第466页。

② [美]爱伦·豪切斯泰勒·斯黛丽、南希·弗兰克:《美国刑事法院诉讼程序》,陈卫东、徐美君译,中国人民大学出版社2002年版,第214—215页。

③ [美]琼·E.雅各比、爱德华·C.拉特利奇:《检察官的权力——刑事司法系统的守门人》,张英姿等译,法律出版社2020年版,第33—34页。

(4)检察官通过与警察开展联合项目,促进检警合作。《全美检察准则》十分重视检警合作,规定"检察长应要求所在司法区诸执法部门都应至少任命一名警察专理检警合作。该官员应担当检警联系之纽带,并肩负告知所在机构有关警察刑事案件进展及处理之职责。"为侦查特定的犯罪或罪犯,有的检察官办公室进行了改组,使之与警察局的组织机构保持一致,有杀人和暴力犯罪组、财产犯罪组、毒品组、青少年组和轻罪组。每个组分别与警察局的对应部门合作,各组的助理检察官还制定了起诉特定犯罪的程序和准则。这种"整体对应"协作为双方带来了巨大效益,促进了两机构的专业化。

实践中,检警联合项目包括:打击职业犯罪、惯犯计划和毒品专案组等。"打击惯犯计划"和"打击职业犯罪计划"消除了检警之间的隔阂,提升了办案效率。一旦案件被列为职业罪犯或惯犯,检察官的第一反应就是确保这些案件得到优先关注。助理检察官在初次出庭时会反对保释并争取审前拘留,经验丰富的指控检察官与侦探一起工作以确保证据确凿,为他们争取额外的审判准备时间,限制辩诉交易,并尽可能加大量刑幅度。为了最大限度地惩罚罪犯,检察官通过充分行使自由裁量权来增加实现这一目标的可能性。

同时,跨区专案行动也得到了广泛的推崇。专案组最初的作用是打击和摧毁有组织犯罪,起初很少有地区检察官参与联邦行动,随着毒品席卷美国,有组织的毒品犯罪跨多个司法管辖区。在联邦政府的大力支持下,成立了跨区毒品专案组,建立了地方协作的联合行动,并再次改变了检警关系的性质。在跨区专案组中,检察官在复杂的毒品犯罪检控中担任执法方面的法律顾问,并起诉被捕的犯罪嫌疑人。同时,检察官也是协助执法部门与司法部门的关键中间人,检察官协助执法人员取得窃听授权或批准、搜查令和金融权证,以及扰乱或破坏有组织的毒品分销系统所需的其他工具。专案组的管辖范围广泛,包括多个政治实体,如郡、市、镇、区,众多警察部门参与某个专案行动。检察官作为行动的信息交换中心和协调人，对整个流程进行区域范围的监督，权力非常集中，从而在执法重点和优先事项上获得了更大的影响力。

第三节 混合法系国家的检警关系

一、日本的检警关系

日本检警关系经历了一个战前受法国法和德国法影响，战后受美国法影响的过程，在不断引进、吸收、改造和发展的基础上，立足本国国情，最终形成颇具特色的"互相协助"的检警关系模式。[①] 在侦查构造上，日本既未采用法德"检主警辅"模式，也未采用英美"检警分立"模式，而是采用检警"双侦查主体"模式。即警察机关与检察机关均为侦查主体，在侦查中处于平行地位。警察与检察官在侦查中既互相协助，同时，检察官对警察具有一般指示权、一般指挥权和具体指挥权。日本检警关系模式既保持了警察侦查的独立性、自主性，又在整体上保障了检察官的主导地位和作用，有利于充分发挥检警的主观能动性，实现优势互补，提升侦查质量和效率。

（一）日本检警关系的基本框架

日本检警关系，主要由检察厅法、刑事诉讼法、犯罪侦查规范等法律法规予以规定。

1. 检察官与警察的侦查权限

（1）检察官侦查权的发展。日本在立法初期，因引进法国预审程序，检察官不用自行搜集证据，只需请求预审法官搜集及调查证据即

[①] 吴良培、崔锡猛：《日本检警关系研究和借鉴》，载《江苏警官学院学报》2010年第6期。

可。根据明治 29 年（1896 年）的统计，检察官对案件的起诉率达 80%、预审免诉率达 44%、无罪率 7%。故自明治 30 年起，检察官为避免无辜者任意被起诉，真犯罪者因证据搜集不足被判无罪，决定在预审前，自行开始认真搜集证据、调查犯罪嫌疑人及关联人，从此精致侦查成为检察文化。到大正 10 年（1921 年），起诉率降至 31%、预审免诉率降至 5%、无罪率降至 1.6%。检察官的侦查权通过法律加以法典化，并且一直延续到现在。

旧刑事诉讼法（即《大正刑事诉讼法》）时期，检察官为唯一的侦查主体。该法第 246 条规定："检察官认为有犯罪时，应即侦查犯人及证据"。该法还规定有关厅、府、县的警察"作为检察官的辅佐要接受其指挥，作为司法警察官应侦查犯罪"（第 248 条）。检察官享有侦查起诉的广泛职权，不仅指挥司法警察，还支配预审法官，成为侦查程序名副其实的主导者，因而获得"检察王国"甚至"检察法西斯"之讽。

"二战"后，日本在占领军总司令部的主导下，以美国检察官制度为蓝本，大幅缩减检察官的侦查权限。1947 年施行的《检察厅法》第 4 条规定："检察官就刑事案件实行公诉，请求法院正确适用法律，并监督判决裁定的执行；对于属于法院权限的其他事项，认为职务上有必要时，要求法院予以通知或者陈述意见；作为公益代表人，进行其他法令规定的属于其权限的事务。"第 6 条规定："检察官对任何犯罪都可以进行侦查。检察官和根据其他法令有侦查权人的关系，依照刑事诉讼法的规定。"该条规定了检察官的固有职权。检察官的侦查权，作为行使公诉权的必然前提，本应包括在"实行公诉"之内。那么，日本检察厅法为什么把第 4 条和第 6 条分开规定呢？这主要是缘于日本当局和占领军总司令部对改造检察官制的观点分歧。"日本当局坚持把侦查作为检察权的中心，这和占领军总司令部当局认为检察官不是侦查官而是公诉官的观点有分歧,它是通过双方妥协解决的结果。"①

1948年施行的《日本刑事诉讼法》(现行刑事诉讼法)第191条第1款规定:"检察官认为有必要时,可以自行侦查犯罪。"该规定是对《检察厅法》第6条一般规定的具体化,表明检察官的侦查权具有二次性、补充性。

(2)警察的侦查权。旧刑事诉讼法时期,司法警察为检察官的辅助机关,并没有独立的侦查权。"二战"期间,占领军总司令部主张将犯罪侦查的第一次责任赋予司法警察。其理由有四:一是旧法为强化检察权限而招致国家权力之中央集权化;二是以检察官为侦查中心的制度与世界各国制度相违背;三是旧法运作中,检察官的指挥及命令不彻底,造成警察之侦查责任不明确;四是违反检察官的指挥及命令时,担保其实效性的制度不明确。

基于上述建议,《日本刑事诉讼法》第189条第2款规定:"司法警察职员在知悉有犯罪发生时,应及时侦查犯人及证据。"根据该规定,司法警察职员负有第一次的侦查责任,应主动进行侦查。所谓"第一次的侦查责任",系警察为主要的犯罪侦查主体,具有独立的犯罪侦查权,有权自主地开始、开展犯罪侦查,原则上不受检察官的指挥;且就所有犯罪均有侦查责任与权限,并无开始事由及侦查事务的限制。而所谓"知悉有犯罪",系"认为有特定犯罪之嫌疑"。犯罪嫌疑有无的认定权归属于司法警察机关,其固不许恣意为认定,但也不要求必有充分的认定根据,只要有足以形成大概的心证资料即可。"在警察阶段进行的侦查,因为事实关系尚未查清,所以进行的是事实性、技术性以及有目的性的侦查。"②

警察并不能自行终结案件。侦查的终结权,基本上为检察官所拥

---

① [日]伊藤荣树:《日本检察厅法逐条解释》,徐益初等译,中国检察出版社1990年版,第38页。

② [日]田口守一:《刑事诉讼法》,刘迪等译,法律出版社2000年版,第98页。

有。但对于微罪案件,司法警察根据检察官发布的一般指示,亦可自行终结。

2. 日本检警关系的基本特点

(1) 检警均为独立的侦查主体。在日本,检察官与警察都是独立的侦查机关,有权独立侦查犯罪。相较而言,警察负有"第一次的侦查责任",检察官负有"第二次的侦查责任"。所谓"第二次",并不意味着在侦查权限方面低于司法警察,或者在侦查的重点性方面不如司法警察;更不是绝对以司法警察的侦查在先,侦查权限必须由其发动。检察官"对任何犯罪"都有无限制的侦查权,但其权限的具体行使以"认为必要时"为条件。"检察官为期适当地决定是否行使公诉权,一方面补充(正)司法警察之侦查内容;另一方面在案件之性质上,判断其本身展开侦查会较司法警察更为适当而独自侦查,只不过简便称为'第二次侦查'而已。"[①]

(2) 检警之间是互相协助的关系。《日本刑事诉讼法》第192条规定:"检察官与都道府县公安委员会及司法警察职员,在侦查方面应当互相协助。"日本国家公安委员会发布的《犯罪侦查规范》第45条规定:"警察在侦查方面,应当与检察官互相协助。警察本部长、警察署长对于其侦查的案件,认为为了进行公诉而需要事先联络时,应当及时就犯罪事实的概要和其他可参考的事项与检察官联络。"[②] "互相协助"类似于我国检警之间"互相配合"的规定,表明检警之间并非上下指挥服从关系,而属于互相协助之分工关系。既然侦查为提起公诉与实行公诉的准备程序,为使侦查顺利进行,要求二者紧密协助是十分必要的。检警之间的协助关系,非仅局限于个别案件,而及于有关侦查的一般事

---

① 蔡思德:《侦查中检察官职权之研究——兼论检警关系》,台湾天主教辅仁大学2014年硕士学位论文。

② 《日本刑事诉讼法律总览》,张凌、于秀峰编译,人民法院出版社2017年版,第260页。

项。但是,由于《日本刑事诉讼法》第193条规定检察官对警察具有一般指示权、一般指挥权和具体指挥权,因此检察官在侦查程序中实居于主导地位。

(二)日本检察官的侦查权和侦查指挥权

1. 日本检察官的侦查权

日本检察官的侦查权,主要包括:

(1) 自行侦查。所谓自行侦查,指检察官对直接受理的案件所进行的第一次侦查。日本检察官所处理的案件中,99%以上是警察移送的,只有不到1%是由检察官自行侦查的。根据日本刑事诉讼法的规定,对于向检察官提出的控告、举报和自首,检察官必须独立侦查。检察官独自侦查的案件,都是重大、复杂的案件,而不能或不适宜由司法警察进行第一次侦查。具体包括以下案件:①打击税收犯罪法(国税犯则取缔法)案件。依该法规定,有违反国税法嫌疑时,由收税官将扣押、保管的物品移交检察官。②违反禁止私人独占及确保公正贸易法律的案件。依该法第73条,第74条的规定,有违反该法者,应向检察总长告发。而检察总长在认为有违反该法规定犯罪时,得对公正贸易委员会告知其要旨,请求调查及结果报告。③违反劳动关保调整法及其施行令的案件。依该法第42条及施行令第11条的规定,其侦查权原本即划归于检察官。④涉及政治敏感的案件。财政、高层公务员或政治人物的贪污、非法政治献金等案件的调查,因涉及政治运作,应当由检察官,在较少受到政治力影响的环境下,独自或与司法警察共同侦查。①

(2) 参与侦查。所谓参与侦查,是指对于司法警察正在侦查的案件,检察官认为有必要,而主动介入与司法警察共同侦查。这是检警互相协助的重要体现。

(3) 补充侦查。所谓补充侦查,是指检察官对于司法警察移送的案

---

① 廖哲义:《司法警察为侦查主体之辩正》,台湾中正大学2012年硕士学位论文。

件，认为证据不充分而自行开展的侦查。对于警察移送的案件，检察官认为证据不充分的，可以退回司法警察补充侦查，更多的时候是自行补充侦查。"检察阶段的补充侦查，是以警察侦查为前提的法律性的、规范性的、规制性的侦查。"① 日本检察官之所以要自行进行补充性侦查，与其证据制度密切相关。根据日本刑事诉讼法的规定，检察官制作的言词证据笔录比警察制作的笔录更具有证据能力，易于被承认，这增强了检察官自行补充侦查的重要性。实务中，检察官自行补充侦查，主要包括搜集调阅证据或侦查被告，以补强犯罪构成要件证据；甚至对于司法警察自行讯问证人部分，大部分会再进行一次讯问，以提高证言的证据能力。

总体说来，检察官直接侦查案件具有两个重要意义。第一，由于这些侦查是在起诉决定前进行的，检察官在作出所有重要决定时对证据有了更深的了解。结果是，他们可以预料到证据方面的问题，在起诉前将其化解或者根本不再提起公诉。不管怎样，检察官常规性开展侦查的现实有助于解释日本的低无罪判决率。第二，由于检察官获得了犯罪嫌疑人态度和生活环境的信息，他们能够在了解情况的基础上对犯罪嫌疑人能否洗心革面作出判断。这样，检察官的侦查有助于解释日本刑事司法的恢复性司法特征。②

2. 日本检察官的侦查指挥权

日本刑事诉讼法并未将检察官列为全部侦查程序的主宰者。但由于侦查的目的之一是为公诉作准备，而提起和维持公诉的权限属于检察官；自侦查开始至提起公诉，其程序具有连贯性与整体性，为确保侦查程序符合正当、效率的要求，以及妥当地行使公诉权，故在一定程度上

---

① [日] 田口守一：《刑事诉讼法》，刘迪等译，法律出版社 2000 年版，第 98—99 页。

② [美] 戴维·T. 约翰逊：《日本刑事司法的语境与特色》，林喜芬译，上海交通大学出版社 2017 年版，第 74 页。

承认检察官对司法警察具有指示和指挥权。根据《日本刑事诉讼法》第193条的规定,检察官对司法警察的指示指挥权,主要有三种:

(1) 一般指示权。《日本刑事诉讼法》第193条第1款规定:"检察官在管辖区域内,可以就侦查对警察职员作出必要的一般指示。在此情形下的指示,应当通过规定为正确实施侦查或其他确保完成公诉的有关必要事项的一般准则而进行。"此即所谓的一般指示权。此项一般指示,指为使侦查合理实施,完成追诉犯罪、实行公诉有关必要事项的一般准则。所谓"管辖区域内"警察职员,指该检察官所属检察厅相对应的裁判所管辖区域内的司法警察职员。"检察官"包括检察总长、检事长及检事正,如最高检察厅检事总长得对全国司法警察职员为一般指示。实务中,一般指示包括:①对书类制作的指示。如地方检察厅检察长制定的"司法警察职员侦查文书的基本格式和文例""迅速处理违反道路交通法案件的通用文例""关于移送案件特例文件"的指示。②对案件移送的指示。如,《日本刑事诉讼法》第246条规定,司法警察人员于侦查犯罪终结后,除本法有特别规定外,原则上应尽速将案件连同文书及证物移送检察官。但经检察官指定的案件,则不在此限。根据该规定,司法警察根据检察官的一般指示,可以不将某种轻微犯罪(如扒窃、斗殴等)移送检察官而作微罪处分。只需每月将这些轻微犯罪案件向检察官集中报告一次即可。③对证据搜集的指示。如,在昭和27年7月21日施行破坏活动防止法,当时最高检察厅检事总长,曾指示所属地方检察厅检察长,对辖区内司法警察职员发布关于违反该法案件侦查程序的一般指示。该指示内容为:"司法警察职员受理违反该法案件,着手侦查前,应得检察长之承诺;请求逮捕、搜索、扣押令状之际,应事先与检察官协议等。"虽然这项指示引起警察方面的批评,称该指示是检察官借"一般指示"之名介入具体案件侦查,超越了"一般指示"的范围。但通说认为对特定种类犯罪,为一般指示,只要不以具体个案对象，应可容许。①

（2）一般指挥权。《日本刑事诉讼法》第193条第2款规定："检察官在管辖区域内，可以为要求协助侦查而对司法警察职员进行必要的一般指挥。"此即所谓一般指挥权。检察官对正在进行侦查或即将着手侦查的案件如牵涉数名警察包括特别司法警察参与侦查涉及面极大的违反公职选举，行贿受贿案件，欺诈等案件时，因每个警察的侦查方针各不相同，其结果很难达到有效、恰当的侦查目的。在这种情况下，检察官可根据自己的管辖权限，为寻求侦查上的协作，对一般司法警察进行必要的一般性的指挥。

一般指挥是针对具体案件作出的，此点有别于一般指示。同时，一般指挥是针对辖区内全体司法警察，而不是针对个别警察作出的，这有别于具体指挥。具体而言，一般指挥包括：①制订有关案件侦查的侦查方针和计划，基于此方针和计划，对有关司法警察发出要求协力合作的一般性指挥；②基于上述一般性指挥，矫正和调整各司法警察在具体侦查活动中的不均衡现象，指挥侦查。②

（3）具体指挥权。《日本刑事诉讼法》第193条第3款规定："检察官在自行侦查的场合有必要时，可以指挥司法警察职员，使其辅助侦查。"此即所谓的具体指挥权。①具体指挥是针对具体案件作出的。具体案件既包括检察官自行侦查的案件，也包括司法警察移送的，检察官进行补充侦查的案件。②具体指挥是针对个别司法警察作出的，这与一般指挥不同。此时，警察是担任辅助检察官侦查的角色。依《日本刑事诉讼法》第191条第2款的规定，检察官有权指挥检察事务官进行侦查。但由于检察事务官不具有司法警察身份，不能独立进行侦查，因此在侦查素养、经验等方面远不如司法警察，仅能对一般

---

① 邱智宏：《论检察官与司法警察之关系——以行政与司法在侦查中的交错领域为中心》，台湾大学2004年硕士学位论文。

② 裘索：《日本国检察制度》，商务印书馆2003年版，第69页。

案件作简单的侦查。同时，在日本全国检察事务官中，仅有十分之一从事侦查业务，且仅以1∶1的比例配备于检察官。故检察官在侦查中，"虽有检察事务官辅助，但独立侦办大要案仍难免力有不逮，为弥补检察官侦查力量不足的弱点，法律规定必要时检察官得调派警察协助其办理自侦案件。"①

司法警察应遵循检察官的建议和指导，但是检察官不能强迫警察遵循这些建议和指导。当警察没有正当理由不遵守检察官的建议和指导时，只有检事总长、高级检察厅的检事长或者地区检察厅检事正可以提出针对他们的惩戒行为的指控，或者向有权惩戒或免职的人提议将他们免职。

（三）日本检警关系的实务考察

从司法实务看，日本检察官积极参与侦查，而非依赖警察获取案件信息；日本检察官强势而经常指挥警察侦查；以及在审判前的侦查期间，日本检察官与警察反复互动。这三点构成了日本警察与检察官关系的最重要模式："在与警察打交道时，检察官经常是主动的，而不是被动地作出反应。"② 检察官与警察既相互协助，但也存在相互竞争。

1. 检警之间相互协助是常态

一方面，司法警察为维护与检察官的良好关系，经常地、主动地与检察官联络，以获取检察官在案件上的支持。比如，根据《日本刑事诉讼法》第199条，第218条的规定，除申请羁押外，日本警察享有和检察官相同的搜查、扣押、勘验、检查身体、逮捕等强制处分权。但日本警察在向法院申请逮捕令状及搜查令状前，多会先与检察官商量并听取检察官指示搜集证据，且实务上司法警察通过检察官向法官申请令状。

---

① 万毅：《日本：检察官指挥侦查之体制》，载《检察日报》2020年8月6日。
② [美]戴维·T. 约翰逊：《日本刑事司法的语境与特色》，林喜芬译，上海交通大学出版社2017年版，第73页。

绝大部分均获允许（尤其检察官申请羁押许可率高达99%以上）。又如，在发生严重或复杂的案件如谋杀案时，警察会第一时间通知检察官，请求检察官出席现场，对如何侦查案件进行指导。

另一方面，检察官为确保侦查取证满足公诉的需要，经常地、主动地介入侦查程序，引导侦查取证。"日本警察和检察官在逮捕后的第一次接触不会是最后一次，相反，这只是连续接触的开始，比起美国许多警察与检察官接触时的简单交流，这是一种密切得多的关系。"[1] 检察官经常与警察彻底地、反复地讨论证据状态。检察官会告诉警察作出起诉决定并在审判中获得定罪还需要其他哪些信息，从而对警察侦查活动进行实质性指导。

2. 检警之间亦存在竞争

在日本，检察官与警察都是独立的侦查主体，对所有犯罪都有侦查的责任和权限，除了法律特别授予检察官侦查的以外。正因如此，实践中检警之间不可避免地存在"争地盘"的现象，从而引起矛盾冲突。

首先，《日本刑事诉讼法》第193条授予检察官在自行侦查时，有权向司法警察发布"一般指示"和"一般指挥"。但对于如何解释"自行侦查"，警察和检察官的意见不一。警察倾向于解释为仅仅指检察官独立发起的侦查，而检察官对其作出更宽泛的解释，即不管是检察官还是警察发起侦查的所有案件均包括在内。在1947年新刑事诉讼法实施后的开始20多年中，上述分歧特别严重。虽然现在分歧程度已经减轻很多，但仍很强烈。

其次，检察官经常侵入警察的"地盘"，损害警察的自主权。一位退休警官用了一个精巧的比喻来批评检察官擅自进入警察的地盘。他说："警察是制造商；通过侦办坏事，他们制造案件。检察官则是中间

---

[1] [美]戴维·T. 约翰逊：《日本刑事司法的语境与特色》，林喜芬译，上海交通大学出版社2017年版，第76页。

商或者营销商,最终必须满足终端消费者,即法官。为了做成功的制造商,警察必须制造出好的产品并且对消费的需求作出反应。然而,在现实商业世界中,制造商和营销商应当是各自独立的。由此,来自营销商亦即检察官有关如何制造案件的指令是不合理的。检察官自身并不知道如何制造案件,而这正是警察的专业领域,这样,当检察官指令警察侦查时,最坏的问题就会发生。不幸的是,这种事情频频发生。"一位警察说,"最好的检察官是做他们'起诉案件'的工作并让警察做他们的侦查。最差的检察官是那些乱插手的。"事实上,"对检察官总是'接管'警察已启动的大案子的做法,警察最为不满"。①

最后,对于检察官自行发动侦查的重要案件,尤其是腐败案件,检察官经常拒绝警察参与。对于从警察手中"拿走"似乎会吸引公众强烈关注的案件,检察官既有原则性很强的理由,也有自利的考量。事实上,检察官拿走了很多最终成为巨大丑闻的案件,包括近50年最严重的腐败丑闻中的三个案件,即洛克希德案、利库路特案和松川案。在这些案件中,检察官都拒绝安排警察开展侦查。

二、俄罗斯的检警关系

俄罗斯在向法治国家的转型发展中,伴随政治和经济改革开启了司法改革。1991年10月24日,俄罗斯苏维埃联邦社会主义共和国最高苏维埃通过了《俄罗斯苏维埃联邦社会主义共和国司法改革构想》(以下简称《构想》),揭开了俄罗斯司法改革的序幕。《构想》提出:"任何司法改革的核心都在于改革法院和程序,司法改革意味着根本革新法律制度,改变其他庭审前、庭审中和庭审后执行法院判决和裁定的护法机

---

① [美]戴维·T.约翰逊:《日本刑事司法的语境与特色》,林喜芬译,上海交通大学出版社2017年版,第84页。

关的职责和活动。"① 围绕这个"核心",《构想》对检察机关的地位与职能、检法关系、检警关系都做了安排与部署。《俄罗斯联邦检察院法》《俄罗斯联邦刑事诉讼法典》等法律经过反复修改,最终确认了大部分改革成果。下面以《构想》为视角,探讨俄罗斯检警关系的演变与特色。

(一)《构想》对改革检警关系的总体设计

问题是时代的声音,也是司法改革的起点。《构想》深刻地剖析了苏联遗留的、以一般监督为标志的检察制度。一是一般监督的异化。《构想》指出:"在生产者缺乏物质利益和公民社会不发达的情况下,检察院的一般监督是强大的镇压武器。人们说,封建社会的镇压武器是棍棒,资本主义社会是卢布。我们的时代则给出了检察院抗议进行非经济压迫的例子。受控的侦查机关和法院惧怕'放下党员证'"。② 二是检察官集调查犯罪和监督调查功能于一体,这与系统性的方法要求相矛盾,引起刑事诉讼程序审前阶段的失衡。三是侦查权的分散行使降低了侦查效率。在当时,侦查分散在三个部门:检察院、内务部和国家安全委员会。其中,超过90%的刑事案件是由内务机关调查的,只有9.1%的刑事案件由检察院的侦查员侦查。《构想》认为,组织调查的不同结构形式,既无法保障组织和领导侦查活动的统一,也无法保障资源上(物质技术和人力资源)的统一。同时也无法保障侦查活动本身目的和内容(即功能和方法)的统一。在不同的侦查机关之间分配调查功能与这一活动的特点无关,不符合分工原则,经常因立法者任意调整侦查规则而改变,可以为个别案件和检察院的决定而改变。四是侦查员缺乏独立

---

① 《俄罗斯苏维埃联邦社会主义共和国司法改革构想》(上),於海梅译,载《金陵法律评论》(2015年春季卷),法律出版社2015年版,第343页。

② 《俄罗斯苏维埃联邦社会主义共和国司法改革构想》(下),於海梅译,载《金陵法律评论》(2015年秋季卷),法律出版社2016年版,第345页。

性。"只有在一些情况下，侦查员有权不同意指示并将案件提交给上一级的检察官，该检察官将调查委任给其他侦查员或者取消指示。但给侦查员作出指示的检察官是其职务上的领导。因为检察院侦查员的考核、晋升、分配住房、休假等取决于他，所以他们之间的冲突是极其罕见的。"①

针对上述问题，《构想》提出以下改革方案：

一是弱化检察机关一般监督权。《构想》认为，"如果向市场经济的转型可保障遵守法律的内部自然动力，检察院一般监督功能的逐渐消亡不会影响国家的法制状况。"② 为此，《构想》提出了一系列措施，以推进一般监督领域的改革。

二是成立统一的侦查机构。《构想》提出，取消检察机关的侦查权，建立一个侦查部门，组织上既独立于检察院，也独立于内务部和国家安全委员会。

三是改革检察指挥侦查的机制，确保侦查员的独立性。《构想》认为，侦查员应当独立作出自己的决定，不受非诉讼主体之人的干预。鉴于侦查机制改革的复杂性，《构想》提出分阶段推进此项改革。在改革的第一阶段法院控制取代检察监督侦查，同时保留检察院指导侦查的程序性功能。之后再通过改革，变检察院指导侦查机制为检察院监督侦查的机制。

四是保留检察官在诉讼中指导调查的功能。《构想》肯定了检察长指挥调查机制，认为应当保留检察长的以下权限：（1）开始刑事案件，将案件转给侦查员进行初步调查；（2）熟悉调查材料和处于调查中的刑事案件笔录和其他诉讼文件；（3）给侦查机关和侦查员下达调查方向、

---

① 《俄罗斯苏维埃联邦社会主义共和国司法改革构想》（上），於海梅译，载《金陵法律评论》（2015年春季卷），法律出版社2015年版，第353页。

② 《俄罗斯苏维埃联邦社会主义共和国司法改革构想》（下），於海梅译，载《金陵法律评论》（2015年秋季卷），法律出版社2016年版，第345页。

阐明特定情况、补充调查的指令；（4）参加调查活动；（5）根据狭义的、严格界定刑事案件的标准（侦查员、检察官、护法机关其他工作人员的刑事调查）全面负责调查，履行所有义务并享有侦查员的所有权利；等等。

《构想》奠定了俄罗斯检警关系改革的基本框架。俄罗斯检警关系的调整过程，其实就是《构想》提出的上述改革方案的展开过程。具体则是通过修改《俄罗斯联邦检察院法》《俄罗斯联邦刑事诉讼法典》等法律完成的。

（二）剥离俄罗斯联邦检察院的侦查权

1992年通过的《俄罗斯联邦检察院法》第31条规定："俄罗斯联邦刑事诉讼法规定由检察机关侦查的犯罪案件，检察机关行使刑事侦查的职权。检察员有权亲自侦查任何刑事案件，或者委托下属检察员或侦查员进行侦查。"[①] 根据2001年颁布的《俄罗斯联邦刑事诉讼法典》第151条第2款第1项的规定，检察院侦查员负责侦查管辖的案件包括：第一类，《俄罗斯联邦刑事法典》规定的部分案件。第二类，《俄罗斯刑事诉讼法典》第447条所列人员实施的犯罪案件（行为）与因上述人员的职务活动而对他们实施的犯罪案件。第三类，联邦安全机关、俄罗斯联邦对外情报局机关、俄罗斯联邦保卫局机关、俄罗斯联邦内务部机关、俄罗斯联邦刑事执行系统机构与机关、麻醉品与精神药物流通管制机关、俄罗斯联邦海关机关的公职人员实施的犯罪案件。第四类，军人、参加军事集训的公民、俄罗斯联邦武装力量、其他部队、军事组织与机关中的文职人员因履行职务而实施的，在部队、军团、机关、卫戍区驻地内实施的犯罪案件，因其履行职务而对上述人员实施的犯罪案件。

[①]《俄罗斯联邦检察院组织法》（上），周志放译，载《中国刑事法杂志》2002年第6期。

2007年6月5日,俄罗斯第87号联邦法令废除了《俄罗斯联邦检察院法》第31条。该法令还对《俄罗斯联邦刑事诉讼法典》第151条第2款第1项作了修订,规定俄罗斯联邦侦查委员会负责侦查管辖的案件:(1)《俄罗斯联邦刑事法典》规定的部分案件;(2)依《俄罗斯刑事诉讼法典》第447条规定人员实施的犯罪案件。(3)与俄罗斯联邦侦查委员会、联邦安全机关、俄罗斯联邦对外情报机关、俄罗斯联邦保卫机关、俄罗斯联邦内务部机关、俄罗斯联邦刑事执行系统机构与机关、麻醉药品与精神药物流通监管机关、俄罗斯联邦海关机关公职人员犯罪有关的刑事案件;与现役军人以及参与军事集训的公民、俄罗斯联邦武装力量、其他部队、军事组织与机关中的文职人员因履行职务或者在部队、军团、机构、卫戍区驻地犯罪有关的刑事案件。(4)与未成年行为人对未成年人实施的重度与极其重度犯罪有关的刑事案件。联邦安全机关的侦查官、联邦内务部的侦查官、麻醉药品与精神药物流通监管机关的侦查官,根据刑事法典的规定分别侦查部分刑事案件。

2007年12月24日,俄罗斯联邦议会通过《俄罗斯联邦侦查委员会法》,将侦查权从检察院剥离,由新成立的俄罗斯联邦侦查委员会统一行使。《俄罗斯联邦侦查委员会法》第1条第4款规定,侦查委员会的基本任务包括:(1)依照俄罗斯联邦刑事诉讼立法规定的侦查管辖对犯罪进行高效率高质量的调查;(2)在受理、登记和审查犯罪举报、提起刑事案件、进行审前调查时,保障法制,维护人和公民的权利和自由;(3)对侦查委员会侦查机关及其公职人员的活动实行诉讼监督;(4)在自己的权限范围内组织和查明促成犯罪的情况,采取排除这些情况的措施;等等。该法第5条规定,侦查委员会是侦查委员会侦查机关和机构的统一联邦集中体系,实行下级领导人服从上级领导和侦查委员会主席的原则。该法确立了侦查独立原则,规定侦查委员会的侦查机关和机构独立于联邦国家权力机关、俄罗斯联邦主体的国家权力机关、地方自治机关、社会团体和组织、其他机关并依照俄罗斯联邦立法行使权限。

俄罗斯联邦检察院与联邦侦查委员会是监督与被监督的关系。《俄罗斯联邦侦查委员会法》第44条规定:"俄罗斯联邦总检察长及其下属的检察长根据联邦法律规定的权限对侦查委员会执行法律的情况实行监督。"① 根据俄罗斯联邦2010年7月1日第132号联邦法令修订的《俄罗斯联邦检察院法》第21条、第26条的规定,俄罗斯联邦检察院有权对联邦侦查委员会及其公职人员遵守俄罗斯联邦宪法与俄罗斯联邦现行法律的状况、对人与公民的权利和自由的恪守状况实行监督。

(三) 建立检察监督侦查机制

2001年颁布的《俄罗斯联邦刑事诉讼法典》确立了检警一体的检警关系模式,即检察长指挥侦查,侦查员、调查员应当服从检察长的指令。该法第37条第2款集中规定了检察长在审前程序中的领导权,具体包括:(1) 检查在接受、登记和处理犯罪举报过程中联邦法律的执行情况。(2) 提起刑事案件并依照本法典规定的程序委托调查人员、侦查员、下级检察长调查案件,或亲自受理案件。(3) 参加审前调查并在必要情况下发出关于调查、侦查和其他诉讼行为的书面指示或者亲自进行某些侦查行为和其他诉讼行为。(4) 依照本法典第146条对调查人员、侦查员提起刑事案件表示同意。(5) 对调查人员、侦查员向法院提出选择、撤销、变更强制处分的申请或对根据法院裁判才能允许进行的其他诉讼行为的请求表示同意。(6) 批准要求下级检察长、侦查员、调查人员回避的申请以及这些人员要求自行回避的事宜。(7) 如果调查人员、侦查员在进行审前调查时违反本法典的要求,停止调查人员、侦查员继续进行调查。(8) 向任何调查机关调取刑事案件并将案件移送给侦查员,将刑事案件从一侦查员移送给另一侦查员,但必须说明移送的根

---

① 《俄罗斯联邦侦查委员会法》,黄道秀译,载《国家检察官学院学报》2014年第3期。

据。(9) 依照本法典第 151 条的规则将刑事案件从一审前调查机关移送给另一审前调查机关,向审前调查机关调取任何刑事案件并移送给检察院的侦查员,但必须说明移送的理由。(10) 依照本法典规定的程序撤销下级检察长、侦查员、调查人员非法的或没有根据的决定。(11) 委托调查机关实施侦查行为,以及向调查机关发出进行侦缉活动的指示。(12) 延长审前调查的期限。(13) 批准调查人员、侦查员关于终止刑事案件的决定。(14) 批准起诉书或起诉意见书并将刑事案件移送法院。(15) 将刑事案件发还调查人员、侦查员并附关于进行补充调查的指示。(16) 中止或终止刑事案件。该条第 3 款还规定,检察长对调查机关、调查人员、侦查员发出的书面指示具有强制力,对上述指示向上级检察长提出的申诉原则上不中止其执行。①

为确保侦查员的独立性,《构想》按照"将指导侦查的功能与监督侦查的功能相分离"原则,对检察指挥侦查体制进行了根本性的调整。《俄罗斯联邦刑事诉讼法典》经过多次修改,最终确立了监督与被监督的检侦关系。现行《俄罗斯联邦刑事诉讼法典》第 37 条第 2 款废除了前述(6)-(13)项权力中检察长对侦查员的指挥权。具体包括:(1) 批准侦查人员回避申请及自行回避事宜;(2) 侦查员违反法律,停止其继续进行调查;(3) 将刑事案件从一侦查员移送给另一侦查员;(4) 撤销侦查员非法的或没有根据的决定;(5) 委托调查机关实施侦查;(6) 延长审前调查的期限;(7) 批准侦查员终止刑事案件的决定。这些权力都已交由侦查机关领导人行使。② 检察长保留的权力包括:(1) 检查在接受、登记和处理犯罪举报过程中执行联邦法律的情况。(2) 提起刑事案件并依照本法典的规定委托侦查员调查案件。(3) 参

---

① 《俄罗斯联邦刑事诉讼法典》,黄道秀译,中国人民公安大学出版社 2006 年版,第 34—36 页。

② 参见《俄罗斯联邦刑事诉讼法典》(2019 年 10 月版本)第 39 条的规定。《俄罗斯联邦刑事诉讼法典》,黄道秀译,中国民主法制出版社 2021 年版,第 27—28 页。本书所引俄罗斯联邦现行刑事诉讼法法条,均出自该书。

加审前调查并在必要情况下发出关于侦查和其他诉讼行为的书面指示。(4)对侦查员向法院提出选择、撤销、变更强制处分的申请或对根据法院裁判才能允许进行的其他诉讼行为的请求表示同意。调取并审查侦查员或侦查机关领导人关于驳回提起刑事案件、中止或终止刑事案件的决定并依照本法典对之作出相应的决定。审理关于订立审前合作协议的申请和侦查员关于向检察长提出的与犯罪嫌疑人或刑事被告人订立审前合作的协议,作出关于批准或驳回上诉申请的决定。(5)审议侦查机关领导人提交的关于侦查员不同意检察长要求的信息并对之作出决定。(6)批准刑事案件起诉书。(7)将刑事案件发还侦查员并附变更指控范围或变更刑事被告人行为定罪、重新起草起诉书和排除瑕疵的书面指示。

改革后,检察机关在侦查程序中的地位和作用显著下降。侦查权由侦查员独立行使。《俄罗斯联邦刑事诉讼法典》第38条第2款第(3)项规定,侦查员有权"独立进行调查,作出关于实施侦查行为或其他诉讼行为的决定,但依照本法典需要取得法院决定和(或)检察长批准的情形除外"。检察长对侦查员执行法律的情况进行监督,只在极少数情况下享有批准权(如批准起诉书)。根据第38条第2款第(5)项及第3款的规定,对检察长关于撤销提起刑事案件、将刑事案件发还侦查员进行补充侦查、变更指控范围或变更刑事被告人行为定罪或重新起草起诉书等决定,侦查员经侦查机关领导人同意,有权在72小时内向上级检察长提出申诉。在不同意检察长关于排除在审前调查中出现的违反联邦立法的行为的要求时,侦查员有权以书面形式向侦查机关领导人提出自己的异议。侦查机关领导人应将此事通知检察长。第37条第6款规定了检侦分歧解决机制。如果侦查机关领导人或侦查员不同意检察长关于排除在审前调查中出现的违反联邦立法的行为,检察长有权向上级侦查机关领导人提出排除上述违反行为的要求。如果上级侦查机关领导人不同意检察长的上述要求,检察长有权向俄罗斯联邦侦查委员会或联邦行政机关侦查机关的领导人提出排除审前调查中出现的违反联邦立法行为的要求。如果俄罗斯联邦侦查委员会或联邦行政机关侦查机关的领导人拒绝检察长的上述要求，检察长有权向俄罗斯联邦总检察长提出请求，俄罗斯联邦总检察长的决定为最终决定。

这种互相独立的检侦关系，在实践中不可避免地会产生检侦之间的矛盾冲突。俄罗斯学者列·戈洛甫科以检察长批准起诉书为例，谈到检侦之间的"洋扯皮"现象。他说："如果检察长不同意指控，则他无权自己终止刑事案件，只能将案件发还侦查员进行补充调查，侦查员往往再提出必须将案件移送法院的结论，之后检察长持相反看法，又将材料发还侦查员，如同'打乒乓'一般推来挡去——这就是我国刑事诉讼中前所未有的现象。"[①]

（四）完善检察领导调查机制

俄罗斯联邦的审前调查，主要包括两种形式，一种是侦查，由侦查员负责；一种是调查，主要由调查员负责。根据《俄罗斯联邦刑事诉讼法典》第5条（8）项的解释，"调查"是指在不必进行侦查的刑事案件中由调查人员（侦查员）进行的一种审前调查形式。该条第（7）项规定，"调查人员"是指有权或经调查机关首长授权以调查的形式进行审前调查以及享有本法典规定的其他权限的调查机关公职人员。该条第（24）项规定，"调查机关"是指依照本法典有权进行调查和享有其他诉讼权限的国家机关和公职人员。

《俄罗斯联邦刑事诉讼法典》第40条规定，俄罗斯联邦调查机关包括：（1）俄罗斯联邦内务机关及其所辖区域机关，包括交通管理局、警察局分局、支局、警务站，以及依照联邦法律享有侦缉权的其他行政机关；（2）联邦法警机关；（3）俄罗斯联邦武装力量军事警察局首长、

---

① ［俄］列·戈洛甫科：《俄罗斯侦查制度的现状与发展》，黄道秀译，载《国家检察官学院学报》2014年第2期。

军团和部队的指挥员,以及军事机构或卫戍区的首长;(4)联邦消防局国家消防监督机关。调查机关负责:(1)对不必进行侦查的刑事案件依照本法典第32章规定的程序进行调查;(2)在必须进行侦查的刑事案件中依照本法典第157条规定的程序执行紧急侦查行为;(3)行使本法典规定的其他权限。

《俄罗斯联邦刑事诉讼法典》维持了检察长领导调查的体制,并作了进一步的完善。该法典第41条第3款规定,调查人员有权独立实施侦查行为和其他诉讼行为及作出诉讼决定。但是,一些重要权限的行使需要取得调查机关首长同意、检察长同意(或)法院决定。根据该法典第37条第2款的规定,检察长对调查人员的指挥监督权包括:(1)检查在接受、登记和处理犯罪举报过程中执行联邦法律的情况;(2)提起刑事案件并依照本法典规定的程序委托调查人员调查案件,或亲自受理案件;(3)参加审前调查并在必要情况下发出关于调查和其他诉讼行为的书面指示;(4)依照本法典第146条对调查人员提起刑事案件表示同意;(5)对调查人员向法院提出选择、撤销、变更强制处分的申请或对根据法院裁判才能允许进行的其他诉讼行为的请求表示同意;(6)撤销调查机关、调查机关首长、调查部门首长和调查人员非法的和没有根据的决定;(7)批准对调查人员提出的回避申请以及调查人员的自行回避;(8)在调查人员违反本法典的规定时,排除调查人员继续进行调查;(9)向调查机关调取任何刑事案件并将它移送给侦查员,同时必须说明移送的理由;(10)依照本法典第151条规定的规则将刑事案件或犯罪举报材料从一个审前调查机关移送到另一个审前调查机关(除在同一审前调查机关系统内将刑事案件或犯罪举报材料进行移送外),向联邦行政机关的审前调查机关调取任何刑事案件或任何犯罪举报材料并将案件和材料移送俄罗斯联邦侦查委员会(设于联邦行政机关)的侦查员,同时必须说明移送的理由;(11)批准调查人员关于终止刑事案件的决定;(12)批准刑事案件起诉书；(13) 将刑事案件发还调查人员并附关于补充调查、变更指控范围或变更刑事被告人行为定罪、重新起草起诉书和排除瑕疵的书面指示。

调查人员须接受检察长与调查机关首长的双重领导。检察长与调查机关首长的指令权存在部分重合，如都有权向调查人员发出有关进行调查和实施诉讼行为的书面指示。相对来说，检察长地位、权威更高，指令权范围更宽，而且享有一些调查机关首长不得行使的专属性的指令权。如批准调查人员的回避、停止调查人员继续进行调查等。同时，检察长不仅有权撤销调查人员非法的和没有根据的决定，而且有权撤销调查机关、调查机关首长、调查部门首长非法的和没有根据的决定。而对于调查人员拒绝提起刑事案件的非法的或没有根据的决定，调查机关首长无权直接撤销，只能请求检察长予以撤销。

该法典第41条第4款规定："检察长和调查机关首长依据本法典规定发出的指示对调查人员具有强制力。"对检察长关于将刑事案件退还调查人员进行补充调查的决定或重新制作起诉书、将刑事案件发还调查人员按一般程序进行调查的决定不服的，经调查机关首长同意，调查人员有权在48小时内向上级检察长提出申诉。对调查机关首长的指示不服的，调查人员有权向检察长提出申诉。

俄罗斯检警关系的特色在于，在调查阶段实行类似于大陆法系国家的检调一体制，检察长对调查官具有指挥监督权；在侦查阶段实行类似于英美法系国家的检侦分立制，检察长对侦查员并无指挥权，仅有监督权。俄罗斯检警关系鲜明地体现了俄罗斯兼收并蓄的"混合法系"特点，既具有两大法系国家检警关系相似的优点，也可能遭遇两大法系国家检警关系类似的问题。可以说，俄罗斯检警关系就是两大法系国家检警关系在俄罗斯的"综合试验"。

第四节　我国检警关系的反思与重构

"分工负责、互相配合、互相制约"和"人民检察院依法对刑事诉讼实行法律监督"是我国刑事诉讼的基本原则，也是我国特有的原则。受这两大原则的支配与指引，我国检警关系显然不同于其他国家，而具有鲜明的中国特色。总体上讲，我国刑事诉讼法关于检警关系的规定是合理的，也是适合我国国情的。但同时，我们也要正视我国检警关系中存在的侦查权过于强大、侦查质量不高、检察监督乏力，以及侦查与起诉脱节等问题。为适应以审判为中心诉讼制度改革的需要，我们有必要借鉴其他国家检警关系的优点和经验，在维持检警分立的前提下，充分发挥检察官的诉前主导责任，强化对侦查活动的引导和监督，努力构建新型的检警关系。

一、我国检警关系的基本框架

（一）检警分立

检警分立是我国检警关系的基本特点，也是实现"分工负责"原则的前提。检警分立体现在：一是体制上的分立。检察机关与公安机关互不隶属，处于平行地位。公安机关并非检察机关的附属机关，检察机关对公安机关没有指挥权。公安机关、检察机关分别对其上级机关负责，接受其上级机关的领导。二是职能上的分立。根据《刑事诉讼法》第3条的规定，公安机关负责刑事案件的侦查、拘留、执行逮捕、预审。检察机关负责检察、批准逮捕、检察机关直接受理的案件的侦查、提起公诉。公安机关侦查终结之后，再把案件移送检察机关，由检察机关进行审查，以决定起诉或不起诉。公安机关的侦查活动和检察机关的审查起诉活动在程序上被明显地划分开，侦查是独立的诉讼阶段，与起诉相比，只是具体任务与作用不同，并无主次之分。公安机关的侦查活动并不附属于起诉，起诉也不统摄侦查。

《刑事诉讼法》第19条对公安机关、检察机关的管辖范围作了明确的规定。根据该规定，刑事案件的侦查由公安机关进行，法律另有规定的除外。人民检察院在对诉讼活动实行法律监督中发现的司法工作人员利用职权实施的非法拘禁、刑讯逼供、非法搜查等侵犯公民权利、损害司法公正的犯罪，可以由人民检察院立案侦查。对于公安机关管辖的国家机关工作人员利用职权实施的重大犯罪案件，需要由人民检察院直接受理的时候，经省级以上人民检察院决定，可以由人民检察院立案侦查。可以看出，公安机关、检察机关均为侦查主体。公安机关是主要的侦查机关，承担绝大部分案件的侦查权；检察机关的侦查权具有专属性，只侦查刑法规定的十四类案件。同时，在必要情况下，检察机关有权自行侦查公安机关侦查的案件，此乃检察机关的机动侦查权。对公安机关侦查的案件，检察机关还享有补充侦查权，既可以退回补充侦查，也可以自行补充侦查。因此，检察机关在侦查中享有自行侦查、机动侦查、补充侦查三种形态的侦查权。

（二）检察机关依法实行法律监督

检察机关是国家的法律监督机关，享有对公安机关的立案和侦查活动依法实行监督的权力。这种监督是单向的，检察机关是监督的主体，而公安机关是监督的对象。根据刑事诉讼法、《人民检察院刑事诉讼规则》（以下简称《刑事诉讼规则》）的规定，检察机关对公安机关的监督主要体现在：

（1）对立案活动的监督。公安机关对应当立案侦查的案件而不立案侦查的，检察机关应当要求公安机关说明不立案的理由。检察机关认为公安机关不立案理由不能成立的，应当通知公安机关立案，公安机关接到通知后应当立案（《刑事诉讼法》第113条）。检察机关经审查，认为需要公安机关说明不立案理由的，应当要求公安机关书面说明不立案的理由。对于有证据证明公安机关可能存在违法动用刑事手段插手民事、经济纠纷，或者利用立案实施报复陷害、敲诈勒索以及谋取其他非法利益等违法立案情形，尚未提请批准逮捕或者移送起诉的，检察机关应当要求公安机关书面说明立案理由（《刑事诉讼规则》第559条）。公安机关说明不立案或者立案的理由后，检察机关应当进行审查。认为公安机关不立案或者立案理由不能成立的，经检察长决定，应当通知公安机关立案或者撤销案件（《刑事诉讼规则》第561条）。检察机关通知公安机关立案或者撤销案件的，应当依法对执行情况进行监督。公安机关在收到通知立案书或者通知撤销案件书后超过十五日不予立案或者未要求复议、提请复核也不撤销案件的，检察机关应当发出纠正违法通知书。公安机关仍不纠正的，报上一级检察机关协商同级公安机关处理。公安机关立案后三个月以内未侦查终结的，检察机关可以向公安机关发出立案监督案件催办函，要求公安机关及时向检察机关反馈侦查工作进展情况（《刑事诉讼规则》第564条）。

（2）对侦查活动的监督。检察机关接到报案、控告、举报或者发现侦查人员以非法方法收集证据的，应当进行调查核实。对于确有以非法方法收集证据情形的，应当提出纠正意见；构成犯罪的，依法追究刑事责任（《刑事诉讼法》第57条）。检察机关在审查批准逮捕工作中，如果发现公安机关的侦查活动有违法情况，应当通知公安机关予以纠正，公安机关应当将纠正情况通知检察机关（《刑事诉讼法》第100条）。

（3）决定公安机关负责人的回避。检察长和公安机关负责人的回避，由同级检察机关检察委员会决定（《刑事诉讼法》第31条）。当事人及其法定代理人要求公安机关负责人回避，向同级检察机关提出，或者向公安机关提出后，公安机关移送同级检察机关的，由检察长提交检察委员会讨论决定（《刑事诉讼规则》第30条）。被决定回避的公安机关负责人在回避决定作出以前所进行的诉讼行为是否有效，由作出决定的检察机关检察委员会根据案件具体情况决定（《刑事诉讼规则》第36条）。

(4) 对强制措施作出批准和监督。一是批准/不批准逮捕。公安机关要求逮捕犯罪嫌疑人的时候，应当写出提请批准逮捕书，连同案卷材料、证据，一并移送同级检察机关审查批准（《刑事诉讼法》第87条）。检察机关对于公安机关提请批准逮捕的案件进行审查后，应当根据情况分别作出批准逮捕或者不批准逮捕的决定。对于批准逮捕的决定，公安机关应当立即执行，并且将执行情况及时通知检察机关（《刑事诉讼法》第90条）。检察机关不批准逮捕的，公安机关应当在接到通知后立即释放，并且将执行情况及时通知检察机关（《刑事诉讼法》第91条）。检察机关应当将批准逮捕的决定交公安机关立即执行，并要求公安机关将执行回执及时送达作出批准决定的检察机关。如果未能执行，也应当要求其将回执及时送达检察机关，并写明未能执行的原因。对于检察机关不批准逮捕的，应当要求公安机关在收到不批准逮捕决定书后，立即释放在押的犯罪嫌疑人或者变更强制措施，并将执行回执在收到不批准逮捕决定书后三日以内送达作出不批准逮捕决定的检察机关。公安机关在收到不批准逮捕决定书后对在押的犯罪嫌疑人不立即释放或者变更强制措施的，检察机关应当提出纠正意见（《刑事诉讼规则》第286条）。二是开展羁押必要性审查。犯罪嫌疑人、被告人被逮捕后，检察机关仍应当对羁押的必要性进行审查。对不需要继续羁押的，应当建议予以释放或者变更强制措施。有关机关应当在十日以内将处理情况通知检察机关（《刑事诉讼法》第95条）。三是向公安机关提出采取监视居住措施的建议。对符合《刑事诉讼法》第74条第1款规定的犯罪嫌疑人，检察机关经审查认为不需要逮捕的，可以在作出不批准逮捕决定的同时，向公安机关提出采取监视居住措施的建议（《刑事诉讼规则》第141条）。四是对指定居所监视居住的决定和执行是否合法实行监督（《刑事诉讼法》

第 75 条)。五是批准(不批准)延长羁押期限(《刑事诉讼法》第 156—159 条)。

(5) 引导侦查取证。必要的时候,检察机关可以派人参加公安机关对于重大案件的讨论(《刑事诉讼法》第 87 条)。对公安机关的勘验、检查,认为需要复验、复查时,可以要求公安机关复验、复查,并且可以派检察人员参加(《刑事诉讼法》第 134 条)。依据在案证据不能认定犯罪嫌疑人符合逮捕社会危险性条件的,检察机关可以要求公安机关补充相关证据(《刑事诉讼规则》第 135 条)。检察机关审查案件,对于需要补充侦查的,可以退回公安机关补充侦查,也可以自行侦查(《刑事诉讼法》第 175 条第 2 款)。检察机关认为犯罪事实不清、证据不足或者存在遗漏罪行、遗漏同案犯罪嫌疑人等情形需要补充侦查的,应当制作补充侦查提纲,连同案卷材料一并退回公安机关补充侦查。检察机关也可以自行侦查,必要时可以要求公安机关提供协助(《刑事诉讼规则》第 342 条)。

(6) 追捕漏犯,追诉漏犯、漏罪。检察机关办理公安机关提请批准逮捕的案件,发现遗漏应当逮捕的犯罪嫌疑人的,应当经检察长批准,要求公安机关提请批准逮捕。公安机关不提请批准逮捕或者说明的不提请批准逮捕的理由不成立的,检察机关可以直接作出逮捕决定,送达公安机关执行(《刑事诉讼规则》第 288 条)。检察机关在办理公安机关移送起诉的案件中,发现遗漏罪行或者有依法应当移送起诉的同案犯罪嫌疑人未移送起诉的,应当要求公安机关补充侦查或者补充移送起诉。对于犯罪事实清楚,证据确实、充分的,也可以直接提起公诉(《刑事诉讼规则》第 356 条)。

(7) 通知撤案或终止侦查。对于没有犯罪事实或者犯罪嫌疑人具有《刑事诉讼法》第 16 条规定情形之一,检察机关作出不批准逮捕决定的,应当同时告知公安机关撤销案件。对于有犯罪事实需要追究刑事责任,但不是被立案侦查的犯罪嫌疑人实施,或者共同犯罪案件中部分犯罪嫌疑人不负刑事责任,检察机关作出不批准逮捕决定的,应当同时告知公安机关对有关犯罪嫌疑人终止侦查。公安机关在收到不批准逮捕决定书后超过十五日未要求复议、提请复核,也不撤销案件或者终止侦查的,检察机关应当发出纠正违法通知书。公安机关仍不纠正的,报上一级检察机关协商同级公安机关处理(《刑事诉讼规则》第287条)。

(8)对侦查结果作出审前评价。一是决定提起公诉。检察机关认为犯罪嫌疑人的犯罪事实已经查清,证据确实、充分,依法应当追究刑事责任的,应当作出起诉决定,按照审判管辖的规定,向人民法院提起公诉(《刑事诉讼法》第176条第2款)。二是决定不起诉。根据案件具体情况,检察机关依法作出法定不起诉、相对不起诉或存疑不起诉决定(《刑事诉讼法》第177条第1款,第2款,第175条第4款)。对于犯罪事实并非犯罪嫌疑人所为,需要重新调查或者侦查的,应当在作出不起诉决定后书面说明理由,将案卷材料退回监察机关或者公安机关并建议重新调查或者侦查(《刑事诉讼规则》第365条)。

可以看出,检察机关对公安机关的监督(制约)具有广泛性、全程性、主动性及权威性等特点。广泛性,指检察机关对侦查活动的监督范围十分宽泛,凡侦查活动涉嫌违法行为,检察机关均有权进行监督。全程性,指检察机关对从立案到侦查终结的各个环节、各个阶段,均有权进行监督。主动性,指检察机关对侦查活动的监督,既可以在被害人或者其他诉讼参与人提出控告、举报、申诉后开展,也可以主动为之。权威性,指检察机关对侦查活动的监督具有法律拘束力和刚性,公安机关非因特殊情况,不得拒绝执行。检察机关通过对侦查活动的监督,保证了侦查活动的合法性;通过决定对哪些案件提起公诉,哪些案件不起诉,主导着刑事诉讼程序的发动和进展。

(三)检警之间互相配合与制约

所谓"互相配合",即公安机关和检察机关要通力合作,互通情况,互相支持,协调一致,共同完成揭露犯罪、证实犯罪、惩罚犯罪和维护诉讼参与人合法权益的任务。具体表现在检察机关可以及时介入公安机关的侦查活动，参与公安机关对于重大案件的讨论，出席现场勘查，帮助公安机关补充、完善和固定证据。在有些情况下，还可以参加公安机关的复验、复查活动。

所谓"互相制约"，是指公安机关和检察机关按照法律规定的职权和分工，互相约束和制衡，根据各自的职权互相防止和纠正可能发生的错误，保证正确地执行法律。互相制约不同于检察机关的法律监督。检察机关的法律监督具有单向性，而互相制约具有对向性，即检察机关可以制约公安机关，公安机关也可以反过来制约检察机关。如公安机关不服检察机关作出的不批准逮捕或者不起诉决定，可以要求复议复核。根据《刑事诉讼规则》第565条的规定，公安机关认为检察机关撤销案件通知有错误，也可以提请复议复核。但公安机关的复议、复核只是一种救济手段，具有范围和方式的局限性。并且，对于公安机关提出的复议、复核，检察机关经复查后认为原决定正确的，可以不采纳复议、复核意见。

从理论上讲，由于检察机关具有"国家的法律监督机关"宪法属性，以及在刑事诉讼中处于承上启下的中间位置，决定了检察机关在检警关系中的优势地位，在侦查程序中应当承担主导责任。但是"在我们研究的诉讼制度中，'不应该有实践中的做法将与有关法律规定完全一致这种幻想'"。[①] 从实践看，公安机关才是侦查程序的主导者，检察机关并不扮演积极主动的角色。

二、我国检警关系之反思

频频发生的聂树斌、呼格吉勒图等系列冤假错案，以血的教训深刻

---

① ［法］爱黑克·马蒂阿斯：《论欧洲五国警察机关与检察机关的关系》，李晴兰、赵海峰译，载樊崇义主编：《诉讼法学研究》，第五卷，中国检察出版社2003年版，第469页。

警示我们，检警关系正是一个影响司法公正，制约法治中国建设的"重大问题"。我们要坚持问题导向，深入剖析我国检警关系存在的问题，有针对性地采取改革对策。

（一）侦查权过于强大，形成侦查中心主义

在我国刑事诉讼理论中，虽然强调侦查、起诉和审判处于平行的、同等重要的地位，没有中心，但事实上，"中国的侦查程序却始终居于整个诉讼活动的中心地位，主导着整个案件的走向和结果"[①]。案件的实质调查和全面调查，都在侦查阶段完成。公安机关作为独立的侦查主体，在侦查中享有广泛的权力。一是有权自行启动侦查（立案），也有权自行撤销案件，终结侦查程序。二是在侦查中享有广泛的采取强制措施的权力。除逮捕需要检察机关批准外，像拘留、搜查、扣押、强制采样、技术侦查、取保候审、监视居住等重大侦查行为或者强制措施，均由公安机关自行决定、自行变更、自行执行。三是侦查过程具有高度的封闭性，在"黑箱"内运行，几乎不受外部的监督。比如，侦查讯问时只有侦查人员和犯罪嫌疑人两方在场，秘密进行，没有任何第三方人士在场。"所有的侦查行为都具有高度的隐秘性和封闭性，侦查过程缺乏社会力量的介入和监督，出现权力滥用的可能性很大。"[②] 实践中，侦查过程中的刑讯逼供、非法取证等屡禁不止，可谓一大"顽疾"。近几年曝光的一系列冤假错案，其源头大多指向侦查机关的刑讯逼供、暴力取证。

当局者迷，旁观者清。20 世纪 90 年代和 21 世纪之初，德国学者通过对中国侦查程序的考察，做出以下几点评价：一是"在中国的刑事诉讼法中，侦查程序的一个重要特点就是缺乏法官的监督和参与。公安局

[①] 陈卫东：《推进由"侦查中心"向"审判中心"转变的刑事诉讼程序改革》，载《人民论坛》2019 年 10 月（中）。

[②] 门金玲：《侦审关系研究》，中国社会科学出版社 2011 年版，第 112 页。

可以在没有法官参与的情况下径行采取搜查、没收以及其他的技术上的侦查措施。甚至逮捕也只需得到检察院的批准"①。"警察在中国刑事程序中具有相对强大的地位"②。二是"在中国,几乎所有侦查到最后的案件都会被提起公诉。只要案件被公安局提交给检察院,就会被后者几乎不做改动地移交至法院。如果考虑到全国所有的公诉案件中只有2%左右以无罪判决终结,那么,作为一个局外的旁观者就不免产生这样一种印象,即公安局的侦查结论在很大程度上能决定在检察院和法院所进行的诉讼程序的结果"③。三是"在中国,很大一部分犯罪嫌疑人被受政府领导、而独立于最高人民检察机关的公安局从刑事追诉程序中'过滤'出来,这部分人将只受到行政或纪律处分,或根本逃避任何制裁。这种诉讼制度上的安排使得公安侦查机关有权直接决定案件中当事人的命运。"④ 最后,德国学者得出一个结论:"在德国,检察官已逐渐成为'法官之前的裁判者',根据种种迹象,在中国,这种类似的情形正在公安机关里发生。夸张一点说的话,中国的警察就好像'法官之前的裁判者'。"⑤

德国学者作为一个旁观者,其所作的评价未必全面准确,但发人深思。遗憾的是,我国刑事诉讼法经过2012年、2018年两次修改,仍未从根本上改变这种"侦查不设防"的局面。

---

① [德] 克里斯蒂安·瓦格纳:《德国检察机关》,朱军译,载南京大学—哥廷根大学中德法学研究所编:《中德法学论坛》,第3辑,南京大学出版社2005年版,第11页。

② [德] 约阿希姆·赫尔曼:《〈德国刑事诉讼法典〉中译本引言》,载《德国刑事诉讼法典》,李昌珂译,中国政法大学出版社1995年版,第7页。

③ [德] 克里斯蒂安·瓦格纳:《德国检察机关》,朱军译,载南京大学—哥廷根大学中德法学研究所编:《中德法学论坛》,第3辑,南京大学出版社2005年版,第13页。

④ [德] 克里斯蒂安·瓦格纳:《德国检察机关》,朱军译,载南京大学—哥廷根大学中德法学研究所编:《中德法学论坛》,第3辑,南京大学出版社2005年版,第13—14页。

⑤ [德] 克里斯蒂安·瓦格纳:《德国检察机关》,朱军译,载南京大学—哥廷根大学中德法学研究所编:《中德法学论坛》,第3辑,南京大学出版社2005年版,第14页。

（二）检察机关主导地位不明，对侦查程序的监督缺乏实效性

"对于检察机关在审前程序中的主导地位立法并没有作出应有的规定，导致实践中诉讼参与各方对侦查机关主导侦查程序的思想根深蒂固，一些侦查人员对于检察官介入并监督指导侦查存有抵触。"① 在我国侦查构造中，公安机关无疑是侦查程序的主导者，检察机关并不扮演积极主动的角色，基本上限于对侦查活动的监督职能上。尽管根据刑事诉讼法、刑事诉讼规则的规定，检察机关对侦查活动的监督既是全程性的，涵盖从立案到撤案整个侦查过程的各个环节；也是全方位的，涵盖《刑事诉讼规则》第 567 条规定的各个方面。但在实践中，检察机关的监督具有书面性、被动性、滞后性等特点，监督的实效不够理想。一是，检察机关仅在极少数案件中介入侦查活动，引导侦查取证。对于大多数案件，检察官都是书面审查侦查机关报送的卷宗材料，很难想象侦查活动违法的情况能够反映在案卷中。故检察机关几乎不可能发现侦查活动中的违法情况。二是在立案监督、非法证据排除以及羁押必要性审查等环节，检察机关往往在事后通过审查、举报、检举等方式发现侦查活动中存在的相关问题。这种监督方式有时难以发现违法行为，无法做到防患于未然，侦查监督工作效果不甚理想。② 三是刑事诉讼法并未规定公安机关对采取的重大侦查行为和强制措施（逮捕措施除外）向检察机关报告或者通知的义务，检察机关并不知晓公安机关侦查的进展情况。这不可避免地会导致监督的被动性、滞后性和低效性。

（三）检警分离造成侦诉脱节，在一定程度上影响控诉效果

这也是检警分离模式普遍存在的问题。一方面，侦查机关在侦查活

---

① 最高人民检察院外事局编：《中国与欧盟刑事司法制度比较研究》，中国检察出版社 2005 年版，第 161 页。

② 刘文强：《以审判为中心视野下我国检警关系的反思与重构》，载《辽宁大学学报》（哲学社会科学版）2019 年第 4 期。

动中，由于缺乏检察机关及时、有效的指导，侦查方向经常出现偏差，侦查人员按照自己的思路去收集证据。实践中，关键证据未得到搜集，而辛辛苦苦搜集来的证据却达不到起诉的要求，或被退回补充侦查，甚至被作出不起诉决定，最终导致犯罪嫌疑人逍遥法外。另一方面，由于检察机关并未介入侦查程序，故在审查起诉时，只是审查侦查机关侦查终结移送的案卷、证据材料和讯问犯罪嫌疑人，往往难以把握案件的全部情况，特别是侦查中的活动情况，这势必影响检察机关判断的准确性。"检察机关与多数案件的侦查活动实际上相脱离，就难以从起诉的角度对侦查活动进行指导，在一定程度上也会影响其所作判断的正确性。"①

（四）检警之间对"互相配合""互相制约"理解存在偏差，导致检警关系的异化

互相配合与互相制约是调整和规范我国检警关系的基本原则。但在实践中，有的公安机关、检察机关对"互相配合""互相制约"理解上存在偏差，经常顾此失彼、左支右绌。有的检察机关片面强调互相配合，检察机关审查批捕和审查起诉职能更多地成为"办手续""走程序"的工作；而公安机关对检察机关的不批捕、不起诉也是"无条件"执行，从未提出过复议复核。"配合"实际上成了彼此迁就。

有的检警机关则片面强调互相制约，忽视互相配合。公安机关在证据收集和固定过程中不注重沟通、协商和合作。侦查人员按照自己的思路收集证据，很少与检察官沟通，检察官也乐得其闲，很少主动与侦查人员交流。"如果侦诉双方在办理案件过程中，各行其是，缺乏必要的沟通、协调及合作，则可能会对证据的收集和固定，造成消极的影响。"②

---

① 宋英辉、吴宏耀：《刑事审判前程序研究》，中国政法大学出版社 2002 年版，第 67 页。

② 潘金贵等：《侦诉协作机制研究》，中国检察出版社 2016 年版，第 51 页。

由于配合不足，沟通不畅，有的侦查人员与检察人员经常互相抱怨。侦查人员对检察官退回补充侦查或者作出不起诉决定不理解，认为是故意刁难；而检察人员则抱怨侦查人员缺乏法治意识、证据意识或者不负责任，侦查终结的案件达不到起诉的要求，成为"烫手的山芋"。检警双方互不信任，相互抱怨，造成内耗，影响了指控犯罪的质量和效率。

三、我国检警关系模式的选择

（一）检警一体化质疑

一直以来，不少学者主张检警一体化，由检察官指挥侦查取证。从理论上来看，检警一体化并非诉讼结构演进的必然逻辑。从域外国家司法实践看，尽管大陆法系国家的立法中有关于检察领导侦查的规定，但理论上存在争议，且司法实践亦日渐与立法相背离。① 这表明，检警一体化存在法律规定和司法实践相脱节的情况，不足以成为我国侦诉关系改革的"理想范式"。

第一，无论实行何种检警关系模式，刑事侦查实际上主要由警察独立完成，这在两大法系国家是不争的事实。如在法国，由于人力受限，检察官很少现场参与侦查活动。"检察官的直接参与是如此之少，可以说《法国刑事诉讼法典》第41条的表述中的颠倒词序如实地反映了大陆法系国家的情况：检察官让他人或自己进行所有追诉刑事犯罪必需的侦查活动。"② 在德国，70%以上的刑事案件也是由警察单独侦查完成的。就我国的情况看，进入21世纪以来，刑事犯罪的总量仍在高位运行，立

---

① 张小玲：《审判中心背景下审前侦诉关系之重塑》，载《政法论坛》2016年第3期。
② [法]爱黑克·马蒂阿斯：《论欧洲五国警察机关与检察机关的关系》，李晴兰、赵海峰译，载樊崇义主编：《诉讼法学研究》，第五卷，中国检察出版社2003年版，第470页。

案数从 2001 年 445 万余起增加到 2016 年 640 余万起；尽管自 2016 年以来，刑事犯罪连续四年呈下降趋势，但在 2019 年仍然达到 480 余万起。① 面对如此庞大的立案数量，检察机关不可能对公安机关侦查的所有案件进行有效的指挥监督。这表明，检警一体化的主张是不切实际的。

第二，我国检察机关作为法律监督机关，应当与作为被监督者的公安机关保持一定的距离和相对的独立性，这样才能够客观公正地进行监督。如果检察机关与公安机关形成上命下从关系，就会与法律监督机关的角色定位形成冲突，从而弱化对公安机关侦查活动的监督，甚至导致监督流于形式。

第三，检警一体化影响公安机关侦查的主动性、积极性，降低侦查效率。在法德检警一体模式下，检察官是侦查程序的主宰者，对侦查程序负全部责任。司法警察因在检察官指挥下开展侦查，并不承担侦查责任。由于许多案件由司法警察独立侦查完成，这就造成检察官不实际侦查却承担全部责任，司法警察实际侦查却不承担责任的权责不一现象。司法警察有权无责，责任心下降，经常出现消极侦查情况，影响了侦查的效果。我国台湾地区学者陈运财指出："愈是强调检警指挥命令的关系，司法警察机关因期待检察官的主导侦查，致使收集证据流于轻率，将愈是侦查不精致，权责不明确。"②

"刑事侦查制度之设计模式何者为妥适？实系取决于一国之国民感情及其刑事政策，并无一定之定论。"③ 无论是检警一体还是检警分离，都有其优劣，不能简单地对一种模式给予肯定或否定。总体上讲，现行的侦诉分离模式是相对合理的，是比较适合我国国情的。我国检警关系存在的问题，检警分离不应成为"背锅侠""替罪羊"，制度设计不合

---

① 高春兴：《当前我国刑事犯罪的总体形势特点与对策》，载《上海公安学院学报》2020 年第 4 期。

② 陈运财：《检警关系定位问题之研究——从贯彻检察官控诉原则的立场》，载《月旦法学杂志》2004 年第 5 期。

③ 李翠玲：《论侦查主体》，台湾中正大学 2004 年硕士学位论文。

理造成的结构性矛盾无疑是重要的因素。因此,我国检警关系的改革,并非要变检警分立制为检警一体制,而应在维持检警分立的前提下,发挥检察官的诉前主导责任,加强对侦查程序的引导和监督。

(二)强化检察官的诉前主导责任,应是我国检警关系发展的方向

确立检察官的诉前主导责任,有利于革除侦查中心主义的弊端,促使侦查活动始终围绕公诉之要求而展开,实现以审判为中心诉讼制度改革的要求。具体而言:第一,有利于促使侦查从"独大"到"受制"。确立检察官的诉前主导责任,加强检察官对侦查活动的监督制约,有利于改变"侦查不设防"的情况,促使侦查机关依法取证、文明取证,尽量减少犯罪嫌疑人、被告人被侵犯的概率。第二,有利于促使侦诉关系从隔阂到协作。确立检察官的诉前主导责任,有利于侦查机关、检察机关清醒认识各自的角色与定位,消除隔阂,加强协作配合,形成追诉犯罪的合力。

第一,加强检警之间的密切合作,增进互信。检察机关与侦查机关要树立"大控方"观念,成为休戚与共的"命运共同体",一荣俱荣,一损俱损,共同完成指控犯罪的任务。应当充实、细化"互相配合"的规定,对检警机关需要互相配合的情形、方式等作出具体明确的规定,使"互相配合"制度化、规范化、程序化。一是加强侦诉人员之间的经常性交流。侦查人员与检察人员的交流越密切,合作越紧密,侦诉的力量就会更加强大。加强侦诉人员的经常性交流,变"文来文往"为"人来人往",有助于消除双方之间的分歧与隔阂,加深彼此了解,增进彼此感情,为进一步开展协作打下基础。二是建立定期联席会议制度。侦诉双方应当建立一定级别的联席会议制度,定期进行交流沟通,就案件定性、证据问题以及贯彻上级指示等问题及时磋商,协调解决办案中出现的带有普遍性的重大问题,以减少分歧,增进共识。三是积极与侦查机关进行合作开展执法培训。执法培训可以由侦查机关与检察机关联合举办,也可以由侦查机关单独举办,并邀请部分资深检察官担任教官。

培训的内容,包括《刑事诉讼规则》、典型案例与指导性案例、最新立法及司法解释、侦查取证的法律程序等。要通过培训,帮助侦查人员熟悉最新的法律法规和刑事司法政策、把握侦查取证合法与非法的界限,提升侦查取证的质量。四是建立检察机关与公安机关对判决无罪、撤回起诉、被法院排除非法证据等存在质量问题的案件联合评查制度。改变以往仅由检察机关内部评查,"自娱自乐",无罪、撤诉对公安机关和侦查人员无不利影响,检察机关的内部评查对改进侦查工作无实际效果的状况。要联合召开评查会议,面对面现场评析,查找原因,明晰责任。评查结果作为对侦查人员和检察人员考核评价和追究责任的依据。

第二,加强检察机关对侦查取证的引导。在检警关系上,检察官不仅是侦查结果的评判者,更是侦查过程的引导者和监督者。相对于警察而言,检察官在证据标准的把握、法律的适用方面更具优势。检察机关要通过制定证据标准,积极介入个案等方式,加强对侦查机关的引导。一是强化类案的证据标准指引。检察机关与公安机关共同组织富有经验的办案人员,总结、梳理常见罪名案件的证据收集经验,制定证据收集指南,明确常见罪名案件需要收集的证据名称,固定证据的形式,应当遵守的程序,收集证据的方法,取证应当达到的规格等,指导侦查人员规范取证,确保绝大多数案件侦查取证时有章可循,有的放矢,符合指控犯罪的需要,经得起审判标准的检验。推行纸质卷宗与电子卷宗同步移送,以规范统一侦查笔录制作为切入点,规范侦查取证活动,提高侦查笔录被法院采信为定案依据的比例,同时也可以减少审查起诉环节证据材料录入的重复劳动,提高诉讼效率。二是完善引导侦查取证工作机制。要明确检察机关提前介入侦查的原则、任务、程序、案件范围、介入时间、方式、效果等,实现公诉提前介入,引导侦查取证的常态化、制度化。对于一般案件,应当由公安机关独立进行侦查。对于命案等重大案件,要建立检察机关参与现场勘验引导侦查取证制度。公安机关在收到报案信息后,应当第一时间报告检察机关。检察机关应当第一时间参与现场勘查、尸检、讯问等关键取证环节，按照指控犯罪标准，协助侦查机关客观、全面、及时、依法收集证据。建立重大、疑难、复杂、敏感案件侦查机关听取刑检部门意见和建议制度，刑检部门通过对重大、疑难、复杂案件的介入，对确定侦查方向、收集证据、适用法律等提出意见，依法、及时、全面收集和固定证据，提高侦查质量和效率，减少和避免退回补充侦查的次数，降低"案－件比"。

第三，加强对侦查行为和强制措施的监督。根据强制措施对基本权利侵犯的程度，各国分别设置了法官决定（A）、检察官决定（B）与司法警察决定（C）三种模式。① 一般来说，像逮捕、羁押等重大强制措施，实行法官保留原则，由法官决定；而一般强制措施，则由检察官决定；任意侦查，则由警察自行决定。在我国诉讼结构下，除了逮捕措施由检察官或法官决定外，其他强制性侦查措施均由侦查机关自行决定、自行实施，这种状况对犯罪嫌疑人的人权保障极为不利。尽管根据《刑事诉讼规则》第567条的规定，检察机关对侦查活动的监督主要是发现和纠正侦查机关在侦查活动中存在的违法违规行为。但这种监督往往具有事后性，即在违法违规行为发生后，检察机关才进行监督。为了提升监督的实效性，有必要改进监督的方式方法，变事后监督为同步监督。一是可以考虑建立检察审查制。即侦查机关在对犯罪嫌疑人采取拘留、取保候审、监视居住（含指定监视居住）等强制措施，以及采取技术性侦查措施时，应当将相关的法律文书报检察机关审查。检察机关审查后，认为有违法违规情形的，应当向侦查机关提出纠正意见。二是要强化侦查机关的通报或者备案制度，确保检察机关及时地获得侦查信息，以增强监督的主动性、实效性。德国学者魏根特认为，"信息是最重要的因素，因为如果检察官没有获得有关案件的信息，他不可能指导警察的侦查行为。"② 法国学者

---

① 林钰雄：《刑事诉讼法》（上），中国人民大学出版社2005年版，第229页。
② ［荷］皮特·J. P. 泰克编著：《欧盟成员国检察机关的任务和权力》，吕清、马鹏飞译，中国检察出版社2007年版，第116页。

爱黑克·马蒂阿斯亦指出："自刑事诉讼的预备阶段一开始,即通常自警察机关知悉犯罪行为的发生时起,检察机关一般应及时得到通知。""检察机关的不被通知必然导致它在预备阶段的整个过程中的不参与。"① 公安机关在接到报案或者自行发现犯罪信息后,无论决定立案或不立案,都应当第一时间通报检察机关,以便于检察机关监督。侦查终结后拟撤案的,应当将拟撤销案件的事宜通知检察机关,并附有关材料,供检察机关审查。检察机关审查完毕后,将决定及理由通知公安机关。

第四,修改"互相制约"的规定,提升制约效果。有论者认为,应当取消公安机关的复议、复核权,"赋予公安机关对于不起诉决定的复议、复核权,实际上是侦查权对公诉权的干涉,不利于公诉裁量权的行使,实践证明,弊大于利"②。笔者认为,在我国目前的司法环境下,维持检警之间的互相制约十分必要。尽管公安机关对检察机关的制约,在一定程度上导致追诉力量的分散化,削弱控诉职能,但有利于纠正检察机关的"错误",维护司法公正。近年来,检察机关不批准逮捕案件、不起诉案件逐年增加。相应地,公安机关对不批准逮捕、不起诉复议复核案件数也有所增长。从司法实践看,公安机关提请复议/复核的案件,被原决定机关改变的较少,多数情况下是被上级检察机关改变的。鉴于此,为了提高办案效率,建议立法上废除公安机关向原决定机关提请复议的规定,由公安机关直接向上级检察机关提请复议。根据《人民检察院审查案件听证工作规定》第4条的规定,上级检察机关对于不批准逮捕、不起诉案件,应当召开听证会,广泛地听取意见,并在此基础上作出决定。

---

① [法]爱黑克·马蒂阿斯:《论欧洲五国警察机关与检察机关的关系》,李晴兰、赵海峰译,载樊崇义主编:《诉讼法学研究》,第五卷,中国检察出版社2003年版,第468页,第469页。

② 武晓慧:《论公诉裁量权的运行与程序性控制》,载《中国刑事法杂志》2016年第1期。

第三章 检察官的诉（审）前主导责任（上）
——检察官介入侦查程序研究

检察官在刑事诉讼中的主导责任，首先体现为在诉前①阶段承担着引导侦查取证、监督侦查活动等方面的主导责任。但是，什么是诉前主导，目前并没有权威性的界定。有的认为，诉前主导是"指在审前程序中检察机关根据庭审证明的需要，有针对性地引导侦查人员收集、固定、完善证据，确保证据的真实性、合法性和证据链条的完整性"②。根据这种观点，提出诉前主导的概念旨在强化公诉对侦查的引导功能，以便更加有效地查明案件事实，从源头上防止事实不清、证据不足的案件进入审判程序，确保审查起诉的案件事实和证据经得起法庭的检验。我们认为，将诉前主导限定为引导侦查取证，未免过于狭窄，也不符合检察机关发挥诉前主导作用的实际状况。事实上，诉前主导不仅包括引导侦查取证，也包括审查批准逮捕、侦查活动监督、进行程序分流等内容。本书分两章对检察官的诉前主导责任进行研究。

---

① 诉前与审前，区别在于时点不同。诉前，即提起公诉前的诉讼阶段；审前，则是指法院审理案件前的诉讼阶段。相对于诉前阶段，审前阶段包括了提起公诉和庭前会议等环节。本书认为，检察官在审前程序中的主导地位已形成共识，没必要过于纠结"诉前"与"审前"两个概念的使用。

② 童建明主编：《以审判为中心视角下的公诉实务研究》，中国检察出版社2017年版，第26—27页。

第一节　检察机关介入侦查引导取证*

一、检察机关介入侦查工作的简要回顾

检察机关介入侦查活动的法律规定最早见于1979年刑事诉讼法：检察机关审查案件时，对公安机关的勘验、检查，认为需要复验、复查时，可以要求公安机关复验、复查，并且可以派检察人员参加。但该规定比较原则，对介入范围的规定局限于复验、复查，并未对检察介入侦查的案件类型、介入方式等予以明确。

20世纪80年代初期，为满足当时整顿社会治安形势和办案实践需要，由地方公安机关、检察机关共同探索形成了检察机关介入侦查引导取证机制，以加强检警协作、提高办案效率、保证办案质量。"人民检察院在受理公安机关提请批捕、移送起诉的重大刑事案件前，必要时派人参与公安机关的侦查活动，熟悉案情，发现并共同研究解决问题，为审查批捕、起诉做好准备，是在一九八二年，简称'提前介入'。"[①]

1988年10月，最高人民检察院和公安部联合下发了《关于加强检察、公安机关相互联系的通知》（现行有效）。该通知仅两条，其第一条规定，凡发生特别重大案件和公安机关认为影响大、危害严重的重大案件，在进行现场勘查时，公安机关要及时通知同级检察机关，检察机关要迅即派人参加，如不能派人参加时，应向公安机关说明情况。公安机关对特别重大案件、重大集团案件、影响大的涉外案件和复杂的重大案件进行预审时，要通知检察机关介入预审活动。如果检察机关认为需要介入公安

＊ 本节由董文超撰写。

① 李志华：《人民检察院的"提前介入"应在法律中明确规定》，载《法学评论》1988年第3期。

机关的其他预审活动时,也可以主动与公安机关联系,公安机关应予以配合。检察机关参加现场勘查和介入预审活动的任务主要是了解案情,研究证据,准确及时打击犯罪分子,保证办案质量,并对公安机关的勘查、预审活动以及收集证据等提出更确切的建议。这将"提前介入"司法经验予以制度化,对提前介入的范围、案件类型、性质等予以明确。在1989年到1993年间,每年的《最高人民检察院工作报告》均会详细列举检察机关介入侦查活动的基本数据。其中,1988年提前介入侦查活动16950多次;1989年上半年全国各级检察机关提前介入公安机关对重大特大案件的侦查活动55112件(次);1990年在审查批捕环节上提前介入51206件次;在审查起诉环节上提前介入16007件次。1991年检察机关在审查批捕环节上提前介入重大、特大刑事案件44819件次,在审查起诉环节上提前介入13204件次。通过这些数据,可见当时检察机关对于介入侦查工作的重视程度。

2000年前后,检察机关对进一步规范、完善这项制度提出了新要求,并于2002年5月召开的全国刑事检察工作会议上提出,要"坚持、巩固和完善适时介入侦查、引导侦查取证、强化侦查监督"工作机制。2012年刑事诉讼法修改研究过程中,该项机制一度写入草案。

2015年,中办、国办《关于贯彻落实党的十八届四中全会决定进一步深化司法体制和社会体制改革的实施方案》将"探索建立重大、疑难案件侦查机关听取检察机关意见和建议的制度"列为改革任务,再次确认了建立、完善这项制度的必要性和重要性。同年,最高人民检察院发布了《关于加强出庭公诉工作的意见》,对检察机关介入侦查的案件范围、介入时间、介入程度、介入方法、介入效果等方面作了明确的规定。

2020年5月,《中共中央关于加强新时代公安工作的意见》再次将"建立重大、疑难案件听取检察机关意见建议制度"作为一项改革任务予以明确。此后,中办《关于政法领域全面深化改革的实施意见》、政法领域全面深化改革推进会和中央政法工作会议均对这项工作提出明确要求。

2021年1月,中共中央印发的《法治中国建设规划(2020—

2025年)》规定:"健全侦查机关办理重大案件听取检察机关意见建议制度。"此项改革成为法治中国建设的一项重要内容。

二、检察机关介入侦查引导取证的重要价值

近年来,在高检院的高度重视下,检察机关介入侦查的比例不断提高。介入侦查的案件类型不断拓展,除了故意杀人、故意伤害、抢劫、强奸、诈骗、贩毒等传统犯罪类型外,经济犯罪的提前介入主要为非法集资、合同诈骗罪、大额涉税类犯罪等涉及刑民交织、罪与非罪、团伙作案、涉案金额巨大、资金流水和财务账目查证复杂的案件。网络犯罪介入集中在电信网络诈骗犯罪、帮助信息网络犯罪活动罪、网络新类型案件等犯罪嫌疑人较多、被害人人数众多且分布较广、电子数据多、侦查难度大、法律适用争议大的新类型案件。介入启动以侦查机关邀请为主,只有在部分重大、敏感案件中,才由检察机关主动联系侦查机关了解案情、介入侦查。检察机关通过介入侦查引导、指导侦查机关准确把握案件定性、明确侦查方向、规范取证行为,第一时间将以审判为中心的证据裁判标准传导到侦查阶段,有效提高办案效率、保证办案质量,减少审查起诉的"二退三延",有效降低"案-件比"。

(一)检察机关适时介入引导侦查活动符合以审判为中心的诉讼制度改革和检察机关内部捕诉一体改革的要求

2019年12月30日修订后的《人民检察院刑事诉讼规则》按照适应监察体制改革和体现"捕诉一体"内设机构改革要求,进一步完善了适时介入侦查活动的工作机制,在适时介入公安机关侦查活动目的和任务上体现了捕诉双重性,增加了公安机关商请介入侦查的启动程序,使检察机关适时介入侦查活动的意义更广泛。

案例:冷某某、章某某等五人走私、贩卖毒品案

C市L区公安局接C市公安局线索对冷某某、章某某等五人走私、

贩卖毒品案立案侦查。该局决定实施控制下交付并在立案前即商请检察机关派员介入。检察官介入后参与了立案前侦查计划的制订、立案后抓捕和查扣毒品等侦查的重要环节并提出了实时性取证意见。如在采取何种方式查扣毒品上，检察官从证据审查运用和法律适用角度对控制下交付的毒品提出原物寄递和空箱寄递两种取证方案，该局经过研究决定采纳空箱寄递方案。最终，C市L局顺利抓捕5人并查获溶于不明液体中的海洛因1766克。

本案中，检察官在立案前即应邀提前介入侦查引导取证，说明侦查机关对于检察机关提前介入侦查引导取证持肯定和欢迎的态度。捕诉一体后，检察官介入侦查工作不能局限于"捕得了"，还要更多地为审查起诉工作谋划。本案检察官在介入侦查工作中已将审查起诉的证据要求传导至侦查阶段，审查逮捕的取证工作已成为检验审查起诉取证工作的一个参照，而侦查机关在"缉毒抓人"后的所有取证工作均按检察官的取证提纲分步骤进行。如审查起诉要求的声纹鉴定的证据，因该鉴定工作耗时较长，检察官在介入侦查阶段即建议侦查机关着手准备，为后期准确定罪、快诉快审奠定基础。

（二）重大、疑难、复杂刑事案件犯罪分子反侦查意识强，侦查机关取证破案难度大，检察机关适时介入侦查活动能够提供"一锤定音"的关键性意见

案例：卢某某、李某某贩卖、运输毒品案

2018年5月28日21时许，C市L区公安局经侦控在C市L区一高速路口将犯罪嫌疑人李某某抓获，当场从李某某驾驶车辆内查获甲基苯丙胺2包。但根据侦控线索显示，李某某极有可能购买甲基苯丙胺5包。侦查人员认为另外3包甲基苯丙胺的去向有多种可能，难以决定下一步侦查方向，遂联系检察官听取意见。检察官了解案情后认为李某某成功交易5包甲基苯丙胺的可能性极大，提出对车辆查封并拖运汽车至

4S 店拆解、当着李某某的面在见证人参与下对拆解过程全程录音录像的建议。2018 年 5 月 29 日下午，侦查人员在某汽车维修厂从李某某汽车后备厢左右两侧夹层内查获另外 3 包甲基苯丙胺，共计查获甲基苯丙胺 5060 克。

检察介入侦查的主要目的之一就是引导侦查顺利进行，特别是要解决侦查过程中遇到的取证疑难问题。在毒品犯罪案件中，证据的合法性、同一性问题是刑事诉讼各个阶段普遍关注的问题，这些问题往往与侦查取证时机紧密相关。如果侦查人员在查获 2 包甲基苯丙胺后将汽车封存或发还，在后期其他工作中才从车内发现另外 3 包甲基苯丙胺，则会无故增加侦查人员对该 3 包甲基苯丙胺合法性、真实性、关联性的证明难度。检察适时介入侦查引导取证工作就是将上述可能出现的问题及时解决在侦查阶段，减少审查起诉阶段面临的非法证据排除、无罪等严重的案件质量隐患。

（三）命案发生后，公安机关第一时间进行侦查十分重要，检察机关及时介入侦查，可以引导侦查机关及时收集、固定证据，防止侦查机关侦查中的消极、懈怠

案例：何某故意杀人案

2018 年 5 月 9 日上午 9 时 10 分许，在 S 省 T 市 X 区某厂区办公室内犯罪嫌疑人何某（年满 18 周岁）因工作之事对分管领导李某怀恨在心，遂乘其不备，左手从背后抱住李某，右手持提前买好的裁纸刀从背后割向其颈部，何某行凶后欲自杀，被同事夺刀控制至单位会议室后报警，李某经抢救无效死亡。

案发后，检察机关第一时间派人介入。检察人员介入后了解到，何某行凶后，在场同事夺刀控制何某时，洒落现场的血迹稍有污染，除此之外，现场保护妥善。对于该案，侦查人员认为已有多名目击证人能够证明何某持刀行凶的犯罪事实，因此勘验检查工作应该快速完成。但检

察人员坚持程序合法优先,要求进行勘验的侦查人员一律戴口罩、手套和脚套开展工作,后侦查人员听取检察人员意见。在对现场进行勘验、检查笔录时,侦查人员只邀请了一位厂区工作人员作为见证人,勘验结束后,侦查人员也没有及时让见证人在笔录上签字,当侦查人员寻找该名见证人签字时,见证人已不在现场。侦查人员认为笔录上有无见证人签名都不会影响该案的定性,因此不打算让见证人返回现场签名。检察人员依据刑事诉讼法的相关规定,对此提出口头纠正,要求由见证人亲自签名,以确保勘验、检查过程的合法性。侦查人员听取了检察人员的建议,让见证人在笔录上签名。

在侦查人员到达现场前,犯罪嫌疑人何某已被同事带入会议室,根据在场证人证言,何某被控制后曾去洗手间清洗手上的血迹,使用的作案工具裁纸刀先放在洗手台上,洗完手之后裁纸刀被何某收起放入裤子右侧口袋。侦查人员到达现场后,才从何某的口袋中将作案工具收缴,同时从现场和刀具上提取了少量血液,但是对于作案工具和血液的提取,侦查人员并没有制作书面的提取过程。在场检察人员对此提出建议:现场被害人洒落在地上的血液有轻微污染,作案工具被清洗之后放置在洗手台上,后被装入口袋,作案工具上沾有的血迹在一定程度上也被污染,鉴定人员从现场提取的血液检材真实性已经存疑,如果没有提取、保存、移送的详细情况说明,会给以后的审查起诉工作带来阻碍。经过沟通,侦查人员听取了检察人员的建议。①

正如美国学者韦恩·W. 贝尼特和凯伦·M. 希斯所言:"最初采取的反应措施对进行成功的侦查是极为重要的。尽管一般人们认为案件只能在法庭上决定'胜负',但实际上更多的案件是在展开侦查的初期几

---

① 郭雁:《检察机关提前介入命案侦查实证研究——以 S 省为例》,西南政法大学 2019 年硕士学位论文。

小时，即在最初反应阶段就已经注定了成败而不必再到法庭上一决雌雄。"① 本案中，侦查机关在取证过程中存在诸多不规范之处，检察机关及时提出口头纠正意见，并引导侦查取证，确保了现场勘验的合法性、规范性，为之后庭审指控顺利进行奠定了基础。实践证明，"检察官对于重大、有影响命案的事前介入、同步监督、证据引导，对于规范命案现场勘验、保障证据收集的'量'和'质'、从源头上减少'瑕疵案件'、遏制冤假错案大有裨益"②。

（四）侦查机关在应对重大社会影响或者舆论高度关注案件的前沿，面临罪与非罪、情理法交融的困难抉择时，需要检察机关适时介入侦查发挥及时纾解办案困局，明确法价值观的主导作用

案例：于某某正当防卫案

2018年8月27日21时30分许，于某某骑自行车正常行驶，刘某醉酒驾驶小轿车强行闯入非机动车道，与于某某险些碰擦。刘某下车推搡、踢打于某某，并从轿车内取出一把砍刀，用刀面连续击打于某某颈部、腰部、腿部。刘某在击打过程中将砍刀甩掉，于某某抢到砍刀，刘某上前争夺，在争夺中于某某捅刺刘某的腹部、臀部，砍击其右胸、左肩、左肘。刘某受伤后跑向轿车，于某某继续追砍2刀均未砍中，其中1刀砍中轿车。刘某跑离轿车，于某某返回轿车，将车内刘某的手机取出放入自己口袋。刘某逃离后，倒在附近绿化带内，后因抢救无效死亡。

江苏"昆山反杀案"案发后引起社会广泛关注。江苏省昆山市公安局主动商请昆山市人民检察院介入侦查，听取检察机关的意见，并在案

---

① ［美］韦恩·W.贝尼特、凯伦·M.希斯：《犯罪侦查》，但彦铮等译，群众出版社2000年版，第5页。

② 王守安：《检察官参与命案现场勘验制度研究》，载《国家检察官学院学报》2016年第1期。

发后第5日发布通报认定于某某行为属于正当防卫，不负刑事责任，依法撤销案件。同日，昆山市人民检察院也对该案发布了通报，认为公安机关对此案作撤案处理符合法律规定，支持公安机关的处理决定。本案中，检察机关应公安机关商请介入侦查，并在介入侦查活动中对于正当防卫条款的法律适用、于海明的行为定性等发表意见，紧随公安机关发布处理决定通报后及时发布解读通报，面向社会公开释法说理，阐明法价值观，宣示了"法不能向不法让步"的法治精神。

三、检察机关介入侦查引导取证存在的问题及制度完善[*]

（一）检察机关介入侦查引导取证存在的问题

从司法实践看，检察机关介入侦查引导取证还存在一些困难和问题：

一是缺少明确的法律依据。刑事诉讼法并未专门对检察引导侦查进行具体规定。刑事诉讼规则只是原则性地赋予检察机关诉前介入侦查的权力，关于介入的时间、方式、内容等均无明确规定。虽然有些地区检警两家经过协商制定了工作规范，但大多比较原则，弹性条款居多，硬性要求不足。

二是介入引导侦查取证还存在一些不规范的现象。由于顶层设计缺位，导致实践中存在着介入案件的范围、时机把握不准确，介入的程序、方式不规范，责任义务不清晰，监督制约乏力等问题，很大程度上影响了介入机制有效发挥作用。在一些地方、一些案件办理过程中，还存在把介入侦查片面理解为联合办案的情况。有的检察官甚至代替公安机关进行侦查或参与侦查，并在相关证据材料上签名。检察官纯粹从追诉的角度深度参与案件办理，侦查监督的职能作用发挥不充分，导致一些案件的违法违规取证行为未能得到及时有效的监督纠正。

---

[*] 本部分内容由段明学增加。

三是检察官专业化不足，引导侦查质量不高。实践中，一些参与介入案件办理的检察官因专业知识、法律知识储备不足，司法实践经验欠缺，或者现场沟通能力、引导说理能力不强，导致引导侦查取证的能力水平不高，提出意见的质量难以保证，有时意见过于笼统、操作性不强，甚至出现定性不当、引导方向错误等问题。特别是在专业性要求更高的经济犯罪、网络犯罪案件中，这一问题显得更加突出。

四是检察机关人力不足，影响了介入侦查引导取证的效果。在犯罪总量居高不下、新类型案件层出不穷的情况下，检察机关案多人少的矛盾严重影响了引导侦查的深度和广度，压缩了检警合作的有限空间。实行捕诉一体运行机制后，检察官的办案责任更重、办案压力更大，无暇顾及引导侦查取证工作。特别是在需要多次介入侦查的案件中，由于人力缺乏不能实现专人负责，往往会临时指派人员介入，缺乏连续性和稳定性。

（二）检察机关介入侦查引导取证的制度完善

1. 进一步推进立法，赋予介入侦查引导取证制度应有的法律地位

建议在《刑事诉讼法》第二编"立案、侦查和提起公诉"第二章"侦查"一节"一般规定"第116条后增加一条，规定："人民检察院经公安机关商请或者认为确有必要时，可以派员介入重大、疑难、复杂案件的侦查活动，参加侦查机关对于重大案件的讨论，对案件性质、收集证据、适用法律等提出意见，监督侦查活动是否合法。"

2. 检察机关介入侦查引导取证的制度设计

（1）介入的时机。侦查机关立案后，检察机关均可介入侦查引导取证，实现侦查环节的介入、监督全覆盖。一般地，对于命案，检察机关应当在案发第一时间介入，并应当介入现场、尸体解剖、引导侦查部门依法、及时、规范取证；对于命案以外的其他案件，可视情况在立案或采取强制措施后介入。

(2) 介入的案件范围。主要是重大疑难复杂案件，包括重大危害国家安全、公共安全案件；涉黑恶犯罪案件；严重暴力犯罪案件；涉众型经济犯罪案件；涉网络等新类型犯罪案件；社会舆论高度关注的敏感案件；上级督办案件等。对于命案，应当每案必介，以确保命案得到最大限度的侦破。"命案实际上是一个以出现人命后果为唯一标志的类概念。"[①] 只要出现了死亡结果，不论是他杀还是自杀，也不论是故意杀人还是交通肇事致人死亡，也不论死亡数人还是一人，检察机关都应当第一时间介入。对于自杀或他杀，是故意杀人、故意伤害致人死亡还是正当防卫、防卫过当的定性，应当由检察机关作出，而不宜由公安机关作出，以防止公安机关有案不立，延误侦查。在实践中，许多故意杀人案，往往伪装成自杀或交通肇事致人死亡案，检察机关第一时间介入，可以为案件的定性提供法律意见，明确侦查方向。

(3) 介入的方式。原则上应当亲历，即检察官出席勘查现场、参加尸体解剖、侦查实验等侦查活动。亲历的优点在于：一是查漏补缺。在亲历侦查的过程中，根据自身对证据审判标准的把握，来弥补侦查思维周密性较差的弱点，查漏补缺，防止关键证据错失最佳调取时机。二是增强内心确信。如在旁听讯问过程中，亲自感知犯罪嫌疑人在陈述案件事实过程中的表情、动作、语气、眼神，来判断其真实性和合理性，从而形成自己的内心判断，在感知证据的过程中形成内心确信。三是保障合法性。参与侦查过程也是行使法律监督权的过程，能够保证取证程序和证据形式的合法性。[②]

(4) 办案责任。我们认为，从尊重侦查机关侦查主体地位、严格划分司法责任的角度出发，除了前述自杀、正当防卫、防卫过当等案件定

[①] 刘忠：《"命案必破"的合理性论证——一种制度结构分析》，载《清华法学》2008年第2期。

[②] 童建明主编：《以审判为中心视角下的公诉实务研究》，中国检察出版社2017年版，第36页。

性应由检察机关作出外，其他情况下检察机关关于案件定性、侦查方向的意见仅供侦查机关参考，是否采纳由侦查机关结合案件办理情况决定，并由侦查机关独立承担办案责任。但是，检察官故意误导，或者出现严重过失导致侦查出现严重错误的，应当承担相应的办案责任。

四、检察机关介入侦查引导取证应注意的问题

（一）在诉讼阶段上，要注意主动和被动地位区分

在侦查活动中，侦查机关占据主动地位，检察机关主要以受邀参与者身份开展协作。

首先，软性大于刚性，建议多于意见。在侦查取证活动中，建议的方式能够较好地体现介入效果，检察机关可以对侦查机关侦查取证过程的合法性、取证内容、侦查方向等提出建议。如在前文冷某某等五人走私、贩卖海洛因案中，关于侦查人员在海关查获贩毒上家的海洛因是否实施控制下原物寄递给下家的问题，检察官给出了原物寄递和空箱寄递两个建议及对应的取证措施供侦查人员参考。这种侦查取证建议并不会干扰侦查活动的进行，反而有利于为侦查活动拓宽思路。其次，参与大于干预，指引多于指挥。检警两家可以就类案制定证据指引以实现证据标准的统一，如在特情介入的毒品犯罪案件中，检察机关普遍会要求侦查机关提供案件线索来源以掌握案件来源情况和排除可能存在的如犯意引诱、数量引诱等案件质量隐患。检警双方可以就此类取证问题达成一致意见，形成办案指引以规范侦查取证活动，这种形式上的强制性约束形成的前提是公安机关的认可，也并未干预侦查活动。最后，预判大于确定，分析多于决定。预判力是侦查、检察人员必备素质。有些案件在侦查初期信息量、证据量少，存在很多不确定因素，需要侦查人员根据案件变化情况作出决断，因此对案件走势的判断至关重要。比如死刑案件比普通案件在证据要求上更为严格，对案件未来走向的预判将影响侦

查取证的效果。而实际工作中，侦查人员在预判力方面也会出现问题，需要检察人员予以引导以弥补其不足。比如在上文提及的卢某某、李某某贩卖、运输毒品案中，侦查情报人员掌握涉案毒品有5包，而在贩毒人员身上及车内实际查获2包，对剩余毒品去向找不到线索，检察官对技侦证据、案件来源、嫌疑人的背景材料等进行分析后认为毒品在车内的可能性极大，遂建议将车整体封存送至汽车4S店分割并同步录音录像，后在车后备厢夹层内发现剩余3包毒品。

（二）在证据审查和法律适用上，要注意主导与主责的区分

首先，检察机关适时介入侦查阶段的侦查取证是侦查机关的主责，从侦查策略的制定到抓捕、查扣冻等侦查措施的实施均系侦查机关的主责，从诉讼阶段职能划分上来讲，检察机关不能代为实施。其次，检察机关负有证据审查和法律适用的主责。在取什么证、案件怎么定上，检察机关具有天然的比较优势和相当的话语权。最后，协调好侦查取证的主责与证据审查及法律适用的主导的关系。传统的诉讼阶段论上，侦查机关与检察机关是"做饭—端饭"的关系。在以审判为中心的刑事诉讼模式下，特别是提前介入环节的检察机关与侦查机关的关系就是"开方—抓药"的关系，好比是检察机关"开方"也即对取什么证、哪些证据关键、证据怎么提取能够获得采信等提出要求，侦查机关"照方抓药"按要求取证。因为有后续检察环节、诉讼阶段的保障，检察机关在提前介入中给了承诺，侦查机关吃了定心丸，这种关系是能够维系和巩固的。

（三）在侦查阶段的检察环节上，要注意引导侦查效果的延伸及在后续检察环节及诉讼阶段上的保障

批准逮捕、批准延长侦查羁押期限、羁押必要性审查等环节要对提前介入引导侦查取证的效果进行评价及修正。适时介入从程序上可以分

为捕前适时介入和诉前适时介入,捕诉一体后,诉前的介入都可以叫适时介入。检察机关共有五个主要途径可以进入侦查阶段:捕前适时介入、审查逮捕、延长侦查羁押期限、羁押必要性审查(捕后的任何时候)、诉前适时介入。检察机关适时介入要与侦查阶段的检察环节形成呼应,通过审查逮捕环节解决定性问题,通过延长侦查羁押期限环节解决补证甚至量刑问题,羁押必要性审查可以对前述环节进行一定程度的修正,如捕前适时介入引导侦查的案件应在捕前进行评估,给出是否提请批准逮捕的建议。首先,检察人员要有全局意识,提前介入后即应考虑后续检察环节及诉讼阶段的证据要求。其次,注意利用各检察环节进行补证,如在审查逮捕环节,可以提出继续侦查取证的要求,在延长侦查羁押期限环节,还可以对适时介入时的证据进行再审查,及时查漏补缺。最后,加强与后续诉讼阶段的衔接,不管是审查逮捕,还是羁押必要性审查均是为审查起诉工作的顺利进行保驾护航。发挥不起诉、侦查活动监督、立案监督等制约手段,保障适时介入侦查引导取证的效果。

(四)法律监督的最后适用

在履行法律监督职能上,要注意监督尺度的掌握。总体来看,侦查活动的规范程度越来越高,但不可否认,个别案件依然存在严重侦查违法情形。如在王某某非法持有毒品案中,检察官发现毒品扣押、称量等笔录中侦查人员、见证人签名多次出现代签的情况。经询问,侦查人员承认代签的事实。重大毒品犯罪案件中出现此类严重取证违法行为,就是严重的质量隐患。因此,检察机关在适时介入引导侦查取证中应注重以下三点:第一,通过适时介入侦查增加监督线索来源,及时向侦查机关通报侦查取证不规范问题,与侦查机关形成良性互动。第二,通过监督保障适时介入引导侦查取证的效果,对于侦查机关严重的侦查违法行为,可以及时发现、及时监督,杜绝案件质量隐患。第三,考虑到适时介入乃是证据形成的初期,侦查取证违法补正概率大,监督宜用检察建议、检察意见书,坚持书面纠违乃至立案查处最后使用原则。

第二节 检察机关退回补充侦查与自行补充侦查[*]

在"捕诉一体"运行机制下,检察机关补充侦查工作的内涵不断丰富与延伸,广义的补充侦查包括审查逮捕环节批捕继续侦查、不批捕补充侦查、审查起诉环节退回补充侦查、自行补充侦查、全过程调取证据材料等具体内容。总体而言,可以区分为两大类,一是引导公安补充侦查,二是检察机关自行补充侦查。鉴于批捕继续侦查、不批捕补充侦查以及全过程调取证据材料,与退回补充侦查相比,尽管处于不同的诉讼阶段,但都属于检察引导公安侦查,诸多具体的工作方法可以参照适用。本节仅重点研究如何退回补充侦查、自行补充侦查的相关问题。

一、检察机关退回补充侦查、自行补充侦查的必要性

纵观世界主要法治国家的检察制度,基于监督侦查、追诉犯罪的必要,大多赋予检察官退回补充侦查权、自行补充侦查权。我国刑事诉讼法也明确授予检察机关对移送的刑事公诉案件退回补充侦查、自行补充侦查的权力,从制度设计上赋予检察机关制约与监督侦查权的权能。启动退回补充侦查、自行补充侦查程序,旨在查清犯罪事实、弥补证据不足、追查漏罪漏犯、纠正非法取证等,是审视检察机关履行审前主导责任情况的重要窗口。然而,徒法不足以自行,要真正发挥制度的价值,检察机关积极、正确履行两项补充侦查职责既有必要,又意义重大。

第一,适应"以审判为中心"的刑事诉讼新格局的必然要求。"以

---

[*] 本节由廖祥勇、陈书敏撰写。

审判为中心"的核心价值在于证据裁判原则。正如霍姆斯所阐述的那样，真正的刑法，是由警察和检察官掌握的。侦查机关的办案优势在于刑事案件发生后第一时间"确定作案人"与"抓获作案人"，而在查明事实、调查取证等后续侦查方面，则与以审判为中心、证据裁判原则的要求尚有差距。加之大量新型案件、边缘案件、涉众型案件以及疑难复杂案件的不断涌现，迫切需要检察机关与公安机关形成打击犯罪的合力。中共中央印发的《法治中国建设规划（2020—2025年）》明确要求健全侦查机关调查收集证据制度，规范补充侦查、不起诉、撤回起诉制度。健全调查收集证据制度的主体是侦查机关，而规范补充侦查制度的主体则在检察机关。补充侦查是否及时、规范、充分，既直接影响案件质效，更是正确处理案件的前提。

第二，检察机关公正执法的客观义务使然。《刑事诉讼法》规定"人民法院、人民检察院和公安机关进行刑事诉讼，应当分工负责，互相配合，互相制约，以保证准确有效地执行法律"。可见，无论是检察院还是公安机关，都致力于准确有效地执行法律。并且，检察机关还担负着"法律守护人"的天然使命。"创立检察官之另一重要目的在于摆脱警察国家的梦魇，因而，需要一个严格受法律训练及法律控制的法律官来监督控制警察侦查活动的合法性"。[①] 正因如此，《检察官法》要求检察官必须忠实执行宪法和法律，秉持客观公正的立场，既要追诉犯罪，也要保障无罪的人不受刑事追究。由此，赋予检察机关补充侦查职能，既在于追诉犯罪，也在于监督侦查，保障公民合法的基本权利不受侵犯。相应地，侦查机关应当自觉接受监督，积极配合检察机关正确履职。

第三，落实检察官主导责任的需要。检察官是补充侦查活动的启动者、补充侦查方向的引导者、补充侦查效果的验收者，甚至是自行补充侦查的直接实施者，无论是程序上还是实体上，都承担着主导责任。检

---

① 林钰雄：《检察官论》，法律出版社2008年版，第11页。

察官开展补充侦查工作,如果不能全面、正确地理解自己的主导责任,不能恪守客观公正义务,就难以正确履行职责,以致错误处理案件,甚至错放有罪之人,或错诉无辜之人。因此,规范补充侦查制度,有利于督促检察官依照法律规定尽职履责,更好地承担主导责任,真正用好补充侦查制度。

二、检察机关退回补充侦查、自行补充侦查的实践考察

(一)多用退回补充侦查、少用自行补充侦查的实践现状

据最高人民检察院工作报告显示,2020年全国检察机关延长审查起诉期限、退回补充侦查同比分别下降57%和42.6%;自行补充侦查4.8万件,是2019年的23.5倍。该报告并未报告退回补充侦查的确切数据。据我们了解,检察机关在办案中退回补充侦查仍然占主导地位,虽然也开始重视自行补充侦查,但适用率并不高。

主要有以下几方面原因:一是法律供给不足,刑事诉讼法规定对于需要补充侦查的,可以退回公安机关补充侦查,也可以自行侦查,对于两者的适用情形未作区分。法律没有明确规定自行补充侦查启动标准、程序、侦查手段、期限等,缺乏机制保障;二是检察人员自行补充侦查能力、意愿不强。部分检察官习惯于退回公安机关补充侦查和"等、靠、要"的办案方式,重"退补"轻"自查",进行自行补充侦查的自觉性有待提高。检察官侦查取证能力相对较弱,尤其是对于比较专业的勘验、检查、鉴定等环节,缺乏相应侦查能力和工作经验,很大程度上限制了自行补充侦查权的有效运用。三是检察官办案负荷大,侦查人力、资源不足,同时缺乏自行补充侦查的内驱力,退回补充侦查相对更省事。四是与侦查机关缺乏有效沟通协作机制。

(二)自行补充侦查适用情形有待实践总结

通常认为,检察机关的自行补充侦查权不同于普通的侦查权,只是

侦查活动的法定补充措施，而非检察机关替代侦查机关行使犯罪侦查职能，对于确有必要补充侦查的情形，一般以退回补充侦查为主，以自行补充侦查为补充。但是，这种补充功能并不意味着不区分情形一律优先选择退回补充侦查，更不意味着退回补查与自行补查只能二选其一。自行补充侦查权是法律赋予检察机关的一项重要职权，兼具侦查权和监督权的属性，对于及时固定完善证据，保证案件质量和效果具有重要的作用。一是可以有效弥补侦查不足，有助于查明案件事实，保障案件质量。二是有助于缩短办案周期，提高办案效率，降低案-件比。三是有助于充分发挥法律监督职能。从制度价值上看，相对于退回补充侦查，自行补充侦查权最重要的、无可替代的价值在于法律监督职能，其次在于及时、准确追诉犯罪。由此，在选择适用退回补充侦查抑或自行补充侦查时，应当将法律监督职能作为重要考量因素。

根据《人民检察院刑事诉讼规则》，退回补充侦查与自行补充侦查的适用条件一致，均为"犯罪事实不清、证据不足或者遗漏罪行、遗漏同案犯"。虽说明"可以自行侦查"是指案件只是有部分证据需要查证，而人民检察院又有能力侦查或者自行侦查更有利于案件正确处理的，[①]但是该规定过于笼统，没有明确适用自行侦查的具体情形，司法实践难以统一标准。2020年3月，最高人民检察院、公安部联合出台《关于加强和规范补充侦查工作的指导意见》，对补充侦查的适用条件作出了更为具体的规定，但是对于自行补充侦查的适用情形仅作部分列举式规定，还有待进一步总结。第一项规定"影响定罪量刑的关键证据存在灭失风险，需要及时收集和固定证据"，其实该情形也可以退回补充侦查，不能区别出自行补充侦查的必要性；第二项规定"经退回补充侦查未达到要求，自行侦查具有可行性的"，该情形的法理依据在于检察机关追诉犯罪的法定职责。其实，实务中受理审查起诉的案件，未经退查或在

---

① 童建明、万春主编：《〈人民检察院刑事诉讼规则〉条文释义》，中国检察出版社2020年版，第368页。

退查中，亦可能发现退回补充侦查将运转失灵，宜自行侦查。第四项规定"其他需要自行侦查的"，属于兜底规定，因而有必要作进一步的实践总结。

（三）交叉适用退回补充侦查与自行补充侦查的实践探索

一般而言，自行补充侦查指检察机关针对侦查工作的不足独立开展补充侦查活动。然而，检察机关人力、专业技术、科技配备不足、自行补充侦查缺乏期限规定等现实因素限制了检察机关的侦查空间。实践中，为实现追诉犯罪、监督侦查的立法意图，应当在明晰两项补充侦查适用情形的前提下，组合用好两项补充侦查职能。为克服具体困难，有的检察机关采取与侦查机关合作补侦的方式，按照检察机关掌握的法庭证据标准来引导侦查，实践表明运行效果良好。具体而言，检察机关与侦查机关合作补侦方式是灵活多样的，可以根据案件需要具体调整。

（1）共同补充侦查。一种典型的方式是检察官与侦查员共同补充侦查。比如侦查实验的验证、案发现场复验、复检以及专业问题的认识判断，通常由侦查机关技术人员、侦查员、检察官共同开展工作更为适宜。张凯闵等 52 人电信网络诈骗案[①]，由于电子数据无污损鉴定意见的鉴定起始基准时间晚于犯罪嫌疑人归案的时间近 11 个小时，不能确定在此期间电子数据是否被增加、删除、修改。在退回补充侦查期间，检察人员会同侦查人员共赴国家信息中心电子数据司法鉴定中心，就电子数据提取和无污损鉴定等问题向行业专家咨询，解决了无污损鉴定的具体要求以及提取、固定电子数据的范围、程序等问题。

又如检察机关需要复核关键证人，但查无所踪，可以由侦查机关锁定证人位置，通知证人作证，由检察人员自行询问，也可以由检察人员"旁观"侦查人员询问。E 市检察机关审查一起贩卖、运输毒品案，有线索表明嫌犯甲将 20 余克冰毒交给乙保管，但检察官无法与乙取得联

---

① 检例第 67 号。

系。公安机关设法通知乙到检察机关接受调查，经检察官询问，乙承认代甲保管，并从其家中查获毒品，成功追诉漏罪、漏犯。

（2）同时补充侦查。另一种方式是检察人员与侦查人员同时补充侦查，即一边退回补充侦查一边自行补充侦查。例如对于部分重大、疑难、复杂案件，尽管符合检察机关自行补充侦查适用范围，但由于自行补充侦查缺少办案期限的规定，检察机关不可能在审查起诉的一个半月期限内既完成案件审查，又完成补充侦查，此时有必要一边退查一边自行补查。

具体而言，需要补查的内容既包括物证、书证、勘验、检查，又包括关键证人、被害人、专家证人言词证据，可以交由侦查机关调取相关物证、书证等实物证据，进行补充勘验，由检察机关亲自询问关键证人、被害人、咨询专家意见。叶源星、张剑秋提供侵入计算机信息系统程序、谭房妹非法获取计算机信息系统数据案①，检察机关二次将案件退回公安机关补充侦查，要求对扣押的张剑秋电脑、谭房妹电脑和U盘进行补充勘验等，对多项证据作了进一步补充完善。同时，检察机关就"小黄伞"软件的运行原理等问题，听取了技术专家意见。经两线并行补查，案件证据中存在的问题最终得到解决。

三、检察机关在退回补充侦查中的主导作用

实务中，存在退查率高、该退不退、不该退而退、退查提纲质量不高、侦查监督不足等问题。在合理运用退回补充侦查与自行补充侦查手段的前提下，对确有必要退回补充侦查的，检察官应以求极致的精神在退回补充侦查全程担当主导责任，监督、引导侦查活动按照起诉的证据标准补充、完善证据体系。具体而言，可以从四个关键节点着手。

---

① 检例第68号。

（一）退查前亲历审查

刑事司法是一门实践科学，检察官法律监督职责本质要求检察官对侦查机关移送的刑事案件进行亲历性审查。启动退回补充侦查程序，旨在查清犯罪事实、弥补证据不足、追查漏罪漏犯、纠正非法取证等，是审视检察机关履行审前主导责任情况的重要窗口。

无论在刑事诉讼的哪一个环节开始接触案件，都应当"走出去"，查看犯罪现场、复验现场勘查、听取主侦人员案情汇报、复核关键证人、咨询专家意见等，而绝不仅仅是"闭门造车"似的埋头伏案。对于可能进入退回补充侦查阶段的案件，只有亲历性审查方式才能够突破有限的案卷材料，注意发现和审查"在案证据"，更加全面、准确地了解案情，把握证据，从而准确预判下一步补充侦查的方向。部分案件存在证据判断的灰色地带，检察人员亲临现场或亲自复核关键证据，有助于形成内心确信。

W区检察机关办理一起设电网捕猎野猪致一抓蟹人死亡的案件，现勘平面图显示中心现场离村民点的直接距离约2公里，"较为偏僻、来人较少"，仅凭书面描述容易形成故意侵犯公共安全的判断。经检察官赴现场查看，案发现场地形呈深沟形，村民点在山顶，中心现场在深沟，山势陡峭，平面俯瞰两点距离较近，实际是从山顶下到山底再往前行，沿途用柴刀砍断丛生草木开辟道路，溪石布满青苔，未偶遇路人，往返时长约3小时，当地村民表示平常没人会去那个地方。据此，要求公安机关补足案发现场实情。考虑案发地属于开放地带，认定侵害公共安全，但位置偏远，且行为人为防止人触电而白天断闸晚上开闸，认定行为人主观上对致人死亡的后果持过失罪过，以过失以危险方法危害公共安全罪起诉，获法院判决，且双方服判。

简言之，只有亲历性审查，才能为制定高质量的退查提纲打下良好基础。如果只是空对空，拟制的退查提纲往往过于含糊、内容指向不明确、操作性不强。对重大、疑难案件，囿于个人能力、经验的限制，可以商请上级检察机关指派检察官或刑检专业团队同步指导，对重要问题组织会商并出具书面指导意见。但是，对于案件证据的准确审查、全面掌握，一线办案人员仍然承担重要责任。

（二）退查时加强论证

退回补充侦查提纲作为检察机关对外的法律文书，承载着检察智慧，具有事前谋划、事中指南、事后依据的重要功能。对于确有必要退回补充侦查的案件，拟制退查提纲时应当注重补查内容的"三性"，确保退查质量。

（1）必要性。即现有证据体系是否存在可能导致罪与非罪、此罪与彼罪、轻罪与重罪界限不清的证明漏洞。效率原则要求对于确有必要退查的案件，才予以退查。对于明显没有退查必要的情形，不宜退查。因而，对于法庭审理需要的证据材料，并非一律需要办理退查手续，部分简单易取的证据，例如证据瑕疵的情况说明、前科判决及释放证明、到案经过、是否具有自首或者立功情节等，这些都不符合退查必要性要求，可以使用《调取证据材料通知书》，尽可能在审查起诉期限内补充完毕。

（2）充足性。即现有证据体系的漏洞用什么样的证据、多少证据能够补齐，从而达到确实、充分程度。简言之，就是证据的质量与数量。有经验的检察人员会全面谋划需要补查哪些证据，争取一次搞定，避免在退查后又追加补查事项，不断地打补丁，既不利于补查质效，也不利于检、侦良性协作。当然，退查后打补丁，又胜过二退，所以，问题解决得越早、越彻底，效果越好。

（3）可行性。通常而言，检察人员擅长于证据判断、事实认定与法律适用，而获取证据能力相对不足。在拟定补查措施时，欲实现某一证明目的，能够通过什么渠道取得哪些证据，可以听取同行、侦查人员、专家等多方意见。明知已经无法弥补的证据，尽量用变通的方法取得；对于必需的、无可替代的证据，即使取证难度较大，也要列在退查提纲上，既对侦查人员施加压力，也为下一步处理做好准备。在退查时，除了考虑补查提纲建议的方法是否可行，有的检察官还会预测补查过程中可能发生的状况与应对，尽管列提纲时不必悉数奉上，但应该在列提纲时就已经有所准备，也是减少退查次数的有效办法。

（三）退查中动态跟踪

实务中，有的检察官认为退查意味着程序倒流，案件重回侦查程序，因而将案件退回侦查机关即放任不管或置之不理。其实，所谓退回补充侦查乃程序倒流，并非准确的说法。退回补充侦查制度，在立法体系上属于常规侦查制度之例外，以弥补侦查不足为目的，带有补救性质。案件侦查终结进入审查起诉环节，说明侦查人员已经按照他们理解的证据标准，充分动用侦查能力、资源开展了取证工作。检察机关相对于公安机关具有后置程序优势，此时侦查专场已经转为检察专场，如果只是简单要求补足证据，侦查人员从意愿和能力上都难以达到检察机关的要求。

实践经验表明，检察人员动态了解补查进度外，除了实时监督补充侦查进展外，更有利于帮助解决补查活动中的种种困难。姚晓杰等11人破坏计算机信息系统案[1]，尽管已提前介入引导侦查，但案情复杂，审查起诉时发现攻击行为造成的损失仍未查清，部分嫌犯实施犯罪的次数、上下游间交易的证据仍欠缺。针对存在的问题，检察机关与公安机关进行了积极沟通，两次将案件退回公安机关补充侦查。在补充侦查过程中，适时与公安机关面对面会商，了解和掌握补充侦查工作的进展，共同研究分析补充到的证据是否符合起诉和审判的标准和要求，为补充侦查工作提供必要的引导和指导。公安机关按要求对证据作了补强和完善，全案事实得以查清。具体而言，退查中动态跟踪能够发挥四个方面的作用。

---

[1] 检例第69号。

第一，在制发要式法律文书的基础上强化口头沟通，最大限度争取双方良性互动，从而统一证据理念、明晰执行标准。对疑难复杂问题，可视具体情形在一定人员范围内召集退回补充侦查协作会议当面磋商决议，具体方式既可"请进来"，也可"走出去"，经验表明公、检双方的面对面碰撞更加有助于案件的侦办效果。

第二，在查清案件真相以前，侦查活动将遇到的具体现实都是未知的、不确定的，事前设定的退查提纲只是补查工作的方向性指引，遇到具体困难以致此路不通时，该怎么变通解决，及时提供可行的替代方案，正是检察人员跟进的意义所在。对于重大、疑难、复杂案件，检察人员还可以陪同取证，及时给予现场指导。

第三，补查人员囿于任务繁重、能力不济、侦查经验不足等各种客观原因，难以及时、有效地开展补查工作时，检察人员在找准问题的前提下，能够针对不同情形恰当处理。对于能力、经验不足的侦查人员，可以交流更加具体、细化的侦查方法，或者联系该类案件侦查经验丰富的侦查人员予以指导甚至传帮带，对于因任务繁重确实无暇顾及补查工作的，可以设法向侦查人员的上级反映，充分阐明案件补查的重要性与必要性，商请上级领导统筹与平衡各项工作。

第四，侦查人员怠于履职、久催不办、屡错不纠之情形，更需要检察人员及时关注了解，适时发挥法律监督机关的权威，并施加压力，促成补查工作的良好进展。根据刑事诉讼法的规定，检察机关与公安机关既互相配合，也互相制约，对于屡屡存在工作过错情形的侦查人员，检察机关应当用好侦查监督职责，及时纠正违法情形。

（四）重报后及时验收

退查重报意味着退查工作进入验收环节，之前的退查思路、要求的执行效果都将一一得到验证。一般而言，重报时补查效果有三种情形：一是完全实现退查目的，此时侦查工作真正终结，为起诉工作打下良好质量基础。二是尚未完全达到退查目的,经听取侦查人员介绍补充侦查情况,双方口头交换意见,若有条件继续补充侦查的,宜在检察机关审查起诉的同时,侦查机关继续补充侦查,减少二次退查;若确实没有条件继续补充侦查的,加强与侦查机关的沟通协调,直接作证据不足不起诉。三是补查机关超期重报、未报情形。对于没有正当理由,怠于补查而贻误案件办理的,按规定程序制发《纠正违法通知书》《检察建议书》,通报办案质量,建议更换侦查人员,并建议对消极怠职者予以惩戒。

四、检察机关自行补充侦查的工作要求

自行补充侦查由检察机关自行决定、开展与结果运用。"在退回补充侦查阶段,由公安机关补充侦查有时难以达到审判要求的证据标准,而法律又赋予了检察机关在审查起诉阶段的自行侦查权,因此在适当的情况下动用该项职权显得尤为重要。"[①] 目前,检察机关开展自行补充侦查的人员、能力、装备等主客观条件,不能完全匹配检察机关作为法律监督机关的职能定位,有必要明确自行补充侦查的适用范围、打造专门侦查人才库、规范自行补充侦查权以及加强检际协作,确保权力正确、有效地运转。

(一)明确自行补充侦查的适用范围

总结检察工作的实践经验,审查起诉阶段自行补充侦查主要适用四种情形[②]。

(1)可能存在非法取证的情形。一是有证据或线索表明,侦查机关

[①] 童建明主编:《以审判为中心视角下的公诉实务研究》,中国检察出版社2017年版,第45页。

[②] 洪春、丁建玮、陆秀勇:《检察机关自行补充侦查权的制度设计》,载《人民检察》2019年第10期。

可能存在《刑事诉讼法》第56条规定的以非法方法收集证据情形。二是侦查行为可能侵犯他人基本权利的情形。例如有证据表明贩毒案件存在"双套引诱"、容留吸毒案件有"犯意引诱"重大嫌疑。三是有一定证据证明侦查人员可能存在利用侦查活动插手民事经济纠纷、实施报复陷害等非法行为。

（2）追诉犯罪确实需要的情形。一是犯罪嫌疑人、辩护人的无罪辩护意见具有一定合理性，侦查机关存在片面收集有罪证据倾向。二是对影响定罪量刑的关键证据，侦查机关与检察机关双方存在较大分歧，侦查人员一时难以转变证据理念。三是侦查人员配备、能力、经验不足，收集的证据始终达不到起诉证据标准。

（3）司法亲历性审查需要的情形。刑事证据判断是司法工作者的主观认识活动，对于影响定罪量刑的关键证据，需要亲历性审查。刑事诉讼法赋予检察机关审查起诉阶段自行侦查权，赋予审判机关审理阶段调查核实证据的权力，都是实现司法亲历性的有效途径。例如需要对案件中鉴定意见等涉及的专门性问题进行调查与咨询；又如关键言词证据存在矛盾，对定罪量刑构成影响，需要亲自复核犯罪嫌疑人、关键证人。

（4）自行侦查符合诉讼经济的情形。一是案件基本证据体系已经形成，只是个别案件事实、情节、证据需要进行查证核实。二是需要调取对案件有证明作用的档案信息，如犯罪嫌疑人的前科劣迹等，依据检察机关检务信息系统能够自行查询收集的。

（二）打造专门侦查人才队伍

如前文所述，侦查合法性、公正性存疑、侦查难度高等诸多情形需要检察机关自行补充侦查，且对检察机关侦查能力提出更高要求。而侦查谋略、计划、侦查技术等，需要长时间的训练与较高频次的工作来积累经验。但刑事检察官以法学背景居多，靠过去单打独斗的方式难以堪当自行补充侦查之重任，因而有必要打造专门的侦查人才队伍。

检察机关打造专门侦查人才队伍有三种模式可供选择：第一种模式是单独成立侦查部门或侦查组。检察机关负有侦办司法人员渎职案件的职责，本身也需要专门的侦查人才。当前，考虑司法人员渎职案件存量小，一般仅在省（直辖）市一级检察机关保有少数侦查人才。然而，这样的设置存在一个无法回避的悖论，即因为案件量少而削减侦查人员，因为削减侦查人员而导致案件量更小，有虚化该项职责的风险。同时，从自行补充侦查的制度设计来看，其频次也不会高，可以在各级检察机关单独成立侦查部门或侦查组，负责司法人员渎职案件侦查、刑事案件自行补充侦查两项职能，解决案件数量的问题。

第二种模式是培养侦查员加入检察官办案组，在检察官指挥下开展侦查工作。此种模式的优点在于刑事检察官能够有效控制侦查方向、进展，缺点在于侦查工作往往是团队合作，且需吸收侦查学、计算机、会计等多专业人才，侦查员个体难以独自应对各种复杂情形。

第三种模式由前两种模式衍生，即单独成立侦查部门或侦查组负责常规的司法人员渎职案件侦查，对于刑事检察部门需要开展自行补充侦查的，经刑事检察部门申请，由检察长根据个案需求决定调配侦查人员、团队进入刑事检察官办案组，在刑事检察官指挥下开展侦查工作。此种模式能较好地克服前两种模式的缺点，运用起来更加灵活、具有操作性。

（三）规范自行补充侦查

（1）自行补充侦查的决定和实施主体。第一，自行补充侦查决定主体。自行补充侦查是检察官基于案件审查而作出的判断，原则上由承办检察官自行决定，制作《自行补充侦查决定书》，并书面列出《补充侦查提纲》。但涉及重大事项的自行补充侦查措施，有必要报请检察长或者分管检察长审批。这里的重大事项主要是勘验、检查等涉及场所、人身的侦查措施，以及查封、扣押、冻结等财产强制措施等。第二，自行补充侦查的实施主体，如前文所述，在打造专门侦查部门或侦查组的基础上，视具体情形，决定是否指派侦查员协助刑事检察办案组。

（2）自行补充侦查的侦查措施。根据《关于加强和规范补充侦查工作的指导意见》第12条第3款，人民检察院自行侦查，适用刑事诉讼法规定的讯问、询问、勘验、检查、查封、扣押、鉴定等侦查措施，应当遵循法定程序，在法定期限内侦查完毕。由此，未明确自行补充侦查能否采取拘传、逮捕等涉及人身自由的强制措施，但明确可以采取查封、扣押、冻结等财产强制措施。在该规则下，对于涉嫌犯罪人员需要采取拘传、逮捕措施的，可以商请公安机关予以配合；对于发现侦查人员刑讯逼供、非法取证或徇私枉法犯罪线索的，可经报检察长批准，将司法人员渎职线索移交相关部门。

（3）自行补充侦查的期限。鉴于刑事诉讼法对自行补充侦查并没有设定专门期限，一般而言，审查起诉阶段自行补充侦查的，必须在审查起诉期限一个月内完成，一般不超过一个半月。重庆检察机关对于犯罪嫌疑人被取保候审的案件，可以在取保候审期间自行补充侦查，即实际期限为一年。此外，对于采取逮捕、监视居住等强制措施的案件有一些变通的做法，比如一边退回补充侦查一边自行侦查。

（四）构建检际合作机制

受传统检察业务的影响，各地检察机关往往在各自辖区内开展工作，相互之间较为独立而封闭。但是，针对异地犯案、公安机关异地办案、异地关押等情形，自行补充侦查工作需突破地域限制，加强各地检察机关之间的协作。

司法实践中，检察机关积极探索不同检察机关之间的侦办合作机制。据了解，比较典型的方式有两种：一是跨区域检际全面协作，即检察机关之间在刑事检察、民事行政监督、公益诉讼等检察业务领域广泛合作、交流，如渝东北地区与达州市地理位置毗邻，同属成渝经济共建圈，检察业务存在相似性、共通性，两地检察机关签署了合作纪要，全面协作、支撑。二是重点领域检际协作。在某些地区某类刑事案件具有明显的地域规律，为形成打击防控违法犯罪的合力，两地检察机关之间构建常态化协作机制。例如川渝两地检察机关签署了打击和防控毒品违法犯罪的会议纪要，就协助取证、开放互通检察机关视频提讯系统等方面深度融合检察资源，强化检际合作。

目前的实践探索为检察机关全面加强检际合作提供了可供参考的样本，检察机关需要发挥"检察一体"优势统筹不同层级的检察人员共同参与自行补充侦查。上级检察机关需补充侦查，可以视情形委派下级检察机关代为取证或协助取证。同一省、直辖市辖区内同一级别的检察机关，可以商请共同的上级检察机关指派相关地区检察机关派员配合。跨省、直辖市异地取证的，可以商请上级检察机关出面协调指派相关地区检察机关派员配合。

检际协作的内容广泛，主要包括：一是派员协助。对多数案件而言，需自行补充侦查的内容往往属于关键证据，需由办案部门自行派遣办案人员，由当地检察机关派出法警、技术保障人员及其他专门人员予以协助，比如安全保障、同步录音录像、联系侦查机关、看守所、监狱，为提审犯人、询问证人等提供便利。二是提供场所、物资保障。比如提供讯问、询问场所，制作笔录的设施、设备等。三是受托取证。对于容易取得的证据，如嫌疑人身份、婚姻、犯罪前科证明等，以及相关物证、书证、笔录、鉴定意见等既有案件证据和材料，可以由办案机关委托当地检察机关代为调取、转化和送达。四是针对技侦证据、电子证据等有一定取证难度的证据，由当地检察机关协调、督促当地侦查机关进行转化提取，必要时由当地检察机关介入协助听阅或转化提取。五是案件线索移送。因派员协助、受托取证、介入协助听阅或转化提取，发现非法取证、追诉漏犯、漏罪及检察监督线索的，应当及时交流互换。

无论是退回补充侦查，还是自行补充侦查都需要检察机关与公安机关通力协作。检察机关应当与侦查机关保持良好沟通,加强双方配合、协助,增强检察机关对案件的亲历性,确保案件质量经得起历史和人民的检验。

第三节 检察机关对退查后未重报案件的监督[*]

退查后未重报案件是指检察机关在审查起诉阶段,依照法定程序,将案件退回公安机关补充侦查后,补充侦查期限届满,公安机关未重新移送审查起诉的案件。案件退查后未重报本质上是将已经进入审查起诉的案件"倒流"至侦查阶段进行其他处理。在刑事诉讼中,诉讼程序的展开关涉被追诉人的生命权、人身自由权等基本权利,应当具有特定的时空连续性和前后次序性,以实现对权力恣意的抑制和司法权威的维护。基于程序价值的多元化、矛盾性和妥协性特点,特定条件下的程序回转又是必要且具有补救性的,[①] 典型如退回补充侦查、撤回起诉、发回重审等程序回转在各国刑事诉讼法中均有体现,我国法律和司法解释也有明确规定。但案件退查后不重报这种程序"倒流",不仅突破了刑事诉讼法关于案件程序次序性的规定,缺乏法律解释的具体适用规范和相应的监督方式规定,而且容易侵害诉讼当事人的诉讼权益,导致案件处理在公正性和权利保障方面的危险性增加,理应在适用条件和程序办理上进行严格的监督和制约。检察官有必要强化对退查后未重报案件的规范和监督,以进一步完善退回补充侦查制度。

---

* 本节由陈思撰写。
① 曾军、杨毅伟:《浅析刑事诉讼程序回转——以检察机关撤回起诉权为视角》,载《中国刑事法杂志》2009年第12期。

一、检察官对退查后未重报案件进行监督的规范依据

长久以来,对于退查后公安机关不再重报案件,除在《公安机关办理刑事案件程序规定》(以下简称《程序规定》)有相关规定以外,缺乏法律解释的规定。从《程序规定》的渊源来看,1987年《程序规定》第105条第2款规定,"经过补充侦查,发现不应移送起诉的,撤回《起诉意见书》;如果发现新的同案犯或者新的罪行,可根据情况重新制作《起诉意见书》或者制作《补充起诉意见书》。"1998年《程序规定》第271条规定了对人民检察院退回补充侦查的案件,原侦查部门的四种处理情况,其中第一、二、四项规定,对于认定犯罪事实清楚,证据不够充分;发现新的同案犯或者新的罪行需要追究刑事责任;原认定犯罪事实清楚,证据确实充分,人民检察院退回补充侦查不当三种情形,公安机关均应当在补充侦查期限届满后,将案件重新移送人民检察院审查。第三项规定,"发现原认定的犯罪事实有重大变化,不应当追究刑事责任的,应当重新提出处理意见,并将处理结果通知退查的人民检察院"。2012年《程序规定》在第285条延续了该规定内容。2020年《程序规定》第296条在延续四种处理情况规定的基础上进一步作了明确,其中第一项规定,"对确实无法查明的事项或者无法补充的证据,应当书面向人民检察院说明情况";第三项规定"发现原认定的犯罪事实有重大变化,不应当追究刑事责任的,应当撤销案件或者对犯罪嫌疑人终止侦查,并将有关情况通知退查的人民检察院"。

可以看出,《程序规定》的三次修改中,虽然没有明确人民检察院退回补充侦查的案件,公安机关可以不再重新移送审查起诉,但肯定了公安机关发现案件存在特定情形的,可以作其他处理。对于发现的特定情形,由1987年规定为"发现不应移送起诉的",修改为"发现原认定的犯罪事实有重大变化,不应当追究刑事责任的";对于后续的处理结果,由1987年规定"撤回《起诉意见书》",确定为"应当撤销案件或

者对犯罪嫌疑人终止侦查,并将有关情况通知退查的人民检察院"。上述规定为实践中公安机关对退查案件不再重报的做法提供了规范依据,其修改体现出公安机关对于该类案件进行规范的细化。

与此相对应,1997年和2012年刑事诉讼法修改、1999年和2012年《人民检察院刑事诉讼规则》(以下简称《刑诉规则》)修订,均未规定案件退查后可以不再重报,目前仍缺乏对这类案件进行监督的相关规范。相关联的是,《刑诉规则》曾对审查起诉阶段检察机关将案件退回公安机关处理作过规定。其中,1999年《刑诉规则》第262条规定,"对于公安机关移送审查起诉的案件,发现犯罪嫌疑人没有违法犯罪行为的,应当书面说明理由将案卷退回公安机关处理;发现犯罪事实并非犯罪嫌疑人所为的,应当书面说明理由将案卷退回公安机关并建议公安机关重新侦查。如果犯罪嫌疑人已经被逮捕,应当撤销逮捕决定,通知公安机关立即释放。"2012年《刑诉规则》取消"退回处理"的规定,将该条内容吸收至第401条,规定"人民检察院对于公安机关移送审查起诉的案件,发现犯罪嫌疑人没有犯罪事实,或者符合刑事诉讼法第15条规定的情形之一的,经检察长或者检察委员会决定,应当作出不起诉决定。对于犯罪事实并非犯罪嫌疑人所为,需要重新侦查的,应当在作出不起诉决定后书面说明理由,将案卷材料退回公安机关并建议公安机关重新侦查。"2019年《刑诉规则》第365条沿用了该规定内容的精神。① 2012年、2019年《刑诉规则》关于审查起诉阶段检察机关将案件退回公安机关处理的修改,一方面,明确了对于公安机关移送审查起诉的案件,检察机关的法定结案方式只有起诉和不起诉两种,这与刑事诉讼法几次修改,均没有规定案件进入审查起诉环节后公安机关的撤案程

---

① 2019年《刑诉规则》第365条规定,人民检察院对于监察机关或者公安机关移送起诉的案件,发现犯罪嫌疑人没有犯罪事实,或者符合刑事诉讼法第十六条规定的情形之一的,经检察长批准,应当作出不起诉决定。对于犯罪事实并非犯罪嫌疑人所为,需要重新调查或者侦查的,应当在作出不起诉决定后书面说明理由,将案卷材料退回监察机关或者公安机关并建议重新调查或者侦查。

序相一致，也回应了长期以来对检察机关"建议撤案权"的质疑。① 另一方面，规定了对犯罪嫌疑人没有犯罪事实，或者具有刑事诉讼法规定的依法不应追诉的六种情形之一的，检察机关应当依法作出不起诉决定。从法律解释的规定来看，上述几类检察机关应当依法作出不起诉决定的案件，并不需要有检察机关先退回公安机关补充侦查这一前置程序，也不符合《刑诉规则》第342条关于"犯罪事实不清、证据不足或者遗漏罪行、遗漏同案犯罪嫌疑人"可以退回补充侦查的法定情形。同时结合法律规定，检察机关对上述几类案件所作的不起诉类型应当为绝对不起诉。从程序正义和实体公正的角度，对于应当作绝对不起诉的案件，检察机关应当依法迅速地对犯罪嫌疑人作出处理决定，及时消除追诉犯罪对行为人带来的消极影响，以实现司法公正，体现尊重和保障人权。

2019年12月《刑诉规则》修改，在第347条首次对退查后未重报案件进行了规定，2020年3月最高人民检察院、公安部联合印发的《关于加强和规范补充侦查工作的指导意见》（以下简称《指导意见》）第18条进一步作了细化，上述两个规定先后从规范上为人民检察院加强对退查后未重报案件的监督提供了依据，完善了法律解释关于退查后未重报案件监督的规定。根据现有法律解释规定，检察官对于退查后未重报案件的监督体现在：

第一，公安机关对于退回补充侦查的案件，补充侦查期限届满，应当以将案件重新移送人民检察院审查为原则，只有对于"原认定的犯罪

---

① 普遍认为，审查起诉阶段检察机关的建议撤案存在处理方式泛化、程序隐形、缺乏强制力等问题，容易造成案件程序倒流、损害法律程序权威，造成人权保障不到位、法律监督出现空档等危害后果，相关论述参见冯英菊：《检察机关建议撤案的现状和利弊》，载《法学杂志》2005年第3期；葛琳：《刑事诉讼程序回转现象之反思——以检察院"退处"和二审法院"发回重审"为研究范例》，载《西部法学评论》2010年第6期；廖伟、王娟：《审查起诉环节中刑事撤案制度的反思与重构》，载《重庆大学学报（社会科学版）》2014年第20卷第5期等。

事实有重大变化,不应当追究刑事责任的",才应当重新提出处理意见。该情形包含两个适用条件,一是原认定的犯罪事实有重大变化,一般是指关于犯罪构成要件的各种事实和具体情节发生了变化,且足以影响对犯罪嫌疑人的定罪量刑。二是不应当追究刑事责任。① 值得注意的是,案件具有不应追究刑事责任情形,只限于在补充侦查阶段,公安机关自行发现的,才能由公安机关重新提出处理意见而不再移送审查起诉。如果是检察机关在审查起诉阶段发现的,应当由检察机关依法作绝对不起诉。

对于上述情形以外的,案件补充侦查期限届满,公安机关应当重新移送审查起诉,并区分情形作不同处理。如果案件证据仍然不足的,公安机关应当在补充证据后,制作补充侦查报告书,移送检察机关审查起诉,对无法补充的证据,应当作出说明。检察机关审查后,根据案件情况决定起诉或者不起诉。如果在补充侦查过程中,公安机关发现有新的同案犯或者新的罪行,需要追究刑事责任的,应当重新制作起诉意见书,移送检察机关审查,但不能撤销原案件。

第二,公安机关对于退查后未重报案件,应当重新提出处理意见,以书面形式告知人民检察院,并说明理由。重新提出处理意见包括依法决定撤销案件或者对犯罪嫌疑人终止侦查,体现出终止诉讼的处理,具有严格的阶段性和程序条件。具体程序上,在公安机关内部,应当报县级以上公安机关负责人批准,并将撤销案件或者终止侦查决定书送达给人民检察院,写明决定撤案和终止侦查的理由,以便于人民检察院进行监督。作出撤销案件决定后,公安机关应当在三日以内告知原犯罪嫌

---

① 根据《刑事诉讼法》第16条、2012年《程序规定》第113条、《刑诉规则》第242条的相关规定,不应追究刑事责任的情形包括:(1)情节显著轻微、危害不大,不认为是犯罪的;(2)犯罪已过追诉时效期限的;(3)经特赦令免除刑罚的;(4)依照刑法告诉才处理的犯罪,没有告诉或者撤回告诉的;(5)犯罪嫌疑人、被告人死亡的;(6)没有犯罪事实的,或者依照刑法规定不负刑事责任或者不是犯罪的;(7)虽有犯罪事实,但不是犯罪嫌疑人所为的;(8)其他法律规定免予追究刑事责任的。

人、被害人或者其近亲属、法定代理人以及案件移送机关；作出终止侦查决定的，应当在三日以内告知原犯罪嫌疑人。原犯罪嫌疑人被采取强制措施的，应当立即释放或者解除；相关财物被查封、扣押或者冻结的，应当立即解除。

第三，检察机关对于退查后未重报案件，应当根据具体情形，要求公安机关说明理由、重新移送审查起诉、进行立案监督和提出纠正意见。对于公安机关应当将案件重新移送审查起诉而未重报的，人民检察院应当要求公安机关说明理由；对于公安机关未重新移送审查起诉，且未及时以书面形式告知并说明理由的，应当提出纠正意见；对于公安机关说明的理由不成立的，应当要求公安机关重新移送审查起诉；发现公安机关违反法律规定撤销案件的，应当提出纠正意见，对于公安机关不应当撤案而撤案的，应当进行立案监督。对于上述情形，法律解释采用了"应当"的规定方式，体现出在赋予检察机关监督公安机关具体方式的同时，也对检察机关应当依法履行监督职责提出了具体要求。

二、检察官对退查后未重报案件的监督现状

笔者利用检察机关业务统一应用系统数据平台，通过检索案件数量、查询案件情况、询问办案检察官，统计出 C 市检察机关 2019 年办理的审查起诉案件中，退回补充侦查后未重报 119 件 165 人，占退查案件总数的 1.49%，占受理案件总数的 0.38%。基于实践数据，发现退查未重报案件的类型既分布在盗窃、诈骗、故意伤害、贩卖毒品等较为常见且在某些要件认定上容易出现困难的案件上，也集中在非法捕捞水产品、危险驾驶等事实相对清楚、认定较为容易的案件，还包含贪污等专门机关办理的特殊案件。另外，案件未重报的理由和后续处理情况多样，既包含法律解释规定的理由，也存在不符合法定情形而作了其他处理。法定理由中，包含没有犯罪事实、未达入罪标准、属于自诉案件、情节显著轻微危害不大以及法律解释规定发生变化不应当追究刑事责任

等具体情形。其他理由包括因证据不足无法认定构成犯罪，嫌疑人不到案、发现漏罪或者新罪以及管辖有争议等。实践中，公安机关不重报案件的理由和原因多样，已经背离了法律解释规定，存在以下问题需要注意。

（一）案件退查后未重报缺乏必要的监督制约，检察机关未能以规范传导责任形成倒逼机制

长久以来，法律解释及相关规定对退查后未重报案件缺乏具体的适用规范和相应的监督方式规定，检察机关内部虽然在统一业务应用系统中将其作为专门的项目进行统计，但仅个别地区开展了对退查后未重报案件的专项核查，或者将其纳入案件质量评查范围，对于退查后未重报案件以及退补案件的监督普遍不足。2019年《刑诉规则》修订和2020年《指导意见》出台以来，退查未重报案件数量并未因此减少，2020年上半年C市检察机关办理的案件中，退查后未重报的53件73人，与2019年全年119件保持相当水平，提出补正或者解释意见的仅有3件，监督措施的运用和监督效果也未有显著提升。

第一，缺乏对侦查机关"退而不查""查而不清"的有效监督。部分案件退回补充侦查后，公安机关未能积极开展补充侦查工作收集证据，补充侦查期限届满，仅出具一份"证据无法收集"的情况说明，或者未能有效收集证据，仅出具一份"相关证据已收集"的报告，即再次移送审查起诉。对此，检察机关往往直接将案件再次退查，并且退查内容重复，而未在退查过程中积极进行口头督促。对于因补充侦查不及时导致证据无法收集影响案件处理的，未通过书面纠正违法、建议更换承办人、检察建议等方式促进解决。对案件处理未通过存疑不起诉和绝对不起诉传导责任压力，倒逼公安机关从起点上落实证据裁判原则，解决案件从侦查到审判的质量落差，加剧了检察机关对侦查取证活动调控不足的现实问题，造成案件质量得不到提高。

第二，缺乏对长期未重报案件的跟踪和监督。对退查后未重报案件的后续处理情况掌握不明，部分案件退回补充侦查后，公安机关未移送审查起诉，检察机关未及时跟进处理，造成案件长期"挂案"。如某寻衅滋事案，退回补充侦查期限届满后，公安机关长达两年未重报，检察官仅口头询问未重报的理由是"客观原因造成无法鉴定财产损失"，未对案件作其他跟踪处理，造成案件挂案两年之久。对超出退查重报期限未重新移送审查起诉的案件，没有合理运用要求说明理由、书面纠正违法或者检察建议等方式等进行监督。C市119件退查后未重报的案件，检察机关仅对3件进行了书面纠违，对于未重报后公安机关有无实际撤案或终止侦查，未跟踪核实，有35件案件未重报原因不明、27件案件后续处理不明。

第三，缺乏对退查后未重报案件的处理结果进行监督。部分案件公安机关重新提出了处理意见，但检察机关没有审查意见的内容，并作出是否同意的决定。如公安机关虽作了撤案处理，但原因并非"原认定的犯罪事实有重大变化，不应当追究刑事责任"，不符合法律解释规定应当由公安机关重新提出处理意见的情形。有的事实不清、证据不足的案件，补充侦查届满后，公安机关本应重新移送审查起诉，由人民检察院审查后作不起诉决定，但公安机关却以"因其他法律规定免于追究刑事责任"为由决定撤回案件。对此，检察机关仅审查了撤案这一处理结果是否正确，未对该情形下公安机关能否作撤案处理进行监督纠正。

（二）案件退查后不重报成为司法实践回应法律规定空白、应对考核负面评价、规避办案风险的变通方法

从立法目的看，法律规定刑事诉讼程序倒流，旨在重新进行的诉讼程序中，弥补前程序错误对当事人带来的消极后果，纠正案件在事实、证据以及实体处理方面的错误，维护司法的权威性和程序的公正性。①

---

① 汪海燕：《论刑事程序倒流》，载《法学研究》2008年第5期。

但司法实践中，案件退查后不重报在程序性补救和实体性补救方面的功能不足，而是被赋予了其他意义。

一是成为应对法律空白或者漏洞的变通方法。实践中，因审查起诉阶段犯罪嫌疑人不到案而退回补充侦查，以及退查后不再重报的案件占比较大。对于审查起诉阶段犯罪嫌疑人潜逃、丧失诉讼行为能力的，1997年《刑诉规则》第273条规定人民检察院经检察长决定后可以中止审查。由于刑事诉讼法没有相关规定，中止审查制度执行过程中产生了包括认定丧失诉讼行为能力的标准不统一、案件中止后监控主体和程序不明等负面问题，同时强制医疗程序、违法所得没收程序一定程度上作了相关规定，①2012年《刑诉规则》没有保留审查起诉阶段中止审查的规定。实践中，检察机关一般会采取拒绝受理案件、将案件退回公安机关补充侦查两种做法，根据现行《刑诉规则》第157条的规定，案件管理部门在受理案件时，应当审查犯罪嫌疑人是否在案以及采取强制措施的情况，故犯罪嫌疑人不在案而拒绝受理案件的做法具有规范依据，但审查起诉中，发现犯罪嫌疑人潜逃不到案的，检察机关可以依法决定变更强制措施为逮捕，而不能解决可能导致的办案期限超期和长期"挂案"等问题，因此，将犯罪嫌疑人不到案的案件退回补充侦查成为检察官规避现实问题、应对法律空白规定的变通方法。相类似的，对于案件存在需要退回公安机关并案或分案处理、管辖有争议等程序性问题，刑事诉讼法尚无具体规定的，退回公安机关处理成为司法办案的现实选择。

二是成为应对考核负面评价的变通方法。我国公安司法机关的绩效考核制度呈现出将打击犯罪、维护社会稳定作为考核指标的首要导向，在办案质量的衡量标准上过于量化，缺少照顾具体个案情形的例外规则，为了维护绩效考核利益，公安司法机关相互之间的内部协调成为防

---

① 王春叶：《审查起诉阶段中止审查要不要恢复》，载《检察日报》2015年9月30日。

止消极后果最便捷、安全的方式。① 如检察机关对案件作绝对不起诉、存疑不起诉决定,会直接影响侦查工作的"正确性",对公安承办单位的绩效考核产生实质性影响。为避免考核的负面评价,公安机关会就相关决定与检察机关进行充分沟通,检察机关在作出相关决定前会充分地考虑公安机关的利益,共同避免作出对绩效考核有负面影响的决定。如退查后未重报数量最多的非法捕捞水产品、危险驾驶犯罪案件,检察机关本应依法作出绝对不起诉决定,基于对公安机关考核的考虑,往往先将案件退回补充侦查,以便公安机关再次补充完善证据,或者根据情况自行撤案不再重报。个别案件中,检察机关甚至直接沿用已经被取消的"建议撤案权",通过将案件退查并建议不再重报,实现将案件退回公安机关处理。

三是成为规避办案风险的变通方法。受社会治安形势、刑事专项行动、服务发展大局和维护社会稳定等多方面因素的影响,检察机关的追诉职能面临社会各界和相关部门的关注,检察官作为办案主体承受着司法责任、信访维稳、社会效果等多重办案压力,对某些事实不清、证据不足或者不构成犯罪的案件,按照法律规定作存疑不起诉、绝对不起诉处理,可能会面临办案质量不高、打击犯罪不力以及办案效果不佳的否定性评价。对于上述案件,检察官倾向于以退回补充侦查的技术处理纾解办案压力,以便使案件不在检察机关的责任范围,转移当事人及群众对检察机关责任的关注。对于公安机关而言,检察机关不直接作出不起诉决定而将案件退回处理,可以避免出现考核负面评价和其他消极后果,相同的风险压力使检察机关和公安机关在案件处理上达成了一致意见。

(三)案件退查后不重报不仅滥用退查制度和抑制不起诉的适用,而且浪费司法资源,侵害当事人的诉讼权益

退回补充侦查作为审查起诉阶段的一种程序倒流,有利于保证准确

---

① 葛琳:《刑事诉讼程序回转现象之反思——以检察院"退处"和二审法院"发回重审"为研究范例》,载《西部法学评论》2010年第6期。

惩治犯罪、提高公诉质量，减少或者防止对被追诉人滥诉的可能，基于其不符合刑事诉讼的程序次序，立法在对其确认的同时，进行了规范和限制适用，规定了退回补充侦查的具体情形和次数。但退查后未重报案件大部分不符合法定的退查情形，而属于《刑事诉讼法》第177条规定的情形，即犯罪嫌疑人没有犯罪事实，或者有《刑事诉讼法》第16条规定的情形之一的，对于上述案件，不存在事实和证据需要继续侦查的必要，检察机关以事实不清、证据不足为由退回公安机关补充侦查，公安机关并无补充侦查的可能，往往是案件"退而不侦"，这完全背离了退查制度的设置初衷。部分案件还存在办案过程中将退查次数用足以后不再重报，后再重新移送的情况，这突破了法律关于"退回补充侦查以两次为限"的规定，是对退查制度的滥用。

案件退查后未重报，检察机关不能依法对案件作出不起诉决定，不起诉制度在防冤纠错、终止诉讼方面的实体性和程序性功能不能得以有效发挥，其后果是不起诉制度特别是法定不起诉的适用将受到抑制，造成我国法定不起诉的适用率长期处于低位，对我国刑事司法权运行的影响形成严重的限制。同时案件不能及时通过不起诉得到终止，不仅导致个案刑事诉讼程序的延伸和诉讼期限的延长，造成司法资源的浪费和办案效率的降低，加深公众对程序正义的信任危机。而且整个程序回转在侦诉机关内部进行，虽对当事人权利有重大影响，但决定和实施过程均是封闭的，缺乏当事人参与，他们也无提出异议的机会和权利，呈现出单方性和恣意性的特征。对于犯罪嫌疑人而言，其无法在刑事诉讼程序中得到公正、及时的处理，被追诉人"嫌疑"的特殊身份无法得以及时消除，对其采取的人身、财产方面的限制不能及时解除。如果公安机关不重报案件后不及时撤案或者终止审查，而是继续收集证据，或者将案件搁置，对犯罪嫌疑人的处理将继续处于不确定状态，侵害其诉讼权益。

三、加强对退查后未重报案件的监督力度

（一）规范退查后不重报案件的办理程序，严把不重报案件的适用条件，加强对退查未重报案件处理结果的监督

案件移送审查起诉后，除非在退回补充侦查阶段，公安机关认为原认定的犯罪事实有重大变化，不应当追究刑事责任的，一般情况下不应允许公安机关不重报而作其他处理。公安机关不重报的，应当书面通知人民检察院，出具对案件作其他处理的意见书，并说明具体理由。人民检察院应当及时审查并加强监督，对于存在侦查活动违法的情形，及时提出纠正意见，对于公安机关重新提出了处理意见的，经检察长决定作出是否同意的通知书。符合法定情形且处理决定适当的，可出具同意的通知书，并与公安机关沟通由公安机关不再重报案件，对于案件的后续处理和相关的强制措施要跟踪监督。对于未提出重新处理的意见，或者提出重新处理的意见不恰当，以及不属于法定情形而重新提出处理意见的，应当及时提出纠正意见，并督促公安机关重新移送审查起诉或提出其他处理意见。

（二）完善对退查后未重报案件的监督措施，丰富监督方式，强化对违法情形的监督纠正

对公安机关未及时有效开展补充侦查工作的，人民检察院应当进行口头督促，防止办案人员不作为和失职渎职。对公安机关不及时补充侦查导致证据无法收集影响案件处理的，必要时可以发出检察建议。对符合重报情况的案件，退回补充侦查期限届满后，督促公安机关及时重新移送审查起诉，杜绝犯罪嫌疑人逃脱法律制裁。对于符合微罪不起诉、存疑不起诉规定情形的案件，督促公安机关及时重新移送审查起诉，检察机关经审查后依法作出不起诉决定，不允许公安机关自行撤回。对于

因犯罪嫌疑人脱逃等客观原因无法到案，导致无法继续审查的案件，应当及时变更强制措施，督促公安机关及时抓获犯罪嫌疑人到案。对于侦查机关不认真履行职责而造成退而不查、非法取证、退查后不重报等问题的，要视情形分别采用口头纠正、排除非法证据、发出检察建议书、纠正违法通知书、建议公安机关另行指派侦查人员等方式进行监督纠正。对侦查人员可能存在的办关系案、人情案、金钱案的问题，及时发现并移送各级纪委监委调查处理。

（三）强化检察机关的内部监管，建立定期检查与分析机制，提高退回补充侦查案件质效

实行刑事案件退查审查机制，严格退查必要性审查审批程序，对二次退回补充侦查的案件要求向部门负责人报备，确保办案效率。将以"退回后未重报"结案的刑事案件纳入专项评查案件范围，对案件退查的必要性、补查提纲书写的规范性、内容的明确性和未重报是否开展法律监督等方面进行评查，加强对检察官司法办案的监督管理，规范司法行为。充分发挥案件管理部门、业务部门负责人及分管院领导等内部监督管理作用，案管部门要加强对退回补充侦查案件的流程监控，从退查程序、落实权力清单、送案审核、跟踪督促等方面进行监督审查；业务部门负责人及分管院领导要通过主动查询统一业务应用系统、建立退查案件台账、询问检察官等方式，掌握公安机关撤回案件、退查未重报案件的底数，知晓退查未重报的原因，督促检察官积极跟进案件情况，根据具体情况采取相应的监督措施。

（四）充分引入诉讼当事人参与，强化权利保障，提升退查未重报案件的外部监督

检察机关拟对案件退回补充侦查时，应当充分听取嫌疑人及其辩护人的意见；作出退回补充侦查决定后，应当告知犯罪嫌疑人及其辩护人、被害人或其家属作出退回补充侦查决定的时间和理由，赋予诉讼当事人对退查事项的知情权。对于补充侦查期限届满，公安机关提出其他处理意见未再重报的，应当依法进行告知。公安机关不重报案件而决定撤案的，应当按照执行《程序规定》的相关规定，在三日以内告知原犯罪嫌疑人、被害人或者其近亲属、法定代理人，决定终止侦查的，应当在三日以内告知原犯罪嫌疑人。当事人对公安机关重新提出的处理意见有异议的，可以向人民检察院申诉，人民检察院应当依法审查，并作出相应的决定。

第四节　检察机关立案监督与侦查活动监督*

近年来，伴随全面深化司法体制改革的纵深推进，尤其是认罪认罚从宽制度的全面实施，强化检察机关在刑事诉讼中的主导责任势在必行。以"两项监督"为例，2013年公安部推行公安派出所办理刑事案件试点改革后，刑事立案、撤案及侦查活动情况悄然发生重大变化。2016年最高检有针对性地启动了刑事立案监督与侦查活动监督工作（以下简称"两项监督"），2018年全国检察机关全面实行"捕诉一体"工作模式，"两项监督"短期内曾受到影响。因此，有必要从理论和实务层面就"两项监督"工作中如何强化检察机关的主动性进行研究，通过系统梳理"两项监督"的范围与情形，掌握"两项监督"运行现状，正视"两项监督"面临的新境遇，立足实际提出因应之策，以主动作为强化法律监督、维护公平正义。

---

*　本节由邱瑢、尹畅、何格撰写。

一、"两项监督"的范围界定与监督情形

(一)"两项监督"的范围界定

从概念上讲,立案监督是指有监督权的机关依法对立案活动进行监视、督促、审核的诉讼活动;侦查活动监督是指人民检察院对公安机关的侦查活动是否合法进行监督。依据我国刑事诉讼理论,立案监督和侦查活动监督均属于侦查监督的重要内容之一。然而,当前我国学界对侦查监督没有一个统一的范围界定。广义说认为侦查监督范围应当包括侦查机关所有的追诉活动,即立案撤案程序、侦查活动、审查逮捕和审查起诉活动;狭义说认为侦查监督范围仅包括侦查活动的监督,即对侦查活动是否合法进行监视和督促,不应包括审查逮捕和审查起诉。经过研究对比,笔者倾向于认同广义说,因为立法规定批准逮捕权、审查起诉权归检察机关享有,目的就是监督公安机关的侦查活动,所以侦查监督的范围应当包含批准逮捕、审查起诉。但是,依据最高检关于开展"两项监督"的文件规定,"两项监督"范围侧重于监督立案、监督撤案、纠正漏捕、纠正违法等方面。由于侦查活动作为刑事诉讼活动的起点,其所形成的证据是庭审的中心,而检察官作为举证责任的承担者,依据新刑诉法之相关规定,必然承担起刑事诉讼中的主导责任,由此,强化检察官在"两项监督"工作中的主动性是义不容辞的职责。

(二)"两项监督"的监督情形

依据我国2018年《刑事诉讼法》和2019年《人民检察院刑事诉讼规则》的相关规定,立足司法实际,最高检发起的"两项监督"活动主要围绕如下五种情形展开、推进。

1. **监督立案的情形**

(1) 公安机关对当事人的报案、控告、举报或者行政执法机关移送

的案件应当立案而未立案的。(2) 检察院在办理审查逮捕案件中,发现公安机关立案的案件中有同案犯涉嫌犯罪且身份明确,但公安机关既未对其采取刑事强制措施,又未将其作为犯罪嫌疑人列入《呈请刑事案件破案报告书》的。(3) 对公安机关作治安处罚或者其他处理的案件,人民检察院审查认为公安机关作治安处罚或者其他处理不当,应当追究刑事责任的。(4) 对已经判决生效的案件,人民检察院发现尚有同案犯未被追究刑事责任的(公安机关已经采取追逃措施或者已经另案处理的除外)。(5) 发现行政执法机关不移送涉嫌犯罪案件的,检察机关应当要求移送。

2. 监督撤案的情形

(1) 有证据证明公安机关可能存在违法动用刑事手段插手民事、经济纠纷,或者利用立案实施报复陷害、敲诈勒索以及谋取其他非法利益等违法立案情形,尚未提请批准逮捕或者移送起诉的。(2) 当事人或者行政执法机关认为公安机关对其控告或者移送的案件不应当立案而立案的。

3. 纠正违法的情形

根据《刑诉规则》第567条的规定,检察机关除了通过审查批捕、审查起诉监督公安机关的侦查活动是否合法外,对于公安机关在侦查中的违法行为享有广泛的监督权。具体包括四个方面:

(1) 侦查取证方面。包括:采用刑讯逼供以及其他非法方法收集犯罪嫌疑人供述的;讯问犯罪嫌疑人依法应当录音或者录像而没有录音或者录像,或者未在法定羁押场所讯问犯罪嫌疑人的;采用暴力、威胁以及非法限制人身自由等非法方法收集证人证言、被害人陈述,或者以暴力、威胁等方法阻止证人作证或者指使他人作伪证的;伪造、隐匿、销毁、调换、私自涂改证据,或者帮助当事人毁灭、伪造证据的。

(2) 强制措施方面。包括:违反刑事诉讼法关于决定、执行、变更、撤销强制措施的规定,或者强制措施法定期限届满,不予释放、解除或者变更的;应当退还取保候审保证金不退还的。

(3) 侦查措施方面。包括:对与案件无关的财物采取查封、扣押、冻结措施,或者应当解除查封、扣押、冻结而不解除的;贪污、挪用、私分、调换、违反规定使用查封、扣押、冻结的财物及其孳息的;不应当撤案而撤案的。

(4) 妨碍当事人依法行使诉讼权利方面。包括:侦查人员应当回避而不回避的;依法应当告知犯罪嫌疑人诉讼权利而不告知,影响犯罪嫌疑人行使诉讼权利的;对犯罪嫌疑人拘留、逮捕、指定居所监视居住后依法应当通知家属而未通知的;阻碍当事人、辩护人、诉讼代理人、值班律师依法行使诉讼权利的;应当对证据收集的合法性出具说明或者提供证明材料而不出具、不提供的。此外,《刑诉规则》第567条兜底条款"侦查活动中的其他违反刑事诉讼法有关规定的行为",涵盖了公安机关在侦查活动中除上述情形之外,违反刑事诉讼法有关规定的行为。如公安机关收集、获取证据讯问犯罪嫌疑人,询问被害人、证人的方法是否合法;勘验、检查、扣押物证、书证是否合法;追缴赃款赃物、辨认、鉴定、通缉等是否严格依法实施;技术侦查措施的适用是否符合法律程序;等等。① 公安机关在侦查活动中采取以上侦查措施,如果不按照法律规定的程序和形式实施,也是违法行为。检察机关发现公安机关的这类违法行为,也要及时予以纠正。

4. 纠正漏捕、漏犯、遗漏罪行以及羁押必要性审查的情形

人民检察院办理审查逮捕案件,发现应当逮捕而公安机关未提请批准逮捕的犯罪嫌疑人的,应当建议公安机关提请批准逮捕。如果公安机关仍不提请批准逮捕或者不提请批准逮捕的理由不能成立的,人民检察院也可以直接作出逮捕决定,送达公安机关执行(注:对因采取取保候审、监视居住等强制措施而未提请逮捕的嫌疑人,一般不宜追捕;确属"在逃",但公安机关已采取网上追逃等措施的,不能追捕)。人民检察院审查案件的时候,必须查明有无遗漏罪行和其他应当追究刑事责任的人,审查采取

---

① 童建明、万春主编:《〈检察机关刑事诉讼规则〉理解与适用》,中国检察出版社2020年版,第401页。

的强制措施是否适当,对于已经逮捕的犯罪嫌疑人有无继续羁押的必要。

5. 建议行政执法机关移送涉嫌犯罪案件的情形

经审查发现行政机关办理的案件涉嫌刑事犯罪,应当移送公安机关而不移送或者逾期未移送的,人民检察院应当建议其按照管辖规定向公安机关移送涉嫌犯罪案件。

二、"两项监督"的现状与境遇

2018年以来,检察机关实行"捕诉一体"办案机制,即由"谁批捕、谁起诉"工作模式替代"多人接力"的办案模式,并且"两项监督"成为不可或缺的一项工作。据最高人民检察院工作报告显示,2018年检察机关督促侦查机关立案22215件、撤案18385件,同比分别上升19.5%和32%;对侦查机关违法取证、适用强制措施不当等提出书面纠正意见58744件次,同比上升22.8%。2020年,检察机关督促侦查机关依法立案2.2万件,监督撤案2.4万件,同比分别上升34%和58.4%。最高人民检察院2020年工作报告中并没有2019年监督立案、监督撤案和纠正违法的确切数据,只是笼统地提到"推广北京、山西、广东经验,向公安机关执法办案管理中心、法制部门或派出所派驻检察室,加强对立案和侦查活动同步监督"。对比2018年和2020年的数据,2019年监督立案、监督撤案的情况难言理想。

这种情况在地方检察机关亦不同程度地存在。我们选取B分院辖区两级院,采用统计分析、抽样调查、一线走访、座谈讨论并举等方式进行了专项调研。

(一)"捕诉一体"背景下的"两项监督"运行状况

1. B分院辖区两级院"两项监督"数据分析

(1)立案监督工作稳中有升,侦查活动监督效果有起伏。2017年以来监督立案数和监督撤案数呈现出稳定上升的态势,2020年呈爆发式增长,如监督公安机关立案 81 件、监督公安机关撤案 231 件,均超 2017 年至 2019 年三年的数据总和。

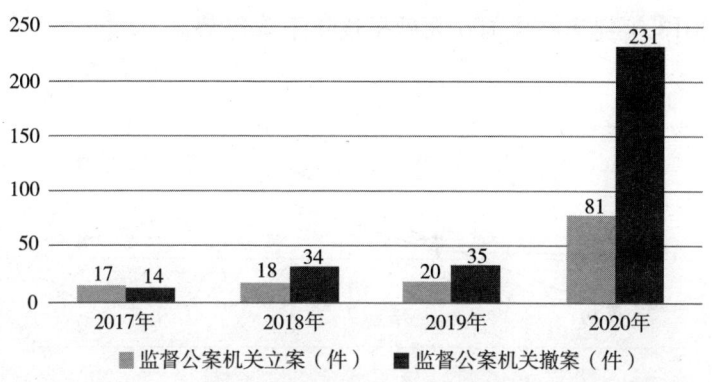

2017 年至 2020 年监督立案、监督撤案件数对比

书面提出纠正违法通知书以及公安机关已纠正件数均呈逐年上升趋势,但侦查活动违法监督采纳率从 2017 年的 49.37% 上升到 2018 年的 69.36%,然后下降到 2019 年的 53.73%,再上升到 2020 年的 97.37%,监督效果起伏性较大。

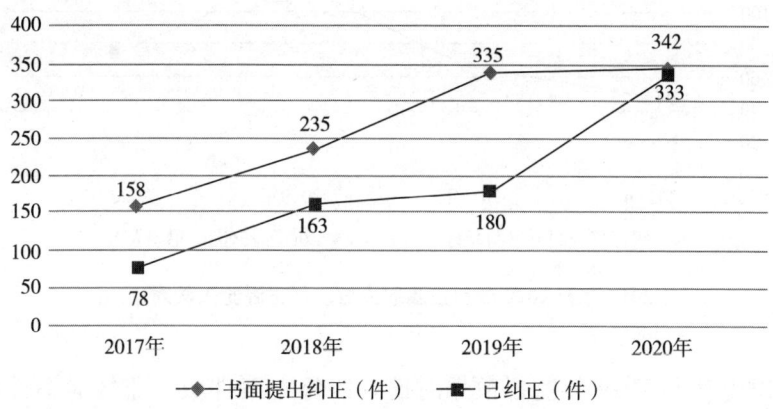

2017 年至 2020 年书面提出纠正及已纠正件数对比

随着2018年扫黑除恶专项斗争的推进，2017年至2019年辖区纠正漏捕人数、纠正漏捕后起诉的人数、纠正遗漏同案犯人数均呈上升趋势，但2020年的上述数据较2019年有所回落。纠正移送起诉遗漏罪行人数在2018年到达高位166人后呈逐年下降趋势。

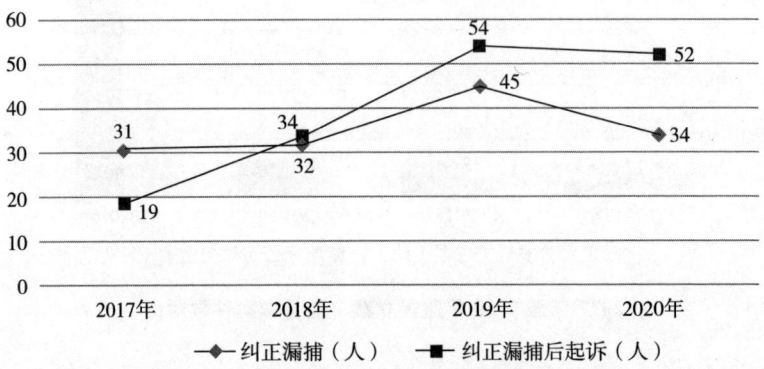

2017年至2020年纠正漏捕及纠正漏捕后起诉人数对比

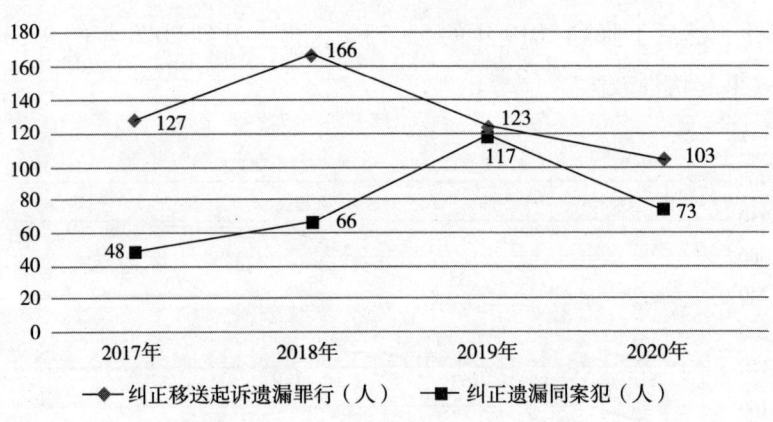

2017年至2020年纠正漏罪人数、纠正漏犯人数对比

2020年与2019年监督数据对比，监督立案件数、监督撤案件数分别上升305%、560%，但纠正漏捕人数、纠正移送起诉遗漏罪行人数、纠正遗漏同案犯人数分别下降 24.44%、16.26%、37.61%，侦查活动监督遭遇瓶颈。

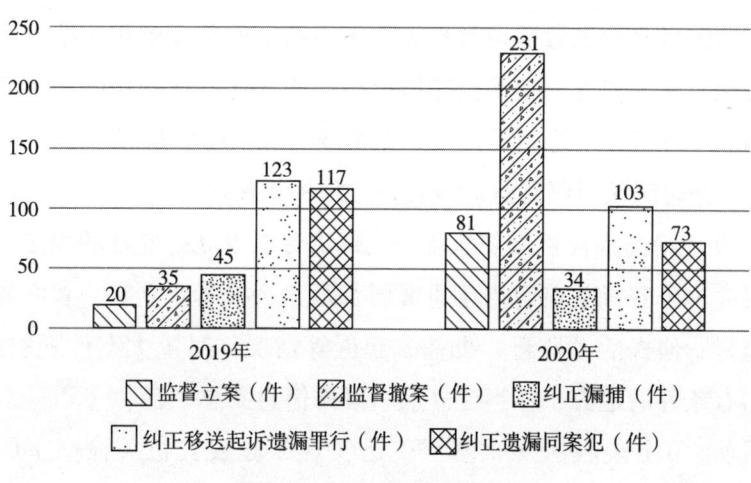

2020 年与 2019 年监督数据对比

（2）办案中自行发现仍然是立案监督线索来源的主要途径。如 2017 年 42.86%、2018 年 61.54%、2019 年 50.77%、2020 年 51.72% 的立案监督受理案件为办案中发现，而被害人控告、当事人等申请和行政执法机关移送的比例较小，2017 年至 2019 年通过主动查询公安机关台账后启动立案监督 25 件，仅占 3 年来立案监督案件受理数的 12.95%。

（3）侦查活动监督工作存在局限性，主动性发挥仍显不足。比如立案数据显示，2017 年羁押必要性审查 199 人（依职权 136 人），2018 年 168 人（依职权 127 人），2019 年 82 人（依职权 26 人），2020 年 8 人（依职权 2 人），审查数逐年下降，虽有当事人申请和有关机关建议减少的客观因素，但依职权这一主动性审查职能未充分发挥作用仍是主因，说明没有真正将监督职能贯穿在刑事检察工作的始终，在人民群众心目中的认知度、权威性和公信力也尚待提高。

(4)"两项监督"平台的运用不充分。从调研情况看,个别办案人员对侦查监督平台的重要性认识不够,没有意识到侦查监督平台对保障"两项监督"工作质量、一体化提升办案、监督质效的重要意义,而是把侦查监督平台信息数据填报当成是新增的工作甚至负担,缺乏主动使用的意识。对于侦查监督平台等信息化、数字化系统和辅助软件的使用不习惯、不规范,有忘填、漏填、错填或马虎填写的情况。

2. B 分院辖区两级院派驻检察室工作推进情况

2010 年最高人民检察院联合公安部出台刑事立案监督的规定,要求检察机关、公安机关定期相互通报刑事发案、报案、立案、破案和刑事立案监督、侦查活动监督、批捕、起诉等情况,对重大案件随时通报,并指出有条件的地方,应当建立刑事案件信息共享平台。

目前,B 分院辖区 9 个基层院已实现派驻公安机关检察室的全覆盖,其中派驻执法办案管理中心检察室 7 个、派驻公安机关法制支队检察室 1 个、派驻刑事侦查大队指挥中心检察室 1 个。辖区 9 个基层院中有 7 个院与当地公安机关开展了机制协商、6 个院已完成文件会签。派驻检察室通过登录公安机关信息系统、查阅办案平台、实地巡查、调阅监控录像、讯问询问、综合采取调阅卷等方式,发现监督线索,实现对公安机关办理刑事案件的全面监督。已设立派驻检察室的基层院在监督方面效果良好,如 B 分院某区院立案监督数据呈逐年上升趋势,2017 年有 9 件、2018 年有 13 件、2019 年有 17 件、2020 年则有 26 件,得益于派驻工作的有力推进。

(二)"捕诉一体"工作模式下的"两项监督"新境遇

1. 派驻公安机关检察室的推行力度有待加大

一是公安机关在接受度上并不乐观。2017 年 3 月 29 日,最高人民检察院召开全国电视电话会议,要求各级检察院因地制宜,全面开展对公安派出所刑事侦查活动监督,5 月 18 日,公安部组织湖南等 6 省公安部门调研检察机关对公安派出所派驻检察室工作情况，普遍认为这种模式不符合侦查工作实际需要，对该做法不赞同。① 一些公安机关在形式上予以配合，但在涉及文件会签、明确相关职责和权限等实质性内容时有所推阻。如 B 分院辖区某县院的派驻检察室即便已经挂牌且已提供了办公室，县公安局仍以需要等待市公安局的进一步确认和指示为由，没有形成会签文件。

二是派驻检察室人员的监督底气不足。近些年，公安机关推出的系列改革，进一步强化了公安机关在国家政权运行和经济、社会稳定发展大局中的存在感。职侦转隶后，检察机关的存在感有所削弱，纵然最高检提出了"四大检察""十大业务"的发展新思路，但这些新思路及其效果一时难以改变社会大众的认同感，尤其是身在检察岗位特别是那些被派驻检察室的工作人员，对派驻检察室所能起到的监督作用持怀疑态度，对侦查监督底气不足，直接影响监督效果。

三是派驻检察室人员的履职能力及效果有负预期。一方面，派驻检察室的基础性工作依赖于公安机关提供必要的工作平台，而当下公安机关受考核考评的影响，以保密等办案需要为由而不愿提供开展监督的所有数据资料，使派驻人员只能"窥视"公安机关的局部侦查工作；另一方面，有的院把派驻公安检察室作为锻炼检察新兵的"试验田"，没有把真正既懂检察业务又懂一线监督实务的人员使用到派驻一线去，使派驻检察室的"两项监督"工作表面化。

2. 监督渠道来源单一、信息不够畅通

检察监督获取线索渠道较单一、相关部门配合度较低、信息共享机制不畅通。公安机关警队设置呈现多样性，与检察机关没有信息共享平台，检察机关没办法、没时间、没人力与精力去掌握公安机关的办案情况。有些案件线索未能进入检察环节，不知情便难以进行"两项监督"，

---

① 宋伟锋：《侦查监督创新问题研究——以巡视检察为切入口》，载《中国检察官》2019 年第 2 期（上）。

比如公安机关主动撤案的和未拘、未捕的案件无法纳入监督视线，而"两高三部"发布的《关于适用认罪认罚从宽制度的指导意见》规定公安机关对于罪行较轻的认罪认罚案件，没有社会危险性的，不再提请检察院审查批捕，致使监督案件大为减少，监督权的行使更为被动。

3. 现行法律规范存在疏漏与缺陷

2018年修改后的刑诉法对"两项监督"内容规定很少，仅有100条、113条、171条作了原则性规定；2019年《人民检察院刑事诉讼规则》，对"两项监督"仅规定了13条内容；《公安机关办理刑事案件程序规定》中仅对立案监督作出规定。由此可见，立法和司法解释对"两项监督"的缺失，使检察机关的监督除了启动公安机关的自行调查程序外没有强制约束力，监督刚性不足。① 加上侦查机关受传统职权追诉影响，法律赋予过大的侦查权力，其内心也形成一种居高临下的追诉惯性，② 这种权力运行的不平等性，使监督制衡尤为尴尬。

4. 办案人员重心偏移，监督意识减弱

检察机关办案节奏多变，批捕、起诉思路不同，时间快慢不一。实行"捕诉一体"工作模式后，刑事办案人员需要在批捕、起诉思维间不停转换，而监督又需要耗费时间和精力，如果检察官同时受理批捕、速裁这两类案件，因办理时间重合，囿于"监督让位于办案"观念，为避免超期和提升"案-件比"，只能尽快结案，导致监督大打折扣。尤其是全面司法体制改革以来，认罪认罚从宽制度强力推进，有的检察官在适用该制度时不自觉地降低了证据要求，对案件中侦查违法违规行为视而不见，使认罪认罚成为掩盖问题的借口，重指控、轻监督的现象难以消除。

---

① 樊崇义、刘辰：《侦查权属性与侦查监督展望》，载《人民检察》2016年第12期。
② 何秉群、陈玉忠、王雷：《我国检察机关侦查监督模式的问题及完善路径》，载《中国刑事法杂志》2013年第10期。

三、强化"两项监督"主动性的因应对策

检察机关是宪法规定的国家法律监督机关,"两项监督"工作是检察机关法律监督体系的重要组成部分,是检察机关的一项重要职责。从积极推进落实最高检"四大检察""十大业务"的战略需要出发,强化检察机关在"两项监督"工作中的主动性,是落实"在办案中监督、在监督中办案"要求的重要举措。针对当前"两项监督"面临的新境遇,结合"两项监督"所涉"五种情形",现有针对性地提出如下八项对策。

(一)完善"两项监督"法律规范

一是围绕"两项监督"的具体工作事项抓好司法适用的专题调研,发现立法和司法解释赋予"两项监督"工作的供给不足,找准症结并借助人大代表、政协委员之力完善立法。二是以司法解释等形式为"两项监督"赋予可操作性权力。如以司法解释等形式确立侦查机关对有关侦查罪案信息、立案侦查和撤案决定向同级人民检察院备案的规定,并将具体操作程序细化,增加检察机关认为同级公安机关作出撤案决定不当有权要求予以纠正的规定,同时明确相应法律责任和法律后果。三是以创新求实的姿态对现行法律未赋予检察机关监督权力进行授权。如现有立法未授予检察机关对监察立案进行监督的权力。2018 年刑诉法确立了检察机关对监察机关配合制约的方式有退回补充调查、先行拘留、审查起诉和可能的不起诉决定等,但未涉及监察立案的规制。[①]

---

① 钟东辰:《将监察立案程序纳入检察监督构架》,《广西政法管理干部学院学报》2019 年第 7 期。

(二) 以办案与监督一体的理念统领 "两项监督" 工作大局

在刑事检察"捕诉一体"办案模式下，尤为需要倡导办案与监督一体的理念，妥善处理好办案与监督之间的辩证关系，因为理念是行动的先导，是引领办案的思想和灵魂。[①] 我们要自觉用双赢多赢共赢的理念去主动拓展"两项监督"工作新局。针对当下监督者与被监督者在国家权能运行权重比例不匹配的实际中，坚持在办案中监督，通过办案实现监督的精准化；在监督中办案，通过办案拓展监督覆盖面；深化"两项监督"促使执法办案规范化建设；创建"捕诉一体"双向沟通机制，推动检察院与公安机关双赢共赢。如在 B 分院某区徐某某非法经营立案监督案中，检察官充分发挥主观能动性，从一份关于区火车站个人携带卷烟数量的统计表入手，发现可能涉嫌非法经营的犯罪线索，通过所在院与区公安局沟通联系，开展调查核实工作，依法及时进行立案监督，成功追诉徐某某非法经营罪。

(三) 推进重大事项案件化办理，细化常态化监督

办理好重大监督事项，不仅有利于及时回应社会关切，而且也有利于彰显检察机关的法治影响力。为此，2016 年 9 月 1 日最高检《"十三五"时期检察工作发展规划纲要》提出探索实行重大监督事项案件化办理模式，先行先试的各地检察机关建立了从监督线索受理、立案、调查核实、实施监督、跟踪反馈、复议复核到结案的一套流程，将两项监督事项纳入案件办理内容。推进监督事项案件化可以全面反映监督的受理、调查、处理、跟踪等全过程，也可以保障检察监督按照法定规则运行。将监督评价体系作为员额检察官的业绩评价内容进行考核，可实现科学认定司法责任，充分调动监督者主观能动

[①] 季美君、赖敏娓、徐旭：《论办案与监督一体的检察理念》，载《人民检察》2020 年第 20 期。

性。但将监督事项案件化办理仅限于重大监督事项,包括:立案监督、侦查机关严重违法的取证行为;严重侵犯当事人人身权利、财产权利的行为;经新闻媒体报道引起网络舆情、社会舆论高度关注的重大事件或者人民群众反映强烈、严重影响社会和谐稳定的重大事件的监督,对于轻微的违法事项没有必要案件化办理。为此,我们一方面要切实落细落实好重大事件监督工作的案件化办理工作,绘制重大事件监督办理的流程图和"两项监督"工作流程图,确保"两项监督"工作落细落实;另一方面要盯细做实轻微违法事项的常态化监督,扎紧监督的笼子,取得监督的实效。

(四)通过派驻检察室实现对公安侦查案件的全方位监督

中央提出的"探索派驻检察机制","探索"的核心要义是因地制宜。结合各派驻检察室的特点,充分发挥即时监督职能,实现对侦查活动监督全覆盖。一要主动履行监督职责,在与侦查机关对接中注重沟通协调,加强对立而不侦、久侦不结的案件深入开展集中清理,根据公安机关的"挂案"期限、"挂案"原因进行分类处置,督促立即消化陈年积案。排查重点罪名,关注无罪不捕及刑拘后不移送检察机关的案件。对可能存在"两项监督"线索的罪名定期排查,例如"黄赌毒"类案件、未成年性侵、猥亵类案件、合同诈骗、非法经营等经济类案件、涉企案件重点开展专项监督,拓宽监督视野,拓展监督领域,发现监督线索。二要从公安机关刑事办案工作重心转移下沉派出所的实际出发,积极探索派驻检察室对于搜查、扣押等强制性侦查措施的监督方式,可通过协商建立侦查机关提请检察机关对适用强制性侦查措施案件的报前评估审查制度,强化监督手段。三要吸收各地检察机关推进"两项监督"的合理内核,一方面可以考虑在地市一级检察机关配备专门监督人员,专职专责从事"两项监督"工作,并以巡查方式不定期督导辖区派驻检察室工作;另一方面可以要求区县检察院以派驻检察室为阵地,积极探索丰富监督途径、优化监督模式、拓宽监督范围、强化监督手段,提升监督质效。四要注意派驻检察室人员的合理选配,优化派驻检察官的年龄及专业素养结构,真正把那些既懂检察业务、又懂公安侦查实务且会综合协调的检察人员派到检察室去推进工作、打开局面。

(五)搭建一体化的大数据平台,深化数据的分析利用

科学技术是第一生产力。随着大数据、云计算的广泛运用,给科技强检带来日益强大的技术支撑与可能。立足当前实际,一要抓好共享平台的建设。以公安刑事案件系统为基础,开通检察监督接口,借助智慧检务平台,利用大数据,建构与公安、法院、行政执法机关的信息共享平台,实现信息互通,共建共享,为共同推进执法办案规范化提供物质保障。二要抓好与"两项监督"工作相关的软件开发利用,不断创新数据抓取方式,做好数据筛选利用工作,最大化地服务"两项监督"工作。三要认真做好相关数据的动态分析利用,依托数据分析监督方向和重点,匹配必要的调查研究,通过开展专项监督活动,提升"两项监督"工作质效,改进当下"两项监督"成效起伏不定的局面。

(六)围绕服务民营经济发展,创新"两项监督"运行机制

疫情以来,民营经济一度陷入被动发展局面,最高检及时启动依法服务保障民企发展的专项举措,各地形成了一系列好的经验做法,有待上升为"两项监督"服务稳定发展大局的常态化工作机制。一是对侦查机关办理涉企案件立案和侦查活动的监督,重点关注企业内部人员职务侵占、挪用资金等犯罪"立案难",利用刑事手段插手经济纠纷等问题,着力纠正该立案不立案,不该立案乱立案,以及立而不侦、久侦不结等问题。二是加大对侦查机关查封、扣押、冻结在案财产的甄别审查力度,认真审查查封、扣押、冻结在案的财产是否与案件有关,是否属于

违法犯罪所得，是否存在超范围超标的查扣的情况，是否错误查扣案外第三人的财物，是否妥善保管，是否在判决前非法处置，对于存在违法查扣、处置财产情形的，监督公安机关纠正，及时退还。三是在侦查阶段应通过适时主动提前介入重大涉企案件，引导侦查取证，对案件最终处理提出意见。四是应在"在办案中监督、在监督中办案"的理念统率下，要求每个办案检察人员结合办案查明侦查机关追赃挽损情况，对应予退回发案民企的资金依法及时退回到位，尽力缓解企业资金压力。五是加强刑事涉案财物诉讼化规范化管理的理论与实务研究，探索构建刑事涉案财物独立之诉的工作机制。

（七）拓展监督手段，不断增进"两项监督"刚性

要通过创新探索，不懈拓展监督手段，提升"两项监督"刚性。一要强化对技术侦查措施的监督。技术侦查措施是2012年修改后的刑事诉讼法新增加的一项侦查措施，对于打击犯罪有着其他侦查行为不可比拟的优越性，它可以大大减少侦查过程中的烦琐环节，但其本身司法透明度不高，容易侵犯公民的合法权利，也因为技术侦查措施秘密性的特点，实践中根本无法监督。检察机关应当要求公安机关对采取了技术侦查措施的案件，在移送案件时须将使用了技术侦查措施的情况单独成卷移送，对技术侦查措施适用的必要性、适当性进行审查，同时审查是否兼顾国家公权力运用和所侵害法益之间的比例原则。明确技术侦查因违反相关法律法规取得的证据，将会侵犯到公民合法权利的，将其纳入非法证据排除范围，予以排除。二要夯实检察调查核实权力。要明确检察机关调查核实的方法，争取公安机关的配合。2020年8月，重庆市人民检察院下发了《关于建立健全调查核实权运行机制的意见》，明确"调查核实可以采取查询、调取、复制相关证据材料，向当事人及其他相关人员了解情况，咨询专业人员、委托鉴定、评估、审计等非强制性措施，不得限制被调查对象的人身、财产权利"。但调查核实权要在立法

层面争取公安机关的配合还任重而道远。拟先通过检警联合等方式商讨制定可操作性的规定，进而总结提炼成功的经验做法，使之逐步上升为更具刚性的立法或者司法解释规定。

（八）层层压实责任，提高"两项监督"责任担当

提升"两项监督"成效，还需层层压实责任，提高检察官的积极性和责任担当。一要强化员额检察官的监督意识，善于把握和发现监督线索。推行员额检察官改革和实行"捕诉一体化"工作模式后，"两项监督"工作的权、责也应与之对应匹配，进而克服"两张皮""只打雷不下雨"等现象，确保监督实效。二要探索改进监管举措。可以探索在部门、院内、辖区推行"两项监督"工作交叉检查、专项评查及定期研讨等举措；发现"两项监督"工作的典型案例及时落实人员进行总结提炼，对行之有效的经验做法及时予以推而广之。三要加强对"两项监督"工作的专题培训，依托检察人员订单式培训计划，突出实战、实用、实效导向，提升办案人员综合业务能力，使其成为既能办案，又会监督的多面手。四要健全"两项监督"工作责任机制。如将"两项监督"工作的具体监督内容、成效纳入检察官的业绩考核内容，促使检察官尽心尽力、担当作为。

第五节　捕诉一体与降低审前羁押率[*]

党的十八届四中全会通过的《中共中央关于全面推进依法治国若干重大问题的决定》要求"完善对限制人身自由司法措施和侦查手段的司法监督"。随着我国犯罪结构的悄然改变，轻罪比例逐渐上升，为我们改变司法追诉模式，进一步降低审前羁押率提供了契机。司法体制改革

＊ 本节由王子毅、林国强撰写。

的深入，认罪认罚从宽制度全面推开，捕诉一体办案机制顺畅运行，"案-件比"、释法说理等引领性绩效考核指标的施行，以及电子手环、电子镣铐、"非羁码"等科技手段对非羁押人员的监管实践运用，为进一步降低审前羁押率提供了一定的实践基础。

一、审前羁押的相关概念

（一）羁押与逮捕的关系

羁押是指在刑事诉讼中限制人身自由的严厉的强制措施，我国刑事诉讼法并未将羁押规定为单独的强制措施种类，而是将其作为强制措施的功能特征或者说是对当事人适用强制措施的一种不利的后果。从我国刑事诉讼法的规定和司法实践来看，具备羁押功能的刑事强制措施有刑事拘留[①]和逮捕两种，但由于实践中刑事拘留转逮捕的比例很高，因此有学者认为刑事拘留实际上成为逮捕的前置程序，[②] 加之刑事拘留的数据不易获取，因此我们研究的主要对象是因逮捕产生的羁押。从我国法律法规的规定看，逮捕具备强制到案和羁押候审的双重功能，但两者的价值取向有一定差异，前者主要价值在于有利于侦查，后者则重在保障人权和保障诉讼的顺利进行。逮捕的强制到案功能主要体现在：法院在审判阶段可以对未逮捕的被告人直接逮捕，公安机关在逮捕犯罪嫌疑人时可以使用必要的制服性警械或者武器等。[③] 而逮捕后的羁押往往会持续到审判阶段，尽管近年来检察机关加强了羁押必要性审查工作，但整体来看建议变更为非羁押措施的人数占比不大，比如2019年全国检察

[①] 根据《刑事诉讼法》和《公安机关办理刑事案件程序规定》的规定，刑事拘留的羁押时间最长可以达到37天，而这一期限已经超过多数法治国家的逮捕羁押期限。

[②] 马楠：《刑事诉讼法强制措施条文体例应调整》，载《检察日报》2015年11月25日。

[③] 杨依：《我国逮捕的"结构性"错位及其矫正——从制度分离到功能程序分离》，载《法学》2019年第5期。

机关共逮捕 1088490 人，而对侦查、审判中建议变更为非羁押措施的仅有 75457 人，占比为 6.93%。

这反映出"逮捕即意味着羁押"在我国理论研究和诉讼实践中有着同向性，导致很多学者直接借用逮捕率、不捕率、捕诉率来反映、研究我国的审前羁押情况，虽不能顾其全面，但也可见一斑。需要注意的是上述数据只是反映审前羁押情况的重要数据指标，而不能直接等同。比如有的学者直接将逮捕率作为审前羁押率，虽然逮捕率可以在一定程度上反映一国的审前羁押情况，但这样计算虽然分子（羁押人数）接近实际，分母却小了许多，以逮捕率与其他主要法治国家的审前羁押率进行对比很容易得出我国审前羁押率畸高的结论。

（二）审前羁押率的计算方式

因为我国刑事诉讼法中没有单独设置羁押强制措施，因此审前羁押并非严格意义的法律定义。实践中司法机关也没有设置审前羁押率这一专项考核指标，比如公安机关考核羁押案件的质量指标是报捕后检察机关不构成犯罪不捕和非法证据排除不捕情况，而检察机关考核羁押案件质量的主要指标是捕后判处无罪、拘役、管制、缓刑率以及捕后不起诉率。因此审前羁押率在我国主要是理论研究上的概念，从已公开的研究成果看，对审前羁押率的概念界定争议不大，一般认为审前羁押是指进入刑事诉讼程序犯罪嫌疑人在被司法机关确定其有罪之前，暂时剥夺其人身自由的强制措施。① 但关于审前羁押率的计算方式则存在不同意见，

---

① 有学者认为审前羁押就是"未决羁押"，参见万春：《减少审前羁押的若干思考》，载《河南社会科学》2011 年第 3 期。也有学者认为只要被告人在审判曾经处于拘留、逮捕或者指定居所监视居住均被视为"未决羁押"，它与"审前羁押"的区别在于若一个被告人审前被逮捕，其后转换为取保候审，此时该被告人因为曾经被逮捕过而纳入"未决羁押"，但因为审前并未处于看守所的羁押状态，而不会被纳入"审前羁押"。参见王禄生：《论刑事诉讼的象征性立法及其后果——基于 303 万判决书大数据的自然语义挖掘》，载《清华法学》2018 年第 6 期。

如前述直接借用逮捕率（逮捕数/受理逮捕数）、不捕率（不捕数/受理逮捕数）、捕诉率（逮捕数/起诉数）来反映、研究我国的审前羁押情况，此时学者们一般都会注释说明采用这种计算公式，主要是因数据难以获取而用的权宜之计。综合当前理论研究成果，我们认为较理想的羁押率的计算公式应当是：逮捕羁押人数/（逮捕羁押人数+未逮捕羁押人数）。① 需要说明的是，严格意义上的"审前羁押"应该涵盖刑事诉讼过程中所有羁押过的人。② 本书将研究对象限定为逮捕羁押人数，也就是逮捕之后的羁押人数。但根据刑诉法规定，检察机关在逮捕之后提起公诉之前，有权通过不起诉、建议撤案等方式促使或者直接变更强制措施，直至判决定罪前都有权通过羁押必要性审查工作建议变更强制措施，逮捕后的羁押人数还存在一定的变量。因此，可以将审前羁押率的公式进一步细化为：逮捕羁押人数－变更逮捕羁押人数/受理起诉人数。其中：受理起诉人数=提起公诉人数+不起诉人数（包括绝对不起诉人数、微罪不起诉人数、存疑不起诉人数）+撤回起诉人数+撤案人数（包括检察机关建议公安机关捕后撤案数和非羁押撤案数）。③

鉴于各地区的不捕数、撤案、撤诉数据不易获得，同时考虑到撤案撤诉在实践中属于特殊情况，数据量很少，基本可以忽略不计，因此为便于对比研究，我们倾向于使用"审前羁押率＝逮捕数/（起诉数＋不

---

① 林喜芬：《解读中国刑事审前羁押实践——一个比较法实证的分析》，载《武汉大学学报》2017年第6期。
② 郭烁：《徘徊中前行：新刑诉法背景下的高羁押率分析》，载《法学家》2014年第4期。
③ 有学者在过去的研究成果中认为计算公式的分母中还应当包含公安机关移送审查起诉后变相处理的案件数，我们认为这是过去司法办案不规范产生的问题，在2014年全国检察统一业务应用系统上线运行之后，所有进入检察办案程序的案件都要线上留痕，因此从制度上就杜绝了移送审查起诉后变相处理的问题。参见陈永生：《逮捕的中国问题与制度应对——以2012年刑事诉讼法对逮捕制度的修改为中心》，载《政法论坛》2013年第4期，

起诉数)"① 作为计算审前羁押率的公式,而逮捕率、不捕率、羁押必要性审查变更数、捕诉比率则作为影响审前羁押率的重要参考指标进行研究。

二、审前羁押率的基本情况

随着中国社会经济的快速发展,法治在保持社会长期稳定、实现国家治理体系和治理能力现代化过程中扮演着极其重要角色。据最高人民检察院发布的 20 年(1999 年至 2019 年)我国刑事犯罪变化趋势分析来看,我国的犯罪结构发生了很大变化,主要表现是严重暴力犯罪数量下降,被判处三年有期徒刑以下刑罚的轻罪案件的占比达到 80%,且保持着上升趋势,同时,醉酒驾驶犯罪、生产、销售伪劣商品、侵犯知识产权犯罪等新类型犯罪增多,当前危险驾驶罪的刑事追诉数量已跃居榜首。② 与此相对应,以 2012 年修改后刑事诉讼法生效实施为重要时间节点,作为保障诉讼顺利进行的强制措施的适用结构也产生了显著的变化,2008—2012 年我国平均捕诉比率为 78.28%,2013 年这一数值则直接下降到 66.43%,之后这一数据波动下降。

---

① 林喜芬:《解读中国刑事审前羁押实践———一个比较法实证的分析》,载《武汉大学学报》2017 年第 6 期。

② 参见最高人民检察院检察长张军在 2020 年 5 月 25 日在第十三届全国人民代表大会第三次会议作的《最高人民检察院工作报告》,1999 年至 2019 年,检察机关起诉严重暴力犯罪从 16.2 万人降至 6 万人,年均下降 4.8%;被判处三年有期徒刑以上刑罚的占比从 45.4%降至 21.3%。新类型犯罪增多,"醉驾"取代盗窃成为刑事追诉第一犯罪,扰乱市场秩序犯罪增长 19.4 倍,生产、销售伪劣商品犯罪增长 34.6 倍,侵犯知识产权犯罪增长 56.6 倍。

全国检察机关逮捕/起诉比例表[①]

诉讼情况 年度	起诉（人）	逮捕		
		人数（人）	捕诉比率（%）	平均捕诉比率（%）
2003—2007	4692655	4232616	90.20	90.20
2008	1143897	952583	83.28	
2009	1134380	941091	82.96	
2010	1148409	916209	79.78	78.28
2011	1201032	908756	75.66	
2012	1390771	969905	69.74	
2013	1324404	879817	66.43	
2014	1391225	879615	63.23	
2015	1390933	873148	62.77	
2016	1402463	828618	59.08	62.48
2017	1663975	1069802	64.29	
2018	1692846	1056616	62.42	
2019	1818808	1088490	59.85	
2020	1572971	770561	48.99	48.99

由于我国刑事诉讼程序羁押期限和办案期限基本混同，如果忽略司法实践中过低的羁押措施变更率，[②] 犯罪嫌疑人、被告人一旦被逮捕就

[①] 数据来源于历年《最高人民检察院工作报告》。因全国及各省每年的逮捕和起诉数据均在年度报告中公开，因此为研究方便，部分学者将检察机关逮捕人数与起诉人数的比率作为研究审前羁押率的参考数据或者直接将其作为审前羁押率的数据使用。

[②] 最高人民检察院2019年《工作报告》显示，当年对侦查、审判中不需要继续羁押的，建议取保候审75457人，较5年前上升279%，而这一数据仅占当年检察机关逮捕人数的6.93%，而根据刑事诉讼法规定检察机关对羁押变更只有建议权，侦查机关有权不予采纳，从重庆市人民检察院B分院辖区的实践数据来看，近3年来的采纳率最高为86.88%，最低为68.57%。

意味着被长时间羁押。而从我国已经加入的联合国《公民权利与政治权利国际公约》第9条的规定及国外主要法治国家的司法实践来看，羁押候审应当是例外，① 国外主要法治国家21世纪以来审前羁押率大多在10%—30%。尤其是轻罪案件的审前羁押率更低，比如日本在1990年的审前羁押率只有21.8%，分罪名计算，盗窃罪的羁押率最低，只有14.2%。② 与之相比，盗窃罪是我国适用逮捕措施人数最多的罪名，以重庆B分院辖区的实践数据来看，近3年盗窃罪的审前逮捕率为79.8%。实践数据表明近年来我国的审前羁率呈下降趋势，但仍在高位运行，③ 而高羁押率对于人权保障、社会治理效果等方面有诸多的负面影响。

三、影响审前羁押率的主要因素

（一）深层次的影响因素

办案理念是办案活动的先导，当前"慎捕慎诉"已经从高层逐渐向基层传导，长期以来形成的"重打击、轻保护"的刑事办案思维和办案模式虽然有所改善，但仍然影响着基层一线司法办案人员。在我们调研的过程中，参加访谈的民警坦言在当前案件数持续走高，办案警力不足的背景下，尽管知道要坚持"慎捕慎诉"的办案理念，但对犯罪嫌疑人采取逮捕措施在案件突破（过于依赖口供）、节约办案成本等方面有着

---

① 中华人民共和国政府于1998年10月5日加入《公民权利与政治权利国际公约》，该《公约》第9条第3款规定"任何因刑事指控被逮捕或拘禁的人，应被迅速带见审判官或其他经法律授权行使司法权力的官员，并有权在合理的时间内受审判或被释放。等候审判的人受监禁不应作为一般规则，但可规定释放时应保证在司法程序的任何其他阶段出席审判，并在必要时报到听候执行判决。"

② 林喜芬：《解读中国刑事审前羁押实践——一个比较法实证的分析》，载《武汉大学学报》2017年第6期。

③ 据《最高人民检察院2021年工作报告》数据显示，我国的审前羁押从2000年占96.8%降至2020年的53%。

很大的优势,在办案效率优先的取舍中自然就会牺牲犯罪嫌疑人的利益。而部分检察官也表示在办理"依法可捕可不捕"的案件时,从便于犯罪嫌疑人到案、提升办案效率及避免办案风险等方面考虑,还是更愿意作出逮捕的决定。可见,"依法可捕可不捕不捕"的办案理念的落实落地不仅仅是要认知,更重要的是真正落实到司法办案中去,而阻碍其落地的"最后一公里"路上究竟还有哪些障碍呢?我们认为主要有以下几点原因:

1. 逮捕的"抓捕到案"功能与"羁押候审"功能的实践错位

如上文分析,我国的逮捕措施具备"强制到案"和"羁押候审"的双重功能,而这两个功能在价值取向上有很大差异。强制到案功能更多注重对侦查利益的保障,以有利于侦查机关在案发后及时抓捕、控制嫌疑人后,并进行初步的讯问调查以进一步侦破案件或者排除无辜者。因为强制到案是对当事人人身自由的严重限制,因此各国对于限制人身自由的程度、时间等有一定的限制,要求不能突破其临时性、暂时性的特点,一般会规定限制时间在12小时或者24小时之内,最长不超过96个小时。① 比如我国刑事法规定的拘传持续时间一般不得超过12小时,特殊情况下持续时间不得超过24小时。但我国逮捕之后即意味着长时间的羁押,除极少数案件通过羁押必要性审查变更强制措施外,大多数案件都是捕后"一押到底"。曾有研究者通过大数据统计2013—2017年我国逮捕后平均羁押期限超过了150天。② 候审羁押功能则强调保障当事人的权利和保障诉讼的顺利进行的平衡,我国逮捕措施的候审羁押主要体现在三个方面:一是保障犯罪嫌疑人、被告人能够按时到案参加诉讼;二是防止犯罪嫌疑人再犯新罪、再犯危害国家安全、公共安全的现

---

① 杨依:《我国逮捕的"结构性"错位及其矫正—从制度分离到功能程序分离》,载《法学》2019年第5期。

② 王禄生:《论刑事诉讼的象征性立法及其后果———基于303万判决书大数据的自然语义挖掘》,载《清华法学》2018年第6期。

实危险;三是法律推定十年以上的重罪案件社会危险性高而规定直接羁押。司法实践中,逮捕的价值功能更多的偏向了侦查利益的保障,异化为侦查机关获取有罪供述的重要的辅助手段,比如我们在访谈中有侦查人员表示逮捕能给犯罪嫌疑人带来更大的心理压力,即使在其他证据相对较弱时也能够依靠强大的心理压制获取有罪供述。这是实践中形成"以捕代侦"办案思维和习惯的深层原因。同时,实践中也过于强调逮捕的追诉打击功能,导致逮捕强制措施具备了惩罚性功能,尽管我国刑法了规定审前羁押的刑期折抵制度,但在过去的实践中对于轻罪案件经常会出现"关多久判多久"的现象实际上已经侵犯了当事人的权利。我们认为这可能是实践中检察官"认罪即捕""构罪即捕"办案思维的深层原因之一。

2. 刑事诉讼法规定的径行逮捕限制了部分轻罪案件非羁押措施的适用

《刑事诉讼法》第81条规定的径行逮捕条件有两类:一是罪行严重可能判处十年有期徒刑以上刑罚的犯罪,二是有证据证明有犯罪事实,可能判处有期徒刑以上刑罚,曾经故意犯罪或者身份不明的。根据刑事诉讼法规定,只要符合这两类情况均应当立即逮捕,不用再审查其社会危险性条件。其背后的法理依据,就是通过法律拟制的方法直接推定重罪者和有前科劣迹的再犯者的社会危险性高,采取取保候审、监视居住的办法不足以防止其再犯和对社会的危害。而这一规定的实践效果是只要犯罪嫌疑人有前科,而不论前科行为与再犯行为间隔时间长短,只要再犯行为有可能判处有期徒刑以上刑罚,就不用再审查其他的社会危险性证据,即使犯罪嫌疑人本次犯罪罪行轻微,具备自首、坦白、立功、认罪认罚等减轻、从轻处罚情节,也必须依法对其适用逮捕措施。如W区检察院2020年1月到8月逮捕后判处实体刑的一共有196人,其中有前科的131人,占比66.83%,而最终被判处三年有期徒刑以下(不含三年)刑罚的有115人,占比58.7%。而这些被判处三年以下有期徒刑刑罚的罪犯,除去累犯者很大一部分再犯的都是盗窃、轻伤害等罪行较轻非暴力的犯罪,单独看本次犯罪行为的社会危险性并不是很大,但根据刑诉法规定必须径行逮捕,切断了对这一部分人适用非羁押强制措施的机会。同时基于实践中逮捕与判决实体刑的高度关联性,加之捕诉一体办案后检察官作出逮捕决定时实际上已经给出了有期徒刑以上刑罚的量刑判断,并且在起诉时即使犯罪嫌疑人本次的犯罪行为可以判处拘役,因为前面已经逮捕了,检察官也不可能否定自己的判断提出拘役的量刑建议,这也是实践中偶有出现的法官在判决时陷入到底是"有期徒刑六个月"还是"拘役六个月"的尴尬。有地区希望对此有所突破,比如杭州西湖区检察院和公安机关会签文件(杭西检会〔2020〕1号)第4条第3款规定,适用非羁押诉讼的范围包括"曾经故意犯罪受过刑事处罚,本次犯罪可能判处三年有期徒刑以下刑罚,有法定从轻、减轻情节,确有悔罪表现的犯罪嫌疑人、被告人",但我们认为在刑事法未修改前,此探索有超越法律规定的嫌疑。

3. 取保候审适用条件较为原则及执行中监管缺位

当前,法律法规对取保候审的适用条件规定仍比较原则,如《刑事诉讼法》第67条第1款第2项规定"可能判处有期徒刑以上刑罚,采取取保候审不致发生社会危险性的",可以取保候审;《人民检察院刑事诉讼规则》第87条规定"对于严重危害社会治安的犯罪嫌疑人,以及其他犯罪性质恶劣、情节严重的犯罪嫌疑人不得取保候审";《公安机关办理刑事案件程序规定》第82条规定"对累犯,犯罪集团的主犯,以自伤、自残办法逃避侦查的犯罪嫌疑人,严重暴力犯罪以及其他严重犯罪的犯罪嫌疑人不得取保候审。"上述规定较为笼统、原则化,且没有考虑到可能判处三年以上十年以下有期徒刑的非暴力犯罪的犯罪嫌疑人,在具有自首、立功、退赃退赔、认罪认罚、预备、未遂、中止等从轻、减轻处罚情节时,社会危险性明显降低,不羁押也能保证诉讼顺利进行的情形。过于原则性的规定让基层办案民警难以准确判断和把握,加之对判处三年有期徒刑以上刑罚的犯罪嫌疑人,捕了也不会出现考核扣分,不捕也没有考核加分激励,因此往往会从办案便利和办案风险考虑而直接逮捕。另外,对于取保候审后监管真空的问题,多个派出所民警反映办案压力大,警力严重不足,在管理方式上还停留在较原始的人盯人状态,对于取保候审的犯罪嫌疑人的监管容易出现真空现象,尤其是跨辖区案件的取保候审执行情况更是流于形式。加之犯罪嫌疑人违反取保候审期间的监管规定的违法成本过低,实践中经常会出现不报告就离开居住地、电话联系不到人等情况。这些在一定程度上也让基层办案人员更愿意适用羁押性强制措施。因此,进一步扩大非羁押强制措施的适用,应当充分考虑加强取保候审后的监督管理问题,同时要加强取保候审的释法说理,不仅要对犯罪嫌疑人说明违反取保候审管理规定的不利后果,也应当注重对被害人的释法说理,减少社会矛盾二次的生成。

应正确看待当前实践中脱保率低的问题。在调研访谈中,有检察官回忆自己12年的办案经历中,近2000个案件仅有一例脱保的犯罪嫌疑人,涉嫌的罪名是容留吸毒罪,当时是因犯罪情节轻微作出不捕决定,但在审查起诉期间找不到人了,现在依然是失踪状态。虽然办案质量没有问题,但作为承办检察官每当回顾这个案子就如鲠在喉。我们调研的6个单位中每年脱保的犯罪嫌疑人数量都非常少,一般一年至多有1—2例。脱保率很低,反映出当前适用取保候审的案件罪刑都很轻,若进一步扩大轻罪案件、重罪中的非暴力犯罪案件的非羁押率,则有必要在加强事后监管力度的同时,通过立法、司法解释的方式提高脱保的违法成本。

4. 考核指标的引领作用有待进一步发挥

考核指标根据其作用不同可以分为结果导向和行为导向两类,前者是指最终要达到什么效果,后者则是通过什么样的方式达到理想的结果。考核指标作为一线办案的指挥棒对办案行为具有重要的引领作用,在制定降低审前羁押率相关的考核指标时也应通过行为引领指标达到我们想要的效果。在实践中，公安机关对逮捕的考核指标经历了"逮捕打击人头数加分制——不构成犯罪不捕、非法证据排除不捕扣分制"的转变，通过惩罚性的引领指标来引导一般办案民警规范办案达到提升办案质量的效果。

当前最高检发布的对逮捕案件的质量考核指标共有6项，分别是不捕率、不捕复议/复核率、不捕复议/复核改变率、经过审查逮捕环节的案件一次退回补充侦查率、捕后不诉率、捕后判轻刑/缓刑率，需要综合6项指标来判断一个逮捕案件的质量。首先，不捕率是一个相对中性的指标，不捕率与审前羁押率不呈必然的正相关。比如F县检察院不捕率长期居高，2015—2018年期间该院不捕率均在40%左右，高出全国平均水平约20个百分点，但该院的捕诉比为43.53%，还略高于W区院的1个点。经查阅F院近年来不捕案件的卷宗，发现该院的不捕案件并不存在质量问题，经与检察官、民警座谈进一步了解到该院不捕率高很大原因是一线警察因内部审批手续复杂而更愿意通过报捕达到由检察院放人的目的。其次，我们调研的5个基层院中，公安机关不服不捕的复议复核情况很少出现，因此这个指标对审前羁押率的影响也可以忽略不计。再次，捕后案件的一次退查率更多考察的是检察官在捕诉一体办案下对侦查办案的引导侦查能力，与审前羁押率关系不大。最后，捕后不诉，无论是存疑不诉还是微罪不诉，说明逮捕存在一定的瑕疵，因此设置这一指标对考察逮捕案件质量和降低审前羁押率都很有必要。

（二）积极的影响因素

在调研过程中，我们也发现了一些积极影响因素的出现，也在悄然助力审前羁押率的降低，具体有以下几个方面：

1. 案件结构的变化

2012年《刑法修正案（八）》的生效是中国案件结构发生重大变化的标志，醉酒驾驶行为入刑后案件数据逐年上升，到2019年已经成为我国的第一大犯罪体。2019年全国危险驾驶罪起诉322041人，占到全国起诉犯罪总人数的17.7%，因为危险驾驶罪最高刑是拘役，除非犯罪嫌疑人严重违反取保候审、监视居住的监管规定才会被采取逮捕措施，因此酒驾的嫌疑人一般采取的是非羁押措施，这在整体上稀释了我国的审前羁押率。简单计算后可以发现，若减去酒驾人数后，2019年全国的捕诉比为72.72%，这实际上也低于2008年（83.28%）、2009年（82.96%）、2010年（79.78%）的捕诉比，也就是说排除危险驾驶罪的稀释作用后，与2011年之前相比，我国传统犯罪的审前羁押率也在逐渐下降，这既有司法办案理念进步的因素，也与我国传统犯罪结构发生变化有很大关系。

2. 认罪认罚从宽制度和捕诉一体办案机制

认罪认罚从宽制度对审查逮捕直接的影响就是要求将认罪认罚作为犯罪嫌疑人是否可能发生社会危险性的考虑因素之一。一般而言犯罪嫌疑人认罪其社会危险性当然的会降低，对其羁押的必要也会直接降低，对认罪认罚的犯罪嫌疑人采取非羁押的强制措施既符合社会交换理论，也体现了司法宽容精神。① 从各地实践数据来看犯罪嫌疑人认罪认罚对降低审前羁押率有重大影响，如山东省认罪认罚案件羁押率仅为18.2%。② 重庆市检察B分院辖区2019年认罪认罚案件的捕诉比率比全部案件的捕诉比率低了8个百分点。在调研访谈过程中，多数受访检察官明确表示犯罪嫌疑人认罪认罚的，尤其是对有被害人的案件，有利于社会矛盾的化解，有利于降低社会危险性，能够采用非羁押强制措施的机会要多一些。部分地区在开展认罪认罚从宽制度的基础上创制了赔偿金提存制度，主要是针对轻伤害、交通肇事等有被害人的轻罪案件中，对因被害人的原因在审查逮捕阶段无法达成和解协议的案件，犯罪嫌疑

---

① 闫召华：《"从速兼从宽"：认罪案件非羁押化研究》，载《上海政法学院学报（法治论丛）》2017年第3期。

② 数据来源《最高检第一检察厅赴山东调研减少审前羁押工作情况的报告》。

人认罪认罚且愿意赔偿的，在向司法机关设立的专门账户缴纳合适的赔偿保证金额后，检察机关可以对其作出不捕决定。这一制度的设立减少了因无法达成赔偿金额协议为化解社会矛盾而逮捕情况，进一步降低了认罪认罚案件的审前羁押率。

捕诉一体办案后，检察官对大多数案件在逮捕阶段就能够判断出案件的定罪、量刑情况，对逮捕阶段的证据标准把握比较严格，同时将引导侦查工作、矛盾化解工作前移，一定程度上能够过滤掉部分依法可捕可不捕的案件，因此认罪认罚从宽制度和捕诉一体的相互作用，对降低审前羁押率的作用明显。但需要注意的是，这一作用的发挥与检察官的办案理念有一定的关联性，有调查指出，检察官"若将逮捕本身视作一种对行为的评价和惩罚，认为逮捕有利于犯罪嫌疑人赔偿、道歉、修复社会关系，当依法可捕可不捕时，检察官会倾向于捕；若将逮捕视为一种程序性保障措施，从更好地保障犯罪嫌疑人的人权角度出发，检察官会倾向于不捕。"[①]

3. 科技手段的助力监管

运用科技手段降低审前羁押率工作主要体现在：在利用电子手环、电子镣铐、非羁码等科技手段加强非羁押措施监管的基础上，降低对轻罪案件、外地人犯罪案件适用逮捕措施的比例。如山东东营市检察机关自2012年起就开始研发"电子手表"智能监控平台系统，通过北斗卫星、基站等多种定位模式，对佩戴智能手表的人员进行实时定位和轨迹查询，可以跨地区设定活动区域，在不影响佩戴人员正常工作生活的前提下实现对其全天候、全时段、全方位监督。有了电子手环的平台对非羁押人员的实时监控，有效降低了办案风险，让司法办案人员放开了对轻罪案件适用非羁押措施的手脚，据统计2016年3月试点推广应用至今，各试点单位监控的近四千人仅有两人脱管，脱管后均被及时抓捕归

---

① 参见最高检理论所《关于捕诉合一改革的调查报告》。

案。① 杭州市检察院在疫情期间受"健康码"启发,联合市公安局研发"非羁码",以"非羁码"App 为载体,"运用人工智能、大数据、区块链、云计算等技术,通过外出提醒、违规预警、定时打卡和不定时抽检等多重功能",② 实现对被监管人的必要管控,从运行情况来看,实施以来使用"非羁码"监管的人员无一脱逃。需要注意的是,是否需要对所有的非羁押人员采用电子手环或者"非羁码"进行电子监控?从有利监管的角度看监管机关是希望对所有非羁押人员进行电子监控的,但从人权保障的角度看电子监控是对公民权利的一种限制。我们认为根据比例原则的要求,任何对公民自由的限制或者管控都应当以必要为限制,当行为人罪行较轻(可能判处拘役、管制、单处罚金、免刑)且没有逃避侦查的危险时,可以不进行电子监控。电子监控的重点应当放在可能判处有期徒刑以上刑罚的非羁押人员,并且可以对电子监控的力度设置等级,比如对三年有期徒刑以下刑罚的,可以适用电子手环,不影响其生活;对于可能判处三年有期徒刑以上刑罚的非羁押人员,则可以佩戴电子镣铐,必要时附以其他监管措施。

4. 创新社会协作机制的帮护作用

降低审前羁押率的主要目的是保障犯罪嫌疑人、被告人在法院确定其有罪前不受羁押的权利。从犯罪学的角度看,非羁押强制措施具有防止羁押带来的交叉感染、减少社会对立面,让罪犯更容易教育改造回归社会等功能,因此降低审前羁押率也是一项复杂的社会工程,需要创新社会协作机制,助力非羁押人员的帮护工作。实践中,因未成年犯罪嫌疑人的特殊性,各地检察机关利用社会资源建设了未成年人观护教育基地,但现在仍不能达到全面覆盖。尽管未检案件慎捕办案理念贯彻落实

---

① 参见《最高检第一检察厅赴山东调研减少审前羁押工作情况的报告》。
② 范跃红、方芳、方利利:《浙江杭州:应用"非羁码"降低审前羁押率提升监管效能》,载正义网 http://news.jcrb.com/jsxw/2020/202011/t20201109_2221699.html,访问日期:2020 年 11 月 29 日。

比较到位，但还是会出现未成年因不具备观护条件而被采取逮捕羁押措施现象，或者未成年的监护人在不具备观护条件的情况下出具虚假证明，导致承办检察官作出错误判断，未采取羁押措施，结果在取保候审期间发生再犯罪现象。

实践中，江苏无锡市、沭阳县、山东东营市、广东东莞市等地在2013年前后开始探索对外来务工人员涉嫌犯罪的帮扶基地，比如东莞地区对符合取保候审条件的涉嫌轻微刑事犯罪的外来流动人员，其本人、法定代理人、近亲属或者聘请的律师可以提出进入观护基地。再如山东营口市河口区公安、检察、司法行政机关以及企业、社区志愿者共同参与构建"刑事执行人权保障中心"，对非羁押人员进行心理疏导、消除对抗情绪，达到化解社会矛盾的效果，同时通过提供技能培训、就业安置等通道，为犯罪嫌疑人重新回归社会构建起有效的社会支持体系。①

四、降低审前羁押率的制度性思考

审前羁押率表面上看只是一个衡量司法办案的数据指标，但影响这一指标变化的因素却是复杂多样的，既受制度机制方面的影响，也受既有办案思维、办案模式的限制，还涉及社会整体容忍及协作能力等方方面面。因此要进一步降低审前羁押率，仅靠一个或者几个指标数据的变化是无法实现的，需要从多方面均衡发力。

（一）修改相关立法及司法规范性文件

第一，从立法上解决当前逮捕功能错位问题，通过修改刑事诉讼法对逮捕条件的适用，逐渐剥离逮捕的"抓捕到案"功能，还原逮捕的"羁押候审"，也即逮捕在价值取向上要兼顾保障犯罪嫌疑人、被告人的诉讼权利和保障社会安宁。建议对径行逮捕的条件进行修改，保留对十

---

① 参见《最高检第一检察厅赴山东调研减少审前羁押工作情况的报告》。

年以上严重暴力犯罪案件的审前羁押，保留曾经故意犯罪中累犯、惯犯的审前羁押，而对其他曾经故意犯罪的情况的审前羁押进行原则性规定，由检察机关根据案情决定是否进行审前羁押。第二，通过司法规范性文件进一步明确对故意杀人、贩毒、聚众斗殴等严重影响社会安宁的犯罪，以羁押为原则，不羁押为例外，对于轻罪案件则以不羁押为原则，以羁押为例外。第三，进一步细化取保候审、监视居住的适用条件，可以明确对可能判处三年以上十年以下有期徒刑非暴力犯罪的犯罪嫌疑人具有自首、立功、退赃退赔、认罪认罚、预备、未遂、中止等从轻、减轻处罚情节时，社会危险性明显降低，可以适用非羁押的强制措施。第四，通过司法解释的方式适度提高违反非羁押强制措施的违法成本。授权办案人员根据案件情况可以要求犯罪嫌疑人、被告人提供更多的担保人、保证金。目前，相关规范性文件规定担保人数量是一到两人，保证金的起点为一千元，没有规定上限。在调研中发现，多数案件保证人只有一名，而保证金的上限一般不超一万元。若下一步扩大对可能判处有期徒刑以上刑罚的轻罪、非暴力犯罪的犯罪嫌疑人、被告人适用非羁押措施的比例，我们认为有必要提高保证人数量和保证金金额。如对可能判处三年以上有期徒刑刑罚的非暴力犯罪者可以要求其提供三到五名担保人，同时缴纳高额保证金。保证金的数额可以根据犯罪嫌疑人、被告人的经济能力水平做具体要求，可不设置具体上限。第五，建议对刑事诉讼法规定取保候审的保证条件进行修改。《刑事诉讼法》第68条规定的保证条件是选择式的，要么提供保证人，要么缴纳保证金，建议增加一款：办案人员认为必要时可以责令犯罪嫌疑人、被告人同时提出保证人和缴纳保证金，可以有效增加实践中部分被取保候审人的违规成本。第六，建议通过立法赋予犯罪嫌疑人、被告人及其近亲属、辩护人不服逮捕决定、不服不变更羁押申请决定的复议、复核权利，当事人及其近亲属、辩护人不服上述决定时既可以向作出决定的检察院申请复议，也有权利向作出决定的上级检察院申请复核，以畅通其主动申请的司法救济渠道。

(二) 通过制定引领性考核指标引导司法办案人员转变办案思维和办案模式

第一，必须打破"以结果论英雄"的绩效考核模式，建议公安机关不将逮捕打击的数量作为考核指标，对公安办案单位着重加强不构罪不捕、非法证据排除不捕等扣分项考核指标的基础上，建议新增对构罪无社会危险性不捕、构罪证据不足不捕等扣分考核指标，引导提升公安办案人员加强对犯罪嫌疑人社会危险性的掌握、判断和规范侦查取证；建议新增轻罪案件（主要指有期徒刑以上刑罚案件）不捕率加分考核指标，轻罪案件适用非羁押强制措施比率越高加分越多；建议增设认罪认罚案件非羁押率考核指标等，鼓励引导办案民警在办案中对轻罪案件、认罪认罚案件中优先适用非羁押措施的办案习惯。第二，对检察官办理审查逮捕案件，在注重考核不捕率、捕后不诉/轻刑率的基础上，适度扩大捕后轻罪率的考核范围，初期可先将捕后判处三年以下有期徒刑的认罪认罚案件的比率作为参考指标，该指标主要反映检察官对轻罪案件犯罪嫌疑人认罪认罚的社会危险性的审查把握程度，需要检察官平衡人权保护与办案风险，因此在取保候审、监视居住监管措施不健全的情况下建议不作为扣分项目，适用比例高的可作为加分项目，以调动检察官的积极性。第三，建议加大对羁押必要性审查的考核力度，增加检察官定期进行羁押必要性审查的考核指标，引导检察官对已逮捕案件依职权定期开展羁押必要性审查工作。第四，建议加强对延长侦查羁押期限的实质性审查指标的考核，作为加分项目提高不同意延长侦查羁押期限的考核权重，同时加强对同意延长侦查羁押期限案件质量评查工作，对延长不当的作为考核减分项目，引导上级院检察官切实履行实质性审查职责。第五，加强对捕诉一体后检察官引导侦查能力指标的考核，该指标在于引导检察官细化引导侦查工作，提高引导侦查工作的质效，进而达到减少退查"案-件比",缩短审前羁押时间的效果。

(三) 及时推广运用科技手段助力降低审前羁押率

建议学习、推广电子手环、非羁码等电子监管手段,建立对羁押人员分级电子监控机制,明确电子监控手段的目的在于保障诉讼顺利进行,不能带有惩罚性,同时也应当考虑司法机关适用电子监控手段的办案成本,兼顾对当事人的人权保障。建议对可能判处拘役、管制、缓刑、单处罚金的犯罪嫌疑人,在其能够提供合适的保证人或者缴纳足额的保证金的前提下,可以不对其适用电子监控手段;对于可能判处有期徒刑以上刑罚(实体刑)的非羁押人员,一般应适用电子监控手段;对于外地户籍人员、在本地无固定居所人员等一般应当适用电子监控措施;但在刑事诉讼法修改取保候审保证措施之前,建议以犯罪嫌疑人、被告人的同意适用为前提,在适用电子监控手段的同时应当依法要求犯罪嫌疑人、被告人提供适当的保证人或者缴纳足额的保证金。建议最高检指定地区试点探索实验电子监控技术,等试点经验、技术成熟后择优推广,避免全国检察机关遍地开花研发同类产品,造成不必要的资源浪费。

(四) 进一步扩大律师介入辩护、帮助比例

根据刑事诉讼法的规定,辩护律师在侦查阶段只有有限的法律帮助权,如代理申诉、控告、申请变更强制措施等,这也导致律师在侦查阶段的参与程度有限。因此从保障当事人诉讼权利的角度看,有必要进一步增加律师在侦查阶段的法律帮助权。同时,检察机关在办理审查逮捕案件时也应当注重听取辩护人的合理意见,为律师提供法律帮助营造良好的司法办案环境。必要时,可以探索刑事案件羁押听证制度,充分听取各方面的意见,准确适用羁押措施。

(五) 推广建设综合性社会观护帮教基地

实践证明,综合性的观护帮教基地可以有效解决外地流动人员的审前羁押率居高的问题。在流动人口数量大的地区,检察机关可以在现有未成年观护帮教基地(中心)的基础上,协调其他政法机关、爱心企业、社会志愿服务者等资源,搭建成年人综合性社会观护帮教基地,避免因户籍问题给犯罪嫌疑人、被告人带来的非必要性羁押。

审前羁押率是衡量一个国家人权保障水平的重要参考指标,也是反映国家治理体系和治理能力现代化水平的重要指标。随着我国法治建设水平的不断提高,在犯罪结构、司法办案理念、科技手段、社会容忍度等各方面,为我们进一步降低审前羁押率打好了基础条件。但降低审前羁押率工作是一项复杂的工作,检察机关应当充分发挥好在刑事诉讼中的主导责任,在用好对审查逮捕强制措施司法审查权的同时,也要做到统筹协调社会各方力量共同参与。

第四章 检察官的诉(审)前主导责任(下)
——检察裁量权研究

自由裁量权是刑事司法制度的核心要素。在刑事司法中,警察、检察官、法官都在各自职权范围内行使自由裁量权,以提高诉讼效率,实现个别正义。由于检察机关前连侦查,后接审判,处于承前启下的中间阶段,因而检察裁量权的妥当行使意义尤为重要。一方面,检察裁量权具有程序分流价值,影响到法官的办案量,左右着审判的走势;另一方面,检察裁量权对侦查活动具有牵引和制约功能,影响着侦查的方向和重点。正因如此,美国学者雅各比等认为,"检察官通过行使裁量权,主导刑事司法程序,提升审判效率,推动罪罚相当。"[①] 检察裁量权的行使状况,直接关系到检察机关诉前主导责任的发挥,并影响到整个刑事司法的运行。

第一节 检察裁量权的基础理论

一、什么是自由裁量权

裁量(权),又称自由裁量(权),一向被称为法学中的"哥德巴

[①] [美]琼·E.雅各比、爱德华·C.拉特利奇:《检察官的权力——刑事司法系统的守门人》,张英姿等译,法律出版社2020年版,第10页。

赫式的命题"。将其与数学中的"猜想"相类比,足以表明裁量是法学中最普遍、最基本同时又是最复杂的理论。① 在现代社会,裁量不管在私人领域还是公共领域都非常普遍地存在着。没有裁量,政府就难以制定公共政策,难以应对纷繁复杂的社会情势,甚至可能陷入瘫痪。

(一)西方学者对自由裁量权的界定

英国《牛津法律大辞典》对自由裁量权解释为:"根据具体情况作出决定或裁定的权限,其作出的决定应是正义、公平、公正、平等和合理的。"②

《美国法律辞典》对自由裁量权的解释是:"官员所拥有的基于自己的判断而行事的权力。自由裁量给予官员某些决策方面的选择。但这些选择并非漫无边际。实际上,自由裁量权通常要受到某些规则和原则的限制,而且不能被独断地行使。"③

弗里德曼认为,裁量一词有很多意思,"裁量通常是指受某规则管辖的某人有权在几种可采取的行为中作选择。"他还认为,裁量的一个重要的,可能是中心的含义,是指:"决策者有裁量权在甲、乙两种可能性中选择,而其他人无权在检查后纠正此决策,不管决策好坏。"④

戴维斯认为,只要公职人员权力的实际界限允许其在可能的作为或不作为方案中自由作出选择,那么他就拥有裁量。可以看出,这一定义非常接近于弗里德曼的解释。不过,两个定义仍然具有一定的差别:弗

---

① 李琦:《论行政裁量的性质》,载《公法研究》,第3辑,商务印书馆2005年版,第1页。
② [英]戴维·M.沃克:《牛津法律大辞典》,李双元等译,法律出版社2003年版,第329页。
③ [美]彼得·G.伦斯特洛姆:《美国法律词典》,贺卫方等译,中国政法大学出版社1998年版,第157—158页。
④ [美]劳伦斯·M.弗里德曼:《法律制度——从社会科学角度观察》,李琼英、林欣译,中国政法大学出版社1994年版,第36页、第42页。

里德曼的裁量定义包含的主体非常广泛，不仅有公职人员，而且包括普通公民；而戴维斯的裁量定义则没有包括普通民众。戴维斯认为，一个案件的处理通常包括三个环节：认定事实；适用法律；在已知事实和法律的情形下作出可取的决定。每一个环节都存在裁量。

德沃金从"非常弱的""弱的""强的"三层意义使用自由裁量权。第一个层面，我们在"非常弱的"意义上使用自由裁量权一词，仅仅是说，为了某种理由，官员们必须使用的标准，不能机械地加以适用，而要求使用判断。第二个层面，我们在普通的"弱的"意义上使用这个词，只是说某些官员有权作出最终决定，其他任何官员无权监督或者撤销。第三个层面，我们在"强的"意义上使用自由裁量权，不仅是说，一个官员在适用权威机关为他确定的规则时，必须使用他自己的判断力，也不仅仅是说，任何人将来均不得对他所行使的判断进行审查，而是说，在某些问题上，他不受权威机关为他确定的准则的约束。并强调这一概念总是来自有特殊背景的情况下。"自由裁量权，恰如面包圈中间的那个洞，如果没有周围一圈的限制，它只是一片空白，本身就不会存在。"① 因此，自由裁量权的准确含义受到上下关系特点的影响，具有相对性。

贝勒斯从对个人作出负担/利益决定的实体标准或规范的角度，归纳出四种意义的自由裁量权。在其中一种意义上，如果一个人在作出决定的过程中必须作出判断，那么该人就有自由裁量权。他以"自由裁量权一"来表示要求作出判断这种意义上的自由裁量权。这个意义上的自由裁量权不是对负担/利益决定作出分析的核心所在，因为决定人几乎总是拥有"自由裁量权一"，"自由裁量权一"是不可消除的（inelimi-nable）。他以"自由裁量权二"来代表这样一个意义上的自由裁量权：一个人的决定是终局性的或最终的，没有人能够审查及推翻其决定。实

---

① ［美］德沃金：《认真对待权利》，信春鹰等译，中国大百科全书出版社1998年版，第51—53页。

际上，这种意义的自由裁量权又可分为两个层面：其一，从规范层面上看，没有人被授权来审查并推翻该决定。其二，从实践层面上看，没有人有推翻该决定的力量。他以"自由裁量权三"来代表此种在可容许的选择范围内作出选择的自由裁量权。他以"自由裁量权四"来表示没有任何标准的这样一种自由裁量权。① 在此基础上，贝勒斯对自由裁量权四种意义及其关系作了一个小结：

"如果决定人作出决定不是必须要有依据或不是必须说明此种依据或此种依据不必是合理的话，那么，决定人应是无偏私的和个人应有提交证据的机会这两个原则就毫无价值了。这个问题经常被表述为，决定人是否有自由裁量权或者有多少自由裁量权。至少在四种不同意义上，可以说决定人拥有自由裁量权：第一，作出判断；第二，有终局权威；第三，可在各种替代性选择之间作出可容许的选择；第四，不受任何标准限制。这四种意义上的自由裁量权是紧密相连的，并经常相互混淆。第四种是第三种的一种极端情形（Limiting case）。如果一个决定人可以在可容许的替代性选择之间作出选择，那么在作出此种选择时就需要作出判断。即使当给定了标准时，标准也并不必定能排除所有的替代性选择，决定人可能还需要解释标准或者对标准进行排序。如果一个决定人在可容许的替代性选择中可以行使其判断，那么其他人往往就无权或无力推翻其决定，决定人的判断就是终局性的。"②

总体说来，西方学者对自由裁量权的研究十分广泛和深入，从不同层面揭示了自由裁量权的内涵。这对于我们多角度、全方位地理解和把握自由裁量权，具有重要的参考价值。但是，他们的观点也有值得商榷之处：

---

① ［美］迈克尔·D.贝勒斯：《程序正义：向个人的分配》，邓海平译，高等教育出版社 2005 年版，第 77—82 页。

② ［美］迈克尔·D.贝勒斯：《程序正义：向个人的分配》，邓海平译，高等教育出版社 2005 年版，第 77—82 页、第 103 页。

第一，他们将自由裁量权看作十分宽泛的概念，只要某人对某个事项需要作出判断或者选择，他就拥有对该事项的自由裁量权。同时，他们将裁量运用中的一些环节，如事实认定、证据衡量、法律标准的阐释等也视为裁量。例如，英国学者奥斯汀将裁量分为客观裁量和主观裁量两种类型。他认为，当决策者的权力来源规定了明确的或者能够预先确定的标准，当他必须根据并且只能根据该标准作出选择的时候，他的裁量就是"客观的"。当权力来源赋予决策者在其所面临的供选择行动路线中进行选择时确定自己的标准的自由，其裁量就是"主观的"。主观裁量通常由诸如"如果在他看来""如果他认为合适""如果他认为""如果他考虑"等短语以及其他大量类似的表述方式赋予的。① 由此，裁量在他们眼里变得无时不在，无所不有，这实际上是将判断与裁量混淆起来了。按《现代汉语词典》的解释，判断作为思维的基本形式之一，"就是肯定或否定某种事物的存在，或指明它是否具有某种属性的思维过程"。而裁量，不仅包括行为主体对客观事物的"判断"，更重要的是要在判断的基础上作出如何处理的决定。余凌云教授认为："裁量无疑意味着判断，但又超越单纯的对事实或法律的判断，而必须对行为的模式最终做出选择，当然，这些行为模式是法律事先规定好的。从这个意义上讲，裁量不同于纯粹对事实的判断，也不同于对法律含义作出判断的法律解释。"②

第二，他们认为自由裁量权具有绝对性和终局性，不受司法审查，这并不符合现代法治原则。弗里德曼认为，"裁量意味着在其领域中不受约束的权力。"③ 针对裁量不受司法审查的观点，英国学者韦德明确

---

① ［英］卡罗尔·哈洛、理查德·罗林斯著：《法律与行政》（上卷），杨伟东等译，商务印书馆2004年版，第227页。

② 余凌云：《对行政自由裁量概念的再思考》，载《法制与社会发展》2002年第4期。

③ ［美］劳伦斯·M. 弗里德曼：《法律制度——从社会科学角度观察》，李琼英、林欣译，中国政法大学出版社1994年版，第43页。

表示反对。他指出："绝对的和无约束的自由裁量权的观点受到否定。为公共目的所授予的法定权力类似于信托，而不是无条件地授予。也就是，它仅能以议会授权时所希望的那种正确和恰当的方式行使才是有效的。""原则上，不应有不受复审的行政自由裁量权，否则，它就同不受约束的自由裁量权一样是自相矛盾的。"①

（二）我国学者对自由裁量权的界定

李正华认为，自由裁量权是指"当没有法律规定或法律条文规定得不够明确、又没有直接对应判例可以遵循时，裁判人员可以根据案件本身的事实和证据，依据职权对案件作出符合法律原则、精神和法理的公平、正义灵活裁量的权力"②。"当没有法律规定或法律条文规定得不够明确"时，司法人员有权对案件作出裁量，这是强势意义上的自由裁量权。由于我国是成文法国家，在立法上并未确立"法官造法"，故这种意义的自由裁量权只是在司法实践中偶有体现，并不具有普遍性。

张建伟认为："自由裁量权就是法律赋予的、根据自己认为适宜与否决定是否采取某种措施、是否给予某种救济或者是否采纳某项证据的权力。这项权力是由特定的国家机关及其人员拥有的。"③ 如前所述，判断与裁量具有本质性区别。将"是否采纳某项证据"作为自由裁量权的表现形式，会使自由裁量权的内涵极其宽泛。

江必新认为，所谓自由裁量权是裁量主体依照一定的规则、价值和程序，根据个案的具体情况，对待处理的事项自主地进行选择性处置的权力。在他看来，自由裁量权通常存在三种表现形态：一种是判断权，如法律规范的假定部分，需要对不确定的法律概念进行解释时存在裁

---

① ［英］威廉·韦德：《行政法》，徐炳等译，中国大百科全书出版社1997年版，第68页、第70页。
② 李正华：《论自由裁量权》，载《当代法学》2000年第4期。
③ 张建伟：《刑事司法：多元价值与制度配置》，人民法院出版社2003年版，第206页。

量;一种是行为选择权,如行政机关可自行选择作为或不作为;最后一种是处置权,如法律规范的处分部分,对处罚的幅度等进行裁量。① 笔者认为,裁量并不同于对法律含义作出判断的法律解释。因此,将法律解释作为自由裁量权的表现形式,是值得商榷的。

笔者认为,所谓自由裁量权,是指公权主体在法律的授权范围内,基于自己的意志和判断,针对个案具体情况斟酌决定是否处理、作出何种适宜的法律处理的权力。尝试着对自由裁量权下定义,无非是想让这一概念更明确、更清楚。但这注定是一个备受争议的定义。在把握自由裁量权的概念时,需要注意以下几点:

第一,裁量主体不是私权主体,而是公权主体。裁量无论是在公法领域还是私人领域都非常普遍的存在。但是,在私人领域,裁量仅仅是一种权利,而不是权力。尽管私权主体有权在法律规则框架内"裁量"做什么、如何做等,但那本质上是"意思自治"原则的体现,与公法意义上的裁量不可混同。"从法理的角度分析,法律规则的形式是多种多样的,例如,授权性规则、禁止性规则等。对于授权性规则,普通民众也可以在规则允许的范围内作出选择,即也可以裁量,但是这种裁量只不过是人们一种守法的行为方式而已。"② 只有由公权(共)机构掌握,裁量才从权利变成一种权力。所以,自由裁量权是与公权力的享有和行使相伴随的,其在本质上就是一种公权。

第二,裁量必须依法享有和行使。在法治社会,自由裁量权必须依法享有和行使,这是不言自明的。"自由裁量权源于立法的授权,其也必须依法行使。如果裁量主体背离法律授权的原则和精神,恣意妄为,随意决定,这种裁量权的行使就构成权力滥用,构成对公民合法权益的

---

① 江必新:《全面理解和认真对待自由裁量权》,载罗豪才主编:《软法的理论与实践》,北京大学出版社2010年版,第111页。
② 董玉庭:《刑法自由裁量权导论》,载《求是学刊》1999年第5期。

侵犯。"① 从法律的表达看，裁量与义务形成对照。立法者通常用"可以"表示授予权力，用"应当"表示赋予某项义务。但是，这指一般情况而言。"对于裁量和义务的识别，不能单纯从法律的用语'应当'或'可以'加以区别，要准确地解读法律，还要考查多种因素。"② 明确这一点很重要，它有助于正确解读法条和适用法律规范。因为，有时立法者使用"可以"并不意味着授予权力，而应理解为施加义务；有时立法者使用"应当"也不意味着施加义务，而应理解为授予权力。这种情况在各国、各地区都是比较普遍的。在英国，制定法上的措辞往往并不明确指出某一公共当局在某一事项上是否具有义务或者自由裁量权。在某种情况下，例如在1968年的Padfield v Ministerof Agriculture一案中，法院认定，在制定法的条文中，"可以"这个词可以用作"必须"的同义词。意思是说，对于制定法中某些以"可以"的形式规定的义务或者自由裁量权，法院在某些情况下将其解释为"必须"。③ 在澳大利亚，学界和司法实践中不把"可以"简单地等同于裁量权。④ 当然，由于各国语言习惯、法律文化不同，法律条文中"可以"的内涵也不完全相同。在我国，法律条文中的"可以"主要指授权，"应当"主要指规定义务，这已经成为约定俗成的做法。

第三，裁量并不包括事实认定、证据衡量、法律解释，而主要指法律处断。一般地说，裁量的运用是一个比较复杂的过程，包括事实认定、证据衡量、法律解释、作出决定等诸多环节。但是，前几个环节都是为裁量服务的，是裁量的准备。笔者认为，裁量主要存在于作出决定的环节，即作出何种法律处理，具体包括选择如何作为，也包括选择不作为或暂时不作为等情形。至于对事实的自由判断和对案件的酌情处置

---

① 江必新：《全面理解和认真对待自由裁量权》，载罗豪才主编：《软法的理论与实践》，北京大学出版社2010年版，第107页。
② 朱应平：《澳大利亚行政裁量司法审查研究》，法律出版社2011年版，第13页。
③ 张越编著：《英国行政法》，中国政法大学出版社2004年版，第275—276页。
④ 朱应平：《澳大利亚行政裁量司法审查研究》，法律出版社2011年版，第13页。

是两个层面的问题，二者适用的法律、裁量的标准等都是不一样的，有必要区别开来。

二、检察裁量权的内涵、构造及性质

（一）检察裁量权的内涵及构造

检察裁量权可以从广义和狭义两个层面进行界定。

从广义看，检察裁量权就是检察官在行使检察权过程中的斟酌处置权，它存在于检察权行使的各个领域，既存在于刑事诉讼领域，也存在于民事诉讼、行政诉讼领域；在刑事诉讼领域，检察裁量权存在于从立案、侦查、批捕、起诉、审判、抗诉等执法全过程。"检察官并非机械地适用刑事法律。自由裁量权的运用贯穿于其工作的始终，包括侦查、起诉、辩诉交易、定罪、量刑阶段以及判决后的补救程序。"[1] 广义的检察裁量权，其存在根据主要在于法律存在诸多的缺陷，需要自由裁量权予以补充。赋予检察官自由裁量权，有利于法律的有效实施，实现个别正义。

从狭义看，检察裁量权指检察官在法律授权范围内，根据刑事案件的具体情况选择作出不起诉、附条件不起诉、选择起诉、变更起诉，辩诉协商、量刑建议等便宜处理的权力。狭义的检察裁量权又称起诉裁量权（或公诉裁量权），其存在根据除了法律的局限性外，主要在于起诉便宜主义，目的是节省诉讼资源、提高诉讼效率，同时实现个别正义。

本书主要是从狭义的角度研究检察裁量权的。检察裁量权的构成要素包括：

---

[1] ［美］布鲁斯·A. 格林、弗雷德·C. 扎卡瑞尔斯：《检察中立论》，徐静村、陈颖等译，载徐静村主编：《刑事诉讼前沿研究》（第六卷），中国检察出版社2007年版，第358—359页。

1. 检察裁量权的主体

检察裁量权是检察官享有还是检察机关享有？有的认为检察裁量权归属于检察官，由检察官独立行使，有的认为检察裁量权由检察机关行使，是检察机关的权力。笔者认为，这种分歧并不具有实质性意义。因为任何集体皆由个人组合而成，即使在我国，尽管检察官没有独立的法律人格，不能以自己的名义对外行使权力，所有行为皆由其"官署"即检察机关代表，但是，无论是承办案件的检察官，还是其上司检察长，都在事实上不同程度地行使自由裁量权。因此，与其说检察机关行使自由裁量权，毋宁说检察官行使自由裁量权更为妥当，更能够突出检察官的办案主体地位，体现司法责任制改革的精神。

2. 检察裁量权的根据

检察官行使自由裁量权的根据是什么？应当说，案件事实、法律授权、法律原则和精神都是检察裁量权的根据。如果将它们进行归类，则可概括为三个因素：一是法律因素即法律根据。法律根据指法律的明确规定以及在法律没有明确规定时法律的原则和精神。二是事实因素即事实根据。事实根据指案件的具体事实。检察官在行使自由裁量权时，应当立足于案件事实，根据案件客观存在的事实作出适宜的处理决定。三是主观因素，即主观根据。主观根据指检察官的内心确信与判断。检察官在行使自由裁量权时，应根据"良知和理性"自主作出判断和决定，不得恣意妄为。

3. 检察裁量权的范围

按照广义的检察裁量权概念，检察裁量权的范围非常广泛，贯穿于检察权行使的各个领域。不仅存在于刑事诉讼领域，也存在于民事、行政诉讼领域；在刑事诉讼中，不仅体现在是否提起公诉方面，而且体现在侦查、起诉、审判等各个环节。按照狭义的检察裁量权概念，检察裁量权主要存在于审前程序及审判程序，具体包括作出不起诉、附条件不起诉、选择起诉、变更起诉，辩诉协商、量刑建议等便宜处理的决定。

有学者认为,"对案件证据的审查,尤其是对矛盾证据的审查当然离不开检察官的自由裁量,这其中包括对'疑罪从无'等司法原则的贯彻,对推定等司法技术的运用。从认定案件存疑到决定存疑不起诉,每个环节都离不开检察官的自由裁量"。① 笔者认为,认定事实和证据审查本质上属于"判断"而不是"裁量"。"从法律意义上分析,检察机关的自由裁量权是指根据法律的规定行使的酌情决定的权力,不应包括在采信证据的过程中行使的对事实认定上的权力。这实际上涉及'自由心证'是否属于自由裁量的问题。在我国,对于事实方面的裁量一般称之为事实认定。我国法律并不允许在事实认定上进行自由裁量,对事实的认定应该实事求是。"② 龙宗智教授指出:"无论是法官,还是检察官,自由裁量权均为法律上的处置权而非事实判断权。司法人员根据搜集的证据对案件事实进行判断,并确定证据是否确实充分,事实是否清楚,这种判断适用自由判断原则(法律不预先规定证据的证明力及其取舍,交付司法人员自由判断形成心证,即所谓'自由心证'),但对事实的自由判断与对案件的酌定处置是不同层面、不同性质的问题,不能混为一谈。"③ 因此,检察裁量权的范围,主要就是在对案件事实进行判断,对证据进行审查和认定的基础上,选择决定作出何种适宜的法律处理。

4. 检察裁量权的处断方式

有学者认为,检察机关的刑事裁量权,就是检察机关"依法对行为人之行为是否涉嫌犯罪与无罪进行刑事裁定的权力"④。笔者认为,这

---

① 侯晓焱:《进退之间:证据不足不起诉实务研究》,中国检察出版社2017年版,第18页。
② 蔡以飞:《检察机关自由裁量权扩大及其完善初探》,载李泽明主编:《检察基础理论与实践》(二),中国检察出版社2007年版,第166页。
③ 龙宗智:《论检察》,中国检察出版社2013年版,第91—92页。
④ 陈正云等:《论检察机关的刑事裁量权》,载孙谦、刘立宪主编:《检察论丛》,第3卷,法律出版社2001年版,第416页。

种观点是值得商榷的。检察裁量权不应包括裁定"有罪"与"无罪"这种处理方式。在刑事诉讼过程中，检察官尽管要对行为人的行为是否涉嫌犯罪进行法律上的评价并作出相应的处理，但这种评价仍然属于一种"判断"，它与裁量有本质上的不同。从性质上说，这种评价只是一种程序意义的"定罪权"，是检察官单方面的认定，并不具有法律处断的效力。如果检察官认为犯罪嫌疑人的行为不构成犯罪，或者不予追究刑事责任，他不能直接宣告犯罪嫌疑人"无罪释放"，而须依法作出不起诉的处理，没有自由裁量权。只有在认为有罪的情况下，检察官才可以行使自由裁量权，即斟酌案件具体情况对犯罪嫌疑人作出不起诉、附条件不起诉等法律上的处理。所以，检察官裁定嫌疑人"有罪"与"无罪"，并不属于其自由裁量权，仅仅是一种程序意义上的认定而已。[①] 其实，根据定罪权专属法院的宪法原则，只有法官才享有裁量有罪与无罪的终极权力，检察官并无这一"特权"。

（二）检察裁量权的性质

考察检察裁量权的性质，有助于我们多角度、全方位地把握它的含义。在笔者看来，检察裁量权的性质，主要体现在：

1. 法定性与灵活性

"任何裁量权都是法定性和灵活性的矛盾统一体，所以也就必须从法定性和灵活性的对立统一关系中去认识裁量权的性质。"[②] 一方面，在法治社会，任何权力都必须依法享有和行使，在法治框架内运行，这

[①] 也有学者认为，检察官并无裁量有罪的权力，但有裁量无罪的权力。"检察院在认定犯罪事实为显著轻微时不起诉，这实际上是对犯罪嫌疑人作了无罪裁量。这也就是说，检察院虽然不能直接裁量犯罪嫌疑人有罪（这需要法院判决），但是有权利裁量疑犯无罪，从而不引起审判程序。"参见董玉庭：《刑法自由裁量权导论》，载《求是学刊》1999年第5期。我们认为，所谓的裁量无罪，其实就是指不起诉的效力而言，与对案件本身认定有罪还是无罪有质的区别。

[②] 蔡巍：《检察官自由裁量权比较研究》，中国检察出版社2009年版，第65页。

是权力配置和行使的一条基本原则,自由裁量权也不例外。另一方面,自由裁量权存在的价值又恰恰是因为它有灵活性,在于根据案件具体情况可以灵活处理。法定性与灵活性相互依存,相互制约。没有法定性,检察官自由裁量权就没有限制和约束,自由裁量就会成为任意裁量,无端司法。而没有灵活性,自由裁量权实际上是一种羁束性的权力,也就谈不上自由裁量了。

检察裁量权具有严格的法定性,只能在法律授权范围内享有和行使。就此而言,法定性是检察裁量权的一个突出特点。具体体现在:(1)检察裁量权由法设定与依法授予,没有法律的明确或者默示授予,检察官不得享有自由裁量权。(2)检察官应当在法律规定范围内行使自由裁量权,不得超出法律的范围行使此项权力。(3)检察官违法行使自由裁量权应当认定为无效。违法行使自由裁量权不具有法律效力,无论是实体上违法,还是程序上违法,都是如此。综观各主要法治国家或地区,无不通过法律的形式对检察裁量权予以规定或确认。如法国,德国、日本等国家都通过成文法赋予检察官自由裁量权。1985年,英国成立皇家检控署,并颁布《犯罪起诉法》,授予皇家检察官起诉裁量权。除了成文法,判例法也是确立检察官自由裁量权重要的法律渊源。1970年,美国联邦最高法院对 Brady v. U. S 一案的判决正式确认了辩诉交易的合法性。1971年,美国最高法院在对 Santobell v. New York 一案的判决中,再次强调了辩诉交易的合法性,该制度在1974年修订的美国《联邦地区法院刑事诉讼规则》中最终得到了立法确认。

法定性并不意味着检察官在法律范围内不能采取灵活行动的权力。自由裁量权的优点,恰恰在于其灵活性而非法定性。"灵活性可以理解为具体情况具体分析的代名词,具体应用到对裁量权的认识上是指裁量权的主体根据具体情况选择判断并适用相应规范的特性。裁量权必须具有灵活性,首先,因为同一事实表现出来的不同特征决定了主体要在规范之间选择判断。其次,事实的丰富性和规范滞后性之间的矛盾决定了主体必须通过解释的方法弥补立法上的缺陷。要想将一对具有对立统一关系的属性结合在一起认识，关键在于找到平衡点，而这个平衡点究竟在哪里，最后还是要由裁量权的主体根据具体情况把握，一个基本原则就是要在法定性的范畴内理解灵活性，同时也要从灵活性的角度去看待法定性，在立足于一个属性的同时还要照应到另一个属性。"① 实践中，检察官有权在法律授权范围内，根据案件具体情况决定是否起诉，如果起诉以何种方式进行起诉。例如，检察官在行使起诉裁量权时，既可以直接做出不起诉决定，也可以在不起诉决定之上附加条件；既可以将被告人缴纳罚金作为不起诉的条件，也可以将提供社区服务作为不起诉的条件，等等。总之，检察官根据案件情况灵活地使用自由裁量权，比机械地适用法律条文能更为有效地保护公共利益，促进公正。

2. 追诉性与制衡性

在刑事诉讼中，检察官主要承担控诉职能，即揭露、证实和控告犯罪的职责和权能。检察官通过对被告人提起公诉，请求法院依法对其作出判决，借以实现国家刑罚权。检察官这种公诉权本质上是一种追诉性质的权力。"公诉权就是一种追诉权，是代表国家行使的追诉权，是代表国家依法行使的追诉权。"② 既然公诉权具有追诉性，所以检察裁量权也具有追诉性。或许有人会认为，检察官提起公诉具有追诉性，而放弃公诉则不具有追诉性。其实，这是一种误解。检察官对犯罪的追诉包括积极追诉与消极追诉，前者指检察官通过收集证据，对被告积极提起指控。后者则指检察官放弃对犯罪的追诉，从而使被告免于受到法院的审判及判决。积极追诉与消极追诉作为追诉的两个层面，呈现非此即彼的逻辑联系。积极追诉具有追诉性，消极追诉同样具有追诉性。检察裁量权的实质是检察官对具备诉讼条件，应当起诉的被告人不提起公诉，即放弃对其追诉，这种放弃追诉同样体现了刑事追诉的性质。

---

① 蔡巍：《检察官自由裁量权比较研究》，中国检察出版社2009年版，第65—66页。
② 黄豹：《公诉权基本属性特征之定位》，载《云梦学刊》2010年第1期。

检察裁量权又是一种具有制衡性的权力。历史地看，检察官自产生之日起，便承担着"双重控制"的职能，以维护法律统一、正确实施。一方面，检察官通过行使自由裁量权，对不符合起诉条件的案件不起诉，以加强对警察侦查活动的控制，确保侦查取证的合法性；另一方面，检察官通过行使自由裁量权，对部分轻微案件作不起诉处理，以限缩法院审判的范围，使法院能够集中精力审理大要案，提高司法效率。"检察机关源于国家公共权力机关，但许多情况下又与国家权力执行机关相对分离；在有些国家，它属于国家司法机关，但又与实现权力控制的司法审判机关相对峙，实现着对司法审判机关的监督和制衡。实质上，检察机关的存在实现着一种权力控制的循环，它是一种权力控制的控制，权力制衡的制衡。"[1]

应当说，追诉性是检察裁量权的本质属性，制衡性只是其派生出来的一个属性。追诉性是第一位的；制衡性是第二位的，是从属并服务于追诉性的。

3. 客观性与主观性

检察裁量权的客观性，是指检察官在行使自由裁量权时，应当立足于案件事实。根据案件客观存在的事实作出起诉、不起诉等决定。当然，这种客观事实并不要求与原始事实完全吻合，而是检察官通过搜集证据努力证明的事实，它可能与原始事实有一定的差距。"以事实为根据"，这是各国都十分强调的指导刑事诉讼的基本原则。但这种"事实"在检察官和法官眼里含义是不同的。由于法官的中立性、司法的被动性及形式合理性要求，法官作出判决所依据的事实应当是法庭上证据证明了的情况。特别是在控辩式诉讼程序中，控辩双方承担举证责任，证明案件事实，而法庭主要承担听证和裁判的责任。"按照'证据裁判原则'，法官根据控辩双方的举证进行裁判，只对证据事实负责，不对客

---

[1] 米健：《检察官的角色与担当》，载《国家检察官学院学报》2011年第3期。

观的、实体的真实负责。"① 检察官则与之不同。由于检察官在刑事诉讼中居于控诉一方，其将被告提上法庭就是要求法院判决被告有罪。否则，检察官完全可以对犯罪嫌疑人作不诉处理。因此，检察官应当尽量发现案件事实的原始真相。检察官所依据的事实应当是与客观真实最大限度接近的事实。

检察裁量权的主观性，是指检察官无论在认定事实或者适用法律等方面都带有主观因素。在认定事实方面，由于人的认识的局限，任何人都不可能发现案件事实的绝对真相。因此，检察官所依据或认定的事实都与其认识有关，因而带有主观因素。在适用法律方面，检察裁量权的主观性就更为明显。当然，检察裁量权的主观性并不意味着检察官可以主观臆断、任意裁量。其自由裁量的主观性是建立在客观性，即建立在案件事实基础之上的。

4. 程序性与实体性

检察裁量权是一种程序性权力抑或实体性权力，在理论上仍然存在不同的观点。如有学者认为，检察裁量权仅是一种程序权力，而非实体权力。"检察机关的刑事自由裁量权只是一种程序权力，这种权力就是表现为诉讼程序上裁量起诉和不起诉。"② 其理由是，定罪权专属于法院，未经法院依法判决，对任何人不得确定有罪无罪。因此，检察机关的自由裁量权只限于程序上的起诉与不起诉，而不涉及有罪或无罪。我们认为，这种观点值得商榷。应当说，检察裁量权具有程序性与实体性的双重性质。

所谓程序性，是指检察裁量权具有启动或者终结诉讼进程的程序效力。检察官对个案进行审查后，如果认为案件具备诉讼条件，依法应当追究犯罪嫌疑人的刑事责任，则向法院提起公诉，从而启动审判程序。反之，如果检察官认为案件不具备诉讼条件，或者无须追究犯罪嫌疑

---

① 龙宗智：《刑事庭审制度研究》，中国政法大学出版社2001年版，第129页。
② 林立军：《浅议检察机关刑事自由裁量权》，载《检察日报》2001年7月22日。

人、被告人的刑事责任，则作出不起诉的决定，从而终结诉讼进程。即使在提起公诉后，检察官如认为案件不需要起诉，仍可撤回起诉，终结诉讼程序。

所谓实体性，指检察官在对案件作出不起诉或者撤回起诉决定后，就具有宣示犯罪嫌疑人（被告人）无罪的实体效力。被检察官作不起诉的嫌疑人（被告人），应当被视为无罪。诚然，定罪权只能属于法院，任何人没有经过法院的判决，都不能确定为有罪。检察官提起公诉，只具有程序性质。至于被告人是否有罪，还须经法院判决。但这并不是说，对任何人，没有经过法院依法判决，不能确定为无罪。恰恰相反，在法院判决之前，任何人都应被推定为无罪。例如，检察官代表国家对犯罪嫌疑人、被告人所作的不诉决定，与法院的无罪判决一样，具有宣告犯罪嫌疑人、被告人无罪的实体效力。检察官在作出不起诉决定后，在没有发现新事实或新证据以及不起诉决定未经有权监督机关改变或撤销前，任何人不得就同一案件再行起诉。又如，检察官对污点证人的豁免，就具有直接免除证人刑事责任的实体效力。龙宗智教授认为："检察官自由裁量权的关键，是其可以在一定范围内对犯罪嫌疑人作出具有实体意义的处理。这种实体处理，不能决定对嫌疑人的刑罚处置，但可以在一定条件下决定对其刑罚不处置，具有否定性实体处置权。"①

5. 独立性与受制性

自由裁量权的"自由"二字凸显了裁量主体的独立自主性。"自由裁量虽应受到法律原则、法律精神、政策、正当性等因素约束，但裁量主体能够根据自己的判断自主做出选择来决定是否作为以及如何作为。"② 所谓独立性，是指这种自由裁量权只能由法律授权的检察官个人独立行使。它具体包括三个方面的含义：一是权力独享。检察裁量权

---

① 龙宗智：《检察官自由裁量权论纲》，载《人民检察》2005年第8期（上）。

② 江必新：《全面理解和认真对待自由裁量权》，载罗豪才主编：《软法的理论与实践》，北京大学出版社2010年版，第107页。

只能由法律授权的检察官享有和行使，其他任何机关和个人都没有这一权力。二是意志自由。即检察官有权自主作出判断和选择，根据认识、良知和理性作出决定，除受检察一体化原则正当合法的限制外，不受来自其他政治势力的干预和影响。这也表明，检察裁量权具有很强的排他性，这是由独立性引申出来的。"当裁量的空间被外界一再压缩，当裁量主体的裁量不再自由，而过多地受制于裁量之外的主体时，就会出现裁量僵化，裁量主体丧失裁量权，此时的裁量便毫无自由意义可言，更无法'透过法律去发掘正义'。"① 三是免责性。检察官在裁量范围内作出的每一种选择都被视为合法的，只要检察官没有滥用自由裁量权，即使其决定被改变或撤销，他也无责任可承担。如弗里德曼所言，在裁量范围内，执法者有权利"犯错误"，尽管"他的义务也有标准和规范，但是'错误'行为不算非法的或不合法的"。②

受制性，表明检察裁量权并非绝对的权力，而是一种相对的，受到约束的司法权力。检察官在行使自由裁量权时，必须受公认的道德原则的约束，秉承法律的精神和意旨。"他必须始终诚实地、按照自己的良好的判断力去行使他的自由裁量权。他负有崇高而艰巨的责任，必须按照确立的各项法律原则，公平地、谨慎地运用专业知识和理智去办事。"③ 同时，检察裁量权行使的过程和结果要受到监督。就过程而论，检察官在行使自由裁量权时要遵循正当程序原则。就结果而论，检察官无论作出何种决定都要接受上级检察官及其他机关、社会的监督。上级检察官或其他有权监督机关可以改变或撤销检察官的不适当的决定。

---

① 江必新：《全面理解和认真对待自由裁量权》，载罗豪才主编：《软法的理论与实践》，北京大学出版社 2010 年版，第 107 页。
② [美] 弗里德曼：《法律制度》，李琼英、林欣译，中国政法大学出版社 1994 年版，第 42 页。
③ [美] 乔治·T. 费尔肯尼思：《论美国检察官》，刘赓书译，载《法学译丛》1982 年第 2 期。

三、检察裁量权的价值

美国学者斯蒂芬诺·比瓦斯指出:"检察官裁量权是'国家刑事司法系统的心脏'。"① 这是由于,检察裁量权关系到刑事司法的运转。否定检察官执行裁量的权力,将导致刑事司法体系陷于瘫痪。赋予检察官一定的自由裁量权,有利于法律有效实施,有利于维护社会公平正义,有利于提升诉讼效率。

(一)检察裁量权有利于推动法律有效实施,促进良法善治

法律总是有缺陷的,任何法律都不能圆满地解决司法机关所遇到的各种问题,因而需要裁量予以调剂。"法律的这些缺陷,部分源于它所具有的守成倾向,部分源于其形成结构中所固有的刚性因素,还有一部分则源于与其控制功能相关的限度。"② 法律的缺陷主要体现在:一是法律具有相对稳定性,而社会关系却变动不居。所以法律一经制定公布后便总是逐渐与社会现实脱节,呈现出滞后性特点。正因如此,法律往往会阻碍社会的发展,阻碍经济活动。科特威尔指出:"法律经常通过严格的规则和凝滞不变的机械程序,阻碍经济活动。"③ 二是由于人类认识能力的局限性,立法者不可能将社会生活的方方面面都纳入法律调整,也不可能预见社会生活的一切变化发展,总是存在着没有规定的空白地带。"绝大多数的立法历史表明,立法机关并不能预见法官所可能遇到的问题。"

在法治社会,检察裁量权必须依法享有和行使,这是毋庸置疑的。

---

① 蓝向东主编:《卓越与底限:美国检察官奖惩机制研究》,中国检察出版社2015年版,第73页。

② [美]博登海默:《法理学:法律哲学与法律方法》,邓正来译,中国政法大学出版社1999年版,第402页。

③ [美]科特威尔:《法律社会学导论》,潘大松等译,华夏出版社1989年版,第182页。

因此，检察裁量权来源于法律的授权。没有法律的授权，检察官就没有自由裁量权。但同时，检察裁量权也来源于法律的缺失。没有法律的缺失，检察官也没有自由裁量权。这似乎是一个悖论，其实不然。因为法律的规定具有原则性，只适用于一般情况，对具体个案的处理，还需要检察官运用自由裁量权。如法律规定对某类案件可以起诉可以不起诉，这是法律对检察裁量权的授予。在此，法律的授权是原则性的，只要求检察官在起诉或不起诉之间作出选择。检察官必须依据法律的规定，对某一案件作出起诉或不起诉的决定。检察官既不能对某一案件同时作出起诉、不起诉的处理，也不能超越法律规定，在起诉、不起诉之外作出处理（如实行附条件不起诉）。但法律并没有规定哪一案件应作出起诉处理，哪一案件应作出不起诉处理。① 检察官应当根据案件具体情况，确定作出起诉或不起诉的决定。检察裁量权，既是对法律漏洞的弥补，也是对法律的有效实施。没有自由裁量权，法律就难以得到切实有效的施行。检察裁量权的存在，正是法律得以有效运行的一个重要条件。

此外，检察裁量权还有利于矫正法律的"恶"性，实现良法善治。在现实社会中，由于各种利益关系格局错综复杂，立法者极易受到各种假象和错误信息的诱导，"使得立法者制定的法律或难以适应社会发展，或使立法者心中的法治理想与社会客观现实之间成为彼此分离的两个世界"②。因此，制定出的法律并不总是"良法"，部分法律可能呈现出严酷的一面，隐藏着"恶性"。马克思曾经指出："如果认为在立法者偏私的情况下可以有公正的法官，那简直是愚蠢而不切实际的幻想！既然法律是自私自利的，那么大公无私的判决还能有什么意义呢？法官只能丝毫不苟地表达法律的自私自利，只能毫无条件地执行它。"③ 这里，马

---

① 这正是法律的缺陷。如果法律能够具体规定对某一案件检察官应当作出起诉决定，对某一案件检察官应当作出不起诉决定，检察官也就不需要自由裁量权了。
② 秦国荣：《法治社会中法律的局限性及其矫正》，载《法学》2005年第3期。
③ 《马克思恩格斯全集》，第1卷，人民出版社1956年版，第55页。

克思深刻地阐述了良法善治的道理。先有良法，后才有公正的法官和公正的司法。没有良法，司法公正将无从谈起。显然，马克思还预设了两个理论前提：一个前提是，"恶法亦法"，即使法律有偏私，司法机关也必须执行；与此相关的另一个前提则是，司法没有能动性和自由裁量权，必须根据法律定案。确实，在法律有偏私的情况下，很难有公正的法官。但在法律有偏私的情况下，社会更需要、更渴望公正、有良知的法官挺身而出，敢于担当。只要公正的、有良知的法官通过公正的裁判，就能够在一定程度上矫正法律的偏私，尽可能维护社会的公平正义。因此，有必要赋予法官、检察官更大的自由裁量权，充分发挥司法的能动性，以限制法律"恶"的一面，促进法律更好的实施。正如美国学者格林等所言：

"因为检察官自由裁量权本来就具有为刑事立法磨去锐利棱角的功能。他们对案件的审查使得一部分被告人免予苛刻和繁重的刑罚。而且，他们所主导的辩诉交易能够根据不同的情况对被告人区别对待，仅仅依靠法律却无法做到这一点。有时，检察政策和量刑政策能够赋予过时的法律以新的活力。至少在很多时候，人们也希望检察官能够介入不合理或者过分严苛的法律之中。立法机关也可能希望检察官运用其查漏补缺的权力，从而抑制立法意图的不当表达。"①

（二）检察裁量权有利于实现特殊预防维护个别正义

检察裁量权是贯彻刑事政策的工具，其具体作用体现在实现特殊预防和维护个别正义两个方面。

一是检察裁量权有利于实现特殊预防。

刑罚具有一般预防和特殊预防两个目的或功能。一般预防是通过对

---

① [美]布鲁斯·A.格林、弗雷德·C.扎卡瑞尔斯：《检察中立论》，徐静村、陈颖等译，载徐静村主编：《刑事诉讼前沿研究》（第六卷），中国检察出版社2007年版，第382—383页。

犯罪人适用刑罚，对社会上的不稳定分子起着威胁警戒作用，防止他们走上犯罪道路。特殊预防是通过刑罚剥夺犯罪人继续犯罪的条件，并将其改造成为守法公民，不再犯罪，危害社会。检察机关裁量是否起诉时，充分考虑犯罪人的个人特性如年龄、品格、习性和对社会的危害性程度等，对于罪行轻微或者较轻的犯罪行为人，视其情节认为没有起诉的必要作出不追诉处理，是适应特殊预防的要求。可以使他尽快从刑事程序中解脱出来，免于被起诉而受有罪判决之宣告，外部表现为不起诉决定，法律后果等同于无罪，不算有前科，从而为犯罪人改恶从善、悔过自新创造了有利条件；还可以避免生活上依赖于其的家庭成员出现经济困难；对于有一定社会地位的人来说，也不致因为定罪而失去担任职务的资格和机会。对于国家来说，避免适用短期自由刑带来的弊端，有利于预防和减少犯罪，特别是对特殊预防具有更大的积极意义。

不问犯罪轻重而有罪必诉，会造成短期自由刑适用的增多。而短期自由刑的适用不仅会影响被判刑人的正常生活，而且还容易造成犯人之间的交叉感染，成为危害社会一大潜在因素。通常，短期自由刑被认为有以下弊端：一是既无改造效果又无威胁力；二是受刑人在监狱中会受到其他受刑人的坏的影响；三是刑事诉讼构成了一种失去社会名誉、自由或财富的危险。由于受刑便失去了社会地位及职业，短期自由刑使受刑人容易走上再犯罪的道路。因此，起诉被视为实际上有潜在的危险性，很大程度上是由于其给人带来的污点效应。基于对短期自由刑弊端的充分认识，各国都尽力控制短期自由刑的适用。从刑事政策的角度考虑可以对没有起诉价值或者不需要判刑的人不起诉，避免了因大量适用短期自由刑所带来的交叉感染，使其得以正常生活和工作，为其改恶从善、悔过自新创造条件，有利于社会秩序的长久稳定。

二是检察裁量权有利于维护个别正义。

法治原则的一项重要内容，就是平等对待，类似情况类似处理。如罗尔斯所言，"法治也含有类似情况类似处理的准则。如果这个准则不被遵循，人们就不能通过规范的手段来调节他们的行为"①。平等对待、类似情况类似处理固然符合一般正义的要求，但尚未体现个别正义。如果执法者不关注个别正义，不考虑案件的具体情况，那么，执法的结果就不可能具有合理性。检察裁量权的行使就能够使个别正义得到充分的体现，因为检察官可以针对具体案件、具体的人加以充分考虑，在对法律负责的同时，也没有忽视具体案件的特殊性，从而实现个别正义。

（三）检察裁量权有利于实现程序分流，提高诉讼效率

随着诉讼效率越来越受到重视，各国对检察官自由裁量权的态度也已经由消极认可转向鼓励运用了。英国《皇家检察官准则》（第8版）要求，检察官在考虑某个案件是否起诉时，应当衡量皇家检控署和更广泛的刑事司法系统的成本，特别是与可能受到的任何惩罚相比，成本是否过高。虽然检察官不应仅根据成本这一个因素来决定公共利益，但对公共利益进行全面评估时，成本可能是一个相关因素。加拿大检察官在斟酌是否起诉时，审判的成本和现有资源也是一个重要的考虑因素。赋予检察官自由裁量权，将不必定罪量刑的部分犯罪者提前终结出局，既缩短了诉讼时间，加快了办案流程，节省了大量的人力、物力、财力，达到了诉讼经济的目的，又使法院得以集中精力处理更为重要的案件，提高了诉讼效率。

一是检察官自由裁量权具有引导侦查方向的功能，有利于提高打击犯罪的效率。在现代各国，无论实行侦诉合一模式还是侦诉分立模式，检察官与司法警察都是既分工又合作。对于警察侦查的犯罪案件，检察官若认为犯罪情节轻微或者证据不足，都可以作出不起诉处理。检察官

---

① ［美］罗尔斯：《正义论》，何怀宏等译，中国社会科学出版社1988年版，第235页。

"反复拒绝起诉某些案件则会导致警察机关减少对此类案件的侦查"①，这有利于警察机关优化侦查资源配置，将更多精力集中于侦查严重犯罪，提高打击犯罪的效率。

二是检察官自由裁量权具有程序分流的功能，有利于法院集中精力处理更为重要的案件，提高审判效率。"审前程序具有双重目的：将不需要进入审判的案件筛选出来，同时为那些需要审判的案件收集证据。"② 收集证据是审前程序的首要任务，筛选案件则是另一个重要任务。整个刑事诉讼的进展，从侦查、起诉到审判，是一个层层筛漏的过程。"在每个诉讼阶段，一些案件被撤销，而另一些案件则被移送至下一个诉讼阶段。审查就像是从一个碎石坑中挑选石头。各种大小石块，从大的石块到细沙，均一起放置在筛中挑选。最初，筛的洞较大，所以只有最大的石头才能被挑出来。随着石头慢慢地被挑出来，筛的网孔也越来越细，最后只剩下最细的沙。"③ 侦查作为刑事诉讼的第一个阶段，也是第一层过滤，案件进入起诉阶段后，由检察官对案件继续进行筛选。随着诉讼的进展，证据的要求越来越严格，许多案件被筛选掉，只有一部分案件被起诉。检察官通过行使不起诉等裁量权，使许多案件不必进入审判程序，极大地减轻了法院的负担，使法院集中精力审判重大复杂案件，这有利于节约司法资源，提高审判的效率。

（四）检察裁量权有利于保障人权

人权，简而言之，就是"使人成其为人的权利"。《牛津法律大辞典》对人权的定义为："人权，指人们主张应当有或者有时明文规定的

---

① ［荷］皮特·J.P.泰克编著：《欧盟成员国检察机关的任务和权力》，吕清、马鹏飞译，中国检察出版社2007年版，第197页。

② ［德］托马斯·魏根特：《德国刑事诉讼程序》，岳礼玲等译，中国政法大学出版社2004年版，第90页。

③ ［美］爱伦·豪切斯泰勒·斯黛丽、南希·弗兰克：《美国刑事法院诉讼程序》，陈卫东、徐美君译，中国人民大学出版社2002年版，第45页。

权利。这些权利在法律上得到确认并受到保护，以此确保个体在人格和精神、道德以及其他方面的独立得到最全面、最自由发展。"① 人权被认为是当代国际社会获得普遍承认的价值和政治道德观念，是否尊重和保障人权已经成为评判一个国家民主法治的标尺。

从人权保障的角度看，起诉法定主义有利于保障社会公众的普遍人权。因为，起诉法定主义要求对任何犯罪在适用法律上一律平等，被告无论是王侯将相抑或普通市民，检察官都负有相同的追诉义务，这有利于维护被追诉人乃至社会公众的平等权利。但是，起诉法定主义忽视了对被追诉人个人权利的重视和保障。起诉除了加重被告人的讼累外，还会给他贴上"犯罪标签"，影响其声誉，导致其因被起诉而停职或限制资格等不利后果。"尽管刑事诉讼教育了公众，但很难对被告起到教育、社会化或矫正的目的。定罪破坏了被告的社会名誉。伴随刑事诉讼从正式指控、提交审判、认定罪行，直到最终监禁的每一个阶段，对罪犯的有罪烙印愈来愈深。"② "一个指控的决定将导致被告人在审判之前或审判期间失去自由，或者至少也要基于经济的或其他的条件才能释放，将使被告人面临法庭审判的经济和社会损耗。不管审判的最终结果如何，指控本身可能也经常损害声誉，并使被告人负担为辩护做准备的相当可观的支出。"③

赋予检察裁量权，凸显出起诉便宜主义人权保障的理念，体现了社会文明的进步。德国学者认为，"毫无疑问，公诉机关作为司法制度的一个组成部分，不管它是设在司法部还是作为一个独立的机构，它对于

---

① ［英］戴维·M. 沃克：《牛津法律大辞典》，李双元等译，法律出版社2003年版，第537页。

② ［美］威尔弗莱德·勃特克：《西方民主社会中刑事诉讼的一个共同特征："法治原则或程序公正"》，载江礼华、杨诚编：《外国刑事诉讼制度探微》，法律出版社2000年版，第23页。

③ ［美］伟恩·R. 拉费尔等：《刑事诉讼法》（上册），卞建林等译，中国政法大学出版社2003年版，第741页。

建立和维护法制、在刑事侦查中提倡公平和正义，对于在通过这一制度处理刑事案件的过程中提供平等且无偏私的待遇以及保护公民个人的基本人权方面，都将是至关重要的机构。因此，公诉机关在人权的保障方面扮演着关键的角色，并且是通向刑事惩罚的入口"①。日本学者及从事司法实务的专家认为，"由检察官行使起诉裁量权而作出不起诉处分与起诉到法院判处缓刑相比，在保障人权和控制犯罪方面更能发挥较好的作用"②。具体而言，检察裁量权的人权保障功能体现在：

一是有利于缩短诉讼程序，减轻被追诉人讼累。检察官运用起诉裁量权，使犯罪嫌疑人不必进入审判程序，从繁杂冗长的诉讼程序中解脱出来，减轻了诉讼负担。换句话说，就是保障了被追诉人获得"迅速审判"的程序性权利。日本学者田口守一指出："作为犯罪嫌疑人、被告人，如果长期持续处于被侦查的地位或被审判的地位，一般来说是不利的。因此，迅速审判，不仅在审判程序中应该如此，在侦查、公诉程序中也应该如此。"③

二是有利于灵活处理某些特殊案件，保障犯罪嫌疑人的权利和利益。起诉裁量表达了这样一个理念，即对个人的人格与尊严、生存与生活、命运与前途、家庭与社会的真情关切。适时结束刑事追诉，可以避免给犯罪嫌疑人本人和家庭带来精神和经济上的负担。因为，犯罪嫌疑人如果被起诉并被判有罪，他可能面临职业和生活方面的困境。特别是在其家庭困难或者家中有老幼病残等需照顾的情况下，更是如此。如能适时终结刑事追诉，则有利于保障其家庭生活不至于受到太大的影响。在一些案件中，起诉的纯粹事实将对犯罪嫌疑人造成过度伤害时，检察官决定不起诉，有利于保障其隐私权利，维护其人格与尊严。如妇女为了隐瞒其对丈夫的不贞行为，故意将通奸说成是强奸，并向警察告发。

---

① 陈光中等：《中德不起诉制度比较研究》，中国检察出版社2002年版，第31页。
② 宋英辉：《刑事诉讼原理导读》，中国检察出版社2008年版，第166页。
③ [日]田口守一：《刑事诉讼法》，刘迪等译，法律出版社2000年版，第14页。

在这种情况下,起诉她的诬告陷害行为就会进一步暴露她的隐私,而且也将威胁到她的婚姻及家庭。

三是有利于维护被害人的合法权益。刑事起诉不仅要关注被告人的权益,也要保障被害人的权益,不能顾此失彼。被害人在遭受犯罪行为侵害后,已经陷入极度痛苦之中。如果司法机关反应不当,极可能造成第二次伤害。对一些特殊的案件,如性侵犯案件、家庭成员犯罪案件等,检察官裁量不起诉,可以尽快终结诉讼程序,避免对被害人形成反复调查、询问而对其身心造成痛苦;可以避免法庭审判中再次涉及被害人的隐私,从而更好地保护被害人的合法权益。当然,检察官在决定是否起诉时,应当充分征询被害人的意见,充分考虑被害人的态度和感受,这也是对其人格尊严、诉讼权利的尊重与保障。

(五)检察裁量权有利于维护公共利益

检察官,无论隶属于行政体系还是司法体系,都毫无例外地代表着公共利益。"检察官既是公共权力的一个组成部分和延伸,代表着社会或国家的公共利益或国家利益,同时又是与公共权力分离,许多情况下不受权力执行机关影响、支配和控制的司法体系。其主要功能在于,代表国家或政府提出公诉以维护国家或社会的公共利益。"[1] 当然,在不同的时代,不同的法律制度中,公共利益这一概念是不同的。"在某一个时期被宣扬为公共利益的问题,而在另一个时期却可能受到强烈的压制,反之亦然。一般说来,公共利益的意义视社会价值观的现存体系而定。"[2] 在大陆法系各国,公共利益曾一成不变地被看作一种共同利益,有国家的利益,也有社会共同体的利益。或者,由政府官员为某些私人谋求的利益变成了公共利益。然而,英美法国家却把公共利益看作与国

---

[1] 米健:《检察官的角色与担当》,载《国家检察官学院学报》2011年第3期。
[2] [美]维拉·兰格:《大陆法及英美法制度中的公共利益问题:检察官的作用》,载《法学译丛》1989年第1期。

家的利益相分离的——而且，看作经常与政府所代表的利益直接相冲突的利益。

　　历史地看，检察官从其产生之日起就作为公共利益的代表参与刑事诉讼。因而，维护公共利益，是现代检察官制度产生和存续的基础。在法国，检察官的产生和发展，经历了作为国王、国家乃至公共利益代表的历程。在英国，检察官也是从国王的法律代理人演化而来。在日本、俄罗斯等国，检察制度最初也是基于维护国王利益而产生的。"此无论日本及其他各国皆以保护人民公益而特立国家机关，如检察制度是也。"① 资产阶级革命后，检察官由国王私家代表成为国家和社会利益的代表，从此检察官公益性质就成为其参与诉讼的合理基础。

　　目前，维护公共利益已经成为各国检察官起诉与否的重要指导原则。当检察官起诉无助于实现公共利益时，作不起诉处理是适当的、明智的。需注意的是，维护公共利益是检察官参与诉讼活动的重要目标，但不是唯一的目标。检察官绝不能为了公共利益而无视甚至牺牲个人的合法权益。"实际上个人权益中带有普遍意义的内容，具有了社会利益的性质"②。因此，检察官应当努力寻求公共利益与个人利益之间的平衡和统一，唯有如此，才能更好地维护公共利益。

第二节　起诉法定主义与起诉便宜主义
——检察裁量权的理论来源及发展趋势

　　检察裁量权直接来源于刑事诉讼中的起诉便宜主义。起诉便宜主义相对于起诉法定主义而言，二者并为现代刑事诉讼的两大基本原则，在

---

　　① [日] 冈田朝太郎等口授、郑言笔述、蒋士宜编译：《检察制度》，中国政法大学出版社2003年版，第90页。

　　② 张穹主编：《公诉问题研究》，中国人民公安大学出版社2000年版，第226页。

刑事追诉过程中同时发挥着重要作用。法定主义强调有罪必诉、有罪必罚，强调国家刑罚权的实现，否定检察官的自由裁量权；裁量主义则主张刑罚的个别化、情理化，注重实施效果。法定主义与裁量主义此消彼长——法定主义退缩，即出现裁量主义即检察裁量权的空间。① 因此，检察裁量权正是从法定主义到便宜主义发展的产物，体现了现代刑事诉讼与检察制度发展的基本趋势。

一、起诉法定主义与起诉便宜主义的历史起源

据考证，早在公元7世纪末，法定原则与便宜原则即已出现在当时西欧的西哥德族与伦巴特族的法律之中，并在公元9世纪加洛林王朝法律之中进一步制度化。由于当时没有检察官制度，司法权与行政权亦未分立，在国王统治下，关于犯罪的追诉或其他行政事务的执行，皆由所谓的国王使者（Karolinger）行使。法定原则当时的意义在于：国王使者负有对于小偷与强盗采取法律上制裁的义务。但若采取行动将不利于国家时，则可依便宜原则考虑是否要采取措施，这是法定原则与便宜原则最早的内容。②

在欧洲各国逐渐形成以单一民族为国家主体后，国家组织性增强，要求国家追诉取代私人追诉；同时，受分权制衡观念的影响，要求建立检察官制度，以维护国家利益。"14世纪中叶，法国的刑事诉讼中最终设置了国王检察官。从这一时期开始，独立于任何私人控诉人而发动公诉的职责已经落在国王检察官的肩上。"③ 此时，法定原则的适用主体不再是国王使者，而是作为国家代表人的检察官。同时，法定原则的内

---

① 龙宗智：《检察官自由裁量权论纲》，载《人民检察》2005年第8期（上）。
② 杨哲睿：《行政处罚的法定原则与便宜原则探讨》，（台湾）文化大学2005年硕士学位论文。
③ ［法］贝尔纳·布洛克：《法国刑事诉讼法》，罗结珍译，中国政法大学出版社2009年版，第35页。

容亦更为充实，要求检察官对于法定之可罚行为只要有事实存在，应无差别依职权采取行动。大革命结束后，法国建立了现代意义的检察制度，但是，法定主义一直占据主导地位，立法者并未给检察官留有任何自由裁量的可能性。

19世纪，德国仿照法国建立检察官制度，由检察官独占犯罪起诉权。当时的德国法学家萨维尼在其著名的《关于新刑事诉讼制度内在关系中的原则性问题》（1846年）中提出："（便宜原则）这是一个适用上的新优点，可以防止许多不必要的调查，并非所有与公益有关的行为皆需受到法院之追诉，有些过于微不足道的行为，以及一些政治上不正当的行为，人们是经常希望在此种案件一开始就保持沉默。"① 可以说，这是对便宜原则最早且最经典的论述。但是，萨维尼所提出的起诉便宜主义在当时颇受负面评价，甚至因"误读"而与起诉法定原则置于水火不容的地位。② 最终，他的观点并未得到立法者的采纳。德国1877年刑事诉讼法几乎实行了纯粹的起诉法定原则。

可以说，直到19世纪中叶以前，法定主义一直占据统治地位。③ 只是随着实践的发展，起诉法定主义才逐渐被起诉便宜主义突破，检察裁量权才逐渐获得生存空间。

二、起诉法定主义与起诉便宜主义的理论基础

（一）起诉法定主义的理论基础

起诉法定主义，又称为起诉法定原则、起诉合法主义、起诉厉行主义等。对于这一原则的概念，理论界有不同的表述，主要有：

---

① 杨哲睿：《行政处罚的法定原则与便宜原则探讨》，（台湾）文化大学2005年硕士学位论文。
② 刘磊：《论起诉便宜主义》，载《江西公安高等专科学校学报》2001年第4期。
③ 这主要是针对大陆法系国家而言。英美国家并没有起诉法定主义与起诉便宜主义的严格区分；由于具有私人起诉的传统，英美国家检察官历来享有广泛的自由裁量权。

宋英辉认为："所谓起诉法定主义，也称起诉厉行主义，是指只要具有犯罪的客观嫌疑，具备起诉条件，公诉机关就必须提起公诉的追诉原则。"①

我国台湾地区学者褚剑鸿认为："厉行追诉主义者，乃检察官就犯罪侦查所得之结果，凡足认被告有犯罪之证据者，必须提起公诉，无自由裁量之余地，又谓之起诉法定主义。"②

尽管表述不同，但其基本精神是一致的，即起诉法定主义否定检察官的自由裁量权，凡是符合起诉条件的案件，检察官必须提起诉讼，没有可供选择的余地。

起诉法定主义具有三个特点：

一是强调公诉条件的充分性。在实行起诉法定主义的国家，法律规定了明确的公诉条件，并且这种公诉条件与提起公诉具有必然的联系，即法定的公诉条件是提起公诉的充分条件。

二是强调公诉的绝对性。公诉机关只要认定犯罪嫌疑人的行为构成犯罪，符合公诉条件，不论案件的具体情况如何，为体现有罪必罚的观念，必须向有管辖权的法院提起公诉，使犯罪嫌疑人接受法院的审判，不得作出不起诉处理，也就是说，公诉机关没有自由裁量权。

三是强调公诉的合法性，即提起公诉只能以法律规定的条件为依据，不受法律规定以外其他因素的影响。③

起诉法定主义包括哪些内容？一般认为，它大体上包括四个方面：第一，追诉强制。它是指检察官依照法律规定，有必要对于犯罪事实及犯罪嫌疑人实行侦查。依此内容，起诉法定原则的效力可以溯及侦查阶段。④需注意的是，追诉强制是对检察官提出的要求，对于司法警察并

---

① 宋英辉：《刑事诉讼原理导读》，中国检察出版社2008年版，第163页。
② 褚剑鸿：《刑事诉讼法论》（上册），台湾商务印书馆1992年版，第7页。
③ 姜伟主编：《公诉制度教程》，中国检察出版社2007年版，第157页。
④ 陈岚：《论检察官的自由裁量权》，载《中国法学》2000年第1期。

不适用。"法定原则乃为检察机关而设,其不适用于警察人员。是以,有关主张对警察人员之侦查义务亦应有适用法定原则之趋势者,此见解实有待厘清、更正。"① 这是由于,侦查犯罪是警察的法定义务和职责,警察对每一项犯罪都必须予以侦查,不能放弃职责。而检察官不仅有侦查权,而且有起诉权。如果检察官在侦查过程中认为案件不符合起诉条件,则可能以此为由不予侦查或终止侦查。强制追诉原则要求检察官只要有犯罪事实存在,不论其最终结果是否符合起诉条件,都必须予以侦查,以防止检察官滥用、怠用侦查权,让犯罪分子逍遥法外。第二,起诉强制。它是指检察官对于符合起诉条件的案件,必须向法院起诉,没有可选择的余地。第三,不起诉强制。检察官不仅负有积极追诉犯罪义务(即只要符合起诉要件,就应该加以追诉,无裁量空间),更负有消极义务(即未符合起诉要件之案件,不得加以起诉)。大多数学者强调起诉法定主义的积极义务,而忽略起诉法定主义的消极义务。其实,对于不符合起诉条件的案件,检察官除作出不起诉决定外,别无他途。因此,起诉法定主义内在地包含"不起诉法定主义"的要求。第四,不变更主义。它是指检察官一经起诉,就不允许以没有维持其公诉之必要为理由,予以撤回或变更。

19世纪中叶以前,起诉法定主义独霸天下,被世界各国广为采用,起诉便宜主义几乎没有生存空间。究其原因,主要有:

第一,起诉法定原则与国家追诉的立场较为一致,较能表现国家独占刑罚权后,同时负担的追诉"义务",因此,法定原则可以说是相应于国家独占刑罚权的补偿措施。②

第二,与资产阶级法治思想的发展相适应。中世纪的欧洲处于极权的封建专制统治下,刑法和司法制度具有法与宗教的不可分性、基于等

---

① [德]克劳斯·洛科信:《刑事诉讼法》,吴丽琪译,法律出版社2003年版,第102页。

② 林钰雄:《刑事诉讼法》(上册),中国人民大学出版社2005年版,第47页。

级特权制的不平等性、罪刑擅断主义、刑罚的残酷性等特点，起诉的任意性特点明显。随着资本主义的萌芽和商品经济的发展，17、18世纪，一批资产阶级启蒙思想家开始大力抨击封建君主专制制度，宣传从人性论出发的自然法，鼓吹民主、自由、平等、天赋人权等观点、学说，提出了一系列重要的法治思想，并在资产阶级革命胜利后被贯彻到立法和司法实践中。起诉法定主义的产生与其中的一些思想有密切联系。首先是法与宗教分离的主张，使宗教对社会关系的调整作用降低，法的地位和作用大幅度提升，成为调整社会关系和维护社会秩序的主要工具。随着法治观念深入人心，维护法律的权威成为对司法的一项基本要求。具体在刑法上，主张罪刑法定，反对法官释法；在刑事诉讼法上，主张无罪推定、正当的法律程序等。起诉法定主义强调起诉的合法性，强调法律规定的诉讼条件必须得到严格遵守，反映了对维护法律权威的重视。①其次是法律面前人人平等的思想，要求在司法中必须消除法律以外的身份差别，被告无论位高权重还是无权无势，检察官都负有相同的追诉义务，不因其身份、地位的不同而作出不同处理，以此加强法制的统一。

第三，受古典时期报应观念的影响。依据古典报应观念，犯罪是对国家的侵犯，刑罚则是对犯罪的报应，有犯罪就有刑罚。重罪重罚、轻罪轻罚，不宜有轻重之别。由于犯罪是对于法律权威性的挑战，刑罚可以回复法的权威，因此，刑事追诉有使曾经被破坏的法秩序重新恢复的功能，社会大众能相信法律，国家才能实现法的正义。通过有罪必诉，有罪必罚，既能满足被告补偿社会的心理需求，以及一般社会大众期待公平正义之报应情感，又能确保刑事追诉的公正执行及人民对于刑事司法的信赖。反之，如被告犯罪而不予追诉，不仅背离有罪必罚的正义理念，也违反平等原则。"如果准许检察官单独决定是否起诉，无异承认检察官是可以消灭刑罚权的，如此将使民众对于法的权威性产生怀疑，

---

① 姜伟主编：《公诉制度教程》，中国检察出版社2007年版，第158页。

或感觉对有利于犯罪嫌疑人的解释。"① 因此，起诉法定主义既体现了对犯罪与刑罚这种必然因果关系的追求，也有利于实现一般预防之目的。②

第四，基于防止检察权擅断并避免其被干预的双重考虑。检察官自诞生之日起，便处于不被信任的境地。正如林钰雄所言："不信任，乃最足以形容现代检察官制生成与演变的三字箴言。"③ 对检察官的不信任，主要源于两个方面：一是担心检察权被滥用；二是担心检察权受到行政的干预，成为行政的傀儡。实行起诉法定主义，可以收到"一石二鸟"之功效：一是可以控制检察官。起诉法定主义可以统一追诉标准，防止检察官恣意妄为，擅权专职，任意上下其手，出入人罪。二是可以有效地防止刑事司法受政治势力左右，在追究犯罪的问题上排除非法干预和影响。"引入法定原则主要目的，一方面是为控制检察官，防范其如纠问法官般滥权追诉或不追诉，另一方面也是为了避免行政上下其手，将检察官当做行政干预司法的枢纽。"④

虽然采用起诉法定主义在防止检察官任意擅断、排除刑事司法受政治或党派势力左右、确保刑事追诉的公平与平等、维护法制统一和权威、赢得民众对刑事司法的信任及实现一般预防等方面具有积极的作

---

① 张丽卿：《刑事诉讼制度与刑事证据》，元照出版有限公司2003年版，第86页。
② 起诉法定主义的目的是一般预防还是特殊预防？卞建林认为，"实行起诉法定主义，与有罪必罚的报复刑刑罚思想和注重对犯罪分子进行特殊预防的刑事政策紧密相联系。既然犯罪是危害统治阶级利益和秩序的行为，国家便要运用强制机器对犯罪进行制裁，使犯罪因其犯罪行为而受到应得的刑事惩罚，以便充分发挥刑法的威慑作用，起到对犯罪进行特殊预防的效果。"（见卞建林：《刑事起诉制度的理论与实践》，中国检察出版社1993年版，第157页。）张丽卿则认为，"其实采取法定起诉原则的原因是受到刑罚理论中的一般预防理论的影响，因属一般预防理论，本于有罪必罚的原理，注重法的安定性及权威性，在刑事诉讼上必然是采取起诉法定原则。"（见张丽卿：《刑事诉讼制度与刑事证据》，元照出版有限公司2003年版，第83页。）我们认为，起诉法定主义当然可以实现特殊预防，但就其理论基础而言，主要还是受一般预防理论的影响。
③ 林钰雄：《检察官论》，法律出版社2008年版，第94页。
④ 林钰雄：《刑事诉讼法》（上册），中国人民大学出版社2005年版，第47页。

用，但在长期的实践中，人们认识到起诉法定主义存在着一系列弊端。主要体现在：

（1）过于刻板僵化。检察官对任一符合起诉条件的案件都必须提起公诉，别无选择余地，这使检察官追诉犯罪工作变得极为被动。"不问犯罪的具体情况，一律必须起诉，显得过于机械死板，缺乏灵活性，因而遭到学者的非议。"①

（2）背离社会现实。法定原则虽然理论上用心良苦，但在实际上是行不通的。因为，一国的司法资源总是有限的，不充分的，无论怎样扩充人力、物力，都很难满足追诉犯罪的需要。要求对所有犯罪都必须起诉，难免背离现实，仅仅是统治者的一厢情愿。"如果不论犯罪轻重，一律课予国家机关相等追诉强度的义务，结果反而不是平等与正义，而是恣意与擅断。"②

（3）耗费司法资源。不问犯罪情节轻重一律提起公诉，大量的被告人被送上法庭，加重了检察院、法院和刑罚执行机关的工作负荷，以及使监狱和看守所人满为患，造成司法资源耗费过大，这并不符合诉讼经济的要求，也必然导致犯罪控制的整体效益降低。

（4）违反个别正义。实行起诉法定主义容易给无辜和不适于刑罚处罚的犯罪嫌疑人带来莫大的诉讼负担。基于有罪必罚的思想，法律采用严格的起诉法定原则，其结果是常常将不适合于刑罚处罚的犯罪嫌疑人推入繁杂冗长的诉讼程序，使一些本可以通过其他措施得到改善之犯罪嫌疑人承受原能够避免的诉讼负担。③ 同时，起诉法定主义可能造成个案的不正义和被告人的一些危险。对一些轻微犯罪提起诉讼并将嫌疑人送入监狱，将给他们贴上"犯罪标签"，在监狱里还会存在交叉感染，并不利于他们改过自新、回归社会。"如果将有犯罪嫌疑的案件，在具

---

① 卞建林：《刑事起诉制度的理论与实践》，中国检察出版社1993年版，第159页。
② 林钰雄：《刑事诉讼法》（上册），中国人民大学出版社2005年版，第48页。
③ 陈岚：《论检察官的自由裁量权》，载《中国法学》2000年第1期。

备诉讼条件及处罚可能性的情形下,不同犯罪情节如何,一律诉追,其实是违背具体正义及刑事政策的做法。"①

(5) 无法防止滥权。起诉法定主义并不能达到防止检察官滥用权力的目的。一方面,由于犯罪数量超过能力负荷,检察官势必会依照事实上的可能而非法律上的准则来"挑选"案件,因此,过于严苛的法定原则,并无助于平等、正义、明确或安定之要求。② 另一方面,起诉法定原则还可能成为某些检察官恣意起诉无辜嫌疑人的借口,虽然经过法院审判被宣告无罪,但这类嫌疑人所遭受的沉重负担无法挽回。③

如何消弭单一的起诉法定原则之缺陷,这成为人们十分关心的问题。正是在这种情况下,起诉便宜主义应运而生,并受到前所未有的重视。

(二) 起诉便宜主义的理论基础

便宜的本意是"随机应变"。起诉便宜主义,又称起诉便宜原则、起诉合理主义等。目前,不少学者对于起诉便宜主义的用法提出质疑。有的认为,起诉便宜主义,实非单纯为"便宜"而来,系基于刑事政策之措施,为起诉合理制度,应称之"起诉合理主义"为当。④ 有的认为,"便宜"二字无法确切地表示出检察官所具有之决定是否起诉之"裁量"的意思,且容易被误解为此项裁量检察官可以"便宜"、随意为之,不受羁束,因此建议以"起诉裁量主义"取而代之。⑤ 日本学者松尾浩也认为,"起诉便宜主义"是一个极其不顺耳的用语。"从字面上讲,便宜主义是指'不采取根本性的措施,而是应付具体的场面而解决事物的做

---

① 张丽卿:《刑事诉讼制度与刑事证据》,元照出版有限公司2003年版,第86页。
② 林钰雄:《刑事诉讼法》(上册),中国人民大学出版社2005年版,第48页。
③ 陈岚:《论检察官的自由裁量权》,载《中国法学》2000年第1期。
④ 陈健民:《刑事诉讼法要论》,中国人民公安大学出版社2009年版,第26页。
⑤ 陈运财:《日本检察官之起诉裁量及其制衡》,载《刑事诉讼之运作》,五南图书出版社1997年版,第310页。

法'。'起诉便宜主义'这一用语来自德国法学上的 Opportunitätsprinzip。德国的刑事诉讼法原来是蔑视起诉便宜主义的,而是以采取法定主义为自豪。"① 我们认为,起诉便宜主义作为一个约定俗成的概念,它已经具备了固定的含义,并不必然表明裁量者可以"随意为之""恣意裁量"。因此,继续使用这一用语未尝不可。

对于起诉便宜主义的含义,上述学者也有不同的表述:

宋英辉:"所谓起诉便宜主义,是指虽然具有犯罪的客观嫌疑,具备起诉条件,但起诉机关斟酌各种情形,认为不需要起诉时,可以裁量决定不起诉。"②

褚剑鸿认为,便宜追诉主义者,乃检察官虽认定被告具有犯罪之证据,但得斟酌情形,自由决定应否提起公诉,又谓之起诉便宜主义。③

起诉便宜主义的实质,是赋予检察官以起诉与否的自由裁量权。检察官对于具备诉讼条件的案件,并不被要求必须提起公诉,而是有权根据案件的具体情况,斟酌各种情形作出不起诉处理。除非逾越裁量权限或明显基于无关事理的恣意考量,否则,无论检察官最后决定提起公诉还是不予起诉,都不存在合不合法的问题,仅存在适不适当的问题。

起诉便宜主义具有三个特点:

一是主张法定的公诉条件对于起诉而言,是一种必要条件,但不一定具有充分性。在许多情况下,虽然案件符合法律规定的公诉条件,但也可以决定不起诉。

二是公诉机关具有自由裁量权,即法律授予公诉机关在确定是否对犯罪进行追诉时以一定的斟酌裁量权。对于依法已构成犯罪,符合起诉条件的犯罪嫌疑人,何种情况下应当起诉,何种情况下可以不起诉,在

---

① [日]松尾浩也:《日本刑事诉讼法》(上),丁相顺译,中国人民大学出版社2005年版,第177—178页。

② 宋英辉:《刑事诉讼原理导读》,中国检察出版社2008年版,第164页。

③ 褚剑鸿:《刑事诉讼法论》(上册),台湾商务印书馆1992年版,第7页。

法律规定的范围内,由公诉机关根据案件的具体情况斟酌决定。

三是强调起诉的必要性,即公诉机关只有权衡利弊,认为确有必要时才提起公诉,如果认为不起诉有利于社会公共利益,有权决定不起诉。①

与起诉法定主义相比,起诉便宜主义体现了充分考虑刑事程序所及的各种利益并在此基础上予以衡量选择的理念。在刑事诉讼中引入起诉裁量制度并不是偶然的,是符合当时的社会背景和发展趋势的。

第一,诉讼经济的客观需要。刑事诉讼作为一种社会活动,不得不考虑其经济成本。由于刑事裁判的运营和监狱的维持都需要大量的费用,起诉便宜主义成为一种不得已的选择。正如美国学者指出的,"任何检察官都得不到足够的资源去起诉所有进入他视野的犯罪。据说,在这种情况下,否定执行裁量的权力,就像'命令一位将军立即攻击全线的敌人'"。②

第二,刑罚观念转变的必然结果。"二战"后,由于政治、经济形势的变化,观念的更新及其他因素的影响,刑罚的教育功能得到重视。刑罚的目的不是报应,而是教育挽救犯罪人,使其复归社会。正如法国著名学者、新社会防卫论的代表人物马克·安塞尔提出的,合理地组织对犯罪的反应的关键在于,以人道主义的刑事政策为基础,承认犯罪人有复归社会的权利,社会有使犯罪人复归社会的义务,把犯罪人教育成为新人、使之复归社会。③对犯罪人复归社会的强调,以及对监所教化功能的清醒认识,尤其是对短期刑弊害的警醒,必然要求从特殊预防的角度出发,赋予检察官一定的自由裁量权,以根据具体案件中被告人的具体情形,有针对性地对犯罪嫌疑人实行不起诉,以实现刑罚个别化,

---

① 姜伟等:《公诉制度教程》,中国检察出版社2007年版,第161页。
② [美]伟恩·R. 拉费尔等:《刑事诉讼法》(上册),卞建林等译,中国政法大学出版社2003年版,第744页。
③ [法]安塞尔:《从社会防护运动角度看西方国家刑事政策的新发展》,载《中外法学》1989年第2期。

促进犯罪人的悔过自新。

第三，基于公共利益的考量。从国王代理人发展为公益代表人，这是检察官制度在发展中所具有的最有意义的变革。作为国王代理人，检察官追诉犯罪时，始终站在国王的立场，并不考虑追诉犯罪对社会的影响。作为公益代表则不然。检察官在追诉犯罪时，必须考虑公共利益，考虑追诉犯罪对整个社会的影响。当追诉犯罪不符合公共利益时，检察官应当有权拒绝起诉。如今，公共利益已经成为各国检察官起诉与否的重要指导原则。

三、起诉法定主义与起诉便宜主义的关系

关于起诉法定主义与起诉便宜主义的关系，可以从两个方面来认识：

（一）起诉法定主义与起诉便宜主义是一对基本矛盾

所谓矛盾，即对立统一。法定主义与便宜主义是检察官刑事追诉权行使中的一对基本矛盾，二者之间既对立又统一。其对立性体现在：

首先，起诉法定主义要求检察官对所有符合起诉条件的犯罪都必须追诉，否定检察官的自由裁量权；起诉便宜主义则允许检察官对符合起诉条件的案件，可以斟酌案件具体情况作出不起诉的决定，其实质，是赋予检察官起诉与否的自由裁量权。

其次，起诉法定主义与起诉便宜主义适用的范围有所不同。一般地说，起诉法定主义适用于重罪案件，严重的犯罪应当受到追诉，这已成为各国共同的立场。起诉便宜主义通常适用于轻微刑事案件，各国都赋予检察官不起诉的裁量权。同时，法定主义与便宜主义相互排斥，适用法定主义，则排斥便宜主义，反之亦然。如对某一刑事犯罪，法律的立场是法定主义，检察官就必须提起公诉，不能自由裁量；反之，法律的立场是便宜主义，则检察官既可以提起公诉，也可以作出不起诉决定。

因此，法定主义与便宜主义不能同时适用，具有一定的排斥性。

再次，法定主义与便宜主义具有不同的思想基础。法定主义站在公诉权具有绝对性的立场，基于报应的理念，要求检察官积极控诉，并将有罪必罚的理念通过诉讼程序传输给社会公众，从而实现刑罚的一般预防的目的。便宜主义则站在实证的立场，以目的刑论为理论基础，认为凡具备法律要件即全部起诉，而并非具体正义所要求的，纵然嫌疑人有犯罪嫌疑，且在诉讼条件皆具备的情况下，检察官仍应斟酌被告个别具体的情形，无处罚之必要，或以不处罚为适当者，对其不起诉。"一般认为这两项原则包含了不同的思想：法定起诉原则与正义、一致性相关联，裁量起诉原则则代表着实用主义。"①

最后，法定主义与便宜主义追求不同的诉讼价值。对于任何一个社会来说，正义、效率都是基本的价值目标。正义被认为是首要的、最基本的价值目标。当代美国著名哲学家、伦理学家罗尔斯指出，"正义是社会制度的首要价值"②。至于效率，被公认为是正义的第二层含义，"正义的第二种含义——也许是最普通的含义——是效率"③。应当说，法定主义与便宜主义都追求正义的诉讼价值。但是，法定主义仅关注一般正义，而忽视了对个别正义和效率价值的关照。相反，便宜主义不仅关注一般正义，而且关注个别正义，因为，检察官可以针对具体案件、具体的人加以充分考虑，在对法律负责的同时，也没有忽视具体案件的特殊性，从而实现个别正义。检察官对不值得提起公诉的案件及时终结诉讼程序，同时体现了对效率的追求。

起诉法定主义与起诉便宜主义虽然具有一定的对立性，但并非非此即彼，完全排斥、互不兼容，而是你中有我、我中有你，互相融合、互

---

① 陈光中、汉斯-约格、阿尔布莱希特主编：《中德不起诉制度比较研究》，中国检察出版社2002年版，第88页。
② ［美］罗尔斯：《正义论》，何怀宏等译，中国社会科学出版社1988年版，第3页。
③ ［美］波斯纳：《法律的经济分析》，蒋兆康译，中国大百科全书出版社1997年版，第31页。

相渗透。大陆法系国家普遍采用起诉法定主义，但对轻微犯罪也采用起诉便宜主义。英美国家虽然采起诉便宜主义，但对重大犯罪仍然要求予以起诉。正如英国学者所言："两种制度之间存在一种较大程度的融合。在英国，理论上具有完全的起诉裁量权，但大多数案件都予以起诉。在实行起诉法定主义的国家，理论上不存在起诉裁量权，却有更多数量的案件未予以起诉。"①

（二）起诉法定主义与起诉便宜主义并为刑事诉讼的基本原则

起诉法定主义与起诉便宜主义并为现代刑事诉讼的两大基本原则，在刑事追诉过程中同时发挥着重要作用。但具体到一个国家、一个地区，法定主义与便宜主义便具有不同的位阶，一种原则与例外的关系。原则具有普遍性，例外则代表特殊性。在大陆法系国家，长期以来将起诉法定主义确定为刑事诉讼的基本原则，而将起诉便宜主义作为起诉法定原则的例外。所谓例外，"不过是在某种程度上渗入了一些起诉便宜主义的内容而已"②。如《德国刑事诉讼法典》第152条第2款规定："除法律另有规定外，如存在足够的事实依据，检察院负有对所有的可追诉的犯罪行为予以追究的义务。"这是德国将起诉法定主义规定为原则，起诉便宜主义规定为例外的法律依据。而在英美国家，法律上并没有起诉法定主义与起诉便宜主义的明确规定，但检察官传统上拥有广泛的几乎不受限制的自由裁量权。以至于有学者认为，在英美，起诉便宜主义是刑事追诉的原则，"起诉法定主义恰恰是其例外"③。

---

① 江礼华、[加] 杨诚主编：《外国刑事诉讼制度探微》，法律出版社2000年版，第135页。

② [日] 法务省刑事局编：《日本检察讲义》，杨磊等译，中国检察出版社1990年版，第11页。

③ 陈岚：《论检察官的自由裁量权》，载《中国法学》2000年第1期，第124页。

四、从起诉法定主义到起诉便宜主义是刑事诉讼发展的基本趋势

自20世纪初以来,随着替代程序的广泛运用,起诉法定主义行将没落,起诉便宜主义风靡全球。"那种传统的将刑事司法制度区分为起诉法定主义与起诉便宜主义的做法,已经不合时宜。""没有一个国家的刑事司法制度严格适用起诉法定主义。相反,为了确保能够做出公正理性的决定,起诉便宜主义大行其道。"[①] 检察官通过行使不起诉、附条件不起诉等程序分流权力,从而不将案件提交法院审理。由此,检察官扮演了裁决者的角色。"这些分流措施不仅是关于是否起诉的决定,而且是对案件的最终处置,这就赋予了检察官部分被法院垄断的权力。"[②] 检察官成为法官之前的"法官",在审前程序中发挥着主导作用。

(一)英美法系国家的检察裁量权

1. 美国的检察裁量权

检察裁量权作为一种公共性权力,并非随着国家政权的出现而出现,而是随着检察官制度的发展而形成的。在欧洲大陆,检察制度降生之初,检察官被要求对所有犯罪提起公诉,并无自由裁量权,只是由于犯罪形势日趋严峻,这些国家才不得不赋予检察官一定的起诉裁量权,以降低司法资源短缺的压力。在美国,检察官也不是一产生就拥有广泛的自由裁量权,而是在检察官制度发展到一定时期后才逐步取得的。

直到19世纪初,美国检察官还是一个很不起眼的角色。联邦总检察长在很长一段时间内只是总统的非专职法律顾问,掌控的权力极为有

[①] [瑞士]古尔蒂斯·里恩:《美国和欧洲的检察官》,王新玥等译,法律出版社2019年版,第265页。

[②] [荷]皮特·J.P.泰克编著:《欧盟成员国检察机关的任务和权力》,吕清、马鹏飞译,中国检察出版社2007年版,第23页。

限。地方检察官一直被视为法院中的低级官员或者法官的助手，他们的地位甚至低于司法行政官和验尸官：司法行政官和验尸官都是由地方选举并获得独立权力的官员，而地方检察官则主要由州长（如宾夕法尼亚州）、州检察长（如北卡罗来纳州）或地方法官（如康涅狄格）任命，他们必须听从州长、州检察官或地方法官的指示，不能独立地作出决定，更没有决定起诉与否的自由裁量权。

1820年开始的"杰克逊民主运动"强化了地方分权和民主选举地方官员的观念，对检察官制度的发展产生了重大的影响。选举制改变了检察官的权力授受关系，确立了检察官一系列新的权力、权威和责任。检察官不再被视为法院的低级官员或助手，而是与法院平行的、独立的官员；检察官也不再受制于任命他们的官吏，而是直接对选民负责。检察官具有了独立的法律地位，有权独立进行诉讼，并且获得了广泛的自由裁量权。"普选是美国检察官发展过程中最重要的事件之一，从任命到选任的转变使其得以扩权。其只对选民直接负责，不再受那些任命人的意见的束缚。由于检察官作为一名民选官员，由宪法或州法律赋予自由裁量权，其决定实际上是不可复审的。检察官在决定执行哪些法律和忽略哪些法律时拥有绝对的自由裁量权。"[①]

美国联邦最高法院亦采取支持检察官拥有广泛裁量权的态度。在McCleskey v. Kemp案，联邦最高法院认为"检察官裁量权必须依据个案为事实及法律上之决定，故难事先以指导准则方式规定具有可预见性之意思决定，且会牺牲一个公平且具有人性之刑事司法所必要之裁量权"。美国检察裁量制度，可妥善解决刑事司法体系负担过度即刑事案件量多寡的问题，且搭配转向制度，以达到矫正功效。[②]

[①] ［瑞士］古尔蒂斯·里恩：《美国和欧洲的检察官》，王新玥等译，法律出版社2019年版，第38—39页。

[②] 温祖德：《美国检察官起诉裁量权之理论基础及现况》，载《检察新论》2011年第9期。

美国检察官裁量权横跨整个刑事诉讼程序，包含侦查、起诉、审判及认罪协商、量刑请求及定罪后程序六大范围。具体包括：主导侦查裁量权，接受或拒绝警察移送案件立案裁量权，起诉与否裁量权，是否发动大陪审团调查及传讯特定证人之权利，不起诉裁量权，接受大陪审团起诉书裁量权、撤回起诉裁量权，过度控诉及不足控诉裁量权，认罪协商与否裁量权及请求特定量刑裁量权。① 美国学者雅各比等人认为，检察权威来源于五大核心决定权：有权决定立案起诉；有权决定不起诉；有权决定适用分流程序，提出替代处理方案；有权决定起诉罪名；有权决定撤诉。这五大核心决定权依自由裁量权作出，地位超然，不受异议，不可上诉。检察官手握刑事司法核心权力，权威地位自不待言，刑事起诉也因此成为审判程序中最复杂多变的环节。② 另外，检察官在决定刑事处罚的角色上也非常重要，因为绝大多数的刑事定罪都来自认罪协商的结果，此种现象扩大检察官裁量权之涵盖范围。根据美国司法部之统计数据显示，认罪成为美国刑事诉讼终结案件方法之主流，虽然依据犯罪地点、统计年份有差异，认罪在刑事起诉案件中占有绝大部分。"在美国全境，大约65%的重罪案件是直接以被告人作出认罪答辩而结案，其中大量案件是检察官与辩护律师进行辩诉交易后结案；32%的重罪案件被撤回或通过延期、变更管辖权等其他方式处理；只有3%的案件是经法院审理后判决结案。"③

美国检察官享有广泛的自由裁量权，且在作出是否起诉，如何起诉的决定时，几乎不受法院的司法审查。在"考克斯诉合众国案"中，联邦最高法院明确地否决了关于以程序安全保障措施来限制检察起诉裁量

---

① 温祖德：《美国检察官起诉裁量权之理论基础及现况》，载《检察新论》2011年第9期。

② ［美］琼·E. 雅各比、爱德华·C. 拉特利奇：《检察官的权力——刑事司法系统的守门人》，张英姿等译，法律出版社2020年版，第6页。

③ ［美］琼·E. 雅各比、爱德华·C. 拉特利奇：《检察官的权力——刑事司法系统的守门人》，张英姿等译，法律出版社2020年版，第111页。

运用的意见。法院之所以不对检察官的起诉决定予以审查，主要有三个原因：一是宪法上的分权否定了司法部门拥有驱使或控制行政部门自主裁量的权力。除非检察官的决定进行了基于种族、宗教信仰以及类似的有悖于平等保护原则的不公平的分类，否则法院将不对关于是否以及对谁予以何种犯罪指控的决定予以审查。司法权之所以避免对检察起诉决定的妨碍，根源于担心其对敏感法律和政策判断产生侵扰。如果司法审查令其权力得以迫使检察官提交或撤销案件，那么法官便有可能妨碍检察官通过有选择地起诉来最大限度地发挥其效率，或者迫使其错误地配置资源。二是基于在调查期间的保密需要。起诉前的适合审查可能泄露保密资源。三是影响检察起诉决定的因素，即关于证据以及是否有罪的评估、资源的配置以及其他的执行政策和优先考虑事项，很少有书面记录以供审判前的司法审查之用。①

但这并不意味着检察裁量权可以恣意地行使。"他必须始终诚实地、按照自己的良好的判断力去行使他的自由裁量权。他负有崇高而艰巨的责任，必须按照确立的各项法律原则，公平地、谨慎地运用专业知识和理智去办事。"② 无论是联邦层面还是州层面，都为检察官行使起诉裁量权制定了一些指导原则。如《全美检察准则》（2009年第3版）第4-1.3条规定，检察官应筛选潜在检控以剔除刑事司法系统中不适合检控或不符合公共利益的案件。应当考虑下列因素：对被告人有罪与否存在疑问；缺乏充足的、可为法庭接受的有罪证据；检控对被害人的负面影响；充分民事救济的可得性；适当分流与更生重建计划的可得性；补偿条款；由其他刑事司法机关检控的可能性；通过非诉渠道能否实现其他合法目标，如对更严重犯罪的调查及检控；对类似被告人的指控决

---

① [美]巴里·C. 菲尔德：《少年司法制度》（第二版），高维俭等译，中国人民公安大学出版社2011年版，第170—171页。
② [美]乔治·T. 费尔肯尼思：《论美国检察官》，刘赓书译，载《法学译丛》1982年第2期，第26页。

定；被告人的态度及心理状态；因检控给被告人造成的过度困境；可适用法律的不予执行历史；执法部门无法履行必要职责或调查；被告人有机会在其律师建议下，自愿表达将对被害人、证人、执法部门及员工以及检察官及助手提起民事诉讼；所控罪行是否与被告人守法生活严重背离；被告人是否已然因所控罪行遭受重大损失；所控罪行所造成的损毁程度或危害程度是否过小而无法予以惩戒。该准则第 4-1.4 条还规定，检察官在行使检控裁量权时无须考量下列因素：检察官或检察院的有罪判决率；检察官或其同僚因检控所获得的个人利益或不利条件；检察官因检控所获得的政治优势或劣势；被认可为"显失公平之歧视"基础的被告人特征，而这些与犯罪构成要件或犯罪动机却风马牛不相及；本准则第 4-7.4 条所描述的任何潜在没收财产的影响。①

2. 英国的检察裁量权

"自由裁量权是英国政策的核心问题，同时也是皇家检控署的一个基本问题。皇家检控署有权力起诉任何它愿意起诉的案件，以及不起诉它不愿起诉的案件。"② 1951 年，英国总检察长肖克劳斯勋爵在下院演说时说道："在我国从来没有这个规则——我希望以后永远也不要有——那就是涉嫌的刑事犯罪必须自动地被起诉。"从那时起，这种做法已经被历届总检察长沿用，并被《皇家检察官准则》多次赞同性地引用。"在过去很多年，这一观点为刑事程序中的警察、检察官和法庭提供了广泛的自由裁量权，他们在决定是否将案件推进到下一阶段时都会考虑公共利益因素。"③ 目前，警察、检察官及其他检控机构都享有高度的自由裁量权，他们都有自己的法律依据和工作程序，但必须遵循

---

① 《全美检察准则》（第三版），张鸿巍等译，载孙谦主编：《检察论丛》，第 19 卷，法律出版社 2014 年版，第 491—492 页。
② ［荷］皮特·J. P. 泰克编著：《欧盟成员国检察机关的任务和权力》，吕清、马鹏飞译，中国检察出版社 2007 年版，第 62 页。
③ ［美］艾瑞克·卢拉等主编：《跨国视角下的检察官》，杨先德译，法律出版社 2016 年版，第 204 页。

《皇家检察官准则》。《皇家检察官准则》由皇家检控署检察长根据1985年《犯罪起诉法》第10条的规定颁布。该准则第1版颁布于1986年，现行有效的准则是2018年10月颁布的第8版，它取代以前所有的版本。尽管《皇家检察官准则》第8版没有再引用肖克劳斯的话，但并不意味着皇家检察署改变了追诉立场。实行起诉便宜主义，仍然是英国刑事起诉的基本原则。

皇家检察官在决定是否起诉时，并不受案件性质、犯罪轻重、被告人个人情况等的限制。无论是轻罪还是重罪，只要不起诉符合公共利益，都可以作不起诉处理。《皇家检察官准则》第3.1条规定："在更严重或更复杂的案件中，检察官决定是否对某人提起刑事指控，以及如果提起刑事指控，应当以何种罪名。检察官亦可建议或批准以庭外处理作为起诉的替代方式。"检察官在决定是否起诉时，主要考虑两个因素：

一是证据因素。检察官提起公诉的案件，在证据标准上必须达到"定罪的现实可能性"。如果不能达到定罪的现实可能性，案件无论多么重大或敏感，都不得继续推进。证据因素主要包括三个方面：其一，证据的可采性。检察官应考虑是否对某些证据的可采性有任何疑问。为此，检察官应评估该证据不被刑事法庭采信的可能性以及该证据对整个证据体系的重要性。其二，证据的可靠性。检察官应考虑是否有任何理由质疑证据的可靠性，包括其准确性或完整性。其三，证据的可信性。检察官应考虑是否有任何理由怀疑证据的可信性。

二是公共利益因素。在每个案件中，如果有充分的证据证明起诉是正当的或提议作庭外处理，检察官必须接着考虑起诉是否符合公共利益。为此，检察官应当综合考虑倾向于支持起诉和反对起诉的有关公共利益因素。具体包括：

（1）罪行的严重性。罪行越严重，就越有可能需要起诉。在评估罪行的严重性时，检察官应考虑到嫌疑人的罪责和造成的伤害。

（2）嫌疑人的罪责程度。嫌疑人的罪责程度越大，就越有可能需要起诉。嫌疑人的罪责可以由以下因素决定：嫌疑人的涉案程度、犯罪的预谋和/或计划程度、嫌疑人从犯罪行为中获益的程度、嫌疑人是否曾被刑事定罪和/或庭外处理，在保释期间或受法庭命令管制期间是否犯罪、所犯罪行是不是或可能是持续的、重复的或逐步升级的罪行，等等。

（3）被害人境况和受到的伤害。被害人境况具有高度的相关性。被害人的处境越易受到攻击，或者被害人感知到的威胁越大，就越有可能需要起诉。包括：第一，被害人境况。相关因素包括：嫌疑人和被害人之间存在着托管或权威地位；如果该罪行针对的是当时为公众服务的被害人，那么起诉的可能性也更大；如果犯罪的动机是来自对被害人实际或推定的种族或国籍、性别、残疾、年龄、宗教或信仰、性取向或性别身份的任何形式的歧视；或根据上述任何特征表现出对被害人的敌意，那么很有可能需要起诉。第二，起诉是否可能对被害人的身心健康造成不利影响。第三，被害人对犯罪的影响所持的意见。在适当的情况下，这也可能包括被害人家属的意见。但是，检察官并不代表被害人或其家属，检察官必须形成公共利益总的观点，并不受被害人及其家属意见的左右。

（4）犯罪嫌疑人的年龄和成熟度。刑事司法体系对儿童和青少年的处遇不同于成年人，如果嫌疑人是18岁以下的儿童或青少年，检察官必须对嫌疑人的年龄加以重视。第一，应当考虑儿童或青少年的最佳利益和福祉，包括起诉是否对他们的未来前途产生与其罪行的严重性不成比例的不利影响。第二，应当考虑未成年人司法系统的主要目标是防止儿童和青少年犯罪。检察官还必须考虑1989年《联合国儿童权利公约》规定的义务。第三，应当考虑嫌疑人的成熟度，以及他们的实际年龄，因为年轻人到20多岁将趋于成熟。

一般地说，嫌疑人越年轻，越可能不需要起诉。然而，可能存在这样的情况，即尽管嫌疑人未满18周岁或不够成熟，起诉仍然符合公共利益。这些情况包括：所犯罪行很严重、嫌疑人过去的记录表明并没有合适的起诉替代措施，以及不认罪。

（5）对社区有何影响。犯罪对社区的影响越大，越有可能要求起诉。

（6）起诉是否具有必要性。起诉应当是对犯罪的适当反应。在考虑起诉是否与可能的结果相称时，应结合以下因素：第一，皇家检控署和更广泛的刑事司法系统的成本，特别是与可能受到的任何惩罚相比，被认为成本过高。检察官不应仅根据成本这一个因素来决定公共利益。但对公共利益进行全面评估时，成本可能是一个相关因素。第二，案件的起诉应遵循有效的案件管理原则。例如，在涉及多个嫌疑人的案件中，为避免诉讼周期过长和程序繁杂，可以只起诉主要的犯罪嫌疑人。

（7）保护信息来源的需要。在不适用公共利益豁免的案件中，应特别注意进行起诉时需要公开的案件细节可能给信息来源、正在进行的调查、国际关系或国家安全造成的损害。这类案件有必要进行持续的审查。

（二）大陆法系国家的检察裁量权

1. 法国的检察裁量权

法国在大革命时期采取起诉法定主义，立法者并未给检察官留任何自行评判的可能性，一切违反刑事法律的行为都必须受到追究。"因害怕司法机关再度使用曾推动颠覆君主的权力（司法政府的幽灵），早期的共和制政府力图确保司法官成为其政治主人的从属。"[①] 但是，这样僵硬的制度有许多弊端。尽管1808年《刑事诉讼法典》对这一问题并未作出明确规定，但是，法院判例与理论界都承认，检察机关并不受强制要对任何并无疑问的犯罪的行为人提起追诉，而是拥有对轻微犯罪

[①] ［英］杰奎琳·霍奇森：《法国刑事司法》，张小玲、汪海燕译，中国政法大学出版社2012年版，第23—24页。

不予起诉的权力。究其原因，首先是因为共和国检察官常常可以援用对犯罪事实与法律条文的过分宽大的解释，而基于这些解释，共和国检察官对特定案件提起追诉是否可以得到受理以及提起追诉的依据往往会产生怀疑。其次，如果犯罪行为给社会造成的损害特别轻微，如果犯罪（侵害的）标的微不足道，如果行为人是本着完全值得赞赏的动机而采取行动，在这种情况下，对于公共秩序而言，提起追诉反而是弊大于利。最后，为了避免法院积案过多，共和国检察官可以很容易地将为数不少的犯罪案件"不予立案"，以利于司法迅速进展。①

1957年，法国颁布刑事诉讼法典对起诉便宜主义未作出规定。到20世纪70年代，法国的刑事诉讼程序因冗长拖沓而备受诟病。1970年12月31日法律首次对吸毒案件引入了附条件不起诉的规定。按照《公共卫生法典》第3423-1条的规定，共和国检察官可以命令非法使用毒品的人接受戒毒治疗，或者接受医疗监视。对于那些遵守规定，接受治疗并且能坚持到底的人，不提起公诉；对于那些使用毒品但经确认自受到指控的行为之后自动接受戒毒治疗或者医疗监视的人，也可以不提起公诉。②

1985年12月30日法律正式赋予检察官自行决定对犯罪追诉与否的自由裁量权。修改后的《刑事诉讼法典》第40条第1款规定："共和国检察官接收告诉与告发，并按照第40-1条的规定评判应当对此作出的后续处理。"此后，法国刑事诉讼法经过1993年、1999年、2004年、2014年数次修改，先后引入刑事调解、刑事和解、庭前认罪答辩等制度，正式确立了起诉便宜主义。"法国刑事制度遵循起诉便宜主义。因此，检察官可以决定是否对司法警察调查的事项提起公诉。只有在公共

---

① ［法］贝尔纳·布洛克：《法国刑事诉讼法》，罗结珍译，中国政法大学出版社2009年版，第329页。

② ［法］贝尔纳·布洛克：《法国刑事诉讼法》，罗结珍译，中国政法大学出版社2009年版，第330页。

利益受到侵害时才会提起公诉,对一些初犯案件、危害极其轻微的案件、几乎没有损害公共安全的案件以及被害人撤回起诉的案件可以不予提起公诉。"①

2004年3月9日法律增加的《刑事诉讼法典》第40-1条规定:"有地域管辖权的共和国检察官认为其依据第40条的规定所了解的行为构成犯罪,并且是由已知身份和住所的人所实施,在没有任何法律规定阻止对此犯罪行为提起公诉时,如果其认为适当,可以作出决定:1.或者发动追诉;2.或者适用第41-1条与第41-2条的规定,实行追诉的替代措施;3.或者只要与实施的行为有关的特别情节证明有此必要,作出不予立案的决定。"

(1)不予立案。检察官如果认为追诉不能得到受理(例如公诉已经消灭),将作出不予立案决定。检察官认为并不具备犯罪的各项构成要件时,或者认为犯罪举证存在不可克服的困难时,也可以作出同样的决定。共和国检察官仅仅认为提起追诉不适当(追诉不具有适当性)时,也可以作出不立案决定。检察官在考量追诉的适当性时,立法并没有明确限制案件的性质和范围。但原则上,对于轻罪和违警罪,检察官可以作出不予立案决定;对于重罪,检察官得依法提起公诉。统计数据表明,有将近一半的被告到检察院的轻罪案件都是以不予立案决定而终结;对于违警罪而言,不予立案的比例更高。② 不予立案决定本身并不认为是一种司法裁判性质的决定,而是一项行政性决定。所以,不予立案决定并不具有既判力,不具备最终确定性质,而仅仅具有临时性质,只要公诉时效尚未完成,检察官都可以随时改变其决定,并且无须对此改变说明任何特别的理由,即使在并无任何新的证据的情况下,检察官

---

① [瑞士]古尔蒂斯·里恩:《美国和欧洲的检察官》,王新玥等译,法律出版社2019年版,第226页。
② [法]贝尔纳·布洛克:《法国刑事诉讼法》,罗结珍译,中国政法大学出版社2009年版,第336页。

也可以改变原已作出的不予立案决定。在发现新的证据材料的情况下，更是如此。

（2）刑事调解。刑事调解是指，"在第三人的主导下，让犯罪行为人与受害人接触，以便就有关赔偿的各项条件达成协议并修复关系，尽可能地创造不再重新犯罪的条件，即使各方当事人往后仍将见面"[①]。是否实行刑事调解，决定权唯一属于检察院：只有检察院（共和国检察官）才能评判实行刑事调解的适当性；冲突双方当事人（即加害人与受害人）不能直接向调解人申请调解。实行刑事调解应当符合以下标准：（1）能够确保赔偿受害人受到的损失。（2）能够终止因犯罪行为引起的侵害。（3）能够有助于犯罪行为人回归社会。刑事调解只能在发动公诉之前进行，其前提条件是，行为人承认其受到指控的（犯罪）事实。对于犯罪行为人与受害人来说，刑事调解是一种自愿选择或任意选择，即使检察官有此意向，也只有得到受害人与犯罪行为人的同意，才能实行刑事调解程序，检察官应当尊重双方当事人的权利。受害人方面有权拒绝参加调解。

依《法国刑事诉讼法典》第41-1条的规定，共和国检察官可用运用的刑事调解措施包括：

①向犯罪行为人重申法律规定的各项义务。

②引导犯罪行为人前往卫生、社会或专业机构接受并完成实习或培训。

③要求犯罪行为人按照法律或行政法规的规定补正各项要求的手续，纠正不符合规定的状况。

④要求犯罪行为人赔偿其犯罪造成的损害。

⑤经各方当事人的同意，派人在犯罪行为人与受害人之间进行调解。

---

① 罗结珍：《法国刑事诉讼法中的刑事调解与刑事和解》，载《法学杂志》2008年第3期。

如果双方达成协议并得到履行，共和国检察官将案卷归档，不予追究。如果调解协议尚未达成，或者由于犯罪行为人的态度，所采取的措施没有得到执行时，共和国检察官可以提起刑事和解程序，或者提起追诉。

（3）刑事和解。所谓刑事和解，是指共和国检察官在提起公诉前，直接或通过其委派的人与犯罪嫌疑人达成某种协议，从而使公诉消灭。刑事和解与刑事调解的区别在于：刑事和解是检察官与犯罪嫌疑人的和解，而不是由检察官提议，犯罪嫌疑人与受害人之间实行和解。刑事调解则是在第三人的主持下，犯罪嫌疑人与受害人之间的和解。可以看出，法国的刑事和解与各国实行的附条件不起诉比较类似，而我国的刑事和解更接近于法国的刑事调解。

依照《法国刑事诉讼法典》第42-2条的规定，适用刑事和解的条件是：①公诉尚未发动。如果检察官已经提起公诉，则不适用刑事和解。②犯罪嫌疑人认罪。③犯罪嫌疑人犯有主刑当处罚金或刑期在5年或5年以下的一项或数项轻罪。刑事和解不适用于未满18周岁的未成年人，也不适用于新闻犯罪、过失致人死亡罪或者政治性犯罪。①

《法国刑事诉讼法典》第41-2条共列出了17项刑事和解措施，检察官可以建议适用一种或几种措施，例如，向国库交纳和解罚金；将旨

---

① 根据2007年12月20日法律规定，刑事和解也可以适用于年满13周岁的未成年人。在对未成年人适用刑事和解时，必须严格遵守有关的法律规定：一是刑事和解的建议应由共和国检察官向未成年人的法定代理人提出，并获得其同意；二是在听取未成年人或其法定代理人对刑事和解建议的意见时，应当有律师在场。如果未成年人或其法定代理人没有选任律师，则共和国检察官或负责审理青少年犯罪案件的法官或预审法官应依职权通过律师公会为其指定一名律师；三是在对刑事和解提议的措施确认有效之前，负责审理青少年犯罪案件的法官可以依职权或依当事人的申请，听取未成年人或其法定代理人的陈述，负责审理青少年犯罪案件的法官的决定应当通知犯罪行为人及其法定代理人，必要时，还应通知受害人；四是依刑事和解而向未成年人提出的措施的执行期限不得超过1年。参见王洪宇：《法国刑事和解制度述评》，载《现代法学》2010年第2期。

在用于实行犯罪之物或者犯罪所生之物交给国家；将其机动车辆交付封存，最长时间为6个月；将其驾驶执照交至大审法院书记室，最长时间为6个月；将其打猎许可证交至大审法院书记室，最长时间为6个月；在6个月内为公共机构提供无偿劳动，最长时间为60个小时；在卫生、社会或者专业部门或机构参加实习或培训，最长时间为3个月，在不超过18个月的期限内完成；等等。

一旦犯罪行为人承认其罪行，共和国检察官会提出书面建议，包括指控事实和建议替代措施的性质、数量。犯罪行为人在对共和国检察官的提议表示同意之前，可以请求律师协助，并有10天的时间准备应答是否同意刑事和解协议。如果犯罪行为人对所提议的措施表示同意，共和国检察官将案件相关文件交由法庭批准。如法院院长作出裁定认定刑事和解有效，决定的措施即付与执行；相反情况下（如没有认定刑事和解有效），刑事和解建议即告失效。法院院长的决定应通知犯罪行为人，以及在相应场合，应通知受害人。对此决定不得提出任何不服申请。

如果刑事和解得到执行，公诉即告消灭。如犯罪行为人不接受刑事和解或者在表示和解之后不完全执行已决定采取的各项措施，除有新的因素之外，共和国检察官得发动公诉；在提起追诉并对行为人作出有罪判决时，应当考虑其已经完成的劳动或者已经支付的款项。刑事和解并不妨碍民事当事人的权利，民事当事人可以向轻罪法院提起民事诉讼，轻罪法庭按独任制审理裁判。民事当事人也可以依据法院认可刑事和解有效的裁定书，通过支付指令收取其获得的赔偿款项。

（4）庭前认罪答辩。为了更加有效解决近年来刑事案件剧增、司法资源严重不足、无法应对的突出问题，法国在借鉴英美辩诉交易制度的基础上，参照意大利的庭前认罪协商程序，结合本国情况，探索建立了法国式的庭前认罪处罚程序，进一步扩大了检察官刑罚裁量权范围。笔者在法国培训时，巴黎埃弗里大学汲罗女士就认为"法国刑事诉讼程序改革的基本原则之一是为了提高司法效率，减少法院压力，采取简单或快速程序，使检察官成为主要决策人"。

2011年12月13日法律修订的《刑事诉讼法典》第495－7条规定，对于所有轻罪，如果犯罪行为人承认其受到指控的犯罪事实，共和国检察官可以依职权或者应当事人或其律师的请求，对犯罪行为人适用庭前认罪答辩程序。对于《法国刑事诉讼法典》第495－16条规定的轻罪，包括未满18周岁的未成年人犯罪、新闻方面的轻罪、非故意杀人罪、政治性轻罪或者追诉程序由特别法律规定的轻罪，不适应该程序。此外，对于《法国刑法典》第222－9条至第222－31－2条规定的当处5年以上监禁刑的故意或非故意（过失）伤害人之身体或性侵犯之轻罪，追诉程序由专门法律进行规定的犯罪（如税收方面的犯罪等），也不适用该程序。依司法实践，案情过于简单的案件一般也不适用庭前认罪程序。以上可以概括为重罪案件、简单的轻罪案件，特别案件均不适用庭前认罪程序。

庭前认罪程序主要分为四个阶段：一是被告认罪；二是检察官提出量刑建议；三是被告是否接受检察官的量刑建议；四是法官对该量刑建议进行形式和实质审核。

根据《法国刑事诉讼法典》第495—7条规定，被告认罪是指纳入庭前认罪程序的刑事案件被告人必须对自己的犯罪行为有一个清晰的肯定性认识，即被告"承认所被指控之犯罪事实"。原则上其必须以书面形式作出。这可以作为认罪程序正式适用之前提，如果被告人不对指控的犯罪行为表示认可，认罪程序便不能继续下去。同时这种认罪应当是对全部指控罪名的认罪，而非部分认罪。犯罪行为人承认其受到指控的犯罪事实的声明，以及共和国检察官提出的有关刑罚的提议，应在当事人选任的律师或律师公会指定的律师在场时进行。当事人不得放弃得到律师协助的权利。律师有权当场查阅案卷。当事人在向共和国检察官告知其决定之前，可以自由地与律师交谈，共和国检察官不得在场。

根据《法国刑事诉讼法典》第495—8条第1款的规定，检察官"可建议执行一个或数个主刑或附加刑"。同时，法律也设置了若干限制：其一，共和国检察官所建议之量刑的性质及幅度应合乎刑罚个人化的原则，充分考虑犯罪情节、被告人格、收入及负担等；其二，如果共和国检察官建议执行监禁刑，则刑期不得超过一年；其三，如果共和国检察官建议执行罚金刑，则罚金的数额不得超过法定的最高罚金数额；其四，如果检察官建议适用无缓刑之监禁刑，则应向被告详细说明量刑是否立即执行或传唤至执行法官前以确定刑罚的执行方式。

被告对检察官上述量刑建议，既可以选择书面认可，也可选择否认，否认将导致认罪程序终止。2014年5月27日修改的《法国刑事诉讼法典》第495—10条规定，如果当事人在对共和国检察官的提议表示意见之前，请求给予10日考虑期限，其将在该期限内决定是否接受量刑建议。对此检察官有告知被告思考期限的义务。如果当事人在其律师在场时接受向其提议的一项或数项刑罚，共和国检察官向大审法院院长或院长委派的法官提出"认可申请"，当事人立即前往院长或院长指派的法官前出庭。如果当事人没有受到羁押，可以在1个月内受传唤至大审法院院长或院长委派的法官前出庭。大审法院院长或者院长委派的法官在审核犯罪事实的实际情况以及该犯罪在法律上的罪名之后，公开开庭听取当事人及其律师的陈述。检察官既可以出庭，也可以不出庭。如果被告不接受量刑建议，检察官应按照一般公诉程序向轻罪法院起诉。庭前认罪程序所作的各种声明及案卷笔录归于无效，不得作为证据提交给预审法官或审判庭。

庭前认罪程序进入最后一个阶段，即审核阶段。在被告接受检察官的量刑建议前提下，庭前认罪协议将由法官审核确认。大审法院院长或院长所指派的法官得依共和国检察官之请求举行公开庭审，听取当事人及律师的陈述说明，并作出审核裁定。依法国宪法委员会的判决，审核法官应着重审查如下三个基本要点：其一，犯罪事实的真实性；其二，检察官所建议之量刑的适当性，即所建议之量刑是否与犯罪情节及被告的人格相匹配；其三，庭前认罪程序的运作是否合乎公正程序的要求。对于审查合乎上述要求的，法官一般当天即予以裁定确认。该裁定具有立即执行的效力。但如果法官拒绝核准，则检察官应依程序向法院提起公诉或要求启动正式的侦查程序。之前在庭前认罪程序中所作的各种声明及案卷笔录，不作为证据提交给法院。

庭前认罪程序给法律职业者的角色带来了重大影响。检察官提出量刑建议后，直接通知犯罪嫌疑人是否接受，犯罪嫌疑人必须有辩护律师在场协助，而法官的职责则是在法庭上确认或者拒绝已经达成的量刑协议。这一程序更加体现了以当事人为中心，而不是以法官为中心的特征，因而，该程序被认为是更适宜于对抗制程序。它要求犯罪嫌疑人和检察官达成一项审前协议，检察官代行了法官部分刑罚裁量权。法官的权力仅限于接受或拒绝当事人所做的量刑协议——他没有权力去修改该协议。但是，法国庭前认罪程序与英美辩诉交易程序不同，因为后者将认罪而不是真相置于首位。而在法国庭前认罪程序中，法官有责任核实被告人的罪行，以及指控是否有充分的法律基础。法官也要确保犯罪嫌疑人在充分理解了后果后，自由地做出同意决定，而且要确保量刑是适当的。如果法官对任何一项协议不满意，或者存在法官认为这一处理方式不适当的其他理由——诸如程序不规范，需要被指控人的品格报告，被指控人实施犯罪的条件不清晰等——法官都可以拒绝该协议。

培训中了解到，法国适用庭前认罪程序处理的刑事案件越来越多，对于检察机关提出的量刑协议，法官基本上审核同意，极少有不予审核通过的情形。从这个层面上看，法官对检察机关司法处置建议的高度认同也起到了激励检察机关和被告人积极选择该程序处理案件的效用。总之，庭前认罪程序作为法国一项特色刑事程序，在司法实践中发挥了案件繁简分流重要功能，对于提高诉讼效率、维护社会稳定发挥了独特作用。

2. 德国的检察裁量权

德国1877年刑事诉讼法确立了起诉法定主义。该法第152条第2款明确规定："除法律另有规定外，如存在足够的事实依据，检察院负有对所有的可追诉的犯罪行为予以追究的义务。"第170条第1款规定："侦查结果提供了足够的提起公诉理由时，检察院应当向对案件有管辖权的法院递交公诉书提起公诉。"根据上述规定，检察官对任何人，任何犯罪，只要符合起诉条件，都有法定的追究义务，没有自由裁量的余地。违反起诉法定原则而不起诉的，可构成《德国刑法》第258a条规定的滥用职权追诉处罚罪。用最严厉的手段——刑罚来贯彻起诉法定原则，此等严厉制裁，只有法官枉法裁判罪可以比拟，这表明立法者贯彻起诉法定原则的坚决态度。

20世纪以来，随着犯罪数量的激增，由于公共预算的惨况使分配给起诉机关的经费锐减，造成了法定起诉原则所承担的压力越来越大。自1924年"艾明格改革"以来，法定起诉原则不断被例外所突破。"法定起诉原则的历史也是一部该原则不断削弱的历史。"[①] "法定起诉原则可以比作瑞士奶酪——充满了漏洞。"[②]

德国刑事诉讼中的不起诉可分为两种：无条件不起诉和附条件不起诉。具体有以下几种。

（1）证据不足不起诉。《德国刑事诉讼法典》第170条第2款规定，如果没有足够的提起公诉理由，检察院应当停止程序。停止程序时，检察院应向曾作为犯罪嫌疑人受过讯问或者对他签发过逮捕令的犯罪嫌疑人做出通知；犯罪嫌疑人请求予以通知或者显然对于通知有特别利益的，同样适用此规定。该款规定类似于我国刑事诉讼法规定的证据不足不起诉

[①] 陈光中、汉斯-约格、阿尔布莱希特主编：《中德不起诉制度比较研究》，中国检察出版社2002年版，第89页。

[②] ［德］托马斯·魏根特：《德国刑事诉讼程序》，岳礼玲等译，中国政法大学出版社2004年版，第45页。

（存疑不起诉）。只要犯罪证据不充分，没有足够的起诉理由，检察官就应当作不起诉处理。而犯罪行为的严重性、犯罪情形或者犯罪嫌疑人本人情况对检察官的起诉决定并不是很重要。"程序的终止或者是由于事实上的原因，或者是出于法律上的原因，而不是出于权衡考虑"①。

（2）轻罪不起诉。《德国刑事诉讼法典》第153条第1款规定："如果诉讼程序审理的对象为轻罪，如果行为人罪责轻微，且不存在公共利益，经负责启动审判程序的法院同意，检察院可以不予追诉。对于尚未受到最低刑罚威胁，且行为所造成后果轻微的，无须法院同意。"根据该规定，适用轻罪不起诉须满足两个实体要件：一是犯罪行为须为轻罪。根据《德国刑法》第12条的规定，重罪指刑度为1年或逾1年自由刑之违法行为，轻罪指最轻刑度少于1年或科罚金之违法行为。二是不起诉符合公共利益的要求。但是，"对何谓轻微罪行且未涉及公共利益，含义并不明确。因此，在决定是否适用这一规定时，检察官具有很大的自由裁量权"②。据统计，2008—2011年，轻罪不起诉适用率平均约为9%。

（3）附条件不起诉。《德国刑事诉讼法典》第153a条第1款规定："经负责启动审判程序的法院和犯罪嫌疑人的同意，检察院可以对轻罪暂时不予提起公诉，同时对犯罪嫌疑人施以负担和指示，如果该负担和指示适宜消除所涉及的公共利益且此惩戒程度与罪责程度不相悖。下列的负担和指示尤其可予以考虑适用：①做出一定的给付，修复行为造成的损害，②向某公益设施或者国库交付一笔款项，③做出其他公益给付，④承担一定数额的赡养义务，⑤真诚努力地达成与被害人的和解（犯罪人—被害人和解），全部或者大部分地修复其行为，或者为此而积

---

① 陈光中、汉斯-约格、阿尔布莱希特主编：《中德不起诉制度比较研究》，中国检察出版社2002年版，第63页。
② ［瑞士］古尔蒂斯·里恩：《美国和欧洲的检察官》，王新玥等译，法律出版社2019年版，第208页。

极努力，⑥参加社会培训课程，或者⑦参加《道路交通法》第2b条第2款第2句或者第4条第8款第4句规定的培训研讨班。

就负担和指示的履行，检察院对犯罪嫌疑人规定期限，在第2句第1—3项、第5项、第7项情形下期限至多为期6个月，在第2句第4项和第6项情形下至多为期1年。对负担和指示检察院可以后续撤销或对期限延长一次，延长期为3个月；经犯罪嫌疑人同意，检察院也可以后续科处、变更负担和指示。犯罪嫌疑人已履行负担和指示的，对行为不能再作为轻罪予以追究。犯罪人不履行负担和指示的，其为履行已做出的给付不予偿还。第2句第1—6项情形下，第153条第1款第2句的规定相应地予以适用。第246a条第2款的规定相应地予以适用。"

适用附条件不起诉须满足两个实体要件：一是犯罪行为必须是轻罪；二是犯罪嫌疑人必须履行规定的负担和指示。如果犯罪嫌疑人在规定的期限内履行了规定的负担或者指示，对其行为不再作为轻罪追究。犯罪嫌疑人不履行负担和指示时，不退还已经履行部分，并且要作为轻罪追究。据统计，2008年至2011年，附条件不起诉适用率平均为4.2%。附条件不起诉对检察机关和犯罪嫌疑人都有好处，对检察机关来说，对犯罪嫌疑人附条件不起诉可以加快诉讼程序，节省诉讼资源，并且也减轻了法院的负担。对于犯罪嫌疑人而言，附条件不起诉至少有两个好处：一是可以使其从烦琐的诉讼程序中解脱出来，二是对其施加的各种处罚并非刑事制裁不记入官方档案或者公开，同时，可以使被告人免予正式的定罪或者至少是免予被公开审判的难堪，所以受到被告人的欢迎。"许多犯罪嫌疑人喜欢这种程序的不公开化、不认定有罪以及无犯罪记录的优点，所以愿意支付大笔金钱以获得有条件不起诉。"[1]

（4）其他类型的不起诉。包括：因政策原因而不起诉，包括引渡案件（《德国刑事诉讼法典》第153b条、第153c条、第153d条）；

---

[1] ［荷］皮特·J. P. 泰克编著：《欧盟成员国检察机关的任务和权力》，吕清、马鹏飞译，中国检察出版社2007年版，第121页。

因检控效率而不起诉（《德国刑事诉讼法典》第 154 条、第 154a 条）；等等。

20 世纪 70 年代，美国学者朗贝恩通过对德国司法制度的观察，得出一个结论："德国人没有辩诉交易，因为他们不需要它。"① 但他没注意到，协商彼时已经在德国司法实践中得到运用。经过曲折的发展，协商不仅已经在德国刑事诉讼中建立起来了，并且德国立法机关、司法机关通过立法或者司法判例，确认了协商的合法性。与其他国家由控辩双方进行协商不同，德国的认罪协商主要在法院和诉讼参与人之间进行（第 257c 条）。检察机关并非认罪协商的主体，主要承担监督的义务。"如其发现法院与被告人之间存在非法的认罪协商动议，则检察官应当拒绝同意该认罪协商。如果法院执意为之，则检察官应当向上级法院提起抗诉。"②

3. 日本的检察裁量权

1872 年，日本模仿法国的模式建立了检察制度，把提起公诉作为检察官的任务。在当时，起诉便宜主义并没有被意识到。1882 年颁布的《治罪法》和 1890 年公布施行的《刑事诉讼法》都没有关于起诉便宜主义的任何规定，"因此人们就理解为采取起诉法定主义"③。

日本确立起诉便宜主义，主要是基于司法实务上的客观需要。明治初期，犯罪率逐年上升，被起诉的人犯及监狱收押的犯人不断增加。至明治 18 年（1885 年），由于发生饥荒，各种犯罪剧增，被提起公诉的刑事犯达十二三万人，监管场所人满为患，该年度用于管理犯人、整治监

---

① 宋冰编：《读本：美国与德国的司法制度及司法程序》，中国政法大学出版社 1998 年版，第 402 页。
② [德]聂泽尔：《刑事诉讼中的辩诉交易与认罪协商》，载陈光中主编：《公正审判与认罪协商》，法律出版社 2018 年版，第 183 页。
③ [日]本田正义：《在刑事法领域里的世代对立》，载《法学译丛》1982 年第 6 期。

狱的费用达270万日元。① 这给日本政府财政上带来了很大的压力，于是就产生了尽量减少囚犯人数的要求和设想。是年，司法大臣山田显义训示明确提出对轻微犯罪采取不立案或警告释放的方针，要求减少公诉的提起和裁判，这就是日本起诉便宜主义的发轫。到了明治后期，即使并不是非常轻微的犯罪，根据情节也可以不起诉的方针已经确立。

大正7年（1918年），司法省法务局发布指示："凡被疑案件，虽诉讼条件完备，有充分犯罪嫌疑，且犯罪情节并非轻微，但根据犯罪嫌疑人的主观情况，在一定期间可暂缓提起公诉，以观察其间行为。"② 这样，起诉便宜主义的适用范围亦由微罪不检举、不起诉扩充到一切犯罪行为，不再局限于轻微的犯罪。

大正11年（1922年），日本对刑事诉讼法进行全面修改，摒弃了已经不合时宜的起诉法定主义，于第279条规定："根据犯人的性格、年龄及境遇以及犯罪之情状、犯罪后的情况，没有必要追诉时，可以不提起公诉。"从而以立法的形式全面确立了起诉便宜主义。③ 日本现行刑事诉讼法继承了这一思想，明确规定采用起诉便宜主义。该法第248条规定："根据犯人的性格、年龄及境遇、犯罪的轻重、情节与犯罪后的态度，认为不必要追诉时，可以不提起公诉。"这一规定蕴含两层意义：一是从宏观层面看，它是对起诉便宜主义的立法确认，即把起诉便宜主义确定为起诉的基本原则。二是从微观层面看，它是赋予检察官以起诉犹豫的权限。④ 这种起诉犹豫的不起诉与狭义的不起诉构成（广义的）

---

① 孙长永：《日本的起诉犹豫制度及其借鉴意义》，载孙谦、刘立宪主编：《检察论丛》，第1卷，法律出版社2000年版，第621页。

② 日本法务省刑事局编：《日本检察讲义》，杨磊等译，中国检察出版社1990年版，第10页。

③ 有学者认为，日本大正刑诉法受当时德国法的影响，采取的是起诉法定主义，该法第279条的规定只是起诉法定主义的例外，并不是把起诉便宜主义作为起诉的基本原则。参见李心鉴：《刑事诉讼构造论》，中国政法大学出版社1992年版，第103页。

④ 这体现日本法律简洁、精练的特点，如松尾浩也教授所说"以刑诉法第248条的简单规定就概括了这种处理方式的全部"。

不起诉的两种类型。所谓狭义的不起诉，是指在案件的处理阶段判明该案件不构成犯罪、没有犯罪的证明时作出的处分。这里检察官必须作出不起诉决定，而没有起诉或不起诉的裁量权。所谓起诉犹豫，是指具备诉讼条件、有犯罪嫌疑，但没有追诉的必要时作出的决定。检察官在决定是否适用起诉犹豫时，需要考虑多方面因素，具体包括：

一是有关犯人的事项：①"性格"，包括品行、癖好、习惯、健康状态、前科劣迹、常习性等；②"年龄"，包括年少、年老等；③"境况"，包括家庭环境、职业、人际关系等。

二是有关犯罪事实的事项包括：①"犯罪的轻重"，包括法定刑的轻重、受害程度；②"犯罪的情况"，包括犯罪动机、方法、与被害人的关系、犯罪的社会影响等。

三是有关"犯罪后的情况"的事项包括：有无悔改之意、有无逃跑及销毁证据、有无对被害人赔偿、是否谢罪、是否达成和解、被害人受害感情的情况、时间经过的长短、社会形势的变化、法令修改等。

2015年，日本处理的案件数量为1191556件。在终局处分中不起诉决定（广义）为740000件，其中狭义的不起诉决定约69000件，起诉犹豫约670000件。起诉的371000件，其中请求略式命令案件约279000件，请求正式裁判的案件约93000件。起诉率为33.4%，起诉犹豫率为64.4%。[①]

2016年，日本借鉴英美辩诉交易制度的部分内容，修改刑事诉讼法确立了协议、合意制度。其目的，不仅在于缓解案件压力，提高公诉效率，也在于查明重大犯罪，增进国民对刑事司法的理解和信赖。其突出特点是，犯罪嫌疑人，被告人"就他人的案件"对侦查、审判提供协助，检察官给予其在"处分上""量刑上""程序上"的恩典，这在日本国内称为"侦查、审判协助型协议合意"或者"侦查协助型司法交

---

① ［日］田口守一：《刑事诉讼法》，第七版，张凌、于秀峰译，法律出版社2019年版，第207—208页。

易"。日本合意制度与美国辩诉交易制度、德国认罪协商制度都带有一定的交易性质，但又具有自己的特点。"日本的合意制度，一方面是法院不介入当事人之间的侦查协助的交易，法院不受合意内容的约束，这一点具有美国法的倾向，但在不承认对定罪问题的合意，这一点与美国法不同；另一方面，在不承认对定罪问题进行合意这一点与德国法相同，但法院不是合意的主体、不以被告人的自白为前提这两点与德国法不同。从比较法角度看，日本法是重视当事人主义的美国型和重视实体真实主义的德国型的混合型合意制度。"① 协议、合意制度的理论根据是检察官的追诉裁量权（第248条）。检察官在追诉裁量时可以把犯罪嫌疑人、被告人协助侦查或审判的行为认定为对被告人有利的情节。犯罪嫌疑人、被告人的合意行为的有效性，其根据是犯罪嫌疑人和被告人的处分权。也可以说合意制度从更广义上说是来源于当事人的一定处分权。

根据《日本刑事诉讼法》第350条之2第2款的规定，合意制度的适用范围，限定于有较高必要性的、包括被害人在内的国民容易理解的一部分财政经济犯罪和毒品枪支犯罪。可能判处死刑、无期惩役或禁锢的犯罪除外。同时，犯罪嫌疑人及被告人的案件（本人案件）与他人的刑事案件（他人案件）都应当符合上述范围，并且两个犯罪必须具有关联性。这里所说的关联性，主要限定于以共犯关系为中心的实体上的关联性。

合意的主体是检察官和犯罪嫌疑人及被告人，但双方达成的合意需要辩护人的同意。合意的内容中，犯罪嫌疑人、被告人可与检察官约定的事项包括：一是在接受检察官等人的调查讯问时做出真实供述；二是作为证人接受询问时，做出真实的供述；三是对证据收集等做出必要的协助。这里，所谓"真实的供述"是指依据自己的记忆作出的供述。即

---

① ［日］田口守一：《刑事诉讼法》，第七版，张凌、于秀峰译，法律出版社2019年版，第215页。

使事后判断该供述不是真实的，合意本身也是有效的。检察官可对犯罪嫌疑人、被告人做出的约定事项包括：一是对犯罪嫌疑人不起诉；二是撤回对犯罪嫌疑人的起诉；三是依据特定诉因或罚条起诉提起或维持公诉；四是向法院请求撤回或者变更特定的诉因或罚条；五是向法院请求对被告判处特定刑罚的量刑意见；六是向法院请求对被告实行即决裁判程序；七是向法院请求对被告实行略式命令程序。①

达成合意后，检察官、犯罪嫌疑人及被告人、辩护人需要联名签署载明合意内容的笔录（称为合意内容笔录）。已生效的合意具有一定的约束力，没有理由而不履行合意的内容是违法的。例如，检察官违反不起诉的合意而提起公诉时，公诉将被驳回。犯罪嫌疑人及被告人违反合意进行虚假供述的，将受到处罚。但是，对于检察官基于合意作出不起诉的案件，如果检察审查会对此作出应当起诉的决议时，该合意失效。检察官基于合意提出量刑建议，法院却宣告了较重的刑罚，被告人可以从合意中退出。

第三节　检察主导视野下我国检察裁量权的合理运用*

基于检察裁量权乃"国家刑事司法系统的心脏"之体认，为推动我国刑事诉讼制度的发展与变革，必须着眼于检察裁量权的完善。自1979年刑事诉讼法颁布以来，虽经多次修订，不断扩大检察官的自由裁量权，但总体上看，仍然属于"微罪不检举"类型，自由裁量的制度空间并不大。在实务中，则根据案件具体情况，有一定的灵活性、变通性。如将少数属于重罪，但情节轻微、社会危害性不大的案件作微罪不起

---

① 欧阳雷蕾：《日本司法交易制度研究》，西南政法大学2017年硕士学位论文。

* 本节由陈思撰写。

诉，或者以证据不足为由作存疑不起诉处理。检察裁量权的法律规定已经滞后于经济社会发展现实，需要重新审视并不断加以调适。

一、我国检察裁量权的沿革

（一）清末民国时期（1905—1949年）检察官的自由裁量权

我国自清末引入欧陆检察制度以来，一直奉起诉法定主义为圭臬，而将起诉便宜主义作为起诉法定原则的例外。这反映出刑事追诉仍然以报应主义为主的立法指导思想。

晚清政府组织起草的《刑事民事诉讼法草案》《刑事诉讼律草案》等法律均未规定检察官的自由裁量权。不过在理论上，仍然有关于起诉法定主义与起诉便宜主义的讨论。1912年，熊元襄出版的《刑事诉讼法》就论述了便宜主义与厉行主义，并主张厉行主义。"检事有无提起公诉或不起诉之自由，则学说不一：有主张便宜主义者，曰检事提起公诉，所以维持公益，若起诉而有害公益，则不起诉；有主张厉行主义者，曰检事遇有应诉事件，则当起诉，并无起诉不起诉之自由权。就法理言之，厉行说是，便宜说非也。"①

南京国民政府1928年颁布的《刑事诉讼法》第253条规定："检察官依侦查所得之证据，足认被告有犯罪嫌疑者，应向该管辖法院起诉。"明确采用起诉法定主义。该法第244条、第245条分别规定了应不起诉（法定不起诉）和得不起诉（裁量不起诉）两种不起诉形式。应不起诉的适用情形包括：（1）起诉权已消灭者；（2）犯罪嫌疑不足者；（3）行为不成犯罪者；（4）法律应免除其刑者；（5）对于被告无审判权者。得不起诉的适用情形包括：（1）属于初级法院管辖者；（2）情节轻微以不起诉为有实益者；（3）被害人不希望处罚者。根据

---

① 尤志安：《清末刑事司法改革研究》，中国人民公安大学出版社2004年版，第130页。

该法第8条规定,属于初级法院管辖的案件包括:(1)最重本刑为三年以下有期徒刑、拘役,或专科罚金之罪。但是刑法第135条至第137条之渎职罪、第150条至第152条之妨碍选举罪、第161条至第164条之妨碍秩序罪、第201条之公共危险罪、第283条第四项及第291条之杀人罪、第300条之伤害罪,不在此限;(2)刑法第202条之公共危险罪;(3)刑法第271条及第273条之鸦片罪;(4)刑法第293条第一项之伤害罪;(5)刑法第337条之窃盗罪;(6)刑法第356条之侵占罪;(7)刑法第363条之诈欺及背信罪;(8)刑法第376条第二项之赃物罪。情节轻微以不起诉为有实益者,系指犯罪情节及损害均不重大,而处罚并无实益者而言,这主要是从刑事政策上考虑。被害人不希望处罚则为检察官依《刑事诉讼法》第245条所为不起诉之条件。"如果被害人提起自诉,其希望处罚之意至为明显,被害人希望处罚,在公诉案件检察官尚不能不予起诉,在自诉案件更不能免予判罪。"①

1935年,南京国民政府对刑事诉讼法进行修订,其中对应不起诉、得不起诉的适用情形作了修改。第231条规定,应不起诉的情形包括:(1)曾经判决确定者;(2)时效已完成者;(3)曾经大赦者;(4)犯罪后之法律已废止其刑罚者;(5)告诉或请求乃论之罪,其告诉或请求已经撤回或已逾告诉期间者;(6)被告死亡者;(7)法院对于被告无审判权者;(8)行为不罚者;(9)法律应免除其刑者;(10)犯罪嫌疑不足者。第232条规定:检察官于《刑法》第61条所列各罪之案件,参酌《刑法》第57条所列事项,认为以不起诉为适当者,得为不起诉之处分。第233条规定:被告犯数罪时,其一罪已受或应受重刑之判决,检察官认为他罪虽行起诉于应执行之刑无重大关系者,得为不起诉之处分。根据该规定,被告犯数罪时,其一罪已经裁判,受有重刑之判决,或虽未裁判,而应受重刑之判决,检察官认为虽行起诉,而于定应执行之刑,无重大关系者,如他罪之刑或为重刑所吸收,毋庸再予执

---

① 徐朝阳:《刑事诉讼法通义》,商务印书馆1934年版,第188页。

行，或因重刑已满限度，毋庸加入酌量，为省起诉审判之劳，得为不起诉处分。① 第248条规定：检察官于第一审辩论终结前，发现有应不起诉或以不起诉为适当之情形者，得撤回起诉。

1945年，南京国民政府再次对刑事诉讼法进行修订，于第232条增加规定："检察官为前项不起诉处分前，并得斟酌情形，经告诉人同意，命被告为下列各款事项：（1）向被害人道歉；（2）立悔过书；（3）向被害人支付相当数额之抚慰金。前项情形，应附记于不起诉处分书内。"这有利于弥补1935年《刑事诉讼法》第232条无救济渠道之不足。一方面既足以平被害人之怨，而补偿其损失；另一方面又足以惩戒被告。在被告未履行支付抚慰金义务时，被害人可直接向法院申请，为民事诉讼法第389条之请求，宣告假执行。②

（二）新中国成立以来检察裁量权的发展

新中国检察机关自由裁量权直接来源于民主革命时期的实践经验。据文献资料表明，早在民主革命时期的法律中就有对犯罪嫌疑人的不起诉的规定。1948年华北人民政府颁布的《关于县市公安机关与司法机关处理刑事案件权责的规定》中，对于汉奸、特务及内战战犯等案件，"侦查的结果嫌疑不足，或其行为不成立犯罪，再则纵系罪犯，而以不起诉为适当时，则公安机关均有权释放，不予起诉，司法方面不得干涉"。从这一规定可以看出，当时的不起诉就包括嫌疑不足的不起诉和不构成犯罪不起诉，以及构成犯罪但酌情不起诉等三种形式。

1954年颁布的《人民检察院组织法》总结了新民主主义革命时期的经验，在该法第11条第2款规定："公安机关提起的刑事案件，侦查终结后，认为需要起诉的，应当依照法律的规定移送人民检察院审查，决定起诉或不起诉。"这是我国立法第一次规定不起诉制度。但是，根

---

① 郑民：《新刑事诉讼法要论》，新业书局1947年版，第177页。
② 郑民：《新刑事诉讼法要论》，新业书局1947年版，第176页。

据当时的情况，不起诉的适用范围还十分狭窄，仅限于法定不予追究刑事责任的各种情形。

在新中国成立初期开展的镇压反革命期间，检察机关根据"惩办与宽大相结合"，以及"区别对待，分化化解"的刑事政策和理论，针对当时对敌斗争的需要，在实践中创立了免予起诉这一形式。对于投案自首的反革命分子交代的问题，根据查证核实的情形作出处理。"对于罪行轻微或者仅有一般历史罪名而没有现行破坏活动的自首者，一般不予追究；对于应当追究刑事责任，但能真诚坦白或者有立功表现的，可以免予刑罚的自首者，作出免予起诉的决定；对于已经坦白自首，但罪恶严重，仍需判刑的，在起诉时建议法院从宽处理。"① 1956年全国人大常委会通过的《关于处理在押日本侵略中国战争中战争犯罪分子的决定》中规定了"对于次要的或者悔罪表现较好的日本战争犯罪分子，可以从宽处理，免于起诉。"这是国家最高立法机关以特别法的形式，首次对免予起诉予以确认。1959年，我国为处理在押日本战犯而实行免予起诉制度，最高人民检察院对符合条件的35名日本战犯作了免予起诉处理，取得了良好的效果。

1979年制定的《人民检察院组织法》第13条规定："人民检察院对于公安机关要求起诉的案件，应当进行审查，决定起诉、免予起诉或者不起诉。"同时通过的《刑事诉讼法》第101条规定："依照刑法规定不需要判处刑罚或者免除刑罚的，人民检察院可以免予起诉。"免予起诉正式适用于犯罪情节轻微的一般刑事案件。所谓免予起诉，是检察机关依照刑法规定不需要判处刑罚或者免除刑罚的犯罪分子，定罪但不予起诉。免予起诉制度对于体现惩办与宽大相结合的刑事政策和对轻微案件及时结案，发挥了一定作用。但是，免予起诉以承认犯罪嫌疑人有罪为基础，有悖于未经法院判决不得有罪的诉讼法理。在实践中，对有些

---

① 陈光中、汉斯-约格、阿尔布莱希特主编：《中德不起诉制度比较研究》，中国检察出版社2002年版，第56—57页。

无罪的人决定免予起诉；对有些依法应当判刑的，也免予起诉，导致免予起诉被普遍滥用。正因如此，1996年修订后的《刑事诉讼法》废除了免予起诉制度，但同时保留了免予起诉制度中所贯彻的起诉便宜主义的合理因素，赋予检察机关有限的自由裁量权，建立了相对不起诉制度。

1996年刑事诉讼法将1979年刑事诉讼法规定"免予起诉"的第101条改为第142条，将其内容修改为："犯罪嫌疑人有本法第十五条规定情形之一的，人民检察院应当作出不起诉决定。""对于犯罪情节轻微，依照刑法规定不需要判处刑罚或者免除刑罚的，人民检察院可以作出不起诉决定。"该法第140条还规定："对于补充侦查的案件，人民检察院仍然认为证据不足，不符合起诉条件的，可以作出不起诉的决定。"最高人民检察院1997年发布的《刑事诉讼规则》第351条还规定了检察机关的变更起诉、追加起诉和撤回起诉权。

2012年刑事诉讼法对不起诉制度的修改，主要体现在：（1）该法第173条第1款规定："犯罪嫌疑人没有犯罪事实，或者有本法第十五条规定情形之一的，人民检察院应当作出不起诉决定。"增加了"没有犯罪事实"的规定。（2）该法第171条第4款规定："对于二次补充侦查的案件，人民检察院仍然认为证据不足，不符合起诉条件的，应当作出不起诉的决定。"1996年刑事诉讼法规定对证据不足的案件"可以"不起诉，一定程度上违背了疑罪从无的精神。"根据《刑事诉讼法》[①]确认的疑罪从无的原则，这种证据不足的案件即使起诉到人民法院，人民法院也应当作出无罪判决，此处用'可以'是对司法资源的明显浪费。"[②] 因此，2012年刑事诉讼法将"可以"修改为"应当"，以贯彻疑罪从无原则。（3）该法第271条规定："对于未成年人涉嫌刑法分则第四章、第五章、第六章规定的犯罪，可能判处一年有期徒刑以下刑

---

① 此处指1996年刑事诉讼法。
② 陈卫东主编：《刑事审前程序研究》，中国人民大学出版社2004年版，第250页。

罚，符合起诉条件，但有悔罪表现的，人民检察院可以作出附条件不起诉的决定。"建立了对未成年人的附条件不起诉制度。（4）该法第277条规定："下列公诉案件，犯罪嫌疑人、被告人真诚悔罪，通过向被害人赔偿损失、赔礼道歉等方式获得被害人谅解，被害人自愿和解的，双方当事人可以和解：（一）因民间纠纷引起，涉嫌刑法分则第四章、第五章规定的犯罪案件，可能判处三年有期徒刑以下刑罚的；（二）除渎职犯罪以外的可能判处七年有期徒刑以下刑罚的过失犯罪案件。"根据该法第279条规定，对于达成和解协议的案件，人民检察院可以向人民法院提出从宽处罚的建议；对于犯罪情节轻微，不需要判处刑罚的，可以作出不起诉的决定。从而建立起和解不起诉制度。

2018年刑事诉讼法对检察裁量权的规定主要体现认罪认罚案件中。该法第182条第1款规定："犯罪嫌疑人自愿如实供述涉嫌犯罪的事实，有重大立功或者案件涉及国家重大利益的，经最高人民检察院核准，公安机关可以撤销案件，人民检察院可以作出不起诉决定，也可以对涉嫌数罪中的一项或者多项不起诉。"建立了特殊情形下的不起诉（即选择性不起诉）制度。

目前，我国刑事诉讼法规定的不起诉可以分为五种，即法定不起诉、证据不足不起诉、酌定不起诉、附条件不起诉和特殊情形下的不起诉。① 其中，属于检察裁量权主要是后三种不起诉。不起诉适用方式更加多样化，更能够适应犯罪形式多样化的需要。但是，检察裁量权适用范围仍然偏窄，主要是一种"微罪不检举"意义上的裁量权。这与检察官主导责任不完全相符。

二、我国检察裁量权适用现状

从刑事诉讼发展看，伴随着社会的发展、犯罪率的持续升高以及司

---

① 童建明：《论不起诉权的合理适用》，载《中国刑事法杂志》2019年第4期。

法机关办案压力的日趋增大，无论是国内还是国外，检察裁量权都体现出从起诉法定主义向起诉便宜主义、从严格排除司法裁量到限制司法裁量、从绝对的罪行法定到相对的罪行法定的变化，这种变化使罪刑法定克服了僵硬死板，更加适应保障人权的需要。在我国，随着刑事案件结构深刻变化、国家对犯罪治理理念的调整、认罪认罚从宽制度的入法，以及检察机关内设机构重塑，司法责任制改革全面推开，检察裁量权的运行发生了深刻变化，检察裁量权的运用在实践中呈现复杂样态。

（一）不起诉适用率偏低，对审判程序的分流作用不明显

新中国成立以来，我国社会治安持续稳定，经济持续快速发展，创造了世所罕见的"两大奇迹"。在社会全方面发展进步的同时，中国特色社会主义刑事司法制度持续跟进适应，各类犯罪总体得到及时有效惩治，但刑事案件总量相比三十多年前已翻了数倍，且持续高位运行，并仍处于上升趋势。1978年全国检察机关审查起诉案件仅16万人，1996年已经达到50.3万件82.5万人，2012年达到119.7万件185.2万人，2019年全国检察机关受理移送审查起诉案件已突破151.1万余件220.3万余人。与此同时，案件结构发生重大变化，严重暴力犯罪呈现明显下降趋势，轻微刑事犯罪大幅攀升，1999年至2019年，被判处三年有期徒刑以上刑罚的占比从45.4%降至21.3%，[1] 与轻罪案件占比78.7%相对应的是，相对不诉率7.19%，相对于轻微犯罪案件占比仍有很大差距。一方面是轻微犯罪案件的高发多发，另一方面却是不诉案件占比数量较低，两者之间的矛盾意味着我们对刑罚的把握仍然范围过宽，大量轻微案件被告人未加甄别一律被定罪处罚，也意味着检察裁量权的合理运用存在着较大的空间和潜力。

合理行使检察裁量权，对于防冤纠错、维护公平正义，提升社会治

---

[1] 张军：《最高人民检察院工作报告——2020年5月25日在第十三届全国人民代表大会第三次会议上》，载《检察日报》2020年6月2日。

理法治化水平和推动案件繁简分流，优化司法资源配置具有重要意义。但是，自1996年刑事诉讼法修改确立基本框架以来，不起诉制度已运行20年有余，这一制度对刑事司法权的运行影响十分有限，主要原因在于不起诉在司法实践中的适用比例偏低。以重庆及全国检察机关近五年的适用情况为例，① 2015年以来，重庆及全国检察机关的不起诉率虽呈上升趋势，但上升幅度较小，总体适用偏少（详见下表），重庆的不起诉率在 7%、8% 左右，2019 年上升至 11.15%，2020 年上升至 17.1%。全国的不起诉率在 5%、7% 左右，2019 年上升至 9.26%，2020 年上升至 13.7%。增长幅度上，重庆及全国的不起诉率 2019 年与 2014 年相比，仅分别高 3.33 个百分点、4.04 个百分点，2020 年与 2015 年相比，分别高出 9.28 个百分点、8.48 个百分点。

2015 年至 2020 年重庆及全国检察机关不起诉情况表

年份	重庆			全国		
	不起诉率	相对不起诉率	法定、存疑不起诉率	不起诉率	相对不起诉率	法定、存疑不起诉率
2015 年	7.82%	5.91%	1.91%	5.22%	3.46%	1.76%
2016 年	8.03%	6.07%	1.96%	5.76%	3.97%	1.79%
2017 年	8.25%	6.15%	2.09%	7.17%	5.41%	1.77%
2018 年	8.82%	6.61%	2.11%	7.49%	5.61%	1.88%
2019 年	11.15%	8.72%	2.43%	9.26%	7.19%	2.07%
2020 年	17.1%	14.8%	2.3%	13.4%	11.13%	2.27%

与此同时，近年来检察机关适用相对不起诉分流案件占比较小，至 2019 年，重庆为 5.91%—8.72%，全国为 3.46%—7.19%，这与轻罪案件数量比例不断上升的现实不相适应。适用法定及存疑不起诉过滤案件的比例更低，其中重庆为 1.91%—2.43%，全国为 1.76%—2.07%，这似乎反映出案件侦查质量较高，不构成犯罪的案件极少，但从案件起

---

① 相关数据来源于 2014 年至 2020 年重庆市公诉工作总结及最高检工作报告。

诉后法院的判决情况来看，仍有部分人员被法院判决无罪或者被判处免予刑事处罚、单处罚金、管制三项轻刑，还有相当数量的人员被判决适用缓刑。如重庆 2018 年起诉 33774 人，法院判决 31796 人，其中被判决无罪及免处三项轻刑的 515 人，占起诉总人数的 1.52%，与法定及存疑不起诉的适用比例相当；被判决适用缓刑的 5137 人，占起诉总人数的 15.21%，远大于相对不起诉的适用比例。"少捕慎押慎诉"刑事司法政策提出以来，检察机关积极适用不起诉制度，敢用、善用、会用不起诉裁量权的能力和水平有所提升，2020 年全国检察机关适用不起诉的案件比例有所提升，取得了良好的社会效果和法律效果，但考虑到认罪认罚从宽制度、服务保障非公经济政策赋予了不起诉制度新的适用空间，目前不起诉制度审前分流、过滤的作用仍未能充分发挥，适用比例还不够高。

不仅如此，相对不起诉案件办案期限较长，简单案件快速办理的优势未能充分体现。相对不起诉制度的一个功能是合理配置司法资源、节约司法成本，绝大部分相对不起诉案件的犯罪事实也比较简单，有进行简案快办的条件。但实践中，部分地区相对不起诉案件延长审查起诉期限的比例高达 44.4%，比提起公诉案件延长审查起诉期限的 24.8% 高出 19.6 个百分点，耗费了大量的司法资源。①

上述问题，与检察机关内部控制严格有关。检察机关对待不起诉的态度，在免予起诉权被取消后一直比较审慎，同时基于打击犯罪不力、可能造成权力滥用等顾虑，对不起诉设置了严格的决定程序、烦琐的备查程序、复杂的考核内容。与起诉决定权在司法责任制实施以后被比较全面地赋予检察官不同，不起诉决定权仍由检察长或者检委会行使；不起诉决定作出后，所有不起诉案件必须及时报送上一级检察机关备查；不起诉案件在案件质量评查和案件检查活动中必然会被检查，内容包括

---

① 张树、周宏强、陈龙：《我国酌定不起诉制度的运行考量及改良路径——以刑事诉讼法修改后 S 省酌定不起诉案件为视角》，载《法治研究》2019 年第 1 期。

决定适用是否正确、种类适用是否准确等。对于存疑不起诉案件和绝对不起诉案件,更是质量评查和案件检查的重点。对检察官而言,这不仅增加工作量,降低办案效率,而且加大了办案风险,有相当部分的检察官更倾向于将微罪案件起诉至法院判处轻刑而不是作不起诉。

(二) 检察裁量权运用的公信力有待提高

1. 相对不起诉存在标准差异性、适用任意性和区域不平衡性,影响检察裁量权的权威

刑事诉讼法对于相对不起诉的适用条件和标准规定得较为模糊、笼统。关于相对不起诉的适用条件为:"犯罪情节轻微,依照刑法规定不需要判处刑罚或者免除刑罚",但对于"犯罪情节轻微"的标准缺乏规定,如何把握其与刑法第13条但书"情节显著轻微"以及"情节较轻"的区别?另外,关于"不需要判处刑罚或者免除刑罚"的标准仅在刑法总则中有规定,缺乏具体到罪名和可操作性的指引,对"不需要判处刑罚"和"不认为是犯罪"的区别也缺乏具体规定。在司法实践中,往往根据被追诉人的主观恶性、犯罪手段、社会危害性等事实和情节加以判断,部分检察机关在适用相对不起诉时体现出不均衡性。以危险驾驶案件为例,根据某省检察院的资料,2017年某省A市、H市、X市等7个地市的案件,酒精含量达到80mg/100ml的定罪标准就起诉,没有1人相对不起诉,但同期P市、Z市两地相对不起诉均在40人以上,部分相对不起诉案件的酒精含量超过200mg/100ml。[①] 同一省内相对不起诉的适用标准差异尚如此大,对犯罪嫌疑人造成"入罪"和"出罪"的巨大差别,容易给公众造成"同案不同罚"的认识,影响检察公信力。

2. 部分存疑不起诉案件未能体现检察官的担当和进行充分说理,影响了不起诉决定的可接受性

刑事诉讼法规定案件的起诉条件是事实清楚,证据确实、充分。由

---

① 参见《H省人民检察院轻微刑事案件适用相对不起诉指导意见》的理解与适用。

于认识的局限性和差异性,对部分案件的证据是否达到起诉标准、所认定的事实是否已排除合理怀疑存在争论。基于司法责任制及内部考核压力,检察官在考量诉与不诉时,往往偏向于法院有无判决无罪的可能性、当事人信访风险的大小等因素。① 这种考虑片面追求胜诉,缺乏对被害人权益和社会公共利益的必要关注,不仅背离检察官的客观公正立场和最大限度地致力于指控犯罪的职责,也无助于实现民众期待的矫正正义。特别是在检察官仅仅是消极地审查判断案件事实,未能积极运用补充侦查权引导、监督侦查机关补充取证时,更难以被公众接受。同时,大部分存疑不起诉案件缺乏对不起诉理由的充分阐释和分析论证,有的说理部分过于笼统简单,仅叙写"现有证据不足以证明公安机关认定的犯罪事实",没有充分阐述案件事实和证据存在的问题、矛盾以及相关法律依据等,难以让当事人信服。

3. 不当适用不起诉决定及不起诉类型,影响国家刑罚权的实现

实践中,基层检察机关在适用不起诉决定时存在决定适用不当和类型把握不准的问题。有的不能准确把握不起诉条件,将符合起诉标准的案件以事实不清、证据不足决定不起诉,还有的将不该起诉的提起公诉。有的混淆不起诉决定的类型,如基于公安机关考核需要,以及为避免不起诉决定不被接受引发复议复核和申诉上访,将部分应作法定不起诉的案件作存疑不起诉、微罪不起诉处理。还有用疑罪不起诉开脱,把微罪不起诉当台阶,等等。不起诉决定适用不当,不仅影响检察机关办案公信力,而且侵害被害人和社会公共利益,影响国家刑罚权的实现。

4. 不起诉决定没有附加任何不利负担,不仅可能会削弱刑罚功能,也难以获得被害人及社会公众的认同

人民检察院对于不起诉案件,根据法律规定可以进行两种处理:一是对被不起诉人予以训诫或者责令具结悔过、赔礼道歉、赔偿损失;二是对被不起诉人需要给予行政处罚、处分或者需要没收其违法所得的,

---

① 张宁宇:《客观公正:诉与不诉的考量标准》,载《检察日报》2014年1月13日。

应当提出检察意见,移送有关主管机关处理。实践中,检察机关在作出不起诉决定时,几乎没有对案件作出其他处理决定。公安机关在收到不起诉决定书后,往往也只是解除被不起诉人的强制措施,不再对被不起诉人进行任何处理。第一种处理,因犯罪嫌疑人认罪悔过、赔偿损失往往是检察机关作出相对不起诉决定的条件,如不具有上述情节检察机关基本不会作相对不起诉决定。第二种处理,由于"有关主管机关"不够明确,被不起诉人究竟由哪个机关主管,存在互相推诿,其他机关对于检察机关已经作了不起诉决定的案件,往往也不愿意再作处理。①

被不起诉人几乎没有获得任何不利负担,会导致刑事处罚和行政处罚衔接上出现漏洞,引发放纵违法甚至犯罪行为的风险。如由于欠缺对被不起诉人的行政处罚决定,对盗窃等规定有"一年内因盗窃受过行政处罚的"情节,"数额较大"的标准可以按照规定标准的百分之五十确定的罪名,因不起诉案件后续处理方式的不规范可能导致法律被架空,使刑法打击犯罪的功能被大大削弱。②另一方面,对被害人而言,其报应情感不能得到满足,常常难以接受不起诉决定。对于社会公众而言,行为人实施了违法犯罪活动不需要承担刑罚,同一性质违反治安处罚法的行为,反而可能会被拘留、罚款,刑事犯罪行为的危害性远大于治安违法行为,所获得的处遇反而更轻,这一结果显然与社会公众的法律正义感相悖。

三、我国检察裁量权的完善与规范

《"十四五"时期检察工作发展规划》指出:"坚持依法惩治犯罪与保障人权相统一,全面贯彻宽严相济刑事政策,落实少捕慎诉慎押司法理念。"贯彻宽严相济的刑事政策,落实慎诉司法理念,有必要给予检

---

① 张智辉:《认罪认罚与案件分流》,载《法学杂志》2017年第6期。
② 汪长青等:《存疑不起诉案件监督机制探析》,载《人民检察》2015年第2期。

察机关更多的起诉裁量权,以将十分有限的司法资源能够集中于起诉严重犯罪上。检察机关行使起诉裁量权不应受"犯罪情节轻微"的局限,而应综合考虑犯罪的性质、情节、社会危害性,犯罪嫌疑人的性格、年龄、处境、犯罪后的认罪悔罪态度、赔偿情况,被害人是否谅解、社会反应等因素,做出合适的处理决定。

(一) 扩大检察裁量权的适用范围,充分发挥审前分流功能

1. 扩大相对不起诉的适用范围

建议在立法上对"情节显著轻微"和"情节轻微"作出明确的区分,适度扩大相对不起诉的适用范围。情节显著轻微,危害不大的,不认为是犯罪,检察机关应当依法作法定不起诉处理。情节轻微,可以拓展为可能判处3年以下有期徒刑、拘役、管制或者单处罚金的刑事案件。这类轻微刑事案件占到全部案件的80%左右,实践中很多案件都被法院判处缓刑。而缓刑与不起诉的法律后果相当,所以不须浪费司法资源,等到审判阶段宣告缓刑。"通过扩大检察机关对于轻微认罪案件的不起诉裁量权,可以大幅度减轻普通程序的案件压力,从而为庭审实质化改革铺平道路。"[①] 对于过失犯罪,犯罪嫌疑人积极赔偿,取得被害人谅解的,检察机关也可以作相对不起诉处理。

2. 扩大附条件不起诉的适用范围

从域外部分国家对附条件不起诉的规定看,并没有适用对象和适用罪名的限制。对于轻微犯罪,如果附条件不起诉符合公共利益,均可以适用附条件不起诉。我国刑事诉讼法第282条对附条件不起诉的适用条件作了十分严格的规定,[②] 这给检察机关适用附条件不起诉造成诸多困

---

① 吴宏耀:《我国公诉制度的功能检讨与优化》,载《人民检察》2016年第1期。
② 《刑事诉讼法》第282条规定:"对于未成年人涉嫌刑法分则第四章、第五章、第六章规定的犯罪,可能判处一年有期徒刑以下刑罚,符合起诉条件,但有悔罪表现的,人民检察院可以作出附条件不起诉的决定。"

惑和不便，弊大于利。我们认为，应当充分发挥附条件不起诉的程序分流、教育挽救等功能，大力拓展附条件不起诉的适用范围。一是在适用对象上，附条件不起诉不仅适用于未成年人，也可适用于成年人。二是在适用罪名上，不应局限于刑法分则第四、五、六章规定的犯罪。应当注意附条件不起诉与相对不起诉、起诉的衔接与协调。附条件不起诉是介于相对不起诉与起诉之间的缓冲，其适用范围应当适当大于相对不起诉。我们认为，对于应当判处5年以下有期徒刑的犯罪嫌疑人，基于其年龄、性格、家庭背景、社会危害性等因素的考量，可以适用附条件不起诉。

3. 完善选择性不起诉的规定

刑事诉讼法第182条第1款首次对选择性不起诉作出正式规定。"检察机关选择性不起诉权力的适用已经超出了轻罪范围，扩展到重罪案件，从而在一定程度上改变了我国传统上以起诉法定主义为主、轻罪案件才适当兼采起诉便宜主义的审查起诉原则，扩大了起诉便宜主义的适用领域。"[1] 选择性不起诉又称选择性起诉（或选择起诉），具体包括对犯罪人的选择性不起诉和对犯罪行为的选择性不起诉两种类型。对犯罪人的选择性不起诉是指检察官对同案犯中的一人或数人提起公诉，而对其余的人不起诉。对犯罪行为的选择性不起诉，是指在一人（或数人）具有数个犯罪事实的情况下，检察官对部分犯罪（通常是重罪）提起公诉，而对其他轻罪不予起诉。[2] 选择性不起诉具有分化瓦解共同犯罪嫌疑人，节省诉讼资源等多种功能。有必要在立法层面作进一步完善。一是对于共同犯罪，检察官应当按照"区别对待""宽严相济"的刑事政策，根据各个犯罪嫌疑人的作用、分工、危害后果、悔罪表现等，有针对性地作出处理决定。一般地，检察官应当选择主犯、实行犯

---

[1] 周长军：《认罪认罚从宽制度推行中的选择性不起诉》，载《政法论坛》2019年第5期。

[2] 段明学：《论选择起诉》，载《中国刑事法杂志》2007年第6期。

等社会危害较大的犯罪嫌疑人提起公诉，而对于其他社会危害相对较小的犯罪嫌疑人，则可以作出不起诉处理。二是在犯罪嫌疑人具有数个犯罪事实的情况下，检察官根据其立功或重大立功表现，可以对重罪进行起诉，而放弃对轻罪的追诉。三是对于行为人犯数罪的案件，若行为人所犯数罪中有一罪已受重罪判决并已执行，即使检察官认为其他罪应当起诉，但起诉对于执行刑罚并无重大影响，无法达到刑事追诉的目的，检察官可以作出不起诉决定（此即余罪不起诉）。

（二）积极行使检察裁量权，提升不起诉决定公信力

1. 增强做好不起诉工作的主动性

坚持以转变司法理念为先导，充分认识合理行使不起诉权的重要意义。做好不起诉工作是正确履行公诉职能的重要内容，是运用法治思维和法治方式履行刑事检察职能的司法实践。检察机关依法行使不起诉权是履职尽责，不愿用、不敢用是失职怠责。内部机制上，应当鼓励检察官依法扩大不起诉适用。一是逐步放权检察官独立决定相对不起诉。随着司法责任制改革的持续推进，以行政审批方式行使诉权的办案模式，已不符合司法规律和不能适应现实需要，顺应改革发展，逐步将不起诉决定权放权给检察官是大势所趋，重庆等一些改革先行地区探索将部分认罪认罚案件相对不起诉决定权下放给检察官，取得了积极的成效。具体操作上，可以分步完成：第一步，限缩检察官提交检察长审批以及检委会决定的案件比例及范围，即对能否作出相对不起诉存有疑问或者案件系重大敏感复杂的，才能向上提交。第二步，在完善监督制约机制的基础上全面放开，可只对部分罪名案件作例外规定。二是取消不起诉案件在适用比例的限制，不能人为地给不起诉设置一定的指标，消除不起诉是办案无效的观念。三是改变将捕后不诉作为考核负面评价指标的做法。逮捕必要性并不等于起诉必要性，不能因为案件适用逮捕措施就要求必须要提起公诉。四是在进行案件质量评查时，将起诉案件和不起诉

案件一并重视、同等审查，增强检察官适用不起诉的积极性和责任感。

2. 量化相对不起诉的标准和条件

针对当前不起诉权特别是相对不起诉的适用标准不统一问题，亟须在规范层面上加以明确。建议最高人民检察院以司法解释的形式，根据刑法及刑诉法的相关规定，结合刑事司法实践，制定相对明确的相对不起诉标准和条件，确保适用统一。各省市检察机关可以根据本地实践，进一步细化完善。具体设置上，可根据刑罚标准确定相对不起诉的标准，结合犯罪的性质、手段、后果，进行量化。对具体常见罪名可以进行列举规定，同时明确具体的排斥性条件。具体操作时，可以借助大数据分析，研发应用具有智能性、准确性、合理性的相对不起诉量化评估系统，以便精准地把握不起诉条件，促进检察官更加规范审慎地行使不起诉权，提升办案质效。另外，还可以指导性案例的形式明确不起诉的适用条件，为检察人员适用不起诉制度提供参考。

3. 依法准确适用不起诉决定及类型

对于存疑不起诉的适用要遵循法定标准，积极引导侦查机关补充侦查，尽力确保在诉讼时限内穷尽客观公正的审查职责。要健全退回补充侦查引导和说理机制，明确补查方向、标准和要求，对于确实无法查明的事项，要求侦查机关书面向检察机关说明理由。综合利用检察建议、纠正违法、案件质量评析通报等法律监督手段，促进侦查机关提高侦查取证规范意识，提升办案质量。对于经审查无法达到证据确实、充分标准，不符合起诉条件的案件，应当依法作出存疑不起诉决定。对于经审查查明犯罪嫌疑人无犯罪事实或者犯罪事实并非犯罪嫌疑人所为的，应当依法作出绝对不起诉决定。

4. 加强案件当事人的程序参与和不起诉理由说理

在决定不起诉过程中，应尽可能将当事人引入不起诉程序，并进行充分的释法说理。第一，要保障当事人的辩护权。特别是对于认罪认罚的犯罪嫌疑人和未成年犯罪嫌疑人，应当适时为其指派值班律师或者法律援助律师提供法律帮助，确保其充分了解认罪认罚和不起诉处理的法律后果。第二，要充分听取当事人的意见。应充分听取犯罪嫌疑人及辩护人的意见、了解被害人的诉求，查清犯罪嫌疑人是否真诚悔罪、社会关系是否修复、社会矛盾有无化解，防止当事人因不接受不起诉决定而申诉上访。第三，要充分进行释法说理。注重遵循法理、事理和情理相统一的原则，做到语言规范、逻辑严密、说理透彻，实现统一认识，化解矛盾，减少对抗。绝对不起诉案件要阐明不构罪或不追究刑事责任的事实和证据，重点在于事实认定和法律适用的说理；存疑不起诉案件，应从分析有罪证据存在的疑点和矛盾入手，重点在于证据的证明效力的说理；相对不起诉案件，应针对犯罪情节阐明依法不需要判处刑罚或者免除刑罚的法律依据，重点在于犯罪情节和法律适用的说理。

（三）健全完善配套制度，充分发挥不起诉决定的效力

1. 完善不起诉监督制约机制

建立常态化办案质量和效果评估检查机制，充分发挥案件管理部门的监督管理职能，加大对案件的评查力度；充分发挥部门负责人、检察长的监督指导作用，加强案件质量实时管控；充分发挥纪检监察的制约监督作用，加强廉政风险的防范。健全不起诉公开审查制度，坚持对社会影响重大、关注度高或当事人存在异议的案件，主动邀请人大代表、政协委员、侦查人员、被害人等参加公开审查，提升司法公信力。健全不起诉决定书公开制度，自觉将不起诉决定书上网公开，将检察执法活动置于社会监督之下，促进不起诉决定透明公正。

2. 完善不起诉替代处罚多元体系

提升不起诉适用效果，需要完善不起诉决定与后续行政处罚、处分的衔接机制，加强与行政机关的沟通。强化检察意见和检察建议权运用，对被不起诉人有必要给予行政处罚、处分的，应当提出检察意见移送给相关执法机关，并做好对意见反馈、处理结果的跟踪，对于行业主

管部门在监管中存在普遍性问题的,积极制发检察建议促进问题解决。创新不起诉替代处罚方式,加强与社区矫正机构等部门的协作,可对危险驾驶、交通肇事、故意伤害致人轻伤等案件的被不起诉人,探索开展社会公共服务、公益服务等,促使其从刑事诉讼被追诉者向社会治理主体参与者转变。在办理特殊案件中,还可以结合案件特点引入对特殊权益保护的机制,如在办理破坏生态环境犯罪案件中,将生态修复补偿机制引入生态环境保护实践,要求被不起诉人补植复绿、投放鱼苗、缴纳生态修复费用等。

3. 建立对被不起诉人的调查评估和社会管理机制

一是探索将被不起诉人纳入调查评估机制范围,在对侵犯人身权利、财产权利等故意犯罪的嫌疑人作出相对不起诉决定前,由检察官根据案件情况,决定委托司法行政机关对犯罪嫌疑人的生活、职业经历和家庭状况等进行调查,以便全面充分掌握其社会危险性,为提高不起诉适用率提供制度支持。二是探索将被不起诉人纳入社区矫正制度范围,将不起诉与之后的监管、帮教、矫正相结合,对被不起诉人进行帮助、引导和管控,强化被不起诉人的社会防卫功能,以更好地实现预防犯罪的目的。

4. 健全被害人权益保障机制

一是要健全检调对接工作机制,检察机关要积极依靠社会各方力量搭建刑事和解平台,充分发挥人民调解员、民间调解组织化解矛盾的优势和作用,构建多元立体的矛盾纠纷化解机制,促进犯罪嫌疑人和被害人达成刑事和解,为不起诉的适用创造良好基础。二是要健全司法救助工作机制,主动对遭受犯罪侵害、生活陷入困境的被害人开展精准救助,综合运用法律帮助、心理抚慰和经济帮扶,做到"应救尽救",真正体现对被害方的关怀和爱护。

第四节　检察主导视野下的证据不足不起诉

证据不足不起诉，又称存疑不起诉，是指检察机关对于犯罪嫌疑人是否犯罪以及应否处以刑罚，处于不能证实也不能证伪的状态时作出的不起诉决定。① 在我国立法及诉讼理论界，证据不足不起诉被公认为属于"法定不起诉"。但也有学者认为，"裁量权在广义上是指检察机关在评估证据、预测结果、权衡刑罚的必要性和刑罚效果等基础上决定是否起诉的权力。所以，它既可以包括体现起诉便宜主义的相对不起诉，也可以包括体现起诉法定主义的证据不足不起诉。"② 我们认为，认定事实、评估证据、预测结果属于检察官内心的判断，它与裁量不能混为一谈。对证据不足的案件，检察机关作出处理决定时往往进退两难，在诉与不诉之间徘徊。但检察机关作出存疑不起诉决定并非基于裁量，而是基于法律的强制规定，即《刑事诉讼法》第175条第4款的规定，"对于二次补充侦查的案件，人民检察院仍然认为证据不足，不符合起诉条件的，应当作出不起诉的决定"。由于存疑不起诉与酌定不起诉都属于不起诉，二者关联性强，实践中经常存在混用的情况。为此，本节一并对存疑不起诉予以研究。

不起诉权是检察机关的一项专属性权力，其他任何机关都无权行使。检察机关通过作出不起诉决定，在刑事诉讼中发挥着主导作用。检察机关通过对证据不足的案件作存疑不起诉处理，一方面及时分流事实不清、证据不充分的案件，减轻法院的审理负担，并保证犯罪嫌疑人、

---

① 岳悍惟主编：《刑事诉讼法教程》，对外经济贸易大学出版社2007年版，第236页。

② 侯晓焱：《进退之间：证据不足不起诉实务研究》，中国检察出版社2017年版，第12页。

被告人的人权；另一方面倒逼公安机关依法取证，提升侦查质量。但是，存疑不起诉也是一柄双刃剑，如果用之不当，则会放纵真正的罪犯，损害被害人利益和社会公共利益。我们通过调研发现，在办案实践中，检察官提出的存疑不起诉处理意见被检察长或者检察委员会改变，案件提起公诉后被法院判决有罪的并非个案。反映出检察官在适用存疑不起诉中的一些倾向性问题，需要引起高度重视。

一、检察机关适用证据不足不起诉的现状分析

近年来，检察机关适用证据不足不起诉人数呈明显上升趋势。据最高人民检察院报告显示，2018年，全国检察机关对不构成犯罪或证据不足的决定不起诉34398人，同比上升14.1%。2019年，对不构成犯罪或证据不足的决定不起诉41409人，较5年前上升74.6%。

2017年至2019年，C市检察机关审查起诉87876件124330人，决定不起诉10964人，占审查起诉案件总人数的比例为8.82%，同比上升1.66个百分点。不起诉率为9.54%，同比上升1.81个百分点。不起诉案件中，存疑不起诉2270人，同比增加55.80%，占不起诉人数的20.70%，同比上升2.82个百分点，占审查起诉案件总人数的1.83%，同比上升0.55个百分点。

总体上看，存疑不起诉人数无论是绝对数，还是占审查起诉案件总人数的比例都呈明显上升趋势。实践中，造成案件存疑不诉的原因是多方面的，确有案发年代久远、侦查手段落后、被告人长期逃逸造成关键证据难以收集等客观原因。但存疑不起诉案件持续上升，却不得不引起我们的警惕。这反映出两个问题：

一是侦查机关收集证据的质量还有待继续提高。存疑不起诉从案件整体上否定侦查机关的"劳动成果"，反映出侦查取证还存在诸多缺陷和问题。据调研显示，目前公安机关侦查取证还存在"三不重"现象：侦查取证导向重"数量"不重"质量"，取证程序重"结果"不重"规

范"，核心证据重"表象"不重"本质"。① 侦查阶段是刑事案件的肇始和开端，公安机关的侦查取证情况决定着案件的最终走向。侦查程序不规范、侦查质量不高，其结果必然是检察机关作存疑不起诉处理。

二是随着无罪推定司法理念逐渐被办案人员理解和接受以及司法责任制改革带来的影响，检察官对案件定性把握更加谨慎，对案件定罪证据的要求也更为严格，存疑不起诉得到更多的适用。

但也要注意到，存疑不起诉在得到越来越多适用的同时，办案质量和风险也随之增加，特别是被害方不服不起诉的申诉显著增加。实践中，一部分案件并非真正"存疑"，但最终作了存疑不起诉处理。"基于对无罪判决、对错误起诉等评价指标的关注，实践中检察机关存在担心'诉错了'的心理，会对一些貌似存疑的案件作出不起诉的决定，以求稳妥。这是检察机关应该警惕的另一种倾向。"② 从近年来 C 市 A 分院检察委员会审议案件的情况看，检察官提出存疑不起诉处理意见，被检察委员会改变，案件起诉到法院被判有罪的并非个例。这类案件有以下几个特点：

第一，从案件类型看，毒品犯罪案件居多。由于毒品犯罪一般缺乏现实的危害结果，没有直接被害人，所以表现在客观方面的能够证明主观明知的证据往往难以搜集。同时，"毒品犯罪的行为方式比较隐蔽，犯罪具有瞬时性和片段性，且毒品的形状和物质属性又通常超出一般人的接触范围和认识能力，这也给行为人主观明知的认定带来困难"③。正是由于毒品犯罪的"主观明知"难以准确认定，导致承办检察官与检委会对毒品犯罪的处理上存在分歧。检察官往往以"证据不足"为由，

---

① 童祖权、李梦微：《存疑不起诉运行实证研究与再审视》，载《中国检察官》2018 年第 11 期。

② 侯晓焱：《进退之间：证据不足不起诉实务研究》，中国检察出版社 2017 年版，第 85 页。

③ 司冰岩：《毒品犯罪主观明知之辨析》，载《中共郑州市委党校学报》2016 年第 1 期。

倾向于作存疑不起诉。而检委会研究后认为，虽然犯罪嫌疑人不认罪，但综合全案证据，可以推定其"主观明知"，故应当提起公诉。其他案件包括故意杀人案（被害人死无对证）、强奸案（是否违背被害人意愿存在争议）、诈骗案（是否具有非法占有目的把握不准）等。

第二，从判决结果看，经检委会决定提起公诉的"证据不足"案件，法院全部作了有罪判决。其中一人被判处死刑，数人被判处无期徒刑，数人被判处有期徒刑。

上述情况表明，检察官在办理"证据不足"案件中，虽然贯彻了无罪推定原则，"宁纵勿枉"，但对一些案件适用存疑不起诉的精准性、妥当性有待提高，存在该诉不诉的现象。究其原因，有一些案件是由于检察人员缺乏斗争精神、担当精神，办案中过于拘泥于法律条文，机械办案造成的，也有一些案件是由于检察人员审查、判断、运用证据能力不强造成的。

二、检察官办理"证据不足"案件的若干误区

证据运用是检察机关办案的核心要求，贯穿检察机关办案始终。"检察机关办案过程的各个环节都离不开证据的运用，一旦其在运用证据的过程中产生错误，便很有可能造成事实认定的错误。"[①] 证据运用既包括取证、举证、质证、审查判断证据等过程，也包括证据运用的原则、方法，以及相关的证据规则。在司法实践中，部分检察人员证据知识不够扎实、证据思维和证据方法不够科学，在证据运用中还存在诸多问题，集中反映在"证据不足"案件的处理上。

（一）对证据充分性的认识误区

根据刑事诉讼法的规定，提起公诉必须达到"证据确实、充分"的

[①] 王一俊主编：《检察机关证据运用研究》，法律出版社2016年版，第69页。

证明标准。证据确实,是对证据质的要求,即证据已经查证属实,具有客观性、合法性、关联性。证据充分,是对证据量的要求,即全案证据能够形成完整的体系,具备充足的证明力,足以证明案件事实。

在司法实践中,对于什么是证据确实,认识基本一致。但对于什么是证据充分,却存在以下几种错误倾向:一是唯数量论,认为证据充分就是证据越多越好。证据充分首先需要一定数量的证据,这是毋庸置疑的。没有一定数量的证据材料,只有孤证,没有佐证,或者只有犯罪嫌疑人、被告人口供,没有其他证据印证,就谈不上证据充分,也谈不上证据确实。但是,证据充分并不需要大量的证据,"诉讼中的证据是充分的,也就是作为定案的证据在数量上不是个别的、少量的,而是足以得出关于犯罪事实的证据。"① 有的将证据充分与证据齐全混同,认为证据充分就是证据齐全,缺乏一些非主要证据,证据不齐全,就认为证据不充分,而不敢起诉。其实,证据充分并不等于证据齐全,证据充分要求证据的量达到证明案件"事实"的程度即可,并不需要证据齐全。二是唯口供论。长期以来,口供被视为"证据之王",是指控犯罪最直接、最有力的证据。侦查人员、检察人员、审判人员对口供有很强的依赖心理,这种状况目前并未根本转变。犯罪嫌疑人供认,并且有其他证据"印证"的,检察人员就认为"证据充分",可以提起公诉;反之,犯罪嫌疑人不供、翻供的或者口供有反复的,检察人员则认为"证据不充分",提起公诉的底气不足。A 分院检察官拟作存疑不起诉的案件,一个突出特点就是犯罪嫌疑人不认罪,或者供述后又翻供。"对口供的过度依赖,导致审查起诉的办案人员不善于运用客观证据定案,以致有的案件虽然有确实充分的外部证据,但因犯罪嫌疑人拒不供认犯罪事实,办案人员为求稳而作出疑罪不诉错误裁量。"②

---

① 张穹主编:《公诉问题研究》,中国人民公安大学出版社 2000 年版,第 337 页。
② 黄文艾、黄广进等:《中国刑事公诉制度的现状与反思》,中国检察出版社 2009 年版,第 155 页。

（二）对排除合理怀疑的认识误区

2012年修订的刑事诉讼法引入"排除合理怀疑"，从主观方面进一步明确"证据确实、充分"的含义，以便于司法人员掌握。但什么是合理怀疑，法学理论界、司法实务界都是一头雾水。目前，检察人员对合理怀疑仍然存在以下几个误区：一是将排除合理怀疑理解为排除一切怀疑。英国学者认为，法律寻找的是最大可能性，而不是确定性。证据不一定要达到确定的地步，但它必须达到极大可能性的程度。超越怀疑的证据，不是达到没有一丝怀疑的程度。① 证据确实充分，并不意味着证据绝对的精确，能够排除任何怀疑——那在实践中是很难办到的；而是意味着，现有证据能够证明犯罪嫌疑人犯罪的最大可能性，以至于我们可以排除任何对他罪行的合理怀疑。任何案件都存在一些可疑之处，这是十分正常的。如果将案件中的一些疑点都当成"合理怀疑"，那证据永远都无法达到"确实充分"的程度，也无法有效地履行指控证明犯罪的职能。二是将臆想的、缺乏证据支持的怀疑确定为合理怀疑。美国学者认为，"合理怀疑是产生于证据、证据所表明的事实或环境，或者一方的证据缺乏，不同于产生于纯粹的可能性、凭空的想象或者奇怪的猜想的那种怀疑。"② 因此，合理怀疑必须是有证据支持的怀疑，是一种实实在在的、有现实可能性的怀疑。它非任意妄想怀疑，非过于敏感机巧的怀疑，非仅凭臆测的怀疑，非吹毛求疵、强词夺理的怀疑，非于证言无徵的怀疑，非故为被告解脱以逃避刑事责任的怀疑。③ 但在司法实践中，不少检察人员将犯罪嫌疑人、被告人供述前后不一致视为"合理怀疑"，甚至将毫无根据的、臆想的怀疑视为"合理怀疑"，并以此认为

---

① ［英］理查德·梅：《刑事证据》，王丽等译，法律出版社2007年版，第78页。
② ［美］诺曼·M. 嘉兰等：《刑事证据教程》，但彦铮等译，中国检察出版社2007年版，第40页。
③ 李学灯：《证据法比较研究》，五南图书出版公司1992年版，第667页。

指控犯罪的证据不足。

案例：唐某非法持有毒品案

2016年11月8日，H区公安局禁毒支队接C市公安局禁毒总队指示：涉嫌运输、贩卖毒品的唐某正从T区陈某处购买毒品后赶往H区，对其实施抓捕。当日14时许，民警在H区某十字路口蹲守时发现唐某的小车并进行跟踪。15时许，唐某手提电脑包从H区某住宅小区房间出来后，被民警抓获归案。其后，民警从唐某随身携带的公文包内查获用塑料膜包裹的甲基苯丙胺片剂（麻古）可疑物190.46g及用金属筒包装的甲基苯丙胺（冰毒）可疑物3.80g及甲基苯丙胺片剂（麻古）可疑物0.27g。经C市公安局毒品检测中心检验，从本次查获的甲基苯丙胺片剂（麻古）可疑物中检出甲基苯丙胺和咖啡因成分，甲基苯丙胺（冰毒）可疑物中检出甲基苯丙胺成分。

此案在审查起诉中，唐某辩称公安机关从其随身携带的公文包里查获的保鲜膜包裹的东西是自己在该住宅小区地上捡的，自己没有打开看，不知道是毒品。承办检察官认为，唐某非法持有的由塑料膜包裹的毒品来源不明，不能排除唐某持有的上述物品系捡来且其不知里面是毒品的合理怀疑，应当作存疑不起诉处理。此案经A分院检察委员会研究，认为唐某非法持有毒品的证据确实充分，应当提起公诉。此案中，唐某关于包裹是"捡来的，不知是毒品"的辩解明显站不住脚。承办检察官对唐某"不知是毒品"的怀疑显然不是合理怀疑，是没有证据支持的"怀疑"。

（三）对非法证据排除规则的认识误区

在司法实践中，检察人员对适用该规则还存在一些困惑和误区，将不该排除的证据予以排除，导致提起公诉的证据不足，影响了办案质量。具体体现在：一是将犯罪嫌疑人辩称在侦查阶段遭到刑讯逼供作出的供述，不经严格的调查核实即作为非法证据予以排除。在司法实践中，犯罪嫌疑人在侦查阶段作出有罪供述后，时常会在审查起诉阶段翻供，并称之前作出的有罪供述受到了侦查机关刑讯逼供。在这种情形下，检察人员往往简单地查看一下犯罪嫌疑人的伤情，便认为犯罪嫌疑人受到刑讯逼供具有"高度可能性"，其有罪供述应予排除。根据"两院三部"《关于办理刑事案件排除非法证据若干问题的规定》，采取殴打、违法使用戒具等暴力方法或者变相肉刑的恶劣手段，使犯罪嫌疑人、被告人遭受难以忍受的痛苦而违背意愿作出的供述，应当予以排除。要排除犯罪嫌疑人、被告人的有罪供述，应当达到两个条件：(1) 刑讯逼供应当达到使犯罪嫌疑人、被告人"难以忍受的痛苦"的标准。尽管侦查机关在办案中有不规范行为，但如果没有达到上述标准，没有对犯罪嫌疑人、被告人供述的自愿性造成实质损害，其有罪供述就不应当排除。(2) 应当经过调查核实。对于犯罪嫌疑人、被告人控诉侦查机关刑讯逼供的，检察人员应当调查核实。包括询问侦查人员及相关人员，调取讯问录音录像，向医院详细了解犯罪嫌疑人、被告人的伤情及形成原因等。只有经过调查核实，确认侦查机关确有刑讯逼供的，才能排除犯罪嫌疑人、被告人的供述。没有经过调查核实，则不应排除犯罪嫌疑人、被告人的供述。二是将瑕疵证据作为非法证据予以排除。瑕疵证据主要形成于侦查取证不规范。如在制作讯问笔录中，讯问时间记录错误、讯问人员没有签名或由其他人代为签名、首次讯问笔录没有记录告知被讯问人员相关权利和相关法律规定，或虽告知其权利但告知内容不全面等。在搜集物证、书证中，勘验、检查、搜查、提取笔录或者扣押清单上侦查人员、见证人没有签名，见证人身份不符合法律要求，对物品的名称、特征、数量、质量没有注明或者注明不详细，书证的复制件仅有侦查人员签名未注明与原件核对无异，书证的复制件仅有办案单位公章，没有侦查人员签名，等等。① 根据刑事诉讼法的规定，

---

① 李涛：《侦查阶段瑕疵证据形成原因及其遏制的实证性分析》，载《湖北警官学院学报》2015 年第 1 期。

收集物证、书证不符合法定程序，可能严重影响司法公正的，应当予以补正或者作出合理解释。只有在不能补正或者作出合理解释的情况下，对证据才应当予以排除。对于瑕疵证据，有的检察人员在没有要求侦查人员补证，或者听取侦查人员解释的情况下，就直接作为非法证据予以排除，造成起诉证据不足。三是将与录音录像不一致的讯问笔录，作为非法证据予以排除。在法律要求录音录像的情形，侦查人员的讯问笔录应当与录音录像保持一致。但受记录速度的限制，侦查人员不可能全面、准确、一字不误地记载对答的内容。在笔录内容与录音录像有所出入的情况下，有的检察人员并未仔细地了解讯问笔录与录音录像的差异之处及其成因，而是直接将讯问笔录作为非法证据予以排除，由此降低了指控的质量。

（四）对证据形态、作用的认识误区

一是将非基本证据作为基本证据。"凡是和犯罪构成要件有关和其他对定罪量刑有影响的证据，就是案件的基本证据。"① 虽与案件有关，但是不属于犯罪构成要件或不影响定罪量刑的证据，则非基本证据。有的检察人员将不影响定罪的证据当作基本证据，如果这些证据不足或存在不能采信的情况，就认为是疑案。

案例：熊某故意杀人案

2009年6月11日22时许，犯罪嫌疑人熊某在C市S区某镇某村一小卖部内，认为被害人周某销售的香烟价格过高，与周某发生争执。随后，熊某在附近一废弃房屋内捡到一把菜刀，返回小卖部再次与周某发生争执，并持刀将周某砍倒。熊某进入柜台内抢走3包香烟和130余元现金。其间，熊某为摆脱周某，又用砖头击打周某头部致其死亡。经法医鉴定：被害人周某系被钝器击打头部致颅脑损伤死亡。2014年1月23日，犯罪嫌疑人熊某在J省N市向公安机关投案自首。

---

① 郑大群：《论基本证据》，载《社会科学》1981年第6期。

承办检察官认为现有证据不足以证实犯罪嫌疑人熊某的行为构成犯罪。理由是：（1）该现场系变动、开放现场，公安机关没有提取 DNA、指纹等客观证据，现无客观证据证实熊某去过案发现场；（2）现场系开放型现场，嫌疑人熊某称离开时并未关灯，而证人称发现被害人死亡时门市灯是关着的；（3）嫌疑人熊某称没有拿过店内墙壁上的挎包，但案发后公安在案发小卖部旁边的菜地上发现了该挎包；（4）嫌疑人熊某描述离开时见到柜台上的物品与证人第一时间发现被害人时描述的柜台上的物品不一致；（5）嫌疑人熊某供述的作案工具性状前后不一，拿刀和扔刀、血衣地点不一致；（6）虽然根据嫌疑人熊某指认的具体方位才从池塘淤泥中打捞出菜刀，但并未打捞到熊某供述包裹菜刀的血衣，且菜刀上没有任何 DNA 痕迹，不能确定这把刀一定就是作案工具。

此案经 A 分院检察委员会决定起诉后，法院最终判决被告人熊某犯故意杀人罪，判处死刑，缓期二年执行。本案中，该小卖部的灯是开着还是关着，嫌疑人是否拿过店内墙壁上的挎包，其见到柜台上的物品与证人描述的柜台上的物品是否一致，作案工具的性状等，都非基本证据，对定罪并没有实质性的影响。承办人将这些非基本证据当作基本证据，并纠结于案件中的细枝末节，显然是舍本求末。

二是对证据的复杂性、动态性认识不足。尽管刑事诉讼法规定了八种法定证据，但它们并非孤立地、静止地存在。某种证据材料，既可以作为此证据，也可以作为彼证据。比如，文件可以作书证，但也可以作物证。当文件作为物证时，"这时该文件的出示并非要证实其内容，而是要证实它的存在。"[①] 部分检察人员对证据的复杂性、多变性、动态性缺乏清醒的认识，机械地适用证据法则，认为某一证据材料不符合某种法定证据的形式要件时，便不能采信。

案例：徐某强奸杀人案

2002 年 3 月 30 日下午，犯罪嫌疑人徐某在 C 市 B 县某竹林附近强

---

① ［英］理查德·梅：《刑事证据》，王丽等译，法律出版社 2007 年版，第 14 页。

奸杀害初中女生陈某。同年4月7日,陈某尸体被发现。4月8日,侦查人员王某、龚某、周某对陈某尸体进行检验,记载:死者为女性,身高155cm,发长32cm,颈部有一黑色尼龙带,长55cm,宽2.5cm。上穿第一件为红绿相间的针织衫,下卷至胸肋缘处;第二件为白色T恤衫,下缘卷至胸下部;第三件为白色乳罩。下身赤裸,双足着白色弹力袜。死者颈部软组织高度腐败,仅在颈部右侧耳垂下3.5cm处残存皮肤上见一宽2.0cm的压痕,其余检验条件不足,勒、扼颈部导致的机械性窒息死亡的可能性大。死者头部颅骨未见骨折,颅脑损伤致死的可能性小。死者胸腹部未见创口,胸腹腔脏器位置正常、未见损伤,胸腹腔脏器损伤致死可能性小。经鉴定陈某系被勒、扼颈部窒息导致的机械性窒息死亡的可能性大。经检察人员审查,上述检验记录没有鉴定人签字,也未附鉴定人资质。侦查人员王某已经逝世,周某亦已退休。

犯罪嫌疑人徐某化名潜逃15年后,于2017年12月29日被H省S市公安局在S省C市抓获,并如实供述了强奸杀害陈某的犯罪事实。案件移送至C市B区公安局(原B县)后,原侦查人员龚某、周某于2018年1月16日再次出具法医学尸体检验鉴定书,内容与前述尸体检验记录一致。在制作该份鉴定书时,龚某仍然具有鉴定人资质,而周某已经退休,不再具有鉴定人资质。

承办检察官认为,本案原始的法医检验记录不具备鉴定意见的形式,仅为侦查机关内部文书,且鉴定人没有签名,未加盖公章。2018年的法医学尸体检验鉴定书,并没有新的检材,原鉴定人对法医学记录作了整理、打印,签字鉴定人为龚某和周某,其中周某的专业技术资格证实颁发日期为2001年1月11日,做出鉴定时,鉴定人资质已经过期,且该鉴定人已退休。根据最高人民法院2013年颁布的《关于适用〈中华人民共和国刑事诉讼法〉的解释》,鉴定意见具有下列情形之一的,不得作为定案根据:"鉴定人不具备法定资质,不具有相关专业技术或者职称,或者违反回避规定的。"据此,该鉴定意见不得作为定案根据。

A分院检察委员会研究认为，虽然两份鉴定意见在形式要件方面有一定瑕疵，但可以要求侦查人员作出补正或合理解释。鉴定人在现场看到的一切，其真实性、客观性不容置疑，鉴定意见的记载内容具有客观真实性。即便不能以"鉴定意见"形式作为证据使用，也可以转换为证人证言使用。该案提起公诉后，承办检察官通知原侦查人员龚某出庭作证，其证言得到法庭的采信。

（五）对科学证据的认识误区

随着现代科学技术的发展，科学证据在刑事司法中的作用越来越凸显。特别是DNA鉴定，"是人身同一认定的最好方法"[①]。许多人都同意，DNA证据比刑讯逼供或其他传统的发现事实的方法更令人信服地指向事实。但在司法实践中，不少检察人员对科学证据仍然存在模糊认识：（1）过于依赖科学证据。个别检察人员对DNA鉴定几乎陷入迷信的程度。没有DNA或者指纹鉴定，便无法锁定犯罪嫌疑人。如前述熊某故意杀人案中，尽管熊某向公安机关主动投案，供述其在C市S区某镇某村一小卖部杀害一名妇女的事实，且其供述与案发现场基本吻合，但由于现场并未提取到嫌疑人的血迹、指纹等客观证据，承办检察官便得出"无客观证据证实熊某去过案发现场，不能锁定嫌疑人熊某作案的唯一性"结论。（2）不善于运用科学证据。在犯罪嫌疑人"零口供"情况下，部分检察人员往往束手无策，不知道怎样运用科学证据来建构案件事实。

（六）对经验法则的认识误区

"法律的生命不在于逻辑，而在于经验。"检察人员在审查案件中，应当善于运用经验法则对案件事实进行推定。"推定是指根据法律的要

---

① ［美］乔恩·R. 华尔兹：《刑事证据大全》，何家弘译，中国人民公安大学出版社2004年版，第542页。

求从特定的系列事实中推导出结论。之所以推定能够为人们所普遍接受，是因为推定的逻辑过程遵循了人们常识和经验形成的基本规律与特征。"① 这些由"人们常识和经验形成的基本规律与特征"，即经验法则。我们学习法律是为常识辩护的，而不是用法律知识辩驳常识。在司法实践中，部分检察人员对经验法则十分陌生，不善于运用经验法则进行推定，不善于运用间接证据形成完整的证据锁链；甚至作出的结论违背"常理常识常情"，近乎荒唐。

三、影响检察官办理"证据不足"案件的综合因素

（一）提起公诉证明标准过高

根据我国刑事诉讼法的规定，侦查终结、提起公诉、法院定罪，都适用同一证明标准，即"证据确实、充分"。为了保证我国公诉权得到正确行使，保障公民的合法权益不受非法侵犯，防止错诉、错判，必须维持较高的证据标准。② 这是一个十分理想化的证明标准，"在指控证据的质与量方面都提出了完美的要求，用这一客观完美的标准来比照和评价案件证据，几乎没有案件能够达到"③。"判决是针对过去确实发生的事情做出来的，而法庭获得的都是有缺陷的事实。"④ 即使法庭宣判被告人有罪，也不可能完全达到"证据确实、充分"的程度。尽管"证据确实、充分"属于客观性证明标准，但由于不具有可测量性，必须依

---

① ［美］诺曼·M. 嘉兰等：《执法人员刑事证据教程》（第 4 版），但彦铮等译，中国检察出版社 2007 年版，第 71 页。

② 孙长永：《提起公诉的证据标准及其司法审查比较研究》，载《中国法学》2001 年第 4 期。

③ 侯晓焱：《进退之间：证据不足不起诉实务研究》，中国检察出版社 2017 年版，第 112 页。

④ ［英］詹妮·麦克埃文：《现代证据法与对抗式程序》，蔡巍译，法律出版社 2006 年版，第 59 页。

赖于警察、检察官、法官等的主观判断。对同一案件，有的会认为"证据确实、充分"，有的则认为"证据不足"。正因如此，设定如此高的证明标准并不能有效防范冤假错案。一步错、步步错的情况仍然时有发生。

提起公诉的证明标准太高，"倒逼"检察人员从审判的视角去审查、处理案件，以法院的有罪判决作为案件质量的检验标准。尽管这有利于防止检察人员错诉，在一定程度上能够保证公诉权的正确行使。但也给检察人员带来较大的心理压力，导致他们在决定是否起诉时过于拘谨。对证据是否确实充分拿捏不准时，即使"内心确信"犯罪嫌疑人有罪，提起公诉有较大的胜诉可能性，但也选择作存疑不起诉处理。[①] 可以说，提起公诉的证明标准过高，抑制了公诉权的充分行使，是造成诸多案件作存疑不起诉处理的重要原因。

（二）司法责任制不够完善

司法责任制改革"突出检察官主体地位，使检察官既成为司法办案的主体，也成为司法责任的主体"[②]。在司法责任的划分上，修改后的《人民检察院组织法》第32条、第34条分别规定："检察委员会讨论案件，检察官对其汇报的事实负责，检察委员会委员对本人发表的意见和表决负责。""检察官对其职权范围内就案件作出的决定负责。检察长、检察委员会对案件作出决定的，承担相应责任。"根据上述规定，检察官在向检察委员会汇报案件时，只要没有故意隐瞒、歪曲事实，或者遗漏重要事实、证据或情节，导致检察委员会作出错误决定，检察官就不承担司法责任。换句话说，检察官提出的处理意见，无论检察委员会同

[①] 在检察委员会研究案件时，承办检察官以及部分检察委员会委员经常会说"内心确信这个案件就是××干的，但就是证据不足，不敢起诉"。

[②] 最高人民检察院编：《人民检察院司法责任制学习资料》，中国检察出版社2015年版。

意还是改变，都由检察委员会承担责任。正因检察委员会具有"责任转移"功能，检察官对于所谓的"疑难复杂"案件，往往以"证据不足"为由，提出存疑不起诉处理意见，报请检察委员会研究，以规避本应由自己承担的司法责任。而在司法实践中，检察官对不当诉而诉，法院判决无罪的案件，可能承担错案责任以及考核上的不利后果。而对于当诉而不诉，被检察委员纠正，起诉后法院作了有罪判决的案件，几乎不承担错案责任，也几乎不影响考核。同样是"认定事实出现重大错误"，在上述两种情形下，检察官承担的司法责任可谓天壤之别。这是导致检察官经常以"证据不足"为由，提出存疑不起诉处理意见的重要原因。

(三) 绩效考核机制的压力

为了实现奖优罚劣，建立完善绩效考核机制十分必要。但也要注意，司法活动有其固有的规律性，如果业绩考核指标设定不科学、不合理，就可能产生违背司法规律、扭曲司法行为的效果，即所谓"逼良为娼"的效应。正如龙宗智教授所言："司法个案是千差万别的，统一性指标很难全面合理地适用于各种案件评价，但因指标的压力及检察机关和检察人员的功利性追求，案件办理的过程和结果可能因此而被扭曲。"[①] 从各地检察机关考核指标的设置看，普遍将撤回起诉、无罪判决作为负面的评价指标。相对而言，对不起诉案件的考核要"宽容"得多。只有不起诉决定被上级院纠正，并且起诉后被判有罪的，才扣分。检察官提出不起诉处理意见，被本院检察委员会纠正，即使起诉后被判有罪，检察官的办案绩效并不受影响。在绩效考核机制的压力下，在功利主义的驱使下，检察官"权衡利弊得失"，对认为"有疑点"的案件，自然会选择不起诉，而不是提起公诉，这导致很大一部分应当起诉的案件，以"证据不足"为由作存疑不起诉处理。

---

① 龙宗智：《检察官客观义务论》，法律出版社2014年版，第414—415页。

四、准确规范适用证据不足不起诉的主要举措

"证据不足"的案件在任何一个国家都是无法避免的,并且"任何一个体系都不可能拥有解决事实证据不足案件的完美方案"①。美国盛行辩诉交易,检察官可以对证据不足案件与被告人作交易,即通过提供一个大幅度的减刑要约来换取认罪答辩。德国检察官作为"世界上最客观的官署",有权拒绝对证据不足案件提起指控。但是,强制起诉原则可能迫使检察官在重罪案件中提起指控,特别是当受害人可以要求对检察官不起诉决定进行司法审查的时候。法官经过审理后,可能出于证据不足而驳回案件,也可能要求进行正式审判。不管怎样,"案件都要经历一个透明的公开审理后,由事实发现者认定案件结果的事实基础——而不是基于未经审查的个别检察官对案件证据强度和被告有罪的判断。"② 相比之下,日本检察官所处的考核环境,要求他们对"错误指控"和"因疏忽导致宣告无罪"负责,其职业生涯也将会受到影响。因此,日本检察官更可能冒"未被指控的嫌犯再次犯罪的风险",而不会冒受指控人可能被宣告无罪的风险。"这种指控的保守路径在一些案件中可能忽视了受害人的利益,特别是当检察官低估了庭审胜利的可能性时。有待证明的是,由于降低了定罪和惩罚的发生率,它也损害了在威慑方面的公共利益。"③ 中日两国检察官处境相似,但两国国情不同,检察制度发展程度不同,对检察官办案的监督制约机制亦存在差异。如何防止检察官该诉不诉,确保证据不足不起诉得到正确妥当适用,考验着制度设计者的智慧和能力。

---

① [美]艾瑞克·卢拉等主编:《跨国视角下的检察官》,杨先德译,法律出版社2016年版,第91页。
② [美]艾瑞克·卢拉等主编:《跨国视角下的检察官》,杨先德译,法律出版社2016年版,第99页。
③ [美]艾瑞克·卢拉等主编:《跨国视角下的检察官》,杨先德译,法律出版社2016年版,第103页。

（一）大力培育检察人员的职业良知

心理学研究表明，职业化的法官、检察官在长期接触刑事案件过程中，会逐渐变得麻木和冷漠，对被害人所受到的伤害无动于衷。正如美国著名证据法学者达马斯卡所言："对司法裁判事务参与程度越深，就会变得麻木不仁：有待裁判的事项，在他看来只不过是一般类型中的一个，并逐渐开始以一种处理日常工作的相对冷漠的方式进行事实认定。"[1] 对一些案件该起诉而作存疑不起诉处理，反映出部分检察人员缺乏应有的职业良知和担当精神。为此，应当大力加强检察人员职业良知教育，引导检察人员树立起打击犯罪与保障人权并重、维护犯罪嫌疑人权益与维护被害人权益并重、程序公正与实体公正并重等理念，克服就案办案、机械办案的观念。办准办好案件，首先要从政治上权衡利与弊，其次从法律上明辨是与非，最后从道德上评判美与丑，充分考虑天理、国法、人情，努力实现政治效果、法律效果和社会效果的统一，让人民群众在每一个案件中都感受到公平正义。

（二）准确把握公诉案件的证据标准

"证据确实充分"并不意味着提起公诉的案件不存在任何疑惑。检察人员在提起公诉时，尽管认为证据已经达到"确实充分"的程度，但仍然不可能消除案件中的所有"疑惑"。正因为对案件事实存在"疑惑"，控辩双方各执一词，才有将案件交付法院审判的必要。正如美国学者马文·E.弗兰克尔所言："之所以需要审理，是因为我们对曾经发生的事实有着疑惑。"[2] 审判程序存在的价值，就在于通过控辩双方的

---

[1] ［美］米尔吉安·R.达马斯卡：《比较法视野中的证据制度》，吴宏耀等译，中国人民公安大学出版社2006年版，第6页。

[2] ［美］马文·E.弗兰克尔：《追求真实：一个裁判的观点》，虞平等译，载虞平、郭志媛编译：《争鸣与思辨：刑事诉讼模式经典论文选译》，北京大学出版社2013年版，第328页。

举证、质证、辩论，抽丝剥茧，逐步消除控辩双方对事实的"疑惑"，还原事实真相。至于被告人是否真正有罪，应当由法庭通过细致入微的审查、控辩双方举证、质证及激烈的辩论来最后判定。如此，以审判为中心，庭审实质化才能真正实现。

检察机关对证据充分性存在一定争议的案件提起公诉，并不意味着就是"带病起诉"。目前，一些检察人员对"带病起诉"还存在一些模糊认识。有的认为如果没有达到"事实清楚、证据确实充分"的证明标准，提起公诉就是"带病起诉"。有的认为将事实、证据有一定疑惑的案件，起诉到法院就是"带病起诉"。我们认为，所谓带病起诉，是将侦查阶段、起诉阶段有重大违法行为（如刑讯逼供、暴力取证等）的案件，或者证据明显不足，法院显然会判无罪的案件提起公诉，造成法院错误判决，被告人被错误判刑。除了上述情况外，检察官提起公诉的案件，即使被法院判决无罪，都不能算带病起诉。正如日本学者森际康友所言："如果在起诉的时候，判断其有罪是有合理理由的，那么检察官的起诉在那个时间点的判断就是合法的，不能说在此之后出现了无罪判决，就说起诉本身是违法的。"①

（三）加强对存疑不起诉案件的内部监控

一是充分发挥检察委员会的决策把关作用。检察委员会作为检察机关内部的最高业务决策机构，不但可以把好案件质量的最后一道关口，而且也能在客观上形成对违法办案的有效制约。通过议案，检委会可以了解承办检察官的具体办案过程、办案行为、工作态度、法律功底等方面的情况，及时纠正问题，发挥监督作用。对检察人员拟作存疑不起诉处理的案件，案情重大复杂的，原则上应当提交检察委员会研究决定，不宜由检察长个人决断。检察委员会研究后认为证据确实充分应当起诉的，检察官应当依法提起公诉。

---

① ［日］森际康友编：《司法伦理》，于晓琪等译，商务印书馆 2010 年版，第 184 页。

二是完善存疑不起诉案件质量评查机制。要将存疑不起诉案件纳入重点评查范围。对于检察官提出存疑不起诉意见，被检察长、检察委员会改变，决定提起公诉后被法院判有罪的案件，应当实行一案一查，以全面地了解检察官的专业素养、司法能力及办案态度。对于其他经检察长或者检察委员会同意作存疑不起诉决定的案件，实行抽查。抽查比例不应低于该院决定存疑不起诉案件的50%。

三是完善存疑不起诉案件的考评机制。进一步明确瑕疵案件、不合格案件的认定标准，将检察官办理存疑不起诉情况纳入绩效考评。对于检察人员拟作存疑不起诉处理的案件，检察长或者检察委员会改变后，最终被法院判有罪的，视情况分别认定为瑕疵案件或者不合格案件，并在检察官绩效考核中，予以扣分。要准确设定对存疑不起诉的考核指标和分值，防止考核"逼良为娼"的负面效应。

四是严格责任追究机制。检察官办理的存疑不起诉案件被认定为错案的，要按照"谁办案谁负责，谁决定谁负责"的要求，检察委员会、检察长、副检察长、检察官对其职权范围内决定的事项负责。检察长、副检察长、业务机构负责人以及其他负有监督管理职责的检察人员，应当依照有关规定承担相应的监督管理责任。

（四）完善存疑不起诉的外部监督制约机制

（1）强化存疑不起诉的说理、听取意见制度。大多数国家针对不起诉设立了告知理由和听取意见程序。如《德国刑事诉讼法典》第171条规定，检察院不支持要求提起公诉的申请或者侦查终结后决定停止程序时，应当通知告诉人，同时阐明理由。告诉人同时又是被害人的时候，在通知书中要告知可以声明不服的可能性和对此所规定的期限。第172条第1款：未进行第171条第二句的告知时，期限停止不计。《日本刑事诉讼法》第259条：检察官对案件作出不提起公诉的处分时，如果被疑人提出请求，应当迅速告知不起诉的意旨。第260条：检察官对经告诉、告发或者请求的案件，在作出提起公诉或者不提起公诉的处分时，应当迅速将其意旨通知告诉人、告发人或者请求人。在撤回起诉或者将案件移送其他检察厅的检察官时，亦同。第 261 条：检察官对经告诉、告发或者请求的案件，如果告诉人、告发人或者请求人提出请求，应当迅速通知告诉人、告发人或者请求人不提起公诉的理由。在英国，审查起诉采用抗辩式的方式进行，被害人有权在预审法庭上向预审法官陈述自己对证据、对案件处理的意见与态度（预审法官有权决定是否起诉）。美国 1982 年的《被害人及证人保护法》规定，检察官为了听取对联邦刑事案件的处理意见，应当与被害人及其家属协商。

对于存疑不起诉，答疑说理重点在于对证据的分析认定上，应当紧紧围绕对认定犯罪的主要证据存在的缺陷进行说明。从证据的"三性"出发，着重分析侦查机关获取证据以及当事人提供证据的可采纳性、证据之间的矛盾性、证明关键事实证据的不充分性以及证据推定结论的非唯一性。①

关于听取意见方面，尽管《刑事诉讼法》第 173 条规定，人民检察院审查案件，应当听取辩护人或者值班律师、被害人及其诉讼代理人的意见，并记录在案。在实践中，有的检察官对被害人的意见往往是"听而不取"，被害人的意见对检察官作出存疑不起诉决定并无多大的影响。近年来，一些地方检察机关对符合不起诉条件的部分案件专门召开听证会，建立公开审查制度，取得了较好的成效。2020 年 10 月，最高检发布的《人民检察院审查案件听证工作规定》规定对拟不起诉案件可以举行听证，这有利于增强不起诉活动的透明度，确保不起诉案件的公正、准确处理。

(2) 完善公诉转自诉的规定。根据《刑事诉讼法》第 180 条的规定，被害人如果对不起诉决定不服，既可以向上一级人民检察院申诉，

---

① 谭天瑶、苗福翠：《不起诉答疑说理工作机制的适用》，载《中国刑事法杂志》2009 年第 12 期。

请求提起公诉,也可以不经申诉,直接向人民法院起诉。实践中,被害人不服不起诉的申诉呈上升趋势,但是被害人很少自行向法院起诉。究其原因,主要在于"公诉转自诉"的制度设计不够完善。公诉转自诉后,举证责任完全转移给被害人。绝大多数被害人缺乏指控证明犯罪的知识、经验和能力。案件作出存疑不起诉决定,说明在案证据存在很多问题。在这种情况下,拥有强大权力和取证手段的公安机关和检察机关尚且不能调取到足够的证据,孤独无力的被害人要取得足够的证据,并且能够成功证明犯罪,更是天方夜谭。鉴于此,应当进一步完善公诉转自诉制度,确保被害人的自诉权利得到真正的实现。一是被害人向人民法院提起自诉后,检察机关应当将有关案件材料移送法院。法院在审查案卷和被害人提供的证据后,必要时可以依职权调查取证,裁定是否受理被害人提起的自诉。二是人民法院在受理自诉后,在被害人没有能力委托律师的情况下,应当为其指定法律援助律师。被告人没有委托辩护人而符合法律援助情形的,也应当为其指定法律援助律师。三是对这类案件的开庭审理,应当由被害人的律师作为"临时公诉人",出席法庭,支持起诉。对这类案件,被害人、被告人双方可以依法进行和解,法院也可以进行调解。四是法院经过审理后,就检察机关的存疑不起诉决定是否正确、被告人是否有罪一并作出判决。被害人、被告人对法院判决不服,可以依法提起上诉。

第五章 检察官在指控、证明犯罪中的主导责任（上）
——一般理论

在审判期间，检察官承担着指控、证明犯罪的主导责任，这体现了以审判为中心诉讼制度改革的要求。以审判为中心核心在于以庭审为中心，要求庭审实质化，实现"四个在法庭"（诉讼证据质证在法庭、案件事实查明在法庭、诉辩意见发表在法庭、裁判理由形成在法庭），保证庭审在"四个方面"（查明事实、认定证据、保护诉权、公正裁判）中发挥决定性作用。庭审实质化的关键在于事实的查明，即用证据来证明案件事实，这必然影响到对检察官主导责任的认识。没有证据就没有庭审，有什么样的证据就有什么样的庭审。检察官通过发挥指控、证明犯罪的主导责任，引导和推动审判程序的进展。我们要充分理解并切实履行在指控、证明犯罪中的主导责任，切实推进庭审实质化，使以庭审为中心、以证据为中心的刑事审判落到实处。

第一节 检察官指控、证明犯罪主导责任的理解与把握

一、检察官指控、证明犯罪主导责任的内涵及依据

检察官指控、证明犯罪主导责任，指检察官通过实际参与庭审，积

极履行指控、证明犯罪等职能,引导庭审程序的运转,使被告人得到公正审判的责任。在把握这一概念时,首先需要明确,提出检察官指控、证明犯罪主导责任的依据、目的是什么?

我们认为,提出检察官在指控、证明犯罪中的主导责任,主要立足于我国刑事庭审方式由"职权主义"向"控辩式"加速转型的现实。张军检察长指出:"法官在庭上就是一听一断,所谓'沉默的法官、争斗的当事人'。""那么争斗、控和辩是由谁引发的?公诉人!"① 可以看出,这是典型的控辩式诉讼的特点。至于提出检察官指控、证明犯罪主导责任的目的,张军检察长也做了明确的说明:在以往的庭审实践中,"有时候法官和辩护律师争论起来,个别甚至走向极端,把辩护律师逐出法庭。法官在这个时候表现出了异常的'主导'作用,原因很多,但大多情况是因为公诉人在法庭上没有正常发挥其应有的主导职责……法官的越位主要是因为检察官主导责任没有发挥好。""在审判中是主导,那就要求公诉人必须以负责任、更高一等的指控证明犯罪能力,使以庭审为中心、以证据为中心的刑事审判落到实处。"② 根据张军检察长的论述,检察官指控、证明犯罪的主导责任目的在于:

第一,纠偏,即纠正"法官越位"的偏差。"由于传统的庭审习惯,法官在庭审中大包大揽,对诉讼双方过分干预,往往卷入当事人的利益纷争中,难以保证其公正中立的形象,造成司法公信力下降。"③ 法官主导庭审,在庭审中过于积极主动,无疑有越俎代庖之嫌。法官充当"第二公诉人"角色,降低了检察官指控、证明犯罪的责任,影响了公诉的效率。提出检察官指控、证明犯罪的主导责任,有利于促使法官准确定位在庭审中的角色,始终保持客观中立的立场,公正地对待控辩双方。

---

① 张军:《关于检察工作的若干问题》,载《人民检察》2019 年第 13 期。
② 张军:《关于检察工作的若干问题》,载《人民检察》2019 年第 13 期。
③ 王宝林:《论法官的庭审理念》,来源:中国法院网,访问日期:2020 年 7 月 11 日。

第二，担当，即强化检察官在庭审指控、证明犯罪的责任。在庭审实践中，如果检察官没有履行好指控、证明犯罪的主导责任，就会影响出庭公诉的质量和效果。"目前公诉人应当在庭审中举证、质证的工作与要求还有很大的改进空间，例如，出庭公诉模式单一，举证、质证等环节拖沓冗长烦琐，证人一般都不出庭，证据形式多以言词证据为主，表现为笔录证据，不是定案关键的证据与关键证据混杂一起，多个证据捆绑示证等，影响了案件主要事实的查证力度，也使被告人及其辩护人无从质证。"① 为此，需要压实检察官指控、证明犯罪的主导责任，提升出庭公诉能力，实现公诉实质化。主导不是主持，主导也不是出风头，与法官争夺在庭审中的权力，而是主动担责、自加压力，把在庭审中应当履行的指控、证明责任履行好，切实推动庭审的实质化。

二、检察官指控、证明犯罪主导责任的构成

"检察官从审判程序的启动到终止都发挥着主导责任。"② 检察官提起公诉是开启审判程序的前提条件，提起公诉的对象和范围决定了审判的对象和范围。检察官对所指控的犯罪负有证明责任，具体包括举证责任和说服责任。此外，检察官作为司法官员，须秉持客观公正立场，公正地对待被告人。因而，检察官在法庭上还负有协助法院实现公正审判的责任。

（一）检察官指控犯罪的责任

指控犯罪是检察机关首要的、基本的职能。"在当代社会，检察机关作为国家追诉机关，在刑事诉讼中承担指控犯罪的职责，这已成为世

---

① 陈卫东：《"审判为中心"视角下检察工作的挑战与应对》，载《学习与探索》2017年第1期。

② 胡晴晴：《论刑事诉讼中检察官的主导责任》，载《人民检察》2020年第5期。

界各国的通例。"① 从诉讼模式的发展看，经历了从弹劾式到纠问式再到控辩式不断发展的路径，指控与审判职能也经历了从分离到合一再到分离的历程。在弹劾式诉讼模式下，指控犯罪主要由被害人自己发动。由于被害人不可避免地会受到恐惧、私欲冷淡等主观因素影响，加之取证困难，使得被害人常常自愿或不自愿地放弃追诉犯罪的诉讼权，导致大量犯罪得不到处罚。于是，指控犯罪的责任委于法官，弹劾式诉讼逐渐演变为纠问式诉讼。在纠问式诉讼模式下，控审不分，法官既承担指控犯罪的职能，又承担裁判职能。由此，被追诉人的权利被剥夺殆尽，沦为刑事程序的客体。为了克服纠问制的弊端，法国大革命时期对刑事诉讼进行改革，实行控审分离原则，将诉讼程序拆分为指控和审判两个阶段。法官由积极主动的追诉者转变为消极被动的裁判者，仅负责审判职能。检察机关由此成为专司指控犯罪职能的机关。

检察机关指控犯罪的基本形式是提起公诉。即通过向法院提交起诉书，请求法院对被告人进行审判，以追究被告人的刑事责任。起诉书是启动审判程序的重要法律文书，具有多方面的功能。从诉审关系角度看，起诉书的功能体现在：一是确立审判权的基础。国家对于被告之控诉，必须向法院提出正式及特定之起诉书，否则法院无法取得对被告之审判权。如无正式之起诉书，审判及有罪判决，皆属无效。② 二是开启审判程序的前提。检察机关一旦提起公诉，即启动审判程序，法官必须进行审理。根据《刑事诉讼法》第186条的规定，人民法院对提起公诉的案件进行审查后，对于起诉书中有明确的指控犯罪事实的，应当决定开庭审判。人民法院对公诉案件的审查，主要是形式审查，不涉及实质方面的审查。只要起诉书中有明确的指控犯罪事实，法院就应当开庭审判，而不能驳回起诉。三是决定审判的对象和范围。基于诉审同一性原则，法院审判的对象和范围应当限于起诉书指控的对象和范围内。"起

---

① 卢建平主编：《检察学的基本范畴》，中国检察出版社2010年版，第65页。
② 王兆鹏：《起诉书与基本人权》，载《检察新论》2007年第3期。

诉范围对审判范围的限制，可以防止法官滥用审判权，保持法院审判的应答性和被动性，也有利于被告人辩护权的有效行使，防止法官的突袭裁判。"①

（二）检察官证明犯罪的责任

《刑事诉讼法》第189条规定："人民法院审判公诉案件，人民检察院应当派员出席法庭支持公诉。"检察官出庭公诉的主要任务，是指控犯罪、揭露犯罪，核心是运用证据证明犯罪。检察官的证明责任，主要包括举证责任和说服责任两个方面。

1. 举证责任

举证责任，即提出证据的责任。由于被告人享受无罪推定原则的保护，举证责任原则上全部由检察官来承担，只有在非常特殊的情况下才实行举证责任倒置，由被告人承担举证责任。从证明对象的视角看，检察机关举证责任既包括实体方面的举证责任，也包括程序方面的举证责任。

第一，检察机关实体方面的举证责任。检察机关在公诉案件中的举证责任主要是实体责任，即向法院提供证据来证明起诉书中指控的犯罪事实。根据《刑事诉讼法》第198条第一款"法庭审理过程中，对与定罪、量刑有关的事实、证据都应当进行调查、辩论"之规定，检察机关在实体方面的举证责任，既包括定罪事实的举证责任，也包括量刑事实的举证责任。定罪举证责任即提出能够使犯罪嫌疑人、被告人判决有罪的证据。"由于被告人无罪不属于公诉方的事实主张范围，所以公诉方不承担证明被告人无罪的举证责任。"② 在法庭上，公诉人应围绕所指控罪的犯罪构成这四个方面分别提出相应的证据，含某种罪的犯罪构成的相关要件、何种罪名，以期达到指控被告人的目的。量刑举证责任就

---

① 黄文：《刑事诉审关系研究》，西南师范大学出版社2006年版，第21页。
② 何家弘、杨迎泽：《检察证据实用教程》，中国检察出版社2006年版，第181页。

是提出量刑证据,证明对被告人量刑建议主张。①

第二,检察机关程序方面的举证责任。《刑事诉讼法》第 59 条规定:"在对证据收集的合法性进行法庭调查的过程中,人民检察院应当对证据收集的合法性加以证明。"根据该规定,检察机关负有对证据收集合法性进行证明的责任。证据收集主要是侦查部门的职责,属于程序法规范的事项。检察机关对证据收集合法性进行证明,本质上是对侦查取证的合法性进行证明。"侦查程序的合法性是程序方面所规范的事实问题,对这一程序性事实争议问题的解决将影响甚至决定对实体法事实的认定。"② 如果检察机关不能证明证据收集的合法性,该证据就可能被作为非法证据予以排除。

2. 说服责任

"说服责任是证明责任的核心,因为证明责任的基本功能是解决事实真伪不明时法官如何裁判的风险分配,而只有在事实审理者能否被最终说服的意义上,风险分配才是决定性的。"③ 在刑事诉讼中,说服法官判决被告人有罪的责任总是由检察官承担。检察官应当通过质证、辩论等活动,阐明所提供的证据具有合法性、客观性、关联性,并且证据体系达到了确实、充分的证明标准,足以证明所指控的犯罪事实,从而说服法庭采信本方提供的证据,采纳本方的诉讼主张,认定被告人实施了所指控的犯罪事实。如果检察官不能说服法官排除合理怀疑地相信被告人有罪,将承担事实主张不被法庭采信的不利后果。

(三)检察官协助法院实现公正审判的责任

"协助法官公正审判是检察官的职责所在,也是法律监督权的外在

---

① 吴月红:《论检察机关在刑事诉讼中的举证责任》,载《武汉科技大学学报》(社会科学版)2014 年第 5 期。

② 吴月红:《论检察机关在刑事诉讼中的举证责任》,载《武汉科技大学学报》(社会科学版)2014 年第 5 期。

③ 赵俊甫:《刑事推定论》,知识产权出版社 2009 年版,第 107 页。

体现,这是检察官在审判阶段除控诉责任之外的又一主导责任。"① 在法庭上,检察官既负有指控和证明犯罪的责任,又应当超越控方的角色,恪守客观公正义务,协助法院实现公正审判。《人民检察院刑事诉讼规则》第399条规定:"在法庭审理中,公诉人应当客观、全面、公正地向法庭出示与定罪、量刑有关的证明被告人有罪、罪重或者罪轻的证据。"在审判过程中,当检察官发现不存在犯罪事实;犯罪事实并非被告人所为;情节显著轻微、危害不大,不认为是犯罪;证据不足或证据发生变化,不符合起诉条件等情形时,可以撤回起诉,从而终止审判程序。也有学者主张:"如果证据调查结果表明公诉的犯罪事实缺乏足够的证据支撑,检察官应当依法请求法院判决无罪,以维护被告人的合法权利。"② 此外,检察官还承担着对法庭审判进行法律监督的责任。在审判过程中,检察官应当对法庭审理案件有无违反法律规定诉讼程序的情况记明笔录;对违反法定程序的审判活动、行为提出纠正意见。检察长通过列席法院审判委员会会议,依法履行法律监督职责。检察官还可通过对判决、裁定提出抗诉,启动二审、再审程序,纠正判决、裁定中的错误,维护司法公正。

三、检察官指控、证明犯罪主导责任的重要价值

检察官承担指控、证明犯罪的主导责任目的在于革除法官包办代替检察官证明责任的弊端,因而具有特殊的、深层次的意义。庭审程序,乃诉讼程序重要的一环,受诸多原则的支配,包括适用于整个诉讼程序之原则,适用于法官所进行的程序之原则,适用于调查证据程序之原则以及专门适用于审判程序之原则,等等。③ 发挥检察官在指控、证明犯

---

① 胡晴晴:《论刑事诉讼中检察官的主导责任》,载《人民检察》2020年第5期,第29页。
② 朱孝清:《检察官相对独立性研究》,中国检察出版社2017年版,第135页。
③ 林钰雄:《刑事诉讼法》(下册),中国人民大学出版社2005年版,第145页。

罪中的主导责任，有利于落实庭审原则，推动庭审实质化。

（一）有利于落实公正审判原则

所谓公正审判原则，是指法官应保持独立、超然的地位，公平、公正地行使审判权，使被告人获得公正的裁判。公正审判原则要求，一方面，法官应当保持中立，对诉讼双方不偏不倚。另一方面，法官应当保持被动、消极，这是法官中立性的应有之义。"裁判的本质特征要求法院在解决纠纷时应有一种被动和消极的姿态，司法的程序公正也要求审判者尽可能地保持中立和克制，遵奉司法的被动性理念是法官的一种'被动的美德'。"①

基于公正审判原则，指控、证明犯罪的主导责任理应由检察官承担。《刑事诉讼法》第51条规定："公诉案件中被告人有罪的举证责任由人民检察院承担。"一方面，犯罪嫌疑人、被告人无须承担证明自己无罪的义务，这乃是无罪推定原则的必然要求。另一方面，法官不应承担实质性的举证责任。"法官如果身兼'实质举证责任'与'裁判'，则其结果，势必使得其他诉讼参与者的角色受到打压，亦即法官身兼数职，又扮演起早期'纠问者'的角色。"② 尽管法官在必要时可以依职权"对证据进行调查核实"，但其目的是加强心证，从而作出正确的裁判。"法官在对证据出现疑问时进行必要的调查核实，其目的并不是帮助哪一方获得诉讼利益，而是为了解除心中的疑问，加强其作出裁判心证的一种必要手段。"③ 发挥检察官指控、证明犯罪的主导责任，有利于使法官保持中立、不偏不倚的角色，实现公正审判。

---

① 黄金桥：《司法的被动性与审判职能定位》，载《湖北社会科学》2003年第11期。
② 陈志龙：《法治国检察官之侦查与检察制度》，载《台大法学论丛》第27卷第3期，第102页。
③ 龙宗智：《证明责任制度的改革完善》，载《环球法律评论》2007年第3期。

(二)有利于落实直接言词原则

直接言词原则是直接原则和言词原则的合称。其基本含义是:法官必须在法庭上亲自听取被告人、证人及其他诉讼参与人的陈述,案件事实和证据必须以口头方式向法庭提出,调查证据以口头辩论、质证、辨认方式进行。

在我国台湾地区学者林钰雄看来,直接原则具体包括"形式的直接性"和"实质的直接性"两个方面。形式的直接性要求,法官必须获得对于本案待证事实的"直接印象",为此,法官必须亲自知觉,察言(颜)观色(听其言、观其行),即亲自践行审理程序,尤其是其中的证据调查程序,不能委由其他人来践行。实质的直接性要求,法院应该尽其可能运用最为接近的证据方法。据此,能够提供待证事项"第一手"资讯的原始证据方法,才是直接的证据方法。根据该原则,禁止法院以间接的证据方法替代直接的证据方法。因此,法院原则上不得用朗读文书的间接证据方法来替代亲讯证人的直接证据方法,纵使朗读,其文书内容也不得作为判断基础,即无证据能力可言。[①]

言词原则,又称为口头原则,指法庭审理中如无特别规定的情况,应以口头的方式进行。据此,无论是起诉要旨之陈述、证据之调查、被告之讯问、辩论、最后陈述以及判决之宣告等,皆应以言词为表达方式;反之,未以言词形式表达的,原则上视同未发生或并不存在,法院不得作为裁判的基础。

"在我国,许多庭审却表现出纠问式的倾向,公诉方在例行公事后一言不发,而由法官向被告人不断地发问以核实证据、查明案情。公诉人在庭审中的角色缺位进一步弱化了庭审的实质性,使得庭审各方权力的天平微妙地发生了改变,制度设计中的三方结构也难以发挥其应有的

[①] 林钰雄:《刑事诉讼法》(下册),中国人民大学出版社 2005 年版,第 146—147 页。

效果。"① 在公诉方"一言不发"的情况下，直接言词原则就无法得到贯彻。发挥检察官指控、证明犯罪的主导责任，有利于贯彻落实直接言词原则，便于法院查明案件事实真相，准确、及时地实现审判任务。首先，检察官在庭审中积极讯问被告人、询问证人，通过言词方式逐步还原案件事实，可以降低庭审法官对笔录证据的依赖，从而获得定罪量刑所需的实质性内容。其次，在听取诉讼各方的言词陈述时，能对陈述之间的异同获得清晰的印象，有利于审查判断证据的真实性。最后，检察官通过与辩方在案件事实、情节上的疑点展开激烈辩论、质证，可以使庭审法官"兼听则明"，形成正确的判决。

（三）有利于落实证据裁判原则

所谓证据裁判原则，指认定案件事实和定罪量刑，必须根据依法查明的证据进行，裁判案件要以事实为根据，认定事实要以证据为根据，证据是认定案件事实的唯一根据。没有证据不得认定案件事实，更不得认定犯罪。② 证据裁判原则具体包括两个方面的要求：（1）认定案件事实必须以证据为根据；（2）认定案件事实必须以法庭查证属实的证据为根据。证据的审查判断贯穿于整个诉讼过程，但最重要的是法庭上依法进行的审查判断活动。在审前程序，侦查机关、检察机关对证据的审查判断，都是一种单方面的判断，不能作为认定犯罪嫌疑人有罪的根据。只有在法庭上，"有各方诉讼参与人的参加，诉讼权利得到保证的情况下，证据在公开的法庭上出示，并经过控辩双方的充分质证，使司法人员能够更好地判断证据的真伪以及证明力的大小，逐步加深对案件事实

---

① 陈卫东：《"审判为中心"视角下检察工作的挑战与应对》，载《学习与探索》2017年第1期。

② 参见周强：《推进严格司法》，载《〈中共中央关于全面推进依法治国若干重大问题的决定〉辅导读本》，人民出版社2014年版，第112页。

的认识,进而使法律事实最大限度与客观事实相一致"①。因此,只有经过法庭查证属实的证据,才能作为最终认定被告人定罪量刑的证据。

根据《刑事诉讼法》第176条的规定,提起公诉的案件要达到"犯罪事实已经查清,证据确实、充分"的证明标准。但是,"犯罪事实已经查清,证据确实、充分"仅是检察机关单方面的认识,属于"自证"。在庭审中,犯罪事实是否真正查清、证据是否真正确实充分的疑点并没有消除。被告人及其辩护人,乃至社会公众对被告人是否真正有罪仍然持存疑态度。检察机关通过发挥在指控、证明犯罪中的主导责任,由"自证"到"他证",积极说服法官采信其指控主张和提出的证据,使案件疑点得到澄清。"在法庭上通过举证、质证,根据现有证据对犯罪事实加以证明,对辩方提出的质疑进行论证与反驳,并通过阐释证据之间的逻辑联系,将零散的证据整合成完整的体系,让法官信服。"② 这有利于贯彻证据裁判原则,防止司法的专横和擅断,实现裁判的准确和适当。

(四)有利于落实集中审理原则

集中审理,指审判程序应持续不断地进行,尽可能一气呵成,不可中断。集中审理原则具体包括两个方面的要求:一是对审理主体的要求。它要求庭审法官必须持续不断地在场参与审理。从开始审理到作出判决,庭审法官自始至终应在场。二是对审理过程的要求。它要求审判不间断,从审理到判决一次性连续完成。即使对需要进行两日以上审理的复杂、疑难案件也应当每日连续审理,直至审理完毕为止。除法定节假日外,不应有日数间隔。在此期间,庭审法官原则上不得审理其他案件。

---

① 刘建国、张晨:《以审判为中心与证据裁判原则对检察工作的挑战与对策》,载《人民检察》2015年第20期。

② 童建明主编:《以审判为中心视角下的公诉实务研究》,中国检察出版社2017年版,第8页。

集中审理本身并非"自我目的"。不过，透过集中审理的方式，直接、言词原则及自由心证等基本原则才有可能实现。具体而言：第一，集中审理乃直接审理及言词审理的基础。因为如果审理程序拖延过久或常中断，法官难以借由直接审理过程对证据之调查结果获致心证基础，反而必须依赖书面笔录作为形成心证的资料，撰写判决。第二，集中审理乃自由心证的保障。证据调查及辩论在一举完成的情况下，才能确保法院的确依据法庭审理结果所获致的新鲜心证，作为裁判之基础。第三，符合迅速原则及诉讼经济。在集中审理的要求下，尽可能在一个期日，找齐所有当事人、证人、证物，而将案件一次审理终结，当然比就相同的证据方法分开在数个庭期进行，节省诉讼资源。被告、辩护人、检察官不必奔波于途、旷费时日地等待开庭，法官不必就相同案件在每次开庭前重复阅卷，诉讼资源的运用当然较有效率。①

我国刑事诉讼法并没有明确规定集中审理原则，但是关于审理期限、庭审程序的规定仍然体现了集中审理的原则和精神。不过，在司法实践中，中止审理、延期审理，不当庭宣判的情形时有发生。造成审判中断的原因是多方面的，除了法官整体素质有待提高、审判工作中的行政化倾向较为突出等因素外，证据问题无疑也是一个重要因素。比如，法庭审理过程中，合议庭对证据有疑问，需要进行调查核实；出现新的证据或者需要通知证人出庭；检察人员发现提起公诉的案件需要补充侦查时，都可能造成审判中断。充分发挥检察官指控、证明犯罪的主导责任，确保检察官举证细致全面，质证有力有据，辩论有理有节，达到"事实清楚、证据确实充分"的证明标准，减少不必要的审判中断，落实集中审理原则，以提高庭审效率，节省司法资源。

---

① 林钰雄：《刑事诉讼法》（下册），中国人民大学出版社 2005 年版，第 150—151 页。

四、两大法系国家检察官指控、证明犯罪的主导责任

庭审活动由谁来主导与诉讼模式密不可分。在职权主义与当事人主义诉讼模式下,法官、检察官的诉讼地位和职能并不相同。在职权主义审判模式中,由法官推进庭审,即法官主导庭审,从决定调查方式到具体实施证据调查都由法官进行。① 而在当事人主义诉讼模式下,由控辩双方展开诉讼攻防活动,控辩双方主导着整个审判的进程,法官只是中立的裁判者。

(一)英美法系国家检察官在指控、证明犯罪中的主导责任

在英美对抗式诉讼模式下,审判具有较强的技术性和戏剧性,"囊括了一个神秘事件的所有戏剧情节","集聚了运动比赛、神秘事件和道德态度所有的紧张和刺激"。② 控辩双方为了赢得诉讼各尽所能,始终保持积极主动的对抗状态,无论是在庭前或者庭审中都发挥着主导作用。

1. 万无一失的证人准备

控方证人和辩方证人是英美国家对刑事诉讼中证人的基本分类,其区分是以证人由哪方提出为标准的。按照英美证据法中较为普遍的解释,"被请到法庭为辩方提供证据的人"或者"由辩方申请为其作证的人"为辩方证人,反之为控方证人。③ 之所以对证人作如此区分,在于在对抗制诉讼模式下,法官的角色只是充当冲突双方的公断人,并无搜集、调查证据的职责,所有证据皆由双方当事人提供。即使为了查明案件事实,需要提出新的证人,也需要控辩双方重新申请。正因如此,由

---

① 胡锡庆主编:《刑事审判方式改革研究》,中国法制出版社2001年版,第158页。
② [美]爱伦·豪切斯泰勒·斯黛丽、南希·弗兰克:《美国刑事法院诉讼程序》,陈卫东、徐美君译,中国人民大学出版社2002年版,第506页。
③ 何家弘主编:《证人制度研究》,人民法院出版社2004年版,第4页。

控方提供的证据称为控方证据，其提供的证人称为控方证人；反之，由辩方提供的证据称为辩方证据，其提供的证人称为辩方证人。

在英美国家，"各方当事人都可以传唤本方证人，并用尽浑身解数从他们那里获得有利于自己案件的信息。为了使这一切卓有成效，双方通常会为证人出庭做准备"①。在美国，对证人的准备被认为是非常必要的。准备证人的过程如果处理得当，它就是让检察官以及证人接受当事人主义制度检验的最重要方法。检察官和证人密切合作的结果，使得检察官有能力（1）客观、公正，而且完整地将事实真相呈现出来；（2）将检察官真诚了解的事实真相以精确、公平，而且有效的方式呈现出来；（3）维护事实真相，以免因受辩方攻击而使事实真相遭到质疑或扭曲。②但是，检察官必须区分"准备证人"与"指导证人"行为的界限，努力追求事实真相。准备证人行为一旦超出一定的界限，成为所谓的"指导证人"，就可能污染证人，损害司法公正。美国司法上有许多误判的案例，造成误判的最重要的一个原因就是检察官的不当行为，而且，绝大部分的误判案例，在还没有进入司法审判程序之前，就已经发生错误了。也就是说检察官在起诉前的准备证人的过程中，有不当指导证人的行为，污染了证人的陈述，以致事实真相遭到扭曲，最终导致司法误判的不幸悲剧。为了防止检察官不当指导证人，美国律师协会《刑事司法准则》第3－4.2条规定，在没有法律授权的情况下，检察官不得收买证人或者给予证人相关的利益从而促使证人改变证言内容。同时，检察官不得单独询问刑事案件中的证人。检察官应当尊重被害人及证人的权利，在案件中作出重要决定之前应当及时与其进行磋商，向其提供合理的信息，甚至对其进行必要的保护。检察官也应当及时提示证

---

① ［美］米尔吉安·R. 达马斯卡：《比较法视野中的证据制度》，吴宏耀等译，中国人民公安大学出版社2006年版，第195页。
② ［美］葛斯曼：《检察官指导证人之行为》，邝允铭译，载《东海大学法学研究》第52期（2017年8月），第243页。

人必要的礼仪。该准则还禁止检察官与证人保持不当的关系。① 《全美检察准则》（第3版）第2-10.4条规定："检察官不得建议或协助证人作伪证。检察官可以与（证人）讨论证言的内容、风格、措辞，但应时刻竭力确保证人了解其如实陈述的相关义务。"

  英国对证人培训一直保持着高度的警惕。2005年，英国上诉法院在女王诉莫莫杜案（R v. Momodou）中，对证人培训、辅导与证人适应性训练作了区分，明确禁止对证人进行培训或辅导。上诉法院认为，这种禁止是遵循公认原则的逻辑结果：即证人之间不应相互讨论，一名证人的陈述和证据不应披露给任何其他证人。证人应当独立提供自己的证据，在实际上不受任何说辞的影响，无论这种影响是源于正式的讨论或非正式的交谈。这个原则能够降低实际上希望避免证人根据别人的说辞来裁剪自己的证据的可能性，同样能够避免他人无根据地怀疑证人修改了自己的证据。因为在证人培训中，这些风险是必然存在的。上诉法院强调，上述原则并不排斥在庭前安排证人熟悉法庭布局，在作证时可能经历的诉讼流程，以及诉讼参与人各自承担的诉讼职责。证人出庭作证时，既不应对诉讼程序缺乏了解而处于不利地位，也不应对作证方式感到手足无措。对证人作证进行精心准备，有助于证人在庭审中全力以赴，有助于保证庭审程序的顺利进行。对证人适应性训练既可以由法院内部的证人服务部门安排，也可以由外部机构安排。由外部机构对证人进行适应性训练时，如果涉及控方证人，应将适应性训练的建议事先通知皇家检控署。在征求警方意见后，如有必要，应邀请皇家检控署对这些建议的可行性发表意见。警方在收到相关信息时，应当及时告知皇家检控署。计划安排证人适应性训练的建议，应当以书面形式提出，而不应以非正式的口头形式提出。皇家检控署经审查认为该方案违反了相关的禁止性规定，应当进行修改。证人适应性训练过程应由初级律师或出

---

  ① 王剑虹：《证人准备基本问题研究》，载潘金贵主编：《证据法学论丛》，第二卷，中国检察出版社2013年版，第135页。

庭律师进行监督或控制，也可以由初级律师或出庭律师指定的具有丰富司法实践经验的人来监督或控制，最好是由律师公会、法律协会认证的组织进行监督或控制。任何参与上述过程的人员均不得对作证内容有任何了解。无论何时进行，都要对证人适应性训练过程的负责人、参加人员的身份予以记录。方案与证人适应性训练期间使用过的书面材料（或适当的副本）一并保存。任何材料都不得与证人作证的内容有相似之处，也不得包含可能启发或触动证人记忆的内容。任何涉及即将开始的刑事诉讼程序的讨论，一经开始就必须叫停。在证人适应性训练过程中使用的文件应当保存。如果涉及控方证人，应当将文件例行送交皇家检控署。如果涉及辩方证人，则应当将文件提交法庭。所有材料都不得受到损毁。

在英国，越来越多的证人参加培训课程，以便为更好地出庭作证作准备。目前，开展证人培训的机构有邦德·索伦、法学院、律师公会、法院的证人服务机构、皇家检控署等。其中，邦德·索伦是英国最大的法律培训咨询公司，在全球范围内为证人等提供培训、支持和指导。其客户包括英国前100家律师事务所，并直接向大量公司提供服务。自1992年成立以来，该公司已为超过25万名证人进行培训。

英国学者杰奎琳·麦克罗夫特等通过实证研究，提出了影响证人适应性训练的两个假设：一个假设是，复杂的交叉询问将抑制证人的准确反应，并增加所犯的错误；另一个假设是，证人的适应性训练将大大提高准确反应的水平，比未接受训练的证人更少犯错误。因而，对证人进行适应性训练，有助于提升证人作证的信心，提升出庭作证的准确性。[①]但同时，英国证人培训制度也面临以下理论和实践问题：一是英国上诉法院的判决并没有说明"培训"和"辅导"之间的区别。严格来说，

[①] Jacqueline M. Wheatcroft: Witness assistance and familiarisation in England and Wales: The Right to Challenge, The International Journal of Evidence & Proof (2017) Vol. 21 (1-2) p. 158—168.

证人适应性训练也属于培训、辅导的范畴。一些培训组织表示，在今后的任何证人培训方案中，他们都不会使用模拟交叉询问。另一些组织则表示，如果向法庭提交了培训的详细情况，而模拟案件与待审判特定案件无关，这样做是可以接受的。这些意见中的哪一项是正确的，仍有待观察。① 二是，证人适应性训练提供了非法编辑、控制证人陈述的机会，只对某一方有利，可能以牺牲真相为代价。三是，目前证人参加适应性训练的费用昂贵，多数证人获得的培训机会并不平等。为此，英国学者马库斯·苏安斯建议，应采取经济有效的培训方式，使证人普遍能够得到适应性训练，这样有助于维护司法公正。②

2. 娓娓道来的开庭陈述

由于实行"起诉书一本主义"，法官和陪审团审判前不能接触案卷，对案情几乎一无所知。为此，控辩双方有效的开庭陈述就显得至为重要。开庭陈述是控辩双方在法官和陪审团面前所作的第一次陈述，目的在于告诉陪审团指控的性质、案件的发生经过，并简要介绍将要出示的证据。与大陆法系国家检察官板着面孔，面无表情地当庭宣读起诉书相比，开庭陈述以"讲故事"的方式娓娓道来、扣人心弦、引人入胜，大大地提升了庭审的效果。

案例：美国俄城爆炸案

俄克拉荷马城（以下简称"俄城"）爆炸案是"9·11"事件之前，美国本土遭受的最为严重的恐怖主义袭击事件。1995年4月19日上午9时2分，平地一声惊雷，位于俄城城市中心的艾尔弗雷德·P.默拉联邦大楼瞬间被汽车炸弹袭击。九层高的大楼，三分之一部分被完全炸毁。爆炸共导致168人死亡（包括19名儿童），超过680人受伤，周围16个

---

① WILLIAM J. PRIESTLEY: Guidelines for Witness Familiarisation, Preparation and Training, The Police Journal, Volume 78 (2005), p. 62.

② Marcus Soanes: The Well-educated Witness: Witness Familiarisation Training in England and Wales. The Law Teacher (2014) Vol. 48, No. 2, p. 196—208.

街区的324幢建筑物受损或被毁，86辆车遭烧毁或由冲击波摧毁。爆炸造成的损失高达6.52亿美元。

为了尽快破案，美国联邦调查局在俄城设立了一个破案指挥所，并派遣200名精明强干的联邦调查局官员赴现场侦破案情。其中包括侦破此类案件最富有经验的5名特工人员。此外，还有4个证据反应小组和爆破器械小组也被派去协助破案。爆炸案发生后90分钟，麦克维驾车潜逃途经佩里城时，因汽车尾部没悬挂号码牌被警察拦截。21日下午，麦克维被确定为俄城爆炸嫌犯而被正式逮捕。此后，美国联邦调查局还拘留了5名与俄城爆炸案有关的犯罪嫌疑人。

为了查清犯罪事实，联邦调查局进行了为期2年的调查取证，收集了浩如烟海的证据材料。其中，用于审判的材料包括25000名证人的陈述，5000件物证和含有生活记录和卫生照片的16万份文件，超过500小时的视盘和数目惊人的磁盘。

1997年4月24日，丹佛联邦地方法院开始对麦克维进行审判。联邦检察官约瑟夫·哈茨勒（Joseph Hartzler）作了长达16000余字的开庭陈述。一开始，约瑟夫·哈茨勒就以景入情，先声夺人，唤起陪审团成员的怜悯和心碎："陪审团的女士们先生们：1995年4月19日，在俄克拉荷马城是一个美丽的日子——至少开始是这样的。阳光明媚，鲜花盛开，这是俄克拉荷马城的春天。那天早上六点些许，特文·加雷特的母亲叫醒了他，让他迎接这一天的到来。他才16个月大，是个蹒跚学步的孩子。正如你们中有人所知道的，幼儿对恶作剧往往有敏锐的眼光。他经常在早上拉她卷发熨斗的绳子，把它从柜台上拉下来，直到它掉下来落在他身上。那天早上，在他穿好衣服之前，她抱起他在床上逗玩。她清晰地记得那天早上，因为那是他生命中的最后一个早上。"

约瑟夫·哈茨勒控诉了麦克维暴行造成的严重后果："当天上午9:02，在维护水权的法律程序开始两分钟后，俄克拉荷马城市中心发生了一场灾难性的爆炸。爆炸瞬间摧毁了默拉大楼的整个正面，混凝土块、金属碎片像暴风雨般四处乱飞。它永远摧毁了成千上万条无辜美国人的生命：办事员、秘书、执法官员、信用社雇员、申请社会保障的公民和小孩子。我前面提到的所有孩子，他们都死了，还有更多；许许多多的男人、女人、孩子、表兄弟、恋人、祖父母、孙子孙女，普通美国人都在忙他们自己的事情。他们死亡的唯一原因，他们不再与我们同在，不再与亲人同在的唯一原因，是令人憎恶的蒂莫西·麦克维在爆炸前几个月，就有预谋地、精心设计计划，选择夺走政府大楼里无辜的生命来满足他扭曲的目的。用直白、简单的话来说，这是一种恐怖、暴力意图的行为，目的在于为自私的政治目的服务。"

约瑟夫·哈茨勒还一一列举证据，证实麦克维就是爆炸案的真正凶手。这些证据证实：（1）麦克维长期具有仇视、反政府倾向；（2）爆炸前麦克维与特里·尼科尔斯等人的密谋活动；（3）爆炸前后麦克维的异常举动；（4）其他物证：麦克维衣服上提取的爆炸物碎屑；购买炸药化学品的单据上的指纹；等等。

在陈述完上述事实及证据后，约瑟夫·哈茨勒将麦克维的作案时间、动机和证据说得头头是道，最后希望陪审团定他的罪。

约瑟夫·哈茨勒的开庭陈述内容翔实、语言生动、有理有据，十分具有感染力，引起了陪审团成员和旁听群众的强烈共鸣。1997年6月2日，陪审团认定麦克维11项罪名全部成立，判处死刑。2001年6月11日，麦克维在监狱被以注射形式执行死刑。

"你必须帮陪审团'把案情故事化'，说出引发最终犯罪行为的前因后果。只陈述事实太欠缺说服力，你得把事实编织成故事。陪审团必须能回答得出：'这案子究竟是怎么回事？'只要能帮他们回答这个问题，你就赢了。"① 在英美国家，大部分法律从业者和法律学者都认为，一个有效的开庭陈述对于庭审过程是至关重要的。相关研究发现，80%的

---

① ［美］威廉·蓝迪：《永远没有的真相》，陈锦慧译，中国书画出版社2014年版，第239—240页。

陪审员关于判决的最终结论都与他们在听完开庭陈述之后所产生的假设性观点相吻合。这是因为一个有效的开庭陈述建立在案件事实的基础上，对己方为什么应当获胜作出了解释。①

3. 全面深入的举证质证

开庭陈述之后，紧接着就进入法庭调查阶段。调查证据先由检察官开始举证，包括提出证物、主询问控方证人。检察官没有必要将所有的物证都提交法庭展示，也没有必要要求每一个了解案件的证人都到法庭上作证。"唯一的要求是传召足够的证人和提交充分的证据使陪审团确信被告人犯了被指控的罪行。当检察官决定适用哪些证据时，他要考虑将要负责审理案件的法官以往审理此类案件的经验、个性、对此类案件的知识状况，以及审判过程中可能出现的情况。"②

对于控方证人，检察官首先进行直接询问。直接询问通常通过提问证人的姓名、住址和职业开始。尽管法庭上的所有人都可能已经知道了这些信息，但这是出于法庭记录案件的必需。这些基本的背景问题问完之后，便开始就有关案件的具体事实向证人进行大概的询问。在直接询问过程中，检察官不得提出诱导性问题，由证人用自己的语言说出相关信息。同时，法律禁止证人以叙述性的方式将其所知道的所有内容都讲出来。因为这种证言会使一些不该由陪审团听取的信息在陪审团面前透露出来，而且还可能延长审判的时间，因为多话的证人喜欢漫无边际侃侃而谈。因此，作为诱导证人与让证人尽情叙述的折中办法，控辩双方尽量提出只需作出简短回答并能慢慢展开故事的问题。

在直接询问中，尽管一般不准提出诱导性问题，但也存在一些例外情况。这些例外情况包括：（1）涉及不存在争议的审前事项或者无关紧

---

① 葛琳：《照本宣科还是娓娓道来———公诉人当庭宣读起诉书制度之反思与重构》，载《西南政法大学学报》2010 年第 4 期。

② ［美］诺曼·M. 嘉兰等：《执法人员刑事证据教程》（第 4 版），但彦铮等译，中国检察出版社 2007 年版，第 37 页。

要的事项；（2）证人存在敌视、不情愿（不愿意作证）、恐惧或者偏见；（3）涉及那些存在交流障碍的儿童或成年证人；（4）证人的记忆力丧失；（5）在特定情形下为其他事项奠定必要的基础。上述五种例外情况都涉及特定情形下提高证人记忆能力的需要。

  质证的主要方式是交叉询问。交叉询问作为检验证言真实性、证人可信性及作证能力的方法，受到极大重视，被认为是"保障当事人主义得以发现事实真相的最重要机制"。但是，这项假设并没有实证基础。①对于辩方证人，检察官有权提出诱导性问题，以质疑该证言的可信度。美国《联邦证据规则》第611（e）条指出："一般情况下，在交叉盘问过程中可以提出诱导性问题。"针对该规则的适用问题，联邦最高法院在解释中指出："该条规定符合在交叉盘问中提出诱导性问题的法律传统。"交叉询问的对象，通常是不利于己方的反方证人，询问的目的是说服陪审团怀疑该证人的证言，或者获得对己方有利的证言。质疑是降低或消除证人证言可信度的整个过程或结果。质疑包括五种基本的方法：（1）矛盾法；（2）证明证人的不良品格；（3）证明先前陈述的不一致性；（4）证明证人存在偏见或伪造证言的动机；（5）证明证人缺少作证能力或贬低其作证能力。②

  针对被告人陈述中提出的新情况，检察官有权提出其他证人或提出其他证据来反驳。一些情况只能由检察官在辩方首次提出后才能提出，检察官有权进行诱导性询问。例如，如果被告人提出证据证明他是由于对受害者的害怕而实施暴力进行正当防卫，这时检察官可以反驳，证明被告人之前袭击过受害者。证据法规通常禁止检察官在辩方在法庭上提出正当防卫之前提出证据证明被告人之前曾有过袭击受害者的行为。因

---

  ① ［美］葛斯曼：《检察官指导证人之行为》，邝允铭译，载《东海大学法学研究》第52期（2017年8月），第247页。
  ② ［美］诺曼.M.嘉兰等：《执法人员刑事证据教程》（第4版），但彦铮等译，中国检察出版社2007年版，第127页。

此，检察官只能在被告人做出正当防卫的辩解后才能出示被告人先前袭击受害者的证据。①

4. 慷慨激昂的终结辩论

举证质证结束后，控辩双方可以向法庭作出终结或最终辩论（closing argument，又译为结案陈词）。最后辩论之顺序，美国联邦与州各有不同；联邦与大部分州，均以检察官先为最后辩论，而路易斯安那州、内华达州则如同纽约州之规定，由辩方先行辩论，方由检察官为最后辩论；德克萨斯州则规定，由法官决定让哪一方先行辩论。惟除了明尼苏达州之外，联邦与其他各州，均以检察官为最后之发言者。例如，依据《联邦刑事诉讼法》第 29.1 条规定："最后辩论依下列顺序行之：（1）检方辩论；（2）辩方辩论；而后（3）检方反驳辩论。"从开始举证乃至于最后辩论，均由检察官开启与终结，足以显现检察官担负重大实质举证责任。但是对于辩方来说，被告方面不具有最后的发言权，似乎有极大不利。因此，1987 年公布《统一刑事诉讼法典》（*Uniform Rules of Criminal Procedure*），其第 521 条 a 项 6、7 款为最后辩论顺序的一般规定：先由检方辩论，再由辩方辩论；不同于联邦刑事诉讼法，该法典同条 b 项有更行辩论（further argument）的规定："法院得于其所定之限制内许可两造更行辩论。"因而，当检方被允许作反驳辩论时，辩方亦有被听取相当辩论的机会。

最后辩论之目的，对检察官来说，须向审判者说明并强调，在调查证据阶段所调查的证据显然能证明被告有罪。一般来说，最有效的结案陈词应注意这样一些问题：强调案件的实质性问题，忽略次要问题，把要说明的问题与每个问题的证据细心组合起来，对于有争议的问题，努力说服陪审团接受己方观点；将陪审团刚听到的证据与对陪审团指示中要求陪审团应用的法律原理结合起来。

---

① ［美］诺曼.M.嘉兰等：《执法人员刑事证据教程》（第 4 版），但彦铮等译，中国检察出版社 2007 年版，第 50 页。

如在俄城爆炸案中，检察官拉瑞·麦基做了如下精彩的结案陈词：

"琼斯先生、哈茨勒先生，各位同仁，陪审团的女士们、先生们，早上好！就两年前惨剧的争议即将临近尾声了。1995年4月19日，一桩滔天罪行发生了。那天一辆满载爆炸物的卡车停泊在俄克拉荷马城市中心，突然发生爆炸。仅仅有窗的那面墙将那些毫无戒备之心的妇孺与墙外的卡车及爆炸分离开来。卡车炸弹顷刻间引爆，建筑物被炸得支离破碎，许多人的生命就此终结，更多人的命运从此与前不同。

全美民众惊愕得不知所措。是谁做出这样丧尽天良之事？从东海岸到西海岸，这个问题波及全美。最终，它有赖于法庭予以解决。作为陪审团成员，诸位将回答这个问题。

基于证据，基于您所闻，答案清晰可见：是蒂莫西·麦克维干的。麦克维与特里·尼科尔斯（Terry Nichols）两人共谋在默拉大楼策划暴力袭击，对死难同胞负有责任……"①

（二）大陆法系国家检察官在指控、证明犯罪中的主导责任

在大陆法系国家，法官作为"能动的事实真相发现者"，并不是消极地任凭控辩双方举证、质证和辩论，而是始终处于主导地位，发挥着主导作用。法官主动收集证据，证据的提出，证人、鉴定人的传唤，证据的调查，均由法官依职权决断。法官甚至可以采取他认为需要的一切方法和措施。也就是说，法官不仅指挥庭审，而且在指控、证明犯罪中承担着主导责任。虽然检察官和辩护人经法官同意后，也可以对被告人、证人直接发问，但是这种发问只能作为法官讯问或询问的补充。"检察官和辩护人在法庭上相对处于次要和被动地位，只能为法官查明事实真相起到补充和辅助作用。"②

但也有一些大陆法系国家的学者认为，检察官才是审判的真正主导

---

① 张鸿巍：《美国检察制度研究》，人民出版社2011年第2版，第212页。
② 黄文：《刑事诉审关系研究》，西南师范大学出版社2006年版，第55页。

者。荷兰学者皮特·泰克认为:"指控的内容就是审判的内容。起诉是由对犯罪行为的描述以及法律对于该罪行的规定构成。法庭即便认为有必要,也无权修改指控,但公诉检察官则有权这样做,因为他是审判的主导者。"① 瑞典学者乔斯弗·兹拉认为,"在法庭审判阶段,公诉检察官继续保持其主导者的地位,直至通过法庭判决时为止。在此之前,检察官可以撤销指控,回归至初步侦查,或者终止诉讼程序"②。

德国学者托马斯·魏根特曾在《德国刑事诉讼程序》一书中写道:"如果案件进入审判阶段,检察官将其主导地位转移给法官。"③ 但是,随着德国刑事诉讼制度的发展,魏根特教授近年来不断调整自己的观点。在他看来,检察官在审判程序不再消极,而是发挥着越来越积极的作用。"在欧洲大陆有个古老的陈词滥调,说的是检察官在审判程序中向后靠着坐着读小说,只在最末尾站起来发表一个要求严厉的惩罚性的简短演讲。但这种论调已经不再真实了,一些国家已从职权主义模式转向美式审判模式,在提出不利于被告人的证据以及对辩方证人的交叉询问上赋予检察官一个重要的地位。"④ 一方面,检察官在庭审中积极承担起指控和证明犯罪的责任。尽管法官指挥着证据出示并亲自询问证人,但是检察官也可以(而且通常这样做)向证人和专家提问。如在德国,检察官可以传唤自己的证人,并可以要求法庭对补充证据进行审查。另一方面,职权主义国家刑事审判带有卷宗审理的特点。法庭对证据的看法,以及随后主审法官决定传唤的证人及要在庭审中出示哪些文

---

① [荷]皮特·J.P.泰克编著:《欧盟成员国检察机关的任务和权力》,吕清、马鹏飞译,中国检察出版社2007年版,第203页。
② [荷]皮特·J.P.泰克编著:《欧盟成员国检察机关的任务和权力》,吕清、马鹏飞译,中国检察出版社2007年版,第242页。
③ [德]托马斯·魏根特著:《德国刑事诉讼程序》,岳礼玲等译,中国政法大学出版社2004年版,第38页。
④ [德]托马斯·魏根特:《德国刑事程序法原理》,江溯等译,中国法制出版社2021年版,第202—203页。

件，在很大程度上都是由卷宗所决定的，而这些卷宗基本上都是检察官的工作成果。检察官对证据的总结以及量刑建议奠定了法庭审议的基调。

美国学者约翰逊通过对日本刑事司法的考察，认为日本检察官在诉前侦查和诉后庭审两方面"主导"了刑事司法，是日本成功控制犯罪的一大关键。① 在审判中，检察官通过积极指控，其所提出的证据，尤其是被告人的供述，很少会从审判中排除。日本刑事司法实务上一直维持99%以上的超高定罪率。从这个意义讲，检察官"主导"了定罪，刑事审判不过是"有罪确认"的场所。同时，日本检察官有权就任何裁定或者判决提出上诉，并且维持着较高的改判率。比如，1992年，日本8个高等裁判所对检察官提起上诉的36个无罪判决中的29个（80.6%）予以撤销，并对检察官提起上诉的57个判决中的33个（58.9%）加重刑罚。② 从这个意义上讲，检察官"主导"了量刑。正因如此，人们通常用"检察官司法"来概括日本刑事司法的特征和实质。

总之，随着庭审中控辩双方对抗性的增强，大陆法系国家庭审中的主导权不断地由法官转向检察官，检察官承担着指控、证明犯罪的主导责任。这从一个侧面反映了"诉讼权力从法官向检察官转移"的新趋势。

第二节　我国刑事审判方式转型背景下"法官主导庭审"之评析

1979年以来，我国刑事诉讼模式经历了"超职权主义"向职权主

---

① ［美］戴维.T.约翰逊：《日本刑事司法的语境与特色》，林喜芬等译，上海交通大学出版社2017年版，第4页。

② ［美］戴维.T.约翰逊：《日本刑事司法的语境与特色》，林喜芬等译，上海交通大学出版社2017年版，第88—89页。

义与当事人主义相结合的"混合式诉讼模式"转型。相应地，法官在庭审中的角色地位亦从"主导庭审"的积极主动角色向主持、指挥庭审的消极被动角色转变。目前，理论界及实务部门对"法官该不该主导庭审"存在争议和分歧。笔者认为，在控辩式诉讼大背景下，"法官主导庭审"观点已经不合时宜。所谓"不破不立"，只有首先破除"法官主导庭审"的迷信，检察官在指挥、证明犯罪中的主导责任才能立足。

一、我国刑事审判方式的转型

（一）1979年刑事诉讼法"超职权主义"的审判方式

1979年刑事诉讼法规定的庭审模式具有"超职权主义"特点。"在审判活动中，人民法院始终处于主导地位、主持和指导诉讼活动的进行。"① 人民法院"在审判活动中，不是处于控诉和辩护双方居中的消极仲裁者的地位，它必须积极主动地进行调查核实犯罪事实，既不应使无罪的人受刑事追究，也不应使应受到法律追究的犯罪事实和犯罪人逃避审判，经过全面审查，最终作出公正、合法的判决"②。根据该法的规定，人民法院在审判活动中享有广泛的职权。具体包括：

（1）有权对提起公诉的案件进行实质审查。对于检察机关提起公诉的案件，法院不仅要进行形式审查，而且要进行实体审查。法院在全面检阅检方卷证后，视证据情况决定是否开庭审判。根据该法第108条规定，人民法院审查后，有三种处理方式：(1)对于犯罪事实清楚、证据充分的，应当决定开庭审判；(2)对于主要事实不清、证据不足的，可以退回人民检察院补充侦查；(3)对于不需要判刑的，可以要求人民检察院撤回起诉。

（2）有权在开庭前或审判过程中，调查和搜集证据。必要的时候，

---

① 徐益初主编：《刑事诉讼法》，四川人民出版社1988年版，第59页。
② 徐益初主编：《刑事诉讼法》，四川人民出版社1988年版，第59—60页。

可以进行勘验、检查、搜查、扣押和鉴定（该法第109条）。

（3）主导法庭审理程序。法庭审理以法官积极主动的事实调查和证据调查为中心。法官自主确定事实和证据的调查范围、顺序、方式等。法庭调查以法官讯问被告人、询问证人、被害人和出示证据、宣读作为证据的文书为主要方式。在法庭审判过程中，合议庭认为案件证据不充分，或者发现新的事实时，既可以退回人民检察院补充侦查，也可以自行调查。控辩双方则处于消极被动的地位，对推动刑事审判进程进行的意义不大。

1979年刑事诉讼法规定的审理方式的弊端，主要体现在：第一，法官预断，先定后审，庭审流于形式。庭前进行实体性审查，混淆了庭前审查和法庭审判的功能，造成了法官先入为主、先定后审的现象，使开庭审判流于形式。第二，法官协助检察官行使控诉职能，导致控审不分。庭前进行的庭外调查，使法官代替起诉方进行调查取证，法官不自觉地产生追诉心理，违背法官中立原则，审判的公正价值受到损害。同时，该法第116条规定，出示证据的程序，由审判人员而非控诉一方出示证据，而且证据出示的对象不是法庭而是被告人，即"审判人员应当向被告人出示物证，让他辨认；对未到庭的证人的证言笔录、鉴定人的鉴定结论、勘验笔录和其他作为证据的文书，应当当庭宣读，并且听取当事人和辩护人的意见"。对于公诉方提供的证据，法庭将其向被告人出示，只要被告人无异议，法庭就予以认可，并不需要组织控辩双方对其进行质证。可见，庭审并非在一个公平的法庭内进行，而是在一种审问式的模式下进行，法官和检察官共同行使追诉职能。①

（二）1996年刑事诉讼法对审判方式的重大改革

1996年修改后的刑事诉讼法，以更好地加强庭审，发挥控辩双方的

---

① 刘计划：《刑事公诉案件第一审程序》，中国人民公安大学出版社2012年版，第26—27页。

作用为目标,对原庭审制度进行了较大幅度的修改,推动了我国庭审方式的巨大转变。与原庭审方式相比,我国庭审制度在继续保留职权主义的一些传统做法的基础上,开始呈现出明显带有当事人主义庭审方式的某些特点。与西方国家相比——无论是传统上的职权主义国家还是当事人主义国家,我国庭审制度都呈现出转型、改革和发展的趋势,表现出混合式的特色。[①] 修改的内容包括:

(1) 对公诉案件的审查由实质审查转变为形式审查。该法第150条规定,人民法院对提起公诉的案件进行审查后,对于起诉书中有明确的指控犯罪事实并且附有证据目录、证人名单和主要证据复印件或者照片的,应当决定开庭审判。人民法院对公诉案件的审查不再进行全面性审查,不再审查案件的事实、证据、法律适用、定性处理等实体内容,只是审查起诉是否符合法定的起诉程式。因此,庭前审查非原来制度中的实体审,又不是作为对抗制诉讼必要组成部分的程序审,而是以程序审为主,不排除实体审查的庭前审查方式。由此,弱化了庭前审查程序,降低了庭前职权活动对整个审判进程和审判结果的影响。

(2) 强化控方证明责任,并加强了控辩双方在法庭调查中的作用。检察机关指控犯罪,理应承担证明犯罪的职责。该法在强化检察机关证明责任的同时,加强了控辩双方在法庭调查中的职责和作用。(1) 在法庭调查环节,讯问、询问由控辩双方主导。公诉人宣读起诉书后,可以讯问被告人。被害人、附带民事诉讼的原告人和辩护人、诉讼代理人,经审判长许可,可以向被告人发问。公诉人、当事人和辩护人、诉讼代理人经审判长许可可以对证人、鉴定人发问。物证应当由公诉人、辩护人向法庭出示,并让当事人辨认。在法庭调查的方式上,初步引入了交叉询问、质证的查证方式,使法庭调查呈现出某些当事人主义的特点。但由于缺乏必要的配套规则和制度,贯彻交叉质证并不彻底。(2) 打破

---

① 樊崇义、吴宏耀:《我国刑事庭审制度的改革与特色》,载《中国刑事法杂志》2000年第1期。

法庭调查与法庭辩论的界限,将两个阶段有机结合起来。1996年刑事诉讼法取消了"法庭调查后"转入法庭辩论的表述,取消了法庭调查与法庭辩论的严格界限。法庭辩论虽是法庭审理的独立阶段,但同时,在法庭调查中,双方当事人亦可对证据和案件展开辩论。对于这两种辩论,龙宗智教授称之"大辩论"和"小辩论",樊崇义、吴宏耀则称为"集中辩论"与"分散辩论"。

(3)保留法官指挥和控制庭审进程的权力。该法弱化了法官对事实和证据的调查责任。法官不再依职权通过审问被告人、出示证据来证明和追究犯罪。但同时,为了发挥法官的能动作用,该法保留了法官讯问、询问和庭外调查证据的权力。在庭审的各阶段,法官可以直接讯问被告人。对于出庭作证的证人、鉴定人,法官同样可以直接询问。合议庭对证据有疑问的,可以宣布休庭,对证据进行调查核实。

(三) 2012年刑事诉讼法对审判方式改革的深化

2012年刑事诉讼法明确了检察机关的举证责任,并通过完善证人、鉴定人出庭作证制度、确立非法证据排除规则,完善证明标准等,进一步强化了检察机关的证明负担。同时,通过扩大犯罪嫌疑人、被告人的辩护权,使控辩之间更趋平衡,我国刑事诉讼控辩式特征进一步彰显,控辩双方在庭审中的地位作用进一步强化。

一是明确检察机关的举证责任。该法第49条规定:"公诉案件中被告人有罪的举证责任由人民检察院承担。""谁主张,谁举证",是我国举证责任承担的一般原则。检察机关举证不能,将承担败诉的后果。根据该法第50条规定,"不得强迫任何人证实自己有罪"。因此,被告人不承担证实自己有罪的责任。相反,其享有充分的辩护权利,其无罪辩护不应导致其承担不利后果。法院也不负有证明被告人有罪的举证责任,没有义务协助控方收集犯罪证据。法院的工作是审判案件,即公平审理后作出公正的裁判,为裁判需要可以调查核实证据,但不得以追诉为目的收集证据。①

二是完善证人、鉴定人等出庭作证制度。该法第187条规定："公诉人、当事人或者辩护人、诉讼代理人对证人证言有异议，且该证人证言对案件定罪量刑有重大影响，人民法院认为证人有必要出庭作证的，证人应当出庭作证。人民警察就其执行职务时目击的犯罪情况作为证人出庭作证，适用前款规定。公诉人、当事人或者辩护人、诉讼代理人对鉴定意见有异议，人民法院认为鉴定人有必要出庭的，鉴定人应当出庭作证。"为了确保证人、鉴定人等出庭作证，该法采取了两项制度：一是证人、鉴定人等出庭作证的保护与补偿制度。二是强制证人出庭作证制度。这有利于解决司法实践中证人出庭率低的问题，有利于贯彻落实直接言词原则，提高法庭审理的质量和效果，保障程序公正和实体公正的实现。

三是确立非法证据排除规则。该法第54条规定："采用刑讯逼供等非法方法收集的犯罪嫌疑人、被告人供述和采用暴力、威胁等非法方法收集的证人证言、被害人陈述，应当予以排除。收集物证、书证不符合法定程序，可能严重影响司法公正的，应当予以补正或者作出合理解释；不能补正或者作出合理解释的，对该证据应当予以排除。在侦查、审查起诉、审判时发现有应当排除的证据的，应当依法予以排除，不得作为起诉意见、起诉决定和判决的依据。"第58条规定："对于经过法庭审理，确认或者不能排除存在本法第五十四条规定的以非法方法收集证据情形的，对有关证据应当予以排除。"确立非法证据排除规则，为辩护方提供了质疑检察机关指控证据合法性的程序机制，使得辩护方获得了一个合法平台与控诉方进行程序上的充分对抗，极大地丰富了审判程序的内容，对于促进司法公正具有重要的意义。

四是完善刑事诉讼证明标准。长期以来，我国刑事诉讼法所确立的

---

① 刘计划：《刑事公诉案件第一审程序》，中国人民公安大学出版社2012年版，第30—31页。

证明标准为"案件事实清楚,证据确实、充分",这一客观真实的证明标准带有强烈的职权主义色彩,而我国现今的庭审方式正在逐步由职权主义向当事人主义转换,绝对客观真实的证明标准已经不适应我国司法体制发展的现状。① 该法第 53 条列举了"证据确实、充分"的具体条件:(1)定罪量刑的事实都有证据证明;(2)据以定案的证据均经法定程序查证属实;(3)综合全案证据,对所认定事实已排除合理怀疑。排除合理怀疑标准并不是一个独立的证明标准,而是一个补充性标准,用以"解释我国'证据确实、充分'这一客观真实证明标准"②。

五是强化对有关量刑的事实、证据进行调查、辩论。从我国 1996 年刑事诉讼法的规定看,定罪与量刑程序是合而为一,不加区分的。但在司法实践中,往往会出现这样的问题,即被告人及其辩护人原本针对指控提出无罪辩护,其辩护内容均围绕着"无罪"展开,并不涉及罪行轻重,但法院最终裁判确定被告人有罪,并直接判处刑罚。由于审判已经结束,被告人及其辩护人已没有机会再就其"罪轻"提出相应的辩护主张和证据,这显然不利于保护被告人的合法权益。鉴于此,该法第 193 条第 1 款规定:"法庭审理过程中,对与定罪、量刑有关的事实、证据都应当进行调查、辩论。"

(四) 2018 年刑事诉讼法对审判方式的进一步完善

回应党的十八大以来中央推进的一系列司法改革带来的制度性需求,立法机关于 2018 年对刑事诉讼法进行了再次修订。本次修订属于局部性修改,内容主要涉及监察法与刑事诉讼法的衔接、构建缺席审判制度,完善认罪认罚从宽制度和增加刑事速裁程序。其中,认罪认罚从

---

① 陈卫东主编:《刑事诉讼法修改条文理解与适用》,中国法制出版社 2012 年版,第 55 页。

② 陈卫东主编:《刑事诉讼法修改条文理解与适用》,中国法制出版社 2012 年版,第 62 页。

宽制度是典型的以检察官主导责任为基础的诉讼制度设计。该法第201条规定："对于认罪认罚案件，人民法院依法作出判决时，一般应当采纳人民检察院指控的罪名和量刑建议。""两高三部"发布的《关于适用认罪认罚从宽制度的指导意见》对认罪认罚案件的适用程序作出了明确的规定。其中，适用普通程序办理认罪认罚案件，可以适当简化法庭调查、辩论程序。公诉人、辩护人、审判人员对被告人的讯问、发问可以简化。法庭辩论主要围绕有争议的问题进行。

二、"法官主导庭审"的观点评析

自1997年新庭审方式运行后，法院系统和部分刑事诉讼法学者提出了"法官主导庭审"的观点。如最高人民法院刘友、宋纯新主编的《新刑事审判方式操作实务》一书称，"必须根据新《刑事诉讼法》的规定，在庭审活动中，保证法官始终处于主导地位"。其具体要求：一是组织指挥庭审活动的进行和进程，置整个庭审活动于法官的操控之下；二是依法行使"许可"权、制止权、讯问和询问权以及庭外调查核实证据权；三是积极履行指导职责。即对诉讼参与人实行参诉、陈述、举证、质证、辩证、认证、辩护、辩论、调解等诉讼指导。① 宋世杰主编的《新刑事诉讼法教程》写道："在审判阶段，人民法院始终处于相对主导地位，主持诉讼活动的进行，把握诉讼过程的发展，保证诉讼的顺利进行和案件得到正确处理。""审判长或独任审判员在整个法庭审判过程中起着主导作用，组织和指挥整个法庭审判活动。"②

2014年10月，党的十八届四中全会提出"推进以审判为中心的诉讼制度改革，确保侦查、审查起诉的案件事实证据经得起法律的检验"。

---

① 刘友、宋纯新主编：《新刑事审判方式操作实务》，人民法院出版社1996年版，第8页。

② 宋世杰主编：《新刑事诉讼法教程》，中南工业大学出版社1998年版，第52—53、283页。

在对"以审判为中心"的解读中,最高人民法院有关人员再次提出了"法官主导庭审"的观点。"以审判为中心的诉讼制度改革,其实质是向刑事诉讼本质的回归,即要构建一种控审分离、控辩平等和裁判中立的等腰三角形的现代刑事诉讼构造。其中,法官位于等腰三角形的顶端,控制和主导着法庭的进程,并进行居中裁判。"[①]"法官不是被动的听审者,而是庭审的主导者和案件的裁判者。"[②]

对"法官主导庭审"的观点,龙宗智教授1998年发表的《法官该不该"主导"庭审》一文、胡锡庆教授主编的《刑事审判方式改革研究》一书均提出了质疑。德国学者托马斯·魏根特在对1996年刑事诉讼法进行评述时亦认为,中国已经远离了审问的诉讼模式,而且调查"事实真相"的责任在很大程度上转给了当事人,尤其是检察院那里。在收集证据时法院宁可作为操控者而不是作为推动者出现的。[③]

笔者认为,随着我国审判方式从审问式向控辩对抗式的转型,法官主导庭审的说法和观点,在理论上难以自圆其说,在实践中也是弊大于利。理由在于:

第一,法官主导庭审违背控辩式诉讼模式的发展方向。在我国"控辩式"庭审方式下,法官不再承担开庭审理前的实质性审查任务,也不再承担审理中的主要审问任务。庭审以证据为中心,用证据来证明案件事实。这一过程包括举证、质证、认证、辩论等环节,这些环节主要由控辩双方来完成。在庭审过程中,检察官承担着向法庭提供证据、出示证据,并运用证据揭露、证实犯罪的重要职责。为此,检察官需要确定举证的目的、举证的方针和举证的策略;需要提出哪些证据,按何种顺

---

① 罗灿、邵新:《以审判为中心诉讼制度中的法庭规则》,载《人民司法·应用》2016年第25期。

② 戴长林、刘静坤:《〈关于全面推进以审判为中心的刑事诉讼制度改革的实施意见〉的理解与适用》,载《人民司法·应用》2017年第10期。

③ [德]托马斯·魏根特:《德国刑事诉讼程序》,岳礼玲等译,中国政法大学出版社2004年版,第261页。

序和何种方式提出这些证据；在辩方提出异议、反驳时应当如何应对，等等，这些都不是法官能够主导的。"从宣读起诉书，讯问被告人，示证、质证，到发表公诉意见、开展法庭辩论，公诉人在整个庭审活动中自始至终发挥着环环相扣、步步深入的主导作用，推动着庭审活动一步一步地进行。"① 可以说，检察官主导作用发挥得如何，是庭审活动能否取得良好效果的关键。"如果说法官'主导'庭审，而且是'始终处于主导地位'（当然包括'主导'庭审的事实调查和举证），这与控辩双方承担举证指控和辩护责任的要求相悖。"②

第二，以审判为中心强调庭审实质化，但不意味着法官主导庭审。以审判为中心包括两个层面的内涵：一是指审判在整个刑事程序中处于中心地位，整个诉讼制度和诉讼活动都围绕审判而建构和展开。这主要针对以侦查为中心而言，目的在于改变过去的"重侦查，轻审判"观念，破除侦查中心主义。二是指审判对于查明事实、认定证据、形成裁判起决定性作用。这主要针对庭审形式化而言，目的在于改变过去的庭审虚化现象，实现庭审实质化，真正做到各方有证举在法庭，有理辩在法庭，证据认定在法庭，裁判结果以法庭审理为基础形成。

有论者认为，"在诉讼中，审判是中心；在审判中，庭审是中心；在庭审中，法官是中心"③。笔者认为，对"法官是中心"需要有一个正确的理解和把握。在庭审中，所有诉讼参与人都要服从法官的组织指挥，这是毋庸置疑的。但是，"法官是中心"并不意味法官主导庭审。"现行刑诉法虽然重视审判职能的发挥，保留了法官的主持和指挥作用，但这与过去那种法官在庭审中集控审职能于一体，主导整个庭审的做法截然不同。"④ 事实上，庭审的中心与其说是"人"毋宁说是"事"，即

---

① 童建明主编：《以审判为中心视角下的公诉实务研究》，中国检察出版社2017年版，第119页。
② 龙宗智：《法官该不该"主导"庭审》，载《法学》1998年第11期。
③ 朱孝清：《略论"以审判为中心"》，载《人民检察》2015年第1期。
④ 胡锡庆主编：《刑事审判方式改革研究》，中国法制出版社2001年版，第158页。

事实的证明。控辩双方的举证、质证、辩论才是庭审的中心和关键环节。在这一过程中,法官并不发挥主导作用,也无须发挥主导作用。"根据刑诉法上'辩论原则'(即法官的判决必须根据当事人的主张的原则)的要求,将何种事项导入诉讼程序,应当是当事人包括检察官的权利与责任,谈不上法官主导。"①

第三,法官主导庭审有越俎代庖之嫌,弊大于利。在庭审实践中,法官过于积极主动,甚至"主导庭审",无疑有越俎代庖之嫌,其弊端是显而易见的。一是容易导致控审不分,有损法官的中立性和公正性。法官成为控诉一方的"不速之客",甚至代替检察官履行控诉职能,难以在法庭上保持客观、公正的立场,也会让被告一方感觉受到不公正对待。二是容易导致审辩之间的"交易"或者冲突。在司法实践中,承办法官在审理案件时,如发现案件在事实认定、法律适用等方面存在疑难问题,一般会通过对被告人"做工作"的方式结案。即法官通过劝导、引诱甚至胁迫被告人认罪,承诺如果被告人认罪将对其从轻处罚,在被告人认罪后,法官一般也能够如实履行承诺。这种现象被学界称为"审辩交易"。② 与此同时,审辩冲突却呈愈演愈烈之势,作为裁判者的法官和作为辩护人的律师之间经常发生对立、冲突,辩护律师"死磕"法官的现象屡见不鲜。在审辩冲突的诉讼关系中,法官在庭审中表现得过于积极和主动,例如:庭前对律师会见、阅卷和调查取证等依法履职行为附加若干法外限制条件;在正式庭审的过程中,在公诉人还未提出异议或表示反对的情况下,常常"越俎代庖",打断律师发言,或是拒绝证人出庭作证、不依法启动非法证据排除程序等。控辩双方的诉讼抗争转变为法官和律师之间的纷争。③ 无论是审辩交易还是审辩冲突,本质

---

① 龙宗智:《法官该不该"主导"庭审》,载《法学》1998年第11期。
② 孙长永、王彪:《刑事诉讼中的"审辩交易"现象研究》,载《现代法学》2013年第1期。
③ 李章仙:《解析审辩冲突——基于典型案件的考量》,载《云南大学学报》(法学版)2015年第5期。

就是诉讼结构的失衡,反映出的是控、辩、审三方间的交互关系,尤其是审辩关系的异化,法官维护司法公正的形象受到损害。

笔者认为,"控辩式"庭审方式要求贯彻控审分离原则,改变过去那种控审不分,法官包办包揽的情况,实现控、审分工负责,各司其职。因此,法官的诉讼地位和职能应作相应的调整,从以前的主导审判转变为主持和指挥庭审。在庭审中,法官扮演着庭审进程的主持者、节奏的调节者,也充当着举证过程的倾听者、质证过程的质询者,但所有这些角色并没有起到决定庭审实体内容的作用,即庭审并非由法官实质主导。① "由于审判的中立性,特别是刑事诉讼法的修改不断强化庭审中控辩双方交锋的分量,使得法官纠问色彩日益淡化,更多是在主持庭审而不是'主导'诉讼。"② "法官的职责不再是主导庭审而是主持庭审,'主导'与'主持'不仅仅是一个字的区别,更重要的是它意味着法庭审理选择何种审判模式,在不同的审判模式下控、辩、审三方的诉讼地位及职能行使状况也不同。"③

第三节　发挥好检察官在指控、证明犯罪中的主导责任

充分发挥检察官在指控、证明犯罪中的主导责任,首先需要检察官牢固树立主导意识,把握庭审指控主动权。目前,一些检察官对庭审的重视程度不够,还没有意识到在指控、证明犯罪中的主导责任问题。检察官要转变重审查起诉轻出庭公诉的观念,既要严把审查起诉观,也要

---

① 赵敏:《以审判为中心背景下出庭公诉实质化问题研究》,载《中国检察官》2017年第11期(上)。

② 罗庆东:《检察官在刑事诉讼中主导责任的履行》,载《人民检察》2020年第5期。

③ 胡锡庆主编:《刑事审判方式改革研究》,中国法制出版社2001年版,第158页。

积极做好出庭公诉工作。"如果把庭审活动比作一场大戏,法官则是拉开大幕的人,在这场大戏中,公诉人的角色才是重头戏。"① 公诉人是庭审中理所当然的"主角"。庭审开始后,公诉人从宣读起诉书到讯问被告人、询问证人、鉴定人,举证、示证,再到法庭辩论,其活动占用时间占到整个庭审活动的绝大部分。公诉人指控、证明犯罪的主导责任发挥得如何,是整个庭审活动能否取得良好效果的关键。下面以厨师杀厨师案为例,探讨检察官在举证、质证、辩论等环节,如何发挥好主导责任。

案例:厨师杀厨师案②

被告人田某因餐厅决定由安某接替其厨师长岗位,对安某心生怨恨,在员工宿舍夜间休息时,用啤酒瓶砸打熟睡中的安某头部,后用被子捂住安某面部,并点燃被子等床上用品焚烧其身体,致安某死亡。

田某作案后,仍留在宿舍休息,当早晨工友发现安某死亡时,他假装镇定,故意提出可能是安某躺在床上喝酒抽烟引发失火,企图逃避责任,并催促工友赶快上班。当餐厅老板和侦查人员赶到现场了解情况时,田某表示不清楚。侦查人员经初步侦查,认为田某有作案嫌疑。归案后期,田某才承认杀人事实。

被告人和被害人是同乡,当初田某引荐安某来餐厅做厨师。工作中,田某喜欢喝酒,对同事的说话方式和态度不文明,餐厅老板觉得田某人品和作风不行,没有能力继续履行好厨师长职责,才决定由安某接替。案发前,安某只是如实向老板反映田某的工作表现,并没有捏造事实、造谣中伤,对引发血案没有过错。

本案审理中,检察官认真履行指控证明犯罪的主导责任,法庭坚持证据裁判原则,落实庭审实质化,确保证据举证质证、案件事实查明、

---

① 童建明主编:《以审判为中心视角下的公诉实务研究》,中国检察出版社 2017 年版,第 119 页。

② 参见庞良程:《一位检察官亲历的命案庭审》,载《检察日报》2020 年 4 月 15 日。

诉辩意见发表、裁判理由形成均在法庭。最终，法院以故意杀人罪判处田某死刑，剥夺政治权利终身。

一、强化当庭讯问

《刑事诉讼法》第191条规定："公诉人在法庭上宣读起诉书后，被告人、被害人可以就起诉书指控的犯罪进行陈述，公诉人可以讯问被告人。"讯问被告人不仅是公诉人出庭支持公诉的重要环节，而且是向法庭展示指控证据、对被告人的供述和辩解进行质证，进一步揭露犯罪和证实犯罪的重要手段，同时也为公诉质证、答辩的顺利进行创造有利条件。随着庭审实质化的推进，"要求以言词陈述或问答形式而显现于审判庭之诉讼材料，法院始得采为裁判之基础"，因此更凸显出庭审讯问在法庭调查中揭露犯罪、指控犯罪的作用。

庭审讯问的目的在于：一是再现被告人的犯罪事实；二是证明犯罪性质；三是分清罪轻罪重；四是促使被告人当庭如实供述；五是运用事实和证据、对预测可能提出的辩护理由予以预防性铺垫，预先瓦解其辩护前提，为公诉观点的发布和答辩打下基础；六是针对新的证据、事实进行澄清。

庭审讯问的内容包括：一是当庭查明被告人主体情况，包括被告人的姓名、住址等情况，生理和精神健康等有无刑事责任能力的状况，文化程度和职业情况，被告人是否承认起诉书指控的罪行。二是当庭查明被告人实施犯罪的内容，包括指控的犯罪事实是否存在，是否为被告人所实施，实施犯罪行为的时间、地点、方法、手段、结果，被告人犯罪后的表现，有无故意或者过失，行为的动机、目的，犯罪集团或者其他共同犯罪案件中参与犯罪人员的各自地位和应负的责任，犯罪对象、作案工具的主要特点，与犯罪有关的财物的来源、数量以及去向，与定罪有关的其他情况。三是应当查明与量刑有关的情节、包括有无依法不应当追究刑事责任的情况，有无法定从重或者从轻、减轻以及免除处罚的情节，被告人全部或者部分否认起诉书指控的犯罪事实的，否认的根据和理由能否成立，与量刑有关的其他事实。

对于认罪的被告人，公诉人要充分运用其口供内容上的丰富性和证明案件的直接性的特点，展示案件全貌，直接印证指控事实，重点要问清与定罪量刑有关的事实和情节。对于不认罪的被告人或者翻供的被告人，公诉人要善于发现并利用被告人供述中的矛盾，并围绕矛盾，步步为营，揭穿被告人的虚假辩解，最终制服被告人。

在"厨师杀厨师案"庭审中，公诉人刚宣读完起诉书，被告人田某就大声辩解没有杀人。面对被告人的全面翻供，公诉人开始有效讯问，针对被告人对作案时间、动机和方式的不合理解释，公诉人从监控录像、皮鞋留有被害人血迹等证据进行质问，揭示矛盾；当被告人不断重复、漫无边际地辩解想逃避关键问题时，公诉人坚持要求被告人直接回答，最后被告人只好以案发时喝醉酒不清醒记不清来推脱解释。通过公诉人环环相扣的讯问，被告人辩解漏洞百出。

二、强化举证

《刑事诉讼法》规定，公诉案件中被告人有罪的举证责任由人民检察院承担。人民检察院在提起公诉指控犯罪时，应当提出确实、充分的证据，并运用证据加以证明。《人民检察院刑事诉讼规则》第399条规定："在法庭审理中，公诉人应当客观、全面、公正地向法庭出示与定罪、量刑有关的证明被告人有罪、罪重或者罪轻的证据。"举证，是指在出庭支持公诉过程中，公诉人向法庭出示、宣读、播放有关证据材料并予以说明，对出庭作证人员进行询问，以证明公诉主张成立的诉讼活动。

公诉人举证，应当坚持以下原则：

一是全面性原则。公诉人举证，一般应当全面出示证据；出示、宣读、播放每一份（组）证据时，一般应当出示证据的全部内容。根据普通程序、简易程序以及庭前会议确定的举证方式和案件的具体情况，也可以简化出示，但不得随意删减、断章取义。

二是围绕争点进行举证原则。以争点为中心是证据调查程序的基本要求，只有把纷繁复杂的案情简化为可以集中争辩的具体问题，才能明确庭审重点，减少争议解决的范围和难度。如果法庭调查的争点不突出，很可能导致法庭调查的混乱和无序，控辩双方的举证、质证和辩论不能围绕争点展开，法庭调查的实际效果将大打折扣。① 因此，公诉人举证，应当"重点围绕控辩双方争议的内容进行"。

三是单独举证原则。最高人民检察院发布的《人民检察院公诉人出庭举证质证工作指引》（2018年5月，以下简称《指引》）第19条规定："举证一般应当一罪名一举证、一事实一举证，做到条理清楚、层次分明。"第21条第1款、第2款规定："根据案件的具体情况和证据状况，结合被告人的认罪态度，举证可以采用分组举证或者逐一举证的方式。案情复杂、同案被告人多、证据数量较多的案件，一般采用分组举证为主、逐一举证为辅的方式。"第22条第1款规定："对于可能影响定罪量刑的关键证据和控辩双方存在争议的证据，应当单独举证。"

四是出示性举证原则。对物证、书证应当在法庭出示。《指引》第30条第1款、第2款规定："出示的物证一般应当是原物。原物不易搬运、不易保存或者已返还被害人的，可以出示反映原物外形和特征的照片、录像、复制品，并向法庭说明情况及与原物的同一性。出示的书证一般应当是原件，获取书证原件确有困难的，可以出示书证副本或者复制件，并向法庭说明情况及与原件的同一性。"对视听资料，应当当庭播放。《指引》第38条第1款规定："播放视听资料，应当首先对视听资料的来源、制作过程、制作环境、制作人员以及所要证明的内容进行概括说明。播放一般应当连续进行，也可以根据案情分段进行，但应当保持资料原貌，不得对视听资料进行剪辑。"证人原则上应当出庭作证。

---

① 潘金贵等：《刑事庭审质证规则研究》，中国检察出版社2019年版，第204页。

《指引》第32条第1款、第4款规定:"证人出庭的,公诉人可以要求证人就其了解的与案件有关的事实进行陈述,也可以直接发问。""对未到庭证人的证言笔录,应当当庭宣读。"

根据上述原则和要求,在举证环节应当注意以下两个问题:

一是坚持围绕争点进行举证,严格限制批量举证。从庭审实践看,公诉人大量采用批量举证、概括举证方法,很少围绕争点进行重点举证。所谓批量举证,是指"将与某一犯罪事实相关的证据,按供述、证言、书证、物证、鉴定意见等证据分类,成批地向法庭举示;举证时并不宣读每份证据的具体内容,而只是说明举证要旨即证明目的,概括介绍这批证据的内容;仅对某些重要证据,进行个别举示"。[①] 虽然这种举证方式可以节约庭审时间、提高庭审效率,但是不能客观具体地展现证据内容,不利于辩方质证。被告人及其辩护人不能充分了解证据的内容,也不能对证据的真实性和合法性进行判断,自然无法发表充分的质证意见。[②] 为此,需要严格限制批量举证的适用范围,批量举证只适用于无争议的事实(包括无争议的案件主要事实)以及辅助事实(如关于被告人身份)的举证。在案件事实有争议的情况下,对于影响定罪量刑的主要证据,应当坚持重点举证,乃至一证一举、一证一质,以充分保障被告人及其辩护人的质证权。

二是坚持出示性举证,严格限制宣读式举证。在庭审实践中,对于实物证据,公诉人基本上不出示,而以扣押清单代替出示;对于书证、视听资料和电子数据,公诉人基本以宣读方式进行举证,仅在少数案件中,将鉴定意见、视听资料等证据以当庭出示、法庭播放的形式举证。对于证人证言、犯罪嫌疑人、被告人供述和辩解等言词证据,公诉人通常采用摘要宣读笔录的方式进行举证。这种举证方式不利于充分保障被告人的质证权。为此,应当严格规范证据的出示方式。对于实物证据,

---

① 龙宗智:《庭审实质化的路径和方法》,载《法学研究》2015年第5期。
② 潘金贵等:《刑事庭审质证规则研究》,中国检察出版社2019年版,第207页。

公诉人应当将原物呈现法庭,并由法警传被告人及其辩护人观察。原物不便举示的,可用照片替代,但须保证照片能准确、清晰地反映出物证的特征。对于言词类证据,公诉人采用宣读的方式进行举证的同时,应当将笔录复印件交给法官和被告方,并指明宣读部分所在位置。①

在"厨师杀厨案"中,公诉团队采取多媒体示证、实物举证和鉴定人、侦查人员出庭作证相结合,实现让证据说话、讲述事实。

关于作案动机和时间,田某辩解和被害人没有矛盾,没有伤害理由。公诉人出示宿舍工友和餐厅老板、经理的证言证实,餐厅老板不满意田某的工作,决定让安某接替厨师长,案发当晚召集经理和田某、安某开会,田某、安某发生过言语冲突,安某先返回宿舍,老板和经理继续做田某工作。监控录像显示,田某于凌晨3时许回到宿舍,当天早晨安某被发现遇害。

关于作案过程,由于田某当庭翻供,缺乏目击证人,公诉人重点运用客观性证据进行指证,宣读现场勘查笔录和搜查笔录、扣押清单时,利用多媒体同步动态展示宿舍内部结构、房间方位、尸体状态、血迹分布、啤酒瓶头、打火机和带血皮鞋的原始位置等,构建被告人杀人和物证、现场多维立体空间和逻辑关系。由于被告人否定用啤酒瓶砸打和拒签打火机照片,辩护律师认为,搜查笔录中有打火机与现场勘查笔录不符,公诉人指出,侦查机关勘查时发现打火机后未提取到生物痕迹和指纹,就没有在勘查笔录中记载,但有搜查笔录和扣押清单印证打火机的现场位置和扣押来源,扣押的打火机是被告人供述扔在现场的特定物。

随后,公诉人宣读物证鉴定书、DNA 检验报告和法医鉴定报告,证实在安某房间桌旁、尸体南侧和桌上啤酒瓶头的血迹系田某所留,且啤酒瓶颈部提取有田某的生物成分。尸体头部、床下及墙面的血迹系安某所留,安某头部重度颅脑损伤、体表破裂水泡、食道和胃内见炭末。在田某房间床下藏匿的皮鞋底检出安某的血迹,田某短袖上衣、床上被子

---

① 潘金贵等:《刑事庭审质证规则研究》,中国检察出版社 2019 年版,第 240 页。

检出田某的血迹。

庭审中，负责鉴定工作的法医就公诉人提出的现场血迹成因、被告人的作案手段、被害人死因等专业问题进行解释。当公诉人向法医展示啤酒瓶玻璃碎片，问能否作为击打被害人头部造成损伤的工具时，法医回答"如果一个完整的瓶子大力多次击打是可以的，但仅是现场残存的玻璃碎片则不可以"。当公诉人问为什么被害人尸体头部下面有血迹而床上没有血迹时，法医回答"反复击打的地方就是留下血迹的地方"。当公诉人问被害人尸体在床的西侧，为什么床下和墙面会留下血迹，法医回答"被害人有移动位置"。

上述证据既说明田某与案发现场及物证的接触状态和客观联系，又说明安某被击打后未当场死亡，有自主呼吸吞咽和挣扎位移行为，符合重度颅脑损伤合并火焰热作用休克死亡的死因。

三、强化当庭质证

所谓质证，是指在审判人员的主持下，由控辩双方对所出示证据材料及出庭作证人员的言词证据的证据能力和证明力相互进行质疑和辩驳，以确认是否作为定案依据的诉讼活动。由于检察机关承担指控证明犯罪的主导责任，当庭证据多数由公诉人出示、宣读，而辩护人质证的对象就是公诉人在法庭出示的各种证据材料。从这个角度来讲，公诉人在法庭质证环节主要回应辩方对己方证据的质疑，通过解释、说明、论辩等方式论证控方证据的合法性、关联性、真实性，巩固证据体系的牢固性与完整性。质证不仅是强化举证责任的延伸，也是夯实证据的关键。

（一）树立正确的质证理念

质证的目的在于通过对对方所举证据的客观性、合法性、关联性提出质疑、异议，由举证方进行答辩，使法官对有罪或者无罪的证据体系形成内心确信,同时在质证中揭示对方证据的虚假、不充分、不可信,使对方证据体系发生动摇。质证的本质是保证进入审判环节据以定案的证据均为合法取得、客观真实且与待证事实存在关联,防止罚及无事,最大限度地维护被告人及其他诉讼参与人的合法权益。所以公诉人要熟悉掌握证据规则,深刻理解八类证据的制作、固定及形式要求等程序性规定,在此基础上树立正确的证据理念。一方面,公诉人代表国家行使公诉权,是法律和公平的维护者,对于辩方提出的证据要实事求是地进行评估,不能一味地予以否定。另一方面,对质证不能消极回避,公诉人认为辩方出示的证据确有问题应当及时质证,对对方的质证意见均应予以积极答辩。唯有如此,才能最大限度地查明案件事实、维护法律的正确实施。

(二)掌握正确的质证方法

在质证过程中,可以采取讯问、询问、对质、说明、质疑、解释、辩论等方法。公诉人当庭出示物证、书证、视听资等证据,应当就证据的来源、特征、证明目的等作必要说明,然后由对方进行辨认并发表意见,控辩双方可以进行质问、辩论。向证人、鉴定人发问,应当先由提出证据的一方进行,再由对方发问。

(三)坚持一证一质一辩原则

质证原则上应当一证一质一辩,以充分保障被告人及其辩护人的质证权。《指引》第41条规定:对影响定罪量刑的关键证据和控辩双方存在争议的证据,一般应当单独质证。对控辩双方没有争议的证据,可以在庭审中简化质证。对于被告人认罪案件,主要围绕量刑和其他有争议的问题质证,对控辩双方无异议的定罪证据,可以不再质证。质证阶段的辩论,一般应当围绕证据本身的真实性、关联性、合法性,针对证据能力有无以及证明力大小进行。对于证据与证据之间的关联性、证据的综合证明作用问题,一般在法庭辩论阶段予以答辩。

(四)强化证人出庭作证,确保证人证言得到充分的质证

证人出庭作证,是落实直接言词原则、确保"案件事实查明在法庭",实现庭审实质化的必然要求,也是保障被告人质证权,使其得到公正审判的必然要求。与物证、书证相比,证人证言具有主观性、不稳定性等特点,受到多种因素的影响,存在虚假的可能。因此,"只有证人当庭作证,接受对立方的充分质证,法官才能对证人直接'察其颜、观其色、听其言',才能对其所作证言的可靠性做出准确的判断"[①]。

我国刑事诉讼法虽然规定了证人保护、证人补偿及强制出庭作证等制度,但证人出庭率仍然较低。证人不出庭的原因是多方面的,一个重要原因是检察官没有促使证人出庭的积极性。检察官担心证人出庭翻证,导致指控证据不足或相互矛盾,不愿意证人尤其是控方证人出庭。证人不出庭,将影响、制约检察官在指控、证明犯罪中主导责任的发挥,从而在指控、证明犯罪中陷入被动的局面。一是证人不出庭,检察机关将不得不以证人的庭外陈述作为指控被告人的证据。检察官在朗读证言笔录时,如果被告方提出异议,检察官将难以进行有效的、令人信服的反驳。二是证人不出庭,检察官将难以通过有效的询问指控证明犯罪,进而说服法官。因此,检察机关要切实提高对证人出庭作证重要性的认识,将证人出庭作为发挥指控、证明犯罪主导责任的重要抓手,积极推动证人出庭作证,提升指控证明犯罪的效果。

在强化当庭质证的同时,也要强化当庭认证。目前,法官很少当庭认证证据,特别是对存在部分争议、经过质证的证据,法官通常会留到庭后认证。"很多法官都感到当庭认证很难操作,担心前面认定的证据

---

① 陈卫东:《以审判为中心背景下的直接言词原则探析》,载陈光中主编:《公正审判与认罪协商》,法律出版社2018年版,第76页。

又被后面的证据否定，或者出现误认与错认，所以当庭认证率较低。"①实现法官当庭认证，一是可以提升审判决策的"透明度"，防止"暗箱操作"，使法官心证的形成与事实的认定以"看得见的方式"呈现，从而有利于提高审判质量，维护司法公正。二是可以形成一种"倒逼"机制，促使法官不断提升自身素质。三是有利于防止司法腐败。因此，应当进一步明确当庭认证的原则、标准和具体要求，将当庭认证的情况作为检验庭审实质化程度的一项指标。原则上，对于证据材料的可采性问题，应该当庭认证，除非还需进一步调查核实。对于证据的真实性，具备认证条件的应作当庭认证。对于证据的证明力，在当庭宣判的案件中必须当庭认证；在不当庭宣判的案件中，也应根据举证、质证情况，在庭审中进行适当的、有分寸的证据评判。②

四、强化法庭辩论

法庭辩论是在法庭审理过程中，公诉人、被告人及其辩护人围绕犯罪事实能否认定、被告人是否实施了犯罪行为、是否应负刑事责任、应负什么样的刑事责任等问题，对证据和案件情况发表各自的意见，相互进行辩论的诉讼活动。

（一）提升公诉意见的说服力

公诉意见是公诉人在法庭上就案件的事实、证据、定罪量刑等问题集中发表的意见，发表公诉意见是法庭辩论的开始。

在庭审中，公诉人除了承担举证责任外，还承担说服义务，即说服法庭接受公诉人的指控意见。通过调查阶段的举证，法庭只是了解了本案的证据种类及具体证据有哪些，但对各项证据是否具有证据能力、能

---

① 何家弘：《刑事庭审虚化的实证研究》，载《法学家》2011 年第 6 期。
② 龙宗智：《庭审实质化的路径与方法》，载《法学研究》2015 年第 5 期。

够在多大程度上证明待证事实、全案证据是否达到证明标准等方面可能存在怀疑，并未形成内心确信。这时，控辩双方对证据的分析论证以及对适用法律的争辩会对最终的裁判起到关键作用。尤其是在以审判为中心的庭审模式下，证据的采信、裁判的形成均在法庭，公诉人通过发表公诉意见说服合议庭的重要性也就更加突出。公诉人的公诉意见，主要包括总结归纳证据、论证法律适用，阐述犯罪情节、揭露主观恶性，分析犯罪原因、宣传法制教育等方面的内容。

（二）提升答辩的针对性

公诉人对辩护人所提的问题不可能有问必答，而应紧紧围绕涉及定罪量刑的问题进行答辩。一是答辩应突出重点，灵活应对。公诉人在法庭上应认真听取辩护人发言，将辩护人提出的所有辩护观点进行综合归纳，概括出几个主要的辩护观点，然后根据掌握的事实和证据，结合法学理论，对被告人不正确的观点进行论证、驳斥。在答辩中要灵活地捕捉对答辩有利的材料，及时调整，主动出击，将辩论的焦点引向自己熟悉的范围。二是答辩要抓住矛盾，各个击破。对于多个被告人的共同犯罪案件，各被告人之间可能会因主从犯的认定、刑事责任承担的多寡等利害关系产生矛盾，多个辩护人出庭各自为其被告人进行辩护，公诉人利用各个被告人之间的辩护矛盾、辩护人与被告人辩论观点之间的矛盾、多个辩护人之间以及他们与被告人之间的矛盾，以矛攻矛，各个击破。三是答辩应前后照应，协调统一。公诉人论述答辩观点时，要紧密结合起诉书、公诉意见书的内容，上轮答辩为下轮更有力的答辩做铺垫，下轮答辩时要与上轮答辩的观点紧密结合，遥相呼应，不留漏洞，使全部辩论观点连成一体，形成协调统一的论证体系，使辩护人找不到矛盾点，无法攻破其中任何一个观点。在辩论快要结束前，公诉人可以对辩论的关键问题作系统地答辩，使辩护观点的谬误得以清晰展现。

在"厨师杀厨师案"的法庭辩论阶段，公诉人发表公诉意见后，田某理屈词穷，反复强调案发时喝醉酒不清醒，不记得、不知道有没有杀人，并表态"如果法庭根据证据判我有罪，我接受"。辩护律师对故意杀人罪不持异议，但提出田某案发后主动投案，明知他人报警仍留在原地等待警察带走，同时希望法庭核实程序瑕疵，如打火机没有提取到指纹或DNA；被告人第二天进入案发现场，皮鞋上的血迹有可能是第二次进入沾染的；现场遗留的生物特征不能确定是案发当天还是之前留下；现场勘查笔录记载现场地面多种鞋印，应对同住人员、报案人、医务人员鞋印进行比对等。

辩护律师的意见包括有罪、罪轻和证据不足的无罪等不同观点。公诉人运用证据揭示证明犯罪，做到有理、有利、有节，针对被告人的态度和辩护律师的思路，作出如下回应：

一是被告人没有自动投案。宿舍工友发现被害人死亡后，田某假装镇定，以安某醉酒失火死亡为借口误导工友，并向餐厅老板、经理和侦查人员隐瞒事实，侦查人员通过初步侦查，分析研判田某有作案嫌疑。口头传唤到案后，田某开始拒不供认，经办案民警做思想工作，才供述犯罪事实，田某主观上没有认罪意愿，客观上无法离开，属于被动归案。

二是打火机没有提取到指纹和DNA是客观事实。由于条件限制，类似打火机的物品不一定都会留下生物痕迹，但案发现场搜查扣押的打火机是特定物，田某庭前多次供述焚烧现场遗留打火机，与其他证据相互印证，所以打火机是作案工具。

三是被告人皮鞋上的血迹不可能是第二天进入案发现场沾染。扣押的皮鞋是被告人作案后脱下藏在床下，第二天田某去安某房间时所穿不是这双皮鞋，何况田某辩解第二天只是站在房门口，又如何沾染房内血迹？

四是现场生物特征可以确定是田某作案时遗留。田某的血迹分布在安某尸体南侧、桌旁、桌面和桌上断裂啤酒瓶头等处，啤酒瓶头颈部还留有田某的生物成分，这些特定位置、特定物品所留生物特征具有指向性和排他性。而且，在田某房间床下皮鞋留有安某的血迹，在田某房间的衣物、床被也留有自己的血迹，这些血迹的位移变化反映被告人进出案发现场的动态过程和客观联系。

五是现场勘查笔录记载现场地面多种减层鞋印，侦查机关记载"经了解，为案发后报案人、医护人员等无关人员遗留"，程序上确有不妥，如果符合痕迹检验条件，应当对同住人员、报案人、医护人员，包括田某的鞋印进行痕检比对，如果没有痕检条件，所记载报案人、医护人员等人员遗留也符合案件事实情节，不属于重要和关键事实不清，综合全案证据可以排除其他人作案。

五、提出量刑建议

量刑建议，又称求刑建议，是指检察院在刑事诉讼中对被告人应当适用的刑罚种类、刑期等向法院提出的建议。它具有如下特点：（1）量刑建议的主体是检察院；（2）量刑建议的对象是法院；（3）量刑建议的内容是所起诉的被告人应当判处的刑罚。

根据量刑建议内容的明确性不同，可将其划分为两类：第一类是幅度刑量刑建议。在法定刑幅度内进一步压缩量刑空间，一般表述为"建议在×年至×年之间量刑"或是"建议判处不低于×年的刑罚""建议判处×年以下的刑罚"等。第二类是确定刑量刑建议。又分两种情况，明确建议处以某种刑罚（如管制、缓刑、无期徒刑、死缓等）和建议具体的刑期。此类量刑建议最为明确具体，对判决的约束力也较大。

最高人民法院《关于适用〈中华人民共和国刑事诉讼法〉的解释》第282条规定：人民检察院可以提出量刑建议并说明理由；建议判处管制、宣告缓刑的，一般应当附有调查评估报告，或者附有委托调查函。《人民检察院刑事诉讼规则》第418条规定："人民检察院向人民法院提出量刑建议的，公诉人应当在发表公诉意见时提出。"

量刑建议的根据，在于检察官享有刑事诉权。所谓刑事诉权，是指犯罪事实发生时，国家法律赋予社会成员或公诉代表（公诉机关）请求审判机关通过审判方式惩罚犯罪和保护合法权益的权利。① 检察机关的刑事诉权，具体包括起诉权、不起诉权、抗诉权等权能。其中起诉权在实体内容上可分为定罪请求权和量刑请求权。定罪请求权，就是检察院请求法院判决确认被告人的行为构成犯罪的诉讼权力；量刑请求权又称求刑权，是指检察院请求法院对被告人处以刑罚的权力。定罪请求权与量刑请求权二者不可分割，相辅相成。定罪请求权是量刑请求权的前提，检察院只有请求法院对被告人的行为确认犯罪，才能请求法院对被告人量刑；量刑请求权则是定罪请求权的自然发展和目的，检察院请求法院对被告人确认犯罪，其目的就是进而请求对被告人追究刑事责任。

对于未适用认罪认罚从宽制度的案件，量刑建议作为一种"建议"，对法院的量刑并无约束力，法院没有义务按检察院的建议量刑。但这并不意味着检察机关的量刑建议就是画蛇添足，它对法院的裁判活动仍然具有一定的制约作用。一是提醒法院审慎量刑，制约其自由裁量权。二是在判定被告人构成犯罪的前提下，法院必须对量刑建议作出回应，即必须对被告判处一定的刑罚，并充分说明理由。如果法院没有采纳检察院的量刑建议，则应对不采纳的理由作出具体说明。② 如果检察机关认为法院的量刑裁判明显不当，可以依法提出抗诉。

六、充分发挥检察长列席审判委员会的作用*

检察长列席审判委员会制度是检察机关履行法律监督职能的重要方式之一，在学理上却一直颇有争议。历经多年存废之争和数次法律修改，2018 年新修订后的《人民法院组织法》与《人民检察院组织法》

---

① 孙洁冰主编：《刑事诉讼法学》，重庆大学出版社 1996 年版，第 18 页。
② 朱孝清：《论量刑建议》，载《中国法学》2010 年第 3 期。
* 本部分内容由杨蜜撰写。

从立法角度对这一制度予以确认保留，证实了在实践运行中该项制度存在的合理性。我们认为，检察长列席审委会制度是实现审判监督多元化的有效途径，在一定程度上凸显检察权运行的能动性，在司法实践中应充分确保该项制度的有效运行。

检察长列席审判委员会制度虽然是我国司法制度的特色，但类似制度在国外也可以找到参照。从大陆法系国家的检察制度来看，检察长参加法官会议并发表意见或与法官进行必要的沟通协商，是许多国家的做法。如法国的检察长可以参加法院解决各种问题的法官会议，并发表意见。日本检察官可以对法院、审判官的违法或不当行为，提出适当的处理意见，法院必须及时作出裁定。这些国家法官和检察官对案件办理和司法政策的沟通协商机制，对保证法律的统一实施和司法权的公正行使发挥了积极作用。①

检察长列席审判委员会是检察机关履行审判监督职能、维护审判公正的重要方式，也是检察机关发挥指控、证明犯罪主导责任的必然要求。如前所述，检察官指控、证明犯罪主导责任，不仅包括通过指控证明犯罪实现国家刑罚权，也包括通过对审判活动的法律监督维护司法公正。一是审判委员会虽然是《人民法院组织法》规定的"审判组织"，但本质上是一个行政化的议事决策机构，具有"审而不定，定而不审"的特点。根据司法亲历性原则，司法官要对案件本身的情况进行全面客观的了解，尤其是对案件的法律事实要全面把握，通过对证据的客观性、合法性、关联性进行全面审查，并作出正确判断。作为独立个体的法官，亲历庭审过程，比较清楚案件事实和证据状况。但审委会作为群体决策机构，审议案件并未做到亲历，而是严重依赖于承办法官的书面汇报。该书面报告不可避免的片面性、间接性难以保证审委会委员准确把握案情。同时，承办法官在介绍基本案情的过程中，就争议的问题发

---

① 最高人民检察院法律政策研究室：《检察长列席审委会会议制度的立法完善》，载《检察日报》2019 年 4 月 14 日。

表自己的倾向性意见,而这些倾向性意见往往会影响审委会委员的决议。审委会委员主要是听承办法官的口头汇报,案件信息主要是传来信息,很难全面掌握案卷中那些对定罪量刑起关键作用的一手证据材料,决策所需信息量不够,客观性也不得而知,作出判断自然会出现偏差。检察长列席审委会,就发现的案件事实、证据、适用法律情况等内容发表意见,防止承办法官在汇报时对案件事实、证据等方面的遗漏,防止法官的个人倾向影响审委会决策,保障审委会全面听取意见,做到"兼听则明"。二是审委会具有封闭性和秘密性等特点。基于"封闭乃恣意之母"的历史体认,如果不加以监督,极可能造成决策的恣意和错误。对于审委会,检察机关无法以如派员出席法庭的形式对其进行监督,而检察长列席审委会制度覆盖了原本可能存在的监督"盲区"。可以说,强化对审判活动的法律监督是检察长列席审委会制度的基本价值。[①] 作为检察机关领导者的检察长在身份上与法院审委会具有对等性,其代表检察机关以监督者的角色列席审委会是履行检察院法律监督职能。其监督内容包括对审委会议事内容、议事程序、个案讨论与其他审判工作相关决策的各个方面。其发表的列席意见主要针对审委会委员是否应当回避、案件是否属于该院管辖、案件审理程序是否合法、是否违反法定的审理和送达期限、是否维护了当事人和其他诉讼参与人的诉讼权利和其他合法权利、法官在审理案件中是否存在违法情形等问题。[②] 检察长的列席增加了审委会决议的透明度,保证了审委会议题讨论程序的合法性,从而维护了审判公正。三是列席制度有"商谈决疑"的特点。[③] 依据我国刑诉法规定,法院、检察院互相配合、互相制约,在重大、疑难、复杂及分歧的案件处理上,需要一种制度促进法检双方通过互相制

---

① 黄文艾:《检察机关派员列席审委会制度的反思与建构》,载《河北法学》2008 年第 3 期。
② 张杰:《论坚持和发展检察长列席审委会制度》,载《人民检察》2019 年第 15 期。
③ 刘禅秀:《检察长列席审委会制度实证考察》,载《国家检察官学院学报》2014 年第 3 期。

约形成合意、达成共识，以保证法律适用的统一。通过列席制度搭建的检法两家沟通交流平台，使双方通过对争议问题的讨论实现互相制约互相配合，保障了检方立场充分陈述于审委会，确保双方及时交流意见，就具体应用法律问题达成共识，提高诉讼效率，降低诉讼成本。可以说，检察长列席审委会制度有利于促进检法双方构建良性、畅通、互动的关系，体现和谐司法、双赢共赢多赢的理念，是检法两家统一对法律适用的重要渠道，也是司法权运行的必然要求。

检察长列席审判委员会并没有损害人民法院依法独立行使审判权原则。有论者认为："检察长列席审委会会议，'对于审判委员会讨论的案件和其他有关议题发表意见'，不仅打破了审判权与检察权的界限，是对人民法院和人民检察院依法独立行使职权的僭越，而且在客观上也将对人民法院依法独立行使审判权形成干预，产生影响。"[1] 该论者还以陕西省某县检察院检察长列席法院审判委员会讨论58起刑事案件的审委会会议，检察长的列席意见均被法院采纳为例，认为检察长列席审委会干扰了法院依法独立行使审判权。笔者认为，这种观点是值得商榷的。一方面，检察长列席审委会履行的是程序性监督职责，其就个案发表的实体意见仅具有参考性，不具有表决权，并不能决定审委会决议内容，案件的裁决权始终在于法院一方。这与人民法院依法独立行使审判权并不相悖，符合以审判为中心的刑事诉讼制度改革要求。另一方面，实践中检察长所提出的意见有的被采纳，有的则未被采纳，即便是一些地方检察长列席审委会会议时所提出的意见被"全盘吸收"，这也是法院自主决定的结果，更何况这其中本就包括审判委员会的多数意见与检察长意见相一致的情况，不能就此得出检察长干预法院办案的结论。[2]

---

[1] 顾永忠：《检察长列席审委会会议制度应当取消》，载《甘肃政法学院学报》2017年第4期。

[2] 董坤：《检察长列席审委会会议：新时代法律监督权的巩固与发展》，载《广西大学学报》2020年第1期。

从实践看,检察长列席审委会是履行审判监督职能必须且有效的方式。检察长通过列席发现审委会审议存在问题并履行法律监督职责进行纠正的并非个例,这防止了审委会的决策失误,维护了司法公正。

案例:杨某强奸案

杨某在明知邻居家女童小A(10岁)真实年龄的情况下,仍通过赠送手机、礼物等方式诱骗、威胁其与自己交往。2018年2月至6月期间,杨某趁小A父母夜晚不备,两次翻窗进入小A卧室对其进行奸淫。经鉴定,小A所睡床单粘附物上检出杨某的精液和小A母亲王某的DNA。

本案在审判阶段,杨某在庭审中坚称与王某发生过性关系,辩称"小A床单上的精液系自己与王某通奸时所留,王某隐私部位有胎记和瘢痕"。经过三次开庭审理仍有较大分歧。C市L区人民检察院检察长列席区法院审委会会议并围绕案件争议焦点发表意见。

在审委会上,承办法官对被害人陈述情况的汇报与实际的证据情况不符,且遗漏汇报杨某供述其与王某发生性行为的地点是在小A卧室的地上、杨某与王某无通话、短信联系,以及王某隐私部位瘢痕特点等关键证据。承办检察官向区法院审委会补充汇报了上述证据。检察长围绕案件争议焦点发表以下意见:首先,杨某辩称与王某通奸,清楚王某隐私部位特征的辩解不成立。王某隐私部位的手术瘢痕与杨某描述的长度、形状、颜色均不相符;而小A隐私部位的手术瘢痕,恰好与杨某描述的王某的隐私部位特征相符。这也从侧面印证了杨某看过小A的隐私部位,奸淫过小A的事实。其次,王某睡过、洗过、晾晒过本案的检材床单,在其中某一块床单上留下其DNA属正常现象,不能因为在床单上留下了王某的DNA,就推断出在床单上检出的精液系杨某与王某发生性关系所留,杨某的辩解并无其他证据或线索支撑。最后,被害人的陈述能够得到本案其他证据印证,如两人通话记录、短信聊天内容、被害人生理状况诊断证明等,能够形成证据锁链,证实杨某奸淫小A的事实。

L区人民法院以强奸罪判处杨某有期徒刑六年。杨某不服,提出上诉。某中级人民法院作出裁定,驳回上诉,维持原判。

根据"两高"《关于人民检察院检察长列席人民法院审判委员会会议的实施意见》的规定,对于人民法院审判委员会讨论的议题,人民检察院认为有必要的,可以向人民法院提出列席审判委员会会议,检察长列席同级法院审判委员会会议应当围绕案件争议焦点发表意见。因本案是否构成犯罪存在重大争议,L区人民检察院向区人民法院提出了列席审判委员会会议的要求。检察长在列席审判委员会会议时,针对承办法官汇报时遗漏部分有罪证据,导致否定杨某无罪辩解的证据不足,发表监督意见,审判委员会会议采纳了检察长的监督意见,达到了检察长列席审判委员会会议履行监督职责的效果。

第六章　检察官在指控、证明犯罪中的主导责任（下）
——配套措施

随着以审判为中心诉讼制度改革的推进，我国刑事庭审方式正从"职权主义"向"控辩式"加速转型。在职权主义刑事司法模式下，案件提交法院审判，除了当事人负担证明责任外，法官可以依职权调查取证，进而补足证据，查明事实来判定诉讼主张是否成立。因此，理论上讲，检察官举证不能，并不必然招致败诉结果。这也就是为什么在大陆法系早期，检察官可以在法庭上很懒散的原因。① 我国刑事诉讼法保留了法院依职权查明事实的部分规定，② 但同时强化了检察官在指控、证明犯罪中的主导责任。检察官举证不力，法庭不能认定被告人有罪的，检察机关将承担无罪判决的后果。据最高人民法院工作报告，2018—2020年，分别宣告517名、637名、656名公诉案件被告人无罪。"疑罪从无、有利于被告人原则在审判实践中得到越来越坚决的贯彻，刑事案件无罪判决的增加也侧面印证了审判机关从主动调查甚至积极追诉的历史惯性中逐步退出，认定犯罪、科处刑罚的证明责任更多地、实质性地

---

① 苗生明主编：《刑事检察专论》，法律出版社2020年版，第45页。
② 《刑事诉讼法》第191条第3款规定："审判人员可以讯问被告人。"第196条第1款规定："法庭审理过程中，合议庭对证据有疑问的，可以宣布休庭，对证据进行调查核实。"最高人民法院《关于适用〈中华人民共和国刑事诉讼法〉若干问题的解释》第263条规定："审判人员认为必要时，可以询问证人、鉴定人、有专门知识的人、调查人员、侦查人员或者其他人员。"

落在了检察机关身上。"① 落实检察官在指控证明犯罪中的主导责任,既需要理念的变革,也需要健全完善相关的配套机制和措施。

第一节 改革卷宗移送制度

我国1979年刑事诉讼法实行"卷宗移送主义",1996年修改后的刑事诉讼法实行"主要复印件移送主义"。2012年修改后的刑事诉讼法恢复了"卷宗移送主义",规定人民检察院对于符合起诉条件的案件,应当"将案卷材料、证据移送人民法院"。2018年修改后的刑事诉讼法仍然沿袭了"卷宗移送主义"。在笔者看来,"以审判为中心"目的在于落实直接言词、证据裁判、控辩平等原则,实现庭审实质化,通过程序的公正实现实体的公正。不改革卷宗移送制度,法官庭前预断就无法排除,庭审实质化就难以实现。

一、卷宗移送制度的渊源及法理分析

在欧陆纠问制时期,刑事诉讼实行书面的、秘密的审理程序,法官主要根据卷宗作出判决。无论是世俗法院,还是教会法庭,均是如此。"诉讼的每一个过程的细节都要制作相应的文书,无论是已经进行的勘验、查证,还是听取的证人证言以及各当事人的陈述、声明等,直至作出判决,付诸执行,无不采用书面形式。"② "在此程序下,审问者进行'秘密'的调查,诉讼程序的每一步,以及审理过的每一个证据,都要被记录在案。因此,正式的'调查案卷'内容繁多,含有对举证结果描述的各种细节。在所有严重的刑事案件中,侦查终结时,卷宗被送到合

---

① 苗生明主编:《刑事检察专论》,法律出版社2020年版,第46页。
② [法]贝尔纳·布洛克:《法国刑事诉讼法》(第21版),罗结珍译,中国政法大学出版社2009年版,第39页。

议庭的法官手上，他们仅凭或主要凭卷宗中记录的证据判决。"① 当时流传着一句著名的法谚："卷宗无记录，便是不存在。"从这一法则可以看出，卷宗既是法官进行审理并作出判决的依据，也是对法官作出裁判的限制。也就是说，法官必须按照卷宗以及记录上正当展示出来的证据进行裁判，而不能根据自己的私人知悉作出判决。这乃是欧陆中世纪道德神学的要求。"对于审判法官来讲，卷宗记录有着特别重要的意义：区分个人知悉与公共知悉，私人良心与公共（司法）良心。为了区分'个人知悉与司法公共知悉'，'卷宗记录'成为纠问制法官探寻'司法事实'的唯一渠道，没有记录在案的即没有发生。"②

资产阶级革命胜利后，各国相继废除了纠问式诉讼和刑讯制度。在案卷移送问题上，英美国家普遍实行起诉书一本主义，同时实行比较严格的传闻证据法则，以防止法官产生预断，使裁判结论真正建立在控辩双方平等辩论的法庭审判过程中。大陆法系国家则保留了卷宗移送制度的传统。"记录先前官方活动的书面卷宗是程序运作的必不可少的前提。在较低层级审判中发生的事情，必须保留下来以备较高层级的审核。因此，先前活动的记录成为最重要的证据信息来源。法律程序以间断的方式时开时合，案件的卷宗则为这些断断续续的程序活动提供了必不可少的联系和生命线。"③

在法国，无论是违警罪案件、轻罪案件还是重罪案件，也无论是否经过预审，均须向预审法庭或者审判法庭移送卷宗。卷宗的主要内容包括：警察制作的确认犯罪事实的笔录、被告人先前的"犯罪记录"、被告人向警察所做的说明、辩解、证人证言，以及有关被告人人格的简单

---

① ［美］米尔吉安·R. 达马斯卡：《比较法视野中的证据制度》，吴宏耀等译，中国人民公安大学出版社2006年版，第100页。

② 倡化强编：《形式与神韵 基督教良心与宪政、刑事诉讼》，三联书店2012年版，第282页。

③ ［美］米尔吉安·R. 达马斯卡：《比较法视野中的证据制度》，吴宏耀等译，中国人民公安大学出版社2006年版，第14—15页。

介绍。对于适用简易程序的轻罪、违警罪案件，审判长往往以卷宗为基础进行审判，审判时间可能只持续几分钟。被告人会进行简短的答辩，通常是进行有罪供述。如果有必要，法官还会大声宣读卷宗中的证人证言。在检察官和辩护律师发表简短的意见之后，宣布判决和量刑。对于重罪案件，审判长在审判之前应当"深入了解案卷"，如认为有必要，有权进行补充证据调查。法庭审理遵循直接言词原则。审判长所进行的讯问，各当事人及他们的律师的陈述，审判长与律师向证人提出的问题以及各方相互提出的问题，都采用言词方式。"在法庭调查过程中，法庭审理（法庭辩论）要重提已经归入诉讼案卷的各项材料，并且用言词性产生的'活的说明'来加以补充，必要时，还要补充可以收集到的、对查明事实真相有帮助的其他材料。"① 在控辩双方总结证据之后，法庭退庭评议。在重罪法庭评议过程中，如果审判长认为确有必要对某些诉讼文书进行审查，可以要求将案卷送至评议室，并在检察机关派员到场时打开案卷。

在德国，当有犯罪发生时，警察进行侦查并编纂包含证人证言、犯罪嫌疑人陈述以及其他证据的卷宗。当侦查终结时，卷宗移送至检察官，由其决定是否提起公诉。《德国刑事诉讼法典》第199条第2款规定："公诉书应当包含启动审判程序的申请。公诉书连同案卷一并提交法院。"法院审查起诉书和卷宗，并正式决定是否有充分的证据支持开始审判程序。"虽然法庭依靠检察官提交的卷宗进行庭前准备，但卷宗中的任何部分都不得作为证据使用。所有的证据必须在公开的法庭上口头提出。只有在极其有限的情况下才能宣读庭外的书面证言。"②

卷宗移送制度孕育于职权主义诉讼模式，同时构成了职权主义诉讼

---

① ［法］贝尔纳·布洛克：《法国刑事诉讼法》（第21版），罗结珍译，中国政法大学出版社2009年版，第489页。
② ［美］虞平、郭志媛编译：《争鸣与思辨：刑事诉讼模式经典论文选译》，北京大学出版社2013年版，第495页。

模式与当事人主义诉讼模式的重要区别。在职权主义诉讼模式中，书面卷宗是整个诉讼程序运行的支柱，也是从警察侦查程序直到上诉审的各个诉讼阶段所主要使用的案件管理工具之一。而在当事人主义诉讼模式中，口头的与公开的听审在案件管理中发挥着主要的作用，即使在进行辩诉交易的案件中也是如此。由于职权主义诉讼模式强调法官在查明案件事实中的积极作用，因而要求实行卷宗移送制度，便于法官在庭前对案件作实体性审查，并积极、主动地去收集、调查证据，从而发现事实真相。如果法官庭前不研究、熟悉卷宗，他就会陷入"盲人骑瞎马，夜半临深池"的危险境地，无法有效地进行法庭讯问/询问。这就难免会削弱法官查明事实真相的职能作用，也会影响审判的质量与效率。

二、卷宗移送制度对公平审判的影响

公平审判原则，是构建现代法治国家司法程序的重要基石。尽管人们对公平审判原则存在不同的理解，但是，法官的无偏颇性或中立性属于公平审判原则的核心内涵。① 当然，法官也是人，可能会受制于自身偏好或者偏见的约束，从而妨碍其公正地作出判决。"既然法官和其他决策者都是人而非机器，无疑，在某种程度上，他们都不可避免地是自身教育、经验和背景的产物。他们判断案情的思维，不会是一张白纸。但是，他们应努力警示自己，抵消任何可能干扰他们判断的外部因素，如果他们意识到了偏见，或者意识到了可能引发偏见的事项，他们就必须拒绝作出有争议的决定。"② 从卷宗移送制度的运行情况看，其症结在于可能妨碍公平审判原则的实现。

第一，卷宗移送制度会导致法官在庭前形成预断或偏见。在审判之前，法官先行熟悉卷宗，不可避免地会形成预断或偏见。无论是从认识

---

① 林钰雄：《刑事诉讼法》（上），中国人民大学出版社2005年版，第81页。
② ［英］汤姆·宾汉姆著：《法治》，毛国权译，中国政法大学出版社2012年版，第132页。

论的角度，还是从实验心理学的角度，都可以得出这一结论。其危险，主要表现为"抽样误差"，即法官往往在庭上更愿意接受符合他预断的信息，而不愿意接受偏离他预断的信息，难以保持中立性。达马斯卡认为："从认识论的角度来看，这种预先获取信息的行为存在重大缺陷。由于对案情多少有些了解，法官不可避免地会对需要重构的事实形成一定的预断。……更重要的是，这带来了一个'高发'危险：法官可能更容易接受那些符合他预断的信息，排斥那些相冲突的信息。法官一般也会意识到这种心理歪曲机制，它在某种程度上可以降低歪曲机制损害判决准确性的危险性，可尽管如此，这一制度的缺陷并不能完全被矫正。"① 因此，否认卷宗多少会在法官头脑中留下一些印象，甚至形成预断或偏见，显然不切实际。

第二，卷宗移送制度不利于控辩双方的平等对抗。在职权主义诉讼模式下，庭审通常就是法庭对被告人有罪与否的积极调查。法官利用审前细致准备的卷宗，询问证人和被告人，而不依靠当事人构建案件事实。法官的积极主动作为虽然有助于发现事实真相，但是，却可能导致审判职能的异化，损害了法官的中立性、公正性。因为，法官承担了本应由检察官承担的证明被告人有罪的主导责任，很容易变成"一方当事人的不速之客"——当事人辩论活动的莽撞入侵者。由此导致控辩双方的作用被严重矮化，很难组织起有效的、激烈的对抗。

第三，卷宗移送制度会导致庭审流于形式。由于卷宗移送制度的存在，法官极大地依赖卷宗，并沉迷于卷宗是真正"司法"审查结果的神话。在庭审中，法官经常不传唤证人出庭，而是直接宣读卷宗中的书面证言。布朗·麦基洛普通过对法国违警罪案件、轻罪案件和重罪案件庭审情况的观察，发现证人极少出庭作证，往往由审判长宣读证人庭前陈述取而代之；即使证人出庭作证，审判长也主要以卷宗中的证人陈述为

---

① [美]米尔吉安·R. 达马斯卡：《比较法视野中的证据制度》，吴宏耀等译，中国人民公安大学出版社2006年版，第196—197页。

基础询问证人，以确保证人法庭上的陈述与书面陈述相互"印证"。由此，他认为法国的审判程序并非口头式的，而主要是书面性或文件性的。审判程序只不过是对侦查卷宗中得出的有罪结论进行公开确认的程序。① 美国学者戈尔茨坦等认为，"如果法官没有明显的理由仔细询问证人，而且如果没有律师或者当事人的鼓励使法官这么做，其后果就是一个不是特别具有探索性而且也不可能偏离卷宗太远的庭审。这种庭审与其说是纠问制理论所允诺的全面且独立的司法调查，不如说更像对卷宗有选择的验证"②。

正因如此，许多大陆法系国家开始尝试引入英美当事人主义诉讼模式中的口头案件处理方式以弱化书面卷宗的作用。类似的改革已经在意大利（1989年）、阿根廷的联邦系统以及布宜诺斯艾利斯州（1992年）、坦桑尼亚（1999年）、智利（2000—2003年）展开了。法国2000年6月15日法律对刑事诉讼程序进行重大改革，进一步强化了被追诉人的辩护权利，突出庭审的公正性、对抗性，以淡化卷宗对审判程序的影响。德国则对阅卷范围进行严格限制，合议庭组成人员中，只有一名成员可以阅卷，其他成员都无权阅卷，必须依靠庭审才能完整地了解案情。此外，还限制侦查笔录的证据能力，以突出刑事审判的直接言辞原则。

三、我国卷宗移送制度的改革设想

一直以来，卷宗移送制度导致法官未审先定、庭审流于形式的问题十分突出。推进以审判为中心诉讼制度改革，要求重新审视卷宗移送制度，淡化书面卷宗对庭审的影响。对此，理论界提出了很多改革方案。

---

① 唐治祥：《刑事卷证移送制度研究》，西南政法大学2011年博士学位论文。
② ［美］虞平、郭志媛编译：《争鸣与思辨：刑事诉讼模式经典论文选译》，北京大学出版社2013年版，第443页。

(一)起诉书一本主义是否可行

一直以来,废除卷宗移送制度,实行起诉书一本主义的呼声甚高。在笔者看来,起诉书一本主义固然可以在一定程度上阻隔卷宗对法官的影响,防止法官庭前形成预断。但是,起诉书一本主义不仅对法官的素质、能力、经验提出了极高的要求,而且要求诉讼结构、诉讼文化与之契合。否则,就可能产生出乎意料的结果。这其中或许有惊喜,但更多的可能是遗憾和无奈。

在这方面,日本引入起诉书一本主义就提供了很好的"参照样本"。尽管日本激进地推行起诉书一本主义以防止法官预断,但事实证明只是一厢情愿。随着互联网的普及以及"大数据"时代的到来,法官获取案件信息的渠道十分便捷和多样化。法官不可避免地会受到控方证据信息直接或间接的影响。因此,起诉书一本主义基本上宣告"失灵",不可能发挥消除法官预断的作用。同时,由于证人出庭率较低,庭审中难以形成有效的控辩对抗,经常使用侦查过程中制作的陈述笔录作为证据,"口头辩论"经常被用来宣读证据文书。刑事案件审理的案卷化倾向日趋严重,"案卷决定审判"的特征日趋明显。因此,起诉书一本主义在确保庭审实质化,实现审判中心主义方面作用微乎其微。与法国的庭审相比,日本的法庭审理不过是"五十步笑百步"——都是对侦查中的有罪结论进行公开确认而已。

此外,实行起诉书一本主义,法官对卷宗不够熟悉,在"空白状态"下进行审判,很难组织起有效的询问。在这种情况下,法官极易被控辩双方的诉讼技巧牵着走,很难形成有效的心证,不利于发现事实真相;还会造成庭审的中断、拖延,不利于提高审判效率。

总之,由于我国的传统文化、制度基础以及司法人员素质等因素,实行起诉书一本主义必将面临重重困难。

(二) 双重卷宗制度的建构

有学者提出建立双重案卷制度,即起诉时不直接将侦查卷宗移送人民法院,而应制作单独的起诉卷(主要为证明案件事实证据材料)移送,对其他非证据材料不再随案移送。① 笔者认为,双重案卷移送制度,既能在一定程度上防止法官庭前预断,确保法官的内心确信主要形成于法庭审理,又可以保证法官在审前了解案件事实,更好驾驭庭审,提高庭审效率,因而不失为一种"相对合理"的选择。

为了确保审判法官进行审判时不会先入为主,意大利1988年修改刑事诉讼法,对侦查阶段和审判阶段作了严格的划分。司法警察在初查中的工作和检察官的工作被分别记录在两个不同的卷宗里。其中一个卷宗仅仅反映了诉讼中一些不可重复进行的程序,如检查、查封或者窃听。这个卷宗将交给审判法官,审判法官可以在审判前获知相应的信息并允许在审判中宣读这些信息。另外一个卷宗包括了所有的侦查材料,如证人证言和犯罪嫌疑人供述。当事人可以自由查阅这份卷宗,并可以用于质疑证人或者被告人在法庭上与卷宗内容不同的证言或者供述。② 由于法庭不再将卷宗作为组织证据审查之有保障的信息生命线,过去那种根深蒂固的事实认定习惯已经开始改变。意大利的双重卷宗制度无疑值得借鉴。

实行双重卷宗制度,首先需要明确卷宗移送的范围,即哪些卷宗不应当移送到法院,哪些卷宗应当移送到法院。根据1996年刑事诉讼法的规定,检察机关只能将"主要证据的复印件、照片"移送法院,对于其他"次要"的证据材料,则由检察官当庭出示、宣读。"由于法官在开庭前只能接触'主要证据的复印件',而不了解全案证据情况,这确

---

① 沈德咏:《论以审判为中心的诉讼制度改革》,载《中国法学》2015年第3期。
② 陈光中等主编:《比较与借鉴:从各国经验看中国刑事诉讼法改革路径》,中国政法大学出版社2007年版,第80页。

实解决了法官庭前对案件事实形成预断的问题。"① 然而，法官通过"主要证据的复印件"，特别是犯罪嫌疑人供述、证人证言等，仍然可能先入为主，形成预断。笔者认为，为了最大限度地防止法官庭前预断，促使法官重视庭审，侦查机关、检察机关应当制作两份卷宗：一是言词证据卷宗。包括犯罪嫌疑人供述、被害人陈述、证人证言等。这份卷宗不移送到法院，而由法院在庭上直接听取被告人、证人及其他诉讼参与人的陈述。二是其他证据卷宗。包括犯罪嫌疑人供述、被害人陈述及证人证言之外的其他所有证据、文书等。这份卷宗在提起公诉时一并移送到法院，以便法院对案情有一个初步的了解。

  实行双重卷宗制度，需要一系列配套措施。（1）切实发挥庭前会议的功能。庭前会议，除了研究、讨论回避、证人名单、非法证据排除等问题外，还应当梳理控辩双方的争点，以便法官把握庭审的方向及重点，为实质性的法庭审判作准备。（2）充分保障辩护方的阅卷权。无论是已经移送法院的诉讼卷宗，还是未移送法院的诉讼卷宗，辩护律师都应当有权自由查阅，以便尽早发现案件疑点，进而提出有力的辩护意见。（3）强化证人出庭作证。目前，证人出庭率仍然过低，法庭审理仍然带有较强的书面审特点。证人出庭率低的原因，一方面在于"卷宗中心主义"诉讼模式限制了证人出庭作证制度的功能发挥。② 另一方面在于修改后《刑事诉讼法》第187条第1款规定的证人出庭范围、条件弹性过大。因此，应当进一步明确出庭证人的范围和标准。在简易、速决程序案件中，被告人自愿认罪的，证人可以不出庭作证。在普通程序案件中，证人原则上都应当出庭作证。对于控辩双方对案件事实、证据存在重大分歧、被告人及其辩护人作无罪辩护的案件中，必须确保对分歧部分有重大影响的"关键证人"出庭作证，接受质证。（4）严格规范

---

  ① 陈瑞华：《案卷移送制度的演变与反思》，载《政法论坛》2012年第5期。
  ② 侯建军、刘振会：《刑事证人出庭作证制度完善研究》，载《法律适用》2015年第12期。

卷宗的运用。一是要确立传闻证据排除法则。只有证人当庭作出的证言，方具有证据效力。对于证人的庭前陈述，原则上不应具有证据效力。只有在极少数特殊情况下，才能以宣读证人庭外陈述代替当庭证言。二是犯罪嫌疑人供述、证人证言可以作为弹劾证据使用。即可以用于质疑被告人或者证人在法庭上与卷宗内容不同的供述或者证言。三是严格规范法官庭后的阅卷。对于极少数重大、疑难、复杂案件，法官不能当庭宣判，认为确有必要阅卷时，可以要求将案卷送至评议室。但是，只有在检察官和辩护律师到场时，才能打开案卷查阅。

第二节　区分控方证人与辩方证人

案例：聂某某故意杀人案

被告人聂某某与被害人向某某（男，殁年28岁）因赌场利益纠纷产生矛盾。2003年1月21日晚，聂某某得知向某某在重庆市某某歌舞厅，遂电话指使邹某某（另案处理）纠集人员前往报复。于是，邹某某纠集涂某某、雷某某等人（均另案处理）赶到该歌舞厅，持刀追砍向某某等人。向某某经送医院抢救无效死亡。2012年2月12日，被告人聂某某被公安机关抓获。

2012年12月12日，重庆市某分院以聂某某犯故意杀人罪向法院提起公诉，法院于2013年1月16日公开开庭审理。其间，辩护律师向法院申请5名证人出庭。试问：

1. 辩护律师申请辩方证人出庭作证，法庭是否予以许可？
2. 检察机关能否对辩方证人进行庭前询问？
3. 检察机关能否要求被告人及其辩护人在庭前提供辩方证人的书面证言？
4. 如果辩方证人的当庭证言极不客观，甚至有被指使作证之嫌，检察机关在法庭上应当如何处理？

在我国传统的职权主义诉讼模式下，法官在审判中发挥着积极查明案件事实的作用，可以"依职权调查证据"。法官既要注意查明不利于被告人的证据，也要注意查明有利于被告人的证据。被告人并无举证的义务，虽然被告人也可以提出证人，但证人必须保持中立，所以没有"控方证人"和"辩方证人"的说法。"大陆法系非对抗性的审判在本质上就是由法官主持的官方调查：他决定调查的任何证据都是他的——或者更确切地说，是法庭的——证据。因此，严格来讲，这儿并不存在'控方的证据'或者'控方的证人'。"① "在这一模式下，并无专属于控方或辩方的证人。所有的证人都是法庭的证据来源，从他们身上获取信息是法官而非当事人的主要职责。"② 但在实践中，证人的证言要么有利于控方，要么有利于辩方，不能存在模棱两可的情况。被告人及其辩护人申请证人出庭，往往是证明被告人没有犯罪时间或不在犯罪现场的。辩方证人出庭作证，既有助于法庭"兼听则明"，查清事实真相，但也给检察机关指控证明犯罪、法庭审判提出了新的课题和要求。为此，有必要对控方证人与辩方证人进行区分，并建立相应的证人作证规则，以适应以审判为中心诉讼制度改革的需要。

一、区分控方证人与辩方证人的意义

将证人划分为控方证人和辩方证人，其依据和意义在于：

第一，控方证人和辩方证人的划分，是基于刑事诉讼的客观现实。在刑事诉讼中，证人的任务是将自己看到、听到、感受到的情况说出来，以便司法机关能够查明事实真相。证人本身具有中立性，只是客观

---

① ［美］米尔吉安·R. 达马斯卡：《比较法视野中的证据制度》，吴宏耀等译，中国人民公安大学出版社2006年版，第111页。

② ［美］米尔吉安·R. 达马斯卡：《比较法视野中的证据制度》，吴宏耀等译，中国人民公安大学出版社2006年版，第193页。

地反映控辩双方的问题，并不承担控诉或者辩护的职能。但在多数情况下，证人所提供的证言，要么有利于控方，要么有利于辩方，因而可以说是控方的证人或者辩方的证人。无论是否承认控方证人和辩方证人的划分，证人的这种"选边站"都是客观地、普遍地存在的。

第二，控方证人和辩方证人的划分，是保障被告方辩护权的需要。我们知道，在纠问制时期，被告人的辩护权基本上被剥夺殆尽。"被指控者既不被允许获得代表他利益的律师帮助，也不能提供支持他的证人。"① 随着刑事诉讼程序的发展，被告人的辩护权逐步得到确认并不断强化。美国1791年宪法第六修正案规定："在一切刑事诉讼中，被告享有下列权利：……同原告证人对质；以强制程序取得对其有利的证人；取得律师帮助为其辩护。"以宪法修正案的形式确认了被告人有权同原告证人对质、强制本方证人到庭作证以及获得律师帮助的权利。在我国刑事诉讼中，证据主要由侦控机关、法院收集，证人属于法庭的证人，并由法院通知其出庭作证。但是，对被告人有利的证人出庭显然对控方是不利的，因此，控方往往不愿意辩方证人出庭作证。而法院出于某种原因，一般既不愿通知控方证人出庭，更不愿通知辩方证人出庭。这严重损害了被告人的对质权、辩护权等相关诉讼权利。将证人划分为控方证人和辩方证人，并赋予控辩双方自行传唤本方证人等相关权利，有利于保障被告人辩护权的充分行使，有利于实现控辩平等对抗。

第三，控方证人和辩方证人的划分，是完善法庭调查方式，实现庭审实质化的需要。在英美国家，基于控方证人和辩方证人的划分，而发展出交叉询问这一颇有特色的法庭调查方式。著名证据法大家威格莫尔称交叉询问是"为发现真实而设计的最伟大的法律引擎"。② 但在大陆法国家，律师和检察官几乎不知晓这种交叉询问的艺术。如在法国刑事

---

① ［美］爱伦·豪切斯泰勒·斯黛丽、南希·弗兰克：《美国刑事法院诉讼程序》，陈卫东、徐美君译，中国人民大学出版社2002年版，第132页。
② 李培锋：《英美法要论》，上海人民出版社2013年版，第229页。

审判中，证人首先对他所了解的案件事实作叙述性的说明；而且法典坚持证人的陈述不应该被打断。在证人陈述结束后，审判长进行询问，然后当事人接着询问，但只能通过审判长发问。由任何一方当事人进行正式的、有组织的交叉询问几乎不可能。对于这一询问程序，有时候会让英美法系的观察者大为震惊，"因为它们更像是非正式的谈话，而不是严格意义上的一问一答"①。我国刑事诉讼并不存在类似于英美国家的、严格意义上的交叉询问，而且证人基本上不出庭。即使证人出庭，法官也仅仅是在先行熟谙卷宗的基础上，对证人进行简单的询问。各方对证人的询问都不得提出诱导性问题，即使证人改变证言，也是如此。总之，由于制度设计不合理，导致庭审虚化现象十分突出。法官判案主要以卷宗为基础，并不依赖于证人庭上作出的证言。将证人划分为控方证人和辩方证人，并引入交叉询问规则，允许对法庭上改变证言的证人进行诱导性询问，有利于推动庭审实质化，更好地帮助法庭去伪存真，查清事实真相。

当然，控方证人和辩方证人的划分也可能诱发证人的"党派性"倾向，损害证人的中立性。正如达马斯卡所言："证人易于加盟当事人一方；当事人的律师对其进行作证演练之后，更是如此。"② 我们应当警惕证人的这种二分法可能造成的歪曲事实甚至伪造证言等危险，并采取有力措施加以防范。

二、完善控方证人与辩方证人出庭作证的机制

一般情况下，控方证人都是检察机关事先掌握的、有利于指控的证人。辩方证人，即使不属于被告一方，但其出庭作证的目的不言而喻：

---

① ［美］米尔吉安·R.达马斯卡：《比较法视野中的证据制度》，吴宏耀等译，中国人民公安大学出版社2006年版，第194页。

② ［美］米尔吉安·R.达马斯卡：《比较法视野中的证据制度》，吴宏耀等译，中国人民公安大学出版社2006年版，第257页。

就是为被告人无罪、罪轻的事实作证。辩方证人出庭作证，导致法庭审判的不确定因素增加，检察机关指控证明犯罪的难度加大。如果辩方未事先告知公诉机关辩方证人的名单，而在法庭上发动"证据突袭"；如果辩方通过作"工作"，诱使控方证人在法庭上改变证言等，面对这些"突发事件"，法官、检察官应当如何应对？目前"两高"并未作相关的规定。为此，有必要借鉴英美国家的有关经验，构建相应的证人出庭、保护制度。

（一）赋予控辩双方对本方证人的传唤权，提升证人出庭率

在英美国家，由于证人属于控辩双方各自的证人，因此，传唤、保证证人到庭的责任主要由控辩双方承担。控辩双方可以自行传唤，也可以申请法院传唤。即使控辩双方申请而由法院进行传唤的证人也属于控辩双方。在实践中，法院主动传唤证人的情形十分少见。在英国，法院为了正义的目的，当然有权力传唤证人，然而，"法官传唤证人的权力应当保守地使用。无论如何，在皇家检察官已经决定不再继续控诉的案件中，法官不得传唤另外的控方证人。因为这么做实际上就是接管了控诉"①。检察官有义务保证支持其指控的证人出庭作证，但他们不能仅仅满足于控诉者的角色，而必须保证司法的公正性。如果检察官知晓可以给出实质性证据的证人而不欲自己传唤，他们有责任使辩方可以获得该名证人。在英国，曾有这样一个案例：控方未能告诉辩方可以证明 H 的小汽车是停在道路左手边，而不是超越了中间的白线并与控方证人的汽车碰撞的证人，导致对 H 疏忽定罪被取消。②

至于被告人，他可以自始至终保持沉默，并且不会因此受到不利推

---

① ［英］约翰·斯普莱克：《英国刑事诉讼程序》，徐美君等译，中国人民大学出版社2006年版，第156页。

② ［英］约翰·斯普莱克：《英国刑事诉讼程序》，徐美君等译，中国人民大学出版社2006年版，第228页。

论。他也可以放弃沉默权，走上证人席作证。也就是说，被告人是一个适格的但不是可强迫的证人。但是，被告人不能作为控方证人，只能作为辩方证人。被告人除了自己作证外，还可以传唤己方的证人出庭作证。"普通法中相关性和实质性的理念使辩方律师有权传唤适格证人就被告人是否有罪出庭作证。"① 如果满足了这一条件，辩方甚至可以传唤审理的官员作证。关于警察证人，他们不仅是由控方专有，也可以应辩方要求提供一些满足相关性和具有证明价值这两个要素的无罪证据和反证证据。

我国《刑事诉讼法》第192条规定了证人出庭作证的三项条件，即控方或辩方对证人证言有异议；证人证言对案件定罪量刑有重大影响；法院认为有必要。前两项条件属于实质性要件，"有必要"则赋予法官决定是否传唤证人的自由裁量权。

证人传唤一律由法院负责，这种做法存在很大的弊端：第一，证人出庭作证是否"有必要"，法官与控方、辩方往往有不同的认识。"在法官对证人出庭持排斥态度的情况下，该自由裁量权的存在往往成为阻碍证人出庭作证的'绊脚石'。"② 实践中，一些法官以此"要件"作为不让证人出庭作证的借口，致使被告人的辩护权得不到保障。事实上，由于证人是否出庭直接影响到控诉与辩护的效果，因此，控辩双方比法官更清楚某一证人出庭作证的重要性、必要性。第二，由法官传唤证人，会混淆控辩双方的证明责任。第三，限制了控辩双方的程序参与权。特别是，法院一旦拒绝被告方传唤证人的申请，被告方几乎无救济途径。而法院如果拒绝不传唤关键证人出庭作证，那么庭审就很难摆脱对书面卷宗的依赖，庭审形式化就不可避免。

---

① ［英］麦高伟、切斯特·米尔斯基：《陪审制与辩诉交易》，陈碧等译，中国检察出版社2006年版，第147页。

② 陈卫东：《以审判为中心背景下的直接言词原则探析》，载陈光中主编：《公正审判与认罪协商》，法律出版社2018年版，第76页。

因此，有必要进一步完善传唤证人的责任分配机制。一方面，要赋予控辩双方自行传唤证人出庭的权力。根据证明责任原理，控辩双方承担举证与质证责任，因此，理应享有传唤本方证人出庭作证的权力。"通知证人应被理解为举证责任的一部分，法官没有理由代办、承担。"① 另一方面，严格限制法院传唤证人的权力。法院从查明事实真相出发，应当具有传唤证人的责任。但是，法院传唤证人的权力应当是补充性、辅助性的。第一，当控辩双方自行传唤证人被拒绝时，可以申请法官传唤该证人。法官不得以"没有必要"为由予以拒绝。必要时，法官应当动用强制性力量，强制该证人出庭作证。第二，在庭审中，控辩双方需要传唤"新证人"时，不得自行传唤，而应当申请法官传唤。法官审查后认为有必要时，应当准许；认为没有必要时，可以不准许。这样规定，目的在于防止控辩双方搞突然袭击，并保证庭审的连续性。

（二）强化控辩双方的证据披露义务

为了尽可能实现控辩之间的"平等武装"，确保被告人接受公正的审判，英美国家赋予控方有将在他控制之下的证据向辩方披露的义务。控方披露的证据，既包括法庭指控所依赖的证据，也包括侦查阶段已经收集但没有作为指控被告人证据的材料。传统上，除了要求被告人必须披露不在犯罪现场的证据外，被告方并没有在审判前披露他们案件的义务。"传统的反对将辩方置于这样一项义务之下的论点认为它腐蚀了两条基本原则：控方有证明的责任，被指控者有权受不自证其罪的保护。如这种观点所说，一旦对辩方披露辩护意见施加任何的压力，那么实际上他就被迫填充了控方针对他的案件的不足。"② 尽管有这些争论，为

---

① 陈如超主编：《刑事法官的证据调查权研究》，中国人民公安大学出版社2011年版，第195页。
② 陈如超主编：《刑事法官的证据调查权研究》，中国人民公安大学出版社2011年版，第181页。

了防止辩方发动"突然袭击",英美国家仍在不断强化辩方的证据披露义务。不过,辩方并没有披露在审判时不使用的材料的义务,辩方所披露的,是将要在审判时出示的证据以及将要出庭的证人名单等。主要包括:

第一,不在犯罪现场的证据与证人名单。1970 年,美国最高法院在威廉姆斯诉佛罗里达州的判例中,阐述了不在现场通知规定的合宪性。该案中,被告人已经完成了所要求的事项,把不在犯罪现场的证人的名字和地址通知给了控方,然后,控方对该证人进行了取证,并且当证人在法庭上作证时用取证的内容来反对不在犯罪现场的证言。最高法院明确要求,被告方应控方的需要,以书面的形式提前通知不在犯罪现场、说明犯罪发生期间他所在的特定地点而且提供不在犯罪现场的证人的名字和地址。作为回应,控方应当将反对不在犯罪现场的证人通知辩方。对违反此项证据展示义务的做法就是排除证人证言(除了辩方使用被告自身的证言)。① 据说,不在犯罪现场的一些特点使其较其他辩护更为紧迫地需要提前告知。这些原因有:(1)不在犯罪现场是辩护的"屁股兜",很容易在审判的最后几个小时内准备,因此更容易对控方造成突然袭击。(2)一个假的不在犯罪现场的辩护建立在第三方做伪证的基础上,如果允许控方有机会准备他们的证言,这种做伪证的念头很容易被打消。(3)不在犯罪现场的辩护需要由检察官做独立的调查,如果在审判前不能方便地进行调查,将经常导致诉讼延期的情况发生。(4)如果控方在审前调查过程中发现不在犯罪现场的证人并没有说谎,那么提前展示不在犯罪现场的辩护会引导控方消除指控。② 英国《1996 年刑事诉讼和侦查法》第 5(7)条规定:"如果辩护陈述中含有不在现场的证

---

① [美]伟恩·R. 拉费尔等:《刑事诉讼法》(下册),卞建林等译,中国政法大学出版社 2003 年版,第 1011 页。

② [美]伟恩·R. 拉费尔等:《刑事诉讼法》(下册),卞建林等译,中国政法大学出版社 2003 年版,第 1022 页。

据，被告人必须在陈述中提供不在现场的证据的细节，包括：（a）被告人相信的能拿出证据支持不在现场证据的证人的姓名和住址，如果在提交陈述时被告人知道其姓名和住址的话；（b）被告人掌握的对发现这样的证人可能有实际帮助的任何信息，如果被告人提交陈述时不知道其姓名和住址的话。"辩方陈述必须在控方履行（或声称履行）了初步披露义务的14日内提交。如果辩方在披露义务中有缺陷，即有下列行为之一：（1）未能作出披露；（2）在法定期限之后进行披露；（3）在陈述中阐述了不一致的辩护；（4）在审判时提出与辩护陈述中不同的辩护；（5）在陈述中没有给出具体的情节，而在审判时举出犯罪时不在犯罪现场的证据；（6）在陈述中没有给出证人的细节，而在审判时传唤犯罪时不在现场的证人。符合任何一种情况，则辩方披露中的缺陷会被法院（或在法院准许下由当事人）评论，并且法院或陪审团可以从被指控者未能适当的披露的情形中得出推论。当然，在被指控者提出不同的辩护的情况下决定该如何处理时，法院应该考虑到辩护不同的范围以及对此是否存在正当的理由。无论如何，法院不可以根据上述情形中得出的推断直接宣告被指控者有罪。

第二，其他证人名单与证人证言。在美国，大约一半的州授权法院指定辩方展示其在准备中提出的辩方证人的姓名和住址。但是，"被告没有义务列举任何成为辩方可能证人的人，特别是当辩护律师还没有对该证人进行提问确定该证人能够提供有利的信息时尤为如此"[①]。超过一半的州则要求，辩方须对包括在证人名单中证人的记录的陈述进行展示。一般来说，要求展示的证人陈述主要是会见人与证人会谈时所作的逐字逐句的、完整的会见记录。但是，一些州则要求将展示的范围扩展到对证人口头陈述的书面总结——会见人用自己的语言对会见情况所作的书面报告也需要展示。

---

① ［美］伟恩·R. 拉费尔等：《刑事诉讼法》（下册），卞建林等译，中国政法大学出版社2003年版，第1024页。

对于辩方披露的证据，控方是否可以将之作为他们案件的一部分？换句话说，控方是否可以用辩方证据来指控犯罪？对此，英国刑事司法皇家委员会认为，不应当允许控方将由辩方披露的事项援引为其案件的一部分。因为，"允许这样的行为将对反对自证其罪特权构成严重的破坏，证明责任应当自始至终在检察官一方"①。控方要想能使用辩方陈述，必须清除两个障碍：（1）他们必须表明陈述是被告人作出的；（2）他们必须为其采纳建立一条证据路径。

我国《刑事诉讼法》第40条、第42条分别赋予了检察官、被告方的证据披露义务。即，检察机关自案件审查起诉之日起，应当向辩护人披露本案的案卷材料；辩护人收集的有关犯罪嫌疑人不在犯罪现场、未达到刑事责任年龄、属于依法不负刑事责任的精神病人的证据，应当及时告知公安机关、人民检察院。但该法第42条的规定还可以进一步细化。主要是，辩护人收集的证明被告人无罪（如不在犯罪现场）的证人陈述以及证人名单、住址、联系方式等，必须及时告知公安、检察机关。这样，便于检察机关对辩方证人进行复核，如果发现辩方证人陈述属实，以及时做出不起诉、撤回起诉等处理决定。当然，作为回应，检察机关也应当及时披露有利于犯罪嫌疑人、被告人的证据与证人名单，以及不准备在法庭上出示的证据（特别是自行排除的非法证据），以便于辩方对案情有更加全面的了解，更好地做好辩护准备。

（三）强化证人准备，提高证人出庭作证的效果

在大陆法系国家，由于证人属于法庭的证人，从他们身上获取信息是法官而非当事人的主要职责。因此，不允许控辩双方自行对证人进行培训。"法律不允许当事人去影响证人作证，遑论帮助证人准备在法庭上的证词。'训练'证人可能置当事人于触犯干预司法的各种刑事犯罪

---

① ［英］约翰·斯普莱克：《英国刑事诉讼程序》，徐美君等译，中国人民大学出版社2006年版，第183页。

的险境。"①

我国刑事诉讼中也无证人培训的观念。同时，我国刑事审判带有卷宗审理的特点，证人出庭率低。法庭的判决主要依赖于卷宗，而不是证人在法庭上的证言。故司法部门对证人培训亦不感兴趣。

随着以审判为中心诉讼制度改革的深入推进，证人出庭作证的现象日益增多，庭审对抗性显著增强。证人出庭作证，体现了通过直接、言词审判的方式实现控辩平等对抗，促进程序公正和实体公正的深刻理念，有利于法庭查明案情、核实证据、正确判决。但从证人出庭作证的情况看，效果并不理想。一是受到"无讼""厌讼"等传统观念的影响，证人普遍不愿意出庭作证。出庭作证面临较大的心理和精神上的压力。二是"证人的法律知识水平普遍较低且不存在证人培训制度，证人能否准确理解其作证义务的内涵和外延是存在疑问的"②。故在出庭作证时经常存在答非所问的情况。

鉴于此，我们有必要借鉴英国证人培训制度的经验，对拟出庭作证的证人进行适度的辅导、培训，帮助证人准确理解证人的权利和义务，掌握出庭作证的技巧、方法，以提升出庭作证的准确性，确保庭审效果。

第一，对证人的培训，主要包括心理、知识和技能三个方面。心理培训，就是运用心理学的知识，消除证人的紧张情绪和惧证心理，让其以平和的心态出庭作证。知识培训，就是向证人介绍、讲解和阐释证人出庭作证的知识，以及相关的规则和程序，包括证人出庭作证的义务，出庭作证的重要性，特别是庭审的相关程序、质证或询问规则等，让证人明确方向，心中有数，做好充分的应对准备。技能培训，就是对证人

---

① ［美］米尔吉安·R. 达马斯卡：《比较法视野中的证据制度》，吴宏耀等译，中国人民公安大学出版社2006年版，第193页。

② 李琛：《论证人答非所问的语用功能及其程序应对》，载《中国刑事法杂志》2014年第6期。

如何应对多方询问和质证进行培训,提升证人答问的准确性,避免答非所问的情况。①

第二,对证人培训的方法,包括一对一培训和集中培训两种。一对一培训,即个别培训,每次只对一名出庭作证的证人进行培训。集中培训,就是一次对若干证人进行培训。可以采取专题讲座的方式,由富有实践经验的专家学者或者法官、检察官就某些共同性的问题,如消除紧张情绪、惧证心理和交叉询问或盘问规则,进行集中辅导。也可以邀请证人参观法庭,旁听庭审,以熟悉法庭布局,消除紧张心理,了解答问的方法技巧。

第三,为了防止影响证人作证,应当对证人培训进行严格限制。在培训组织方面,应当禁止控辩双方自行培训证人,以免影响证言。控辩双方认为需要对证人进行培训时,应当向法院提出申请,由法院决定并组织实施。在培训内容方面,案例的选取不得与证人拟出庭作证的案件相类似,更不得以证人拟出庭作证的案件本身进行培训。② 同时,证人培训应当全程记录,并载入卷宗之中,以备核查。

(四)完善询问证人规则,提升询问的针对性、实效性

无论是最高人民法院发布的《关于适用〈中华人民共和国刑事诉讼法〉的解释》,还是最高人民检察院发布的《人民检察院刑事诉讼规则》都规定,不得对证人进行"诱导性询问"。如前者第261条规定:

---

① 彭林泉、林晓梅:《控方证人出庭作证的辅导》,载《四川警察学院学报》2018年第3期。

② 有的认为,"可告诉出庭作证的控方证人,公诉人要问被告人哪些问题,让其心里有底;对辩护人可能询问的问题,要作出预测,让控方证人做好准备,明白如何如实应答"。(参见彭林泉、林晓梅:《控方证人出庭作证的辅导》,载《四川警察学院学报》2018年第3期。)笔者认为,以证人拟出庭作证的案件本身作为培训对象,甚至向证人透露公诉人询问的内容,无疑会影响证人证言的真实性、准确性。这种做法是不妥当的。

"向证人发问应当遵循以下规则：（一）发问的内容应当与本案事实有关；（二）不得以诱导方式发问……"后者第402条规定："讯问被告人、询问证人不得采取可能影响陈述或者证言客观真实的诱导性发问以及其他不当发问方式。辩护人向被告人或者证人进行诱导性发问以及其他不当发问可能影响陈述或者证言的客观真实的，公诉人可以要求审判长制止或者要求对该项陈述或者证言不予采纳。"

但在庭审发问时，到底哪些属于"诱导性询问"，很多时候控辩审三方均未能正确理解和把握，从而导致一些原本错误的诱导性询问对方不能正确提出异议，法官未能予以制止，而一些原本正确的诱导性询问对方却错误地提出异议，法官则不当制止。如在于欢案的庭审发问中，辩护人向于欢询问的26个问题中，涉及诱导性询问的问题共14个。如："公安到达接待室时，讨债方对你有无殴打？""民警到达现场后，你有没有向民警讲述你被打的情况？""你有没有对他们事先警告？"等等。这期间，控方未提出任何异议，审判长直到辩护人询问到第12个诱导性问题时，才打断并要求辩护人注意发问方式。①

笔者认为，一律禁止诱导性询问是值得商榷的，也不符合司法规律。在一定程度上允许使用诱导性发问，是十分必要的。从保证控辩双方质证的角度看，诱导性询问有利于反对方更好地质疑证人的诚实性和证言的真实性。即使证言确实属实，也不能因此否定反对方对其进行交叉问并使用诱导性问题的权利。只有充分保障控辩双方的质证权，才能更好地促进控辩平衡、实现程序正义，否则证据调查很可能沦为强势方的单方表演。如果一概禁止庭审的诱导性询问，辩方就很难从控方证人的口中策略性地问出有利的信息。从提高庭审效率的角度看，诱导性询问的作用更为明显。我国法庭询问方式采用自然叙述与一问一答相结合的方式，不采用可以严格限制证言范围和内容的一问一答询问方式，这

---

① 潘金贵主编：《刑事庭审质证规则研究》，中国检察出版社2019年版，第179—181页。

种情况下证人可能在庭上作出大量意义不大的陈述。对此，控辩双方可以通过针对性的提问梳理证人的回答内容，在这种情况下，合理放宽诱导性询问可以帮助证人在回答内容中找到重点，将有价值的信息更有效率地展现于庭上。①

最高人民法院《关于适用〈中华人民共和国刑事诉讼法〉的解释》第 259 条规定："证人出庭后，一般先向法庭陈述证言；其后，经审判长许可，由申请通知证人出庭的一方发问，发问完毕后，对方也可以发问。"这虽然不能称为典型的、严格意义上的交叉询问，但仍然带有交叉询问的性质。我们认为，可以借鉴交叉询问的制度设计，将法庭询问阶段分为主询问、反询问、再主询问和再反询问，并确定不同询问阶段不同的询问目的。主询问的目的，是论证己方的诉讼主张；反询问的目的，则是揭露相对方不实的事实和证据，审查和澄清模糊的争点。主询问中不得进行诱导性询问理所当然；但是，反询问中，是否可以适用诱导性规则，值得研究。我们认为，对对方证人的询问，应当允许使用诱导性询问；证人翻证的，也应当允许使用诱导性询问。这样才能够更好地揭露对方证人证言中的矛盾点，帮助法庭去伪存真。

当然，我们也要注意防止交叉询问的过分当事人化，仍应强调法官在法庭调查中的引导、掌控作用。由于法官事前已经查阅了全部案卷材料，对案情已经熟悉。因此，交叉询问的目的，在于进一步揭示事实真相。法庭应当注意引导控辩双方围绕尚有疑问的事实和证据展开调查。这样才有利于发现事实真相，也有利于提高庭审效率。《关于适用〈中华人民共和国刑事诉讼法〉的解释》第 91 条第 2 款规定："证人当庭作出的证言与其庭前证言矛盾，证人能够作出合理解释，并有其他证据印证的，应当采信其庭审证言；不能作出合理解释，而其庭前证言有其他证据印证的，可以采信其庭前证言。"因此，证人庭前陈述与庭上证言不一致的，既可以将其视作传闻证据，也可以将其列为实质证据。究竟

---

① 潘金贵主编：《刑事庭审质证规则研究》，中国检察出版社 2019 年版，第 266 页。

作为哪种证据，由法官根据庭审情况自由裁量。

（五）给予控方证人和辩方证人同等保护

联合国《公民权利与政治权利国际公约》第14条第3款（5）项规定，被告人有权"讯问或业已讯问对他不利的证人，以便对他有利的证人在与对他不利的证人相同的条件下出庭和受讯问"。所谓"相同的条件"，意指控方证人与辩方证人出庭作证应受到同样的保护，享受同样的待遇，得到同样的补偿。

由于辩方证人出庭作证在客观上不利于控方，而有利于被告方，因此，控方往往不愿意辩方证人出庭作证。在法治不完善不成熟的国家，控方甚至会阻挠、打击辩方证人出庭作证。由此决定了辩方证人较之控方证人出庭作证更需要给予保障。① 只有辩方证人得到同样的保护，才能确保其顺利出庭作证，才能保障被告方的辩护权。对于被告人而言，使对其有利的证人出庭作证是非常重要的，应当作为一项重要的诉讼权利得到确认和保障。

加强对控方证人和辩方证人出庭作证的保障，具体包括以下几个方面：

第一，控方证人和辩方证人出庭作证前，任何人不得进行威胁、阻挠。无论是控方证人还是辩方证人，出庭作证既是他们的权利，也是他们的义务。任何人不得威胁、引诱控方证人、辩方证人作伪证，也不得阻止、干扰他们出庭作证。辩护律师经控方证人同意，可以向他们收集与本案有关的材料。控方证人改变证言的，辩护律师应当及时告知检察官，以便于检察官进行复核。检察官也可以向辩方证人复核证据，但不得施加压力，阻止辩方证人出庭作证，或者诱使、威胁其改变证言。

第二，控方证人和辩方证人出庭作证后，任何人不得进行打击、报

---

① 顾永忠等：《刑事辩护：国际标准与中国实践》，北京大学出版社2012年版，第312页。

复。在法庭上，控方证人、辩方证人改变证言的，控辩双方可以进行反询问，也可以引用庭前证言进行反驳，以还原事实真相。任何人都不得在庭后以任何借口对控方证人和辩方证人进行打击报复。证人涉嫌伪证等相关犯罪的，应当适用异地管辖原则。办理原案件的公检法机关都应当回避，不得对证人展开侦查、起诉和审判，以避免涉嫌打击报复证人，损害程序正义。

第三，控方证人与辩方证人应当享受同样的经济补偿。无论是控方证人还是辩方证人，其出庭作证都应当得到同样的经济补偿，绝不能厚此薄彼。证人作证补偿经费由国库统一开支。

第三节 规范变更起诉和追加、补充起诉

"法者，天下之公器也。变者，天下之公理也。"检察机关提起公诉，在开启审判程序的同时决定了审判的对象和范围。法院不能脱离起诉书所指控的对象和范围另行审理和判决，这就是诉审同一原则。但在司法实践中，由于受各种主客观因素的影响，检察机关起诉书可能存在错漏的情况，如遗漏了被告人的罪行、审理期间同案犯到案或者指控犯罪的事实根据发生改变，等等。在这种情况下，法院仍然按照起诉书指控的对象和范围进行审理，难免不出错误。检察机关及时变更起诉，追加、补充起诉和撤回起诉，体现了检察权的裁量性与能动性，有利于提高指控的准确性，提高诉讼效率。但是，无论是起诉的变更、追加或者撤回，都非检察机关一家之事，而是涉及控辩审三方关系，对被告人的合法权益以及法院的审判程序都将产生重大的影响。因此，加强对变更起诉，追加、补充起诉的规范，显得十分必要。

一、变更起诉和追加、补充起诉的基本概念

（一）变更起诉

变更起诉，又称变更公诉或公诉变更，具体包括广义和狭义两层含义。广义的变更起诉包括公诉内容（被告人和指控的事实、情节）的改变、公诉的追加、补充以及公诉的撤回。可以看出，广义的变更起诉既包括实体的改变，也包括程序的改变。狭义的变更起诉仅指检察官提起公诉后，在发现指控有错漏或发现新的事实、证据等情况下，依法对起诉书记载的事项（包括案件事实及适用法律等）进行修正、变更。狭义的变更起诉不包括追加、补充起诉和撤回起诉。本书所称的变更起诉，主要指狭义的含义，并将广义的变更起诉称为"变更公诉"，以便于区分。

变更起诉具有如下特征：

第一，变更起诉的主体是检察机关。变更起诉属于公诉权的一部分，它与提起公诉（包括不起诉）、支持公诉、抗诉（上诉）等一起，构成公诉权的完整内容。离开任何一个部分，公诉权的行使都是不完整的。既然变更起诉属于公诉权，当然只能由检察机关行使，其他任何机关都不享有此项权力。在一些国家，法院也有权对起诉书指控的事实、适用法律等进行变更，但这是基于其审判职能，属于审判权的范围，而与检察机关的变更起诉在性质上并不相同。

第二，变更起诉的内容（对象）主要是起诉书记载的事项。根据控审分离原则，起诉是审判的前提，无起诉即无审判。检察机关提起公诉，既标志着审判程序的开启，同时又限定了审判的对象与范围。因此，起诉书应当特定被告人及其犯罪事实，否则，法院无从确定审判的对象。一般地说，起诉书应当包括以下内容：（1）被告人的基本情况。如姓名、性别、年龄、职业、住所及原籍等，以确定起诉对象；（2）犯

罪事实。必须具体地记载符合特定犯罪构成要件的一切事实以及影响量刑的情节，如犯罪的时间、地点、手段、过程和后果等；（3）证据；（4）罪名和适用法条等。变更起诉主要就针对起诉书所认定的被告人的犯罪事实、情节及对定罪量刑有影响的其他案件事实的改变和修正。

第三，变更起诉的效力及于审判机关与被告人。变更起诉涉及控辩审三角关系，对被告人的权益及法院的审判都会产生重大的影响。对法院而言，法院审判将受变更起诉的制约。变更起诉将导致法院审判的范围、法律的适用等都可能发生改变。法院必须针对变更的事实进行审理，而不能置之不理。对被告人而言，变更起诉明确了攻击与防御新的对象和焦点，被告人必须根据变更的情况实施相应的辩护活动，才能够维护其正当利益。

根据不同的标准，变更起诉可作不同的分类：

根据变更起诉的内容，可分为：（1）对被告人身份的变更。包括对被告人的姓名、性别、年龄等作出变更。对被告人身份的变更限于起诉书指控之被告人的身份，不得改变被告人本身。（2）对犯罪事实的变更。包括对起诉书所认定的犯罪事实、情节及对定罪量刑有影响的其他案件事实的变更。如对犯罪的时间、地点、手段和后果的认定作出修正。一般来说，事实变更以不妨碍案件的同一性为限，如果发现新的犯罪事实，检察官应当追加起诉。（3）对法律评判的变更。包括对指控的罪名和适用法律的修正。如将抢劫罪改为抢夺罪，将贪污罪改为职务侵占罪等。

根据变更起诉的必要性，可分为：（1）必须变更。指影响案件认定及定罪量刑的事实发生变化，检察官必须对起诉书进行变更，否则就可能影响到司法公正。如发现新的证据证明被告人有自首行为，或有从轻、减轻处罚情节时，检察官应当对起诉书进行修正。（2）无须变更。指起诉书的内容遗漏或有缺陷，但这种遗漏与缺陷并不影响案件的认定及定罪量刑，检察官可以不对起诉书的内容进行变更。如起诉书未记载被告人的真实姓名，即使检察官在审判过程中又发现被告人的真实姓名，由于姓名的错误并不影响到被告身份的特定，也不影响案件的认定，故而检察官可以不对起诉书进行变更。

根据变更起诉对被告人权益的影响，可分为：（1）有利于被告人的变更。包括重罪事实和罪名改变为轻罪事实和罪名，某些严重的情节（如主犯、手段恶劣等）被取消，某些从轻的情节（如自首、正当防卫等）被认定等。（2）不利于被告人的变更。如轻罪名改重罪名，补充从重情节等。在一般情况下，不利于被告人的变更往往受到严格的限制。（3）对被告人没有明显实质不利影响的变更。如同一刑度的罪名改换。如贪污罪改为受贿罪，伪造公文罪改为伪造证件罪等。

（二）追加、补充起诉

追加起诉，是指提起公诉后，发现遗漏了被告，从而在原起诉的基础上，追加被告。补充起诉，是指提起公诉后，发现新的犯罪，在原起诉的基础上，追加、补充原被告另犯的犯罪事实。追加、补充起诉亦可统称为"追加起诉"。

追加起诉，一种情况是追加遗漏掉的同案犯罪嫌疑人。即共同犯罪的案件中起诉了主犯遗漏掉了从犯或胁从犯，对遗漏掉的犯罪嫌疑人进行追加。一种情况是追加遗漏掉的罪行。即一人犯数罪，只起诉了一罪而遗漏掉了其他罪行。对遗漏掉的其他罪行进行追加起诉。无论追加遗漏掉的犯罪嫌疑人还是追加遗漏掉的罪行，都必须是与原来起诉的犯罪嫌疑人或者罪行可以一并起诉和审理。即遗漏掉的犯罪嫌疑人必须是在案的，追加的罪行必须是查证属实的，否则就是不可以一并起诉和审理的，就是不可以追加的，而只能是另行起诉和审理。

追加起诉是在原有起诉的基础上使犯罪嫌疑人增加，犯罪行为增多导致原起诉的扩张。共同犯罪中追加了同案犯，导致适用共同犯罪的条款，刑罚加重。一人犯罪追加了其他罪，导致适用数罪并罚，刑罚加重。例如，共同犯罪中，只起诉了主犯而漏掉了从犯等其他犯罪嫌疑人而将遗漏掉的其他犯罪嫌疑人追加到案，或者一人犯数罪的案件中只起诉了部分罪行而遗漏了其他罪行将遗漏掉的罪行追加完整。

（三）变更起诉与追加、补充起诉的界分

变更起诉与追加、补充起诉既有区别也有联系。其区别体现在：

第一，适用情形不同。根据《人民检察院刑事诉讼规则》规定，变更起诉适用于被告人的身份、认定的事实和适用法律出现错误，或者发生变化的情形；追加起诉适用于遗漏同案犯罪嫌疑人的情形；补充起诉适用于遗漏被告人罪行的情形。"变更起诉更加注重'新'，其发生于被告人身份、犯罪事实发生变化，或罪名、适用法律与起诉书不一致时，'以新代旧'；追加、补充起诉更加注重'扩张'，其发生于漏犯、漏罪之时，追诉范围明显扩张。"[1] 第二，适用效果不同。变更起诉实为对原诉固有内容之全部或部分否定，并以新诉取而代之。追加、补充起诉将导致诉的范围的扩张。诉讼理论认为，一个独立完整的诉，由人的要素（被告人）和物的要素（犯罪事实）两部分构成。追加起诉的实质是通过在旧诉的基础上追加提起新诉来扩张旧诉的要素的范围；或通过"被告人之追加"以扩张旧诉的人的要素的范围；或通过"犯罪事实之追加"以扩张旧诉的物的要素的范围；或通过"案件之追加"，同时扩张旧诉的人的要素和物的要素的范围。第三，对被告人权益的影响不同。变更起诉既可以做不利于被告人的变更，也可以作有利于被告人的变更。追加、补充起诉必然不利于被告人。

其联系体现在：在法庭审理中，检察机关可以同时适用变更起诉与追加、补充起诉。变更起诉，追加、补充起诉虽然可能导致法庭延期审理，但不会从根本上影响审判程序的运行。法庭将对变更、追加、补充

---

[1] 刘仁琦：《公诉变更实体限制论》，载《当代法学》2018 年第 6 期。

起诉的犯罪事实或者被告人继续进行审理，并作出判决。

变更起诉，追加、补充起诉的理论依据，一是现代公诉权的裁量性和主动性。公诉变更权是公诉权不可分割的组成部分，它赋予了检察院在发现起诉指控有错漏的情况下，斟酌是否对指控予以变更的权力，这充分体现了公诉权行使的裁量性特征。公诉权作为一种追诉权，天生具有主动性特征，它不但主动纠举犯罪，提起控诉启动审判程序，而且在发现指控有错漏的情况下，可以主动予以补正。这充分体现了公诉权行使的主动性特征，它使检察院获得了控制公诉进行的主导权。[1] 二是体现了检察机关刑事诉讼中的"客观性义务"。作为对客观性义务的期望，立法机关设置了严格的审查起诉程序，要求检察院对准备提起的控诉进行谨慎审查，以保证追诉的公正性。为此，检察机关有权通过撤回起诉、追加起诉、变更起诉的方式对公诉予以变更，以矫正公诉中的错误，维护司法公正。三是体现了程序经济的要求。在庭审中，检察机关通过变更起诉，追加、补充起诉，主动更改出现的错漏，使应该追究责任的及时得到惩罚、可以合并审理的案件合并审理、不应进入审判程序的案件及时退出审判程序，避免重复起诉和审判。

二、变更公诉制度的比较法考察

根据不同的立法例，各国对公诉变更有"不变主义"和"得变主义"之不同规定。"不变主义"不允许检察官对公诉进行改变，以保证诉讼的拘束力。"得变主义"允许检察官对公诉进行改变。从各国的情况看，"得变主义"是原则，"不变主义"是例外。

---

[1] 谢佑平、万毅：《刑事公诉变更制度论纲》，载《国家检察官学院学报》2002年第1期。

（一）英美法系国家的变更公诉制度

1. 美国

美国《刑事诉讼规则》第7（e）条规定："在定罪或裁决前，如果不追加指控另外的或不同的罪行，不损害被告人实体权利，法庭可以允许对检察官起诉书进行修改。"根据该规定，检察官起诉书的修改必须同时满足以下两个条件：一是不得损害被告人的实体权利。即起诉书的修改不会对被告人的辩护能力造成突然袭击。在审判前，如果检察官要求修改起诉书，法院可以视情形延期审理，一般不会对被告辩护能力造成突袭。在审判期间，如果检察官要求修改起诉书，法院通常不会准许延期审判。在此情形下，法院通常认为起诉书的修改会对被告的辩护造成突袭，除非检察官证明起诉书的修改，未显著改变原起诉书所指的事实基础，或只是将重罪改为包含在内的轻罪，如将杀人罪改为过失致人死之罪。二是不属于不同犯罪。所谓"不同犯罪"，分为两种情形：事实上的不同犯罪与法律上的不同犯罪。前者，法院通常以基础事实是否相同为判断标准，如起诉书的修改，仍系源自原起诉书所指的基础事实，法院通常不认为构成不同犯罪。如原起诉书指控被告偷窃甲的财物，修改的起诉书则指控被告偷窃乙的财物，但其他如时间、地点、行为等基本事实不变，不构成不同犯罪。同理，只要基础事实不变，起诉书只是修改被告所偷窃之物品、实施犯罪的手段或方法，都不构成事实上的不同犯罪。法律上的不同犯罪，指改变起诉书所指控的刑法罪名，法院通常使用"禁止双重危险"的判断标准。下述情形并不构成法律上的不同犯罪：（1）起诉书修改后所指控之罪名与原起诉书之罪名相同；（2）起诉书修改后的罪名，其要件全部皆包含在原起诉罪名之要件之内，不构成不同犯罪。如原起诉书为杀人罪，后修改为过失致人死亡罪，因为过失致人死亡罪的全部要件，皆包含在杀人罪要件之内，所以不构成不同犯罪。如起诉书修改后的罪名，其要件未全部被原起诉罪名所囊括，原则上构成不同犯罪。如检察官起诉抢夺罪，后修改为盗窃罪，因为盗窃罪的要件，未全部被抢夺罪所包括，所以二者为不同犯罪。又如，原起诉书为过失致人死亡罪，后修改为杀人罪，因为杀人罪的要件，未全部被过失致死罪所包括，亦为不同犯罪。对于起诉书修改之限制，主要原因在于保护被告免受诉讼上的突然袭击。因此，即令于审判期日前修改起诉书，只要构成事实上或法律上的不同犯罪，都会造成对被告不利突袭的显著可能性，故应予限制。另一个重要原因在于，美国检察官的起诉，原则上应经过大陪审团或治安法官的审查，始生效力。限制起诉书的修改，得限缩检察官任意变更起诉书的内容，否则等于容许检察官借起诉书之修改而规避审查机关之审查，被告也未受审查机制的保护。①

总之，在向法院提出起诉书后，检察官非经法院许可，不得修改起诉书。只有在不会对被告防御能力造成突袭，而且未将起诉之罪修改为事实上或法律上的不同犯罪时，法院始应准许检察官修改起诉书。

在实践中，多种情况可能导致检察官提议修改起诉书。检察官可能在起诉书中发现一个技术失误（如一项不适当的法条引用），利用修改进行纠正，即使这一错误未导致起诉书致命的缺陷。检察官可以主动作出决定（或对一项驳回的辩护方动议作出反应），指控未能包括一项必备要件或缺少必需的细节，以寻求修改起诉书中的重大缺陷。或者在审前或者在审判中，检察官都可以在指控中发现证据发生变化，这为被告的异议提供了基础，检察官可以通过修改起诉书中的证据部分阻止被告人提出异议。②

2. 英国

英国《皇家检察官准则》第 6 条规定：检察官应当提出符合下列条件的指控：（1）反映犯罪的严重性和程度；（2）给法庭足够的权力判

---

① 王兆鹏：《美国刑事诉讼法》，北京大学出版社 2014 年第 2 版，第 498 页。
② ［美］伟恩·R. 拉费尔等：《刑事诉讼法》（下册），卞建林等译，中国政法大学出版社 2003 年版，第 977 页。

刑以及发布适当的定罪后命令;(3)允许在被告人从犯罪行为中获益的适当情况下发出没收令;(4)使案件能够用清楚和简单的方式呈现。这意味着,检察官在有选择的情况下,选择较轻的指控能够满足公共利益时,不能总是选择或继续选择最严厉的指控。检察官不应仅仅为了促使被告承认犯了几宗罪就进行没有必要的、更多的起诉。同样地,他们不应仅仅为促使被告承认犯了一项不太严重的罪行而进行更严厉的指控。该准则还规定:检察官不应仅仅因为法庭或被告人做出的关于案件审理地点(即在治安法院或刑事法院等)的决定而改变指控,检察官必须考虑案件起诉后任何相关的情况变化。检察官"在法庭审判阶段,可以将一个严重罪行的指控降低为一个不太严重罪行指控。这可以基于公共利益的原因,并将案件停留在治安法院阶段并且/或者获得辩诉交易"①。

3. 爱尔兰

在爱尔兰,检察官提出指控后可以作出变更。检察官有很大的权力在判决前修改指控,这可以用来修补指控中的缺陷,增加新的指控或者代替原来的指控。同时,审判法官有权力弥补指控缺陷,只要他认为任何修改不会导致对被告人的不公。这种权力通常被用作修补指控中的技术性缺陷。也可以被用作增加新的指控或者取代原先的指控。这种改变通常经由检察长申请,并且还需法官认同该改变不会对被告人不公。但是,法官不可能自行发动对指控的更改。另外,法官也不可能增加指控或者用更为严重的罪行取代原先较轻罪行的指控。②

(二)大陆法系国家的变更公诉制度

1. 法国

在法国,检察官在庭审中认为必要的情况下也不能改变起诉。改变

---

① [荷]皮特·J.P.泰克编著:《欧盟成员国检察机关的任务和权力》,吕清、马鹏飞译,中国检察出版社2007年版,第71页。

② [荷]皮特·J.P.泰克编著:《欧盟成员国检察机关的任务和权力》,吕清、马鹏飞译,中国检察出版社2007年版,第161—163页。

起诉的权力由法官行使。如果庭审中出现了应当指控的事实，法官必须改变指控，并且请被告人对于指控发表意见。如果新出现的事实没有包含在起诉中，法官必须启动立即出庭程序。①

2. 德国

在德国，如果在审判中查明事实略有出入，如扒手应当是从受害人B而并非从起诉书中所指称的受害人A身上偷钱，或者有专家鉴定证明谋杀案中的被害人比起诉书中所指的早一天死亡，法院允许对指控进行非正式修改。在此情况下，被告人必须被正式告知以未被指控的行为被定罪的可能性。② 如果事实发生了重大改变，如发现被告人犯有另外的罪行，则检察官有权口头追加起诉，但需要得到被告人及法院的同意。在检察官提交的事实基础上，法院有权力对其进行法律评价。如法院可以将抢劫的指控判决为勒索。如果法院判处被告人起诉书外的罪名，则法院须告知被告人该罪名，并且给予机会为新罪名进行辩护。在起诉书所列犯罪事实范围内，法院可以判决被告人更为严重的罪行，如法院可以判决被告人谋杀，而不是检察官起诉书指控的一般杀人。③

3. 意大利

在意大利，修改指控以及增加指控的权力只属于检察官。检察官对被告人的指控，即便在预审阶段受到了审查，在审判中仍需要在一定限度内进行调整。在审判程序中论证的犯罪行为的某些特征与起诉书中指控的内容可能是不同的。在此种情况下，检察官将会对起初的指控事实作些修改。

但是对指控事实的修改受到法律的约束。法律只允许对原始事实作

---

① ［荷］皮特·J.P.泰克编著：《欧盟成员国检察机关的任务和权力》，吕清、马鹏飞译，中国检察出版社2007年版，第111页。

② ［德］托马斯·魏根特：《德国刑事诉讼程序》，岳礼玲等译，中国政法大学出版社2004年版，第130页。

③ ［荷］皮特·J.P.泰克编著：《欧盟成员国检察机关的任务和权力》，吕清、马鹏飞译，中国检察出版社2007年版，第123页。

细微的修改。特别是，检察官不能够用完全崭新的事实代替先前指控的事实。换言之，对于事实非实质性的修改是允许的。如果用完全不同的事实代替原有的事实，则检察官必须遵从增加指控的法律规定。

如果审判程序中，检察官发现根据现有证据应当增加对于被告人的罪名，则检察官可以增加指控。在这种情况下，检察官不能直接在原有的起诉上增加新的指控，因为被告人可以反对这种做法。因此，如果检察官想在审判中增加指控被告人的新事实，只能在得到被告人明确同意的情况下进行。审判长在此情况下也发挥作用，因为如果被告人的同意是自由意志的表示以及增加的指控不会影响审判进度，审判长可以批准新的指控。如果被告人不同意增加指控或者审判长不批准，则检察官只能按照普通程序再次提起指控（向预审法官提出新的指控要求来起诉新的事实）。

问题在于：同一犯罪事实上的不同罪名与对同一案件事实加以修改的指控之间有何区别？主流观点认为新的罪行是与原来指控事实具有可容性的事实。如果与原来的指控不相容，则认为是对原来指控的修改。然而，正如前文所说，修改的指控，即使它与原来的指控不相容，但是仍具有实质上的不同，则需要遵从在不同审判中指控新罪名的规则。

对于检察官决定起诉某人某一罪行的决定，法官不能够干预。因此，法官没有权力修改指控。如果他有可能改变指控描述的事实，则他将能在指控决定中发挥作用，从而影响他的中立性。法庭只能在起诉书指控的事实范围内作出反应。不能让被告人对与起诉书中不同的事实承担责任。换言之，法官是绝对受到起诉书指控的事实所约束的。他只能在起诉书所描述的事实范围内认定被告人是有罪或者无罪的。例外是，如果法庭上所收集到的证据使法庭确认发生了某一犯罪行为，但是该行为与检察官指控的事实具有非实质性的区别，那么法庭可以不宣布无罪，而是将案件移交给检察官，让检察官重新开始诉讼程序。

根据控审分离的原则，法庭有绝对的权力决定每一个指控事实的法律意义，而不受起诉书的约束，因此检察官也没有必要仅仅为了同样的事实的不同法律意义而修改指控。①

4. 葡萄牙

在葡萄牙，检察官在庭审中不能改变指控，因为他受到法定原则、客观原则和中立原则的约束。如果法庭认为庭审中产生的新的事实可能导致被告人被判处较指控更为严重的罪行，那么法庭只有各方同意的情况下方可更改指控，或者法庭将所发现的新事实与检察官进行协商后，检察官开始新的调查；如果法庭认为新事实并没有导致对被告人更为严重罪行的指控，法庭可以修改指控，同时根据对抗原则，赋予被告人准备新指控的时间；即便没有发生指控事实的改变，法庭仍然可以在赋予被告人一定时间以决定其对于指控的选择意见后，修改对犯罪事实的法律评价。②

总体说来，各国对变更公诉的规定各不相同，但仍具有以下共同特点：一是检察官变更公诉并非可以"自由为之"，而是需要满足一定的条件，并且受到严格的控制。一方面，检察官增加指控或者对指控的修改应当是非实质性的，否则，应当提起新的起诉；另一方面，检察官变更公诉应当得到法官的同意。二是法官必须受检察官指控的事实的拘束。但在法律评价方面，有的国家不允许超越检察官的指控，加重被告人的罪行；有的国家则允许法官自由地做出法律评价，判处被告人更为严重的罪行。在部分国家，法官有权直接变更指控事实，但受到严格的限制。三是无论是检察官决定的变更公诉，还是法官决定的变更公诉，都必须充分保障被告人的辩护权利。

---

① [荷] 皮特·J.P. 泰克编著：《欧盟成员国检察机关的任务和权力》，吕清、马鹏飞译，中国检察出版社2007年版，第177—178页。

② [荷] 皮特·J.P. 泰克编著：《欧盟成员国检察机关的任务和权力》，吕清、马鹏飞译，中国检察出版社2007年版，第229页。

三、变更起诉和追加、补充起诉的立法及运用

（一）变更起诉和追加、补充起诉的立法沿革

我国刑事诉讼法并没有规定变更起诉，追加、补充起诉。最高人民检察院 1997 年 1 月发布的《人民检察院实施〈中华人民共和国刑事诉讼法〉规则（试行）》、最高人民法院 1996 年 12 月发布的《关于执行〈中华人民共和国刑事诉讼法〉若干问题的解释（试行）》对变更、追加起诉作出了明确的规定。此后，经过不断的修改、完善，沿袭至今。

下面以列表的形式，对变更起诉、追加起诉的沿革作一个回顾。

《人民检察院刑事诉讼规则》对变更起诉、追加起诉的规定

序号	名称	内容	修改情况
1	《人民检察院实施〈中华人民共和国刑事诉讼法〉规则（试行）》（1997年1月）	第 305 条规定，在人民法院作出判决前，人民检察院发现被告人的真实身份或者犯罪事实与起诉书中叙述的身份或者指控犯罪事实不符的，可以要求变更起诉；发现遗漏同案犯罪嫌疑人或者罪行，可以一并起诉和审理的，可以要求追加起诉。 变更、追加起诉应当报经检察长或者检察委员会决定，并以书面方式在人民法院作出判决前向人民法院提出。 在法庭审理过程中，公诉人认为需要变更、追加起诉的，应当要求休庭，并记明笔录。 变更、追加起诉需要给予被告人、辩护人必要时间进行辩护准备的，公诉人可以建议合议庭延期审理。	

续表

序号	名称	内容	修改情况
2	《人民检察院刑事诉讼规则》（1999年1月）	第351条规定，在人民法院宣告判决前，人民检察院发现被告人的真实身份或者犯罪事实与起诉书中叙述的身份或者指控犯罪事实不符的，可以要求变更起诉；发现遗漏同案犯罪嫌疑人或者罪行可以一并起诉和审理的，可以要求追加起诉。 第352条规定，在法庭审理过程中，人民法院建议人民检察院补充侦查、补充或者变更起诉的，人民检察院应当审查有关理由，并作出是否退回补充侦查、补充或者变更起诉的决定。人民检察院不同意的，可以要求人民法院就起诉指控的犯罪事实依法作出裁判。 第353条规定，变更、追加或者撤回起诉应当报经检察长或者检察委员会决定，并以书面方式在人民法院宣告判决前向人民法院提出。 在法庭审理过程中，公诉人认为需要变更、追加起诉的，应当要求休庭，并记明笔录。 变更、追加起诉需要给予被告人、辩护人必要时间进行辩护准备的，公诉人可以建议合议庭延期审理。	一是吸纳高法解释的相关规定，规定了人民法院建议人民检察院补充、变更起诉的处理（该《规则》第352条）。二是将提出变更、追加起诉的时间由"作出判决前"修改为"宣告判决前"。

第六章　检察官在指控、证明犯罪中的主导责任（下）

续表

序号	名称	内容	修改情况
3	《人民检察院刑事诉讼规则（试行）》（2012年10月）	第458条规定，在人民法院宣告判决前，人民检察院发现被告人的真实身份或者犯罪事实与起诉书中叙述的身份或者指控犯罪事实不符的，或者事实、证据没有变化，但罪名、适用法律与起诉书不一致的，可以变更起诉；发现遗漏的同案犯罪嫌疑人或者罪行可以一并起诉和审理的，可以追加、补充起诉。第460条规定，在法庭审理过程中，人民法院建议人民检察院补充侦查、补充起诉、追加起诉或者变更起诉的，人民检察院应当审查有关理由，并作出是否补充侦查、补充起诉、追加起诉或者变更起诉的决定。人民检察院不同意的，可以要求人民法院就起诉指控的犯罪事实依法作出裁判。第461条规定，变更、追加、补充或者撤回起诉应当报经检察长或者检察委员会决定，并以书面方式在人民法院宣告判决前向人民法院提出。第455条中规定，公诉人出示、宣读开庭前移送人民法院的证据以外的证据，或者补充、变更起诉，需要给予被告人、辩护人必要时间进行辩护准备的，可以建议法庭延期审理。	一是细化变更起诉的适用情形，规定"罪名、适用法律与起诉书不一致的，可以变更起诉"。二是增加了"补充规定"这一公诉变更形式。三是将"可以要求变更起诉""可以要求追加起诉"修改为"可以变更起诉""可以追加、补充起诉"（取消了"要求"）。

续表

序号	名称	内容	修改情况
4	《人民检察院刑事诉讼规则》（2019年12月）	第423条规定，人民法院宣告判决前，人民检察院发现被告人的真实身份或者犯罪事实与起诉书中叙述的身份或者指控犯罪事实不符的，或者事实、证据没有变化，但罪名、适用法律与起诉书不一致的，可以变更起诉。发现遗漏同案犯罪嫌疑人或者罪行的，应当要求公安机关补充移送起诉或者补充侦查；对于犯罪事实清楚，证据确实、充分的，可以直接追加、补充起诉。 第425条规定，在法庭审理过程中，人民法院建议人民检察院补充侦查、补充起诉、追加起诉或者变更起诉的，人民检察院应当审查有关理由，并作出是否补充侦查、补充起诉、追加起诉或者变更起诉的决定。人民检察院不同意的，可以要求人民法院就起诉指控的犯罪事实依法作出裁判。 第426条规定，变更、追加、补充或者撤回起诉应当以书面方式在判决宣告前向人民法院提出。 第420条中规定，公诉人出示、宣读开庭前移送人民法院的证据以外的证据，或者补充、追加、变更起诉，需要给予被告人、辩护人必要时间进行辩护准备的，可以建议法庭延期审理。	一是对追加、补充起诉作了限定。即发现遗漏同案犯罪嫌疑人或者罪行的，首先应当要求公安机关补充移送起诉或者补充侦查。二是删除了变更、追加、补充起诉应当报检察长或者检察委员会决定的规定。

最高人民法院司法解释对变更起诉、追加起诉的规定

序号	名称	内容	修改情况
1	《关于执行〈中华人民共和国刑事诉讼法〉若干问题的解释（试行）》（1996年12月）	第179条规定，人民法院在审理中发现新的事实，可能影响定罪的，应当建议人民检察院补充或者变更起诉；人民检察院不同意的，人民法院应当就起诉书指控的犯罪事实，依照本解释第178条的规定依法作出裁判。	
2	《关于执行〈中华人民共和国刑事诉讼法〉若干问题的解释》（1998年6月）	第178条规定，人民法院在审理中发现新的事实，可能影响定罪的，应当建议人民检察院补充或者变更起诉；人民检察院不同意的，人民法院应当就起诉书指控的犯罪事实，依照本解释第176条的规定依法作出裁判。	
3	《关于适用〈中华人民共和国刑事诉讼法〉若干问题的解释》（2012年12月）	第243条规定，审判期间，人民法院发现新的事实，可能影响定罪的，可以建议人民检察院补充或者变更起诉；人民检察院不同意或者在七日内未回复意见的，人民法院应当就起诉指控的犯罪事实，依照本解释第241条的规定作出判决、裁定。 第283条规定，对应当认定为单位犯罪的案件，人民检察院只作为自然人犯罪起诉的，人民法院应当建议人民检察院对犯罪单位补充起诉。人民检察院仍以自然人犯罪起诉的，人民法院应当依法审理，按照单位犯罪中的直接负责的主管人员或者其他直接责任人员追究刑事责任，并援引刑法分则关于追究单位犯罪中直接负责的主管人员和其他直接责任人员刑事责任的条款。 第327条规定，被告人或者其法定代理人、辩护人、近亲属提出上诉的案件，第二审人民法院发回重新审判后，除有新的犯罪事实，人民检察院补充起诉的以外，原审人民法院不得加重被告人的刑罚。	一是增加了人民法院建议人民检察院补充或者变更起诉，人民检察院在7日内未回复意见的处理。二是增加了人民法院应当建议人民检察院对单位犯罪补充起诉的规定及其处理方式。三是增加了对上级人民法院发回重审的案件，人民检察院补充起诉的，原审人民法院可以加重被告人刑罚的例外规定。

续表

序号	名称	内容	修改情况
4	《关于适用〈中华人民共和国刑事诉讼法〉的解释》（2020年12月）	第297条规定，审判期间，人民法院发现新的事实，可能影响定罪量刑的，或者需要补查补证的，应当通知人民检察院，由其决定是否补充、变更、追加起诉或者补充侦查。人民检察院不同意或者在指定时间内未回复书面意见的，人民法院应当就起诉指控的事实，依照本解释第二百九十五条的规定作出判决、裁定。 第340条规定，对应当认定为单位犯罪的案件，人民检察院只作为自然人犯罪起诉的，人民法院应当建议人民检察院对犯罪单位追加起诉。人民检察院仍以自然人犯罪起诉的，人民法院应当依法审理，按照单位犯罪直接负责的主管人员或者其他直接责任人员追究刑事责任，并援引刑法分则关于追究单位犯罪中直接负责的主管人员和其他直接责任人员刑事责任的条款。 第403条规定，被告人或者其法定代理人、辩护人、近亲属提出上诉，人民检察院未提出抗诉的案件，第二审人民法院发回重新审判后，除有新的犯罪事实且人民检察院补充起诉的以外，原审人民法院不得加重被告人的刑罚。	将人民法院"可以建议人民检察院补充或者变更起诉"修改为"应当通知人民检察院，由其决定是否补充、变更、追加起诉或者补充侦查"。

（二）变更起诉和追加、补充起诉的适用问题

笔者通过"无讼案例"法院案例数据库，对全国检察机关变更公诉的案件进行检索和分析。具体而言，在"无讼案例"法院案例数据库中，输入关键词"变更起诉""追加起诉""补充起诉"，检索到法院刑事判决书等各类文书提及变更起诉的个案23900条记录，提及追加起诉

的个案16916条记录，提及补充起诉的个案6345条记录。①

统计显示，变更起诉、追加起诉、补充起诉的适用主要有两个特点：一是主要在基层法院、一审程序适用；二是近五年呈高位运行状态，变更起诉、追加起诉、补充起诉的适用率分别占总数的80.1%、76%、78.9%。

变更起诉、追加起诉、补充起诉在适用中主要存在以下问题：

1. 变更起诉、追加起诉与补充起诉的适用比较随意，缺乏规范

一是没有严格按照《人民检察院刑事诉讼规则》规定的情形适用，存在混用的情况。有的以变更起诉、补充起诉的形式追加被告人，有的以追加起诉的形式追加漏罪。如在曹某等人集资诈骗案中，检察机关于2017年3月13日"以补诉〔2017〕5号补充起诉决定书"、2018年2月24日以"补诉〔2018〕2号补充起诉决定书"对被告人曹某等14人提起补充起诉；于2018年3月2日以"追诉〔2018〕1号追加起诉书"对被告人陈某提起追加起诉；于2018年7月30日以"补诉〔2018〕16号补充起诉决定书"对被告人曹某等15人提起补充起诉。②本案中，对被告人的追诉都应当用"追加起诉决定书"而不是"补充起诉决定书"。

二是变更起诉、追加起诉、补充起诉的适用没有次数限制。对同一案件，有的检察机关反复变更起诉，变来变去，最后又变回到最初指控的犯罪事实上。如在文某诈骗案中，检察机关于2017年6月13日以"变诉〔2017〕3号变更起诉决定书"，对"刑诉〔2016〕126号起诉书"作如下变更，由于证据发生变化，发现案件事实与起诉书指控的事实不符，现无法认定，予以撤回；在"变诉〔2017〕3号变更起诉决定书"作出13天，检察机关又以"变诉〔2017〕4号变更起诉决定书"，将变更3号无法认定的事实，又重新认定文某诈骗数额予以起诉。在变更3到变更4的短短13天时间里，所有证据处于静止状态，法院也没有

---

① 检索日期为2021年3月17日。
② 参见广州市中级人民法院（2016）粤01刑初407号刑事判决书。

组织开庭,竟然出现观点截然相反的变更起诉决定书,这引起了被告人的质疑并向法院申诉。①

三是变更起诉、追加起诉、补充起诉的适用缺乏制约机制。在实践中,检察机关作出变更起诉、追加起诉、补充起诉决定基本上不受审查和制约,法院照单全收。而且法院经常建议检察机关变更起诉、追加起诉或补充起诉。

2. 在适用变更起诉、追加起诉、补充起诉时,对被告人辩护权、救济权等基本权利的保障不足

一是适用变更起诉、追加起诉、补充起诉,有时在未提前告知被告人及其辩护人的情况下进行,搞"突然袭击"。如在李某、尹某等人非法吸收公众存款案中,检察机关于2017年2月10日作出变更起诉决定书,对被告人尹某、李某追加起诉了部分非法吸收公众存款的事实。法院收到变更起诉决定书后,未按规定在开庭十日前向原审被告人尹某、李某及其辩护人送达,而是在2017年8月18日复庭时由公诉人当庭对变更起诉决定书进行了宣读,并于当日对该案作出口头宣判。法院未按刑事诉讼法的规定在开庭十日前向原审被告人及其辩护人送达变更起诉决定书,未能保障当事人及辩护人针对变更起诉决定书指控的事实进行答辩和收集证据等所需要的必要准备时间,剥夺和限制了当事人的法定诉讼权利,可能影响公正审判,系审判程序违法。②

二是法院利用变更起诉、追加起诉、补充起诉延长审判期限。刑事诉讼法规定,人民检察院补充侦查的案件,补充侦查完毕移送人民法院后,人民法院重新计算审理期限。在实践中,检察机关申请延期审理、变更起诉后,从检察机关申请恢复审理、变更起诉日起,人民法院亦重新计算审限。这造成被告人长期被羁押,损害了被告人的基本权利。如在黄某非法吸收公众存款案中,检察机关以"刑诉〔2016〕417号起诉

---

① 参见长春市中级人民法院(2018)吉01刑申44号驳回申诉通知书。
② 参见成都市中级人民法院(2017)川01刑终1234号刑事裁定书。

书"指控被告人黄某非法吸收公众存款罪,于 2016 年 10 月 26 日向法院提起公诉,2017 年 1 月 17 日法院退回检察院补充侦查,检察院于 2017 年 2 月 5 日补充侦查完毕重新移送法院。2017 年 3 月 10 日,检察院以"补诉〔2017〕1 号补充起诉决定书",向法院补充起诉被告人黄某非法吸收公众存款一案,法院依法受理,重新计算审限。2017 年 6 月 1 日,法院依法向中级人民法院申请延长审限 2 个月。2017 年 7 月 25 日,法院建议检察院补充侦查,检察院于 2017 年 8 月 7 日向法院建议延期审理。2017 年 8 月 24 日,检察院补充侦查完毕重新移送法院,法院依法受理,重新计算审限。2017 年 10 月 26 日,检察院以"补诉〔2017〕4 号追加起诉决定书",向法院追加起诉黄某非法吸收公众存款一案犯罪事实,法院依法受理,并重新计算审限。2017 年 12 月 8 日,检察院以"追诉〔2017〕7 号追加起诉决定书",向法院追加起诉黄某非法吸收公众存款一案犯罪事实,法院依法受理,并重新计算审限。2018 年 1 月 23 日,检察院以"追诉〔2018〕1 号追加起诉决定书",向法院追加起诉黄某非法吸收公众存款一案犯罪事实,法院依法受理,并重新计算审限。2018 年 4 月 13 日,检察院以"追诉〔2018〕5 号追加起诉决定书",向法院追加起诉黄某非法吸收公众存款一案犯罪事实,法院依法受理,并重新计算审限。2018 年 7 月 2 日,法院依法向中级人民法院申请延长审限 3 个月。2018 年 9 月 13 日检察院补充侦查完毕重新移送法院。2019 年 1 月 8 日检察院补充侦查完毕重新移送法院。法院依法组成合议庭,公开开庭审理了本案。①

三是在发回重审的案件中,检察机关变更起诉,法院由此可以加重被告人的刑罚。如在陈某犯贩卖毒品罪、黄某某犯非法持有毒品案中,检察院以"刑诉〔2017〕538 号起诉书"指控被告人陈某犯贩卖毒品罪、被告人黄某某犯非法持有毒品罪,于 2018 年 1 月 1 日向法院提起公诉。该院于 2018 年 3 月 13 日作出刑事判决书,被告人陈某不服提出上

---

① 参见乐平市人民法院(2016)赣 0281 刑初 469 号刑事判决书。

诉，中级人民法院裁定撤销原判，发回重审。重审期间，检察院于 2018 年 12 月 6 日以"变诉〔2018〕52 号起诉书"变更指控被告人陈某、黄某某犯贩卖毒品罪，法院于 2019 年 4 月 26 日作出刑事判决，被告人陈某、黄某某不服，提出上诉。黄某某的指定辩护人提出如下辩护意见：本案发回重审后检察院虽变更起诉，但违反了"上诉不加刑原则"。检察院认为，原判在发回重审后，公诉机关进行了变更起诉，变更了原起诉指控事实，在此基础上改变认定的事实及定性，并不违反"上诉不加刑原则"。中级人民法院认为，本案系发回重审案件，在发回重审期间公诉机关虽变更了指控、原判亦在此基础上查清了二上诉人共同贩卖毒品的犯罪事实，但该事实并不属于法律规定的"新的犯罪事实"，原判根据查清的事实更改罪名后加重了上诉人黄某某的量刑，违反了"上诉不加刑"原则，应予纠正。该辩护意见成立，应予采纳。①

四、变更起诉和追加、补充起诉的法律完善

（一）加强变更起诉和追加、补充起诉的立法供给

"刑事诉讼所具有的重要性与严重程度也证明，这种诉讼应受其特有的诉讼规则调整，而这些诉讼规则只能由立法来作出规定，因此只能具有立法性质。"② 由于变更起诉，追加、补充起诉"涉及被追诉人实体权利与程序权利，还关系法院案件审理的范围、延续性及诉讼标的变更的正当性审查"③，因此应当由立法予以规定。目前，主要由"两高"司法解释对变更起诉，追加、补充起诉作出规定，并且属于自我授权。最高人民法院、最高人民检察院、公安部、国家安全部、司法部、全国

---

① 参见贵阳市中级人民法院（2019）黔 01 刑终 473 号刑事判决书。
② ［法］贝尔纳·布洛克：《法国刑事诉讼法》，罗结珍译，中国政法大学出版社 2009 年版，第 10 页。
③ 龙宗智：《论新刑事诉讼法实施后的公诉变更问题》，载《当代法学》2014 年第 5 期。

人大常委会法制工作委员会六部门 2012 年发布的《关于实施刑事诉讼法若干问题的规定》第 30 条规定:"人民法院审理公诉案件,发现有新的事实,可能影响定罪的,人民检察院可以要求补充起诉或者变更起诉,人民法院可以建议人民检察院补充起诉或者变更起诉。"但这不是立法,而是司法解释性文件,并且规定比较原则,难以对变更起诉,追加、补充起诉的适用进行有效的规范。因此,建议在修改刑事诉讼法时,对变更起诉,追加、补充起诉作出明确的规定,将它们纳入法治的轨道。在刑事诉讼法未修改的情况下,宜由"两高"共同制定(也可由最高人民检察院单独制定)《关于变更起诉,追加、补充起诉若干问题的指导意见》,加强对变更起诉,追加、补充起诉适用的指导和规范。

(二)严格变更起诉和追加、补充起诉的适用条件

"根据程序法治原理,审判对象的特定性和被告人辩护防御范围的明确性,是刑事正当程序的基本表征;检察机关起诉的事实应当尽可能特定,变更公诉亦应慎重进行,不能逾越理性的边界。"[1] 对于变更起诉,应当限定在同一起诉事实范围内。在这一范围内,检察机关有权变更起诉,如果超出这一范围,应当进行追加起诉或者补充起诉。要进一步明确检察机关可变与不变的界限,防止变更起诉随意化。一是被告人信息发生错漏,但犯罪事实没有发生改变的,则案件仍具有同一性,禁止公诉变更,法院裁判时可进行更改;犯罪事实并非被告人所为,应禁止变更起诉,由检察机关撤回起诉或法院宣告被告人无罪后,另行起诉有犯罪事实之被告人。二是起诉书"遗漏同案犯与异种数罪"的,受不告不理原则制约,必须"追加起诉"后方可合并审理。同时,法条表述应尽量简洁,可删除"补充起诉",只保留"追加起诉"。[2] 三是犯罪事实清楚,指控罪名不当的,轻罪变重罪,如变抢夺为抢劫的,应当由检

---

[1] 周长军:《刑事诉讼中变更公诉的限度》,载《法学研究》2017 年第 2 期。
[2] 刘仁琦:《公诉变更实体限制论》,载《当代法学》2018 年第 6 期。

察机关变更起诉，以保障被告人的辩护权。对于重罪变轻罪，如抢劫变抢夺的，应禁止检察机关变更起诉，由法院直接变更起诉罪名。

（三）规范变更起诉和追加、补充起诉的适用程序

一是合理规定变更起诉，追加、补充起诉的提出时间。变更起诉，追加、补充起诉，应当在庭审结束前提出。庭审结束后，法院开始评议并形成判决，此时再变更起诉，追加、补充起诉，导致法院再次开庭审理，浪费司法资源。将提出时间限定在庭审结束前，有利于敦促检察机关及时行使变更起诉，追加、补充起诉权。二是变更起诉，追加、补充起诉应当以书面的形式提出。在法庭上，检察机关认为需要变更起诉，追加、补充起诉的，可以口头提出，并建议法庭延期审理。三是变更起诉，追加、补充起诉应当经法院同意。法院作为中立的裁判者，对公诉机关的追加、变更、撤回起诉都应进行审查。从保护被告人的辩护权和维护程序安定的角度出发，对于不合法、不合理的变更，可以认定检察机关滥用公诉变更权，有权予以取消变更。[①]

（四）切实保障被告人的辩护权及其他诉讼权利

一是充分保障被告人的辩护权。检察机关决定变更起诉，追加、补充起诉，应当充分听取被告人及其辩护人的意见。被告人为了辩护准备，有权申请延期审理。法院应当充分考虑被告方的意见，必要时中止审判，以给被告人必要的准备时间。二是严格限制法院利用变更起诉，追加、补充起诉延长审判期限，造成被告人被长期羁押。对于法院发出的变更起诉或者补充侦查等"通知"（建议），检察院审查后认为事实清楚、证据确实充分、适用法律正确，没必要变更起诉或者补充侦查的，应当要求法院依法审理。三是规范发回重审后的变更起诉。对于被

[①] 杨虹：《比较法视野中的公诉变更制度之完善》，载《国家检察官学院学报》2003年第5期。

告人提起上诉，上级法院发回重审的案件，检察机关一般不得变更起诉。确有必要变更起诉的，不得加重被告人的刑罚。检察机关在发现新的犯罪事实时，可以依法补充起诉；此时，法院不受"上诉不加刑"原则的限制。

第四节　确立检察官法庭上的"言论自由权"

检察官法庭上的"言论自由权"，指检察官在法庭上言论自由，基于自己的良知和理性，独立地、自主地发表出庭公诉意见，并不受上级检察官指令的拘束。检察官在法庭上的"言论自由权"与检察官在宪法上的言论自由权，属于不同层面的话题。联合国《关于检察官作用的准则》第8条规定："检察官同其他公民一样，享有言论、信仰、结社和集会的自由。"此即对检察官宪法上的言论自由权的明确宣示。但是，这主要指检察官非关职务的公开言论，应该得到比较多的尊重和保障。而检察官法庭上的言论自由权与其职务密切相关，既是检察官承担指控证明犯罪主导责任的重要体现，也是对检察一体制的重要限制。

一、检察官法庭上"言论自由权"考察与评析

大陆法系国家奉行检察一体制原则，上命下从，上级检察官对下级检察官有指挥监督权，下级检察官需服从上级检察官的指令。但是，上级检察官的指令并不是绝对的，而是受到诸多的限制。包括：上级检察官的指令不得违法（合法性原则）、不得基于明显与事理无关之考虑（恣意禁止原则）、应当采用书面形式（书面原则）等。检察官在法庭上的言论自由权，首先是作为对上级检察官指令的限制措施而提出的。

（一）法国

法国1958年12月2日第58—1270号法令明确规定："庭审时，检

察官有言论自由。"《法国刑事诉讼法典》第33条规定："检察院有义务遵照在第36条、第37条及第44条规定的条件下向其发出的指令提出书面的意见书；检察院可以自由地阐述其认为适当的有益于司法的口头意见。"根据该条规定，当上级检察官以书面指令要求下级检察官提起公诉时，下级检察官应当提起公诉。但在法庭上，检察官可以自由地进行陈述，包括发表与其上级指令不同的公诉意见。"事实上，检察官可以向法庭阐述根据其主张起诉不是适当的，其主张给予更宽大的处理。这一情形很好地说明了'笔受拘束，口却自由'这样一句法律谚语。"①

我国台湾地区学者黄东熊引用法国拉萨教授的观点，认为现行《法国刑事诉讼法典》第33条的规定，乃因起草人在起草过程中不深加考虑，而将自古流传而来的格言信手入条文而已。并根据法国最高法院对该格言的严格解释，认为所谓"口头自由"，其意义仅在于在审判时检察官可以自由发挥其能力，以尽其任务。基于此，黄东熊教授得出结论：法国刑事诉讼法上此一格言之明文规定（即"笔受拘束，口却自由"），在今日已无其重要意义。② 笔者认为，拉萨、黄东熊教授的观点值得商榷。法国刑事诉讼法修订异常频繁，但第33条一直原封不动地保留下来，并未作任何修订，足以表明当时起草人并非草率立法，而是经过深思熟虑的。此外，检察官在法庭上的言论自由也得到了1973年5月13日宪法法院决定的支持。

法国检察机关一直都在极力维护"笔受拘束，口却自由"原则，表明这一原则仍然十分重要。检察官在法庭上的言论自由与书面上的限制看似矛盾，但也可以从检察官的双重角色中得到解释，即"应将其视为对检察机关成员双重身份的展示：在庭审中是司法官，在机构上是行政官员"③。

---

① 徐昕主编：《法国司法前沿专号》，厦门大学出版社2013年版，第260页。
② 黄东熊：《中外检察制度之比较》，"中央文物供应社"1986年版，第197页。
③ 魏武：《法德检察制度》，中国检察出版社2008年版，第30页。

（二）德国

德国对于是否应当允许检察官在法庭上享有言论自由权，曾有较大的争议，鉴于此，德国刑事诉讼法并未明文规定。但学说秉持同样的精神，限制庭审程序指令权的适用，从而间接认可了检察官在法庭上的言论自由权。根据德国刑事诉讼法规定的直接审理原则，一项判决只能由审判程序所得结果来加以形成，而检察官在言辞辩论中所主张之信念也需这种方式形成。由于上级检察官并未亲自参与法庭审判，故其指令权受到严格的限制。《德国刑事诉讼法典》第261条规定，对证据调查的结果，由法庭根据它在法庭审理的全过程中建立起来的内心确信而决定。因此，所有的未考虑证据调查并和证据调查相反的指令都是不允许的。在审判程序前对特定的裁判结果预设立场，并发布相关的指令，也是不合法的。对于如何评价结果或请求何种刑罚，必须通过在审理程序中获得的直接认识由检察官自己决定。德国学者博伊尔克（Beulke）认为，上级虽然可以发出指令，但在出现冲突情况时，出庭公诉的检察官可以不执行指令。①

在实践中，德国检察官在法庭上根据自己的信念自由地发表公诉意见，基本不受上级指令的拘束。典型的案例，如1996年1月18日，德国吕北克发生一起难民楼纵火案，烧死10名外国难民，包括6名儿童，在德国引起了空前的骚动愤怒和政治风暴。此案经过数十次的审判，控辩双方唇枪舌剑，被告之外，住户、警察、消防员、目击者等共100多人出庭作证。最后，检察官坦承，依审理程序中论辩所得之心证，虽无法排除被告涉嫌，但亦无法确信被告纵火，因而与辩护人一致请求无罪判决。② 如果检察官在法庭上没有言论自由权，必须执行检察长的指令，他就不可能发表与起诉书不一致的意见，更不可能请求法院判决被告人

---

① 魏武：《法德检察制度》，中国检察出版社2008年版，第174—175页。
② 林钰雄：《检察官论》，法律出版社2008年版，第26页。

无罪。此案也不可能成为经典案例，而为人们津津乐道。

为平息理论界的争议，德国法曹协会曾提出法院组织法修正案，建议对检察官法庭上的言论自由权作出明文规定（该修正案第 148 条）。①

（三）其他国家

《意大利刑事诉讼法》第 53 条规定："庭审中，检察官完全自主地行使其职权。"在比利时，司法部长可以要求检察机关汇报其采取的措施，以及在个案中发布启动诉讼程序的命令。然而，"司法部长没有权力控制检察官在法庭上的发言——书面约束，言论自由——也没有权力禁止起诉。"② 希腊检察官在法庭上亦遵循"书面限制，言论自由"原则。一般地说，检察官必须遵循上级检察官关于采取程序行为的命令。但是，当他们在顺从上级命令起诉或者抗诉而参加法庭审理和辩论时，他们可以自由表达自己的观点，甚至可以要求法庭判处被告人无罪或者反对抗诉。③ 在卢森堡，司法部长可以对检察机关的书面内容加以限制，但是不能限制检察官在庭审时自由表述意见。"虽然有层级式上命下从原则，但是在检察机关成员之间却存在以保障司法正义为目的的言词权利，这可以保证检察官在法庭上的独立性。"④

检察官法庭上的言论自由权亦得到国际性文件的认可。欧盟理事会部长级会议《关于检察官在刑事司法制度中的作用》（〔2000〕第 19 号建议）第 13 条（f）款规定："检察官有权在法庭上自由陈述自己选择的法律观点，即使检察官有义务向法庭书面提交所收到的指令。"

---

① 林钰雄：《检察官论》，法律出版社 2008 年版，第 203—204 页。
② ［荷］皮特·J. P. 泰克编著：《欧盟成员国检察机关的任务和权力》，吕清、马鹏飞译，中国检察出版社 2007 年版，第 33 页。
③ ［荷］皮特·J. P. 泰克编著：《欧盟成员国检察机关的任务和权力》，吕清、马鹏飞译，中国检察出版社 2007 年版，第 131 页。
④ ［荷］皮特·J. P. 泰克编著：《欧盟成员国检察机关的任务和权力》，吕清、马鹏飞译，中国检察出版社 2007 年版，第 188 页。

总体说来，在域外部分国家，不论将检察官视为行政官抑或司法官，检察官在法庭上均享有言论自由权，有权独立地发表出庭公诉意见，甚至与上级指令相违背的出庭公诉意见。上级检察官或者司法部长发布指令的权力则受到"书面约束，言论自由"原则的限制。也就是说，检察官在审前阶段受制于上级下达的指令的约束，但是在法庭上进行口头陈述和辩论时，则不受此限。赋予检察官法庭上的言论自由权，在一定程度上有利于降低指令的负面效果，实现检察官独立性与检察一体制之间的平衡，更好发挥检察官在指控、证明犯罪中的主导责任。

二、检察官法庭上"言论自由权"的法理缘由

为什么要赋予检察官法庭上的言论自由权？在笔者看来，主要有以下几个因素：

第一，恪守检察官客观义务的需要。检察官客观义务，"源于现代司法制度和检察制度的基本制度安排，是现代国家为实现法律秩序和司法公正所做努力的一个重要方面"[①]。目前，无论是大陆法系国家还是英美法系国家，都在立法上对检察官客观义务有所规定。检察官客观义务体现在刑事诉讼的各个阶段，既包括在审前程序客观取证的义务，也包括在审判程序追求公正判决的义务。在审判程序，检察官不应单纯谋求证明被告人有罪，而应致力于维护司法公正。若上级指令与检察官客观义务发生冲突，检察官应当恪守客观义务，根据自己的信念发表出庭公诉意见，而不应拘泥于上级指令。否则，检察官客观义务就会流于空洞的口号，其结果必然损害司法公正和法制原则。

第二，践行司法亲历性的需要。亲历性是司法的一个突出特点。所谓亲历性，指司法人员必须亲身经历程序，直接接触和审查证据，直接听取和感受各方诉讼参与人发表的意见、主张，并在此基础上作出适宜

---

① 龙宗智：《检察官客观义务论》，法律出版社2014年版，第117页。

的处理决定。"司法亲历是审案与判案的统一。如果审、判分离，只审不判或只判不审，就不是真正的亲历。"① 对于检察机关来说，司法亲历性要求尽可能实行办案与定案相统一，减少办者不定或定者不办。随着诉讼进程的推进，检察官对案件的认识不断深化，"有时会因情况紧急或诉讼程序不便于中断等原因，来不及或不便于报请检察长决定，而需要一线检察官临场自行决策；有时会因事实、证据发生变化而需要立即对检察长原先作出的决策加以修正"②。由于检察长并未亲自参与诉讼程序，对案件事实及证据的变化情况缺乏全面、透彻的了解。如果仍然由检察长作出决定，难免出现偏差甚至错误。赋予检察官法庭上的言论自由权，有利于解决办案权与定案权分离的问题，便于检察官根据庭审中变化的情况自行决定处理方式，从而提高出庭公诉的质量和效率。

第三，落实以审判为中心的需要。对于第一审程序而言，以审判为中心意味着以庭审为中心，审判结论只能通过法庭审判形成。"法庭审理过程中，由于贯彻直接言词原则，实行传闻证据排除规则，判决的根据只能是在公开的法庭上经过控辩双方质证和辩论的证据。"③ 而检察官所主张的信念，也只能通过举证、质证和辩论形成。法庭审判是控辩双方交锋最激烈的场域。通过控辩举证、质证与辩论，以及法官直接实施的法庭调查，检察官指控的事实或者证据发生变化，起诉书的认定出现错误或瑕疵，都是正常的现象。在这种情况下，如果要求检察官仍然按照上级的指令发表公诉意见，意味着在审前程序就已对裁判结果预设了立场（起诉即胜诉），违背了以审判为中心的要求，也会导致检察官将错就错、孤注一掷，从而影响法庭正确的判断。赋予检察官法庭上的言论自由权，允许检察官在法庭上发表与起诉书不一致的意见，使合议

---

① 朱孝清：《与司法亲历性有关的两个问题》，载《人民检察》2015年第19期。
② 朱孝清：《检察官相对独立论》，载《法学研究》2015年第1期。
③ 李昌林：《以审判为中心——21世纪我国刑事诉讼之走向》，载《西南政法大学学报》2001年第5期。

庭能够"兼听则明",有利于合议庭做出正确判断和裁决,真正实现以审判为中心的要求。

兵法云:"将在外,军令有所不受。"战场形势瞬息万变,为避免贻误战机,必须对出征在外的将士充分授权,在应对突发事件时能够随机应变。检察官办案亦是如此。随着庭审实质化的推进,控辩双方对抗性增强,庭审中不确定性因素增多,检察官指控的风险很高,胜败往往难以预料。被指控的事实或者证据一旦发生变化,检察官应当有足够的、灵活的处置权力,不必拘泥于上级检察官的指令,甚至可以发表与上级书面指令相违背的口头公诉意见。如果事事需要向上司请示汇报,仰承上司鼻息,既会造成诉讼拖延,延缓诉讼效率,损害法庭审理的连续性,也不利于贯彻客观公正义务和责任制原则。

三、检察官法庭上"言论自由权"的制度建构

长期以来,我国检察机关实行"三级审批制",检察官没有办案主体地位,必须执行检察长或者检察委员会的决定。在公诉活动中,"奉派出庭的检察官,只是检察院和检察长意志的代理人,不能也不敢表达个人的法律判断和诉讼意愿"[1]。最高人民检察院《关于完善人民检察院司法责任制的若干意见》规定了检察官"出席法庭"的职责,但并未明确检察官在庭审中的"言论自由权"。

实践中,有的地方检察机关建立所谓的"远程庭审指挥系统",检察长不用出庭,即可通过此系统向出庭公诉人传递信息、下达指令,实现对出庭公诉人讯问、质证、辩论的同步指导和监督。[2] 这种方式虽然有利于加强对检察官出庭公诉的指导与监督,但也存在一些弊端。一是进一步强化了检察长的指挥监督权。通过远程庭审指挥系统,检察长可

---

[1] 龙宗智:《检察官客观义务论》,法律出版社2014年版,第249页。
[2] 华萱:《远程庭审指挥系统为公诉人支招》,载《浙江法制报》2017年11月8日。

以遥控指挥出庭公诉的检察官，使其按照自己的意志发表公诉意见；甚至喧宾夺主，在事实上代替检察官进行指控。二是进一步弱化检察官在办理案件中的个体地位与作用。"远程庭审指挥系统"无疑会对出庭检察官的心理产生一定的影响。由于在法庭的一举一动都受到检察长的严密"监视"，检察官"战战兢兢、如履薄冰"，难以有效发挥应变能力及主观能动性。同时，在检察长的"遥控指挥"下，检察官基本上没有自己的意志，成为提线木偶。在法庭上说什么、怎么说，都成为例行公事。笔者认为，"远程指挥系统"违背了司法责任制改革精神，不利于确立检察官办案主体地位，不利于提升检察官的主动性、能动性和责任感，应当慎用。

为确立检察官办案主体地位，实现检察一体制与检察官独立性的平衡，有必要借鉴大陆法系其他国家的做法，赋予检察官在法庭上的"言论自由权"。

（一）完善检察官法庭上言论自由权的立法

修正后的《人民检察院组织法》《检察官法》均未对检察官法庭上的言论自由权作出明文规定。将来修改时可以考虑增加一条，规定："检察官应当执行检察长和检察委员会的决定，但在法庭上，检察官可以根据自己的良知和形成的信念，自由地发表口头意见。"亦可由最高人民检察院在修改《关于完善人民检察院司法责任制的若干意见》等规定时，作出类似的规定。

（二）检察官法庭上言论自由权的适用方式

龙宗智教授认为，检察官在法庭上的言论自由，包括两类：一是积极的言论自由。检察官有权发表不同于起诉书的意见，供法庭评议时参考。二是消极的言论自由。如果检察官根本不同意检察长作出的公诉决定，在请求检察长职务收回或移转无效的情况下，可以采取某种消极的方式出庭支持公诉。"除了宣读起诉书并在法庭调查中出示支持起诉书的证据，以及在辩论时重申起诉书的内容，不发表公诉人本人支持公诉的意见。如果是公诉人认为起诉书部分错误，则对错误部分保持沉默或相对的沉默。"① 笔者认为，所谓"消极的言论自由"并不可取。检察官根据自己的良知和理性，若认为检察长做出的公诉决定明显没有犯罪事实基础，或者犯罪证据明显不充分，应当拒绝起诉。在法庭上，检察官可以发表与起诉书不一致的意见，但不应沉默寡言、消极应付。检察官对认为不应起诉的案件消极公诉，既违反了检察官的良知、理性（违心地宣读起诉书和发表公诉意见），也违反了检察官的公诉职责（指控犯罪和法庭教育等职责），给外界敷衍塞责、不负责任的印象，不利于树立检察官的良好形象。

当然，检察官无论在法庭上发表支持起诉的意见，还是发表与起诉书不一致的意见，都只供法庭评议时参考。法庭应当根据法庭调查、辩论所形成的"内心确信"，自主地形成判决，并不受检察官意见的左右。

（三）检察官法庭上言论自由权的必要限制

检察官虽然在法庭上有言论自由，但并不意味着"想说什么就说什么"，而是存在必要的限制。一是检察官在法庭上的自由言论，应当在控辩双方举证、质证、辩论结束，并已经形成了被告人有罪或无罪、罪重或罪轻的信念后发表。在控辩双方尚未进行举证、质证、辩论的情况下，检察官应忠实履行指控职责，不应提出与起诉书不一致的意见。否则，检察官就成了"辩护人"，提起公诉的功能就会异化。二是检察官在法庭上无论发表支持起诉书的意见，还是发表与起诉书不一致的意见，都不得违背事实和法律，更不能信口开河。检察官应当对法庭上的言论负责。

---

① 龙宗智：《检察官客观义务论》，法律出版社2014年版，第246页。

第七章 检察官在认罪认罚从宽制度中的主导责任

检察官主导责任贯穿于认罪认罚从宽制度的始终，不仅体现在程序方面，也体现在实体方面。确立检察官主导责任，"有助于打破诉讼阶段论的藩篱，通过行使不起诉权，选择适用简化审程序，使得侦查、审查起诉与审判的程序衔接变得更为流畅，使得无关紧要的诉讼审查变得极为简化"[①]。据最高人民检察院工作报告显示，2020年，认罪认罚从宽制度适用率超过85%，量刑建议采纳率接近95%，一审服判率超过95%，高出其他案件21.7个百分点，确实发挥了主导作用。检察机关要更好地履行主导责任，发挥主导作用，深入推进认罪认罚从宽制度的适用，以促进矛盾化解、社会和谐。

第一节 认罪认罚从宽制度的基础理论

一、认罪认罚从宽制度的基本属性

认罪认罚从宽制度是一个什么性质的制度？目前理论界还存在不同的认识和观点。有的论者认为：依法治国语境下的"认罪认罚从宽"，

---

① 刘华：《认罪认罚从宽制度下的检察官主导作用》，载《法治现代化研究》2020年第1期。

应被理解为一种对于既有刑事实体法、程序法相关制度的解释论重述。①根据这种观点,认罪认罚从宽制度并不是一项新制度,而仅是对刑法、刑事诉讼法相关规定的强调和重申。我们认为,这种观点是值得商榷的。认罪认罚从宽"已然有别于单纯的刑事政策或者诉讼程序,而成为独立于其他体现认罪从宽制度(如坦白、自首、刑事和解、刑事简易程序等制度)的一项全新的制度,既是刑事司法的一项原则,又是一项重要刑事制度;既是实体制度,又是程序制度,是集实体规范与程序规则于一体的综合性法律制度"②。

(一)认罪认罚从宽制度是独立于其他体现认罪从宽制度的一项全新制度

认罪认罚从宽制度与自首、坦白制度具有一定的重合性,但并非自首、坦白制度的翻版,而是区别于自首、坦白制度的一项新制度。主要体现在:(1)自首和坦白只适用于侦查阶段。自首只能是犯罪嫌疑人在侦查机关未抓获其之前主动投案;坦白是犯罪嫌疑人被公安机关抓获到案后及时如实供述,原则上应当是到案后立即供述。而认罪认罚可贯穿于整个诉讼阶段,既可以在侦查阶段,也可以在审查起诉阶段或审判阶段适用。③ (2)自首、坦白并不具有程序法意义。犯罪嫌疑人、被告人自首、坦白会影响到对其实体上的处理,但并不影响诉讼程序的运转。"自首、坦白等情节均不足以导致案件审理程序适用上的不同,法院审理案件还是得遵循既定烦琐的程序,耗费大量的审判资源。"④ 而认罪认罚从宽制度则具有程序法意义。在犯罪嫌疑人、被告人认罪认罚的情

---

① 李立丰:《"认罪认罚从宽"之应然向度:制度创新还是制度重述》,载《探索与争鸣》2016年第12期。
② 陈国庆:《适用认罪认罚从宽制度的若干问题》,载《人民检察》2019年第23期。
③ 李勇:《认罪认罚与自首、坦白之界分》,载《检察日报》2020年2月25日。
④ 饶舒:《被告人认罪认罚从宽处理制度研究》,载孙长永主编《刑事司法论丛》,第3卷,中国检察出版社2015年版,第192页。

况下，司法机关可依法适用速裁程序、简易程序进行审理。根据"两高三部"《关于适用认罪认罚从宽制度的指导意见》（以下简称《指导意见》）第47条规定，在适用普通程序的情况下，"公诉人、辩护人、审判人员对被告人的讯问、发问可以简化。对控辩双方无异议的证据，可以仅就证据名称及证明内容进行说明；对控辩双方有异议，或者法庭认为有必要调查核实的证据，应当出示并进行质证。法庭辩论主要围绕有争议的问题进行，裁判文书可以适当简化"。因此，认罪认罚从宽制度是有别于自首、坦白的一项独立制度。

认罪认罚从宽制度与刑事和解制度、刑事简易程序制度都以犯罪嫌疑人、被告人认罪为适用的前提。① 对符合当事人和解程序适用条件的公诉案件，犯罪嫌疑人、被告人既可以向司法机关认罪认罚，也可以在真诚悔罪的前提下，与被害人达成和解。由此，犯罪嫌疑人、被告人将签订两个协议书：一是向司法机关签署的认罪认罚具结书，二是与被害人签订的和解协议书。这是当事人和解的公诉案件较之其他普通案件适用认罪认罚从宽制度的一个显著区别。对于被告人认罪认罚案件，符合简易审判程序时，可依法适用简易程序。但同时，认罪认罚从宽制度并不同于刑事和解制度、简易程序审判制度。具体体现在：(1) 刑事和解程序在性质上属于刑事诉讼法规定的特别程序，其适用范围有严格的限制。而认罪认罚从宽制度并没有适用范围的限制，无论是轻罪案件还是重罪案件，都可以依法适用。(2) 适用简易程序审判的案件主要是基层人民法院管辖的第一审案件。中级以上人民法院管辖的第一审案件，以及第二审案件、再审案件都不得适用简易程序。而认罪认罚从宽制度并没有管辖范围、审理层级的限制。无论是基层人民法院管辖的案件，还

---

① 《刑事诉讼法》第286条规定适用刑事和解的条件是"犯罪嫌疑人、被告人真诚悔罪"，并未明确规定认罪。但一般认为，认罪是真诚悔罪的必要条件。"拒不承认所犯罪行，不能认为是真诚悔罪。"参见童建明、万春主编：《〈人民检察院刑事诉讼规则〉理解与适用》，中国检察出版社2020年版，第327页。

是中级以上人民法院管辖的案件,无论是第一审案件,还是第二审、再审案件,均可适用认罪认罚从宽制度。可见,认罪认罚从宽制度是独立于刑事和解制度、简易程序制度的一项新制度。

(二)认罪认罚从宽制度是集实体规范与程序规则于一体的综合性法律制度

认罪认罚从宽制度并不是一项单一的法律制度,而是由一系列具体法律制度、诉讼程序组成的集合性的法律制度。① 就实体规范而言,尽管认罪认罚从宽制度是独立于自首、坦白制度的新制度,但不可否认刑法中关于自首、坦白等规定亦构成认罪认罚从宽制度的重要内容。除此之外,《刑法》第 383 条第 3 款规定:"犯第一款罪,在提起公诉前如实供述自己罪行、真诚悔罪、积极退赃,避免、减少损害结果的发生,有第一项规定情形的,可以从轻、减轻或者免除处罚;有第二项、第三项规定情形的,可以从轻处罚。"第 390 条第 2 款规定:"行贿人在被追诉前主动交待行贿行为的,可以从轻或者减轻处罚。其中,犯罪较轻的,对侦破重大案件起关键作用的,或者有重大立功表现的,可以减轻或者免除处罚。"第 392 条第 2 款规定:"介绍贿赂人在被追诉前主动交待介绍贿赂行为的,可以减轻处罚或者免除处罚。"这些规定,也体现了认罪认罚从宽的立法精神。就程序规范而言,司法机关对于认罪认罚的犯罪嫌疑人、被告人往往会给予程序优待,或者采用较为便宜的诉讼模式。对于犯罪轻微的案件,检察机关可依法作出相对不起诉的决定;犯罪嫌疑人有重大立功或者案件涉及国家重大利益的,经最高人民检察院核准,公安机关可以撤销案件,人民检察院可以作出不起诉决定,也可以对涉嫌数罪中的一项或者多项不起诉;即使提起公诉,检察机关亦可提出从轻处理的量刑建议。此外,刑事诉讼法规定的刑事和解程序、简

---

① 顾永忠:《关于"认罪认罚从宽制度"的几个理论问题》,载《当代法学》2016 年第 6 期。

易程序、速裁程序等，都是认罪认罚从宽制度在程序法上的体现。

总之，认罪认罚从宽制度实际上已经突破实体法范围而进入程序法领域，是一个集实体与程序于一体的综合性法律制度。这是认罪认罚从宽制度区别于坦白、自首、刑事和解、刑事简易程序等其他体现认罪从宽制度的一个显著特征。

（三）认罪认罚从宽制度是带有协商、合意性质的诉讼制度

修改后的刑事诉讼法在规定认罪认罚从宽制度时，并未出现"协商"二字。据此，有论者认为，认罪认罚从宽制度不属于协商模式，而是一种单方面的"听取意见"模式，是司法机关以听取意见为基础的职权决定模式。"就认罪认罚案件诉讼程序而言，虽然协商模式和听取意见模式均具备官方轻处的后果，且该轻处后果均以被追诉人认罪认罚为条件，但是，协商模式允许司法者与被追诉人就认罪认罚行为的利益进行谈判、协商，而认罪认罚从宽制度中的听取意见则是由官方单方面地给出固定的认罪认罚利益。也就是说，专门机关仅听取被追诉人'要么接受要么放弃'的意见，这实际上是由犯罪嫌疑人、被告人通过认罪认罚来争取从宽。"① 我们认为，这种观点是值得商榷的。

协商、合意是认罪认罚从宽制度的本质内核。认罪认罚从宽制度之所以是我国诉讼理念、诉讼制度的重大改革，就在于它吸收了域外国家辩诉交易、认罪协商制度中的合意因素。"从实质上看，这一改革的最大突破，是对协商特别是认罪协商机制下量刑协商的引入，确立了一种建立在平等沟通协商基础上的公力合作模式。"②《指导意见》15 条、第 27 条、第 29 条、第 31 条、第 33 条还规定了控辩双方就认罪认罚的自愿性、合法性、证据开示、签署具结书、量刑建议等必须进行"沟通"

---

① 闫召华：《听取意见式司法的理性建构——以认罪认罚从宽制度为中心》，载《法制与社会发展》2019 年第 4 期。

② 陈国庆：《适用认罪认罚从宽制度的若干问题》，载《人民检察》2019 年第 23 期。

"协商",特别多次强调公、检、法机关要听取辩方的意见,最终"尽量协商一致"。① 可见,我国认罪认罚从宽制度并非单纯的"听取意见"模式,而是具有中国特色的认罪协商制度。

二、认罪认罚从宽制度的理论依据*

认罪认罚从宽制度,虽然是一个全新的制度,但并非凭空想象的,而是在已有的自首、坦白、附条件不起诉制度、刑事和解制度、刑事简易审判制度等认罪制度的基础上,逐渐发展起来的。既然刑法、刑事诉讼法已经规定了上述认罪制度,为什么还要单独建立认罪认罚从宽制度呢?这是一个需要深入研究的问题。

(一)减轻司法负荷,提升诉讼效率的现实需要

在现代刑事诉讼中,公正与效率是人们追求的两个基本价值目标。伴随着风险社会的到来,多数国家刑事犯罪呈现出上升趋势。为了应对日益增加的案件负担,各国刑事司法在确保公正的前提下逐步引入了替代程序,通过案件的繁简分流,实现程序的适当简化,以有限的司法资源处理尽可能多的刑事案件。美国学者雅各比、拉特利奇认为:"普天之下,一切大小罪行均绳之以法只是理想主义。警察、检察官、辩护律师、法官、缓刑官、社会服务机构乃至监狱容量,在刑事司法实务巨大需求前永远缺口难填。办案人员必须不断做选择题,筛选出优先办理案件。"② 英美等国的辩诉交易程序、法国的庭前认罪答辩程序、德国的认罪协商程序等,都可归入替代程序。这在一定程度上代表了晚近两大

---

① 樊崇义:《我国当代刑事诉讼模式的转型图景》,载《检察日报》2019年12月25日。

* 本部分内容由段明学、陈思撰写。

② [美]琼·E.雅各比、爱德华·C.拉特利奇:《检察官的权力——刑事司法系统的守门人》,张英姿等译,法律出版社2020年版,第19页。

法系主要国家刑事司法制度的发展方向。

随着经济社会的快速发展，以及犯罪圈的不断扩大，我国刑事案件总量相比三十多年前已翻了数倍，且持续高位运行，逐年上升。2018年全国检察机关受理移送审查起诉案件已突破138.7万余件203万余人。与此同时，案件结构发生重大变化。一方面，严重暴力犯罪呈现明显下降趋势，占全部刑事案件的比例降幅较大。1999年至2019年，检察机关起诉严重暴力犯罪从16.2万人降至6万人，年均下降4.8%，其中，起诉的故意杀人犯罪从1.9万人下降到9700余人，抢劫犯罪从10.6万人下降到2万人。被判处三年有期徒刑以上刑罚的占比从45.4%降至21.3%。另一方面，轻微刑事犯罪大幅攀升，新型危害经济社会管理秩序犯罪大幅增加。盗窃、诈骗等侵财犯罪，寻衅滋事、危险驾驶等较轻犯罪数量急剧攀升，特别是2011年醉驾入刑以来，醉驾案件数量大幅上升，2019年已占到全部刑事案件的17.8%，取代盗窃成为刑事追诉第一犯罪。新类型犯罪不断增多，二十年来检察机关起诉扰乱市场秩序犯罪增长19.4倍，生产、销售伪劣商品犯罪增长34.6倍，侵犯知识产权犯罪增长56.6倍，起诉的利用电信、网络实施的犯罪从2017年到2019年年均递增31.5%。可以看出，随着经济社会发展，刑事犯罪类型和结构发生了重大变化。案件数量特别是轻微犯罪案件数量持续上升，司法资源短缺与诉讼需求增加之间的矛盾愈加凸显。

同时，随着我国刑事诉讼制度的发展完善，诉讼程序设计愈加精细，庭前会议、非法证据排除、以审判为中心等刑事诉讼制度的增设和提出，都是在朝着诉讼程序正当化、精细化的方向发展，为刑事司法提出了更高要求和更严标准。而在司法责任制、员额制改革全面推开后，进入一线办案的法官、检察官数量骤减，法院案多人少的矛盾尤为突出。司法干警长期处于高负荷的案件办理状态，案件量的高位运行易出现办案质效无法保障、纠纷无法实质性化解的问题，也会影响办案人员对重大疑难复杂案件投入的精力。伴随案件原始数量增加的还有大量衍生案件量的增加，退回补充侦查案件、二审案件、申诉案件占比居高不下，高"案－件比"带来的不仅是案件数量的大幅增加，更是对人民群众司法获得感的负面降低。鉴于此，建立多元化的案件处理机制十分必要，这有利于实现繁简分流，提高诉讼效率。

自首、坦白、相对不起诉制度、刑事简易审判制度等认罪制度都具有提高诉讼效率的功效。比如，犯罪嫌疑人自首、坦白，有利于侦查机关及时破案，有利于减轻检察机关的证明责任，从而节省司法资源，提升诉讼效率。但是，由于自首、坦白对刑事诉讼程序的运转并没有实质性影响，而相对不起诉制度、刑事简易审判制度主要适用于轻微刑事案件，故它们所具有的提高诉讼效率的功效是有限的。

比较而言，认罪认罚从宽制度并没有适用范围的限制，既适用于轻罪，也适用于重罪；对于犯罪嫌疑人认罪认罚的，检察机关可以视案件情况作出相对不起诉处理，也可以提出适用简易程序、速裁程序的建议。即使适用普通程序审理，也可以简化法庭调查、法庭辩论等环节。可见，认罪认罚从宽制度具有其他认罪制度不具备的综合优势，更能够提高诉讼效率。

但在制度设计上，认罪认罚从宽制度对于检察机关而言，不仅没有降低司法成本，反而额外增加了工作负担。由于检察官在认罪认罚从宽制度中承担主导责任，大部分工作都在检察环节完成。比如，对于不认罪的犯罪嫌疑人，检察官要做教育转化工作，促使犯罪嫌疑人认罪认罚；犯罪嫌疑人认罪认罚的，检察机关应当听取犯罪嫌疑人、辩护人或者值班律师的意见，与其进行量刑协商；检察机关要提出确定刑量刑建议；拟提出适用缓刑或者判处管制的量刑建议时，还要开展调查评估；有被害人时，检察机关要听取被害人及其诉讼代理人的意见，做好被害人的工作；等等。同时，由于证明标准并未降低，检察机关证明责任并未降低，仍然要达到"证据确实、充分"的程度。被追诉人有反悔权，且是任意的、无条件的，这虽然保障了其诉讼权利，但效率可能会受到影响。

可见，认罪认罚从宽制度着眼于简化庭审程序，提高审判效率。对认罪认罚案件进行程序分流，构建普通程序、简易程序、速裁程序有序衔接的多层次诉讼制度体系，简单案件快办，疑难案件精办，实现诉讼程序与案件难易、刑罚轻重相适应，符合我国实践需要，也符合国际经验和刑事司法领域"轻轻重重"的总体趋势。从2003年3月"两高一部"推行的普通程序简化审到2007年2月最高检推行轻微刑事案件快速办理，再到2012年刑事诉讼法对简易程序作出修改，至2014年开展刑事案件速裁程序试点工作，均是针对提高审判效率进行的重要改革举措。从实践情况来看，以重庆市为例，速裁程序试点时，速裁案件平均办案期限是一般均能在规定的8天内办结，最短期限是2—3天，诉讼效率提升明显，犯罪嫌疑人、被告人从宽处罚及权利保障也得以充分实现。程序分流成为优化司法资源配置、提升诉讼效率、破解案多人少矛盾的有效途径。速裁程序试点为认罪认罚从宽制度的贯彻提供了一次试验机会，认罪认罚从宽制度又是对速裁程序试点经验成果的放大和强化。以犯罪嫌疑人、被告人是否认罪认罚为标准对诉讼程序进行划分，因为犯罪嫌疑人、被告人认罪认罚，案件事实、证据不再存有争议，可以不适用普通程序，这对于大幅提高诉讼效率、避免司法资源浪费无疑有着积极意义，有助于刑事诉讼更好地实现程序分流，有助于更好地满足群众对司法公正和效率的实际需求。

（二）宽严相济刑事政策制度化、法治化的内在需求

刑罚不是一种本能或原始的同态报复，而是以改造罪犯保全社会为出发点，显示出更深层次的社会理性。不但要根据犯罪人的具体情况进行教育改造，使其尽快复归社会，而且要根据犯罪者的社会危险性所侵害的社会利益程度，适用相应的刑罚，以达到保卫社会的目的。我国刑事诉讼确立的宽严相济刑事政策即要求根据犯罪的具体情况，实行区别

对待，做到该宽则宽、当严则严、宽严相济、罚当其罪，实现有力打击、威慑犯罪和减少社会对抗，化消极因素为积极因素的统一。

一直以来，宽严相济刑事政策主要体现为坦白从宽。1984年4月，最高人民法院、最高人民检察院、公安部出台的《关于当前处理自首和有关问题具体应用法律问题的解答》明确规定："对于罪犯确能坦白其罪行的，依照《刑法》第57条的规定，视坦白程度，可以酌情从宽处理。"2011年《刑法修正案（八）》第67条第3款规定："犯罪嫌疑人虽不具有前两款规定的自首情节，但是如实供述自己罪行的，可以从轻处罚；因其如实供述自己罪行，避免特别严重后果发生的，可以减轻处罚。"正式将坦白从宽的刑事政策法律化，将坦白酌定从宽情节上升为法定从宽情节。

但在司法实践中，由于受"严打"思维影响，坦白从宽刑事政策往往停留在口号式宣言层面，并没有得到很好的贯彻落实。不少犯罪嫌疑人认为自己在坦白供述后没有得到从宽处理，有的甚至认为自己坦白供述后受到了更严重的处理，以至于在社会上广泛流传着"坦白从宽，牢底坐穿，抗拒从严，回家过年"的说法。在犯罪嫌疑人眼里，"坦白从宽"变成了一种欺骗和诱供，他们难以对"坦白从宽"的司法政策产生信任感，这不利于提升司法的权威和公信力。据调查显示，在受访的445名犯罪嫌疑人中，不相信"坦白从宽"的有146名，占32.8%。犯罪嫌疑人不相信坦白从宽的理由，主要有七个方面：（1）认为说的多增加新的罪行反而判的重；（2）有直接或间接的经验了解到相关案例；（3）不信任办案人员；（4）认为"坦白从宽"是讯问人员诱供和恐吓的手段；（5）认为坦白与否不是影响定罪量刑的关键情节；（6）认为从宽与否是法律以外的因素起作用；（7）认为"坦白从宽"的政策很难执行。①

---

① 刘启刚：《犯罪嫌疑人对"坦白从宽"认知态度的实证性研究》，载《中国刑事法杂志》2014年第4期。

犯罪嫌疑人不信任坦白从宽的理由多种多样，但核心在于：犯罪嫌疑人坦白后，是否认定为坦白，是否从宽，如何从宽都由司法机关单方面认定或决定，犯罪嫌疑人并不参与，因此对坦白的后果缺乏预期。基于趋利避害的心理，宁愿抗拒到底，也不愿做出坦白。认罪认罚从宽制度为全面落实宽严相济刑事政策提供了制度路径，是自首、坦白等实体制度程序化的表现，有助于促进刑事政策的落实。在认罪认罚从宽制度下，犯罪嫌疑人在决定是否认罪认罚时，可以与辩护律师或者值班律师进行充分沟通，充分了解认罪认罚的性质和法律后果；可以就案件的适用程序、量刑建议与检察机关进行协商。因此，认罪认罚从宽制度使坦白从宽有了制度保障，增强了犯罪嫌疑人对认罪后量刑的预期。"认罪认罚从宽处理程序，可以说是为了落实这种'从宽处理'的法律允诺，使'坦白从宽'的刑事政策换了一种说法并得到制度化。"① 对于那些能够通过相对宽缓的手段进行惩戒的行为，统一从宽评价标准，使认罪认罚的犯罪嫌疑人、被告人切实获得迅速审判和实体从宽的收益，在大幅度提升诉讼效率的同时，避免被追诉人长时间被审前羁押，防止由羁押时间决定量刑结果，遏制押判倒挂现象，同时更有助于尽可能减少社会对立面、修复社会关系、增加社会和谐稳定。

（三）刑事诉讼现代化进路的发展必然

我国刑事诉讼法从1979年产生、1980年实施到2018年进行第三次修改，至今实施已历经四十年，其进步与发展举世瞩目。四十年来，我国刑诉法从"有法可依"到确立"疑罪从无"再到写入"尊重和保障人权"，正沿着"科学、民主、文明"的规律行稳致远，逐步形成具有中国特色的诉讼制度。这个过程既是中国刑事诉讼现代化进路的发展必然，也是中华民族不断迈向人类社会现代化的历史必然，这种必然性势

---

① 张建伟：《认罪认罚从宽：中国式辩诉交易？》，载陈光中主编：《公正审判与认罪协商》，法律出版社2018年版，第220页。

不可挡。在中国刑事诉讼现代化进路历程中，刑事诉讼理念、刑事诉讼模式的转型已势在必行。

第一，刑事诉讼理念转型的必然。从历史的角度来看，任何事物的发展都无法超越其必经的历史阶段，而在每一个阶段的提升和跨越过程中，都必然要面对理念的更新。刑事司法在实践中常常是犯罪发生以后才启动，对于社会中的犯罪隐患，无法提前启动预防性程序，所以注定它只能是事后惩罚，但刑事司法如果只是惩罚和报应，缺乏教育和转化，不仅难以发挥犯罪预防功能，也会导致缺少关怀与温度。从本质上讲，刑罚目的不仅是为惩罚犯罪，其根本目的在于化解既已冲突的矛盾，修复被犯罪行为破坏了的社会秩序，最终价值取向是建立一种和谐的社会关系。与此相适应，刑罚的观念体现出越来越强调教育观念、改造观念，注重被告人的回归，越来越倾向于以教育、挽救、修复为主。在这个背景下，恢复性司法理念应运而生。它强调，刑事司法的价值追求主要不是惩罚犯罪人，而是要全面恢复犯罪人、被害人和社会关系因犯罪而造成的损失。它要求，被告人主动承担责任，对自己的犯罪行为所造成的危害结果进行赔偿；被害人利益得到救济、补偿，既包括物质财产方面，也包括精神人格方面；通过化解社会矛盾，使涉案当事人及时回归到之前正常的生活，修复被破坏的社会关系，最大限度减少司法对抗和社会对立。恢复性司法理念发端于20世纪70年代的北美，目前已被世界各国广泛采用。我国没有严格贯彻恢复性司法理念的制度，只在刑事诉讼的部分程序和环节有相似的、间接的体现，如刑事自诉案件的允许和解、撤诉，公诉案件的酌定不起诉、免予刑事处罚、单处罚金和判处缓刑等。近年来，随着司法改革的推进，恢复性司法在西方得到发展的同时，在我国也基本具备了实践基础。如部分地区将恢复性司法理念引入环境刑事司法领域，全面贯彻生态环境修复理念，引导犯罪行为人修复受损害的生态环境，并将修复生态环境的情形作为对行为人从宽处理的依据，实现惩罚、教育和生态环境修复的统一。

第二，刑事诉讼模式转型的必然。我国的刑事诉讼模式属于传统的"职权主义"模式，四十年来，我国的诉讼立法和实践顺应时代发展的要求，与时俱进，尤其是1996年、2012年刑事诉讼法的修改，在诉讼程序中大量地吸收了当事人主义诉讼程序，当事人、诉讼参与人的参与权、知情权依法得到了保障，辩护律师的主体地位、权利和参与的程序在不断扩大。我国刑事诉讼模式已经从职权主义走向职权主义和当事人主义相融合的诉讼模式。在刑事案件的处理上，传统的职权主义模式更多表现为国家单方面、强加型的法律实施，缺乏任何形式的讨论、让步或者妥协。当事人主义模式下，允许被追诉人与国家公权力机关开展协商与合作，国外辩诉交易制度、认罪协商程序、刑事和解制度均是这一特点的例证。让当事人充分地、能动地参与刑事诉讼，已成为现代刑事司法的趋势。2014年，我国开展刑事案件速裁程序试点，确立了犯罪嫌疑人、被告人在刑事诉讼中获得值班律师提供法律帮助的诉讼权利，增设了犯罪嫌疑人、被告人同意检察机关量刑建议后签署具结书的程序，体现出协商性司法特征。可以说，我国已基本上具备了从对抗模式向协商合意模式转化的条件，刑事诉讼模式的转型已是客观所需，势在必行。

认罪认罚从宽制度正是在充分听取犯罪嫌疑人、被告人和被害人的意见并保障其权利的基础上，犯罪嫌疑人、被告人认罪认罚，并签署具结书，检察机关提出从宽的量刑建议，由法院予以确认，形成一种控辩审之间良性互动的关系，对控辩审三方诉讼结构产生积极的影响。由于犯罪嫌疑人、被告人已经认罪认罚，激烈的控辩对抗已不复存在，因此协商性司法便具有适用空间。认罪认罚从宽制度突破传统的对抗式司法模式，使控辩双方的关系从对抗转为合作，不仅有助于提高诉讼效率、减少诉讼成本，更重要的是体现了对被追诉人主体地位的尊重。这种制度形式将给被追诉人的诉讼权利以更多关照，是对刑事诉讼控辩审关系的调整，也是刑事诉讼制度日益注重人权保障的体现。

(四）顺应国家追诉与诉讼协商相融合的国际趋势

现代刑事诉讼制度坚持以国家追诉为原则，私人追诉为例外。所谓国家追诉，是指由国家专门机关（主要指检察机关）代表国家对犯罪行为进行追诉。国家追诉产生于这样的理念，即"国家有责任维护社会法律秩序和保护社会成员的利益，对犯罪应当由国家进行追诉"[①]。在国家追诉原则下，个体利益是国家利益和社会公共利益的组成部分，犯罪行为侵害之利益，与国家利益和意志具有本质上的一致性，由国家设立专门公诉机构统一行使追诉权，通过维护国家利益和社会秩序而使得受害者个体利益也得到了保障。但是，随着实践的发展，绝对的国家追诉主义在逻辑层面和经验层面逐渐显现出一些局限性，比如，过于强调犯罪的社会危害性而忽略犯罪的个体侵权性，被害人常处于被遗忘的地位，其诉求常常难以得到保障；又如，国家对诉讼进程的垄断与当事人能动参与的缺乏，使得在司法资源有限的情况下，案件积压、诉讼拖延等现象不断出现，诉讼效率不尽如人意。

基于此，让当事人充分地、能动地参与诉讼，以调和与弥补国家追诉主义的弊端，逐渐从理论走向实践，成为世界刑事司法发展的趋势。其中，最典型的就是诉讼协商即协商性司法的兴起。在被告人自愿认罪的情况下，国家与犯罪嫌疑人或者被告人之间产生了合作，检察机关的追诉出现减缓甚至放弃，法院也可以作出相对轻缓的量刑。英美法系国家的诉讼制度建构以纠纷解决的方式进行，当事人的处分自治地位极其重要，加之司法力量和资源的极其有限，刑事诉讼建立了以被告人认罪作为程序繁简分离的主要依据的辩诉交易制度。大陆法系国家追求实体真实，侦诉审机关均以"政策型"的方式开展工作，特别强调检察官的客观公正义务和法官依职权查明案件事实真相的责任，但刑法的日益复杂化极大地增加了法官和检察官的办案压力，导致效率替代公正，成为

---

① 宋英辉：《刑事诉讼原理导读》，中国检察出版社2008年版，第105页。

刑事诉讼实践的首要目标。上述的两种因素相互结合,促使刑事诉讼实践从传统的探究实体真实模式转向刑事诉讼参与人相互合作的模式,刑事诉讼实践开始越来越类似于行政刑法程序,即通过协商来解决利益冲突。① 近年来,大陆法系国家借鉴英美法系国家的做法,扩大了以认罪为前提的简易、特别程序的适用范围,并且引进了协商程序。总的来说,在保证公正的前提下,着眼于司法效率的最大化,科学设定从宽和从简的评价机制,推动繁简分流、优化司法资源配置,已成为世界刑事司法的发展趋势。

从实践样态来看,域外国家对认罪案件的处理可以分为两大基本类型:一类是被追诉人主动认罪的案件,因为被追诉人对犯罪事实全面、真实的供述,专门机关查明案件事实的难度被减轻,案件处理程序相对简化,一般由检察机关单方面作出事实认定,并依法采取微罪不起诉、附条件不起诉、向法官申请刑事处罚令②、提出量刑从宽的建议或者适用快速审理程序③等方式进行处理。另一类是通过协商解决的认罪案件,包括被告方与被害方、被告人与检察官进行协商两种类型,对于前者检察机关可以适用刑事和解、刑事调解等特别程序处理;对于后者可以适用辩诉交易、量刑协商等程序处理案件。④ 认罪案件中,为保障被告人的诉讼利益,两大法系国家均有要求司法机关为被告人强制性地指定辩

---

① 周维明:《德国刑事协商制度的最新发展与启示》,载《法律适用》2018 年第 13 期。

② 其中,德国、瑞士、法国等国家均适用刑事处罚令程序,这是一种简化的书面程序,通常不需要审判被告人而作出,也不听取被告人意见。适用的案件范围是被告人的罪责已经得到充分证明或者已经承担罪责的轻微犯罪案件。

③ 快速审理程序是一种特殊程序,适用于案情简单及证据充分的轻微犯罪案件,最高刑期为一年。在快速审理程序中,有不同的机制来简化程序。主听审会立即举行,也可在没有起诉书的情况下开示,检察官只需提出口头指控,证据也是以简化的方式收集。

④ 参见熊秋红:《域外检察机关作用差异与自由裁量权相关》,载《检察日报》2019 年 4 月 2 日。

护律师参与刑事诉讼的规定。

当今世界主要国家的刑事公诉制度均在国家追诉与诉讼协商的不断融合中得以发展和完善。我国的认罪认罚从宽制度也体现了国家追诉与诉讼协商相融合的趋势。认罪认罚从宽制度既充分吸收了辩诉交易、认罪协商制度的合理成分，又高度契合我国国情和司法实践需要，是为满足人民群众多元化的司法需求，平衡国家追诉与诉讼民主而建立的具有中国特色的认罪协商制度。从形式上看，认罪认罚从宽制度改革似乎只是带来刑事诉讼程序的进一步简化，从过去的控辩双方通过对抗来推动诉讼进程，转变为通过合作、协商和妥协，来促进刑事诉讼活动的快速进行。从实质上看，这一改革的最大突破，是对协商特别是认罪协商机制下量刑协商的引入，确立了一种建立在平等沟通协商基础上的公力合作模式。该制度下，当事人的主动和有效参与以及控辩审三方的积极良性互动，使得诉讼构造上有重大调整，这正契合了新时代当事人不断增强的参与诉讼、影响诉讼的主体意识，使得程序符合中立性、对等性、合理性、及时性的基本正当程序要求，同时也为发挥刑事司法惩罚警示功能和教育矫治功能，平衡好各方诉求，恢复被损害的社会关系，化解社会矛盾，推动国家治理体系和治理能力现代化提供了有利的契机和可行的路径。①

三、认罪认罚从宽制度中检察官主导责任的确立及深化[*]

认罪认罚从宽制度是一个十分典型的以检察官主导责任为基础的诉讼制度设计。在认罪认罚从宽案件中，检察机关是国家追诉的执行者、刑事政策的调控者、程序分流的主导者、诉讼活动的监督者、案件质量的把关者，这多重角色决定了检察机关应当承担主导责任，发挥重要作用。

---

① 陈国庆：《适用认罪认罚从宽制度的若干问题》，载《人民检察》2019年第23期。
* 本部分由宋飞撰写。

（一）认罪认罚从宽制度主导责任的法律抉择

认罪认罚从宽制度作为一项全新的司法制度，谁来承担制度运行的主导责任更符合制度设置的价值和初衷？从我国《刑事诉讼法》第173条第2款、第174条以及第176条第2款的规定来看，法律选择了检察机关作为认罪认罚从宽制度的主导者。

第一，符合刑事诉讼的架构体系。现代刑事诉讼控、辩、审三角鼎立的诉讼结构模式基本确立了控审分离、控辩平等对抗、法官居中裁判的诉讼体系。首先，检察机关是认罪认罚的最佳主导者。《刑事诉讼法》第15条规定，犯罪嫌疑人、被告人自愿如实供述自己的罪行，承认指控的犯罪事实，愿意接受处罚的，可以依法从宽处理。检察机关作为认罪认罚的主导者，不仅不会破坏控辩审三角关系的平衡，而且有助于促进控辩互动，在双方达成共识之后由法院予以确认。其次，审判机关不宜作为认罪认罚从宽制度的主导者。如果法官过于积极主动引导认罪认罚的话，就会打破控辩审三方的关系，进而影响其不告不理、居中裁判诉讼地位。同时，作为控方检察机关其主要职责是指控犯罪，请求法院对被告人科处刑罚，如果法院作为认罪认罚的主导者，必然会导致公诉权与审判权的掣肘。最后，侦查机关也不适合作为认罪认罚从宽制度的主导者。从控辩审的角度来说，侦查机关属于大控方，侦查是为起诉服务的，这决定了侦查机关不可能成为认罪认罚的主导者。根据我国《刑事诉讼法》第162条第2款，犯罪嫌疑人自愿认罪的，应当记录在案，随案移送，并在起诉意见书中写明有关情况。侦查机关仅是收集、固定证据，而且此时犯罪嫌疑人接受什么样的刑罚尚不具备基础。侦查机关对于此时的认罪认罚只是记录在案，随案移送，尚不具备签署认罪认罚具结书的前提。

第二，符合国际刑事司法惯例。该制度属于刑事诉讼的"替代程序"，各国都不同程度地引入替代程序。如美国的辩诉交易程序，被告人及其辩护律师不在法庭上向法官陈述辩护意见，而是向检察官陈述，检察官决定针对被告人的哪一项指控是成立的；检察官决定应该向被告人科处什么刑罚，来获取他的有罪答辩。又如德国的认罪协商程序，亦是被告人向检察官作出认罪陈述，检察官作出起诉或者不诉的裁量，即使是起诉案件，法院也要依赖于检察官提供的信息；检察官提出刑事处罚令申请，法官基本上都予以采纳，使得检察官成为"法官之前的法官"。① 法国的庭前认罪答辩程序以及刑事和解程序、瑞士的刑事处罚令程序基本上都属这类"替代程序"。虽然各国的制度有所差异，但均进一步强化或突出检察官在刑事诉讼活动中的主导地位和作用，呈现出"检察官法官化"的发展趋势。

（二）认罪认罚从宽制度推动检察权的嬗变

法律选择了检察机关作为认罪认罚从宽制度的主导者，其内在的检察职权也随之发生变化。检察官在履职过程中也应调整自己的角色定位和责任担当。

第一，从重定罪轻量刑向定罪量刑并重转变。检察机关公诉权其实质是求刑权，检察官代表国家向人民法院提起公诉请求追究被告人刑事责任的权力。之前，检察官更加注重审查犯罪嫌疑人是否构成犯罪，构成何种犯罪，对于最终判处何种刑罚不关心不在乎；即使赋予了检察官量刑建议权，检察官通常也是提出一个大而宽的幅度刑量刑建议，交人民法院行使自由裁量权。我国《刑事诉讼法》第176条第2款规定，犯罪嫌疑人认罪认罚的，人民检察院应当就主刑、附加刑、是否适用缓刑提出量刑建议。同时，《指导意见》还明确规定，办理认罪认罚案件，人民检察院一般应当提出确定刑量刑建议。只有对新类型、不常见以及量刑情节复杂的重罪案件才可以提出幅度刑量刑建议。在认罪认罚从宽

---

① 赵恒：《认罪认罚案件检察机关主导责任的域外镜鉴》，载《中国检察官》2019年9月上（司法实务）。

制度中，公诉权由定罪请求权为主向定罪请求权与量刑建议权并行转变，①检察官办理认罪认罚从宽案件也不得不转变重定罪轻量刑的观念。

第二，从突出程序处分向强化实体处分转变。过去，检察机关公诉权的核心是诉与不诉。检察官对于构成犯罪的案件的处理也是起诉与不诉问题，着力推动案件的程序流转。实践中，不诉相比起诉工作程序更为复杂，一些检察官便将"可诉可不诉"的案件一诉了之，省去了程序上的烦琐。认罪认罚从宽制度实行后，犯罪嫌疑人认罪认罚的，检察官在查明事实的基础上，均需与犯罪嫌疑人就定罪、量刑、程序等问题协商一致，并签署认罪认罚具结书。对于提起公诉的案件也不是一诉了之，需在量刑协商过程中综合考虑案件事实、情节以及悔罪程度等提出确定刑量刑建议。根据《指导意见》的规定，对于事实清楚，证据确实、充分，指控的罪名准确，量刑建议适当的，人民法院应当采纳。除五种例外情形，②人民法院应当采纳检察机关的量刑建议，这在一定程度上体现了检察机关对认罪认罚案件实体处分的权力。所以，在认罪认罚案件中，检察官不仅仅是考虑诉与不诉的程序问题，更要考虑案件的实体处理问题。

第三，从对抗式诉讼模式向合作式诉讼模式转变。在传统的刑事诉讼活动中，无论是职权主义模式还是当事人主义模式，控辩双方都一定程度上体现了对抗性，只是对抗的方式、程度有所差异。认罪认罚从宽制度实行，犯罪嫌疑人、被告人选择认罪、认罚，从而获得司法机关从宽的处理。在控辩双方就认罪认罚从宽达成一致后，在后续的诉讼活动中就不再对定罪、量刑问题提出异议，控辩之间的对抗将失去前提和基

---

① 孙谦：《全面依法治国背景下的刑事公诉》，载《法学研究》2017年第3期。
② 五种例外情形：（一）被告人的行为不构成犯罪或者不应当追究刑事责任的；（二）被告人违背意愿认罪认罚的；（三）被告人否认指控的犯罪事实的；（四）起诉指控的罪名与审理认定的罪名不一致的；（五）其他可能影响公正审判的情形。

础,① 从而确立了一种新型的合作式诉讼模式。这种合作性主要体现在控辩双方的互动上,检察官在履行追诉犯罪职能的同时还要积极进行认罪认罚教育,注重对犯罪嫌疑人的教育转化;反过来,犯罪嫌疑人只有真心认罪,诚心悔罪,才能依法获得从宽处理。在法律框架内,控辩双方开展量刑协商以及就程序处理达成一致意见②,注重社会关系修复、社会矛盾化解,体现了恢复性司法的精神理念。

第二节 检察官主导责任在认罪认罚从宽制度中的体现

"在认罪认罚从宽制度下,检察权的扩展进一步巩固了检察官在这一制度运用中的主导地位,从而表现为诉讼程序的主导者、起诉裁量的主导者以及量刑建议的主导者。"③ 检察官的主导责任,不仅体现在程序方面,也体现在实体方面;不仅体现在审前程序,也体现在审判程序。

一、主导认罪认罚从宽制度的适用

认罪认罚从宽制度适用于整个刑事诉讼程序,即在侦查、审查起诉、审判程序均适用。但是,只有检察机关有权启动认罪认罚从宽制度的适用,公安机关、人民法院都无权启动该制度的适用。《刑事诉讼法》第 174 条第 1 款规定:"犯罪嫌疑人自愿认罪,同意量刑建议和程序适

---

① 当然,这不代表其没有了辩护权,对于犯罪嫌疑人、被告人依法应当享有的诉讼权利其仍然可以积极主张和争取。
② 我国的认罪认罚从宽制度不同意美国的辩诉交易制度,对定罪问题不可以协商或交易。
③ 刘华:《认罪认罚从宽制度下的检察官主导作用》,载《法治现代化研究》2020 年第 1 期。

用的,应当在辩护人或者值班律师在场的情况下签署认罪认罚具结书。"这表明,作为认罪认罚从宽制度核心内容的认罪认罚协商是在犯罪嫌疑人与检察机关之间进行的。在审查起诉环节,犯罪嫌疑人自愿认罪认罚的,检察机关应当告知其享有的诉讼权利和认罪认罚的法律规定,听取犯罪嫌疑人、辩护人或者值班律师、被害人及其诉讼代理人的意见,并记录在案。至于认罪认罚是否被采纳,决定权在检察机关,检察机关主导着认罪认罚从宽制度的适用。

从目前实践看,认罪认罚从宽制度在各地的适用还不平衡,有的地方检察机关仍然存在不敢用、不愿用、不会用、不善用等问题,适用的案件类型和罪名还相对有限。为此,检察机关要强化责任担当,增强自觉性、主动性,加强各类刑事案件的适用力度。

(一)主动开展认罪认罚教育转化工作

开展教育转化,促使犯罪嫌疑人认罪认罚,是检察机关发挥主导作用、落实主导责任的重要切入点,也是适用认罪认罚从宽制度最重要的基础条件。

所谓教育转化,就是对不认罪认罚、不悔改的嫌疑人做法治教育及思想转化工作,促使其认罪认罚和真心悔改。[①] 对犯罪嫌疑人进行教育转化,促使其认罪悔罪,这是各国警察、检察官普遍采取的做法。在美国,检察官在开庭审判前几乎不对犯罪嫌疑人进行"教育转化"。对于犯罪嫌疑人不认罪或证据不足的案件,"检方相信被告可能有罪,但由于证据是薄弱的,检方提供一个大幅度的减刑要约来换取认罪答辩"[②]。但美国警察在审讯时,会使用教育转化手段。"当他们审讯时,通常使

---

① 李存海等:《教育转化:让更多犯罪嫌疑人适用认罪认罚从宽制度》,载《检察日报》2019年6月25日。

② [美]艾瑞克·卢拉等主编:《跨国视角下的检察官》,杨先德译,法律出版社2016年版,第91页。

用的手段包括唤醒罪犯的良心，或者向嫌疑人展示其有罪的证据。一项研究表明，这些手段在 5/6 的美国审讯中都曾经被用过。"①

日本刑事诉讼法并未规定辩诉交易，对于犯罪嫌疑人不认罪的案件，检察官主要通过教育转化促使其认罪。教育的方式主要有两种：一种是信息告知。诸如：如果你坦白，处罚将是 X；如果你坚持违法犯罪，你将被重新拘捕，可能判处 Y 刑罚；如果你使用甲基苯丙胺你不但会伤害自己，还会伤害你的家人；如果某重要人物发觉你的违法犯罪行为，你将失去社会认同；等等。这种教育采用教师的教育方法，主要是诉诸嫌疑人自己的利益。另一种是道德教育。道德教育诉诸道德规范，既是被告人社会世界的外部现实（我们坚信吸毒是错误的），也是被告人良知的内部现实（你自己也知道吸毒是错误的）。这是父母或教士的方法，主要使用耻感的、否定的，指责的和劝诫的语言进行。这种道德教育主要通过鼓励悔改而展开，它致力于通过加强内心控制来建立或重塑罪犯的良知。② 道德教育是日本检察官采取的强烈而极具特色的教育方式，是激发自制——社会控制的最强方式。

在实践中，有些认罪认罚案件系犯罪嫌疑人主动认罪认罚，这是司法机关鼓励并乐于看到的。但也有一些案件，犯罪嫌疑人并不认罪认罚，这需要检察机关通过开展认真细致耐心的认罪认罚教育工作，促使犯罪嫌疑人在确凿的事实和证据面前，自愿认罪认罚。教育转化既针对不认罪案件，也针对认罪不认罚案件。凡是存在不承认犯罪事实、不承认罪名、不认处罚、不悔罪等情形，都可纳入教育转化的范围。教育转化的策略主要有：一是证据开示，用事实证据推翻无理辩解。犯罪嫌疑人对全案事实拒不承认、提出无理辩解的，明确告知其在案证据的种

---

① ［美］戴维·T. 约翰逊：《日本刑事司法的语境与特色——以检察起诉为例》，林喜芬等译，上海交通大学出版社 2017 年版，第 270 页。

② ［美］戴维·T. 约翰逊：《日本刑事司法的语境与特色——以检察起诉为例》，林喜芬等译，上海交通大学出版社 2017 年版，第 270 页。

类、证明内容等基本情况,促使其放弃侥幸心理;对部分犯罪事实不予认可的,向其出示足以指控的证据;对个别证据存在疑问的,从证据三性角度予以说明,以打消其疑虑。二是法律解读,用普法教育扭转认知错误。有的嫌疑人、被告人缺乏基本的法律素养,不能认识到行为的违法性或社会危害性,通过向其解释所涉罪名的构成要件及处罚必要性,助其扭转错误认知。三是情绪引导,用司法温情消解心理对抗。因存在特殊事由或与被害人存在积怨等原因,部分嫌疑人、被告人认罪认罚但不悔罪,对其科以刑罚难以消除其人身危险性,对此类嫌疑人、被告人应以情理感化,引导其换位思考,真心悔改。四是量刑比较,用刑罚差异回应主观态度。在客观证据充分的情况下,将认罪认罚与不认罪可能面临的刑罚差异明确告知嫌疑人,为其理性选择提供客观参考。①

案例:刘某某盗窃案

2018年12月,犯罪嫌疑人刘某某在重庆市某区多个宾馆多次入室盗窃他人财物,共计价值人民币1600余元。

本案在侦查环节,刘某某否认盗窃事实,拒不认罪认罚。针对这一情况,检察官在审查起诉环节的讯问中做了以下工作:梳理全案证据,以证据链的形式对在案证据进行分类,在讯问中展示现场监控视频等客观证据;针对被告人在侦查环节不认罪的心理症结,对其开展心理疏导,充分履行告知义务,保障被告人的知情权、选择权,让其真实、自愿地作出意思表示。经讯问,犯罪嫌疑人表示愿意认罪认罚,后在值班律师在场的情况下签署了具结书。

(二)提出开展认罪认罚教育工作的意见建议

认罪认罚从宽制度贯穿于刑事诉讼全过程,即在侦查、审查起诉、审判程序均适用。"两高三部"制定的《关于在部分地区开展刑事案件

---

① 李存海等:《教育转化:让更多犯罪嫌疑人适用认罪认罚从宽制度》,载《检察日报》2019年6月25日。

认罪认罚从宽制度试点工作的办法》第 8 条规定,"在侦查过程中,侦查机关应当告知犯罪嫌疑人享有的诉讼权利和认罪认罚可能导致的法律后果,听取犯罪嫌疑人及其辩护人或者值班律师的意见,犯罪嫌疑人自愿认罪认罚的,记录在案并附卷"。修改后的刑事诉讼法对这一规定作了修改。该法第 120 条第 2 款规定:"侦查人员在讯问犯罪嫌疑人的时候,应当告知犯罪嫌疑人享有的诉讼权利,如实供述自己罪行可以从宽处理和认罪认罚的法律规定。"第 162 条第 2 款规定,公安机关侦查终结的案件,"犯罪嫌疑人自愿认罪的,应当记录在案,随案移送,并在起诉意见书中写明有关情况"。根据该规定,即使犯罪嫌疑人在侦查阶段自愿认罪认罚,公安机关应当将其"认罪"情况记录在案,并随案移送,不得与犯罪嫌疑人进行认罪认罚协商,更不得签署认罪认罚具结书。之所以作这样修改,是因为"侦查阶段的主要任务是依法全面及时收集固定证据、查明案件事实,若此阶段适用认罪认罚从宽,可能使得侦查机关放松证明要求,不按照法定证明标准收集证据,给后续案件处理埋下隐患"①。

《指导意见》第 23 条规定:"公安机关在侦查阶段应当同步开展认罪认罚教育工作,但不得强迫犯罪嫌疑人认罪,不得作出具体的从宽承诺。犯罪嫌疑人自愿认罪,愿意接受司法机关处罚的,应当记录在案并附卷。"在侦查阶段,对于不认罪的犯罪嫌疑人,公安机关应当开展教育转化工作,促使犯罪嫌疑人认罪认罚。检察机关在审查逮捕期间或者重大案件听取意见中,应当结合案件具体情况,向侦查机关提出开展认罪认罚教育的意见或建议,促使犯罪嫌疑人尽早认罪认罚,这是检察机关审前主导的重要方面。

---

① 孙谦主编:《认罪认罚从宽制度实务指南》,中国检察出版社 2019 年版,第 31 页。

二、主导认罪认罚协商[*]

控辩协商是认罪认罚从宽制度的本质内核，是区分认罪认罚从宽制度与我国其他认罪处理机制的一个重要方面。我国认罪认罚从宽制度中的协商，既借鉴了国外辩诉交易、认罪协商的合理因素，更植根于我国的协商文化和合作型司法的思想，是以职权主义为传统的诉讼制度和诉讼文化基础上的协商。在认罪认罚协商中，犯罪嫌疑人、被告人可以自愿就认罪认罚协商程序的启动提出建议、对协商内容发表意见、对协商的结果表示同意或者拒绝；检察官有权决定认罪认罚协商程序的启动、确定协商的内容、促进协商结果的达成。整个协商过程体现出控辩双方在自愿的基础上，通过充分沟通交流，对诉讼处理结果"合意"的追求和达成。

（一）认罪认罚协商的适用阶段

侦查阶段适用认罪认罚从宽制度，体现为公安机关通过教育、激励促进犯罪嫌疑人认罪认罚，并根据犯罪嫌疑人认罪认罚的情况，决定是否采取非羁押强制措施、提出程序适用的建议。因此，侦查阶段公安机关开展的是认罪教育，而不是认罪认罚协商。

审查逮捕阶段，检察官的职责是客观、中立地审查是否需要对犯罪嫌疑人批准逮捕，审查逮捕的司法属性决定了检察官不宜在此阶段开展认罪认罚协商，但检察官有职责依法适用认罪认罚从宽制度。对于不认罪认罚的犯罪嫌疑人，检察官应当充分向犯罪嫌疑人说明认罪认罚从宽制度的具体内容，通过释法说理促进其认罪认罚。对于认罪认罚的犯罪嫌疑人，检察官应当将犯罪嫌疑人涉嫌犯罪的性质、情节，认罪认罚等情况，作为是否可能发生社会危险性的考虑因素，依法决定是否对犯罪

---

[*] 本部分由陈思撰写。

嫌疑人批准逮捕。

审查起诉阶段是认罪认罚协商的重点环节。检察机关除对侦查阶段犯罪嫌疑人认罪认罚的自愿性、合法性进行审查以外，最重要的内容就是与犯罪嫌疑人进行认罪认罚协商，以便就定罪量刑和程序适用问题达成一致意见后，签署认罪认罚具结书。

审判阶段被告人认罪认罚的，人民法院可以建议检察机关开展认罪认罚协商，而不应由法官直接与辩方进行协商。我国法官在认罪认罚协商程序中的作用与美国辩诉交易制度相似，处于事后审查者的地位，主要负责对认罪认罚协商的形式、过程和结果进行审查，以加强对认罪认罚协商程序的监督和制约。

(二) 认罪认罚协商的内容

从理论上讲，认罪认罚从宽制度中的"协商"，包括认罪协商和量刑协商两个方面。认罪协商，是对罪行的承认与认定进行协商，其本身不包括量刑协商；量刑协商，是对刑罚的适用（裁量）进行协商，其本身不包括认罪协商。目前，认罪协商尚未得到立法的明确认可。我国刑法坚持罪刑法定原则和罪责刑相适应原则，在定罪上确立了严格的犯罪构成要件，对于符合特定构成要件的行为，要确定相适应的罪名。犯罪嫌疑人的行为一旦符合特定构成要件和特定罪名，检察机关无权改变这一罪名，更无权将构成特定罪名的行为按照无罪进行处理。这种较为严格的定罪机制，在很大程度上限制了检察机关在指控上的自由裁量权，也为控辩双方的认罪协商设置了外部限制，[1] 即控辩双方不得就罪名与罪数进行协商。不得就罪名进行协商，包括不得就此罪与彼罪、轻罪与重罪、普通情节犯罪与加重情节犯罪等进行协商，如犯罪嫌疑人的行为构成入户抢劫的，检察机关不得与犯罪嫌疑人协商以普通抢劫罪起诉；

---

[1] 陈瑞华：《认罪认罚从宽改革的理论反思——基于刑事速裁程序运行经验的考察》，载《当代法学》2016年第4期。

不得就罪数进行协商,是指犯罪嫌疑人构成数个犯罪的,检察机关不得与犯罪嫌疑人就承认其中一个罪名或者数个罪名,以减少其他罪名的指控进行协商。

可以协商的内容有:(1)量刑轻重。量刑轻重是认罪认罚协商的主要内容。虽然案件事实、情节和证据均已固定、明确,控辩双方仍然可以围绕量刑进行协商。允许控辩双方对量刑轻重进行协商,有助于检察机关在全面听取辩方意见后,提出确定公正的量刑建议;有助于让犯罪嫌疑人更加直观地掌握从宽的内容和程度,促进犯罪嫌疑人真正认罚服判。(2)程序适用。犯罪嫌疑人自愿认罪认罚的,在诉讼程序的适用上可以相对简便。检察官可以就选择适用更加快捷简化的诉讼程序与犯罪嫌疑人进行协商,包括同意适用速裁程序、简易程序。对于适用速裁程序、简易程序后带来的审判程序简化和诉讼周期缩短,检察官应当予以充分说明。对于犯罪嫌疑人不同意适用速裁程序、简易程序的,不影响"认罚"的认定。(3)强制措施的变更。犯罪嫌疑人自愿认罪认罚的,在强制措施的适用上可以相对宽缓。犯罪嫌疑人、辩护人或者值班律师可以向检察机关申请变更强制措施,检察机关可以就变更适用强制力较轻的强制措施与犯罪嫌疑人、辩护人或者值班律师进行协商,如在法律规定允许的范围内变更拘留、逮捕等羁押性强制措施为取保候审、监视居住等非羁押性强制措施。

(三)认罪认罚协商的流程

认罪认罚协商的开展,一方面需要犯罪嫌疑人自愿认罪认罚,另一方面需要检察机关提出从宽条件,并对认罪认罚进行全面审查。认罪认罚是犯罪嫌疑人主动选择的结果,犯罪嫌疑人有权选择是否认罪认罚,也有权选择是否开展认罪认罚协商,但认罪认罚是否被采纳,认罪认罚协商是否要开展,应当由检察机关根据案件情况依职权作出决定。

在认罪和协商的顺序上,是先认罪还是先协商,是否在犯罪嫌疑人认罪后才可以进行协商？有观点认为："要求被告先认罪再协商，等于要被告先俯首认罪，再乞求恩赐，何'协商'之有，对被告极为不公平。"① 我们认为，检察机关通过认罪教育，促成犯罪嫌疑人认罪，再进行协商，未尝不可。因此，可以不分先后顺序，既可以在犯罪嫌疑人认罪的情况下进行协商，也可以通过协商促进犯罪嫌疑人认罪，还可以在认罪教育的同时开展协商，促进犯罪嫌疑人自愿认罪认罚，但协商达成一致意见的前提是犯罪嫌疑人承认犯罪事实。

具体来说，认罪认罚协商的流程包括：

第一步，犯罪嫌疑人自愿认罪。可以是犯罪嫌疑人自愿主动认罪，也可以是犯罪嫌疑人经司法办案人员认罪教育后自愿认罪。

第二步，提出认罪认罚协商建议。协商建议既可以由检察官提出，也可以由犯罪嫌疑人、辩护人或者值班律师提出。对于犯罪嫌疑人、辩护人或者值班律师提出的，检察官经审查符合协商条件的，应当予以同意；不同意适用的，应当说明不能适用的具体理由。

第三步，检察官听取被害人及其诉讼代理人的意见。

第四步，检察官进行认罪认罚协商告知。认罪认罚协商告知是确保犯罪嫌疑人自愿认罪认罚，保障认罪认罚从宽制度得以有效开展和成功运行的必要前提和重要基础。检察机关通过协商告知、法律阐释，让犯罪嫌疑人及时获知案件信息，清楚认罪认罚的法律后果，对于消除其侥幸与对抗心理，促进其尽早自愿认罪认罚，具有重要的作用和意义。

第五步，控辩双方进行认罪认罚协商。协商过程中包含内容信息的传递和交换，犯罪嫌疑人通过协商过程了解控方的意见，参考辩护人或值班律师的建议，对检察官拟指控的犯罪事实内容和罪名进行斟酌，提出自己的意见。辩护人或者值班律师通过协商过程，表达对案件处理的看法，就量刑轻重、程序适用等与检察官开展协商。

第六步，签署认罪认罚具结书。在认罪认罚协商程序中，控辩双方

---

① 王兆鹏：《新刑诉·新思维》，中国检察出版社2016年版，第137页。

对指控事实、适用法律和量刑建议都有发表意见权,犯罪嫌疑人通过自愿认罪认罚获得从宽处理,检察机关通过量刑减让和程序从宽建议兑现宽严相济刑事政策,协商的过程是充分尊重犯罪嫌疑人、被告人诉讼主体地位的过程,协商的结果是控辩双方合意的结果,协商应当体现和保障认罪认罚的自愿性。① 检察官应当尊重犯罪嫌疑人的主体地位,保障犯罪嫌疑人平等、充分地参与协商。

三、主导程序分流

所谓程序分流,有广义与狭义之分。狭义上的程序分流,又称"非刑事程序化",是指对特定的构成犯罪的案件,在侦查或起诉环节中即作终止诉讼的处理,并施以非刑罚性的处罚,而不再提交法庭审判的制度和做法。一般采取以下几种形式:警告、轻罪处分、缓诉、不起诉等方式。广义上的程序分流,不仅包括上述狭义上的程序分流,还包括在审判阶段适用较之普通程序更加简易的程序而对案件进行审理。其中,后者的适用对象一般为轻罪案件或被告人认罪的案件。在实践中,往往以较轻的指控或较轻的处罚换得被告人对程序权利的舍弃。② "如果没有程序分流机制,所有的刑事案件最终都进入完整的刑事审判程序,那么会极大地耗费司法资源,最终使得公正与效率两败俱伤。"③ 作为刑事诉讼中承上启下的枢纽,检察机关主导着认罪认罚案件的程序分流,具体包括主导审前程序分流和审判程序分流两个方面。

(一)主导审前程序分流

"不是每一犯罪都必须受到追诉",这是现代各国在提起公诉上坚持

---

① 胡云腾主编:《认罪认罚从宽制度的理解与适用》,人民法院出版社 2018 年版,第 273 页。
② 孙瑜:《认罪案件审判程序研究》,对外经济贸易大学出版社 2012 年版,第 44 页。
③ 王敏远主编:《刑事诉讼法学》(上),知识产权出版社 2013 年版,第 182—183 页。

的基本立场。在审前程序，检察官程序分流主要有两种途径：

一是"完全的程序分流"，即对认罪认罚的犯罪嫌疑人，检察机关斟酌案件具体情况后，依法作出相对不起诉处理，不附加任何条件。而犯罪嫌疑人犯罪后的现实表现，即是否认罪、悔罪，是否愿意赔偿被害人的损失，往往是检察官决定是否起诉，作何种起诉时需要考量的重要因素。在美国，如果罪犯承认责任并真诚地表示忏悔，那么检察官可能作出被告人适于归复的结论，不对其起诉而可能适用分流。① 日本检察官在行使起诉、不起诉裁量权的时候，应该考虑的事项包含在《日本刑事诉讼法》第248条的规定之中，这些内容包括与犯人有关的事项、与犯罪本身相关的事项以及犯罪以后的事项三类。而作为犯罪后的事项，就是要考虑"有无改悔的表现、为弥补损害和道歉表现出来的诚意，是否达成和解"② 等。

《刑事诉讼法》第177条第2款规定："对于犯罪情节轻微，依照刑法规定不需要判处刑罚或者免除刑罚的，人民检察院可以作出不起诉决定。"检察官在审查确定犯罪情节是否轻微时，"不仅要看犯罪实施过程中的事实状况，即犯罪目的、犯罪手段、损害结果，而且要看行为人犯罪实施前的一贯表现以及犯罪后的态度等"③。对于犯罪嫌疑人表示认罪认罚，积极赔偿被害人损失的轻微刑事案件，检察官依法可以作相对不起诉处理。

《刑事诉讼法》第182条规定："犯罪嫌疑人自愿如实供述涉嫌犯罪的事实，有重大立功或者案件涉及国家重大利益的，经最高人民检察院核准，公安机关可以撤销案件，人民检察院可以作出不起诉决定，也可以对涉嫌数罪中的一项或者多项不起诉。"此即特殊情形下的不起诉。

---

① ［美］爱伦·豪切斯泰勒·斯黛丽、南希·弗兰克：《美国刑事法院诉讼程序》，陈卫东、徐美君译，中国人民大学出版社2002年版，第288页。

② ［日］松尾浩也：《日本刑事诉讼法》（上卷），丁相顺译，中国人民大学出版社2005年版，第179页。

③ 张穹主编：《公诉问题研究》，中国人民公安大学出版社2000年版，第351页。

它并没有犯罪性质的限定，原则上所有犯罪，只要被告人自愿认罪，并有重大立功或者案件涉及国家重大利益的情形，都可以作相对不起诉处理，或者对涉嫌数罪中的一项或者多项不起诉，但必须经过最高人民检察院核准。

二是与附条件不起诉制度结合起来进行程序分流。认罪认罚从宽制度是未成年人附条件不起诉程序的升华。《刑事诉讼法》第282条第1款规定："对于未成年人涉嫌刑法分则第四章、第五章、第六章规定的犯罪，可能判处一年有期徒刑以下刑罚，符合起诉条件，但有悔罪表现的，人民检察院可以作出附条件不起诉的决定。"其中，"悔罪"的具体表现形式是未成年被追诉人认识到自己的不法行为的违法性和有责性，并表示接受惩罚、真诚悔罪，亦即是认罪认罚，而"人民检察院可以作出附条件不起诉的决定"则是认罪认罚带来的从宽回报。[①] 由于附条件不起诉附有"接受矫治和教育"等条件，因而比相对不起诉更有利于实现对犯罪嫌疑人的教育挽救，更能实现程序分流的目的。但是，附条件不起诉考察周期较长，考察程序烦琐，对于未成年犯罪嫌疑人正常的学习、生活可能带来一定的影响。鉴于此，最高人民检察院发布的《未成年人刑事检察工作指引（试行）》第184条规定："对于既可以相对不起诉也可以附条件不起诉的未成年犯罪嫌疑人，应当优先适用相对不起诉。如果未成年犯罪嫌疑人存在一定的认知偏差等需要矫正，确有必要接受一定时期监督考察的，可以适用附条件不起诉。"根据该规定，检察机关应当以适用相对不起诉为原则，以附条件不起诉为例外。

（二）主导审判程序分流

审判程序分流，是指根据案件的繁简程度，被告人认罪与不认罪情况，分门别类适用不同的审判程序。修改后刑事诉讼法增加速裁程序一

---

① 王艺超、涂龙科：《未成年人犯罪适用认罪认罚从宽制度研究》，载《青少年犯罪问题》2017年第6期。

章，构建起了普通程序、简易程序和速裁程序多元化的审判程序。《刑事诉讼法》第214条第2款规定："人民检察院在提起公诉的时候，可以建议人民法院适用简易程序。"第222条第2款规定："人民检察院在提起公诉的时候，可以建议人民法院适用速裁程序。"对于某一刑事案件，建议适用哪一种程序进行审理，主导权在检察机关。检察机关在提起公诉时，需要根据案件类型、难易复杂程度和犯罪嫌疑人、被告人认罪态度等多方面因素，选择适用认罪认罚案件的审理程序。对于检察机关提出的适用简易程序、速裁程序的建议，人民法院有正当理由的，可以不采纳。但是，如果检察机关没有提出适用简易程序或速裁程序的建议，人民法院应当依法适用普通程序，而不得自行适用简易程序或速裁程序。

四、主导定罪与量刑

（一）主导定罪

《刑事诉讼法》第12条规定："未经人民法院依法判决，对任何人都不得确定有罪。"定罪权是法院传统的、专属性的权力，只能由法院行使。但这只是意味着法官拥有实体上的、最终的定罪权，并不能否认检察官在程序意义上的定罪权。检察官提起公诉，或者决定不起诉，都要确定犯罪嫌疑人、被告人涉嫌的罪名。检察官指控的罪名，往往只具有程序意义，便于程序推进。至于被告人最终所犯何罪，得由法官判决确定。

虽然各国都坚持诉审同一原则，但由于法系的不同，该原则具有不同的内涵。在英美当事人主义诉讼模式下，出于保障被告人防御权的需要，强调法官审判的事实和罪名均应受到起诉书指控的限制。"法官不仅应尊重检察官对事实的处分权，而且应尊重检察官对罪名的处分权，对哪些事实起诉，以何种罪名起诉，都应该由检察官自由裁量决定；法官只能作为消极的仲裁者就检察官起诉指控的罪名是否成立进行审理，起诉指控的罪名成立，就作出有罪判决，起诉指控的罪名不成立，就作出无罪判决，法官不能脱离检察官起诉指控的罪名而另审罪名，更不能以起诉指控的罪名以外的其他罪名来认定被告人有罪。"[①] 在美国，检察官有权与犯罪嫌疑人、被告人进行罪名协商以换取其认罪。检察官既可以用比本应指控的涉嫌罪名更轻的罪名起诉，也可以将某些影响恶劣的犯罪（如猥亵儿童罪）改成其他罪名（如轻伤害罪）起诉，而法院一般予以认可。由此，检察官事实上主导了定罪权。

在大陆法系国家，诉审同一通常只包括事实的同一而不包括罪名的同一。法官并不受起诉书指控的罪名的约束，他既可以认定为更轻的罪名，也可认定为更重的罪名。随着法国、德国等国采用认罪协商程序，检察官与犯罪嫌疑人、被告人达成认罪合意后，其指控的罪名通常会被法院认可。在一定意义上说，检察官亦获得了定罪的主导权。

有的认为，"在普通刑事案件中，检察机关主导着定罪，检察机关提起公诉，对罪名已经有了明确意见"[②]。我们认为，这种观点是值得商榷的。在普通刑事案件中，法官并不受指控的罪名的拘束，有权自主予以变更，故检察官并未"主导"定罪。根据《刑事诉讼法》第201条的规定，对于认罪认罚案件，人民法院依法作出判决时，一般应当采纳人民检察院指控的罪名。检察官指控的罪名对法官具有约束力，法官不得随意变更。故可以认为，在认罪认罚案件中，检察官主导着定罪。

（二）主导量刑

随着案件量的日益增长，"法官主导案件解决的传统观点越来越值

[①] 谢佑平、万毅：《论刑事控审分离原则》，载陈光中、江伟主编《诉讼法论丛》，第7卷，法律出版社2002年版，第126页。

[②] 曹东：《论检察机关在认罪认罚从宽制度中的主导作用》，载《中国刑事法杂志》2019年第3期。

得商榷。在很多体系下，检察官享有广泛的'结案'选择权，即终止刑事诉讼的权力，包括享有指导侦查、影响法院决定、在受到很少的（如果有）外部审查的情况下实现定罪等权力"[1]。在美国，检察官与被告的认罪协商，除了罪名的协商、罪数的协商外，还有量刑协商。由此，检察官囊括了法官的定罪权和量刑权。"大量附有强制刑期的刑事制定法，将量刑事务直接转移给了检察官，而法官被完全剥离出量刑事务。"[2]

根据《法国刑事诉讼法典》第495—8条第1款的规定，对于被告人认罪的案件，检察官"可建议执行一个或数个主刑或附加刑"。检察官提出量刑建议后，直接通知犯罪嫌疑人是否接受，而法官的职责则是在法庭上确认或者拒绝已经达成的量刑协议。"法官的权力仅限于接受或拒绝当事人所做的量刑提议——他没有权力去修改该提议。"[3]

根据《刑事诉讼法》第201条第1款的规定，对于认罪认罚案件，人民法院依法作出判决时，一般应当采纳人民检察院提出的量刑建议。这表明，检察机关对案件的处理意见对审判机关产生了实质的影响，在很大程度上决定了判决的内容，因而具有较强的主导性。"定罪请求权与量刑建议权均由检察机关提起，刑事指控的主动性与法庭审判的中立性，决定了检察机关在定罪与量刑中的主动权与主导作用。"[4]

《指导意见》第33条规定："办理认罪认罚案件，人民检察院一般应当提出确定刑量刑建议。对新类型、不常见犯罪案件，量刑情节复杂

---

[1] [美] 艾瑞克·卢拉等主编：《跨国视角下的检察官》，杨先德译，法律出版社2016年版，"序言"，第7页。

[2] [美] 艾瑞克·卢拉等主编：《跨国视角下的检察官》，杨先德译，法律出版社2016年版，第182页。

[3] [美] 艾瑞克·卢拉等主编：《跨国视角下的检察官》，杨先德译，法律出版社2016年版，第118页。

[4] 曹东：《论检察机关在认罪认罚从宽制度中的主导作用》，载《中国刑事法杂志》2019年第3期。

的重罪案件等,也可以提出幅度刑量刑建议。提出量刑建议,应当说明理由和依据。"根据该规定,检察机关应当以提出确定刑量刑建议为原则,以提出幅度刑量刑建议为例外。提出确定刑量刑建议的理由主要有五点。一是增强犯罪嫌疑人对刑罚的预期性、延续性、稳定性,突出认罚效果,避免因处刑不符合心理预期而引发过多上诉的情形。二是强化量刑协商过程中的检察权威,避免犯罪嫌疑人讨价还价无限拉低刑罚底线的可能性,有利于推进认罪认罚从宽的适用率与公信力。三是避免同案不同判等情形,更有利于实现"同案同判、类案类判"的整体量刑公正。四是提升整个刑事流程的效率,在庭审阶段也可以尽量避免对刑种刑期问题的争论,节省了司法资源。五是过多的幅度刑量刑建议让协商的不确定性延续至最后审判阶段,这可能会悬置检察机关和被告人之间的量刑协商沟通机制,并不符合制度设计的初衷。

当然,对于以下案件,也可以提出幅度刑量刑建议。

第一,一些新类型犯罪案件,即相关罪名没有纳入量刑指导意见的案件,由于没有具体的减让标准,需要根据量刑经验合理确定主刑刑期,这时可以从提出幅度刑量刑建议开始,累积量刑经验,逐步提出确定刑量刑建议。

第二,可能判处十年以上有期徒刑案件,由于量刑空间幅度较大,被告人对自身的刑罚处遇相比于轻罪案件有更高的心理预期,检察机关可以提出一定幅度的刑罚建议。

第三,对于量刑情节确实不能确定或者仍然处于争议的案件,可以提出一定幅度的刑罚建议。[①]

五、积极做好被害方的工作,促进矛盾化解

刑事诉讼的发展,经历了从私诉到公诉的转变过程,追诉犯罪的职

[①] 贺恒扬主编:《检察机关适用认罪认罚从宽制度研究》,中国检察出版社2020年版,第214—215页。

责也逐步由被害人个人转移到国家机关手里。随着检察官的诞生，检察官成为专司追诉职责的国家机关。检察官在行使公诉权时，代表着国家和社会的利益，也代表着被害人的利益。但检察官与被害人的关系错综复杂，二者既有共同的目标追求，有时候也存在冲突。因为国家利益、社会公共利益与被害人的利益并不总是具有一致性。挪威犯罪学家尼尔斯克里斯蒂教授认为，由国家出资设立的职业群体"偷窃"了被害人与犯罪人之间的纷争，并以此剥夺了被害人基于其所受损害寻求赔偿和补偿的权利，也从而篡夺了被害人在刑事司法体系中的话语权。①

20世纪70年代以来，随着被害人权利保护运动的兴起，被害人在刑事司法体系中的地位明显大幅度地提升，并已经成为各国刑事诉讼中新的、主要的参与者。"被害人运动是当代政治史上最成功的政治运动之一。"② 该运动导致许多国家和地区都修改宪法或法律，确认并保障被害人的诉讼权利，包括刑事诉讼中的知情权、在场权和陈述意见权等。"对被害人成为争端中一员之地位的承认，以及对没有被害人在检举犯罪、提供证据、出庭作证等方面的合作，大多数犯罪不可能为人所知也不可能得到惩罚这一事实的认可，都成为改革的强大动力。"③

1985年12月，联合国大会通过《为犯罪和滥用权力行为的被害人取得公理的基本原则宣言》（联合国大会第40/34号决议）声明，各国政府应"确保普遍而且有效地承认和尊重犯罪和滥用权力行为被害人的权利"。该宣言规定，各国司法和行政机构应让被害人了解他们的作用以及诉讼的范围、时间、进度和对他们的案件的处理情况，在涉及严重罪行和他们要求此种资料时尤其如此。让受害者在涉及其利益的适当诉

---

① ［英］凯若琳·霍伊尔：《被害人在英国刑事司法程序中的作用》，苗苗、赵远译，载赵秉志主编：《刑法论丛》，2014年第1卷，法律出版社2014年版，第491页。

② ［美］吉安娜·J. 戴维斯：《专横的正义：美国检察官的权力》，李昌林等译，中国法制出版社2012年版，第65页。

③ ［英］凯若琳·霍伊尔：《被害人在英国刑事司法程序中的作用》，苗苗、赵远译，载赵秉志主编：《刑法论丛》，2014年第1卷，法律出版社2014年版，第494页。

讼阶段出庭申诉其观点和关切事项以供考虑，而不损及被告并符合有关国家刑事司法制度。罪犯或应对其行为负责的第三方应视情况向受害者、他们的家属或受扶养人作出公平的赔偿。这种赔偿应包括归还财产、赔偿伤害或损失、偿还因受害情况产生的费用、提供服务和恢复权利。① 各国司法和行政机构应当在整个法律过程中向被害人提供适当的援助。根据该宣言，被害人有取得公正和公平待遇、赔偿、补偿和援助等权利。

在大多数情况下，被害人都希望犯罪行为人受到定罪和判刑，检察官也几乎总是怀着相同的目标。办理认罪认罚案件时，检察机关应当高度重视做好被害人的工作，这是衡量此类案件效果的一个重要指标。有被害人的案件，对犯罪嫌疑人认罪认罚从轻处理，如果被害方不反对，社会往往会认同。相反，在未对被害人进行赔偿、未取得被害人谅解的情况下，检察机关对犯罪嫌疑人认罪认罚从轻处理，就可能引发争议。在媒体资讯高度发达的今天，经过媒体转播，被害方的个人感受很容易转化为社会公众的共同认知，进而会转化为对司法处理的巨大舆论压力。所以，在认罪认罚案件办理中，检察机关应当注重保障被害人的权利，充分听取被害人的意见，积极推动双方达成和解谅解，努力促进矛盾化解，案结事了。

（一）充分保障被害人的知情权

被害人享有全面的、完整的知情权，这是被害人有效参与诉讼的前提和基础。被害人的知情权，对应国家机关的告知义务。如果公检法等机关不告知，被害人就无法了解案件进程及具体情况。因此，在认罪认罚案件的侦查阶段、审查起诉阶段、庭审阶段，应当全面履行对被害人的告知义务，充分保障被害人的知情权。《指导意见》第17条第2项规定："人民法院、人民检察院、公安机关在促进当事人和解谅解过程中，

---

① 该《宣言》要求，各国政府应将赔偿作为刑事案件的一种可能判刑。

应当向被害方释明认罪认罚从宽、公诉案件当事人和解适用程序等具体法律规定。"

在侦查阶段，由于奉行侦查密行主义，侦查机关对于侦查取证的情况应当保密，没有义务告知被害人。但是在重要的节点上，应当履行对被害人的告知义务。比如，犯罪嫌疑人认罪认罚的，应当将认罪认罚情况告知被害人（不必将认罪认罚的具体情况告知被害人，只需履行概括的告知义务，即告知被害人犯罪嫌疑人涉嫌的罪行，认罪认罚即可）。采取和变更强制措施的，应当将适用强制措施的情况告知被害人。① 侦查终结后，应当将侦查终结、移送起诉的情况，以及犯罪嫌疑人认罪认罚情况告知被害人。在审查起诉环节，检察机关除了告知被害人有权委托诉讼代理人外，还应当将犯罪嫌疑人认罪认罚的情况、指控的罪名、适用强制措施情况、退回补充侦查情况、拟作不起诉情况、拟提出的量刑建议、建议案件审理适用的程序等告知被害人。在审判阶段、法院应当将被告人认罪认罚情况，拟适用简易程序、速裁程序等情况告知被害人。

（二）充分保障被害人的发表意见权

目前，美国、英国等国法律都规定，被害人对辩诉交易有发表意见的权利。美国学者皮兹就认为，被害人有权就辩诉交易议案发表意见非常重要。允许被害人表达自己对协议的反对意见为辩诉交易提供了一种制约，有利于检察机关审慎作出决定。"有时候，如果不同意最终决定的人感觉自己的意见在决定作出之前得到了倾听和考虑，他会更容易接受该决定。"②

---

① 这也有利于保护被害人，使被害人有所防范，防止犯罪嫌疑人报复、打击被害人。
② ［美］威廉姆·皮兹：《被害人权利："对抗制"反思》，郭志媛译，载［美］虞平、郭志媛编译：《争鸣与思辨：刑事诉讼模式经典论文选译》，北京大学出版社2013年版，第413页。

在认罪认罚案件中，被害人充分地发表意见，既可以使检察机关"兼听则明"，更全面客观地认识案件情况，做出公正的处理；也使被害人得到应有的尊重，情绪得到宣泄，更能够息诉服判。被害人发表意见的权利，主要包括：

（1）对是否适用认罪认罚从宽制度发表意见的权利。被害人既可以同意适用认罪认罚从宽制度，也可以反对适用认罪认罚从宽制度。检察机关、法院应当充分考虑被害人的意见。

（2）对犯罪嫌疑人、被告人是否认罪、悔罪发表意见的权利。犯罪嫌疑人、被告人认罪、悔罪，是适用认罪认罚从宽制度的前提。如果犯罪嫌疑人、被告人非真认罪、真悔罪，而是假认罪、假悔罪，以骗取法律的从宽处理，将极大地损害认罪认罚从宽制度的权威性、严肃性。而犯罪嫌疑人、被告人是否真的认罪、悔罪，被害人无疑最有发言权。所以，在犯罪嫌疑人、被告人是否认罪、悔罪的问题上，司法机关应当充分听取被害人的意见，以掌握全面的、准确的信息，作出正确的决定。比如，在一起故意伤害案件中，被告人在庭审时一直闭着双眼一言不发，但在最后陈述时表示认罪。庭审后，被害人不断向法官反映，被告人时常到他家进行骚扰恐吓。这就是典型的"表面认罪，实质不认罪"现象。如果法官不听取被害人的意见，或者听取了不采纳，仍然对被告人适用认罪认罚从宽制度，就可能导致被害人不认可，从而影响诉讼程序的稳定性。

（3）对犯罪嫌疑人、被告人如何从宽处理发表意见的权利。"让被害人对犯罪嫌疑人、被告人从宽处理发表意见，是其深度参与认罪认罚从宽制度的一个表现。"① 检察机关拟作相对不起诉处理，或者提出的具体量刑建议，都应当充分听取被害人的意见。在检察机关所提量刑建议与被害人量刑意见不一致的情况下，应保障被害人参与庭审量刑程序

---

① 刘少军：《认罪认罚从宽制度中的被害人权利保护研究》，载《中国刑事法杂志》2017年第3期。

的权利,由法庭在听取各方意见后裁决。①

(三)充分保障被害人的求偿权

《指导意见》第7条第2项规定:"'认罚'考察的重点是犯罪嫌疑人、被告人的悔罪态度和悔罪表现,应当结合退赃退赔、赔偿损失、赔礼道歉等因素来考量。"犯罪嫌疑人、被告人虽然表示"认罚",但是隐匿、转移财产,有赔偿能力而不赔偿损失,表明其并未悔过,因而不能适用认罪认罚从宽制度。

根据《指导意见》的规定,办理认罪认罚案件,应将犯罪嫌疑人、被告人是否与被害方达成和解协议、调解协议或者赔偿被害方损失,取得被害方谅解,作为从宽处罚的重要考虑因素。被害人的求偿权具体包括:

(1)和解权。《指导意见》第17条规定:"对符合当事人和解程序适用条件的公诉案件,犯罪嫌疑人、被告人认罪认罚的,人民法院、人民检察院、公安机关应当积极促进当事人自愿达成和解。对其他认罪认罚案件,人民法院、人民检察院、公安机关可以促进犯罪嫌疑人、被告人通过向被害方赔偿损失、赔礼道歉等方式获得谅解,被害方出具的谅解意见应当随案移送。"

(2)获得司法救助权。2014年1月,中央政法委、财政部、最高人民法院、最高人民检察院、公安部、司法部联合印发《关于建立完善国家司法救助制度的意见(试行)》,对司法救助制度作出了明确的规定。根据该规定,被害人有权获得司法救助,以摆脱犯罪侵害后面临的紧急生活困境,保障基本生活需要。《指导意见》第17条第2项规定,被害人符合司法救助条件的,应当积极协调办理。

对符合当事人和解的诉讼程序适用条件的认罪认罚案件,检察机关

---

① 苏素专、洪文海:《认罪认罚从宽制度下被害人参与的实证考察》,载《福建法学》2017年第4期。

应当积极促进当事人自愿达成和解。对其他认罪认罚案件，检察机关可以积极促进犯罪嫌疑人、被告人通过向被害方赔偿损失、赔礼道歉等方式获得谅解。对于符合司法救助条件的，应当积极协调办理。对犯罪嫌疑人与被害方达成和解协议或者取得谅解的，检察机关可以依法提出从宽的量刑建议。

需要强调的是，为鼓励和引导犯罪嫌疑人主动积极赔偿损失、化解社会矛盾，应当将民事赔偿作为量刑建议的重要考虑因素，对于犯罪嫌疑人、被告人有赔偿意愿且有赔偿能力，检察机关应促使双方在明确量刑建议前就民事赔偿达成和解协议，在协商确定量刑建议时充分考虑这一情节。

（四）充分保障被害人的救济权

赋予被害人的权利，只有在被侵犯时能够获得救济，才不会被虚置，才真正可实施。由于认罪认罚从宽制度在侦查、起诉、审判环节均适用，因此应当区分不同的诉讼阶段设置不同的救济方式。需注意的是，刑事诉讼法关于被害人救济权的一般规定也适用于认罪认罚案件。

在侦查程序中，被害人对刑事诉讼法第282条规定认罪认罚特殊情形拟撤销案件不服的，有权申请检察机关进行监督。检察机关受理后，认为被害人的意见不成立的，应当驳回被害人的申请；如果认为被害人申请成立的，应当通知公安机关不准撤案。

在审查起诉程序中，犯罪嫌疑人认罪认罚，检察机关未依法听取被害人意见的，被害人有权提出异议，检察机关应当纠正，并依法听取被害人的意见。检察机关对认罪认罚的犯罪嫌疑人作出相对不起诉决定，被害人不服的，根据刑事诉讼法第180条的规定，有权向上一级人民检察院申诉，请求提起公诉；也可以不经申诉，直接向人民法院起诉。被害人对认罪认罚具结书、检察机关适用程序的建议不服的，有权在法院审判时提出异议。

在审判程序中，被害人有证据认为人民法院不应当认定被告人"认罪认罚"，不应当适用简易程序或速裁程序，不应当从宽处理的，有权请求检察机关提起抗诉。检察机关审查后，可以以"适用程序确有错误"为由，依法提起抗诉。

此外，还应当充分保障被害人获得有效的法律帮助权。根据《法律援助条例》第11条第2项规定，公诉案件中的被害人及其法定代理人或者近亲属，自案件移送审查起诉之日起，因经济困难没有委托诉讼代理人的，可以向法律援助机构申请法律援助。《指导意见》第10条明确规定犯罪嫌疑人、被告人享有获得有效法律帮助的权利，但没有规定被害人享有此类权利，显示出被害人在认罪认罚从宽制度中处于孤立无援的弱势地位。对被害人进行有效的法律帮助，有利于弥合其因犯罪嫌疑人、被告人的犯罪行为以及公安司法机关可能实施的二次侵害带来的伤痛。因此，有必要在立法中明确被害人有获得值班律师法律帮助的权利，这不仅符合被害人的现实需要，而且也符合法律援助的立法精神。[①]值班律师由国家支付报酬，并非犯罪嫌疑人、被告人的"值班辩护人"，完全可以为被害人提供有效的法律帮助。有条件的地方，可以开展值班律师为被害人提供法律帮助的探索。

第三节　强化认罪认罚案件犯罪嫌疑人、被告人的权利保障

"刑事诉讼法并不是与时代的思潮没有关系的。在强烈要求维护社会秩序的时代，价值取向倾向于处罚；在和平时代，价值取向倾向于保

[①] 尹茂国：《认罪认罚视野下被害人诉讼权利保障研究》，载《长白学刊》2019年第3期。

障人权。"① 认罪认罚从宽制度的基本价值之一，在于程序从简，即针对犯罪嫌疑人、被告人自愿认罪认罚的案件，合理简化诉讼程序，提升诉讼效率。但是，对效率的追求有一定条件限制，当以不损害犯罪嫌疑人、被告人诉讼权利，不妨碍司法公正为限。保障犯罪嫌疑人、被告人的主体地位和诉讼权利是认罪认罚从宽制度的应有之义，也是检察官发挥主导责任的重要体现。

一、犯罪嫌疑人、被告人知情权的保障

知情权是犯罪嫌疑人、被告人的一项基本诉讼权利，是行使其他诉讼权利的前提和基础。所谓知情权，是指犯罪嫌疑人、被告人有权知晓其在刑事诉讼中所处的诉讼地位，享有的诉讼权利以及相关的信息。如果被告人不知晓相关的案件信息，那就很难作出正确的判断，其认罪认罚的自愿性无疑也会受到影响。

（一）强化国家机关的告知义务

知情权与告知义务相对应，即由被告人知情权衍生出国家机关的告知义务。规定国家机关告知义务，对于帮助被追诉人正确行使诉讼权利，实现程序正义等，都具有重要的意义。正如德国学者威尔弗莱德·勃特克所言："公正的诉讼程序为被告提供及时的、可理解的、与其权利有关的特殊信息。它们能使被告预先知道其供述或其他任何可能的行为引起的所有诉讼上的后果，并在其满意的情况下使它们平衡。"②

至于告知的内容，则根据诉讼阶段、诉讼行为的不同而有所不同。在侦查阶段，犯罪嫌疑人对犯罪事实所作的有罪供述（认罪），不属于程序法意义上的认罪，不能启动认罪认罚协商程序。"这一方面是为了

---

① ［日］田口守一：《刑事诉讼的目的》，张凌、于秀峰译，中国政法大学出版社2011年版，第46页。
② 江礼华等主编：《外国刑事诉讼法制度探微》，法律出版社2000年版，第47页。

防止侦查人员在犯罪事实还没有查清的情况下,过于倚重口供而不重视对其他证据的收集从而导致错案;另一方面也是考虑到侦查是为控诉服务的,如果侦查终结认为有犯罪事实必须移交公诉机关提起公诉,犯罪嫌疑人在此阶段的认罪不具有影响诉讼程序进程的独立性。"① 故侦查机关只需履行概括的告知义务。根据《刑事诉讼法》第120条第2款的规定,侦查人员在讯问犯罪嫌疑人的时候,应当告知犯罪嫌疑人享有的诉讼权利,如实供述自己罪行可以从宽处理和认罪认罚的法律规定。这里,侦查人员只是概括性地告知犯罪嫌疑人认罪认罚"可以从宽处理"这一刑事政策和认罪认罚的法律规定,让犯罪嫌疑人知晓并明确认罪认罚的意义,从而作出是否认罪认罚的选择。

在审查起诉阶段,犯罪嫌疑人要做出是否认罪认罚的决定;如果愿意认罪认罚,还要签署认罪认罚具结书。所以,犯罪嫌疑人不仅应当知晓,而且还要正确理解认罪认罚可能导致的法律后果。检察官应当做出具体的、明确的告知,并且要帮助犯罪嫌疑人正确理解认罪认罚的法律规定。告知的内容应当包括:(1)检察机关指控的具体罪名及法定刑期;(2)指控所依据的事实、证据及相关刑法规定;(3)犯罪嫌疑人享有的相关诉讼权利;(4)犯罪嫌疑人认罪认罚后,检察机关拟提出的具体量刑建议及其他宽缓政策;(5)犯罪嫌疑人认罪认罚后,法院拟适用的诉讼程序;(6)法庭审理可能简化的环节,等等。告知应当采取书面形式,必要时应当充分释明。

(二)强化检察机关的证据开示义务

告知义务,旨在帮助犯罪嫌疑人、被告人了解自己的诉讼权利、认罪认罚的法律规定。但是,犯罪嫌疑人、被告人并不知道侦查、检察机关掌握了哪些证据。规定检察机关证据展示义务,就可以有效解决这一问题,进一步保障犯罪嫌疑人、被告人的知情权。"认罪认罚从宽制度

---

① 孙愉:《认罪案件审理程序研究》,对外经济贸易大学出版社2012年版,第50页。

并非以'法不可知'来威吓犯罪嫌疑人、被告人的制度。将证据进行有效的开示,是控诉双方之间平衡协商的基本保障。"①

在侦查阶段,为了防止犯罪嫌疑人串供、毁灭证据,妨碍侦查机关全面、及时收集犯罪嫌疑人有罪无罪、罪重罪轻的证据,侦查机关没有义务向犯罪嫌疑人展示所收集的证据。证据展示的时间节点,应当在审查起诉环节、证据全面收集固定后。《指导意见》第29条规定:"人民检察院可以针对案件具体情况,探索证据开示制度,保障犯罪嫌疑人的知情权和认罪认罚的真实性及自愿性。"对于证据已经确实充分的案件,检察机关可以随时向犯罪嫌疑人及其辩护人展示,由犯罪嫌疑人自行决定是否认罪认罚。对于证据还不够确实充分,需要退回补充侦查的案件,应当在补充侦查后,再展示给犯罪嫌疑人及其辩护人。证据展示应当是全面的,并且应当记录在案。

二、犯罪嫌疑人、被告人律师帮助权的保障

在认罪认罚案件中,犯罪嫌疑人、被告人仍然享有完整的辩护权利,可就罪名、量刑问题进行自我辩护,提出自己的意见与主张。同时,为了保障认罪认罚的自愿性、真实性,刑事诉讼法还创设了值班律师制度,由值班律师为犯罪嫌疑人、被告人提供法律帮助。根据《刑事诉讼法》第36条、第173条、第174条的规定,犯罪嫌疑人、被告人没有委托辩护人,法律援助机构没有指派律师为其提供辩护的,由值班律师为犯罪嫌疑人、被告人提供法律咨询、程序选择建议、申请变更强制措施、对案件处理提出意见等法律帮助。犯罪嫌疑人认罪认罚的,人民检察院应当听取犯罪嫌疑人、辩护人或者值班律师等的意见。犯罪嫌疑人自愿认罪,同意量刑建议和程序适用的,应当在辩护人或者值班律师

---

① 刘少军、张菲:《认罪认罚从宽制度中的被追诉者权利保障机制研究》,载《政法学刊》2017年第5期。

在场的情况下签署认罪认罚具结书。人民法院、人民检察院、看守所应当告知犯罪嫌疑人、被告人有权约见值班律师，并为犯罪嫌疑人、被告人约见值班律师提供便利。

《指导意见》第12条规定："值班律师应当维护犯罪嫌疑人、被告人的合法权益，确保犯罪嫌疑人、被告人在充分了解认罪认罚性质和法律后果的情况下，自愿认罪认罚。值班律师应当为认罪认罚的犯罪嫌疑人、被告人提供下列法律帮助：（一）提供法律咨询，包括告知涉嫌或指控的罪名、相关法律规定，认罪认罚的性质和法律后果等；（二）提出程序适用的建议；（三）帮助申请变更强制措施；（四）对人民检察院认定罪名、量刑建议提出意见；（五）就案件处理，向人民法院、人民检察院、公安机关提出意见；（六）引导、帮助犯罪嫌疑人、被告人及其近亲属申请法律援助；（七）法律法规规定的其他事项。"

根据上述规定，值班律师的职责可以概括为：一是法律释明。即解答犯罪嫌疑人、被告人关于案件的相关问题，为犯罪嫌疑人、被告人答疑解惑，帮助其准确地了解指控的罪名、法律责任，认罪认罚从宽制度的内涵、适用的法律程序与后果等，自主决定是否认罪认罚。二是保障犯罪嫌疑人、被告人诉讼权利。犯罪嫌疑人、被告人自愿认罪认罚的，值班律师基于其认罪认罚的表现，认为其没有社会危险性，可以申请变更强制措施；值班律师在履职过程中获悉犯罪嫌疑人、被告人遭受刑讯逼供、非法取证等线索后，应当依职责向检察机关提出，请求检察机关予以审查并进行侦查活动的监督。三是就特定事项发表意见。根据刑事诉讼法规定，犯罪嫌疑人认罪认罚的，人民检察院应当就下列事项，听取犯罪嫌疑人、辩护人或者值班律师的意见：（1）涉嫌的犯罪事实、罪名及适用的法律规定；（2）从轻、减轻或者免除处罚等从宽处罚的建议；（3）认罪认罚后案件审理适用的程序；（4）其他需要听取意见的事项。值班律师在了解相关案件情况后，应向检察官提供相应的法律意见，维护犯罪嫌疑人的合法权益。四是提供程序选择建议。值班律师对犯罪嫌疑人给出程序选择的意见和建议，向其解释适用速裁程序、简易程序、普通程序中被告人权利的异同，以及快速处理可能会给其带来的利弊，帮助其作出合理的程序选择。五是协助量刑协商。犯罪嫌疑人、被告人选择认罪认罚后，值班律师应协助其在量刑上与检察官进行协商，以获得有利的结果，并见证认罪认罚具结书的签署，同时监督程序的合法性。

为充分发挥值班律师制度的作用，确保值班律师提供有效法律帮助，检察机关应当为值班律师履职提供必要的保障：

第一，应当为犯罪嫌疑人、被告人约见值班律师提供便利。根据《刑事诉讼法》第36条的规定，人民法院、人民检察院、看守所应当告知犯罪嫌疑人、被告人有权约见值班律师，使犯罪嫌疑人、被告人知晓有约见值班律师的权利。犯罪嫌疑人、被告人有约见值班律师需要的，上述办案机关应当主动安排，提供便利，使得值班律师能够及时参与到案件中来，为犯罪嫌疑人、被告人提供"一对一"的法律帮助。

在英国，值班律师实行365天、24小时不间断值班制度，随时可以为受助人（包括犯罪嫌疑人和协助调查人）提供法律咨询与帮助服务。就我国的情况看，犯罪绝对数量庞大，而律师数量偏少，要实行值班律师365天、24小时不间断值班，并不现实。事实上，要实行工作日值班都十分困难。在绝大多数基层法院、检察院及看守所，都实行每周2—3天值班制度，每天值班律师仅有1—2名。对于认罪认罚案件，一些地方公检法机关仍在沿用"三集中"工作机制，即公安机关相对集中移送审查起诉、检察机关相对集中提起公诉、法院相对集中开庭审理，以实现侦诉审紧密衔接、全流程提速增效。"三集中"工作机制尽管有利于提升办案效率，但极大增加了值班律师的工作负担。在这种情况下，值班律师不可能为犯罪嫌疑人、被告人提供"一对一"的法律帮助，只能充当"见证人"角色。因此，要提升值班律师法律帮助的有效性，一要根据各地办案情况，合理配备值班律师数量。针对实践中辩护率总体较低，值班律师配备不能满足需要等问题，检察机关要会同有关部门完善和落实法律援助制度，保障值班律师能够提供有效法律帮助。二要努力探索多样化的值班方式。值班律师可以定期值班或轮流值班，律师资源短缺的地区可以通过探索现场值班和电话、网络值班相结合，在人民法院、人民检察院毗邻设置联合工作站，省内和市内统筹调配律师资源，以及建立政府购买值班律师服务机制等方式，保障法律援助值班律师工作有序开展。三要优化"三集中"办案机制，对"三集中"办理的案件类型设置过滤机制，将那些较为复杂，有一定争议的案件过滤出去，单独而非集中移送，这样有利于值班律师为犯罪嫌疑人、被告人提供较为有效的法律帮助。

第二，应当为值班律师了解案件情况提供便利。根据《刑事诉讼法》第173条第3款的规定，审查起诉阶段检察机关就特定事项听取值班律师意见的，"应当提前为值班律师了解案件有关情况提供必要的便利"。"必要的便利"，应当包括安排会见犯罪嫌疑人、允许查阅卷宗材料或者进行证据开示，以利于值班律师全面了解案件情况，能够就案件处理提出实质意见。

第三，应当充分听取值班律师发表的意见。根据《刑事诉讼法》第173条第2款的规定，犯罪嫌疑人认罪认罚的，人民检察院应当听取辩护人或者值班律师对涉嫌的犯罪事实、罪名及适用的法律规定，从轻、减轻或者免除处罚等从宽处罚的建议，认罪认罚案件审理适用的程序等意见，并记录在案。对认罪认罚案件发表意见是值班律师的权利，听取值班律师的意见则是检察机关的义务。检察机关要善于听取值班律师的意见，充分吸纳其合理意见。要防止"听而不取"，如果不采纳值班律师提出的意见，应当向其说明理由。

三、犯罪嫌疑人、被告人认罪认罚权的保障

认罪认罚是犯罪嫌疑人、被告人享有的诉讼权利，而不是诉讼义

务。权利既可以行使，也可以放弃。因此，犯罪嫌疑人、被告人既可以自愿认罪认罚，也可以拒绝认罪认罚；既可以对全案事实认罪认罚，也可以只对部分事实认罪认罚。犯罪嫌疑人、被告人认罪认罚的，可以依法对其从宽处理。反之，犯罪嫌疑人、被告人不认罪认罚的，则不应当对其从宽处理。但是，国家不得因犯罪嫌疑人、被告人不认罪认罚而加重其刑事责任，也不得对犯罪嫌疑人、被告人的认罪认罚权无端进行剥夺。在犯罪嫌疑人、被告人自愿认罪认罚时，司法机关不得无故拒绝接受。

保障犯罪嫌疑人、被告人认罪认罚的权利，关键在于保障其认罪认罚的自愿性。英国学者麦高伟（Mike Conville）经过对有罪答辩实践长期的观察与研究，得出一个结论："几乎没有被告人是真正自愿地作有罪答辩的，多数的有罪答辩是交易协议的结果（'明确的交易'），或者虽然没有正式的协议但知道会减刑带来的结果（'不明确的交易'），或者是来自被告人自己的诉务律师施加压力的结果。"① 美国学者艾瑞克·卢拉（Erik Luna）也认为："尽管被告可以拒绝做有罪答辩，但是大部分都会接受检察官的要约以避免审判时遭受更为严重的指控和更加严厉的惩罚……甚至有时，被告很明显是迫于压力而接受了交易，因为辩护交易下的结果与如果案件进入审判可以确定的结果之间存在巨大的差异。这样一来，策略性指控和辩诉交易实践允许检察官行使有效的自由裁量权，他们作出教父式的'不可拒绝的要约'，而被告（以及法庭）可以唾弃检察官，但基本都会接受这个交易。"②

为了避免犯罪嫌疑人、被告人由于受到威胁或者引诱而违心地认罪认罚，也为了防止冤假错案的发生，除了充分保障犯罪嫌疑人的知情

---

① ［英］麦高伟、杰弗里·威尔逊主编：《英国刑事司法程序》，姚永吉等译，法律出版社2003年版，第328—329页。
② ［美］艾瑞克·卢拉等主编：《跨国视角下的检察官》，杨先德译，法律出版社2016年版，第75页。

权、律师帮助权等各项诉讼权利外,还应当加强对认罪认罚自愿性的审查,并加强对认罪认罚诱导行为的规制。

(一)加强对认罪认罚自愿性的审查

在审查起诉、审判阶段,检察机关、审判机关应当全面审查犯罪嫌疑人、被告人认罪认罚的自愿性、真实性和明智性,认罪认罚是否具有一定的事实基础。审查的方式,包括审查在案证据、查看同步录音录像、征询辩护人或者值班律师的意见、向犯罪嫌疑人、被告人核实等。其中,向犯罪嫌疑人、被告人核实是基本的、主要的审查方法。

在美国夏威夷州法院,法官在审查被告人有罪答辩的自愿性时,需要向被告人质问28个问题。包括被告人的姓名、年龄、所受教育、是否懂英语、是否受酒精或者药物的影响、精神状态是否正常、是否得到辩护人的有效帮助、是否理解认罪答辩的后果等。其中,有两个问题直接涉及被告人认罪答辩的自愿性。一个问题是,是否有人为了让您进行有罪答辩(不抗争答辩)而对您进行威胁、强制或者给您施加压力?您是不是按照自己的自由意思作出了有罪答辩?另一个问题是,除了与检察官对答辩达成合意以外,有谁以您的有罪答辩(不抗争答辩)为条件对您作出某种约定?① 通过这两个问题,了解被告人在作出有罪答辩时"意思表示"是否自由,是否受到强迫、威胁、引诱。

根据刑事诉讼法、《指导意见》的规定,检察机关、法院主要通过"告知""听取意见"等方式审查犯罪嫌疑人、被告人认罪认罚的自愿性。我们认为,上述审查方式过于简单和程式化,难以全面、客观、准确地评判犯罪嫌疑人、被告人认罪认罚的自愿性、真实性。因此,我们可以借鉴美国夏威夷州法院的审查方式,增加"质问"程序。检察机关、法院在告知犯罪嫌疑人、被告人诉讼权利和认罪认罚法律后果基础

---

① [日]田口守一:《刑事诉讼的目的》,张凌、于秀峰译,中国政法大学出版社2011年版,第118页。

上，应当进一步质问犯罪嫌疑人、被告人。质问的内容，除了犯罪嫌疑人、被告人的姓名、年龄、精神状况等基本情况外，还应当视诉讼的不同阶段、被告人的不同情况，有针对性地提出质问内容。如在审判阶段，可将庭前会议程序改造成为"质问"程序，详细审查被告人认罪认罚的自愿性以及认罪认罚具结书内容的真实性、合法性，从而决定对案件适用何种审判方式。法官可以提出以下质问内容：（1）你是否聘请了辩护人？（2）你是否愿意认罪认罚？（3）你在检察机关作出的认罪认罚具结书是不是自愿的？（4）你是否理解起诉书对你指控的内容？（5）你是否可以用自己的语言讲述你所做的一切？（6）你愿意适用何种程序（速裁程序、简易程序等）进行审理？等等。审查被告人认罪认罚自愿性的同时，应当一并审查认罪认罚的事实基础。所谓"事实基础"，不能仅依据被告人的有罪供述，而应当有确实、充分的证据证明被告人可能实施了相关犯罪。要求认罪认罚必须具备事实基础有以下几个目的：首先，它可以防止宣告无辜者有罪；其次，它将有关指控的信息资料记录在案，并保留这些资料，这些资料可用于被告人在将来寻求反对有罪判决的诉讼中；最后，有关罪行情节的资料对法官的量刑很有帮助。①

（二）加强对认罪认罚诱导行为的规制

在刑事诉讼活动中，对犯罪嫌疑人、被告人认罪认罚（认罪答辩）进行有限度的诱导，这是允许的。所谓诱导，就是使用心理压力的方式，征服犯罪嫌疑人、被告人的意志，诱使其认罪认罚。诱导包括欺骗、许诺、暗示等。这些诱导行为并不一定违法，也不一定损害犯罪嫌疑人、被告人认罪认罚的自愿性。如在美国，联邦最高法院对欺骗性手段表现出了较大的宽容度。"只要政府执法人员的行为并非过分恶劣，从而并非剥夺犯罪嫌疑人的自由意志，那么，他们可以采用一些欺骗性

---

① ［美］爱伦·豪切斯泰勒·斯黛丽、南希·弗兰克：《美国刑事法院诉讼程序》，陈卫东、徐美君译，中国人民大学出版社2002年版，第453—454页。

手段，甚至使用一些十足的谎言。"① 但是，如果表现为虚假的同情、责备被害人、对涉及犯罪嫌疑人、被告人案件的严重程度作出欺骗性描述等，所获得的有罪供述就可能被认定为不具有自愿性，将作为非法证据予以排除。欺骗方法的使用也不能使社会和法庭"受到良心上的冲击"，或者"使社会震惊"，"使社会不能接受"。如，警察装扮成提供法律帮助的律师来诱导犯罪嫌疑人认罪答辩，就损害了犯罪嫌疑人的辩护权，其欺骗行为可判定为违法。

除了欺骗性手段之外，还包括暗示，如犯罪嫌疑人认罪，其"处境就会有所好转"，也包括其他一些许诺或奖励，如，保证不会针对其配偶采取任何不利行动，或者，如果犯罪嫌疑人认罪，他们会竭尽全力地为其家庭争取福利救助，等等。办案人员在作出许诺时不能超越自己的权限范围，提出不能兑现的许诺；一旦作出许诺，就必须遵守；如果不兑现许诺，则必须有正当理由。"法律规定检察官只能作出是他们权力一部分能够履行的允诺。例如，检察官许诺被告人能够获得早期假释（一项由假释委员会作出的决定，检察官没有控制权），那么交易就超出检察官的权力范围。也就是说，检察官不能作出他们履行不了的许诺或作出'性质与检察官工作没有正当关系的允诺'。"② 为此，可以考虑在法律或司法解释中明确对司法机关遵守承诺作出规定，或者禁止司法机关采取不遵守承诺的不正当手段获取司法利益。③ 比如，侦查、检察机关不遵守承诺时，犯罪嫌疑人、被告人作出的认罪认罚不具有自愿性。

在司法实践中，我们要准确区分哪些"诱导"行为是刑事诉讼法、司法解释可以容忍的，哪些"诱导"行为是应当禁止的，既充分保障犯罪嫌疑人、被告人认罪认罚的自愿性，也保障侦查机关、检察机关、审

---

① ［美］诺曼·M.嘉兰等：《执法人员刑事证据教程》（第4版），但彦铮等译，中国检察出版社2007年版，第231页。

② ［美］爱伦·豪切斯泰勒·斯黛丽、南希·弗兰克：《美国刑事法院诉讼程序》，陈卫东、徐美君译，中国人民大学出版社2002年版，第428页。

③ 龙宗智：《检察官客观义务论》，法律出版社2014年版，第189—190页。

判机关大胆地、充分地履行职能。

四、犯罪嫌疑人、被告人从宽处理权的保障

《刑事诉讼法》第15条规定:"犯罪嫌疑人、被告人自愿如实供述自己的罪行,承认指控的犯罪事实,愿意接受处罚的,可以依法从宽处理。"获得从宽处理的权利,是与犯罪嫌疑人、被告人认罪认罚密切相关的一项基本权利,也是犯罪嫌疑人、被告人认罪认罚可以得到的收益。犯罪嫌疑人、被告人放弃了法庭调查、法庭辩论等部分审判程序所保障的诉讼权益,理所应当得到利益的弥补,即获得从宽的处理。虽然"可以"从宽意味着并非必然从宽,但也不意味着司法机关想从宽就从宽,不想从宽就不从宽。"'可以'从宽暗含了条文的导向性,即不是可有可无,而是没有特殊理由的,都应当体现法律规定和政策精神,从宽处罚。"① 因此,对认罪认罚的犯罪嫌疑人、被告人依法予以从宽处理,绝不是司法机关的"恩惠",是宽严相济刑事政策的实际兑现。

从宽处理,包括程序从简和实体从宽两个方面。犯罪嫌疑人、被告人认罪认罚的,检察机关应当依法对其从宽处理,而不得任意限制或剥夺其获得从宽处理的权利。

一是对认罪认罚案件,要坚持程序从简、从快。着眼于全流程简化,减少繁文缛节,提高诉讼效率。程序的从简、从快,本身就是"宽"的体现,有利于减轻犯罪嫌疑人、被告人等待审判的痛苦和煎熬。

二是对认罪认罚案件,要加强对社会危险性条件的审查把关,坚持可捕可不捕的不捕,摒弃"构罪即捕""认罪即捕"。要构建羁押必要性审查一体化机制,即使当时逮捕,捕后也要加强羁押必要性审查,审查起诉阶段依职权进行羁押必要性评估,根据社会危险性的变化情况,

---

① 陈国庆:《认罪认罚从宽制度与刑事检察工作新发展》,载张志杰主编:《刑事检察工作指导》,2019年第1辑,中国检察出版社2019年版,第52页。

及时依法变更强制措施。

三是对认罪认罚案件,要依法敢于适用不起诉。对认罪认罚后没有争议,不需要判处刑罚的轻微刑事案件,可以依法作出不起诉决定。人民检察院应当加强对案件量刑的预判,对其中可能判处免刑的轻微刑事案件,可以依法作出不起诉决定。对认罪认罚后案件事实不清、证据不足的案件,应当依法作出不起诉决定。

四是对于认罪认罚案件,要根据个案情节准确把握"从宽"的幅度,避免提出量刑建议时畸轻畸重。

五、犯罪嫌疑人、被告人程序选择权的保障

程序选择权,是指犯罪嫌疑人、被告人有权根据自己的意识和意志,决定适用某种具体程序的权利。程序选择权体现了犯罪嫌疑人、被告人从程序客体到程序主体的角色转变。在现代刑事诉讼中,"被追诉者不再是被国家机关追究和惩罚犯罪的客体,只能被动接受自身的命运安排,而是能够发挥其主体性作用,充分参与和影响裁判结果的重要角色"[1]。认罪认罚从宽制度蕴含了作为诉讼主体的控辩双方进行自愿合意的核心理念,控辩双方可以理性地展开对话和积极地进行交涉。为此,要求"对犯罪嫌疑人或被告人的程序性权利予以充分的考虑,以使其能够在自主行动的基础上,通过对诉讼程序(商谈和交涉)的有效参与来对诉讼结果施加充分的影响"[2]。

根据《刑事诉讼法》第214条、第215条的规定,被告人对适用简易程序没有异议的,可以适用简易程序审理。共同犯罪案件中部分被告人不认罪或者对适用简易程序有异议的,不适用简易程序审理。《刑事诉讼法》第222条、第223条规定,被告人认罪认罚并同意适用速裁程

---

[1] 刘少军:《被追诉者刑事程序选择权初探》,载《政法论丛》2004年第5期。
[2] 姚莉、詹建红:《刑事程序选择权论要》,载《法学家》2007年第1期。

序的,可以适用速裁程序。共同犯罪案件中部分被告人对指控的犯罪事实、罪名、量刑建议或者适用速裁程序有异议的,不适用速裁程序。根据上述规定,被告人有同意或不同意适用简易程序、速裁程序的权利。

被告人不同意适用简易程序、速裁程序的,应当适用普通程序进行审理。对于可能判处三年有期徒刑以下刑罚的案件,被告人既可以选择适用简易程序,也可选择适用速裁程序,检察机关在提出适用简易程序或速裁程序的建议时,应当充分征求被告人及其辩护人的意见。

在所有案件中,不论是轻罪案件还是重罪案件,认罪认罚案件还是不认罪认罚案件,被告人都有权选择适用普通程序审理。接受普通程序的审判,应该是被告人最基本的诉讼权利,也是不可剥夺、不可限制的权利。即使对于认罪认罚案件,被告人选择适用普通程序审理的,检察官也不得以此为由拒绝适用认罪认罚从宽制度,或者变相强迫被告人同意快速审理才签署认罪认罚具结书,而是应当按照适用普通程序的建议,与其签署认罪认罚具结书。"犯罪嫌疑人是否同意适用某一审判程序并不是适用认罪认罚从宽制度的必要条件,即认罪认罚从宽制度并不剥夺、限制犯罪嫌疑人选择审判程序的权利。"[1]

六、犯罪嫌疑人、被告人量刑协商权的保障

量刑协商权是犯罪嫌疑人、被告人程序主体地位的体现。犯罪嫌疑人、被告人通过与检察官协商量刑,可以对案件的量刑裁判结果施加积极的影响,甚至起到决定性的塑造作用。"这种对被告人诉权的高度尊重,使得被告人拥有自行选择诉讼结局的机会,这显然维护了被告人的诉讼主体地位,使其自由意志得到了高度的尊重。"[2] 鉴于在量刑协商

---

[1] 孙谦主编:《认罪认罚从宽制度实务指南》,中国检察出版社2019年版,第204—205页。

[2] 陈瑞华:《刑事诉讼的公力合作模式——量刑协商制度在中国的兴起》,载《法学论坛》2019年第4期。

中，检察官处于主导地位，犯罪嫌疑人、被告人处于被动接受者地位，而值班律师主要处于"见证人"地位，难以实质性地参与量刑协商过程的状况，有必要采取措施，加强对犯罪嫌疑人、被告人量刑协商权的保障。

一是检察官要充分尊重犯罪嫌疑人、被告人的协商主体地位。犯罪嫌疑人、被告人在量刑协商中，应当是协商主体而不是协商客体，应当是协商过程的主动参与者而不是协商结果的被动接受者。检察官要坚持控辩平等原则，始终以平等的姿态而不是居高临下的姿态，同犯罪嫌疑人、被告人进行平等的量刑协商。《刑事诉讼法》第173条第2款规定的"听取意见"本质上是控辩双方进行的沟通、协商，听取意见的过程，即控辩双方围绕案件的处理进行的交流、互动、协商的过程。"一方面，检察机关向辩方告知拟处理意见不是检察机关单方通知、'我说你听'，而是为了'听取意见'，因此，辩方是有权提出自己的意见和要求的。另一方面，检察机关'听取意见'不是为听取而听取、听过了事，而是为了使拟处理意见考虑得更加全面，更加客观公正，即辩方意见如果有理，应予采纳，并修正拟处理意见；辩方意见如果无理或站不住脚，则予解释说明。"① 如果对犯罪嫌疑人、被告人的意见只听不取，不允许"讨价还价"，那就堵塞了协商的通道，背离了《刑事诉讼法》第173条第2款的精神和初衷。

二是检察官要确保犯罪嫌疑人、被告人对案件事实、证据情况有足够的了解，确保控辩双方在协商过程中尽可能信息对称；同时，要为值班律师阅卷提供便利，使值班律师能够为犯罪嫌疑人、被告人提供有效的法律帮助，确保控辩双方参与协商过程的平等性、有效性，防止协商过程流于形式。

三是经过控辩双方协商，最终由检察官提出的量刑建议，代表了国

---

① 朱孝清：《检察机关在认罪认罚从宽制度中的地位和作用》，载《检察日报》2019年5月31日。

家对认罪认罚的犯罪嫌疑人、被告人的庄严承诺。因此,在庭审中,检察官不得随意变更量刑建议。同时,为了兑现检察机关代表国家对被追诉人的从宽处罚承诺,法官一般应当接受检察机关指控的罪名和量刑建议,不得轻易地偏离量刑建议作出量刑裁判。因为,"在认罪认罚案件中,依法兑现'从宽'政策、实现司法公正,乃是检察机关和法院的共同责任"①。同时,法院也应当加强对量刑建议的审查,对于量刑建议"明显不当"的,应当建议检察机关进行调整。

七、犯罪嫌疑人、被告人公正审判权的保障

在刑事诉讼中,犯罪嫌疑人、被告人有获得公正审判的权利。公正审判,通常包括公正的法院(法官)、公正的诉讼程序(程序公正)及公正的裁判(实体公正)等内容。公正的法院(法官)要求,法官应当保持中立、超然的地位,根据自己的良知和理性裁判争端。宾汉姆指出:"既然法官和其他决策者都是人而非机器,无疑,在某种程度上,他们都不可避免地是自身教育、经验和背景的产物。他们判断案情的思维,不会是一张白纸。但是,他们应努力警示自己,抵消任何可能干扰他们判断的外部因素,如果他们意识到了偏见,或者意识到了可能引发偏见的事项,他们就必须拒绝作出有争议的决定。"② 在刑事诉讼中,未经辩护不得对任何被告判罪,被告和公诉人在程序方面是平等的,法院在诉讼活动中应听取双方的意见,进行公开的审判等已被普遍地认为是程序公正的最起码的要求。公正的裁判则要求罪刑相适应,同样的情况同样对待、类似的情况类似处理等内容。

我国宪法、刑事诉讼法都没有明确规定被告人有获得公正审判的权

---

① 孙长永:《认罪认罚案件"量刑从宽"若干问题探讨》,载《法律适用》2019年第13期。

② [英]汤姆·宾汉姆著:《法治》,毛国权译,中国政法大学出版社2012年版,第132页。

利,但《刑事诉讼法》第 5 条规定:"人民法院依照法律规定独立行使审判权",第 11 条规定:"人民法院审判案件,除本法另有规定的以外,一律公开进行。被告人有权获得辩护,人民法院有义务保证被告人获得辩护。"第 238 条规定,第一审人民法院的审理剥夺或者限制了当事人的法定诉讼权利,可能影响公正审判的,第二审人民法院应当裁定撤销原判,发回原审人民法院重新审判。根据这些规定,人民法院有义务保证被告人获得独立、公正的审判。因此,获得独立、公正审判的权利,是被告人享有的一项推定性权利。

(一)保证被告人有接受普通程序审判的权利

有观点认为,"以审判为中心的诉讼制度与认罪认罚从宽制度都是以公正审判权为核心的诉讼制度,前者是主张并行使公正审判权的产物,后者是放弃或减少公正审判权的结果,两者之间呈现为应然要求与实然需要的关系。"① 根据这种观点,犯罪嫌疑人、被告人有放弃公正审判的权利,选择简化的诉讼程序即对公正审判权的放弃。这种观点将程序简化与公正审判对立起来,并且会对社会造成一种错觉,即认为简易程序、速裁程序就不是公正审判。毫无疑问,适用于认罪认罚案件的三种审理程序,即普通程序、简易程序和速裁程序中,由于普通程序是完整的诉讼程序,因而最能实现公正的审判。相对而言,在简易程序、速裁程序中,公正审判的确有所减损,但这并不等于不是"公正"审判,也不意味着被告人放弃了公正审判的权利,而仅仅意味着被告人放弃了部分庭审权利。无论犯罪嫌疑人、被告人是否认罪认罚,都有权获得公正的审判。

《刑事诉讼法》第 221 条规定:"人民法院在审理过程中,发现不宜适用简易程序的,应当按照本章第一节或者第二节的规定重新审理。"

---

① 顾永忠、肖沛权:《完善认罪认罚从宽制度的亲历观察与思考、建议》,载《法治研究》2017 年第 1 期。

第 226 条规定:"人民法院在审理过程中,发现有被告人的行为不构成犯罪或者不应当追究其刑事责任、被告人违背意愿认罪认罚、被告人否认指控的犯罪事实或者其他不宜适用速裁程序审理的情形的,应当按照本章第一节或者第三节的规定重新审理。"此即"程序回转"的规定。通过程序回转,保证被告人获得普通程序的审判,最大限度地实现公正审判。在司法实践中,有的法官或检察官嫌程序回转麻烦,而不愿意转普通程序审理。这种做法限制或剥夺了被告人接受普通程序审判的权利,应当坚决纠正。

(二)保证被告人有接受公开审判的权利,同时给予被告人不公开审理的关照

公开审判,是公正审判的重要原则。获得公开审判的权利,也是被告人的一项基本宪法权利。"规定享有公开审判的权利最初是为了防止政府机构秘密审判。公众和被告人都享有这项权利。"① 但是,庭审的过度公开并非被告人所希望的,因为它可能使被告人成为公众娱乐的对象,对其工作、家庭生活等可能带来不利的影响。

因此,被告人往往都希望非公开审判,以避免公开审判可能造成的负面影响。在美国,"对于无罪开释希望渺茫的被告人来说,有罪答辩和限制可能的刑罚的好处是明显的,这样可以减少曝光,可以立即开始服刑改造,这样一来,庭审造成的实际负担被消除了"②。德国的刑事处罚令程序,由于避免公开审判所招致的麻烦和影响名誉的后果而吸引了许多被告人。

对于认罪认罚案件,依法应当进行公开审理的,人民法院应当进行

---

① [美]爱伦·豪切斯泰勒·斯黛丽、南希·弗兰克:《美国刑事法院诉讼程序》,陈卫东、徐美君译,中国人民大学出版社 2002 年版,第 73 页。
② [美]斯蒂芬诺斯·毕贝斯:《庭审之外的辩诉交易》,杨先德等译,中国法制出版社 2018 年版,第 90 页。

公开审理，允许社会公众旁听。但是，庭审网上直播只是公开审理的延伸，而非公开审理的必然要求。人民法院在决定是否进行网上直播时，应当充分考虑犯罪嫌疑人、被告人的意愿，尽量将庭审公开对被告人造成的负面影响降至最低。

八、犯罪嫌疑人、被告人救济权的保障

"权利救济本身也是一项权利，是矫正或补正权利的权利，是实现权利的权利。"① 在认罪认罚案件中，当犯罪嫌疑人、被告人权利受到侵犯时，有获得救济的权利。

（一）犯罪嫌疑人、被告人撤回权的保障

在一审判决之前，犯罪嫌疑人、被告人原则上可以随时撤回认罪认罚具结书。犯罪嫌疑人、被告人撤回认罪认罚具结书，意味着否定了其之前对公安机关、检察机关所作的有罪供述。那么，其之前所作的有罪供述是否还具有证据效力呢？对此，有学者认为，被告人撤回认罪认罚后，其在审前讯问期间所做的有罪供述、与控方进行量刑协商过程的有罪供述，以及被告人自己提出的认罪认罚提议，在之后的诉讼程序中应全部予以排除，不得在庭审中出示。② 我们认为，如果一概撤回犯罪嫌疑人、被告人在审前程序做的有罪供述，将助长"假认罪"情况，会对检察官的庭审指控带来极大的困难。犯罪嫌疑人、被告人通过在审前程序"虚假认罪认罚"，享受到值班律师的帮助，并且了解到检察机关指控的事实和证据。在庭审阶段，被告人可以随意撤回认罪认罚，从而使之前的所有供述归于无效。在这种情况下，检察机关要有效指控犯罪，无疑难于登天。我们认为，犯罪嫌疑人、被告人在审前程序的有罪供述

---

① 孙长永等：《犯罪嫌疑人权利保障研究》，法律出版社2011年版，第349页。
② 孔冠颖：《认罪认罚自愿性判断标准及其保障》，载《国家检察官学院学报》2017年第1期。

是否予以排除，需要区别对待，不应一刀切。犯罪嫌疑人、被告人撤回认罪认罚具结书，其已签署过的认罪认罚具结书不能作为本人认罪认罚的依据，但仍可能作为其曾做有罪供述的证据，由人民法院结合其他证据对本案事实进行认定。（1）犯罪嫌疑人在侦查阶段所作的有罪供述，只要不是通过刑讯逼供等非法手段获取，应当作为证据使用。因为，犯罪嫌疑人、被告人供述，本身就是证据的法定形式之一。只要侦查机关没有使用刑讯逼供等非法手段，犯罪嫌疑人的有罪供述就是合法的、有效的。不能因犯罪嫌疑人在后续程序中撤回认罪认罚而否认其在侦查阶段所作的有罪供述的证据效力。（2）犯罪嫌疑人、被告人签署认罪认罚具结书后，撤回认罪认罚时，其向检察机关所作的有罪供述，是否具有证据效力，应当根据具体情形分别处理。比如，检察官向犯罪嫌疑人许诺，犯罪嫌疑人认罪认罚后，将向法院提适用缓刑的量刑建议。如果犯罪嫌疑人、被告人认罪认罚后，检察官基于被告人的罪行较重，而向法院提出适用实刑的量刑建议。被告人撤回认罪认罚后，其向检察官所作的有罪供述，不得作为对其不利之证据。"被告因为信任代表政府行使公权力之检察官而为某特定行为，如检察官毁约违信，应给予被告'适当之救济'，以符合公平正义。"①

（二）被告人上诉权的保障

上诉权是被告人依法享有的一项基本诉讼权利，是启动第二审程序的主要方式。保障被告人上诉权，对于纠正一审裁判中可能发生的错误，维护司法公正，具有十分重要的意义。对于被告人的上诉，检察机关要注意分析被告人的心理状态，分析其上诉的理由，并根据具体情形决定是否提出抗诉。抗诉必须针对判决，而不应作为对被告人的反制。对于检察机关提出幅度刑量刑建议，法院在幅度中线或者上线量刑后，被告人上诉的，原则上不宜抗诉。

---

① 王兆鹏：《新刑诉·新思维》，中国检察出版社2016年版，第141页。

第四节　推进认罪认罚从宽制度在特定案件中的适用

认罪认罚从宽制度并没有适用范围和条件的限制，各种类型的刑事案件均可以适用。但从司法实践看，适用案件主要为轻刑、普通案件。对于涉及重罪尤其是无期徒刑以上案件、涉黑类案件、职务犯罪案件等适用认罪认罚从宽的比例有限，还存在不敢用、不想用的情况。与轻刑、普通刑事案件相比，未成年人犯罪案件、职务犯罪案件、重罪案件涉及的诉讼关系更为复杂，在适用认罪认罚从宽制度时所考虑的因素更多。检察机关要增强主导意识，积极推进认罪认罚从宽制度在特定案件中的适用，更好地发挥该制度的价值优势，努力促进社会和谐。

一、认罪认罚从宽制度在重罪案件中的适用[*]

《指导意见》规定："不能因案件罪轻、罪重或者罪名特殊等原因而剥夺犯罪嫌疑人、被告人自愿认罪认罚、获得从宽处理的机会。"但是，由于重罪案件侵害的法益较大，关系国家安全、公共安全和生命安全，社会各方关注度较高，如果认罪认罚从宽制度适用不当，就可能造成较大的负面效应，损害人民群众朴素的正义感。根据比例原则的要求，越简单、越轻微的案件，在不妨碍刑事诉讼基本目的的前提下，论罪科刑的机制就能越便宜、越简洁。反之，"越复杂、越重大的案件，论罪科刑的程序就必须相应地越慎重、越确实"[①]。因此，我们在对重罪案件适用认罪认罚从宽制度时，既要积极主动，也要审慎稳妥。

---

[*] 本部分由段明学、宋能君撰写。
[①] 林钰雄：《刑事诉讼法》（下册），中国人民大学出版社2005年版，第197页。

(一) 重罪案件适用认罪认罚从宽制度的特殊价值

认罪认罚从宽制度的设立初衷之一,就是实现案件的繁简分流,这一功能更多地体现在适用速裁程序或者简易程序的轻罪案件。与轻罪案件相比,重罪案件适用认罪认罚从宽制度有着特殊的价值,主要体现在以下几个方面:

第一,重罪案件适用认罪认罚从宽制度,符合刑罚轻缓化的潮流趋势。在一个发展程度较高的社会,国家能够对社会进行有效治理,"就会降低对刑罚的依赖,尤其是降低对重刑的依赖"[1],刑罚轻缓化就成为必然的趋势。在世界范围内,刑罚轻缓化表现为死刑的废除或者限制适用、自由刑的开放化以及财产刑的扩大适用等。[2] 刑罚轻缓化趋势深刻地影响着中国刑事法治发展道路,突出体现在刑罚制度的改革和司法实践上。在立法层面,立法机关通过制定刑法修正案不断缩小死刑适用罪名,严格限制死刑的适用。这既吸收、传承了我国传统文化中的"慎刑"[3] 思想,也适应了刑罚轻缓化的潮流趋势。在司法层面,宽严相济刑事司法政策的提出,为刑罚轻缓化提供了政策依据。

当代中国正处于近代以来最好的发展时期,"中国之治"与"西方之乱"形成了鲜明的对比。党的十九届四中全会提出"推进国家治理体系和治理能力现代化",我国国家治理和社会治理必将迈上一个新台阶。

---

[1] 陈兴良、周光权:《刑法学的现代展开》,中国人民大学出版社2006年版,第440页。

[2] 塔娜:《刑法与刑事诉讼法交互作用研究》,中国政法大学出版社2013年版,第1567—157页。

[3] 西周时期颁布的《尚书·康诰》记载:"乃有大罪,非终,乃惟眚灾,适尔,既道极厥辜,时乃不可杀。"即使犯有重罪,但如果是偶犯又出于过失,就可以不判死刑。在我国古代刑法典中,唐律集中体现了儒家所一贯主张的反对重刑,强调宽仁恤刑、慎刑慎杀的思想。《唐律》被后世统治者奉为圭臬,宋、元、明、清各朝立法更改不多。——参见崔璨:《明朝"重其重罪、轻其轻罪"刑事司法原则及其现代省思》,载《理论界》2011年第10期。

古人云："刑罚世轻世重""治乱世用重典"。盛世，则应当法缓刑轻。重罪案件适用认罪认罚从宽制度，体现了刑罚轻缓化的发展趋势，是对我们党长期坚持和奉行的"坦白从宽"、宽严相济刑事司法政策的贯彻和落实。它也是"中国之治"在法律形态上的必然要求和体现。这有利于在一定程度上遏制重刑甚至极刑的适用，逐步实现刑罚轻缓化，在国际上彰显我国法治国家的良好形象。

第二，重罪案件适用认罪认罚从宽制度，有利于收集、固定证据，形成证据链条，提高指控和审理效率，节省司法资源。英国霍尔罗伊德法官指出："犯罪越严重，用于定罪的证据就越要有证明力。"[①] 轻罪案件和重罪案件、认罪案件和不认罪案件在证据的"量"、证明要求上是有差异的。与轻罪案件相比，重罪案件的证明要求更高、证据的"量"更多，收集和固定证据的难度加大。对于犯罪手段隐蔽、取证困难的重罪案件，通过适用认罪认罚从宽制度，鼓励犯罪嫌疑人尽早认罪，减少对抗，有利于降低侦查阶段收集证据的难度，及时、准确查明案件事实。在审查起诉阶段，对于犯罪嫌疑人、被告人不认罪认罚的重罪案件，检察官往往要面对堆积如山的案卷材料，审查证据材料、复核证据的工作繁重。对重罪案件适用认罪认罚从宽制度，有利于检察机关全面固定证据，形成证据链条。在法庭审理环节，对于被告人不认罪认罚的重罪案件，被告人对检察官的指控往往持否定态度，律师也可能持反对的立场，指控的难度显然增大。虽然被告人最终被绳之以法，得到应有的法律制裁，但庭审效果可能并不理想。对重罪案件适用认罪认罚从宽制度，被告人认罪认罚，在法庭上认可检察官的指控，检察官指控和证明的难度降低，有利于适当简略诉讼程序，加快庭审进程，节省司法资源，提升庭审的效果。

第三，重罪案件适用认罪认罚从宽制度，有利于对重罪案件区别对

---

① ［英］詹妮·麦克埃文：《现代证据法与对抗式程序》，蔡巍译，法律出版社2006年版，第107页。

待，分化瓦解犯罪分子，实现刑法的预防功能。区别对待、分化瓦解是我们党长期坚持的刑事司法政策。在司法实践中曾经使用的"免予起诉"，现行刑事诉讼法确认的"相对不起诉""特殊案件不起诉"等，都是对区别对待、分化瓦解刑事政策的贯彻落实。通过适用认罪认罚从宽制度，对重罪案件中的认罪认罚案件与不认罪认罚案件、认罪认罚嫌疑人与不认罪认罚嫌疑人进行区别对待，可以发挥分化瓦解的作用，对认罪认罚的犯罪嫌疑人进行教育挽救，促使他们回归社会；对不认罪认罚的犯罪嫌疑人形成一种震慑，促使他们认罪服法。

（二）重罪案件适用认罪认罚从宽制度的制约因素

重罪案件较之于轻罪案件，在社会危害性和人身危险性上差异较大，认罪认罚从宽制度在重罪适用上面临着较为突出的现实困境，对可能被判处无期徒刑、死刑的案件适用困境更加凸显。

1. 法律对重罪从宽处罚有限给适用带来的影响

一是重罪案件难以体现实体上从宽。在实体上，重罪案件从宽处罚的幅度十分有限。(1) 在逮捕强制措施方面，根据《刑事诉讼法》第81条第3款的规定，"对有证据证明有犯罪事实，可能判处十年有期徒刑以上刑罚的……应当予以逮捕"，对于可能判处十年有期徒刑以上刑罚的重罪案件，在逮捕这一强制措施上难以体现实体从宽的空间。(2) 重罪案件在认罪前提下，体现从宽处罚适用不起诉的情形极为有限。《刑事诉讼法》第182条规定，"犯罪嫌疑人自愿如实供述涉嫌犯罪的事实，有重大立功或者案件涉及国家重大利益的，经最高人民检察院核准，公安机关可以撤销案件，人民检察院可以作出不起诉决定，也可以对涉嫌数罪中的一项或者多项不起诉"。这是认罪认罚语境下特殊的从宽处罚规则。"重大立功或者涉及国家重大利益"的判断标准应当是非常严格的，这种情形只能是极其个别的例外，需要在国家层面慎重研究,统筹把握。① (3) 对于依法可能判处死刑和无期徒刑的案件,被告人认罪认罚的,是否仅仅依据认罪认罚这一情节,就能够对被告人判处死刑缓期执行或者有期徒刑,目前并未有明确的规定,也未有相关指导性案例。二是重罪案件难以体现程序上从简。根据《刑事诉讼法》第21条和第183条的规定,对于依法可能判处无期徒刑或者死刑案件,应当由中级人民法院管辖,适用普通程序。对于重罪案件适用普通程序更有利于保障诉讼公正、保障重罪案件被告人的诉讼权利,因而认罪认罚案件的程序从简要求难以体现。当然,在适用普通程序时,可以在适用普通程序简化审上进行探索,探索重罪认罪认罚案件适用普通程序如何简化、简化到什么程度。

2. 社会公众接受程度尤其是难以取得被害人及其家属谅解给适用带来的影响

杀人偿命、欠债还钱的思想在相当一部分老百姓心中根深蒂固,对于重罪尤其是可能判处无期徒刑、死刑的案件,要从实体上从宽,一般社会公众难以接受,尤其是被害人及其家属难以谅解。一是重罪案件往往犯罪嫌疑人、被告人与被害人双方矛盾尖锐难以取得谅解,有的案件犯罪嫌疑人、被告人自己认为有理,不愿意去赔礼道歉,矛盾较大。二是重罪案件往往造成损失严重。有的犯罪的轻重由犯罪金额(犯罪嫌疑人、被告人获得的收益或造成的财产损失)来决定。重罪案件造成的财产损失少则数十万元、多则成百上千万。犯罪嫌疑人、被告人有时无赔偿能力,难以退赔,难以体现悔罪。三是重罪往往影响大危害严重,破坏的社会关系难以恢复,恢复性司法难度大。四是从刑事和解角度看,相关法律明确规定,当事人和解的公诉案件限定为民间纠纷引起的涉嫌刑法分则第四章、第五章规定的、可能判处三年以下有期徒刑案件,这也是基于被害方的接受程度来考量的。五是重罪案件被告人的社会危险性大,在刑罚上的从宽导致被告人重返社会的时间缩短,这会给被害人

---

① 赵恒:《"认罪认罚从宽"内涵再辨析》,载《法学评论》2019年第4期。

及其家属带来显著的心理压力和现实威胁。因而重罪案件中被害方天然地追求对犯罪嫌疑人、被告人的加重处罚，达成谅解难度较大。如重庆市某分院办理的甘某某故意伤害案，甘某某认罪认罚，但在听取被害人及其近亲属意见时，被害人坚决要求从严处理，表示不需要赔偿、不谅解犯罪嫌疑人，出于对适用效果的考虑，本案未适用认罪认罚从宽制度。

3. 犯罪嫌疑人、被告人对认罪认罚的认知程度给适用带来的影响

实践中，重罪案件犯罪嫌疑人不认罪的比例本身就较高，加之对于认罪认罚的不同认知情形，导致认罪认罚从宽制度适用率不高。归纳起来，重罪案件中犯罪嫌疑人、被告人认罪认罚情形的多样性和复杂性体现在以下方面：（1）认罪不认罚。由于重罪案件刑期重，对于犯罪嫌疑人、被告人来说，可见的从宽的可期待利益不显著，一旦被告知可能判处无期以上徒刑，便不愿再配合开展此项工作。部分自愿认罪的犯罪嫌疑人、被告人认为量刑过重而不同意量刑建议，导致不认罚，无法适用该制度。如重庆市某分院办理的苏某某走私、运输毒品案，苏某某在审查起诉阶段表示认罪、悔罪，检察官综合全案，拟提出判处无期徒刑、剥夺政治权利终身并处没收个人全部财产的量刑建议，但苏某某认为量刑过重，不同意签订认罪认罚具结书。（2）认罪认罚但是不信任量刑建议。部分犯罪嫌疑人、被告人认为量刑由法院决定，对公诉环节具结书的效力信任不足。如重庆市某分院办理的汪某某非法持有毒品案，汪某某认罪态度好，检察官拟提出有期徒刑十五年，剥夺政治权利三年并处罚金二万元的量刑建议，但汪某某认为检察机关提出的量刑建议没有法律效力，只相信法院判决的最终效力，一直不愿意在认罪认罚具结书上签字，导致审查起诉阶段未适用，后在庭审阶段汪某某认罪认罚。

4. 犯罪嫌疑人、被告人获得有效辩护不充分对适用的影响

主要有：（1）权利保障在诉讼阶段的不连贯一定程度上制约了制度的适用。这一问题在各类案件的适用中都不同程度地存在，在重罪适用中影响更为突出。犯罪嫌疑人、被告人可能被判处无期徒刑、死刑的重罪案件适用强制辩护原则，能较好地保障诉讼权利，但是存在侦查阶段、起诉阶段、审判阶段指定的律师通常不是同一人的情况，不同的律师介入不同的诉讼阶段，对案件的总体把握，各阶段之间衔接的不顺畅，都可能导致有效辩护的效果打折扣。(2) 重罪案件在非强制辩护且未委托辩护人的情形下，值班律师提供有效法律帮助的现实困境也一定程度上制约了制度的适用。一是值班律师在岗人数未与需要提供法律帮助的现实需求相匹配，难以为每名犯罪嫌疑人提供详尽的法律帮助，且重罪案件较轻罪案件来说，需要值班律师花费更多的精力和时间熟悉案情、沟通解释。二是值班律师参与案件程度不深入，绝大多数值班律师不阅卷、不提前会见犯罪嫌疑人，对案件处理提出实质性建议和意见的比例不高。由于值班律师提供的法律帮助极其有限，导致司法机关对重罪案件适用认罪认罚从宽制度存在顾忌，不愿意适用。

5. 提出量刑建议难度大对适用的影响

对于重罪案件提出量刑建议，实践中开展少，经验积累不足，特别是分院层级办理案件，检察官提出精准量刑建议的能力水平与适用认罪认罚从宽制度的要求有差距，难以提出让犯罪嫌疑人、辩护人、被害方、法官等各方均认可的量刑建议。如重庆市某分院办理的朱某某、陶某某非法持有毒品案，依法可能判处无期徒刑，该案犯罪嫌疑人认罪，希望判处有期徒刑。检察官对能否提出有期徒刑的量刑建议把握不准，听取法官的意见后才进一步同辩方进行量刑协商，反映出检察官对重罪案件提出量刑建议的能力亟待提升。

（三）重罪案件适用认罪认罚从宽制度的实践把握

重罪案件与轻罪案件在案件复杂程度、社会危险性、犯罪嫌疑人认罪态度、指控难易程度等方面有较大区别。实践中，在对重罪案件适用认罪认罚从宽制度时，应当准确把握以下几个问题：

1. 审慎把握适用认罪认罚从宽制度的重罪案件范围

根据《指导意见》的规定,认罪认罚从宽制度没有适用罪名和可能判处刑罚的限定,所有案件都可以适用。但是,"可以"适用不是一律适用,犯罪嫌疑人、被告人认罪认罚后是否从宽,由司法机关根据案件具体情况决定。我们认为,在遵循法律规定的前提下,可以从刑期和案件性质两个层面,审慎推进重罪案件认罪认罚从宽制度的适用。对于依法可能判处三年以上有期徒刑的案件,根据案件性质、社会关注度等区分情形积极适用;对于依法可能判处死刑、无期徒刑的重罪案件审慎适用。对严重暴力犯罪、严重危害社会治安的犯罪,以及社会普遍关注的重大敏感案件,尤其是认罪价值不大的,适用认罪认罚从宽制度应当慎重、严格把握。建议"两高"出台司法解释或以指导性案例的形式,进一步明确重罪案件适用范围,对可以适用、限制适用及不得适用的具体情形作出规定,便于司法机关实践操作。

案例:肖某某故意杀人案

被告人肖某某(女)与被害人龙某某(男)系夫妻关系,感情尚可。2018年6月7日,二人从重庆市区到武隆区某农家乐避暑。龙某某因对该农家乐的食宿条件不满,欲另行寻找酒店住宿未果,为此与肖某某发生争吵。肖某某认为龙某某的语言过激、脾气古怪等,遂产生杀害龙某某的想法,随即到该农家乐厨房拿出一把菜刀装入自己的双肩背包内,来到龙某某房间,见龙某某在床上睡觉,遂持菜刀朝其头部、颈部、胸部砍击数刀,致龙某某当场死亡。

本案经检察官审查后,综合考虑各种情形,决定适用认罪认罚从宽制度。具体而言:(1)本案案情简单、事实清楚、主要证据完备;(2)本案系婚姻家庭纠纷引发,犯罪嫌疑人肖某某主动如实供述了故意杀人的事实经过,有自首情节,自愿认罪认罚;(3)被害人近亲属出具了谅解书。检察官在听取犯罪嫌疑人肖某某及其辩护人、被害人近亲属对案件事实、罪名、量刑意见后,决定提出有期徒刑十四年至十五年的量刑建议。法院适用普通程序审理后，采纳了检察官提出的量刑建议，判处被告人肖某某有期徒刑十四年。被告人肖某某当庭表示服判，未上诉。

本案虽系故意杀人重罪案件，但犯罪起因乃家庭纠纷，案情简单，犯罪嫌疑人、被告人自愿认罪认罚，检察机关依法适用认罪认罚从宽制度，产生了较好的法律效果和社会效果。在实践中，对于邻里纠纷、家庭矛盾引发的重罪案件，犯罪嫌疑人、被告人积极赔偿，双方达成谅解的，通过积极适用认罪认罚从宽制度，以促进犯罪嫌疑人、被告人教育转化、认罪服法，促进矛盾化解。

2. 准确把握重罪案件的适用程序

严重犯罪不宜适用简易程序，这是国际上普遍的做法。1994年，在里约热内卢召开的世界刑法学协会第十五届代表大会通过的《关于刑事诉讼法中的人权问题的决议》第23条规定："严重犯罪不得实行简易审判，也不得由被告人来决定是否进行简易审判。至于其他犯罪，立法机关应该规定实行简易审判的条件。"根据《刑事诉讼法》第216条的规定，适用简易程序审理案件，对可能判处三年有期徒刑以下刑罚的，可以组成合议庭进行审判，也可以由审判员一人独任审判；对可能判处的有期徒刑超过三年的，应当组成合议庭进行审判。因此，对可能判处三年以上有期徒刑的重罪案件，符合简易程序审理条件的，检察机关应当积极建议适用简易程序审理。对可能判处无期徒刑或者死刑的重罪案件，检察机关应当建议适用普通程序审理。

重罪案件认罪认罚适用普通程序的，要积极探索普通程序简化审，构建起区别于不认罪案件的重罪案件审理程序，形成重罪案件多元化的诉讼格局，实现繁简分流，使司法机关将更多资源集中于审理不认罪的重罪案件上，真正实现不认罪重罪案件的庭审实质化。一是注重发挥庭前会议对案件庭审的过滤效用。对审查起诉阶段已作出认罪认罚处理的重罪案件，检察官应建议合议庭及时召开庭前会议，在出示全案证据的基础上，重点关注有争议的证据、事实和情节。二是庭审时简化相关举证质证，节约庭审时间。对庭前会议控辩双方达成一致意见的内容可简化举证质证，仅就有争议的事实和证据展开质证和法庭辩论。可概括宣读证据的证明要点，经审判长允许，被告人及其辩护人也无异议的，可以摘要宣读证据的核心内容，简化示证质证环节。三是庭审中充分运用智能化示证系统提高庭审效率。通过多媒体示证的方式开展庭审活动，直接展示证人证言、书证、鉴定意见等证据，举证直观，过程流畅。

3. 准确把握重罪案件的从宽规定

根据《指导意见》第8条的规定，可以从宽不是一律从宽。是否从宽以及从宽幅度，应当根据犯罪的事实、性质、情节和对社会的危害程度，综合考虑认罪认罚的具体情况，依法决定，确保宽严有据、罚当其罪，避免案件处理显失公平。在制度设计中充分关注重罪案件的"从宽幅度"，并根据认罪认罚的时间、程度、退赃退赔等情况确定合理的评价标准。目前，在办理认罪认罚的重罪案件时，从宽情节的把握可以参照刑法、刑事诉讼法和有关司法解释关于自首、坦白、自愿认罪、真诚悔罪、取得谅解、达成和解等法定、酌定从宽情节的规定，依法决定是否从宽、怎么从宽、从宽的幅度。

一是依照宽严相济刑事政策的要求把握从宽。比如，最高人民法院2010年发布的《关于贯彻宽严相济刑事政策的若干意见》第26条规定："在对严重刑事犯罪依法从严惩处的同时，对被告人具有自首、立功、从犯等法定或酌定从宽处罚情节的，还要注意宽以济严，根据犯罪的具体情况，依法应当或可以从宽的，都应当在量刑上予以充分考虑。"检察机关在决定是否从宽、怎么从宽时，应当综合考虑上述各种情形，审慎作出决定。

二是依照司法解释相关规定把握从宽。比如，最高人民法院、最高人民检察院、公安部、司法部2010年发布的《关于依法惩治拐卖妇女儿童犯罪的意见》规定："对于具有从宽处罚情节的，要在综合考虑犯罪事实、性质、情节和危害程度的基础上，依法从宽，体现政策，以分化瓦解犯罪，鼓励犯罪人悔过自新。"最高人民法院刑三庭2010年发布的《在审理故意杀人、伤害及黑社会性质组织犯罪案件中切实贯彻宽严相济刑事政策》规定："对于被害人在起因上存在过错，或者是被告人案发后积极赔偿，真诚悔罪，取得被害人或其家属谅解的，应依法从宽处罚，对同时有法定从轻、减轻处罚情节的，应考虑在无期徒刑以下裁量刑罚。""对于自首的故意杀人、故意伤害致人死亡的被告人，除犯罪情节特别恶劣，犯罪后果特别严重的，一般不应考虑判处死刑立即执行。对亲属送被告人归案或协助抓获被告人的，也应视为自首，原则上应当从宽处罚。对具有立功表现的故意杀人、故意伤害致死的被告人，一般也应当体现从宽，可考虑不判处死刑立即执行。"

三是依照专项行动的部署把握从宽。在扫黑除恶专项行动中，最高人民法院、最高人民检察院、公安部、司法部（以下简称"两高两部"）明确要求，要坚持贯彻落实宽严相济刑事政策，根据犯罪嫌疑人、被告人的主观恶性、人身危险性、在恶势力、恶势力犯罪集团中的地位、作用以及在具体犯罪中的罪责，切实做到宽严有据，罚当其罪。比如，"两高两部"发布的《关于办理恶势力刑事案件若干问题的意见》（2019）规定："对于恶势力、恶势力犯罪集团的其他成员，在共同犯罪中罪责相对较小、人身危险性、主观恶性相对不大的，具有自首、立功、坦白、初犯等法定或酌定从宽处罚情节，可以依法从轻、减轻或免除处罚。认罪认罚或者仅参与实施少量的犯罪活动且只起次要、辅助作用，符合缓刑条件的，可以适用缓刑。""对于在共同犯罪中罪责相对较小、人身危险性、主观恶性相对不大，且能够真诚认罪悔罪的其他成员，量刑时要体现总体从宽。"

对严重危害国家安全、公共安全犯罪，严重暴力犯罪，以及社会普遍关注的重大敏感案件，应当慎重把握从宽，避免案件处理明显违背人民群众的公平正义观念。对犯罪性质和危害后果特别严重、犯罪手段特别残忍、社会影响特别恶劣的犯罪嫌疑人、被告人，认罪认罚不足以从轻处罚的，依法不予从宽处罚。对于共同犯罪案件，主犯认罪认罚，从犯不认罪认罚的，检察机关应当注意两者之间的量刑平衡，防止因量刑失当严重偏离一般的司法认知。

4. 准确把握重罪案件的量刑建议

《指导意见》规定，办理认罪认罚案件，人民检察院一般应当提出确定刑量刑建议。对新类型、不常见犯罪案件，量刑情节复杂的重罪案件等，也可以提出幅度刑量刑建议。

重罪案件刑种复杂，有无期徒刑、死刑缓期两年执行、死缓限制减刑、死刑立即执行等。量刑因素复杂，同一案件中，往往累犯、再犯、不认罪悔罪、犯罪手段残忍、犯罪后果特别严重等从重量刑情节与自首、立功、真诚认罪悔罪、民间矛盾纠纷引发、积极赔偿被害方损失、积极弥补犯罪后果等从轻情节交叉存在；法定量刑情节与酌定量刑情节同时作用。[①] 有的量刑情节是在犯罪时或刚犯罪后即形成或出现的，如犯罪起因、犯罪手段、自首等，有的量刑情节则是在诉讼过程中才产生的，如认罪悔罪态度、赔偿谅解情况、立功情况等。同时，重罪案件社会影响较大，社会关注度较高。正因如此，对重罪案件提幅度刑量刑建议都比较困难，提确定刑量刑建议更是难上加难。检察官要善于运用大数据，对近年来法院就同类案件的判决结果进行认真分析研判，充分考虑各种量刑情节，并做好相关工作，尽量提出各方都能接受的量刑建议。

5. 准确把握重罪案件适用认罪认罚从宽制度的潜在风险

检察官对重罪案件适用认罪认罚从宽制度，往往会受到社会上"花钱买刑""花钱领取免死金牌"的质疑。如果认罪认罚从宽制度适用不当，或者检察官办案有瑕疵，就可能产生较大的负面效应。因此，检察官在对重罪案件适用认罪认罚从宽制度时，应当进行充分的风险评估。

---

① 刘辰：《办理重罪案件检察官业绩评价初探》，载《人民检察》2018年第6期。

一要充分评估证据体系，确保形成证据链条。特别是要针对犯罪嫌疑人、被告人可能翻供的情况，做好应对工作，确保指控的顺利进行。二要充分评估被害方的接受程度。要充分了解被害方是否赞同检察官适用认罪认罚从宽制度，是否有信访申诉的风险。三要充分评估社会公众的接受程度。检察官在办理每一重罪案件时，都要对公众对适用认罪认罚从宽制度的反应进行充分的分析研判，对公众的接受程度进行评估，并做好相关的预案和应对工作。

二、认罪认罚从宽制度在未成年人犯罪案件中的适用

未成年人身心特征不同于成年人，因此有必要建立与成年人犯罪相区别的未成年人刑事司法制度。美国法学家庞德将少年司法制度赞誉为自大宪章以来，司法史上最伟大发明，此话表明了少年司法制度的重要性。虽然各国在历史背景、风俗民情等方面有所差异，但都是抱持着宽容的态度处理未成年人犯罪案件。认罪认罚从宽制度适用于所有案件，包括未成年人犯罪案件。检察机关在办理未成年人认罪认罚案件时，"应当贯彻教育、感化、挽救方针，在坚持从快从宽的同时，注意落实好刑事诉讼法的特殊规定，最大限度地保护未成年人合法权益，最大限度地教育挽救涉罪未成年人"①。

（一）未成年人犯罪案件适用认罪认罚从宽制度体现了"儿童利益最大化"的理念

"国家是少年儿童的最高监护人，而不是惩办官吏。"这种国家亲权观念源自英国的衡平法院对封建继承之王室利益的保护，该学说确立了王室对未成年孤儿的财产的管理权。② 从1908年开始，英国未成年人法

---

① 苗生明等：《刑事检察专论》，法律出版社2020年版，第170页。
② ［美］巴里·C. 菲尔德：《少年司法制度》，高维俭等译，中国人民公安大学出版社2011年版，第5页。

院作为独立的法院来处理 7—16 岁之间未成年人民事、刑事案件。许多当时未成年人法院的审判特征至今仍保留着。对未成年人司法的审查主要由蒙隆尼委员会负责。该委员会在《关于对未成年人犯罪的对策报告》中指出，对待未成年人犯罪问题应采用社会福利原则："无论作为罪犯或是其他身份，对到庭的儿童或青少年，法庭在处理时都要考虑他们的福利，采取合理措施，以确保对他们进行适当的教育和培养。"这项原则被纳入《1933 年儿童和青年法》的第 44 条第（1）款，至今仍有效。①

美国在 19 世纪早期，一直将违反刑律的少年犯视为成年罪犯一样对待。如果法院判定少年应承担刑事责任，则会对其施加与成年犯同样的刑罚判决，包括死刑，并将其送交与成年犯相同的刑罚执行机构。到 19 世纪末，将少年视同成年人予以同样的惩罚引起了进步时代改革者（Progressive refomers）的担忧。他们创设了少年法院，将其作为非正式的福利体系以及刑事司法体系的转处性的替代物。少年法院法官基于儿童"最佳利益"（best interests）处理案件，而非因其犯罪对少年予以惩罚，且国家以"国家亲权"（parens patriae）、"代父母"（surrogate parent）的角色行使职责。②

目前，维护"儿童最佳利益"已成为各国少年司法与未成年人保护的基本原则。以联合国为代表的有关国际组织，先后制定了一系列有关保护未成年人的国际公约、规则。如 1985 年《联合国少年司法最低限度标准规则》（《北京规则》）第 5.1 条规定："少年司法制度应强调少年的幸福，并应确保对少年犯作出的任何反应均应与罪犯和违法行为情况相称。"1989 年的《儿童权利公约》第 3 条第 1 款规定："关于儿童

---

① ［英］麦高伟等：《英国刑事司法程序》，姚永吉等译，法律出版社 2003 年版，第 368 页。

② ［美］巴里·C. 菲尔德：《少年司法制度》，高维俭等译，中国人民公安大学出版社 2011 年版，第 1 页。

的一切行为,不论是由公私社会福利机构、法院、行政当局或立法机构执行,均应以儿童的最大利益为一种首要考虑。"1990年《联合国预防少年犯罪准则》(《利雅得准则》),以及1990年《保护被剥夺自由少年规则》,均就未成年人犯罪的诉讼程序作了特殊的保护性规定,并要求各国在办理未成年人案件时,应考虑他们的身心福祉,实现他们的利益最大化。

"尽管对儿童利益最大化原则的内涵有不同的理解,没有形成类型化的固化标准,但儿童利益最大化原则就如同数学中的极限,可以无限接近,却没有明确终点。它是需要实践智慧来诠释的一项原则,不能量化,却可实践。"① 2012年修改的《刑事诉讼法》在第五编特别程序中设置了未成年人刑事案件诉讼程序专章,"一方面从形式上完善了我国未成年人刑事诉讼程序,使之与成年人诉讼程序相对独立、自成体系,另一方面更从基本原则的确立和具体制度的设计层面反映了对未成年人的司法保护理念和'非犯罪化、非刑罚化、非监禁化'的刑事司法原则"②。现行《刑事诉讼法》第277条规定:"对犯罪的未成年人,实行教育、感化、挽救的方针,坚持教育为主、惩罚为辅的原则。"无论是"方针"还是"原则"均包含了"教育"一词,因此,办案人员在同未成年犯罪嫌疑人、被告人接触的期间,应当积极向其进行法治宣传教育和思想教育,促使其知错悔改。"感化"是教育的另一种方式,要求办案人员在充分了解未成年人犯罪原因、家庭背景、教育状况等背景资料的基础上晓之以理,动之以情,从内心打动未成年人。"挽救"是教育和惩罚未成年人的目的,未成年人涉世未深,多是因一时冲动或失误而犯罪,主观恶性不深,应为其提供悔改的机会,促使回归社会。"教育为主,惩罚为辅"原则要求:办案人员在刑事诉讼过程中应像教师或家

---

① 曹忠鲁、杨新慧等:《关于未成年被害人综合救助的几点思考》,载《检察日报》2021年3月18日。
② 钟颖:《未成年人犯罪案件特别程序引入分析》,载《人民检察》2011年第19期。

长那样以教育者身份对待未成年人，教育是主要目的，必要的惩罚是为了达到警示教育和促使悔改的手段。①刑事诉讼法中有关专门人员办理未成年人犯罪案件、未成年人的法律援助、社会调查、严格限制适用逮捕措施、合适成年人在场、附条件不起诉、不公开审判、犯罪记录封存等，均体现了上述原则和方针。

据最高人民检察院 2020 年 6 月发布的《未成年人检察工作白皮书（2014—2019）》显示，2014 年至 2019 年，检察机关共对未成年犯罪嫌疑人不起诉 58739 人，其中情节轻微不起诉 35928 人（其中刑事和解不起诉 8933 人），占 61%。共对未成年犯罪嫌疑人附条件不起诉 32023 人，2014 年到 2019 年依次为 4021 人、3779 人、4455 人、5681 人、6624 人、7463 人，除 2015 年减少外，其余每年都有较大幅度增加，同期附条件不起诉率也逐年上升，分别为 5.31%、6.04%、8.00%、10.06%、12.15%、12.51%，年均上升 1.44 个百分点，整体附条件不起诉率为 8.78%。

总体上看，未成年人司法保护政策得到较好落实，不起诉率、附条件不起诉率呈逐年上升趋势。但同时，不起诉、附条件不起诉在司法适用中仍然存在以下问题：

一是适用条件过严。如相对不起诉的适用条件是"犯罪情节轻微，依照刑法规定不需要判处刑罚或者免除刑罚"。对未成年人适用相对不起诉，与对成年人适用相对不起诉条件一样，这对未成年人显然不公平，过于苛刻。又如，当事人和解程序的适用条件是"涉嫌刑法分则第四章、第五章规定的犯罪案件，可能判处三年有期徒刑以下刑罚的"，这限制了检察机关在办理未成年人刑事案件中自由裁量权的运用。

二是附条件不起诉适用条件不易把握，与相对不起诉区分难。附条件不起诉的适用条件是"未成年人涉嫌刑法分则第四章、第五章、第六

---

① 樊崇义主编：《2012 刑事诉讼法：解读与适用》，法律出版社 2012 年版，第 357 页。

章规定的犯罪,可能判处一年有期徒刑以下刑罚",这与相对不起诉有重叠之处,给实践中的操作带来困境。在是否起诉的问题上,检察官有充分的自由裁量权,对于同时符合附条件不起诉和相对不起诉的案件,难以决定究竟采取哪一种制度。这一点在共同犯罪的适用中体现得尤为明显,容易造成适用不协调的问题。如陈某某、曾某某盗窃案,6名犯罪嫌疑人皆为17岁未成年人,其中陈某某、曾某某被判处有期徒刑8个月,缓刑1年6个月,张某某作附条件不起诉处理,考察期为9个月,其余3人作微罪不起诉处理。该案中,犯罪嫌疑人年龄、心智、所处环境皆相差不大,作相对不起诉处理的3人作案金额较张某某略低,即免除了附条件不起诉带来的考察期。而陈某某、曾某某属未成年人,有自首、积极赔偿损失、认罪认罚等悔罪情节,具备家庭监管条件,最终宣告刑在1年有期徒刑以下,明显符合附条件不起诉的规定,但却没有予以适用,失之偏颇。

三是附条件不起诉适用主体多为16岁以上未成年人。这是根据刑诉法的规定,将对象严格限制为未成年人,但在实践中却产生让人困惑之处。尤其对于共同犯罪的案件而言,可能由于年龄不一样而出现不同、甚至是不协调的处理结果。如在黄某、杨某等24人组织、强迫卖淫案中,殷某某(17岁)因帮助发放招嫖卡,作出附条件不起诉,考察期为6个月,陈某某(20岁)、付某(18岁)除在宾馆发放招嫖卡,还参与斗殴追逐他人,最后作出微罪不起诉。此外,付某曾因贩毒判处10个月有期徒刑。该案中,3人的犯罪情节、悔罪表现、所处环境都大致相当,但是殷某某因为未成年而附条件不起诉,付某与其年龄接近,心智相当,但因为成年而作相对不起诉,付某在组织中参与的活动比殷某某多,却因为相对不起诉"免去"考察期,似乎不妥。

总体上看,无论是相对不起诉还是附条件不起诉,仅适用于未成年人轻微犯罪案件。对于重罪案件,司法机关主要根据刑法总则的规定,对未成年人进行从轻或减轻处理。《刑法》第17条规定:"已满14周岁不满 18 周岁的人犯罪，应当从轻或减轻处罚。"第 49 条规定："犯罪的时候不满 18 周岁的人……不适用死刑。"认罪认罚从宽制度没有适用罪名和可能判处刑罚的限制，只要认罪认罚的，均可以依法从宽处理，这扩大了司法机关对于认罪认罚刑事案件从宽处理的权力。因此，"适用认罪认罚从宽制度无疑有利于检察机关在未成年人刑事案件中贯彻少捕、慎诉、少监禁原则"①。这体现了"儿童利益最大化"的理念，丰富和完善了未成年人犯罪案件的处遇方式。

（二）办理未成年人犯罪案件适用认罪认罚从宽制度的几个问题

1. 充分保障未成年犯罪嫌疑人认罪认罚的自愿性、真实性

一般来说，由于未成年人年龄较小，其在身体发育、心智水平、社会经验等方面，均不如成年人。无行动能力，则无行为自由；无心智能力，则无意志自由。正是因为受到年龄、经验、知识结构等因素的限制，未成年人作出的决定很可能受外界影响，有违理性，不符合个人利益最大化原则。② 因此，充分保障未成年犯罪嫌疑人认罪认罚的自愿性、真实性，就显得尤为重要。

《关于适用认罪认罚从宽制度的指导意见》规定："人民法院、人民检察院办理未成年人认罪认罚案件，应当听取未成年犯罪嫌疑人、被告人的法定代理人的意见，法定代理人无法到场的，应当听取合适成年人的意见，但受案时犯罪嫌疑人已经成年的除外。"检察机关办理未成年人犯罪案件，应当保障未成年人的法定代理人的到场权和知情权，对法定代理人无法到场的，可以由合适的成年人到场。检察机关应当充分听取未成年人及其法定代理人（合适成年人）、辩护人对适用认罪认罚从

---

① 张寒玉、盛常红：《未成年人刑事案件如何适用认罪认罚从宽制度》，载《人民检察》2019 年第 24 期。

② 苗生明主编：《认罪认罚英国从宽制度研究——以重罪案件为视角》，中国检察出版社 2019 年版，第 401 页。

宽制度的意见。同时，要加强对未成年犯罪嫌疑人认罪自愿性、真实性的审查。一是要结合讯问笔录，重点审查侦查人员在侦查讯问中是否告知认罪认罚从宽的法律规定，是否有威胁、利诱等非法获取口供的行为，确保认罪自愿性。二是针对实践中部分未成年嫌疑人在审查初期基于各种因素虚假认罪，比如，与家庭矛盾较深，不想回家而认罪的情况，检察官需要讯问未成年嫌疑人是否清楚自身行为的性质，是否清楚涉罪行为对社会的危害性，是否清楚法律对该行为的惩处规定，并进一步释法说理，保障其对认罪认罚从宽制度的知情权，对未成年嫌疑人能否正确认识认罪及其后果形成内部心证，确保认罪具有真实性，避免出现"假认罪"等现象。

2. 重视社会调查报告在认罪认罚案件中的运用

检察官在办理未成年人犯罪案件时，应当综合考量各种因素，确保所作出的决定符合未成年人的最佳利益，这已成为国际上普遍的共识。如英国《皇家检察官准则》（2018年第8版）4.14（d）条规定，检察官必须考虑儿童或青少年的最佳利益和福祉，包括起诉是否对他们的未来前途产生与其罪行的严重性不成比例的不利影响；检察官应该考虑嫌疑人的成熟度，以及他们的实际年龄，因为年轻人到20多岁才趋于成熟。作为一般原则，嫌疑人越年轻，越可能不需要起诉。然而，可能存在这样的情况，即尽管嫌疑人未满18岁或不够成熟，起诉仍然符合公共利益。这些情况包括：（1）所犯罪行很严重；（2）嫌疑人过去的记录表明并没有合适的起诉替代措施；（3）不认罪。如果犯罪嫌疑人不认罪，就不可以庭外处理方式处理犯罪行为。

《全美检察准则》（2009年第3版）第4-11.6条规定：在决定是否正式提起诉讼或依据法律规定进行分流时，检察官或案件指定审理人员应考量以下因素，以确定该决定是否符合社区或未成年人最佳利益：（1）涉嫌犯罪的严重程度，包括是否对其他人造成暴力威胁或肢体伤害；（2）未成年人在该桩犯罪中的角色；（3）该未成年人曾被警方或其他执法部门记录在案的既往不法行为的性质与数量以及案件处置结果；（4）未成年人的年龄、成熟度及精神状态；（5）通过少年法院或分流给予适当处分或服务的可得性；（6）未成年人是否承认罪行或卷入所控罪行以及是否认可自己应负的责任；（7）未成年人对他人人身及财产所造成的危害或威胁；（8）对类似境遇未成年人的处分决定；（9）对被害人经济赔偿条款；（10）转介机构、被害人、执法部门以及未成年人辩护人提出的建议。[①]

《刑事诉讼法》第279条规定："公安机关、人民检察院、人民法院办理未成年人刑事案件，根据情况可以对未成年犯罪嫌疑人、被告人的成长经历、犯罪原因、监护教育等情况进行调查。"在审查起诉阶段，社会调查报告是检察机关审查逮捕、审查起诉、提出量刑建议以及帮教等工作的重要参考。"不能因嫌疑人认罪认罚就放宽社会调查报告的质量要求。在认罪认罚适用的评估中，详尽充实的社会调查报告反而可以帮助检察官更好地分析嫌疑人的主观恶性、再犯可能性以及回归可能性，也可以帮助检察官在认罪认罚从宽之后的非刑事处遇中更好地制订优化帮扶计划。"[②] 根据《未成年人刑事检察工作指引》（试行）第36条规定，社会调查报告主要包括以下内容：（1）个人基本情况，包括未成年人的年龄、性格特点、健康状况、成长经历（成长中的重大事件）、生活习惯、兴趣爱好、文化程度、学习成绩、一贯表现、不良行为史、经济来源等；（2）社会生活状况，包括未成年人的家庭基本情况（家庭成员、家庭教育情况和管理方式、未成年人在家庭中的地位和遭遇、家庭成员之间的感情和关系、监护人职业、家庭经济状况、家庭成员有无重大疾病或遗传病史等）、社区环境（所在社区治安状况、邻里关系、

[①] 《全美检察准则》（第3版），张鸿巍等译，载孙谦主编：《检察论丛》，第19卷，法律出版社2014年版，第505页。

[②] 贺恒扬主编：《检察机关适用认罪认罚从宽制度研究》，中国检察出版社2020年版，第331页。

在社区的表现、交往对象及范围等)、社会交往情况(朋辈交往、在校或者就业表现、就业时间、职业类别、工资待遇、与老师、同学或者同事的关系等);(3)与涉嫌犯罪相关的情况,包括犯罪目的、动机、手段、与被害人的关系等;犯罪后的表现,包括案发后、羁押或取保候审期间的表现、悔罪态度、赔偿被害人损失等;社会各方意见,包括被害方的态度、所在社区基层组织及辖区派出所的意见等,以及是否具备有效监护条件、社会帮教措施;(4)认为应当调查的其他内容。

3. 形成未成年人认罪认罚案件多层次处遇体系

认罪认罚从宽制度包括实体从宽与程序从简两个方面。对于未成年人认罪认罚案件来说,实体从宽主要体现在适用相对不起诉、附条件不起诉以及量刑宽缓等方面;程序从简则体现在适用简易程序或者普通程序简化审等方面。

(1)实体从宽。

一是适用相对不起诉。对于未成年人认罪认罚案件,检察机关在适用相对不起诉与适用附条件不起诉的相关要件产生重合时,原则上应当优先适用相对不起诉。主要理由在于:第一,相对不起诉是对全案综合评价后对嫌疑人作出的程序评价,说明案件本身情节轻微,嫌疑人社会危害性更小。附条件不起诉则还需要继续观察考验,说明嫌疑人的社会危险性还有待观察。相比之下,嫌疑人在不需要接受考察时,就不能再附加条件,以免增加不必要的诉累。第二,从犯罪学角度来看,相对不起诉没有任何附加条件,嫌疑人能够更快地回归社会。附条件不起诉则是带着考验条件回归社会,这个过程容易被贴上犯罪人标签。相比之下,相对不起诉更有利于嫌疑人回归社会。第三,相对不起诉更能体现出嫌疑人认罪认罚之后的从宽效果,而附条件不起诉则存在认罪认罚效果还需观察的情形。相较而言,相对不起诉能够一次性完成对犯罪嫌疑人的评价,更有利于未成年犯罪嫌疑人。

建议适当放宽对未成年人适用相对不起诉的条件,构建起有别于成年人的相对不起诉制度。可以将未成年人犯罪适用相对不起诉的条件为：①犯罪情节轻微，依照刑法可能判处3年以下有期徒刑、拘役、管制或单处罚金；②系初犯或偶犯；③认罪认罚，积极赔偿，取得被害人谅解等。

二是适用附条件不起诉。对于认罪认罚的未成年犯罪嫌疑人，检察机关根据案件的具体情况，可以适用附条件不起诉。目前，刑事诉讼法在附条件不起诉制度上对适用对象和条件限定比较严格，可适用的情形较少；同时，附条件不起诉与相对不起诉区分度不大，同一案件中，有的适用相对不起诉，有的适用附条件不起诉，出现"同案不同诉"的现象。鉴于此，有必要进一步扩大附条件不起诉的适用条件，与相对不起诉形成梯次。①可以将附条件不起诉的适用范围由"可能被判处一年有期徒刑以下刑罚的"调整为"可能被判处五年以下有期徒刑以下刑罚的"。即从轻微犯罪逐步扩大到中等程度的重罪。②取消适用罪名的范围限制。将适用罪名限制在刑法分则第四、第五、第六章，显然跟不上时代的发展要求。建议取消适用罪名的限制，由检察机关根据案件具体情况予以适用，为所有未成年犯罪嫌疑人谋求利益最大化。③认罪认罚，积极赔偿，取得被害人谅解。④不限于初犯、偶犯，对再犯、常习犯，只要配合完成戒瘾治疗、精神治疗、心理辅导或其他适当的校正措施，也可以适用。

案例：李某诈骗、传授犯罪方法，牛某等人诈骗案[①]

2018年11月至2019年3月，李某利用某电商超市7天无理由退货规则，多次在某电商超市网购香皂、洗发水、方便面等日用商品，收到商品后上传虚假退货快递单号，骗取某电商超市退回购物款累计8445.53元。后李某将此犯罪方法先后传授给牛某、黄某、关某、包某，并收取1200元"传授费用"。得知这一方法的牛某、黄某、关某、包某以此方法各自骗取某电商超市15598.86元、8925.19元、6617.71元、

---

① 检例第105号。

6206.73元。

涉案五人虽不是共同犯罪,但犯罪对象和犯罪手段相同,案件之间存在关联,为便于查明案件事实和保障诉讼顺利进行,公安机关采纳检察机关建议,对五人依法并案处理。

本案在审查逮捕期间,检察机关依法分别告知五名未成年犯罪嫌疑人及其法定代理人认罪认罚从宽制度的法律规定,促其认罪认罚。五名犯罪嫌疑人均表达了认罪认罚的意愿,并主动退赃,取得了被害方某电商超市的谅解。检察机关认为五人虽利用网络实施诈骗,但并非针对不特定多数人,系普通诈骗犯罪,且主观恶性不大,犯罪情节较轻,无逮捕必要,加上五人均面临高考,因而依法作出不批准逮捕决定。审查起诉阶段,检察机关通知派驻检察院的值班律师向五人及其法定代理人提供法律帮助,并根据五人犯罪情节、认罪悔罪态度,认为符合附条件不起诉条件,提出适用附条件不起诉的意见,将帮教方案和附带条件作为具结书的内容一并签署。

本案中,李某虽涉嫌诈骗和传授犯罪方法两罪,但综合全案事实、社会调查情况以及犯罪后表现,依据有关量刑指导意见,李某的综合刑期应在1年以下有期徒刑,对其适用附条件不起诉制度,有利于顺利进行特殊预防、教育改造。为此,检察机关专门针对李某涉嫌数罪是否可以适用附条件不起诉召开不公开听证会,邀请了未成年犯管教干部、少年审判法官、律师、心理咨询师、公益组织负责人等担任听证员。经听证评议,听证员一致认为应对李某作附条件不起诉,以最大限度促进其改恶向善、回归正途。通过听证,李某认识到自己行为的严重性,李某父母认识到家庭教育中存在的问题,参加听证的各方面代表达成了协同帮教意向。2019年12月23日,检察机关对李某等五人依法作出附条件不起诉决定,考验期为6个月。2020年6月22日,检察机关根据五人在附条件不起诉考察期间的表现,均作出不起诉决定。五人在随后的高考中全部考上大学。

司法实践中,对犯数罪可否适用附条件不起诉,因缺乏明确的法律规定而很少适用。本案对李某适用认罪认罚从宽制度,并作出附条件不起诉决定,在一定程度上扩大了附条件不起诉的适用范围,有利于对未成年犯罪嫌疑人的教育挽救。

三是提出从宽的量刑建议。检察机关在提出量刑建议时,应考虑到量刑从宽的方式,积极和嫌疑人及其代理人、辩护人做好认罚与从宽的协商适宜。根据不同的案情、不同的情节、主观恶性大小、在犯罪中的作用进行区别对待,避免同案不同罚的情况出现,也避免在共同犯罪中无法区别认罪认罚的从宽效果。检察机关出具的从宽量刑建议应当坚持"以事实为依据,以法律为准绳",客观出具量刑意见,不能违背罪刑均衡原则。需要强调的是,未成年人个体差异性大,思想、情绪还不稳定,从宽的处理方式应当同挽救、教育等有利于未成年人长远健康发展的因素联系起来。就此而言,未成年人的从宽需要检察官以发展心理学的眼光去审视,排斥过程中的偏见和歧视,让未成年人在检察阶段感受到公平、正义,并帮助其尽快回归社会。

(2) 程序从简。

"未成年人认罪认罚案件,不适用速裁程序,但应当贯彻教育、感化、挽救的方针,坚持从快从宽原则,确保案件及时办理,最大限度地保护未成年人的合法权益。"[①] 基层法院审理未成年人认罪认罚案件,符合简易程序的条件时,可以适用简易程序审理。中级人民法院只能适用普通程序,但是可以对普通程序作出适当简化,如可以放宽现行刑事诉讼法中关于庭前准备工作各种期限的限制,再如可以适当简化庭审过程,对于行为人对定罪、量刑无异议的,在法庭审理环节简化举证程序,简要宣读间接证据、传来证据等证明效力低的证据,重点宣读直接证据、鉴定意见等证明效力高的证据,在法庭辩论环节,实行一次性发

---

① 苗生明等:《刑事检察专论》,法律出版社2020年版,第171页。

表全部意见机制，不做补充意见发表。①

《指导意见》第58条规定："办理未成年人认罪认罚案件，应当做好未成年犯罪嫌疑人、被告人的认罪服法、悔过教育工作，实现惩教结合目的。"检察官在办理未成年人犯罪案件中，对适用认罪认罚从宽的嫌疑人应当确保其在整个流程中均能得到法治教育，在审查逮捕、审查起诉与出庭公诉等阶段均要对嫌疑人、被告人进行法治教育。检察官要高度重视法治教育在办理未成年人犯罪案件中的重要作用与长远意义，借助于认罪认罚从宽的制度平台，法治教育效果将得到更好的展现，不能简化法治教育的内容，更不能将法治教育形式化。在对检察官进行业绩考评过程中，应将是否对嫌疑人、被告人进行法治教育纳入未成年人检察工作的考核范围，提升检察官开展法治教育的质量。

4. 坚持宽容不纵容，依法惩戒和依法从宽并行

认罪认罚后的"从宽"，是指一般应当从宽，并非一味从宽。"是否从宽以及从宽幅度，应当根据犯罪的事实、性质、情节和对社会的危害程度，综合考虑认罪认罚的具体情况，依法确定，确保宽严有据，罚当其罪，避免案件处理显失公平。"② 对未成年人犯罪案件也是如此。尽管办理未成年人犯罪案件须遵循"教育为主，惩罚为辅"的基本原则，但并不意味着不要惩罚。针对未成年人暴力犯罪低龄化的态势，《刑法修正案（十一）》规定："已满十二周岁不满十四周岁的人，犯故意杀人、故意伤害罪，致人死亡或者以特别残忍手段致人重伤造成严重残疾，情节恶劣，经最高人民检察院核准追诉的，应当负刑事责任。"在前述情形下，未成年人刑事责任年龄由14周岁下调至12周岁，体现了立法机关对未成年人严重暴力犯罪的惩治立场。

《未成年人检察工作白皮书（2014—2019）》显示，2014年至2019

---

① 苗生明主编：《认罪认罚从宽制度研究——以重罪案件为视角》，中国检察出版社2019年版，第403页。

② 苗生明等：《刑事检察专论》，法律出版社2020年版，第138页。

年，对涉嫌严重犯罪、社会危害性大的未成年犯罪嫌疑人，共批准逮捕19.41万人，提起公诉29.3万人。对于附条件不起诉考验期内，严重违反相关规定、实施新罪或者发现漏罪的，依法撤销附条件不起诉决定并提起公诉896人。

检察机关办理未成年人犯罪案件，应坚持宽容不纵容，实现依法惩治和依法从宽并行。对于涉嫌严重犯罪、社会危害性大的未成年犯罪嫌疑人，即使其认罪认罚，也应依法惩治，加强警示教育。如重庆市某区人民检察院办理的周某飞、卢某等6人抢劫同学案，虽然卢某仅15岁，但其系主犯且有多次抢劫、殴打被害人等情节，检察机关依法对其提起公诉。

三、认罪认罚从宽制度在职务犯罪案件中的适用

监察体制改革前，职务犯罪主要是指原检察院反贪部门侦查的案件类型，主要是指《刑法》第八章、第九章规定的贪污贿赂犯罪和渎职犯罪。监察体制改革后，随着检察机关"两反"人员转隶至监察委员会，监察对象范围扩大到行使公权力的所有公职人员，监察机关调查的职务案件范围也大大扩展，根据中央纪委、国家监察委员会印发的《国家监察委员会管辖规定（试行）》的规定，目前包括贪污贿赂、滥用职权、玩忽职守、徇私舞弊、重大责任事故以及其他犯罪案件等6类88个罪名。

职务犯罪的本质是权力的异化，是公职人员腐败、以权谋私的集中体现。职务犯罪侵害的是职务行为的廉洁性、不可收买性以及国家机关公务的合法、公正和有效执行。与普通刑事犯罪相比，这种利用人民赋予的职权，打着"为人民服务""执行公务"的幌子而进行危害人民利益、危害国家政权的犯罪，具有更大的欺骗性、危险性和危害性。

党的十八大以来，以习近平同志为核心的党中央以雷霆万钧之势，打虎、拍蝇、猎狐，创造了史无前例的反腐记录。一方面，要坚持严的

主基调,坚持有腐必反、有案必查,持续保持反腐败斗争高压态势;另一方面,要坚持宽严相济刑事司法政策,推进认罪认罚从宽制度在职务犯罪案件中的运用。职务犯罪案件适用认罪认罚从宽制度,"对于推动宽严相济刑事政策的具体化、制度化,优化司法资源配置,及时有效惩罚腐败犯罪,具有重要意义,有利于在更高层次上实现公正与效率的统一,有利于推进全面依法治国、促进国家治理体现和治理能力现代化"①。

(一)职务犯罪案件适用认罪认罚从宽制度的现状

最高人民检察院工作报告显示,2018—2020年,检察机关依次受理各级监委移送职务犯罪16092人、24234人、19760人,起诉9802人、18585人、15346人,不起诉250人、704人、662人。这其中有多少职务犯罪案件适用认罪认罚从宽制度,并无公开的统计数据。笔者通过"无讼案例"法院案例数据库,对2018—2020年检察机关起诉的贪污罪、受贿罪适用认罪认罚从宽制度情况进行了检索和分析,详见下表。②

贪污、受贿犯罪案件适用认罪认罚从宽制度情况

罪名 年份	2018年			2019年			2020年		
	法院判决	适用认罪认罚从宽制度	比率	法院判决	适用认罪认罚从宽制度	比率	法院判决	适用认罪认罚从宽制度	比率
贪污罪	11192件	243件	2.17%	8080件	920件	11.39%	3369件	1067件	31.67%
受贿罪	17753件	465件	2.62%	15092件	1736件	11.5%	8081件	2008件	24.85%

由于不是权威的统计,上表并不能准确地反映出贪污、受贿犯罪案件近三年来适用认罪认罚从宽制度的情况;同时,由于不适用认罪认罚从宽制度的职务犯罪案件难以检索,故上表也没有剔除一审、二审中不

---

① 苗生明等:《刑事检察专论》,法律出版社2020年版,第228页。
② 检索日期为2021年3月25日。

适用认罪认罚从宽制度的案件数量。① 但是"管中窥豹，可见一斑"，总体上看，职务犯罪案件适用认罪认罚从宽制度的比率仍然偏低，检察机关还普遍存在着不敢用、不想用、不善用的情况。一是从适用对象看，原职务为厅局级以上领导干部适用认罪认罚从宽制度的案件极少；二是从犯罪金额看，贪污、受贿上千万的重特大职务犯罪案件适用认罪认罚从宽制度的极少。三是从法院审级看，职务犯罪案件在二审程序适用认罪认罚从宽制度的极少。

（二）职务犯罪案件适用认罪认罚从宽制度的制约因素

制约职务犯罪案件适用认罪认罚从宽制度的原因是多方面的，主要有以下几个方面：

1. 观念的制约

职务犯罪案件相对其他刑事案件社会影响大、敏感程度高。适用认罪认罚从宽制度的社会认可程度低，办案廉政风险大，适用不当容易引起"花钱买刑"和"官官相护"等质疑，引发司法公信危机。在实践中，监察机关极少主动提出适用认罪认罚从宽制度的建议。检察官考虑到职务犯罪案件的敏感性、政治性等因素，缺乏适用认罪认罚从宽制度的积极性、主动性。只有在监察机关移送审查起诉并提出从宽处罚的建议时，检察机关才会启动认罪认罚从宽制度。而对监察机关未提出从宽建议的案件，即使犯罪嫌疑人、被告人自愿认罪认罚，辩护人提出适用认罪认罚从宽的辩护意见后，检察官仍然会基于自我保护的心理，持从严、从重打击的立场，在强制措施和定罪量刑上都会从严把握从宽的幅度。法院也是如此。有的法院以从严惩处为由拒绝对职务犯罪案件适用认罪认罚从宽制度；有的法院以职务犯罪案件社会敏感度高，量刑标准不统一为由，不愿意接受检察院确定刑量刑建议；有的法院对职务犯罪

---

① 显然，剔除一审、二审中不适用认罪认罚从宽制度的案件数量后，职务犯罪案件适用认罪认罚从宽制度的比率会更低。

的审理程序持审慎态度，法院内部办案流程规定的审核程序复杂，如需要判决前报审委会研究，导致法官不愿意适用简易或者速裁程序审理，实践中检察机关建议适用认罪认罚从宽速裁、简易程序审理的案件，转为普通程序审理案件占比很高，这在一定程度上影响了诉讼效率。

2. 立法的严格限制

《监察法》第31条①对认罪认罚规定了较为严格的实体认定标准和程序适用条件，实践中会对检察审查环节适用认罪认罚从宽制度产生实质性的制约。除了要求被调查人符合"主动认罪认罚"的核心要件外，还要至少符合四项附加条件中的一项。第一项是自动投案，真诚悔罪悔过；第二项是积极配合调查工作，如实供述监察机关还未掌握的违法犯罪行为；第三项是积极退赃，减少损失；第四项是具有重大立功表现或者案件涉及国家重大利益等情形。从实体法的角度分析，第一项符合典型的自首，第二项符合特殊自首，第四项是立功的规定。根据刑法规定，对于自首可以从轻或者减轻处罚，犯罪较轻的可以免除处罚，对于立功也可以从轻或者减轻处罚，重大立功的可以减轻或者免除处罚。因此，监察法意义上的认罪认罚包含了真诚悔罪，积极退赃，自首、坦白或者立功。监察法适用认罪认罚从宽的程序更严格，要求监察机关经领导人员集体研究，并报上一级监察机关批准。这样严格的规定，极大地影响了监察机关办理职务犯罪案件适用认罪认罚从宽制度的主动性、积极性。

3. 操作层面的难题

一是职务犯罪认罪的确定难。职务犯罪多数是对合性犯罪，犯罪社会危害性不明显，犯罪手段隐蔽性强，往往以合法形式掩饰违法犯罪，

---

① 《监察法》第31条：涉嫌职务犯罪的被调查人主动认罪认罚，有下列情形之一的，监察机关经领导人员集体研究，并报上一级监察机关批准，可以在移送人民检察院时提出从宽处罚的建议：（一）自动投案，真诚悔罪悔过的；（二）积极配合调查工作，如实供述监察机关还未掌握的违法犯罪行为的；（三）积极退赃，减少损失的；（四）具有重大立功表现或者案件涉及国家重大利益等情形的。

造成职务犯罪侦查取证困难。尤其是贿赂犯罪的侦办对言词证据的依赖程度高，发现案件事实的规律一般是"由供到证"，案件的侦破过分依赖犯罪嫌疑人的供述，在客观证据不充分的情况下，全案证据稳定性相对较弱，影响检察官对犯罪嫌疑人、被告人认罪认罚真实性、自愿性、合法性的判断。

二是职务犯罪提出量刑建议难。职务犯罪案件本身案情复杂，受犯罪数额、共同犯罪、退赃挽损金额等影响，量刑的情节认定比较复杂，容易出现"同案不同判"问题。如犯罪嫌疑人、被告人在审查起诉环节未退赃挽损，而在审判环节退赃挽损以争取较轻处罚的情况，而退赃挽损是影响刑期的关键，这将直接导致在审查起诉环节的量刑协商无效，影响检察官适用认罪认罚从宽制度的积极性。

4. 职务犯罪案件嫌疑人对认罪认罚的积极性不高

职务犯罪案件犯罪嫌疑人身份特殊，一般具有较高的文化教育水平，社会阅历丰富，自我保护意识较强，案发前有一定社会地位，甚至身居要职。案发后，职务犯罪嫌疑人产生的心理落差容易造成心理不平衡，内心斗争复杂；基于趋利避害心理，普遍存在供述反复问题，认罪认罚从宽制度对其很难有吸引力。同时，由于贪污、受贿等职务犯罪法定刑幅度过大，检察机关难以提出确定刑量刑建议，致使职务犯罪嫌疑人始终对自己所判刑期没有一个合理的心理预期，对认罪认罚从宽制度的积极性并不强烈。

（三）积极推进认罪认罚从宽制度在职务犯罪案件中的适用

检察机关要积极推动认罪认罚从宽制度在职务犯罪案件中的适用，保障职务犯罪案件犯罪嫌疑人、被告人认罪认罚而获得从宽处理的法定权利。

1. 提高职务犯罪案件适用认罪认罚从宽制度的比例

检察机关要联合监察机关、法院起草《关于办理职务犯罪案件中适用认罪认罚从宽制度的若干意见》，明确监察机关、检察机关、审判机关办理职务犯罪案件应当平等适用认罪认罚从宽制度，依法保障被调查人、犯罪嫌疑人、被告人自愿认罪认罚、争取从宽处理的权利，明确调查、检察、审判三机关不同的工作职责和工作衔接，确保认罪认罚从宽制度在职务犯罪案件"调查""审查起诉""审判"三个阶段中的顺畅运行。

2. 强化职务犯罪认罪认罚从宽的监检衔接

（1）在监察调查阶段，充分发挥检察机关提前介入的作用，通过适时介入，及时掌握犯罪嫌疑人认罪、认罚、退赃、悔罪等情况，并提出介入调查意见，便于监察机关及时搜集和固定证实被调查人认罪认罚情况的证据。

（2）加强从宽处罚建议和量刑建议的衔接。监察机关提出的从宽处罚建议与检察机关的量刑建议既有区别也有密切联系。二者之间的区别体现为：一是法律效力不同。刑事诉讼法明确规定，认罪认罚案件，一般应当采纳人民检察院所提量刑建议。但是，对于从宽处罚建议在审查起诉阶段的效力没有明确规定。二是具体程度不同。从实践中看，从宽处罚建议，往往比较宽泛，对如何从宽、从宽幅度并不作明确表述，但检察机关所提量刑建议往往较为明确，根据"两高三部"《指导意见》，一般应提确定刑。二者之间的联系主要体现为：一是二者虽适用阶段不同但均是在该阶段适用认罪认罚从宽制度的结果，均是犯罪嫌疑人认罪认罚导致的从宽处理意见的核心体现。二是从宽处罚建议适用的前提决定了其必然被反映在量刑建议之中。因为量刑建议的提出需要对全案影响定罪量刑的情节考虑其中就必然包含自首、退赃、立功等从轻情节，因此，二者提出的基础具有重合之处。① 要进一步明确监察机关从宽处罚建议的效力，促进认罪认罚从宽制度的监检衔接。

（3）加强职务犯罪宽缓强制措施的衔接适用。犯罪嫌疑人自愿认罪认罚的职务犯罪案件，对于罪行较轻、采取非羁押性强制措施足以防止

---

① 苗生明等：《刑事检察专论》，法律出版社2020年版，第240页。

发生社会危险性的,一般应当对其采取轻缓的强制措施。从实践情况看,对轻微职务犯罪、过失职务犯罪,且具有自首、坦白、从犯等从轻量刑情节,即使监察调查环节采取了留置措施,检察审查环节采取取保候审、监视居住足以保证诉讼顺利进行的,也可以采取非羁押性强制措施。而对于监察调查环节采取非羁押性强制措施的认罪认罚案件,监察机关移送审查起诉后,也应当进行审查,对符合逮捕条件的应当予以逮捕,对于符合取保候审、监视居住条件的,应当采取取保候审、监视居住。需要注意的是,检察机关与监察机关采取强制措施意见不一致的,应当及时与监察机关沟通,并听取监察机关的意见。

3. 充分保障职务犯罪案件犯罪嫌疑人、被告人的权利,开展平等协商

(1) 权利告知和听取意见。监察机关在调查过程中,应当告知被调查人享有的诉讼权利、如实供述罪行可以从宽处理和认罪认罚的法律规定,听取被调查人对此的意见,记录在案并随案移送。

(2) 自愿性、合法性审查。对于调查阶段认罪认罚,尤其是提出从宽处罚建议的案件,检察机关就适用的自愿性、合法性进行审查。

(3) 积极开展确定刑量刑协商。实践中,确定刑量刑协商在职务犯罪案件的办理中具有很强的生命力,确定刑量刑建议更符合犯罪嫌疑人对将来可能判处刑罚的期待,有利于激励、鼓励犯罪嫌疑人作出认罪认罚的选择。协商达成的量刑合意越确定,犯罪嫌疑人参与量刑协商的积极性就越高,也越有助于促进犯罪嫌疑人真诚悔罪、认罪服法,经法庭审判确认后其反悔的可能性也小。检察官应当以平等的姿态与犯罪嫌疑人及其辩护人、值班律师拟提出的量刑建议进行协商。检察官应当详细阐述量刑建议的事实依据、法律依据,犯罪嫌疑人及其辩护人、值班律师对拟提出的量刑建议提出异议的,检察官可以根据案件情况决定是否调整。

4. 注重加强与人民法院的沟通协调

一是争取人民法院对符合认罪认罚从宽条件的职务犯罪案件,依法适用认罪认罚从宽制度审理。二是争取法院对确定刑量刑建议的采纳支持。在量刑方面坚持"类案协商为主、个案沟通为辅"的原则，针对贪污、受贿、挪用公款等常见职务犯罪，可以联合法院制定量刑指导意见，规范辖区范围内常见职务犯罪的量刑从宽幅度，避免"同案不同判"；对于重大敏感的特殊案件，量刑经验不足的新型案件，可以提出幅度刑量刑建议，其中提出确定刑量刑建议的应当主动听取法官的意见。对于法官依据《刑事诉讼法》第201条规定建议检察院调整量刑建议的，检察官应当加强与法官的沟通，法官建议调整的理由充分、合理的，检察官应当对量刑建议进行调整。三是犯罪嫌疑人、被告人主动认罪认罚的，一般应当从简从快办理，符合适用速裁程序、简易程序条件的，检察官应当建议适用速裁程序或者简易程序。对于法院因案件疑难复杂、法律适用分歧等原因将速裁程序、简易程序转换为普通程序的，检察机关应当予以支持。对下列案件一般应当建议适用普通程序：(1)犯罪嫌疑人选择适用普通程序的案件，程序选择是犯罪嫌疑人的权利，犯罪嫌疑人认罪认罚后选择适用普通程序的权利应当得到保障；(2)事实、证据疑难复杂，法律政策适用有分歧的案件；(3)符合《刑事诉讼法》第215条规定的特殊情形的案件；(4)犯罪嫌疑人、被告人原职务为厅（局）及以上的案件；(5)影响较大、社会关注的案件。①

---

① 贺恒扬主编：《检察机关适用认罪认罚从宽制度研究》，中国检察出版社2020年版，第335—336页。

第八章　检察官在刑事合规中的主导责任*

经济全球化推动了经济领域治理体系的深度融合和治理方式的演进变革。企业作为向社会提供各种商品和服务的经济组织，既是经济领域的重要主体也是经济领域治理的重要对象。近年来，各国企业违法犯罪问题呈现多发态势，引起国际社会广泛关注。发轫于美国"用于预防、发现和制止企业违法犯罪"①的企业刑事合规制度，已经成为全球经济领域有效治理的重要趋势和发展方向，被誉为"在犯罪预防中既有效又切实可行的对策"②。在我国，随着中兴、华为等大型企业遭受美国司法调查事件的持续发酵，企业合规制度进入社会视野、引发热烈讨论，大家逐步认识到企业合规管理所蕴含的重要价值与意义，推动企业合规管理制度在中国落地发展。

"刑事合规的实施，依赖于企业和检察机关两端，企业的内控措施与检察机关的主导作用，二者缺一不可。"③ 2021 年 3 月，最高人民检察院发布《关于开展企业合规改革试点工作方案》，决定在北京、辽宁、上海等十个省（直辖市）开展企业合规改革试点。试点"旨在充分发挥检察职能，加大对民营经济平等保护，更好落实依法不捕不诉不提出判实刑量刑建议等司法政策，既给涉案企业以深刻警醒和教育，防范今后

---

* 本章由程天民撰写。
① U. S. SENTENCE GUIDELINES MANUAL § 8B2.1 (a) (2004).
② ［日］川崎友巳：《合规管理制度的产生与发展》，李世阳译，载李本灿编译：《合规与刑法：全球视野的考察》，中国政法大学出版社 2018 年版，第 4 页。
③ 李勇：《检察视角下中国刑事合规之构建》，载《国家检察官学院学报》2020 年第 4 期。

可能再发生违法犯罪，也给相关行业企业合规经营提供样板和借鉴，为服务'六稳''六保'，促进市场主体健康发展，营造良好法治化营商环境，推动形成新发展格局，促进经济社会高质量发展，助推国家治理体系和治理能力现代化提供新的检察产品，贡献更大检察力量"。

第一节 刑事合规制度的发展与完善

一、企业合规制度的起源与发展

（一）合与规的内涵阐释

俗语讲，不以规矩，不能成方圆。从字面意思来看，合规即遵守规定、合乎规矩。"合"理解为符合、契合、匹配之意，既是名词又是动词，既描述"合"的状态也强调"合"的过程。"规"是指规则、规矩、规律，不仅包括具有强制约束力的法律法规，还包括更广义的诚实守信、公平竞争等行业准则与商业伦理。"合规计划规定的是一种对——首先是法定的，有时又是伦理的或其他的——预定目标的遵守程序。"① 这里的"规定"大体上可以分为四类：第一，国家的法律法规（含域外关联国家的法律），包括法律、行政法规、行政规章、地方性法规、司法解释等；第二，商业惯例，包括行业准则、商业习惯、商业伦理等；第三，公司内部的规章制度，包括安全制度、劳动制度、财务制度、经营制度等；第四，国际组织条约，包括世界银行等国际组织关于企业合规管理的相关要求。② 因此，合规是指企业及其员工的经营管理行为符合法律法规、监管规定、行业准则和企业章程、规章制度以及国

---

① ［德］乌尔里希·齐白著：《全球风险社会与信息社会中的刑法：二十一世纪刑法模式的转换》，周遵友、江溯等译，中国法制出版社2012年版，第236页。
② 陈瑞华：《企业合规的基本问题》，载《中国法律评论》2020年第1期。

际条约、规则等要求。合规管理则指以有效防控合规风险为目的,以企业和员工经营管理行为为对象,开展包括制度制定、风险识别、合规审查、风险应对、责任追究、考核评价、合规培训等有组织、有计划的管理活动。① 因此,从本质上讲,合规管理是企业自我教育、自我管理、自我监督的一种治理措施。

(二) 企业合规制度源于企业问题治理

据考证,企业自我管理与行业自律的理念和规则最早来源于美国 1887 年的《州际商业法》。②《州际商业法》授权商业委员会发布旨在制止不法行为的行业自律规定,对完善企业内控机制产生了深远影响。1929 年尚处世界经济大萧条之中,美国颁布了《国家工业复兴法》促进了企业间的公平竞争,部分企业自发出现规则意识,遵守法律法规越来越成为企业经营的普遍风气。③ 除了企业自身努力外,政府在构建企业合规制度中并未"袖手旁观"。特别是 20 世纪 60 年代至 90 年代,美国企业相继在市场垄断、商业贿赂、金融欺诈、环境安全等方面爆发犯罪问题,迫使美国政府"频频出手"完善立法、堵漏建制,也为特定行业孕育和发展企业合规制度提供了环境和土壤。标志性的事件有:

重型电气设备公司市场垄断案。20 世纪 50 年代,美国多家重型电气设备公司因开展价格协商、市场范围划分、操纵投标定价等问题,遭到美国司法部的反垄断调查。美国司法部以涉嫌违反《反托拉斯法》对 29 家公司及包含其董事会成员在内的 44 人提起刑事诉讼。涉案大部分企业和人员进行了有罪辩护,与司法部达成了认罪协议。作为被起诉企业之一的美国通用电气公司为自己作了无罪辩护,理由是公司较早地实

---

① 参见国家国资委 2018 年印发的《中央企业合规管理指引(试行)》。
② 万方:《企业合规刑事化的发展及启示》,载《中国刑事法杂志》2019 年第 2 期。
③ [日] 川崎友巳:《合规管理制度的产生与发展》,李世阳译,载李本灿编译:《合规与刑法:全球视野的考察》,中国政法大学出版社 2018 年版,第 5 页。

施了合规管理制度，要求所有员工必须遵守《反托拉斯法》，并将其作为一项公司义务予以实施，由此证明企业并未违反《反托拉斯法》。虽然以合规管理为由的无罪辩护没有得到法院采纳，却在行业间引起了广泛关注。"这一案件使得企业从业者意识到：要想规避《反托拉斯法》的执法风险，则只能选择增强企业的核心竞争力，并引入合规管理制度。"①

水门事件引发的商业贿赂案。1972年6月17日，美国民主党全国总部所在地水门大厦被人安装窃听器，引发对时任美国总统尼克松及其背后财团公司的司法调查，调查发现数百家美国企业涉嫌违法的政治捐款以及在海外贿赂相关国家官员，并通过虚构支出项目、伪造财务报表的方式掩盖违法犯罪问题，受到社会各界和国际舆论的广泛谴责。美国国会意识到："企业贿赂的行径与美国社会公众的道德预期以及主流的社会价值观相背离，侵蚀了社会公众对美国自由市场的信心，同时，美国的国际形象遭受巨大打击，外交政策也造成重大影响。"② 迫于内外部压力，美国企业逐渐加强了公司财务管理，也催生了美国《反海外腐败法》的出台。《反海外腐败法》主要有两点贡献：一是反腐败条款：禁止个人与商业机构为获得、维持业务或将业务介绍他人，用金钱或任何有价值物品贿赂外国政府官员；二是会计条款：要求企业编制公司资产详细清单并予以妥善保存，制定为防止故意伪造账簿与财务记录的内部控制机制。消极的禁止性规范与积极的义务性规范相辅相成，不仅遏制了美国企业贿赂犯罪的高发态势，还推动了合规管理制度的进一步发展。

金融证券业的内幕交易案。20世纪80年代，美国公司内幕交易事件频发，尤其以艾凡·博斯基、西格尔、迈克尔·密尔肯等人的内幕交

---

① 万方：《企业合规刑事化的发展及启示》，载《中国刑事法杂志》2019年第2期。
② 万方：《企业合规刑事化的发展及启示》，载《中国刑事法杂志》2019年第2期。

易案为代表。① 艾凡·博斯基与投行兼并负责人西格尔、证券公司垃圾债券处理部门的迈克尔·密尔肯合作，利用密尔肯在筹措企业兼并所需资金过程中获取的未公开信息，在恰当时机买卖并购企业股票牟利。司法部门对上述被告人提起刑事诉讼之外，还对其所供职的证券公司提起诉讼。因员工个人犯罪行为导致企业承担刑事责任，让企业深刻认识到建立合规制度、强化内部监管，及时预防、发现和制止员工违法犯罪的重要性。美国国会于1988年颁布了《内幕交易与证券欺诈取缔法》，将制定内部防止未公开信息泄露、扩散措施作为公司必须履行的一项新增义务，具体包含：一是存在信息传播的限制措施；二是建立规范职员行为的规章和指南；三是将保存重要信息的部门与其他部门物理隔离。这种企业内控机制已经具备了合规管理制度的雏形。

除此之外，在美国经济快速发展与企业转型时期，还发生"五角大楼国防企业舞弊案""储蓄贷款协会不正当经营与金融机构欺诈案""国际商业信贷银行巨额洗钱案"等系列有重大社会影响的犯罪案件，不断促使行政管理部门与司法机关以预防企业违法犯罪为目的，积极引导和推动企业建立合规制度，企业也为规避行政与刑事处罚，自主建立合规制度，从而开辟了企业合规制度全面发展的新局面。

（三）刑事合规推动企业合规"质"的飞跃

从企业爆发的各类问题来看，企业违规招致来自民事、行政、刑事领域的法律风险，承担诸如合同违约、侵权赔偿、行政处罚、刑事处罚等法律责任。相较于民事、行政法律责任而言，一个企业如果承担刑事责任即可能宣告企业"死亡"，因为企业不仅要承受巨额罚金、主管人员入狱等直接刑事处罚，还要面临刑事处罚带来的"连锁效应"，比如，从业资格被剥夺、从业范围被限制、交易机会丧失、大量违约和侵权之

---

① ［日］川崎友巳：《合规管理制度的产生与发展》，李世阳译，载李本灿编译：《合规与刑法：全球视野的考察》，中国政法大学出版社2018年版，第10—11页。

诉等负面影响。对企业来讲承担刑事责任是致命的打击，对国家和社会而言，可能面临工人失业、税源流失、社会矛盾多发等问题。因此，有观点认为"合规计划以预防刑事法律风险为终极目的"①，刑事合规是企业合规制度的核心内容，至关重要。

将企业合规制度引入刑事领域，推动企业合规制度实现质的飞跃，是1991年美国《联邦量刑指南》对组织犯罪量刑的政策性调整——单设的《组织量刑指南》，规定了对实施合规管理的企业给予相应的刑罚减免和缓刑处理，目的在于"通过给予企业奖励的方式，在企业内部创造并维持预防犯罪、发现犯罪、报告犯罪的良好机制"②。《组织量刑指南》关于企业合规的立法规定，标志着企业刑事合规制度的确立，也逐渐成为检察官指控企业罪责与量刑协商、法官裁判确定企业刑罚、律师开展刑事辩护的法定标准。此后，美国相继出台《联邦起诉商业组织原则》《萨班斯—奥克斯利法案》《多德—弗兰克法案》以及修订《组织量刑指南》，规定了企业负责人及高级管理人员具有实施合规管理的法定义务，细化规范了联邦检察官起诉企业的政策和标准，搭建了企业刑事合规制度的"四梁八柱"。

同时，基于刑事合规制度在预防、发现和制止企业违法犯罪的实践成效，也源于经济全球化发展与美国司法"长臂管辖权"的威慑，英国、加拿大、澳大利亚、法国、意大利等国家相继将企业刑事合规制度纳入立法。如英国制定《反贿赂法案》（2010），法国制定《关于提高透明度、反腐败以及促进经济生活现代化的2016—1691号法案》，意大利制定《反贿赂法案》（2018）等。企业合规"刑事化"已然成为全球

---

① 李勇：《检察视角下中国刑事合规之构建》，载《国家检察官学院学报》2020年第4期。
② ［日］川崎友巳：《合规管理制度的产生与发展》，李世阳译，载李本灿编译：《合规与刑法：全球视野的考察》，中国政法大学出版社2018年版，第16页。

企业合规制度发展的重要趋势和发展方向。①

二、刑事合规制度的内涵与运作

（一）刑事合规制度的概念梳理

理论界对刑事合规制度的研究颇多，学者们从不同维度对刑事合规制度作出了不同解释。有学者从合规的指涉对象出发，认为刑事合规制度是为避免公司员工因其相关业务举止而进行刑事答责的一切必要且容许的措施。② 也有学者从合规的功能价值出发，认为刑事合规制度是"将企业合规管理与刑事责任建立关系，通过量刑激励或起诉激励等方式（以平衡企业的合规投入），推动企业自我管理，达到企业（风险的降低，刑事责任的减轻或避免）与国家（司法效率提升，公司犯罪治理效果提升，避免因企业受到刑事追诉产生的负外部效应等）共赢的目标"③。还有学者从国家治理层面出发，认为刑事合规制度是"为避免因企业或企业员工相关行为给企业带来的刑事责任，国家通过刑事政策上的正向激励和责任归咎，推动企业以刑事法律的标准来识别、评估和预防公司的刑事风险，制定并实施遵守刑事法律的计划和措施"④。总体来看，刑事合规制度是以刑事实体法和程序法为依托，司法机关参与、指导和推动企业内部治理，帮助企业防范刑事法律风险、规避和减免刑事法律责任、保护企业和公共利益的办案措施。换言之，刑事合规是实体规则与形式规则的整合，在法定可罚性领域的前置领域内，确保

---

① 万方：《美国反贿赂合作机制的建构及影响》，载《湖北社会科学》2018 年第 5 期。

② ［德］弗兰克·萨力格尔：《刑事合规的基本问题》，马寅翔译，载李本灿编译：《合规与刑法：全球视野的考察》，中国政法大学出版社 2018 年版，第 58 页。

③ 李本灿：《刑事合规制度的法理根基》，载《东方法学》2020 年第 5 期。

④ 孙国祥：《刑事合规的理念、机能和中国的构建》，载《中国刑事法杂志》2019 年第 2 期。

企业的员工遵守现行的刑法规定，同时前瞻性地避免企业的刑事责任风险。①

（二）刑事合规制度的内容要求

总体来看，学界对刑事合规制度的介绍离不开美国《组织量刑指南》关于企业犯罪的政策规定，以及各个时期检察官提出的办案备忘录。刑事合规对涉嫌犯罪的企业具有至关重要的价值，可以成为法院认定企业无罪的直接依据，也可以成为法院减轻刑事处罚的依据和法定量刑情节，还可以成为企业与检察机关达成不起诉或者暂缓起诉协议的前提条件。②

（1）刑法意义上的合规标准。美国《组织量刑指南》规定，能够减轻刑罚的合规制度是指"能合理进行计划、实施并执行完成，并对一般犯罪行为起到预防与发现作用的机制"，"不能以未能成功发现或阻止犯罪作为实际采用的机制无效的判定依据"③。认定合规管理制度是否得到正确适用，《组织量刑指南》提出了7个最低标准④：一是制定了遵守法律法规、商业伦理等规定和政策，用以预防和减少企业犯罪的工作制度与规范；二是企业指定高层管理人员监督企业合规政策的实施；三是企业不得聘用或者将实质性的经营管理权，赋予在尽职调查期间了解到具有犯罪前科记录的管理人员；四是通过适当方式向所有员工有效普及企业的合规政策和标准，如进行培训、发放合规手册等；五是采取

---

① Frank Saliger, Grundfragen von Criminal Compliance in：RW Rechtswissenschaft, Seite 263-291, RW, Jahrgang 4 (2013), Heft 3, ISSN print：1868-8098, ISSN online：1868-8098.

② 陈瑞华：《企业合规制度的三个维度》，载《比较法研究》2019年第3期。

③ ［日］川崎友巳：《合规管理制度的产生与发展》，李世阳译，载李本灿编译：《合规与刑法：全球视野的考察》，中国政法大学出版社2018年版，第16页。

④ 万方：《美国反贿赂合作机制的建构及影响》，载《湖北社会科学》2018年第5期。

合理措施以实现企业标准下的合规,如利用监测、审计系统来监测员工的犯罪行为,建立违规举报制度,让员工举报可能的违规行为;六是严格执行包括惩戒机制在内的各项合规政策和要求;七是发现犯罪后,能够采取必要的合理措施来应对犯罪行为,并预防类似行为发生。

(2) 刑事合规管理的内容要素。从刑事合规标准来看,制定企业合规管理内容时不能泛泛而谈,因为不同领域、不同性质的企业可能存在诸如安全生产风险、投资融资风险、产品质量风险、知识产权风险、经营业务风险、财务管理风险等问题,只有"对症下药"才算有效合规。因此,根据企业性质、行业规范等具体情况,制定针对性、可操作的合规指南是刑事合规的前提与基础。一是要立足企业经营性质与范围,聚焦企业活动中最易发生违法犯罪的环节确定合规内容。如食品药品生产企业必须首先依据食品药品法律法规对食品药品安全卫生问题制订合规计划;工程建筑类企业必须依照土木基建领域法律法规对建设工程质量、生产安全等问题制订合规计划。二是要立足企业的组织架构、员工素质等确定合规内容。注重区分不同层级员工制订有针对性的合规计划,企业高级管理人员与一般员工的合规内容要有所侧重;注意是否招录有犯罪前科的人员,如在财务管理岗位不能安排曾因职务侵占、挪用资金等犯罪受过刑事处罚的人员;等等。三是要立足企业自身问题制定合规内容。深刻检视企业在生产、销售、安全、财务等方面存在的问题和薄弱环节,制定完善相关管理制度,堵漏建制、防患未然。对于企业曾受行政处罚、刑事处罚的问题,要举一反三、重点防范,采取有效举措防止违法犯罪再次发生。同时,"不论哪个行业,几乎所有的企业都有必要制订有关劳动卫生法、反托拉斯法、外国不正惯行防止法等的合规计划"①。因为有些禁止性规定是所有企业都必须遵从的,既是企业良好经营的需要,也是合规管理的需要。

---

① [日] 川崎友巳:《合规计划的现状》,曾文科译,载李本灿编译:《合规与刑法:全球视野的考察》,中国政法大学出版社2018年版,第25页。

(3) 刑事合规制度的有效实施。纸面合规只是"徒有虚名",没有哪个制度可以一劳永逸地防止所有违法犯罪。在办理企业犯罪案件时,评价合规管理制度是否有效实施并不以是否发生违法犯罪为依据,而是该合规管理制度是否被合理设计、有效落实并发挥了相应的作用。因此,实施合规管理比制订合规计划更重要。有效实施合规管理制度,离不开企业高层的支持和参与、合规部门或专员的推动和监督、企业所有员工的积极参与。一是企业股东和董事会的行动。在现代大规模企业不断增加的背景下,股东和董事会无法顾及大量业务工作,事实上是通过董事会选举出的执行董事或职业经理人具体实施,董事会主要承担监督职责,这样就有足够精力和为企业良好发展之由引入合规管理制度。这些股东和董事会成员要加强对企业合规管理的组织领导,直接参与制定企业合规管理规范,有效发挥示范引领作用,带头遵守并全面推动落实企业合规制度的各项要求,有效发挥合规管理在企业治理中的作用。从2003年美国量刑委员会针对《组织量刑指南》特别咨询小组报告书来看,"由企业高层形成的规范及信赖要能够酝酿出组织文化,以提高合规计划的有效性,并促进企业组织参与到合规计划中去"①。二是设置合规部门或合规专员。有的企业设置了区别于具体业务的专门合规机构或者合规专员,合规部门负责人通常由企业"一把手"、副职或者法务、审计部门的负责人兼任,有的聘请有专业背景的第三方担任合规专员,专门负责编制和修订合规管理内容,通过责令企业提交自查报告、检查具体业务、查阅财务报表、询问有关人员和关联企业等方式,以及按照合规管理制度对一般违规问题进行惩戒,推动和监督合规管理制度的实施。三是全员培训。企业应当把合规管理内容纳入员工教育培训工作中,通过新进培训、晋级培训、业务培训等方式,全面细致地向员工宣传、解读合规管理的具体措施和要求,对培训合格的员工要求其在合规

---

① [日]川崎友巳:《合规计划的现状》,曾文科译,载李本灿编译:《合规与刑法:全球视野的考察》,中国政法大学出版社2018年版,第26—27页。

协议或者合规手册上签字确认，引导员工形成心理认同、行动认同，更加自觉遵守合规管理制度，在企业营造合规范围、养成合规文化。四是合规应急处置措施。企业内部应当建立举报制度、设立举报热线或邮箱，及时发现和受理问题线索。对于相关可疑活动，应当采取必要且有效举措进行纠错纠偏，防止问题由小变大、隐患积少成多；对于已经发生的违规违法问题，及时报告主管机关并协助配合开展调查取证等工作，清除毒瘤、举一反三，保证企业合规管理的有效实施。

（三）刑事合规制度的司法运作

"作为特殊的被告，企业不能被判入狱，但可以通过合规计划采取一定的措施来预防犯罪行为的产生。"① 美国《组织量刑指南》既为企业实施合规管理提供了指引，也为检察官办理企业犯罪案件提供了路径参考，将合规管理作为影响企业罚金减免和缓刑适用的法定要素，企业合规管理制度的完善程度与罚金减免的额度直接挂钩，有效实施合规计划以及犯罪后积极配合调查的，检察官可以免予起诉或者暂缓起诉，帮助企业改过自新。

（1）合规是决定起诉与否的主要因素。美国检察官在办理企业犯罪案件中形成了系列规则。1999 年时任美国司法部副检察长埃里克·霍尔德发布了企业起诉指南（即霍尔德备忘录），2003 年时任副检察长拉里·汤普森在霍尔德备忘录基础上，也为检察官指控企业犯罪提供了指导性建议。综合来看，美国检察官在决定起诉企业时，主要考虑九个方面的要素：一是犯罪行为的性质、严重程度；二是该公司内违法违规行为的普遍性；三是该公司的类似行为史；四是该公司发现犯罪行为的及时性、自觉性；五是公司是否拥有合规计划，其合规计划是否完备；六是

---

① ［美］瑞恩·D. 迈克康奈尔等：《"事前规划"抑或"事后处罚"：合规在刑事案件中的作用》，万方译，载李本灿编译：《合规与刑法：全球视野的考察》，中国政法大学出版社 2018 年版，第 160 页。

公司采取的补救措施;七是有没有附带的不良后果,包括对无罪的股东、员工造成的损失;八是可用的不违法补救措施是否妥善;九是对调查人员的配合程度,鼓励企业与司法部门合作。① 这些要素大部分属于合规管理范畴,合规逐渐成为检察官是否起诉企业犯罪的主要考虑因素。

（2）合规是对企业量刑的主要参考。按照《美国检察官手册》及司法部的相关规则,在对涉案企业正式提起公诉前,检察官应当依据《组织量刑指南》中明确的企业犯罪性质及后果、是否采取合规措施、是否配合调查等情况,提出较为精准的量刑建议。其中合规是确定对企业如何处罚的主要量刑考虑因素。根据规定,如果企业因其代理人实施的违法行为而被起诉和定罪,有效的合规计划可以减轻企业的刑罚。在犯罪发生时,只要企业实施了有效的合规计划,法官、检察官就可以降低该企业的罪责评分,较未实施合规管理企业的罚金数额降低30%至80%,甚至最高幅度为95%的减刑。②

（3）合规为司法办案提供了第三条路径。很长一段时间,检察官对企业犯罪要么起诉、要么撤诉（不诉）。企业合规制度实施后,检察官改变了诉讼策略,在起诉与撤诉之间找到了第三条路径:不起诉与暂缓起诉。即对于已经实施合规管理的企业或者有合规管理意愿的企业,检察官与企业签订不起诉协议或者暂缓起诉协议,约定具体处罚与后续监管措施,更为灵活地治理企业犯罪问题。在不起诉案件中,检察官具有直接决定权;在暂缓起诉案件中,相关协议需提交法院进行司法审查甚至举行公开听证。无论是不起诉还是暂缓起诉,司法部门一般都会为涉案企业设置1—5年不等的考察期,设置合规监察员进行监督。考察期

---

① ［美］瑞恩·D. 迈克康奈尔等:《"事前规划"抑或"事后处罚":合规在刑事案件中的作用》,万方译,载李本灿编译:《合规与刑法:全球视野的考察》,中国政法大学出版社2018年版,第163、165页。
② 万方:《企业合规刑事化的发展及启示》,载《中国刑事法杂志》2019年第2期。

验收合格后,检察官撤回起诉、企业作无罪处理;考察期满仍未达到相应要求的,对企业的刑事指控将重新启动。

第二节 企业刑事责任与企业刑事合规

企业刑事责任理论是企业刑事合规制度的基础,研究刑事合规制度必然探究刑事责任理论。"事实上无论是事前的预防犯罪,还是事后的制止犯罪、认定犯罪、对犯罪进行刑事指控和裁判活动,其前提均是承认企业的犯罪主体资格。"[1] 研究刑事合规制度应当本着这样的逻辑,首先是承认企业具有犯罪主体资格和刑事责任能力,然后是基于何种理由被入罪并科处刑罚,再通过合规制度减免刑责以鼓励企业主动合规、源头合规,实现企业治理效能最大化。可见,企业刑事责任问题既是认定企业犯罪的关键性因素,也是企业刑事合规的基础性问题。企业刑事责任既有入罪功能也有出罪功能,没有刑事责任就没有企业犯罪,不一样的刑事责任理论会产生不一样的归罪结果。厘清企业刑事责任理论的发展脉络,有助于更好地处理企业犯罪、完善企业治理体系。

一、企业刑事责任理论的发展与辨析

企业刑事责任理论经历了从无到有、全面开花的过程。早期,英美法系国家不承认企业具有独立的犯罪资格,因为没有自然人那样的主观罪过,即便违规违法也不承担责任。"从历史上看,刑法理论是围绕个人作为权利和义务的承担者这一概念而发展起来的"[2],传统刑法意

---

[1] 万方:《企业合规刑事化的发展及启示》,载《中国刑事法杂志》2019年第2期。
[2] [英]杰瑞米·候德:《阿什沃斯刑法原理》,时延安、史蔚译,中国法制出版社2019年版,第183页。

上的刑事责任乃个人之责任，对法人犯罪理论上是不认可的。① 但是随着经济社会发展和企业越来越多，企业违法犯罪问题也逐渐爆发出来，严重影响社会稳定、损害公共利益，仅仅惩罚自然人已无法有效地遏制企业犯罪，迫使政府不得不重视企业问题、承认企业犯罪。可以说"法人犯罪是资本主义商品经济发展到一定阶段的产物"②。围绕企业与其员工关系的各种企业刑事责任理论层出不穷，主要有替代责任理论、同一视理论、组织责任理论等，对认定企业犯罪产生了重要影响。

（一）替代责任理论

随着19世纪产业革命兴起，政府与民众对企业给予了更高期望，从法律层面赋予企业履行一定的公益义务，当企业违反这些积极作为的法定义务并损害国家和社会公共利益时，企业就要承担一定的责任包括刑事责任。这为企业具备违法资格和责任能力提供了司法先例。因为企业只有具备一定社会功能，才具有实施刑法所禁止的危害社会行为，才能进入刑法所调整的社会关系领域。此后，法官在审判实践中将民法侵权中"仆人过错、主人负责"的替代责任引进刑事领域，认为企业是法律拟制的主体，是雇用了员工的"主人"，应当对其员工的行为负责，如果员工在任职期间出于为企业谋取利益的目的而实施违法犯罪行为，企业就应为员工的过错"买单"，承担相应的不利后果，这就是替代责任理论或者称"雇主责任""上级责任"理论，是企业归罪理论中影响最为深远的一种理论。

替代责任理论最早于1909年美国联邦最高法院创立，在《美国检察官手册》中也明确规定，要让一个企业为其员工和代理人的犯罪行为负责，那么员工和代理人的行为必须是在企业职责范围内，且至少部分

---

① 陈萍、孙国祥：《中法法人犯罪刑事规制体系对比与借鉴》，载《学海》2017年第6期。

② 何秉松：《法人犯罪与刑事责任》，中国法制出版社2000年版，第1页。

意图是为了企业谋取利益。① 替代责任的本质在于将企业员工职权范围内为企业谋利的违法犯罪归责于雇用他的企业，企业承担的是"代为责任"。因此，认定企业犯罪以员工构成犯罪为前提，如果员工不构成犯罪，企业也不构成犯罪。司法实践中，先以犯罪构成要件审查员工的行为是否构成犯罪，再审查该行为是否为履行企业职务行为、是否为企业谋取利益，且法律明确规定该行为属于企业犯罪的，企业才成立犯罪。

可见，替代责任理论，主要是通过员工的客观行为和危害后果来判断是否可以归罪于企业，是直接将员工的主观犯意推定为企业的主观犯意。多数情况下直接证明企业这一法律拟制主体的主观要件比较困难，替代责任理论避免了这样的司法难题，同时也产生了企业主客观条件可能存在不一致就归罪于企业的不公平现象。因此，有的学者认为这样的归罪理论具有扩大打击企业犯罪之嫌。因为即使企业对员工的违法行为有明确的禁止规定，在罪行发生时企业内部也无人知晓这些行为，且企业并未从其员工、代理人实施的犯罪中实际获利，但只要员工或代理人实施了与职务相关的犯罪，无论其属于怎么样的级别，也无论犯罪的严重程度，该企业就要为员工或代理人的行为承担刑事责任。当然，除企业承担刑事责任外，实施犯罪行为的员工或代理人也要承担刑事责任。

（二）同一视理论

鉴于直接将普通员工的主观犯意推定为企业的主观犯意存在不公平问题，司法实践中对能够代表企业意图的员工身份作了缩限性探索，提出企业组织内部能够代表企业地位和意志的只有企业负责人或高级管理人员，这部分人员的主观犯意与客观行为被视为企业自身的犯意和行为，由此形成了同一视理论，也称"第二自我理论"，是将董事会成员、高级管理人员视为企业的化身或者"第二自我"，他们的行为和主观心

---

① 陈瑞华：《企业合格基本理论》，法律出版社2020年版，第183页。

态就等于企业的行为和主观心态。① 同一视理论具体表述为：企业负责人及内部的董事、经理等高级管理人员作为企业的高级代理人，在其职责范围内为企业谋取利益而实施的犯罪行为，应当由企业和该高级代理人各自承担刑事责任。例如，企业的法定代表人等实施了逃税犯罪行为，就可视为企业实施了逃税犯罪行为且具备逃税的主观犯意，从而分别追究企业的刑事责任和具体代理人的刑事责任。

有学者认为同一视理论是英国王室法院在判例实践基础上对替代责任理论的发展所形成的，② 也有学者认为同一视理论源于美国1962年颁布的《模范刑法典》，根据该法典的规定，企业刑事责任存在三个类型：一是违警罪及其他另行规定，二是企业不作为犯罪，三是通常由个人实施且以犯意为必要条件的犯罪，第三项采用了同一视理论。③ 就美国而言，替代责任理论在美国联邦和部分州的司法系统适用，同一视理论为大多数州的司法系统所采用。相较于以普通员工不法行为为基础形成的替代责任理论存在的宽泛性问题，同一视理论将真正参与了犯罪行为并且能够代表企业地位和意志的高级管理人员的主观犯意视为企业的主观犯意，一定程度上改变了员工行为无条件由企业继受的局面，④ 强调的企业责任不再是转嫁的"代为责任"，而是更加注重企业自身的意志和行为，因为企业负责人或高级管理人员更能代表企业、体现企业的意志。

（三）组织责任理论

无论是替代责任理论、还是同一视理论，都是以传统刑法理论所阐

---

① 陈瑞华：《合规视野下的企业刑事责任问题》，载《环球法律评论》2020年第1期。

② 黄秋芳：《英美法系单位刑事责任发展及对中国的启示》，载《法制与社会》2012年第2期。

③ 徐鹏博、黎宏：《美国法人犯罪刑事责任的认定及其启示》，载《人民检察》2017年第19期。

④ 王良顺：《美国法人犯罪的归责》，载《环球法律评论》2009年第6期。

释的个人刑事责任为基础来认定企业的刑事责任，未能从企业自身意图和实际行为出发认定企业的刑事责任，属于企业刑事责任中的一元模式，其归罪逻辑是："出现危害结果或者危害行为、认定个人刑事责任、确认个人—企业关系、判断企业刑事责任，个人—企业间关系是立法者为了满足规制企业行为的政策需求将个人责任转嫁给企业的桥梁，体现了立法者的政策选择，实质上是传统刑法立场与近代企业规制需求妥协的产物。"① 但是随着经济社会快速发展，企业的规模越来越大，企业内部的组织分工越来越细，经营管理模式越来越复杂，到底哪一级别的员工可以代表企业、其犯罪行为可以归罪于企业，越来越难以认定。实践中存在着认定过于随意、处罚范围过于宽泛、罪责自负不均衡的问题。随后，根据独立的犯罪构成要件和标准分别认定个人刑事责任与企业刑事责任的二元模式——组织责任理论或者称为集合责任理论诞生。

组织责任理论发端于20世纪70年代的美国，1974年美国联邦司法机关通过United States v. T. I. M. E – D. C.，Inc.案确立了新的企业刑事责任原则。② 该理论的逻辑起点也是对企业主观犯意的认定，如果单个的企业员工或者高级管理人员的意志和行为不能代表或者代替企业的意志和行为，那么多数企业员工的意志与行为集合起来，就可以认定为企业本身的意志和行为。具体是指"在法人故意避开对违法行为认识的情况下，为了认定法人具有构成犯罪必需的主观心理状态，可以将法人全部或者部分雇员对违法行为的认识集合起来归于法人"③。运用"集体明知"的方法认定企业的主观犯意，避开了认定企业犯罪必须依赖具体自然人犯罪的束缚。这样，即便没有单个的员工或者高级管理人员犯

---

① 周振杰：《企业刑事责任二元模式研究》，载《环球法律评论》2015年第6期。
② 周振杰：《企业刑事责任二元模式研究》，载《环球法律评论》2015年第6期。
③ 徐鹏博、黎宏：《美国法人犯罪刑事责任的认定及其启示》，载《人民检察》2017年第19期。

罪，企业依然可能被认定为犯罪而承担相应的刑事责任。① 从刑法意义上讲，组织责任理论承认企业是一个独立的有机生命体，有自己独立的意志，也有独立的犯罪故意和过失。司法实践中，主要从企业组织模式、管理制度、企业文化等方面来确认"集体明知"，进而独立认定企业是否具有主观犯意。由此，在组织责任理论框架下出现了几个分支理论：一是企业文化归责理论，是指根据企业的文化追究企业责任，如果一个企业没有形成禁止犯罪、严惩违法人员的管理文化，反而鼓励犯罪、对犯罪人员不予追究，就要承担刑事责任。二是企业预防失败理论，是指由于企业预防违法犯罪失败，从而承担刑事责任。如英国《反贿赂法案》规定，如果商业组织怠于履行预防违法犯罪义务，未制定与实施预防贿赂行为的相关规定，而致使相关人员为达到特定目的实施贿赂犯罪行为，该商业组织要承担刑事责任。三是人格理论，是指企业作为一个独立的人格，可以实施独立的行为、表达独立的意志，企业可以发号施令、独立发布规章制度，就应当独立承担责任。② 这种放弃了以个人犯罪为基础，而从企业自身特征认定犯罪的二元模式一经提出便风靡全球，美国、英国、澳大利亚、瑞士、意大利、俄罗斯等国家相继在立法中予以体现，代表着企业刑事责任理论的发展方向。

二、刑事合规制度下的企业归责理论

显而易见，企业组织责任理论与刑事合规制度更为契合。"面对大量的担责危险以及洪流似的规范，遵守法律并非自然而然的事。如缺乏组织上的措施，它几乎是不能实现的。"③ 组织责任理论与刑事合规制

---

① 卢林：《美国法人刑事责任的"集体认识"原理》，载《国家检察官学院学报》2006年第3期。
② 陈瑞华：《企业合规的基本问题》，载《中国法律评论》2020年第1期。
③ ［德］丹尼斯·伯克：《合规讨论的刑法视角——〈秩序违反法〉第130条作为刑事合规的中心规范》，黄礼登译，载李本灿编译：《合规与刑法：全球视野的考察》，中国政法大学出版社2018年版，第308页。

度均将目光聚焦于企业本身,以企业的组织功能为基础,以企业独立责任和存在问题为导向,通过刑法的威慑与谦抑功能,旨在强化企业内部治理,建立并实施合规管理制度,更好地预防、发现和查处企业违法犯罪。这些价值和功能都是替代责任理论和同一视理论难以实现的,甚至在替代责任理论、同一视理论指导下,有的企业为了逃避刑事处罚,反而极力掩盖企业员工的犯罪行为,阻碍司法机关的调查,不利于防范和打击企业犯罪。

(一)两者在罪责自负原则上契合

实践中,适用替代责任理论或者同一视理论,可能出现两种倾向:一是过于宽泛、不合理地追究企业刑事责任。例如,企业对员工有明确要求必须遵守法律法规,但是员工超越企业授权、违背企业意志和要求,以企业名义且为企业谋取利益为由实施违法犯罪行为,企业也要承担相应刑事责任,显然不符合罪责一致、罪责自负原则。二是随着经济活动越来越复杂,企业犯罪形式花样越来越多,出现对一些企业犯罪难以认定、同案不同判的情况,影响了刑法的正确统一实施。一般来讲,替代责任理论和同一视理论适用于规模较小的企业,能够较为容易地通过员工或者高级管理人员的主观意志和行为推定企业的主观意志和行为。规模较大的企业有着许多的内设机构、分支机构,对于哪一个层级的员工和高级管理人员属于能够代表企业意志和行为的"代理人"存在认识分歧,司法实践中同案不同判的情况时有发生。特别是随着企业决策过程越来越复杂,责任分担者越来越多,替代责任的条件越来越难满足。例如,英国发生多起企业重大伤亡事故以及劳动灾难,引起了强烈的社会反响,要求以"过失致人死亡罪"严惩涉事企业的呼声越来越高,但是根据替代责任或者同一视理论,追究企业过失刑事责任必须首先要有引起过失致人死亡且能够代表企业意志的行为人,还必须证明行为人对现场的危险具有认识性,但是由于企业高级管理人员通常不在具体业务活动现场,对现场危险性的认识和判断可能性极小,所以难以追究具体行为人的责任,更难追究企业的过失责任。①

企业组织责任理论与刑事合规制度强调企业是独立的法律主体,虽然企业活动甚至是犯罪行为均通过员工的行为来完成,企业显得"虚无缥缈",但是不得不承认企业这一组织体实实在在地存在着,企业本身具有的组织地位和功能与犯罪的发生密切相关,替代责任和同一视理论忽视企业的组织功能显然是不恰当的。作为法律评价对象应当坚持罪责相统一原则,事关企业自身问题的责任就直截了当地由企业承担,与其组织职能无关的犯罪行为,不该由企业承担的刑事责任就应免除,这是刑法人人平等原则的最基本要求。

(二) 两者在企业治理价值上契合

传统的自然人犯罪进路、强调事后惩治的企业犯罪治理模式,已难以适应企业犯罪发展的新形势,也难以弥补企业犯罪给社会造成的重大危害和损失。企业组织责任理论与刑事合规制度均强调企业要承担应有的社会责任和法律责任,在企业活动中强化内部治理、突出犯罪预防,从而更好地实现保护企业自身利益,保护股东、员工、投资人、关联交易人、消费者等社会利益,保护国家公共利益的有机统一。从犯罪预防角度来看,组织责任理论和刑事合规制度都要求企业发挥组织功能,通过内部教育、管理、监督、举报等方式,及时预防、发现和处理违法犯罪,推动企业及其员工始终严格按照法律法规开展业务,不断地自我教育、自我管理、自我完善,更好地实现企业可持续发展,很大程度上减轻了外部监督的投入和压力,节约了国家管理成本和社会预防成本。从司法办案角度来看,依照组织责任理论,对于实施刑事合规的企业来说,即便发生违法犯罪问题也有减免激励,促使企业通过内部调查、主动配合调查、认罪认罚等方式与司法机关合作,既加快了案件办理步

---

① 周振杰:《企业刑事责任二元模式研究》,载《环球法律评论》2015年第6期。

伐、节约了司法资源,也让企业通过刑罚优待而避免名誉上的损失、经营资格被剥夺等问题,更好地卸下包袱、轻装上阵。从培育合规文化角度来看,严厉惩治企业犯罪固然重要但并非必须之举,一味地打击制裁也并非长远之计,以组织责任理论为引领、以刑事合规制度为保障,引领企业建立守法的合规文化才是治本之策。古语讲:近朱者赤,近墨者黑。不良的企业文化往往成为滋生违法犯罪的温床,良好的企业文化以正当伦理和文明标准潜移默化、熏陶浸润,从源头上抑制企业及员工的不当行为,让其不想不愿、不能不敢违法犯罪,并推动整个社会见贤思齐、积极向上。

(三)两者在企业出罪理由上契合

现代诉讼制度坚持的是"谁主张、谁举证"的举证责任原则。根据刑事诉讼构造原理,检察机关负有承担证明被告人有罪的举证责任,被告人及其辩护人可以进行无罪或者罪轻的辩解并为此举示证据,不能要求被告人自证其罪。按照替代责任和同一视理论,企业难以通过举示员工或者高级管理人员的无罪证据而为自己进行无罪辩护,一定程度地剥夺了企业作为独立主体的辩护权。在组织责任理论和刑事合规制度里,明确因企业自身组织管理问题而承担刑事责任的逻辑,给予企业一定的出罪理由。面对检察机关的刑事指控,企业不再是被动地、无能为力地接受,可以积极主动地、更为便捷地从自身收集证据,以企业已经尽到应有的组织管理义务为由进行无罪抗辩,检察机关也应当从企业自身的组织管理、经济活动缺陷以及企业不良文化等方面,举示证据证明犯罪行为和危害后果与企业有着刑法意义上的因果关系,否则就不能认定企业构成犯罪。企业有效的合规管理就是企业有效履行组织管理义务的最好证明,在国外的刑事法律里已经得到体现。例如,意大利2001年颁布第231号法令第6条规定,如果公司能够证明在犯罪行为发生前业已确立旨在防止该类犯罪行为的管理体制并且该体制得以有效运行,那么公司可以免于承担责任,但是公司管理体制足以免除其责任的证明责任由公司来承担。① 再如,英国 2010 年《反贿赂法案》第 7 条规定,如果商业组织能够证明本身存在防止与之相关的个人实施贿赂行为的适当程序,则构成辩护理由,免于承担刑事责任。②

三、我国企业刑事责任理论分析

我国没有专门的企业犯罪概念,企业犯罪包含在单位犯罪里面。新中国成立后一段时期内,我国实行严格的计划经济体制,企业完全受国家的计划操控,没有实施犯罪的主观动机和外部环境,因此也不存在企业犯罪问题。改革开放以后,国家向市场经济转型,构建了中国特色社会主义市场经济体制,在这样的大背景下,各种公司、企业如雨后春笋般蓬勃发展,当然也在各种利益诱惑下,企业违法犯罪问题变得日益突出。我国最早关于企业等单位犯罪的规定是 1987 年的《海关法》,1988 年全国人大常委会又制定《关于惩治贪污罪贿赂罪的补充规定》和《关于惩治走私罪的补充规定》,以专门刑事法律明确企业等单位犯罪。1997 年的刑法正式在总则中确立企业等单位可以成为犯罪主体,在分则中规定了企业等单位犯罪的种类和相应处罚措施。如《刑法》第 30 条规定:公司、企业、事业单位、机关、团体实施的危害社会的行为,法律规定为单位犯罪的,应当负刑事责任。严格地讲,公司也属于企业的一种,主要是指以从事生产、流通、服务、科技等活动为内容,以创造社会财富、获取盈利为目的的一种营利性社会经济组织。从发展的维度来看,我国设立企业刑事责任与国外设立企业刑事责任具有相同的背景和逻辑,都是伴随着传统刑法理论发展、针对现实刑法规制能力不足、

---

① 范红旗:《意大利法人犯罪制度及评析》,载赵秉志主编:《刑法论丛》(第 15 卷),法律出版社 2008 年版,第 298 页。
② 周振杰:《英国〈2010 年贿赂罪法〉评介》,载赵秉志主编:《刑法评论》(2012 年第 2 卷),法律出版社 2013 年版,第 312 页。

基于惩治越来越多企业犯罪的政策性选择。

(一) 我国企业犯罪的规制特点

一般认为，企业犯罪是指企业为谋取非法利益，由企业决策机构按照企业决策程序决定，由直接责任人员具体实施危害社会行为，且刑法明文规定企业应受刑罚处罚的犯罪。按照刑法规定，企业要成为犯罪主体，必须具备依法成立、拥有一定相对独立财产、能以企业名义对外开展活动并承担责任等要素。如果是非法组织、不能以自己名义对外开展活动的"地下工厂""小作坊"，就不能成为企业犯罪主体；是否具有相对独立的财产，也是衡量一个企业是否具有承担刑事责任能力的基本标志，没有相对独立的财产，就意味着不具有独立承担刑事责任的能力，不具有刑事责任能力自然不能成为法律规定的犯罪主体。

就企业刑事责任理论而言，我国刑法并没有简单地采用替代责任理论、同一视理论或者组织责任理论，"或许可以认为，我国刑法关于单位犯罪的规定，是同一视理论与组织模式理论的结合"①。一方面，只有能够代表企业意志的特定人员，如直接负责的主管人员和其他直接责任人员实施的犯罪，才被视为企业实施的犯罪；另一方面，因企业对于特定人员没有尽到管理义务，从而发生的犯罪也被认定为企业犯罪。从刑法和相关司法解释来看，我国规定企业犯罪，既突出了企业犯罪本身的特征，如以企业名义、为企业谋取非法利益、由企业决策机构决定等，又强调企业犯罪离不开企业员工，如企业犯罪必须有具体的决策者和直接的实施者。"二者密切联系、不可分割。没有企业本身作为主体，其中的某些自然人便是独立的自然人主体，如果没有单位内部的自然人主体，也不可能有单位犯罪。"② 具体表现在：一是企业犯罪是企业本身犯罪，企业犯罪不是企业各个成员间的共同犯罪或者犯罪的集合。二

---

① 张明楷：《刑法学》（第五版），法律出版社 2016 年版，第 138 页。
② 张明楷：《刑法学》（第五版），法律出版社 2016 年版，第 135 页。

是企业犯罪由企业的决策机构按照企业的决策程序决定，由直接责任人实施，体现了企业的整体意志，并不是企业某个代理人的意志，企业员工实施与职务活动无关的犯罪更不能认定为企业犯罪。三是为企业谋取非法利益，违法所得归企业所有，也不排除以企业名义为全体成员或者多数人员谋取非法利益。四是以刑法明文规定企业应受刑罚处罚为前提。只有刑法明确规定企业可以成为该种犯罪的行为主体时，才可能构成企业犯罪。如果刑法没有明确规定企业可以成为犯罪主体，那只能追究具体实施的自然人的刑事责任。如全国人大常委会2014年4月24日《关于〈中华人民共和国刑法〉第三十条的解释》明确规定："公司、企业、事业单位、机关、团体等单位实施刑法规定的危害社会的行为，刑法分则和其他法律未规定追究单位的刑事责任的，对组织、策划、实施该危害社会行为的人依法追究刑事责任。"

（二）我国企业犯罪的处罚特点

我国刑法对企业犯罪的处罚呈现整体性、局限性和双重性的特点。一是企业刑事责任的整体性。刑法强调承担刑事责任的主体是企业本身，而不是企业里的所有成员，更不是每一个单独的员工。《刑法》第31条规定：单位犯罪的，对单位判处罚金。二是企业刑事责任的局限性。在刑事责任范围上，刑法明确规定企业构成犯罪的才能追究企业刑事责任，企业不是所有犯罪的适格主体，必须严格按照罪刑法定原则，以法律明文规定的犯罪为限。在刑事处罚方式上，企业并没有如自然人那样的生命、人身自由和政治权利，故不能对企业给予生命刑、自由刑和相关资格刑，罚金刑是我国企业刑事责任的唯一实现方式。三是企业刑事责任的双重性。基于企业犯罪离不开自然人的基本事实，我国刑法对企业犯罪采取双罚制与单罚制并用的模式。在双罚制下，既要处罚企业，也要处罚直接负责的主管人员和其他直接责任人员。在单罚制下，处于保护国家和社会公共利益和无辜者合法权益的需要，虽然认定企业构成犯罪，但仅处罚负有直接责任的主管人员和其他责任人员。

单罚制的情形主要有三类：一是虽然以企业名义实施犯罪但并非为企业谋取不当利益，而是为企业里面的多数人员谋取不当利益，处罚企业显然不当。如《刑法》第396条关于私分国有资产罪的规定：国家机关、国有公司、企业、事业单位、人民团体，违反国家规定，以单位名义将国有资产集体私分给个人，数额较大的，对其直接负责的主管人员和其他直接责任人员，处三年以下有期徒刑或者拘役，并处或者单处罚金；数额巨大的，处三年以上七年以下有期徒刑，并处罚金。二是首先认可企业构成过失犯罪，但该种过失与危害后果难以直接归责于企业，只有处罚负有直接责任的主管人员和其他负责人，才能体现罪过与刑罚相统一。如《刑法》第137条关于工程重大安全事故罪的规定：建设单位、设计单位、施工单位、工程监理单位违反国家规定，降低工程质量标准，造成重大安全事故的，对直接责任人员，处五年以下有期徒刑或者拘役，并处罚金；后果特别严重的，处五年以上十年以下有期徒刑，并处罚金。三是企业违反特定义务而构成犯罪，但处罚企业可能损害股东、关联交易方或者无辜方的利益，出于利弊权衡，仅处罚负有直接责任的主管人员和其他负责人。如《刑法》第161条关于违规披露、不披露重要信息罪的规定：依法负有信息披露义务的公司、企业向股东和社会公众提供虚假的或者隐瞒重要事实的财务会计报告，或者对依法应当披露的其他重要信息不按照规定披露，严重损害股东或者其他人利益，或者有其他严重情节的，对其直接负责的主管人员和其他直接责任人员，处五年以下有期徒刑或者拘役，并处或者单处罚金；情节特别严重的，处五年以上十年以下有期徒刑，并处罚金。

（三）我国企业刑事归罪的缺陷

虽然我国刑法一定程度上采取了同一视理论与组织责任理论相结合的归罪模式，但本质上讲还是以企业中自然人犯罪为基础认定企业犯罪，存在对企业的独立意志体现不够、对企业入罪标准设置不科学、对企业犯罪处罚方式过于单一等问题。一是在企业主观意志方面。尽管法律规定要以企业名义实施犯罪，但具体犯罪行为的决策者、实施者均是企业成员，法律将这些"代理人"的主观犯意和犯罪行为推定给企业的，并没有直接从企业自身认定其主观犯意。如果企业对其员工有禁止犯罪的明确要求，能否认定企业不具有犯罪故意？如果企业对其员工在其职务范围内实施的犯罪行为，没有尽到管理职责或者以不作为的方式予以默许，是按照企业自身的主观过失认定犯罪还是以员工的主观故意推定企业构成犯罪呢？刑法及相关司法解释均没有明确的规定，司法实务界也莫衷一是。同时，对于自然人以实施犯罪为目的而设立的企业，或者企业设立后以实施犯罪为主要活动的，司法解释规定一律不按照企业犯罪处理，甚至对于一人公司能否成为企业犯罪的主体也没有定论，显然直接否定了企业具有的独立意志，混淆了自然人罪责与企业罪责的关系。二是在企业犯罪入罪标准方面。企业犯罪与自然人犯罪存在入罪标准不一致的问题，企业的入罪标准一般高于自然人的入罪标准，实施同一危害社会行为，能够认定为自然人犯罪的，不一定能够认定为企业犯罪。如个人实施非法吸收公众存款罪的入罪数额大概在 20 万元以上，而企业实施非法吸收公众存款罪的入罪数额大概在 100 万元以上。即便构成企业犯罪，在企业里直接负责的主管人员和其他直接责任人员所承担的刑事责任，一般也低于普通自然人的刑事责任，出现"同罪不同罚"的问题。"在现实中，我国刑法关于单位犯罪的规定几乎成了相关自然人无罪或从轻处罚的一个重要理由。"[①] 三是在企业犯罪刑事处罚方面。我国企业刑事担责方式单一，仅为罚金刑，对于以营利为目的的经济组织来讲，单处罚金的刑事威慑力显然不足。企业构成犯罪被判处罚金之后，没有相关从业的禁止性或者整改性措施，一定程度上还弱于

---

① 陈忠林、席若：《单位犯罪的"嵌套责任理论"》，载《现代法学》2017 年第 39 卷第 2 期。

行政处罚,因为行政处罚除罚款之外,还有限制、取消经营资格等处罚措施。另外,企业犯罪的刑事处罚与行政处罚衔接也不顺畅,企业被判处罚金刑后,相应的行政处罚措施往往跟不上,存在处罚链条上的"断环"问题,一罚了之并不能彻底改造企业犯罪问题,企业再次犯罪的可能性依然较大。相对于一些西方国家对于构成犯罪的企业除科处罚金之外,还会处以不同程度地经营资格限制或者剥夺措施,我国对企业犯罪的处罚存在不均衡、不及时和缺乏力度的问题。[1]

第三节 检察机关主导下的企业刑事合规之构建

在执行大多数调整犯罪的刑事法律时,需要在一方面的经济活动利益和另一方面的公共福祉之间保持微妙的平衡,即把"不要动摇经济之舟"作为主要的工作原则。[2] 企业刑事合规制度即如此,"关键点不在于对涉嫌犯罪的企业定重罪或处重刑,而是刑事司法在规制企业犯罪时是否给予企业多元化的法律救济机制以及适当的监督方式"[3],在对涉罪企业诉与不诉之间开辟新道路,在治理企业违法犯罪与维护经济社会利益之间找到新平衡。"刑事化的企业合规一定程度上将刑法的威慑力由企业外部贯彻落实到了企业内部。不仅缓解了刑法外部治理的压力和负担,还有效预防和制止了企业内部的违法犯罪行为,同时避免了企业因非理性的刑事干预遭受不必要的损失。"[4] 从各国实施企业刑事合规制度情况来看,一是检察机关发挥着审前主导作用。检察机关决定着是

---

[1] 黎宏:《完善我国单位犯罪处罚制度的思考》,载《法商研究》2011 年第 1 期。

[2] [英]麦高伟主编:《英国刑事司法程序》,姚永吉等译,法律出版社 2003 年版,第 149 页。

[3] 石磊、陈振炜:《刑事合规的中国检察面向》,载《山东社会科学》2020 年第 5 期。

[4] 万方:《企业合规刑事化的发展及启示》,载《中国刑事法杂志》2019 年第 2 期。

否起诉企业、是否建议减免刑罚、是否开展合规改造等事项，是企业刑事合规制度的关键所在。通过审前分流、依法督促涉罪企业合规改造，既能明确刑法规制的价值导向，又节约司法资源、减少企业诉累。二是针对涉罪企业建立特别的诉讼程序。企业刑事合规制度并不是单纯孤立的制度，一般与不起诉、暂缓起诉、缓刑考察等制度配套，共同发挥着预防、惩治、教育、改造企业等功能。如美国在辩诉交易制度基础上，建立了不起诉和暂缓起诉协议制度，法国建立了"基于公共利益的司法协议"制度，均给予涉罪企业一个悔过自新的机会，在检察机关或者合规监督人的监督下实施合规改造。

一、学习借鉴西方刑事合规制度需要注意的问题

学习借鉴西方企业刑事合规制度，对于强化我国企业治理、促进企业发展壮大、更好地走出"国门"、变成"百年老店"意义非凡。但也要清醒认识，企业刑事合规是一项系统工程，涉及企业犯罪归责理论、企业犯罪制度、企业犯罪诉讼模式、企业犯罪改造措施等内容，盲目引进、完全照搬西方模式也不可取。"法律移植不是简简单单的法律制度或者法律概念的复制"[①]，"诉讼程序是由所有程序参与者的行为所构筑，与当地的司法机构及程序参与者具有高度紧密的互动关系"[②]。在借鉴和移植外来法律制度时，必须充分考量、系统评估该法律制度的优劣，尽量汲取有用养分、扬长避短，必须立足本国传统、立足实际需要，科学适当地改进有关犯罪理论和诉讼制度，增强中西融合的契合度，如果"贸然将某一法系的某一制度截取移植至另一法系，诉讼法的历史发展清楚地告示，如此不但不能达到改革目标，反将造成负面效果"[③]。

---

① 何勤华：《法的移植和法的本土化》，载《中国法学》，2002年第3期。
② 王泽鉴主编：《英美法导论》，北京大学出版社2012年版，第254页。
③ 王泽鉴主编：《英美法导论》，北京大学出版社2012年版，第254页。

（一）西方企业刑事合规制度的自身缺陷

没有任何一项制度是万能的，能够解决发展中遇到的所有问题。企业刑事合规制度也有自身缺陷，部分学者对此提出质疑。一是不认可因合规而减轻或免除刑罚的法理基础。（1）司法过度介入经济活动；（2）合规方案有效性仍未得到确认；（3）合规管理制度与量刑程度之间的联系不明确，且减轻罚金刑的事项与保护观察时期须遵守的事项所要求的合规管理程序不明确；（4）仍不确定该方法与促进企业实施合规管理制度的诱因是否有直接联系。① 合规计划内容，既不是作为逻辑上的必然结论而被推导出来的，也没有在实证上得到印证，其只不过是立足于以往的讨论与实践得出的"最大公约数"罢了。② 二是对刑事合规制度效果提出质疑。日本学者川崎友巳认为"在美国，随着企业丑闻与犯罪的增加，合规管理制度获得了长足发展，被誉为是在犯罪预防中既有效又切实可行的对策，至少在形式上与针对企业过失的注意义务有很大关联性。而实质上是否有用的问题仍值得探讨"③。如形式合规与实质合规的问题，构建一个外在的刑事合规体系很简单，制定一个完备的企业管理制度、开展几次员工教育培训等都很容易，但合规内容是否"入脑入心"、合规管理经营的要求是否真正落实、是否有效防范和减少了企业违法犯罪很难判定。合规管理制度很可能成为企业逃避法律监管的正当理由。再如，时任美国司法部反垄断局局长布洛克认为，"在有关《反托拉斯法》的案件中，任何试图在判定犯罪主观方面的一般原则与有关实行合规管理制度的法人替代责任法理中设立例外情形的行为，

---

① ［日］川崎友巳：《合规管理制度的产生与发展》，李世阳译，载李本灿编译：《合规与刑法：全球视野的考察》，中国政法大学出版社2018年版，第18页。

② ［日］川崎友巳：《合规计划的现状》，曾文科译，载李本灿编译：《合规与刑法：全球视野的考察》，中国政法大学出版社2018年版，第22页。

③ ［日］川崎友巳：《合规管理制度的产生与发展》，李世阳译，载李本灿编译：《合规与刑法：全球视野的考察》，中国政法大学出版社2018年版，第4页。

不仅使上述两种行为混杂在一起无法区分，更动摇了整个法律体系的根基""有必要的话可以看看合规管理制度在决定法人刑事责任问题上能不能体现作用，我认为没有作用"①。

因此，构建中国特色企业刑事合规制度，必须深刻汲取西方刑事合规制度的正反两个方面经验，针对其实施中已经暴露出来的合规管理理念与实践逻辑结合不够、合规管理内容针对性不强、合规管理走过场、合规管理成为逃避罪责理由等问题，科学合理地做好我国企业刑事合规制度的"顶层设计"，有针对性地堵塞漏洞、改进完善，实施中坚持平等对待、加强监督落实，让企业刑事合规制度发挥更大作用。

（二）我国传统文化与实现需求的考虑

传统是由历史沿传而来的思想、道德、风俗、艺术、制度等，对现实社会人们的思想和行为产生重要影响。我国历史悠久、传统文化浸润深厚，人们的司法观念、企业的发展路径、司法办案的实际情况等，均与西方国家有着较大差异。设计得再完美的体制和程序，如果没有传统力量的支持、没有立足本土实际，都难以有效运转，甚至难以为继。②一是从传统的思想观念来看，目前凭着人民群众朴素的道德观、正义观、公平观，对企业构罪标准与自然人不一致、司法处理轻缓化等问题已经高度关注，如果按照西方刑事合规制度对企业犯罪再给予减免，可能会引起社会更大的波动。在人们心目中，既然规定这样的行为属于企业犯罪，再轻的犯罪也是罪，也应当受到应有的处罚。因此，构建中国特色企业刑事合规制度，应当完善企业犯罪制度，统一企业与自然人的构罪标准，制定详细的量刑规定，包括应当和可以减轻、从轻或者免除刑事处罚的具体情形，树立严格规范的司法理念、正确理性的刑罚导

---

① ［日］川崎友巳：《合规管理制度的法律意义》，李世阳译，载李本灿编译：《合规与刑法：全球视野的考察》，中国政法大学出版社2018年版，第36页。

② 张文显主编：《法理学》，法律出版社2007年版，第426页。

向，才能符合人民群众的所思所想，真正地扎根在中华大地上。二是从企业发展情况来看，受历史传统和长期计划经济影响，我国企业特别是民营企业起步较晚，改革开放后从小到大、由弱变强。总体来看，除大型国有企业外，多数民营企业尚处于发展壮大阶段，且中小微企业占据大多数，它们经营方式比较粗放，热衷于铺摊子、上规模，在环保、社保、质量、安全、信用等方面存在诸多不规范问题。构建中国特色企业刑事合规制度不应紧盯大型企业特别是国有企业，应当聚焦聚力在推动民营企业发展上，立足中小微企业居多的现实情况，设计适当合理的企业刑事合规内容以及刑事处罚程序和标准。像美国那样动辄给予企业上亿元罚金、大规模介入企业管理的合规制度，在中国或许会适得其反，直接"消灭"企业。如中兴通讯公司被美国两次判处超过 20 亿美元的刑事和民事罚金，并启动了为期 10 年的合规改造计划。试问我国民营企业中有多少家经得住这样巨额的罚款？甚至有多少家民营企业有 20 亿美元资产可罚？三是从司法办案情况来看，尽管刑法规定除具有较强人身依附性的犯罪外，企业几乎可以成为所有犯罪之主体，但司法实践中认定企业犯罪并科处刑罚的案件依然较少，大多数案件是以自然人犯罪对其直接责任人进行刑事处罚。即使在为数不多的受到刑罚处罚的单位犯罪案件中，适用缓刑、轻刑的措施也非常普遍。如《全国检察机关依法办理妨害新冠肺炎疫情防控犯罪典型案例（第一批）》中的广东廉江谭某某涉嫌非法经营案。新冠肺炎疫情防控期间，谭某某经营的廉江市福本医疗器械有限公司，将在天猫平台平时销售价格为 50 元一盒的一次性医疗口罩，提高销售价格至 600 元一盒进行销售，哄抬物价、牟取暴利，严重扰乱市场秩序。根据《刑法》第 225 条之规定，廉江市福本医疗器械有限公司已涉嫌非法经营罪，但司法机关并未认定企业犯罪，而是以自然人犯罪对其负责人谭某某进行刑事处罚。因此，构建中国特色企业刑事合规制度，就不应把减轻、免除企业的刑罚作为重点，应当把鼓励、引导和参与企业刑事合规改造作为制度重点，积极推动企业强化内部治理、堵塞漏洞,防范再次犯罪的发生。

尽管企业刑事合规制度在理论和实践中存在一些争议,但是只要方向和路子对了,成功再远也能实现。如美国在刑事合规制度实施之初,"在符合《联邦量刑指南》第 8 章规定,有实施合规管理的情节,属于可能降低罚金数额并由量刑委员会查询了详细资料的 687 个案例中,仅 2 例获通过"①。但是,通过长期的刑事激励导向,合规制度获得了多数企业认可并实施。如"在 1989 年一年里,在 73 家企业中有 164 起企业法人较法律执行机关先发现职员违法行为,并对违法行为加以公示的案件。造成这种现象的原因即实施了有效的合规管理制度。在这 164 个案件中,有 155 项未被起诉"②。

二、完善我国企业刑事责任理论与制度

无论是否创设企业刑事合规制度,我国企业犯罪理论与制度本身尚存在一些需要改进和完善的地方。司法实践中出现处罚企业犯罪的各种乱象与"为了有效遏制以及制裁日趋严重的以单位名义实施的犯罪"的初衷大相径庭,在很大程度上应该是理论上没有正视单位犯罪刑事责任实质的产物,③ 特别是"对于单位刑事责任的认定逻辑以及个人刑事责任与单位刑事责任之间的关系等具体问题,没有清晰的思路"④。

(一)以企业意志为导向完善企业归罪理论

现代企业刑事责任理论至少有两个共识:其一,随着经济快速发

---

① [日]川崎友巳:《合规管理制度的产生与发展》,李世阳译,载李本灿编译:《合规与刑法:全球视野的考察》,中国政法大学出版社 2018 年版,第 20 页。
② [日]川崎友巳:《合规管理制度的法律意义》,李世阳译,载李本灿编译:《合规与刑法:全球视野的考察》,中国政法大学出版社 2018 年版,第 42 页。
③ 陈忠林、席若:《单位犯罪的"嵌套责任理论"》,载《现代法学》2017 年第 39 卷第 2 期。
④ 周振杰:《企业刑事责任二元模式研究》,载《环球法律评论》2015 年第 6 期。

展、企业组织结构日益复杂，仅仅依靠处罚企业有关员工难以有效遏制企业犯罪。对于一个企业而言，不会因为追究一个员工的刑事责任就能解决企业犯罪隐患、预防企业再次犯罪，实行"双罚制"是遏制企业犯罪的有效措施。其二，尽管刑事处罚本身具有一定的警示和威慑作用，但毕竟"传统刑法理论都是针对过去的，是针对已经犯罪的行为人这种过去的维度而言的"①，惩治价值大于预防价值。现代刑法"明显地转向预防与安全，国家在犯罪发生之前、在针对某个行为人特定犯罪的嫌疑具体化之前就已经开始介入"②，特别是在处理企业犯罪领域更加注重事前预防，"司法的目标不再是追求对涉罪法人的有罪判决和惩罚，而是期待企业改革内部的规章制度，预防再次犯罪，刚性的法人刑事责任归责原则逐渐轻缓或者变通"③。

完善我国企业刑事责任理论，一是要凸显出企业自身的意志，与组织责任理论相契合。虽然企业活动都依赖企业员工实施，企业与员工具有密不可分的关系，但企业的组织架构、企业文化等具有整体性和相对独立性的特点，企业意志与行动也并非具体的员工甚至高级管理人员所能代表，企业员工职务范围内的犯罪并不理所当然地归罪于企业。否则，企业随时可能因员工的部分行为而深陷犯罪泥潭。只有企业自身行为存在缺陷，诸如未履行法律规定的特定义务、未尽到有效管理员工的职责或者形成了实施犯罪的企业文化等，才能认定企业具有主观犯意，进而为相关犯罪承担刑事责任。基于此，需要修订我国刑法中根据自然人犯罪而推定企业犯罪的条款，增设因企业自身管理缺陷而导致犯罪需承担刑事责任的条款。如《刑法修正案（九）》关于拒不履行信息网络

---

① ［芬兰］基墨：《安全、风险与刑法》，江溯译，载梁根林主编：《当代刑法思潮论坛（第三卷）：刑事政策与刑法变迁》，北京大学出版社2016年版，第297页。
② ［德］乌尔里希·齐白著：《全球风险社会与信息社会中的刑法：二十一世纪刑法模式的转换》，周遵友、江溯等译，中国法制出版社2012年版，第167页。
③ 孙国祥：《刑事合规的理念、机能和中国的构建》，载《中国刑事法杂志》2019年第2期。

安全义务罪的规定，明确指出网络服务企业不履行法律、行政法规规定的信息网络安全管理义务，经监管部门责令采取改正措施而拒不改正的，就要承当相应刑事责任。二是要凸显出刑法的预防与激励功能。在理清企业犯罪与个人犯罪的同时，需要进一步明确企业犯罪的构成要件，指出企业犯罪问题症结，提出企业应当履行的法定义务，如果"企业对违法、违规乃至犯罪行为进行有效的防范、识别和处置，体现出拒绝实施、接受违法犯罪行为的主观意志"①，就可以作为减轻、免除刑事处罚甚至作为企业"出罪"的法定理由。这样，必然激励和引导企业趋利避害，自觉地沿着合法合规的道路前行。"老板自利的本能会促使他更认真地监督员工，从而在实际上将他的处罚预期传递给员工。可以调动公司的内部治理资源，来限制员工对公司犯罪活动的参与"②，达到事前预防、内部预防、有效预防的目的。如美国对企业的规制逻辑就充分运用"萝卜+大棒"的策略，一方面对犯罪企业处以巨额罚金及相应制裁，另一方面赋予企业实施合规管理的义务，对有效实施合规管理的企业给予刑事责任上的减免激励，促使企业自主自愿实施合规、防控法律风险。

（二）增设企业主及高级管理人员的合规义务

从企业合规的刑事化发展演进过程来看，为鼓励、引导企业构建并实施企业合规，各国的立法均规定了企业及其高级管理人员构建实施企业合规的刑事义务。将一项选择适用的风险管理方案变为拥有强制效力的刑事义务，推动企业合规制度变成一项法定的硬性制度。③ 如美国经过多年的企业刑事合规实践，在激励企业开展合规计划基础上，先后于2002年颁布《萨班斯—奥克斯利法案》、2010年颁布《多德—弗兰克法

---

① 陈瑞华：《合规视野下的企业刑事责任问题》，载《环球法律评论》2020年第1期。
② ［瑞典］汉斯·舍格伦等编：《经济犯罪的新视角》，陈晓芳、廖志敏译，北京大学出版社2006年版，第27—28页。
③ 万方：《企业合规刑事化的发展及启示》，载《中国刑事法杂志》2019年第2期。

案》以及最新修订的《联邦组织量刑指南》,都将构建与实施企业合规作为了企业主及其高级管理人员的一项法定义务,对未能推动企业合规构建与实施的人员追究相应刑事责任。再如德国学者认为"在一个刑法向前置性犯罪、过失犯罪以及不作为犯罪扩张的时代,企业领导层处于危险境地是一个令人困扰的现实"[1]。德国《秩序违反法》规定,企业所有人故意或者过失不采取必要的监督措施阻止企业违反义务行为,如果上述行为牵涉刑罚措施,或者通过谨慎监督可以阻止违反义务行为,企业所有人的行为就是违反秩序的行为,可能遭受相应制裁。

"单位刑事责任的内涵不仅包括公司主要管理者为了实现法人之利益而实施的犯罪行为,而且还包括由于公司主要领导在监管控制方面的缺失致使处于其监管之下的公司成员为了实现法人之利益而实施的犯罪行为。"[2] 因此,完善我国企业刑事责任制度,有必要在设定企业合规管理义务的同时,规定企业主及其高级管理人员也负有实施合规管理的义务,发挥好企业主及其高级管理人员的监管作用。如在《刑法》第31条中增设一款,规定单位及其负责人、具有管理职责的人员在职务范围内应当积极履行企业合规管理义务,未履行法律规定的管理义务的,应当承担刑事责任。把履行合规管理作为企业主及其高级管理人员的一项法定义务,一方面有力增强企业主及其高级管理人员实施合规管理的动力,促使企业主及其高级管理人员把更多精力投入在企业合规管理上,更有效地保证企业合规管理制度得以有效实施。另一方面有效解决在"双罚制"下,除企业和具体实施犯罪行为的直接责任人承担刑事责任外,负有管理职责的企业人员没有参与犯罪活动为什么也要承担刑事责任的问题,指明企业管理人员存在主观过错,不履行法律规定的特定

---

[1] [德]丹尼斯·伯克:《合规讨论的刑法视角——〈秩序违反法〉第130条作为刑事合规的中心规范》,黄礼登译,载李本灿编译:《合规与刑法:全球视野的考察》,中国政法大学出版社2018年版,第308页。

[2] 赵赤:《企业刑事合规:全球趋势与中国路径》,载《检察日报》2018年8月22日,第3版。

义务导致企业犯罪,与犯罪行为、危害后果存在法律抑制的因果关系。"当主管人员和监督人员违反了特定的监管义务,且个人存在罪责(至少是过失)时,应当确认其对雇员实施的犯罪负有刑事责任。"①

(三)完善企业构罪标准与量刑处罚措施

我国立法与司法实践中,基于企业与自然人在经济实力、犯罪能力等方面的差异,对于企业犯罪与自然人犯罪实行二元的定罪标准,企业犯罪构罪数额和量刑数额标准均高于自然人,成为个别不法人员用以逃避较重刑事处罚的借口,广受法学界批评和群众不满。从犯罪形式、组织模式和危害后果来看,企业犯罪往往是有预谋、有组织的团伙犯罪,更容易给受害人造成更大的损害,更容易给经济社会秩序造成更大的破坏,主观恶性、社会危害性均高于一般自然人。犯罪企业所承担的刑事责任应当重于或者至少不低于一般自然人,才符合常识常理常情。建议全面梳理自然人和企业均可构成的所有犯罪条款,明确不再区分自然人犯罪与企业犯罪的立案追诉标准,一视同仁、平等对待,消除法律规制和刑事处罚上的漏洞,既杜绝某些不法人员钻空子逃避责任,又引导企业强化合规意识、守法意识。

在统一构罪标准基础上,进一步完善企业量刑与处罚措施。最高人民法院先后制定了《关于常见犯罪的量刑指导意见》(法发〔2017〕7号)、《关于常见犯罪的量刑指导意见(二)》,均是立足自然人犯罪特性,对量刑起点、量刑基准和量刑方法进行了规范,对企业犯罪如何量刑规定模糊。建议最高人民法院和最高人民检察院联合制定《关于企业犯罪的量刑指导意见》,把有效实施合规管理制度作为对犯罪企业量刑的重要参考,给予有效实施合规管理企业一定的刑罚减免,并结合犯罪性质、危害后果等因素提出具体量刑标准,为司法办案提供明确参考,有效防止在处理企业犯罪案件中存在的司法不规范、处罚不统一甚至暗

---

① 赵秉志等编译:《国际刑法大会决议》,中国法制出版社 2011 年版,第 80 页。

箱操作、徇私舞弊等问题。同时，建议完善对犯罪企业的刑事处罚措施，除判处罚金刑外，还应增加禁业令、禁业期的规定，旨在禁止犯罪企业一定时期内从事某些特定领域活动，限制或者剥夺其从业资格、经营资格等，有效防控风险隐患、防范再次犯罪发生。

三、建立企业犯罪案件特别诉讼程序

我国刑事制度中，附条件不起诉、犯罪记录封存等制度适用于未成年人犯罪案件；缓刑制度适用于自然人犯罪案件，认罪认罚从宽制度可适用于企业犯罪案件，但若无后续的合规改造与考察等程序配套，也难以达到预期效果。随着企业合规刑事化进程方兴未艾，在全球经济受疫情和国际贸易争端影响下，为促进企业健康发展、保护企业合法权益、推进现代化治理，有必要借鉴西方刑事合规制度，建立我国企业犯罪案件的特别诉讼程序。

（一）检察机关开展企业刑事合规的探索实践

刑事追诉并不是检察机关处理企业不法行为的最优选择。[①] 检察机关已经开始从报应论向治理论转变，在依法打击企业犯罪的同时，更加注重治理企业犯罪，把身处犯罪边缘的企业挽救回来。2020年3月起，最高人民检察院在上海浦东、金山，江苏张家港，山东郯城，广东深圳南山、宝安等6家基层检察院开展企业合规改革第一期试点工作。试点检察院对民营企业负责人涉经营类犯罪，依法能不捕的不捕、能不诉的不诉、能不判实刑的提出适用缓刑的量刑建议，针对企业涉嫌具体犯罪，结合办案实际，督促涉案企业作出合规承诺并积极整改落实，促进企业合规守法经营，减少和预防企业犯罪。企业合规改革试点，旨在充

---

① 萧凯：《美国金融检察的监管功能：以暂缓起诉协议为例》，载《法学》2012年第5期。

分发挥检察职能加大对民营经济平等保护,将依法适用不起诉、认罪认罚从宽、检察建议等工作,与企业合规监管机制结合起来,既给涉案企业以深刻警醒和教育,防范今后可能再发生违法犯罪,也给相关行业企业合规经营提供样板和借鉴,探索构建既体现从严司法,让违规犯罪付出高昂代价,又最大限度降低社会治理成本、追诉成本的中国特色现代企业规制司法制度。

各地探索实践中主要有以下特点:一是案件类型主要是企业及企业主在经济活动中涉及的各种经济犯罪、职务犯罪,犯罪事实必须与企业的生产经营活动有关。二是在认罪认罚从宽制度框架下,充分运用不起诉制度,通过全面审查、公开听证、专家论证等方式综合评估,对认罪悔罪的企业主能不捕的不捕、能不诉的不诉、能不判实刑的提出缓刑建议。三是发挥检察建议的作用,针对办案中发现的企业管理、生产经营漏洞提出检察建议,在检察机关的主导下,邀请市场监管、税务、工商联等部门和相关专业人士参与,监督企业堵漏建制、实施合规整改。如上海市浦东新区人民检察院对涉嫌犯罪的企业,聘请相关主管部门、监管部门人员等组成专家团队,对涉案企业犯罪行为的社会危害性、处罚适当性进行综合评估,对于整改到位、认罪认罚的企业依法不起诉。浙江省宁波市人民检察院对可能判处三年以下有期徒刑的企业轻微犯罪案件,在审查起诉过程中设立合规考察期并交由相关行政主管部门监督,在考察期后综合企业合规整改情况、犯罪情节等决定是否起诉。总体来看,试点地区检察机关均未突破法律规定、均在法律范围内最大限度"试水",最突出的是针对当前办理企业犯罪案件"一诉了之"或者"不诉了之"的问题,注重运用检察建议等手段督促企业开展合规整改,取得了一定成效,但还存在对企业的合规考察期限较短、合规整改监督刚性不足等问题,迫切需要立法予以支持。

(二)建立涉罪企业特别诉讼程序

目前,我国的认罪认罚从宽制度、不起诉制度尚可为稳妥处理企业犯罪提供法律依据，从检察机关试点探索中可见一斑。如在认罪认罚从宽制度中，对于具有悔罪认罪、赔偿被害人损失等情节的企业依法从宽量刑，并未过多地苛责企业。再如2018年最高人民检察院发布的《明确规范办理涉民营企业案件执法司法标准》，明确了办理涉民营企业案件不起诉的四种情形①，依然具有重要指导意义。因此要达到促进企业治理、防控风险与犯罪目的，在刑法领域最主要的是设立企业主及其高级管理人员的合规管理义务，在刑事诉讼领域最主要的是建立合规整改考察制度，把合规整改考察情况作为是否起诉、是否减免刑罚、是否发出禁业令、禁业期的法定情节。"既可将刑事诉讼程序对涉案企业的影响降至最低，亦可使检察机关获得对涉罪企业建立有效的合规管理体系进行有效督促和实时监管的空间。"② 因此，建议在《刑事诉讼法》第五编特别程序中单设"企业合规考察程序"一章。一是明确在办理企业犯罪案件中，无论企业大小，无论犯罪轻重，均要审查企业的组织管理情况，查明企业犯罪原因特别是经营管理问题，为后续开展企业合规整改奠定基础。检察机关在全面审查案件中为企业"把脉问诊"并非难事，且实践中大部分办案人员已经着手该项工作。二是明确在对企业犯罪案件适用认罪认罚从宽制度时，把企业合规问题作为具结悔过的一项重要内容，把企业承认上述问题并承诺开展合规整改作为量刑协商的重要依据，对存在的突出问题提出禁止令、禁期令。三是明确对企业轻微犯罪案件适用附条件不起诉制度。目前的法定不起诉、酌定不起诉、证

---

① 办理涉民营企业案件不起诉的四种情形：（1）经审查认定案件不构成犯罪，应当作出不起诉决定；（2）经审查认定案件事实不清、证据不足，经过退查、补查等程序仍然证据不足的，应当作出不起诉决定；（3）经审查认定案件构成犯罪，但犯罪情节轻微，依照刑法规定不需要判处刑罚或者免除刑罚的，可以作出不起诉决定；（4）涉案民营企业经营者自愿如实供述涉嫌犯罪的事实，有重大立功或者案件涉及国家重大利益的，符合刑事诉讼法第一百八十二条的规定，经最高人民检察院核准，可以作出不起诉决定。

② 石磊、陈振炜：《刑事合规的中国检察面向》，载《山东社会科学》2020年第5期。

据不足不起诉、特定条件下不起诉制度均适用于企业犯罪案件。同时，对于最高刑为3年以下有期徒刑的企业犯罪适用附条件不起诉制度，综合考虑以下情形作出附条件不起诉决定：（1）犯罪性质及社会危害情况；（2）赔偿国家及受害人损失情况；（3）企业曾受刑事、行政处罚情况以及内部管理情况；（4）企业吸收就业、纳税、主管部门及社区调查反馈情况；（5）企业合规意愿及合规整改计划情况。四是建立合规基金。除附条件不起诉企业无需缴纳罚金外，所有涉罪企业均需根据犯罪性质情节、企业合规问题轻重程度以及专家评估意见，缴纳一定数额的合规基金，作为聘请监督专员、开展专家评估、审计鉴定等合规整改的专项资金。五是设立合规考察期。对适用认罪认罚从宽制度或者附条件不起诉制度的犯罪企业，依法送达合规考察决定书，设立1年至3年不等的合规考察期，注明合规计划任务及目标要求。合规考察期间，检察机关监督企业有效实施合规整改，聘请专业机构及人员担任合规监督员，邀请有关行政主管部门、审计师、会计师、人民监督员、人大代表、政协委员等组建第三方评估团，对企业合规整改情况进行验收，检察机关综合考评作出最终决定。对考察期间内又多次违法甚至犯罪的，对考察期满评估验收不合格的，检察机关应当依法撤销附条件不起诉决定，或者向法院提出抗诉，重新对企业量刑处罚。在"不动摇经济之舟"最大限度保护企业发展权益的同时，积极督促引导企业筑牢守法合规底线。

（三）完善检察合规建议制度

最高人民检察院2018年修订的《人民检察院检察建议工作规定》第2条指出：检察建议是人民检察院依法履行法律监督职责，参与社会治理，维护司法公正，促进依法行政，预防和减少违法犯罪，保护国家利益和社会公共利益，维护个人和组织合法权益，保障法律统一正确实施的重要方式。《最高人民检察院关于充分履行检察职能加强产权司法保护的意见》也要求，检察机关采取检察建议等形式，帮助各类产权主体强化产权保护意识，促进国有企业健全内部监督制度和内控机制、规范国有资产流转程序和交易行为，促进集体经济组织建立健全集体资产管理制度和财务管理监督制度，促进民营企业提高依法规范经营和维护自身合法权益的意识和能力，从源头上预防和治理侵犯产权犯罪。可见，检察建议在促进企业合规管理方面作用巨大。目前，各地检察机关无论是否为刑事合规试点单位，均对办案中发现的涉案单位在预防违法犯罪方面制度不健全不落实、管理不完善问题，某类违法犯罪案件多发频发或者暴露出明显的管理监督漏洞，相关单位或者部门不依法及时履行职责致使个人或者组织合法权益受损害等问题，提出促进社会治理的检察建议。下一步，应当结合企业刑事合规制度，明确对法定不起诉、酌定不起诉、证据不足不起诉等涉案企业，依法提出合规整改的检察建议，整合刑事、民事、行政、公益诉讼"四大检察"职能，注重与市场监管、税务、工商联、行业协会等单位的沟通协调，形成工作合力，帮助和督促涉案企业落实合规整改的检察建议，对消极对待甚至拒绝整改的，依法向主管部门和行业协会提出行政处罚、政务处分、行业惩戒等建议，确保企业合规问题得到及时整改，激发企业增强内生动力和自身免疫力，促进企业做大做强、实现更好发展。

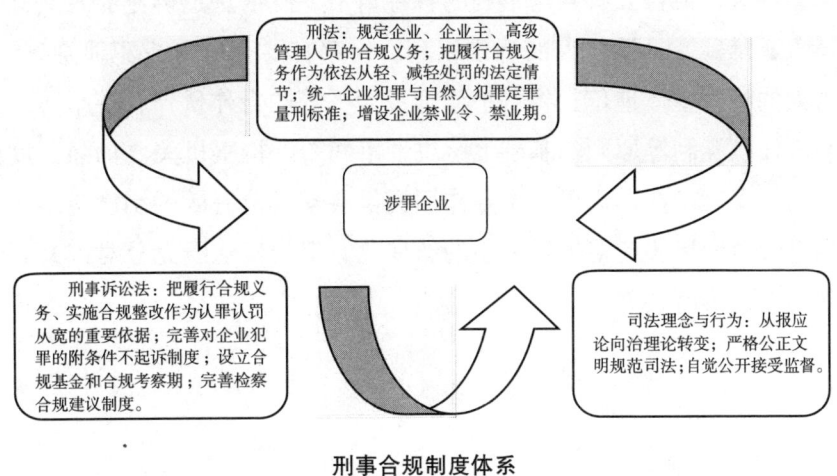

刑事合规制度体系

第九章　检察官主导责任与检律（诉辩）关系*

检察官主导责任是对检察官履职的更高要求，也是检察官应当遵守的职业伦理，重如千钧。检察官担负的社会责任大于辩护律师，其被赋予的伦理责任也自然大于后者。在域外国家，检察官虽然被视为政府律师，但其性质与辩护律师不同。"一般律师所追求者为其委托人之最佳利益，其仅对所代表之委托人负责；但当检察官执行职务时，其并非仅代表个别被害人或团体，而是应保证公众利益，按照客观标准行事，适当考虑嫌疑人和被害人的立场，无论是对嫌疑人有利或不利，都应一并注意。"① 确立检察官主导责任，强化了检察官的客观公正义务，要求检察官客观、中立、公正地履行职责，防止片面追诉倾向，全面关注对犯罪嫌疑人、被告人有利与不利的各种情节，既依法追诉犯罪，又充分保障犯罪嫌疑人、被告人的诉讼权利。检察官要充分尊重犯罪嫌疑人、被告人的程序主体地位，将辩护律师视为平等的合作伙伴，在平等、自愿、合作、互利等原则的基础上解决刑事纠纷。检察机关要加强制度供给，为检察官发挥诉讼程序主导作用提供科学规范有效的制度空间，积极通过针对性措施应对诉辩关系的新变化，努力构建既充分对抗又有效协作的新型诉辩关系。

---

* 本章由刘光辉撰写。

① 蔡碧玉等：《检察官伦理规范释论》，中国检察出版社2016年版，第8页。

第一节 检察官主导责任下的诉辩关系

一、传统诉辩关系的分类检视

受到以检察机关作为最小研究单位这一传统视角的制约,既有的研究习惯于把检察机关和律师个人作为检律关系的参与方,并统一评价为诉讼角色。这种整体观虽在研究诉讼构造、控辩程序时并无妨碍,但如果要观察检律关系的全貌,则稍存在"管中窥豹"的不便。其原因在于,这种视角忽视了检察机关是经过刑事诉讼法提炼而成的一元主体,是一种形而上的主体;在实践中,承担不同职能的刑事检察部门、刑事执行部门、控申部门、案件管理部门等"多元主体"① 以及检察官,才是具体当事人。内设机构和内部人员,对外代表着检察机关。因此,准确理解检律关系的实践内涵,需要重新审视问题研究的逻辑起点:检律关系不是通常所说的检察机关与辩护律师之间因紧紧依附于刑事诉讼案件而产生的一种对抗关系,而是检察机关内部的多个部门(人员)、多个程序设置和不同角色律师之间的多元化、多向性关系总和。

根据检察机关不同的内部职能,检律关系大致可以细分为以下三类:

(一)正当性基础上的诉讼协作关系

协作关系指的是律师在行使执业权利过程中,与检察机关内部承担协作职能的部门之间形成的一种互动关系。表现方式上可分为依职权告知和依申请处断两类,其内容大致包括案件相关信息和诉讼阶段的告

---

① 需要特别说明的是,为了方便叙述和阅读,在文中提到的业务部门均指的是目前承担该项职能的部门,而非现在正在使用的部门名称。

知、案卷查阅与复制、证据调取与排除、强制措施变更与解除。它基本上涵盖了检察办案阶段中律师主要的诉讼权利，且都需要通过检察机关协作才能实现。之所以如此，与刑事诉讼的价值取向是密不可分的。刑事诉讼施加刑事制裁的正当性，源于它的预设目标是实现客观真实，并依照既定法律程序实现实体（客观）真实与法律程序的统一。在国家垄断并以诉讼方式实现刑罚权的背景下，平等武装理论、有效辩护原则、检察官客观义务和证据开示制度等内容都从不同侧面，为检察机关的协作义务提供了理论支撑和实践要求。

在检察办案环节，这种程序性服务关系主要表现在以下四个方面：一是对可径行决定申请的处理，主要指的是律师阅卷申请。二是对需要其他部门决定申请的处理，实践中主要表现为会见和变更解除强制措施两项申请。三是对律师来电咨询的解答，如询问案件承办人姓名及其电话、案件受理日期及办理情况。四是对律师网上预约申请的处理。可以看出，尽管个案是案件管理部门和律师之间建立互动关系的基础，但是由于它们之间并不会进入诉讼对抗阶段，因而也就不存在诉讼对抗。在检察办案环节中，二者的交互内容更多地体现在案件管理部门通过接受律师提出权利申请或告知查询信息的方式，将所占有的优势信息向律师输出。实践中这种通畅的信息流，正是通过两者之间的信息服务关系来最终实现的。

（二）实现追诉职能时的角色对抗关系

对抗关系指的是律师在执业过程中，与检察机关内部承担追诉职能的部门之间形成的一种互动关系。刑事诉讼程序的一个基本预设，就是辩护律师接受当事人的委托，通过提供证明犯罪嫌疑人、被告人无罪、罪轻或者减轻、免除其刑事责任的证明材料或辩护意见，实现对委托人正当权益的保障。但作为关系另一方的检察机关，其承担追诉职能的部门则通过积极主动地揭发和控诉犯罪，来努力实现国家的刑罚权。"而实现刑罚权过程的对抗性质，对方当事人及其辅助者所作的防御以及对控诉的抗制，更容易助长检控方这种控诉倾向与热情。"① 正是由于两者在刑事诉讼活动中所承担的诉讼职责不同，造就了它们在诉讼角色上的对立、在诉讼关系上的对抗。无论是"横向构造"还是"纵向构造"，控诉与辩护两种职能实际上都处于对立统一的两端。这种控辩的对抗，既是构建刑事诉讼三方结构的正当需要，又是构建现代刑事诉讼各项制度的基础和依据。

事实上，按照刑事诉讼程序职责的要求，检察机关需要在自己的话语体系内，对侦查发现的各种证据进行梳理、组合，并依照犯罪构成要件来构建案件事实。从某种意义上来讲，检察机关可以称得上是审前程序中案件事实的"创造者"。因此，案件信息不均衡分布的状态，是刑事诉讼程序运行的自然结果。在检察机关占据侦查证据和拟定事实这一先天优势的情况下，如果信息占有与胜诉判决越发能画等号，那么在实践中就会愈加难以避免出现限制信息流动的"道德风险"。现有刑事证据体系建立在笔录这一基石之上，刑事案件从侦查阶段到审判阶段的转换过程，就是控辩平衡原则下控辩双方"信息占有差距"不断缩小的过程。转换时间的早晚与转换过程的顺畅程度，既表征着我国刑事诉讼制度对社会控制和人权保障两项核心价值的"进退和取舍"，也反映出侦查中心主义与审判中心主义的"冲突与依赖"。

从妨碍辩护人、诉讼代理人依法行使诉讼权利案件的公开数据来看，2014年1至11月各级检察机关反映和处理检察环节问题的案件数分别占相应问题总数的33.54%、26.32%。② 这与2013年至2016年检

---

① 龙宗智：《中国法语境中的检察官客观义务》，载《法学研究》2009年第4期，第141页。

② 审查办理对检察机关和其他机关办案违法行为提出控告申诉分别为481件、953件，发出纠正违法通知书、移送追究纪律责任或者刑事责任分别为230件、644件。参见《最高检控告检察厅：依法及时就地解决群众合理合法诉求》，载检察日报社多媒体数字报刊平台 http://newspaper.jcrb.com/html/2015-03/03/content_180167.htm。访问日期：2021年3月11日。

察、公安、法院环节阻碍律师行使诉讼权利的违法情形数据也基本一致：分别约占 27.3%、47.1% 和 25.6%。检察环节中自侦、公诉比例分别约占 27.7% 和 22.7%，合计比例过半；侦监阶段约占 11.1%，其他环节约占 38.5%。① 不过，随着近年来检察机关职务犯罪侦查权的调整和认罪认罚从宽制度的全面推开，检察机关自身阻碍律师执业权利实现的场域有所减少，对审前控辩意见交流的要求变得更加严格，加之检察机关对检律关系良性互动的重视与保障力度增强，控辩双方的直接冲突日益减少。这也得到了高检院在 2021 年 1 月 25 日印发的地方检察机关 2019 年运用控告申诉检察职能保障律师执业权利 5 件典型案例的佐证。这 5 件案例涉及的情形大致可分为：未及时告知重大程序性决定、妨碍律师依法会见犯罪嫌疑人、限制律师会见犯罪嫌疑人的次数、不当限制律师助理协助会见权利、二审不开庭审理期间未听取律师意见。② 其中，公检法三机关分别涉 3 件、1 件、1 件；限制会见权的共计 3 件。这种变化虽非全国数据的直接呈现，但考虑到典型案例的代表性，将其视为对上述变化的间接印证或许与实际情况也不会相差太远。其中，对诉辩关系所产生的影响最为深远的，则可能是已经全面推开的认罪认罚从宽制度。

（三）申诉保障过程中的检察救济关系

救济关系指的是律师在寻求恢复受阻权利的过程中，与检察机关内部承担救济职能的部门之间形成的一种互动关系。它是在综合考量公检法三机关分工配合的宪法要求、刑事程序权利保障实践、检察职能适度司法化等情况后，通过增设律师权利检察救济条款和相关配套文件的基

---

① 参见宫鸣、刘太宗：《检察机关保障律师执业权利救济问题研究》，载《国家检察官学院学报》2017 年第 3 期。
② 参见最高人民检察院《关于印发全国检察机关保障律师执业权利典型案例的通知》（2021 年 1 月 25 日）。

础上不断完善起来的。综合现有的规定来看，检察救济关系的实践表现大致如下：承担救济职能的控申部门就律师提出办案机关及其工作人员妨碍其依法行使诉讼权利的情况，可以向有关机关进行调查核实，并在10日内以书面形式答复律师。若情况属实，将通知有关机关予以纠正；对拒不纠正或者累纠累犯的，将由该机关的纪检监察部门依照有关规定进行调查处理，对构成违纪的相关责任人予以相应的纪律处分。此外，人民检察院在办案过程中发现有妨碍律师依法行使诉讼权利行为的，也应当依法、及时提出纠正意见。

当前，依据保障机关级别的不同，可区分为同级保障和上级保障。同级保障指的是，在律师认为其在侦查、审查起诉阶段的法定权利受到侦查或起诉部门限制后，可以向同一或同级检察院的控申部门提出权利受到妨碍的控告申诉。控申部门在接到该申诉后，按照首办责任制的规定及时将其流转到对应职能部门；后者在规定的期限内进行审查，并将处理决定反馈控申部门，与其一同向申诉律师进行答复。上级保障指的是，律师认为其权利受阻后向上一级检察机关提出申诉或控告。此时，控申部门按照首办责任制规定将律师申请流转到归口部门，后者既可以审查后直接决定；也可交由下一级人民检察院对应部门审查，并向移送该申请的控申部门反馈处理结果。另外，在上级保障的模式下，上级控申部门也可以将该律师申请直接交由下一级控申部门，由后者直接联系相应的承办部门并进行反馈。律师权利的检察救济模式，可以视为在诉讼程序性制裁、司法行政机关律师协会帮助之外，保障律师权利的第三条途径。

二、检察官主导责任下诉辩关系的新发展

要讨论检察官的主导责任，须先论及检察机关的主导责任。检察机关主导责任概念，是基于检察机关在构建以审判为中心、审判以庭审为中心、庭审以证据为中心的刑事诉讼新格局中，应当承担什么责

任的问题才提出的。① 尽管学界对此有不同的观点,② 但主导责任的说法也得到了法院、人大的认可。随着近年认罪认罚从宽制度在刑事司法实践中的广泛适用——2019年和2020年检察机关办理刑事案件适用认罪认罚从宽制度的适用比例均稳定在80%以上,③ 检察机关的主导责任在认罪认罚从宽制度中体现得最为明显。检察官主导责任是检察机关主导责任的具象化和载体,具体到认罪认罚从宽制度中,就体现为检察官主导认罪认罚协商、主导程序分流、主导定罪与量刑等方方面面。④ 可以说,检察官主导责任下的诉辩关系,除了继承对抗关系的内核之外,还融入了协作关系的关键要求,与传统诉讼相比有明显的新变化。

(一) 认罪认罚从宽制度没有改变刑事诉讼三方结构,诉辩关系的基石仍然是对抗关系

当前,我国认罪认罚从宽制度基本上形成了一套相对固定的运作模式:犯罪嫌疑人、被告人自愿认罪,承认指控的犯罪事实、接受依法的从宽处罚,并签订具结书固化认罪认罚内容;审判环节,法院在尊重具结书的基础上,通过刑事速裁程序迅速审理。在流程的简化、服判率的

---

① 参见罗庆东:《检察官在刑事诉讼中主导责任的履行》,载正义网 http://www.jcrb.com/xueshupd/yw/202005/t20200509_2154490.html。访问日期:2021年3月1日。

② 参见秦宗文:《"检察机关刑事诉讼主导责任论"辨析》,载《法治现代化研究》2020年第3期,第108页。

③ 到2019年12月,检察机关办理刑事案件适用认罪认罚从宽制度的比例已达83.1%;今年尽管受疫情影响适用率一度有所下降,但1月至8月整体适用率仍达到83.5%。参见张军:《认罪认罚从宽:刑事司法与犯罪治理"中国方案"》,载《人民论坛》2020年10月(下),第7页。

④ 参见段明学:《检察官主导责任的法理依据》,载《人民检察》2020年第5期,第54页。

提升、被告人从宽处理等因素的共同推动下，① 快速推开的认罪认罚从宽制度对我国刑事诉讼司法实践产生深刻影响。甚至有观点认为，认罪认罚从宽制度下的刑事诉讼形成了一种非对抗性的合作模式："犯罪嫌疑人在审前阶段即主动供述并选择与控方协商达成认罪认罚协议，将在很大程度上改变过去传统诉讼的对抗局面……控辩双方形成了刑事诉讼的非对抗格局。"② "在被告人自愿认罪、检察机关采取轻缓追诉措施的情形下，一种'合作性司法'的理念取代了传统的'对抗性司法'，而成为一种独立的刑事诉讼模式。"③

但考察现代汉语词典可知，对抗的意思是对立起来相持不下，或抵抗；反义词是投降、屈服。合作的意思是二人或多人一起工作以达到共同目的，或自愿帮助敌人；反义词是分工、单干。据此来理解，非对抗格局、合作模式的字面含义要么是一方屈服于另一方，要么是目的相同的人合力完成特定工作。认罪认罚从宽制度下的诉讼两造真的是这两种关系吗？答案可能并非如此。认罪认罚从宽制度一方面并不否认诉讼两造诉讼地位的平等，并非一方对另一方的强迫；另一方面更不否认诉讼两造本身，两者也并非志同道合的"队友"。

"认罪认罚从宽制度并没有改变诉讼权力配置，也没有改变控辩审三者的相互关系，没有改变传统的诉讼结构。"④ 这是最高人民法院刑一庭审判长杨立新在第九届"刑辩十人"论坛上提出的"四个没有改

---

① 参见杜萌：《刑事案件认罪认罚从宽制度试点成效几何》，载《法制日报》2017年7月1日第5版；徐盈雁、范跃红：《四成以上案件适用认罪认罚从宽》，载《检察日报》2017年7月8日第1版；郭跃华、孙梦飞等：《认罪认罚从宽制度试点的郑州样板》，载《河南法制报》2018年4月17日第3版。

② 陈卫东：《认罪认罚从宽制度研究》，载《中国法学》2016年第2期，第52页。

③ 陈瑞华：《司法过程中的对抗与合作——一种新的刑事诉讼模式理论》，载《法学研究》2007年第3期，第114页。

④ 杨立新：《最高法杨立新：在变与不变中正确把握认罪认罚从宽制度下的控辩审关系》，载 https://mp.weixin.qq.com/s/NlpJv3rYFkWVz75wc4iYaw。访问日期：2021年3月1日。

变"之一,她认为控辩双方的基本职能并不会因为认罪认罚从宽制度鼓励减少对抗而有所变化,控辩双方仍然是平等对抗的关系。从这个意义上来讲,只要是存在对抗的可能,那么在实践中就必然会出现对抗的情形。

因此,认罪认罚从宽制度下的诉辩关系,虽然继承了刑事和解运动对"国家与个人利益不可调和"这一固有观念的突破性成果,进一步凸显了刑事司法的社会功能,但并没有改变更深层次上的诉讼构造、诉讼角色理论。追诉职能下的角色对抗关系,仍是认罪认罚从宽制度中诉辩关系的基础。

(二)认罪认罚从宽制度运行过程中也蕴含了削弱两造"平等武装"的现实因子

事实上,两造对抗的角色定位不仅没有改变,反而因为审前环节中缺少庭审程序对控辩双方的力量平衡,导致两造对抗更加隐蔽:犯罪嫌疑人既要对自己的犯罪事实进行供述,还需要对犯罪行为的定罪和量刑进行评价,而后者往往是他的弱项、控方的强项。因此,有学者指出即使在认罪认罚从宽制度下,同样也存在着两方面的法律风险:"一是检察官在没有充分证据证明被告人构成犯罪的情况下,促使被告人做出了不理智的认罪认罚;二是被告人在选择这种刑事速裁程序时没有获得有效的辩护,没有获知指控的罪名和理由,没有经过深思熟虑,以至于在被强迫和不情愿的情况下选择了不利于己的程序和结局。前者可能造成一种潜在的实体非正义,后者最有可能损害程序上的正义。"[①]

或许正是由于存在损害实体正义和程序正义的风险,认罪认罚从宽制度在设计上特别强调对犯罪嫌疑人、被告人认罪认罚的自愿、明智的保障。"两高三部"于2019年10月24日发布的《关于适用认罪认罚从

---

① 陈瑞华:《认罪认罚从宽制度的若干争议问题》,载《中国法学》2017年第1期,第39页。

宽制度的指导意见》（以下简称《指导意见》）中，对犯罪嫌疑人认罪认罚"自愿性"就提及了8次，其中审查起诉阶段2次，审判阶段6次。为了实现认罪认罚的自愿性，《指导意见》还在制度设计上强化了前后程序间的制约，明确要求严格权利告知与充分听取意见，并探索证据开示制度以保障犯罪嫌疑人的知情权，保障律师会见、阅卷等权利。[1]

在认罪认罚从宽制度中，保障犯罪嫌疑人自愿认罪认罚与防止出现两造"平等武装"明显失衡的现实需要，强化了认罪认罚从宽制度对律师参与的制度需求，催生了法律援助制度之外的值班律师制度。其意义在于：一是由于刑事诉讼活动的专业性，即使有检察机关的充分释明，犯罪嫌疑人认罪认罚发自内心的真诚程度、自愿程度在特定情况下也可能会有所折扣，律师的参与可以减少部分稀里糊涂式的、侥幸翻供式的、心理转化式的、策略配合式的认罪认罚。[2] 二是在犯罪嫌疑人处于被追诉状态时心理相对弱势，控辩双方权力（利）对比又明显失衡，此时，律师的介入还能在心理、情绪上起到一定的安抚作用。对于那些初次涉案的犯罪嫌疑人，就更是如此："通过一次或者多次的律师会见，犯罪嫌疑人那胆怯、绝望的心理得以缓解、平静，如同溺水者看到了救

---

[1] 参见《"两高两部"就准确适用认罪认罚从宽制度答记者问认罪认罚可判处免刑就应判处免刑》，载中华人民共和国公安部 https：//www.mps.gov.cn/n6557563/c6765255/content.html。访问日期：2021年3月3日。（1）稀里糊涂式的如"因为工作不到位，或者工作方式方法简单，导致犯罪嫌疑人觉得'稀里糊涂'认罪认罚了"；（2）侥幸翻供式的如"甚至在法庭上有一丝可辩，认为有侥幸的余地时，其即翻供，指认前期认罪认罚工作带有'被迫性'"；（3）心理转化式的如侦诉阶段"做到了心悦诚服，但在审判阶段，法庭辩论中有了不同意见，其辩解自认无罪或情有可原时，原认罪认罚在他眼里就带有了'被迫性'和'不自愿性'"；（4）策略配合式的如"有些案件的犯罪嫌疑人本身由于认识原因等并不情愿认罪，但选择通过认罪认罚尽快拿到判决结果，走出看守所"。

[2] 参见《张军就认罪认罚从宽制度实践中的热点难点问题回应社会关切》，载 https：//www.spp.gov.cn/spp/tt/202102/t20210221_509442.shtml。访问日期：2021年2月25日。

助者。"① 正是在这个意义上，有学者提出"如果没有律师普遍辩护，认罪认罚从宽制度就无从谈起"。②

（三）认罪认罚从宽制度扩充了诉辩协商的空间和价值

认罪认罚从宽制度不仅降低了诉讼两造之间的对抗程度，还将原本在庭审阶段的诉辩对抗前移到了审前环节，激活了诉辩双方的能动性，③通过对协商内容、结果效力的制度性约束，以及勾连刑事处罚和民事赔偿来调和所有诉讼参与方的利益诉求，实现司法程序社会效益的最大化。④ 与传统制度相比，认罪认罚从宽制度中协作关系被空前地放大了，值班律师成为了认罪认罚从宽制度的标准配置——《关于适用认罪认罚从宽制度的指导意见》第 10 条、第 11 条，对值班律师制度及其权利保障设置了强制性要求。比起传统刑事诉讼中指定辩护律师制度，认罪认罚从宽制度设计显然更加期待律师广泛参与到程序中来。如果再考虑《刑事诉讼法》第 201 条法院"应当采纳为原则、影响公正审判为例外"的定罪量刑建议适用条款，⑤ 以及认罪认罚从宽制度对案件事实清楚、处理客观公正的根本要求，那么可以说，在控辩双方说服法官的动力转化为首先说服对方的制度设计下，基于辩方的不可或缺和控辩协商明显

---

① 汤忠赞：《律师会见犯罪嫌疑人（被告人）的心理探究》，载《第六届中国律师论坛》，第 424 页。

② 祁建建：《"认罪认罚从宽制度中的律师"研讨会综述》，载《中国司法》2016 年第 7 期，第 37 页。

③ 参见《认罪认罚案件中律师同样大有可为!》，载王亚林刑辩律师网 http://www.ahxb.cn/c/14/2019-11-30/6131.html。访问日期：2021 年 3 月 2 日。

④ 认罪认罚的重要意义可以参见 2020 年 12 月 16 日，最高人民检察院党组成员、副检察长陈国庆在北京师范大学中国政法实务大讲堂专题讲座"适用认罪认罚从宽制度的若干问题"，载 https://mp.weixin.qq.com/s/kFyDTJ1LkfwHhxBGW9h8Xw。访问日期：2021 年 3 月 2 日。

⑤ 刑事诉讼法第 201 条："对于认罪认罚案件，人民法院依法作出判决时，一般应当采纳人民检察院指控的罪名和量刑建议，但有下列情形的除外：……（五）其他可能影响公正审判的情形。"

作用，值班律师的法律帮助意见（至少在形式上）更能够得到控方的尊重。从这个层面来讲，"对抗时空的前移"和"讨论的两方构造"，使得正当性基础上的诉讼协作关系在认罪认罚从宽制度下得到了进一步的拓展和延伸。

因此，认罪认罚从宽制度下检察官主导责任对诉辩关系的影响，不是打破和重塑了诉讼构造，而是空前地提升了控辩双方个案交流的深度和广度：从传统的罪与非罪、罪轻罪重延伸到了罪、刑、程序三面向；从原来的纯粹意见沟通与潜移默化地影响，发展为明确的认罪认罚协商、主导程序分流、主导定罪与量刑。单方面听取意见程序转化为了双方间协商的实践需求，控方主动披露信息的意愿也会得到增强。可以说，无论是检察官还是律师，他们对案件最终走向可能起到的作用均被明显放大了，诉辩关系的良性发展也就具有了更为坚实的基础。

但需要同时看到的是，由传统程序中的说服法官到认罪认罚从宽制度中的说服对方，也有可能放大"三方诉讼结构"内含的"诉辩冲突因子"。在控辩双方作用放大和诉辩冲突可能加剧的辩证关系下，检察机关、检察官如何有效"履行程序性的义务减轻控辩双方之间的资源悬殊问题"，[①] 司法程序如何救济律师正当执业权利受损，就变得尤为必要和迫切了。

第二节　诉辩关系的道德风险

2019 年全国法院一审审结各类刑事案件 130 余万件，其中约 80% 适用了认罪认罚从宽制度，[②] 换算下来，其数量超过 100 万件；2019 年至

---

① ［美］麦高伟、路加·马什著：《英国的刑事法官——正当性、法院与国家诱导的认罪答辩》，付欣译，商务印书馆 2018 年版，第 286 页。

② 杨立新：《最高法杨立新：在变与不变中正确把握认罪认罚从宽制度下的控辩审关系》，载腾讯网，访问日期 2021 年 3 月 1 日。

2020年8月，检察机关适用认罪认罚从宽制度办结案件141万余件185万余人，2020年前8个月认罪认罚从宽制度适用率达83.5%。① 认罪认罚从宽制度已经给我国刑事司法实践带来了重大的结构性变化，并且影响到绝大多数刑事诉讼的参与人。然而，与认罪认罚从宽制度在适用范围上的广度相比，认罪认罚从宽制度在适用时间上的长度却相对较短，即使制度设计做了仔细考量，也会因为实际情况的千差万别而出现始料未及的问题。因此，综合考察我国刑事司法实践已经暴露的问题，会使我们更加深入地了解我国认罪认罚从宽制度，并对当下诉辩关系可能面临的道德风险产生更加清醒的认识。

如前所述，认罪认罚从宽制度为诉辩双方提供了更为广阔的协商的空间，提升了协商结果的价值，扩大了被害人对案件的影响力，提高了其获得赔偿的可能性，"契合了新时代当事人不断增强的参与诉讼、影响诉讼的主体意识……平衡好各方诉求，恢复被损害的社会关系，（为）实现'三个效果'的统一提供了有利的契机和可行的路径"②。但认罪认罚从宽制度对诉求吸纳能力的增强以及对诉辩协商结果效力的提升，既在某种程度上放大了传统诉讼程序业已存在着的冲突障碍，也带来了新的道德风险。

一、检察官：履行诉讼关照义务的现实困境

有的检察官审查把关不严，既存在因认罪认罚而降低证据要求和证明标准的问题，也存在无原则迁就犯罪嫌疑人或辩护律师、超底线从宽的现象，影响案件公正处理；检察官运用认罪认罚从宽制度办理重大、

---

① 张军：《认罪认罚从宽：刑事司法与犯罪治理"中国方案"》，载《人民论坛》2020年10月（下），第7页。

② 参见2020年12月16日，最高人民检察院党组成员、副检察长陈国庆在北京师范大学中国政法实务大讲堂专题讲座《适用认罪认罚从宽制度的若干问题》，载腾讯网，访问日期：2021年3月2日。

复杂、疑难、新型案件能力不足，释法说理、补充侦查、沟通协调等能力急需提升。① 检察官履行诉讼关照义务存在现实困境。

无原则迁就、超底线从宽，以致影响了案件的公正处理，这是诉辩关系从一个极端走向另一个极端的表现。一个可能的原因，是"一些地方出现了辩方利用一些检察官希望提高认罪认罚从宽制度适用率的心理，一味要求从宽，导致少数检察官予以无原则迁就"②。该现象已经超出了我们通常所理解的检察官主导、律师权利相对弱势需要加强保障的"固有印象"。另外，该问题也反映出在认罪认罚从宽的司法实践中，可能存在着某些检察官的决定权限没有得到有效规制，以致滑出了法律划定的轨道。这或许是认罪认罚从宽制度初生时期的特殊现象，或许是我国法制完善过程中难免存在的问题，但在检察官实体和程序决定权相对增加的情况下，它对司法公正的侵蚀显得"刺眼"。而且，这也在一定程度上增加了权力、金钱、人情等法外因素干扰检察官履行客观公正义务的风险。

另一困境是，在诉辩关系中，实现诉讼关照义务隐含着一种"单向"的特征：需要由控方主动向辩方提供更多的"关照"——辩方诉求的实现离不开控方的自由裁量。这种"单向"特征可能会体现为：在审前环节，法院与检察机关就被追诉人的定罪量刑问题进行"磋商"，争取被追诉人签署具结书；在审判环节，检察机关排斥辩护人对案件进行与被告人意见不一的独立辩护。③ 在实践中，将律师在具结书上签字视作对协议的认可，如果律师发表无罪意见就当庭撤回认罪认罚具结书。④

---

① 张军：《认罪认罚从宽：刑事司法与犯罪治理"中国方案"》，载《人民论坛》2020年10月（下），第8页。

② 朱孝清：《坚持客观公正原则保障制度正确落实——以认罪认罚从宽制度适用为视角》，载《检察日报》2020年8月10日第3版。

③ 钱建彬：《以辩护人视角看认罪认罚从宽制度存在的现实问题》，载《法制与经济》2020年第6期，第140页。

④ 关振海：《认罪认罚从宽制度与刑事辩护转型》，载《检察日报》2020年11月24日第7版。

另外，在审查起诉阶段，申请变更强制措施、争取最轻的刑罚结果（包括不起诉）和坚持无罪辩护的场景，①也可能发生意见冲突。相较于检察官无条件让步的情形，这种情况是当前诉讼权力结构下的常态，是构建良性检律关系、保障律师执业权利的出发点。

程序可以实现绝大多数案件"看得见"的正义，刑罚符合社会大众的朴素理性，是刑事司法制度合理性甚至是合法性的根基，这是程序正义与实体正义的深层牵连。关照义务缘起于这层程序与实体交错的意义之上，"对于实现控辩双方力量的实质对等以及查清案件事实都具有非常重要的意义。"②无可否认，关照义务是控方行为正当性的重要来源，是必须且有益的，但关照义务与追诉责任重合的基石在于"案件事实"，一旦控辩双方对案件事实产生较大分歧，尤其是处于各执一词、互相指责时，关照义务实现就需要在较大程度上维系于案外因素，如检察官个人职业素养、检察权内部分工及对其的监督管理、绩效考核考评。这是刑事司法制度发展历程中的经验，过往的司法实践亦对此做了充分的注脚。实际上，在加强律师与检察官合作义务的域外国家，检察官主导责任也引起了对检察官权力滥用的担忧。如瑞士学者古尔蒂斯·里恩就认为："检察官权力的每一次增加，都意味着对被告人权利的一次损害。"③"（协商性司法）在程序的尾端可能会免除或简化、弱化审判程序，导致审判程序难以发挥其平衡控辩诉讼资源，甄别事实并正确适用法律的功用。这种审判资源减少配置及相应的功能弱化，可能导致控方利用其资

---

① 关振海：《认罪认罚从宽制度与刑事辩护转型》，载《检察日报》2020年11月24日第7版。

② 陈永生：《论客观与诉讼关照义务原则》，载《国家检察官学院学报》2005年第4期，第11页。

③ ［瑞士］古尔蒂斯·里恩：《美国和欧洲的检察官：瑞士、法国和德国的比较分析》，王新玥等译，法律出版社2019年版，第265页。

源优势压制被追诉人，使其接受本不愿接受的控诉和处理条件。"①

当然，这个问题也无须过度解读。由于近年来检察机关的主动发力和信息化程度的迅速提高，至少从最基本、最重要的案件信息这一层面来说，律师的阅卷权受阻问题已经基本得以解决。2021年3月9日，最高检与司法部加强协作配合，组织研发的检察机关律师互联网阅卷系统已在上海、安徽、重庆三地开展试点。这一系统的上线，能够实现对绝大多数案件的在线卷宗传阅，从全案刻录到在线推送将原来的"最多跑一次"升级为"一次也不用跑"。② 可以预见的是，待该系统正式铺开后，控辩双方将在相同的起点上对案件的事实、证据进行法律评价。在更为普遍的意义上，它标志着控辩双方在案件信息占有上实现更彻底的平衡。

二、律师：职业与执业间的潜在张力

在认罪认罚从宽实践中，辩护律师在侦诉阶段接受委托，全程、全力以赴介入的很少，大多数是值班律师在场，参与介入、见证认罪认罚从宽制度的适用。由于犯罪嫌疑人相对多，值班律师少，且值班律师往往是采取一两天轮班的方式，很难全面深入了解具体案情。律师参与，有的成了律师仅仅是"在场见证"，而有的案件在庭审阶段辩护律师发表了不同意见，致使被告人不再认罪认罚。③

---

① 龙宗智：《完善认罪认罚从宽制度的关键是控辩平衡》，载《环球法律评论》2020年第2期，第6页。

② 参见《万春：稳步推进互联网阅卷切实保障律师执业权利》，载中华人民共和国最高人民检察院网 https：//www.spp.gov.cn/spp/zdgz/202103/t20210309_511839.shtml。访问日期：2021年3月10日。

③ 参见《张军就认罪认罚从宽制度实践中的热点难点问题回应社会关切》，载中华人民共和国最高检察院网，访问日期：2021年2月25日。张军检察长的讲话中同时也提到："这类案件已引起司法机关和司法行政机关、立法机关高度重视。据了解，法律援助法（草案）将对这样的问题作出特别规定。我们期盼着法律援助法对此有进一步明确具体的规定，有更多刑辩律师更早在侦诉阶段介入，切实维护好犯罪嫌疑人、被告人的合法权益。"

当前律师对认罪认罚案件的深度参与不足。实践中，既存在因阅卷权利得不到保障引发诉辩双方关系冲突的情形，也存在值班律师决定不进行阅卷，律师见证沦为"走过场"的情形。这一现象存在的原因或许有很多，但就目前而言，有两个原因被提及得最为频繁。

一是轮班制下法律服务需求之间的时空错位，导致值班律师模式难以支撑律师深入细致地进行阅卷、证据核实等工作。犯罪嫌疑人法律服务需求的提出、转达与满足之间一般会有一定时间的间隔。在传统刑事诉讼相对较长的办案期限中，这一间隔时间或许并不长，但对于强调刑事诉讼效率的认罪认罚从宽制度则可能是难以承受的，因为控方需要及早结案，犯罪嫌疑人需要尽早得知处理结果。在轮班制下，既可能出现法律服务供不应求，也可能出现值班过程无所事事。但最终的结果均可能导致没有时间深入开展阅卷工作。个中道理犹如接线员一样：忙的时候可能长期占线；空闲的时候可能一个电话也没有，但空闲的时间也不可能用于服务尚未打进来的电话。

二是现有的值班补贴标准，不足以充分满足律师自我生存与自我实现的实际需求。2020 年 8 月"两高三部"印发的《法律援助值班律师工作办法》，以专章的形式对值班律师工作保障问题作出了规定，并明确了司法行政机关经费保障职责、法律援助机构补贴支付职责和津贴计算标准。① 在法律援助和值班律师的补贴标准上，它基本上是重申了司法部、财政部在 2019 年 2 月出台的《关于完善法律援助补贴标准的指导意见》。两份文件均明确各地要结合实际情况，按件或工作日计算补贴。

---

① 参见《法律援助值班律师工作办法》第 30 条：司法行政机关应当会同财政部门，根据直接费用、基本劳务费等因素合理制定值班律师法律帮助补贴标准，并纳入预算予以保障。值班律师提供法律咨询、转交法律援助申请等法律帮助的补贴标准按工作日计算；为认罪认罚案件的犯罪嫌疑人、被告人提供法律帮助的补贴标准，由各地结合本地实际情况按件或按工作日计算。法律援助机构应当根据值班律师履行工作职责情况，按照规定支付值班律师法律帮助补贴。

总体来说，刑事案件代理标准费用应该是最高的，援助律师补贴居中，值班律师补贴最低。以杭州为例，法律援助标准基本上略高于代理标准的下限，但一件援助案件的补贴却已经相当于8.76件值班案件。在这样的差距下，如果要求值班律师完成援助或者辩护律师相同工作任务，那么，律师个人的经济生活必然会受到不小的影响，"有些地区甚至存在值班律师'贴钱办案'的情况"。①"因为能支付的酬劳低，而工作量相当，被指定的辩护律师'有得不偿失'之感，以致'走过场'现象出现。"②影响值班律师收入的另一个因素，是犯罪嫌疑人咨询律师的愿望。在逻辑层面，我们习惯于把控辩力量失衡下犯罪嫌疑人不利的处境，等同于其咨询律师的必要性和咨询愿望的强烈程度。但是也有一些研究表明，基于犯罪嫌疑人主观认识上的原因，如咨询律师不能有助于减轻刑罚、律师与公检法都是一家、律师的帮助没有针对性、不咨询会显得态度积极、咨询会被认为消极悔过，犯罪嫌疑人主动咨询值班律师的仅占4成。③

此外，就值班律师个案执业情况而言，现存的执业风险也可能影响其工作积极性。例如，在会见问题上，值班律师是否可以拒绝当事人多次会见要求？如何处理当事人以值班律师未积极有效辩护为由的投诉？在责任承担上，辩护人身份意味着律师在错误辩护之后要承担失职责任，而见证人身份则只能要求律师履行法律帮助者责任，不可能深入担责层面。基于上述原因，有观点认为，在相应制度还没有建立或完善之前，值班律师出于"多一事不如少一事"的心态不会见、不阅卷、不核

---

① 姜震东：《值班律师制度的构建与完善》，载石景山区人民法院网 http://sjsqfy.chinacourt.gov.cn/article/detail/2020/06/id/5324700.shtml。访问日期：2021年3月11日。
② 胡智强、王振华：《论有限度的认罪认罚从宽辩护体系——基于两个认罪程序试点的实证分析》，载《法制论坛》2016年第44辑，第149页。
③ 参见许世兰、陈思：《认罪认罚从宽制度的基层实践及思考》，载《认罪认罚从宽制度的理论与实践——第十三届国家高级检察官论坛论文集》，2017年6月。

对证据自然是好的选择,否则并不能确保会见之后产生的系列麻烦;基于帮助的道义性,当事人不能对值班律师提出过分要求;司法机关自然不能要求值班律师承担辩护律师职责;值班律师也可仅限于帮助而已;由于现有法律对值班律师权利义务的设定并不对等,值班律师制度"在实行中难免会流于形式"。① 2019年,全国法律援助值班律师共参与认罪认罚从宽案件近34万件,② 相较于同年认罪认罚从宽适用超100万件的基数,有律师参与的认罪认罚案件的整体比例接近34%。

必须清醒认识到,律师并非生活在法律的真空之中:他们是一个个需要经济支撑、有着职业发展需求的鲜活个体,他们对工作生活状态的期许,与当地经济发展水平密切相关、与个人自身情况紧紧相连。当前,值班律师在个人职业发展上面临着基础性的不足,在个案执业过程中,有的遇到了这样或者那样的障碍,有的面临着或多或少的风险,均影响到了值班律师制度效能的发挥。另外,要高度关注认罪认罚从宽制度实践中律师积极性"冷热不均"现象,尤其是"冷"的现象:毕竟互不往来的"相安无事"容易造成诉辩关系的虚假"和谐",从而悄无声息地侵蚀值班律师制度的根基。

三、法官:居中还是对立的追问

在传统刑事诉讼程序中,检法职能之间的"咬合程度"是相对宽松的。检察机关移送偏重于罪名认定的起诉书、提出一个相对宽松的幅度刑量刑建议、履行定罪量刑的举证责任;法院在起诉书划定的范围内审

---

① 廖玲娟:《值班律师的六大陷阱》,载浙江嘉瑞成律师事务所网,访问日期:2021年3月15日。另外,该文还提到了一个职业成就感的问题:"若一个值班律师尽心尽职完成了以上事项,付出了无法估量的时间和精力成本,却不能出庭辩护,一是无法检验其努力成果……"对值班律师制度作了较为悲观的断言。

② 参见罗庆东、周颖:《〈法律援助值班律师工作办法〉的理解与适用》,载人民检察微信公众号 https://mp.weixin.qq.com/s/ViymXiDNul_HzddCeYSdbA。访问日期:2021年3月17日。

查证据、认定事实、作出裁判。起诉与审判各司其职，审判活动在相对宽松的刑罚幅度内自由裁量；在量刑上，只要没有达到"畸轻畸重"的程度，检察机关就不会提出抗诉。但是，这种宽松的法检关系，在认罪认罚从宽制度中却遇到了无法回避的障碍：确定刑量刑建议将刑罚压缩到了一个"点"，法院在量刑上的自由裁判空间无处依附，面临着要么全盘接受、要么全盘反对的"二选一"局面。换句话说，确定刑量刑建议对审判活动产生了前所未有的拘束力。

认罪认罚具结书得到法院的采纳，是控辩双方签订具结书的前提，是控辩进行协商的基本预期，更是认罪认罚从宽制度得以存续的根本保证。但控辩双方签订的具结书对未参与协商的法官也有一定拘束力的制度设计，已经明显超越了合同相对性的理论范畴。它因产生了"压制"审判权的客观效果，而不可避免地面临着审判权否定具结书效力的"反制"。尽管法检之间在传统的刑事诉讼程序中也可能就部分案件的定罪量刑问题出现认识分歧，但这种分歧对认罪认罚从宽制度则可能是一种不可承受之重：一旦出现，就会否认诉前控辩协商的成果；如果出现频率过高，就会动摇该制度的根基。2020年引发大讨论的"余金平交通肇事"案件，① 便是法院与检察机关（加上辩护方）双方产生冲突的典型情形：一审法院否认控辩具结书引发控辩双方同时抗诉、上诉，二审法院也支持一审法院驳回了抗诉、上诉。

从法院的视角来看，这是认罪认罚从宽制度追求实质真实目的的必然结果：法院"并不因控辩就量刑达成一致意见，就照单全收"，而是要履行"法院的实质审查义务"，发挥"严把事实关、证据关、法律适用关和量刑关"的最终作用，"一旦发现被告人可能无罪或者依法不需

---

① 裁判文书网上无该案后续裁判文书，(2019) 京01刑终628号二审刑事判决书应为终审判决。

要追究刑事责任的,就不能按认罪认罚案件处理"。① 在法院作为协议效力最终确认者的制度设计下,经过协商互动的控辩双方也可能会存在"抱团获取法院确认"的现实动力。以致在某些极端的情形中,"控辩合意"会异化为"控辩合一",并由此衍生出两种异化情况:② 第一,在否定认罪认罚具结书效力的案件中,法院的居中裁判也可能如"余金平交通肇事"案件演变为与控辩双方的意见对立;第二,在法院采纳具结书的案件中,则可能潜藏有违公平的案件。其原因在于,认罪认罚案件不再进行法庭调查和辩论程序,在当前具结书采纳率较高的背景下,检察机关认定的案件事实、量刑建议均较容易地转化为法院判决。"尤其是在个别检察官由于疏忽或者徇私等方面的原因,不正当地作出对当事人有利的事实或情节认定,并据此提出超出法定幅度从宽量刑建议的情况下,案件风险更大。"③

对此问题,有观点基于确定刑量刑建议容易引发法检权力冲突,以及较宽泛的幅度刑量刑建议在判决就高不就低时容易引发被告人撤回协议等理由,提出了适用"幅度较小"量刑建议的设想:3年以上的6个月、3年以下的两个月、管制拘役的1个月。④ 不得不说,该观点期望在以确定刑量刑建议和幅度刑量刑建议为两端端点的横线上,通过寻找减少法检冲突与符合被告人心理预期的"平衡点"来避免程序冲突,确实具有一定的可取性。然而,这也难以摆脱其原生的悖论——被告人量刑预期的确定性与法检冲突的可能性成正比,二者就像鱼与熊掌不可兼得。"认罪认罚案件中,凡提出幅度刑量刑建议的,没有一个被告人不

---

① 杨立新:《最高法杨立新:在变与不变中正确把握认罪认罚从宽制度下的控辩审关系》,载腾讯网,访问日期2021年3月18日。
② 当然,这两种情况不能无限放大,只不过实践中确实已经出现了这样的现实问题。
③ 傅信平:《新时代检察机关案件监督管理模式——建构以贵州"三书对比"强化案件实体监督的实践探索为视角》,载《人民检察》2021年第4期,第2页。
④ 参见黄婷:《认罪认罚背景下量刑建议权与量刑权之争——以余金平交通肇事案为视角》,载《实事求是》2020年第5期,第88页。

期盼在最低线获刑。而一旦法官选择了中线甚至高线量刑时，律师、被告人往往提出上诉，庭审'三个效果'统一就更不容易实现了。"① 预期的确定性与被告人不反悔犹如"一体两面"，确定刑量刑建议能够在最大限度上避免因为预期的高低落差导致的被告人反悔上诉，但这又恰恰将法院的裁量范围限制到了最小，将法检意见冲突可能性推至了最大。

此时，也延伸出了一个更为严肃的问题，即法院的居中裁判地位是否可能会失去现实的支撑？② 或者说，坚持以实质真实为"锚点"的审判活动，此时的居中又指的是居于什么之中呢？在坚持法官不参与庭前认罪认罚具结书签订过程的现行制度设计下，③ 即使是法院适用释明权、要求诉辩另行协商或者是转换为普通程序审理，似乎均无法补足居中缺乏支撑的问题。在这一问题得到妥善解决之前，法官在确认具结书效力时所面临的"两难"境地恐怕一时也难有改观，诉辩关系之间的道德风险也难以彻底消解。

---

① 参见《张军就认罪认罚从宽制度实践中的热点难点问题回应社会关切》，载中华人民共和国最高检察院网，访问日期：2021年3月19日。对此，张军检察长表示，实践中检察官要做到确定刑量刑建议被告人认同、律师认同、法庭采纳，首先，就要在全面把握案件事实证据的基础上，对法律和相关司法解释的正确理解把握；其次，在对法院特别是本地法院处理同类案件典型案例的理解把握和运用；最后，就是庭下与律师沟通，要充分考虑律师的意见，庭上作出说明时要结合案情、被告人配合与否的表现，尊重法官定罪处刑的经验，体现以庭审为中心的改革导向。另见张东、钱堃：《认罪认罚案件被告人上诉，原因何在？》，载《检察日报》2020年07月20日第3版。

② 德国的诉辩协商程序有法院的直接参与，美国的诉辩协商可以交易罪数，这就与我国的认罪认罚从宽制度有了根本上的区别。

③ 实践中不乏法院在审前就参与协商的活动，但这种做法尚未上升到制度层面。而且，这对被告人及其律师权利的保障是好是坏，均尚待实践验证。参见许世兰、陈思：《认罪认罚从宽制度的基层实践及思考》，载《认罪认罚从宽制度的理论与实践——第十三届国家高级检察官论坛论文集》，2017年6月；张青：《认罪认罚案件二审实践的逻辑与反思——以4799份二审裁判文书为样本》，载《环球法律评论》2020年第6期，第133页。

四、被害人：权利保障与诉讼地位的变与不变

认罪认罚从宽制度的一项重大变化，就是在相当大的程度上将被害方的意愿纳入了量刑减让和程序简化的考虑范围：获得被害方谅解的从宽幅度大于没得到谅解的，只有在附带民事诉讼中与被害人达成和解或调解协议才能适用速裁程序，口头愿赔但实际不赔的不被认为是"认罚"；同时，要认真审查当事人双方达成的和解协议，"防止出现有违社会公平正义的'花钱买刑'的现象"。①

检视认罪认罚从宽制度中被害人的上述程序影响可知，公诉程序是国家追诉权实现与否的法律程序，刑事诉讼活动始终是国家权力（控方）与被告人权利（辩方）的互动过程这一基本制度架构，并没有发生根本性变化。被害人可以嵌入公诉程序的身份，只能是"有独立诉求的特殊证人"，且实现该诉求的正当途径多限于附带民事诉讼，诉求也限制在权利回复和损害赔偿的范围之内。认罪认罚从宽制度提升了犯罪的直接承受者得到经济赔偿或者精神慰藉的可能性，但对价是国家追诉权的部分减让。在犯罪影响的不仅仅是被害人、还同时伤害社会关系的基本认知和制度架构之下，这种减让就需要平衡直接被害人和"社会被害人"对公平正义的需求。一般而言，平衡的主体就是国家司法权力，在审前程序中，主要体现为代表国家追诉的检察机关。

因此，认罪认罚从宽制度提升被害人权利保障水平，回应的只是如何更好保护被害人权利的问题，被害人仍然没有超越传统诉讼结构中的诉讼参与人身份，其权利回复情况也只能作为诉辩双方协商犯罪嫌疑人

---

① 参见《"两高两部"就准确适用认罪认罚从宽制度答记者问认罪认罚可判处免刑就应判处免刑》，载中华人民共和国公安部网，访问日期：2021年3月5日。

量刑建议和诉讼程序的一个影响因素;① 或者更准确地说，是作为检察机关的考虑因素。由于被害人诉讼地位并未发生根本性的变化，被害人与认罪认罚从宽制度的互动关系仍处于国家追诉主义的覆盖之下。认罪认罚从宽制度对被害人权利保障的制度设计也属于"量"的调整，而非"质"的变化。在刑事案件诉辩关系之中，被害人的诉求仍然内含于检察官的诉求之内，没有突破诉辩关系的总体框架。

第三节　推动诉辩关系的良性发展

诉辩关系是检律关系的核心内容，是其他关系直接或间接的存续基础。刑事诉讼制度作为我国刑事司法制度发展的新成果，为诉辩关系带来了一系列的问题与论争。总体而言，检察官主导责任的确立，进一步延续了检察机关积极构建良性检律关系的工作基调，深化了检察官客观义务的制度空间，使诉辩关系更加紧密，为改善诉辩关系提供了更为细致、具体的制度平台。但如果从历史发展的眼光来看，任何制度从其诞生的那一刻起，便已经滞后于现实，既有"行百步半九十"的欲而未达、衔接错位，又有用力过猛后的过犹不及，需要调试完善。同时，司法活动是一种社会活动，其参与者都是生活在社会中的具体人员，司法的过程也是将制度中的"抽象人"转化还原为"具体人"的过程，是一种制度设计与个体需求之间达致平衡、检察机关与检察官协同发力的过程。因此，在检察机关积极推动诉辩关系良性发展的过程中，更需要站在司法实践的角度来构思和完善。

---

① 参见刘金生、王长青：《故意伤害类案件取得被害人谅解不是适用认罪认罚从宽制度的必要条件》，载《中国检察官》2020年第8期（下），第76页。该文通过一个案例较为充分地阐释了被害人谅解在认罪认罚从宽制度中的地位问题。

一、检察官义务维度

检察官作为与律师的直接接触者、认罪认罚案件中的主导者,也必须承担起构建良性诉辩关系的第一责任。在认罪认罚从宽制度中,由于检察官的客观中立地位并未改变,因此,对其秉持客观中立的要求也并未改变。"检察官既是犯罪的追诉者,又是无辜的保护者。各级检察机关全面审查、认定在案事实、证据,决不因犯罪嫌疑人认罪而降低证据要求和证明标准,也决不为片面提高效率而牺牲公正,确保无罪的人不受刑事追究、有罪的人严格依法追诉。坚持以事实为依据、以法律为准绳,严把罪与非罪界限。强化认罪认罚自愿性和合法性审查,严防被迫认罪、替人顶罪等冤错案件。"①

检察官必须从刑事诉讼程序追求客观真实的角度出发,坚持"用证据说话、以法律为准"的客观思路,不偏私地处理每一起刑事案件。当前,学界对认罪认罚从宽制度中值班律师寄予厚望,高度评价为"哪怕是认罪认罚没有错误的案件,也离不开律师的辩护",② 希望律师能够发挥对是否应该认罪、认罪是否正确的"把关作用",对认罪认罚自愿性的"保障作用",以及协助被告人与国家机关充分协商的作用。从检察官的角度而言,对于当前认罪认罚案件值班律师执业情况"冷热不均"的现象,则是要求检察官认真听取值班律师的意见,切实保障律师的阅卷权利,主动加强与律师的意见沟通。

一是及时保障值班律师的阅卷需求。虽然现行刑事诉讼法并没有明确值班律师辩护人的诉讼地位,也没有明确值班律师是否有权阅卷,以至于实践中产生了一定的冲突争议;但是,实践早就告诉我们,在没有

---

① 张军:《认罪认罚从宽:刑事司法与犯罪治理"中国方案"》,载《人民论坛》2020年10月(下),第7页。

② 《刑事诉讼法三人谈:认罪认罚从宽制度中的刑事辩护》,载《人民检察》2020年第1期,第7页。

充分掌握案件事实的情况下，期待值班律师发挥"三个作用"很容易沦为奢望。事实上，直接否定值班律师的阅卷需求，等于是将值班律师可能发挥的作用空间完全限定为了见证，这与镜头下的同步录音录像也就毫无区别了。因此，对于值班律师本就"热"的情况，检察官有必要坚持客观中立角色下的平等理性的思维，积极协调本院相关部门便利值班律师开展线上或线下的阅卷工作。

二是主动加强与值班律师的沟通。对于不要求阅卷的值班律师，或者程序参与意愿不强的律师，检察官应主动与其就案件内容进行沟通，听取律师对案件定性和量刑建议的意见。并在这些工作的基础上，与犯罪嫌疑人最终就认罪认罚情况签订具结书。可以想见的是，在现有的配套水平下，值班律师制度很可能会成为培养成熟律师的重要摇篮。检察官作为检察队伍中的佼佼者，他们的积极启迪、主动引导，既能够就个案实现诉辩意见的充分沟通，帮助律师努力发挥认罪认罚从宽制度作用，塑造良性诉辩关系，又有利于促进司法职业共同体的有序形成。从这个角度来讲，检察官不仅在个案程序中发挥了主导作用，在更为广阔意义的职业共同体建设上，也可以称得上是发挥了主导作用。

三是要务实看待值班律师的不同意见。实践中，犯罪嫌疑人认罪认罚但律师提出无罪辩护的情况，较为容易引发诉辩意见冲突。但是，刑事诉讼法将律师设计成具有独立地位的辩护人，因此法律并不禁止律师在犯罪嫌疑人认罪认罚时提出无罪辩护的意见。然而，无论是从实体从轻还是程序从简的层面来讲，提出无罪辩护，等于是与具结书即检察官和犯罪嫌疑人的合意相冲突，无罪辩护之下需要适用的普通程序又与速裁程序、简易程序相冲突，均有悖于认罪认罚的初衷。律师在全程参与协商且犯罪嫌疑人最终签署具结书之后提出无罪辩护，更像是否认了与检察官达成的认罪认罚合意，连带着犯罪嫌疑人对律师无罪辩护的默认态度也模糊了合意的边界。对此，检察官需要提前与犯罪嫌疑人、律师提前做好意见沟通，预告检察机关对此类情况的应对举措，尽早确定诉讼程序类型，避免因沟通不足而造成信息错位和关系冲突。

当然，需要看到的是，由于司法责任制改革后检察官办案压力增大、速裁程序文书"不简"、日常工作繁杂等原因，检察官特别是基层的检察官办案时间紧、压力大问题较为广泛地存在，而且有不少的地方值班律师人员力量并不充足、犯罪嫌疑人不信任值班律师的情形还比较突出，这些都制约着认罪认罚从宽制度下诉辩关系的良性发展。它们有的是阶段性的、有的则是长期性的，有的检察机关可以直接解决、有的则有赖于社会整体形势的发展。在这些问题的解决过程中，检察官主动、积极地履行自身的主导责任，将值班律师作为自身案件办理问题的查找器、放大镜，对于检察机关实现客观真实目的是大有裨益的。因此，保障值班律师的合法权利，帮助他们更好地发挥作用，也是题中之义了。

二、诉讼程序维度

诉辩关系是刑事诉讼诉辩双方的一种互动关系，其本质为程序关系，通过优化程序设置来调试诉辩双方关系也是其内在要求。针对诉辩关系既存的道德风险，结合诉辩关系冲突是信息冲突、观点冲突的判断，应当从程序维度强化案件信息供给、强化取证保障、减少冲突空间上下功夫，以诉讼程序的良性运转来促进诉辩关系的良性构建。

（一）探索完善证据开示制度，将案件信息的申请公开转变为主动公开

证据开示制度主要是英美法系的证据制度，且是20世纪中叶才逐渐兴起的。美国联邦最高法院在布伦迪诉马里兰案（1963年）的判词中写道："无论控方是出于善意还是恶意，封锁有利于被告的证据都违反了正当程序条款，如果该证据对于定罪或处刑都具有实质意义的话。"

这直接阐明了在美国,被告人获得证据开示的宪法权利,但在实践中,各州开示的范围仍有很大的差异。① 2019年10月,"两高三部"印发的《关于适用认罪认罚从宽制度的指导意见》,提出探索证据开示制度。虽然现有的研究在证据开示制度的范围、对象、程序等诸方面有不同的观点,但这并不妨碍我们在普通意义上对它进行阐释:一般而言,证据开示制度就是控方将已经掌握的证据向辩方公开,它省去了阅卷制度需要辩护人、诉讼代理人主动申请阅卷获取案件证据的程序,直接将案件的事实证据情况摆在了辩方的面前。

证据开示制度对于防范当前诉辩关系的道德风险是有积极意义的。正如上文所说,检察官的诉讼关照义务具有单向性、认罪认罚案件中的值班律师参与具有临时性、被动性,这两个因素共同制约着认罪认罚案件中诉辩关系的良性发展。通过为检察官设定证据开示义务,一方面能够将诉讼关照义务从原则层面落实到规则层面,便利于事后的监督检查,督促检察官主动履行;另一方面可以实现律师即使不阅卷也能够知悉案件的基本情况,在一定程度上缓解了律师不申请阅卷或者因为客观障碍无法阅卷带来的被动性问题,有利于防止值班律师单纯作为程序见证人的制度空转。

实践中,不少地方已经积累了一定的探索经验。例如,浙江绍兴市人民检察院在审查起诉阶段向犯罪嫌疑人及其律师开示相关证据材料,②江苏如皋市人民检察院出台《证据开示工作规程》,规定以《证据开示清单》的形式,将与案件指控事实有关的证据材料向犯罪嫌疑人和辩护律师展示。③ 此外,大庆市红岗区人民检察院制定了《红岗区院认罪认

---

① [美]德雷斯勒、迈克尔斯:《美国刑事诉讼法精解:第2卷·刑事审判(第4版)》,魏晓娜译,北京大学出版社2009年版,第138、146、147页。

② 董佳丽:《积极探索证据开示保障认罪认罚质效》,载浙江检察网,访问日期:2021年3月23日。

③ 《如皋市检察院:积极探索认罪认罚案件证据开示制度》,载南通日报网,访问日期:2021年3月23日。

罚案件诉前证据开示实施细则》，① 深圳市宝安区人民检察院联合该区司法局会签了《关于刑事案件证据开示的实施意见》。② 上述实践探索，均将值班律师作为开示的对象。可以说，向律师开示证据基本达成共识。

当然，增设认罪认罚证据开示程序必将进一步增加检察官的工作量，在一定程度上与提升程序效率的目标有所背离，因此有必要通过对认罪认罚程序的文书精简来加以对冲：③ 一是删减行政化审批色彩浓厚的文书，如"速裁程序审批表""速裁程序决定书""呈批表"；二是合并相关权利义务告知文书，如委托辩护人权利告知书、诉讼期限告知书、认罪认罚权利义务告知书、认罪认罚具结书，实行"一单式告知"；三是简化审查报告、起诉书，省略诉讼过程和证据列举两大部分。

（二）赋予调查取证安全保障，拓宽获取案件信息的新渠道

就目前的刑事司法现状而言，自行取证和申请调查取证两种模式在实践中都遇到了较大的障碍。一项通过对律师自行调查取证意愿的问卷调查表明，在侦查阶段及诉讼全过程中，因为律师自身的能力、动力、配套保障制度不足以及存在一定的执业风险等原因，④ 愿意自行取证的

---

① 王飞、刘涵兮：《探索证据开示》，载《检察日报》2020年8月26日第12版。
② 张连刚：《开之有"度"示之有"法"》，载正义网，访问日期：2021年3月23日。
③ 李勇：《认罪认罚案件"程序从简"的路径》，载《国家检察官学院学报》2019年第6期，第154、155页。
④ 高泽成：《刑辩律师调查取证权研究》，载《吕梁学院学报》2019年第5期，第61、62页。

律师不足50%，①而且普遍受到取证对象的拒绝；②申请调取也会因公安、检察机关与律师执业冲突而受到冷遇，鲜少申请调查取证权，③审判阶段法官也几乎不行使庭外证据调查权。④

为此，有学者提出将民事调查令制度引入刑事诉讼领域，"律师向法院提出调查取证的申请后，法院通过发布授权调查的令状，委托律师向有关单位和个人调取证据"，"使得律师的调查从原来单纯的民间调查变成一种带有强制力的调查，使得原来那些动辄拒绝律师调查的单位逐步对律师调查采取配合态度，从而在很大程度上缓解了律师调查难的问题"。⑤就其运作方式而言，委托调查可以充分发挥令状制度公力救济和私力救济相融合的优势，避免司法资源有限、取证手段不足、侦查人员懈怠，以及当前法律设定中存在的诉讼角色职能冲突。由于侦查思维惯性的影响，我国刑事诉讼立法和司法实践中普遍存在这样一种观念，即"由私人律师进行的深入的早期调查很可能会在负责发现事实的官员对相关信息进行利用之前对信息源造成干扰"，使得律师进行的独立调查急剧减少，律师被排除在刑事检控的初始阶段。⑥实际上，证据由私

---

① 郭敏：《辩护律师调查取证实务研究》，西南大学2013年硕士学位论文。50%其实是一个非常高的比例，而最终落地开花的极为鲜见。

② 2006年，上海市律师协会对全市700余家律师事务所开展了"律师调查取证问题"专项调研。结果显示，律师调查取证有"四难"：（1）手拿法院调查令调查受阻；（2）诉前无法院调查令不能对基本情况进行调查导致无法立案；（3）政府职能部门以内部规定、无配合义务、承办人不在等理由阻碍、拒绝律师调查；（4）银行、电信、邮局、医院、物业等非政府职能部门，对于律师调查一般予以拒绝。由于缺乏制度规范，即使有法院的"调查令"也不好用。值得注意的是，2018年各地法院密集出台关于执行程序中适用律师调查令的相关规定，并多辅之以"以民事处罚或向监察机关提出司法建议的形式惩处拒不协助的人员"的措施。这显然有助于提升律师调查令的"好用性"。

③ 程曙光、臧静、周垚：《我国辩护律师调查取证权之实证研究——以A省3市为例的分析》，载《安徽警官职业学院学报》2016年第6期，第46页。

④ 陈如超：《刑事法官的证据调查权研究》，西南政法大学2010年博士学位论文。

⑤ 陈瑞华：《辩护律师调查取证权的三种模式》，载《法商研究》2014年第1期。

⑥ ［美］米尔伊安·R.达玛什卡著：《司法和国家权力的多种面孔——比较视野中的法律程序》，郑戈译，中国政法大学出版社2004年版，第264页。

人搜集后主动交给国家机关使用,或者国家机关获取私人搜集的证据供侦查或审判庭使用,在美国的刑事诉讼实践中很常见。① 法院委托调查也可被视为自行调查和申请依职权调查的折中模式,符合现行追诉犯罪的制度设定和犯罪嫌疑人正当合法权益保障的逻辑基础,能够在不损害追诉效率的前提下,提升对律师权利的有效保护。② 法院委托调查模式,不失为一种增加获取信息的有效替代途径。

(三)构筑"有效起诉"的案件过滤机制,消减诉辩关系冲突的制度空间

从我国刑事诉讼程序运行的现状来看,现有的刑事案件过滤机制,可以消除不必要的对抗活动。具体而言,检察环节的案件过滤机制③可分为成文的不起诉制度,以及实践中存在但不成文的"有效指控"。

我国现行不起诉制度存在利用效率低、程序分流功能未充分发挥等问题,④ 须从制度本身、配套措施和业绩考评等方面进行逐步完善。作为符合世界各国刑事诉讼制度发展趋势的程序分流机制,认罪认罚从宽制度下不起诉制度的价值正在逐步彰显。另外,除了不起诉制度能在检察阶段终结诉讼程序外,它的重要"替身"——建议公安机关撤回案

---

① 韩阳、高咏、孙连钟:《中美刑事诉讼制度比较研究》,中国法制出版社 2013 年版,第 123 页。

② 田文昌、陈瑞华主编:《〈中华人民共和国刑事诉讼法〉再修改律师建议稿与论证》(增补版),法律出版社 2012 年版,第 181—195 页。转引于陈瑞华:《辩护律师调查取证权的三种模式》,载《法商研究》2014 年第 1 期。

③ 案件过滤机制的提法是受到了王禄生博士的启发。王禄生:《刑事诉讼的案件过滤机制——基于中美两国实证材料的考察》,北京大学出版社 2004 年版,第 31—34 页。

④ 关于不起诉制度在实践使用中存在的问题、原因分析和对策,可以参见张少波:《公诉环节程序分流机制的反思与完善——以 2009—2012 年 D 检察院不起诉制度运行状况为分析视角》,载《中国刑法杂志》2013 年第 8 期;成懿萍:《刑事不起诉率偏低之实证分析——以某地 2003—2010 年刑事不起诉案件为分析对象》,载《中国刑事法杂志》2011 年第 8 期;王禄生:《刑事诉讼的案件过滤机制——基于中美两国实证材料的考察》,北京大学出版社 2004 年版,第 31—34 页。

件，也发挥着相同的功能。公安撤回移送起诉源于 1999 年《人民检察院刑事诉讼规则》第 262 条，① 它虽然被 2012 年《人民检察院刑事诉讼规则（试行）》第 401 条所禁止（该条被 2019 年《人民检察院刑事诉讼规则》第 365 条继承），但因侦查阶段撤案与实践需求的种种结合，② 实践中仍有变通适用。

"有效指控"是以事实为依据和证据确实充分这一要求的必然延伸，从严格意义上来说，它并不能被称为一种制度，实践办案中也没有明确提出这项原则。但事实上，它却是审查起诉环节保障起诉准确率（有效追诉犯罪）的一项内在要求。在"有效指控"这一潜在的概念要求下，检察官通过与辩护人就案情、证据和法律理解等综合问题进行充分沟通交流，有助于发现案件在证据和辩护思路上的薄弱环节，完善逻辑论证思路，补充证据链条，合理提出量刑建议，从而在"有效指控"的要求和指导下排除证据确实不足且无法补正的，或是论证有误、定性量刑建议不当的错误。

不起诉和"有效指控"都只是"有效起诉"原则下的逻辑结论，是后者的下位概念。我国不起诉制度进一步完善，除了可以考虑既有研究成果外，还需要通过"有效起诉"原则对国家起诉理论进行进一步提升。整体而言，我国司法语境下的"有效起诉"，主要是为了保证起诉的正确性和准确性——"诉得出去、判得下来"，检察机关的裁量权受到了严格限制，可谓有裁量但不自由。因此，它是最低限度的排除起诉（大陆法系国家的不追诉），或有限的选择性起诉（英美法系国家的辩诉

---

① 2012 年《人民检察院刑事诉讼规则（试行）》第 262 条规定，对于公安机关移送审查起诉的案件，发现犯罪嫌疑人没有违法犯罪行为的，应当书面说明理由并将案卷退回公安机关处理；发现犯罪事实并非犯罪嫌疑人所为的，应当书面说明理由将案卷退回公安机关并建议公安机关重新侦查。

② 王立德、李旺城：《透视"撤案"程序危机提高法律监督能力——对顺义区近 3 年公诉阶段公安机关撤回案件的实证研究》，载《中国检察官》2006 年第 2 期。该文认为建议公安机关撤回起诉是坚持案件起诉标准，确保案件质量的正常做法。

交易)。① 发展我国"有效起诉"理论,有必要紧扣合目的性和合效率性考量。与我国法源更近,且同样采取国家公诉垄断主义的德国《刑事诉讼法》,可以为我国"有效起诉"原则的落实提供有益的借鉴,该法通过第 153 条、第 154 条 e 确立了一系列的例外,构建起了对控诉强制性的突破,②使得刑事追诉符合一些合目的性考量,特别是政治、经济上的考量。③ 除此之外,案件处理效率也可以作为是否起诉的考量因素。

---

① 事实上,美国的辩诉交易制度的内核也是对追诉的自由裁量,美国学者将辩诉交易分为三种类型:(1)轻罪:被告人和检察官同意,被告人应该被允许对有证据支持的、罪行较轻的犯罪作有罪答辩;(2)轻刑:被告人对最初指控作有罪答辩,从检察官那里交换有关施加刑罚的某种承诺;(3)罪数:被告人的有罪答辩是为了换取检察官降低指控或不提起其他指控。参见[美]罗纳尔多·V. 戴尔卡门著:《美国刑事诉讼——法律和实践》,张鸿巍等译,武汉大学出版社 2006 年版,第 51 页。

② 具体而言包括对轻微(与同种轻罪相比明显处于平均线以下)且不存在追诉的公共利益、被指控人履行负担或指示、存在法院可免予刑罚的前提条件、积极悔悟、不重要的附带犯罪行为、胁迫或勒索罪的被害人、诬告或侮辱等规定了停止程序或是不追诉程序。值得一提的是,第 153 条 a(一)5 的规定,"真诚努力地与被害人达成冲突调处,并修复其犯罪行为造成的全部或绝大部分损害,或者力求修复损害"。这条规定囊括了社会危险性判断(无刑罚必要)、自愿接受惩罚(自我悔罪)和信息协商(类似于刑事和解),而且有趣的是,该法第 257 条 c 还规定,法院可与诉讼参与人达成判决或裁定协议。参见宗玉琨译注:《德国刑事诉讼法典》,知识产权出版社 2013 年版,第 148、204 页。

③ 宗玉琨译注:《德国刑事诉讼法典》,知识产权出版社 2013 年版,第 47 页。

结　语

检察官主导责任是法律规定赋予的，是必须履行的职责。这不是争来的权力，而是自加压力，是对检察工作自身提出的更高、更新的要求。张军检察长要求："要认真思考怎样把检察官的主导责任履行好、履行到位，实现双赢多赢共赢。""检察官都要认真思考，努力把新时代赋予的更重责任扛在肩上，切实发挥好在刑事诉讼中的职能作用。"①检察官要从诉讼规律和科学履责上加深对主导责任的认识，提高履行好主导责任的自觉性、主动性；要积极修为，全面提升自身的综合素质和司法能力，切实履行好在刑事诉讼中的主导责任，推动检察工作高质量发展，更好地满足新时代人民群众对民主法治、公平正义的需要。

一、培育检察官的担当和斗争精神

检察官为什么要具有担当、斗争精神？这是因为：

第一，斗争性是检察官的天性，是检察官与生俱来的精神气质。我们知道，现代意义的检察官制度，乃"革命之子"和"启蒙的遗产"，在法国大革命时期正式建立。创设检察官制度的目的，主要在于实现"国家权力之双重控制"。"作为法律之守护人，检察官既要保护被告免于法官之擅断，亦要保护其免于警察之恣意。"② 检察官在诞生之初，曾处于警察与法官两大山峰的"谷间带"，并面临着外界对其不信任的

---

① 张军：《关于检察工作的若干问题》，载《人民检察》2019年第13期。
② 林钰雄：《检察官论》，法律出版社2008年版，第94—95页。

问题。唯有斗争，检察官才能发挥自身作用，赢得信任。"检察官，乃因对法官及警察的不信任而诞生，在此氛围之下，新生儿不但命中要为防范法官恣意与警察滥权而奋斗，更须为自身不被相类的病毒感染而苦战。"① 所以，斗争性是检察官与生俱来的精神气质，是检察官的"天性"。

第二，检察权行使的积极主动性决定了检察官应当具有斗争精神。相对于法院审判不告不理的被动性格，检察权的行使，无论是侦查、起诉还是实施监督，都具有积极主动的特点。法国学者马萨认为检察机关"是始终朝气蓬勃的、站在前线的、社会秩序的捍卫者。……它揭露一切侵犯社会秩序的行为，并追究这种行为的责任"②。检察官为执行犯罪追诉任务，其职权较其他公权力的行使更具侵略性、攻击性，不论侦查或起诉阶段，均享有对人、物的强制性处分权力。正因如此，检察官在追诉犯罪过程中，经常容易受到政治势力的干预、金钱美色的诱惑、黑恶势力的报复、公共舆论的指责等。如果检察官缺少斗争精神，缺少与不法者周旋到底的坚持与使命感，检察工作的防线就会崩溃，就无法担负起追诉犯罪、维持社会秩序的职责。

第三，检察官维护公平正义需要具有斗争精神。与法官一样，检察官也被认为是公平正义的化身。作为公诉律师，"你戴着荆棘编就的王冠而来，你握着正义的宝剑而来"。在刑事诉讼中，虽然检察官与法官分工不同，但都以公平正义为价值取向，承担着维护公平正义之职责。可以说，公平正义是检察官与法官共治的结果。龙宗智教授认为，"检察官的正义精神，应当附有一种'无所畏惧'的精神品质"③。香港检控署发布的检控政策强调："检控人员要有无惧无畏的精神，这点至为重要。""检控的决定，往往艰难又具争议，因此怯懦的人不宜从事检控

---

① 林钰雄：《检察官论》，法律出版社2008年版，第9页。
② 转引自龙宗智：《检察制度教程》，中国检察出版社2006年版，第6页。
③ 龙宗智：《检察官客观义务论》，法律出版社2014年版，第394页。

工作。"① 有的国家甚至将"无所畏惧"规定在检察官的誓词中。如《俄罗斯联邦检察院法》第40-4条规定检察官应当宣誓"恪守俄罗斯联邦宪法、法律和俄罗斯联邦承担的国际义务,并为此绝不退让;坚决同任何侵犯法律的人作斗争,力求检察监督工作卓有成效……"② 《南非共和国国家检察机关法》第32条规定检察官的誓词是:"本人将以国家检察官的名义,维护和保护《宪法》以及《宪法》赋予的基本权利,按《宪法》和法律规定审理一切案件,并无所畏惧、公平公正地执行共和国的法律。"③ 培育检察官的斗争精神,是维护法律权威、维护社会公平正义的要求。检察官只有无所畏惧,敢于担当,秉公执法,坚决同一切违法犯罪行为作斗争,坚决排除一切干扰,成为法律与正义的守护者,才能赢得人民群众对司法的信赖。

一是树立法治信仰,培育斗争意志。检察官能否树立起对法治的信仰,既关系到检察官的履职成效,也关系到整个社会法治氛围的形成。检察官应当牢固地树立对法治的信仰,自觉地、模范地学法、信法、守法、用法、执法、护法。要有"任凭风浪起,稳坐钓鱼台"的自信和定力,不管形势风云变幻,始终坚守法治的底线。为了党和人民利益,为了维护法律尊严和公平正义,该坚持的要坚持,该斗争的要斗争。

二是增强斗争本领,做优刑事检察工作。要立足"稳"这个大局,依法严厉打击各种刑事犯罪。进一步增强政治意识、大局意识和忧患意识,落实好中央、高检院各项决策部署,充分运用审查批捕、起诉等刑事检察职能,依法严厉打击各类刑事犯罪,在维护国家政治安全和社会大局稳定上压实责任、强化举措、积极斗争。要立足"精"这个关键,

---

① 《香港检控署检控政策及常规(2002年)》,载樊崇义主编:《中国诉讼法判解》,第一卷,中国检察出版社2003年版,第144页。

② 最高人民检察院法律政策研究室编:《最新外国检察院组织法文献选编》,中国检察出版社2017年版,第167页。

③ 最高人民检察院法律政策研究室编:《最新外国检察院组织法文献选编》,中国检察出版社2017年版,第73页。

办准办好每一个案件，努力让人民群众在每一个司法案件中都感受到公平正义。

三是讲究办案效率，高效处理案件。"迟来的正义非正义"。程序从简、从快是认罪认罚从宽制度的基本价值取向。这要求检察官在办理认罪认罚案件时，特别要重视效率与速度，不得无故拖延。"检察官在工作上要能认真翔实，其真正内涵系能对案件'持续进行'而不延滞，也就是不要让案件锁在检察官的柜子里睡觉。"①

培育检察官的斗争精神，并不意味着检察官就是"打击犯罪的急先锋""冷酷无情的国家猎人""无所不用其极的追诉者"。② 检察官既要敢于斗争，也要善于斗争，要讲究斗争的策略与方式方法。检察官在办理案件时，不仅要审查案件的事实，还要审查案件的具体环境。应当在公正之中不忘慈悲，"以严厉的眼光对事，而以悲悯的眼光对人"③。要坚持原则性与灵活性的统一，贯彻宽严相济的刑事政策，当宽则宽，当严则严。要恪守客观义务，既要注重打击犯罪，也要注重保障人权，依法维护犯罪嫌疑人、被告人的合法权利。

二、提升检察官的整体司法能力

检察官参与刑事诉讼的全程，并且承担着主导责任，这对检察官能力素质提出了很高的要求。由于诸多方面的因素，检察队伍还存在"本领恐慌"现象，不能完全适应新时代人民群众日益增长的对公正司法的需要。为此，要大力提升检察官的专业素养与整体司法能力。"检察官必须具有高度的法律专业能力与尊重专家专业的谦卑，方足以认定事

---

① 蔡碧玉等著：《检察官伦理规范释论》，中国检察出版社2016年版，第88页。
② 万毅：《检察官客观义务的解释与适用》，载《国家检察官学院学报》2015年第6期。
③ [英] F. 培根：《培根论说文集》，东旭等译，海南出版社1997年第2版，第225页。

实、适用法律,并在繁杂的诉讼程序中,善尽追诉者、代表人的角色。"①

(一)提升引导侦查、自行补充侦查的能力

侦查是刑事犯罪指控的基础。侦查的目的有两个:一是寻找、抓捕犯罪嫌疑人;二是搜集、固定证据。"侦查工作肩负着收集证据、查获犯罪嫌疑人、查明犯罪事实、揭露和证实犯罪的重大使命,是实现国家刑罚权的必备要素。"② 侦查强调及时高效,行动迅速,否则就会贻误战机。检察人员也要确立侦查思维,树立抢抓机遇意识、固定证据意识。要大力提升引导侦查、自行补充侦查的能力,充分发挥诉前主导责任,加强对公安机关侦查取证的引导。要推进退回补充侦查提纲规范化。退回补充侦查提纲应将退回补充侦查的理由、目的写清楚,便于侦查机关补充侦查到位,避免再一次退回补充侦查。要加大自行补充侦查力度,补查结果、存在问题应及时向侦查机关反馈。对于监察机关移送的职务犯罪案件,职务犯罪案件嫌疑人在会见律师后,翻供的情形时有发生,鉴于此,检察人员应做到无缝对接,抢在律师会见之前,第一时间对犯罪嫌疑人进行讯问,及时固定证据,防止翻供。

(二)提升审查判断证据的能力

要系统地、有针对性地加强培训,特别要重视对证据"三性"、非法证据排除规则、排除合理怀疑、推定、经验法则等的培训,帮助检察人员树立正确的证据理念,提升审查判断运用证据的能力。坚持全面客观审查,甄别、判断证据材料,提高对重大复杂疑难案件的审查能力,正确审查、判断涉及罪与非罪,轻罪与重罪,此罪与彼罪的各种证据;

---

① 蔡碧玉等著:《检察官伦理规范释论》,中国检察出版社2016年版,第74页。
② 候晓焱:《进退之间:证据不足不起诉实务研究》,中国检察出版社2017年版,第161页。

提高对新类型案件的审查能力,善于综合运用新知识、新成果审查判断证据;提高对物证、书证、鉴定意见、视听资料等证据的审查能力,尤其要提高对专业性、技术性较强的证据的审查能力;提高对非法证据的审查能力,依法排除非法证据。

(三) 提升法律适用和政策运用的能力

正确理解法律和司法解释,准确认定犯罪性质和情节。善于从犯罪的本质特征即行为社会危害性方面把握行为,正确区分罪与非罪的界限;善于科学把握犯罪构成要件,按照主客观相统一的原则,正确区分罪与非罪、此罪与彼罪、准确适用法律;善于研究司法中出现的新情况、新问题、准确把握行为性质,既依法准确打击犯罪,又保障无辜的人不受刑事追究;善于正确把握执行法律与贯彻刑事政策的关系,理解宽严相济刑事政策的内涵,对不同的犯罪行为和犯罪分子,对严重犯罪中的从宽情节和轻微犯罪中的从严情节、对实体处理和程序适用,都充分体现宽严相济的要求,做到宽中有严、严中有宽、严惩有据、宽处有理、宽严适度、不枉不纵。

(四) 提升程序分流能力

一是大力提升起诉裁量能力。当前,起诉裁量权的运用中存在两个突出问题:第一,起诉标准把握得不够好,既存在片面理解导致不该诉而诉,也存在机械理解、为规避诉讼风险该诉而不诉;第二,不起诉特别是相对不起诉适用率低。为此,要加强起诉裁量能力建设,用足用好相对不起诉,准确规范适用存疑不起诉。要完善各类不起诉适用标准,并加强对认罪认罚案件量刑结果的研判,对其中法院有可能判处免刑的轻罪案件,依法可以作出不起诉决定。要收集下发相对不起诉、附条件不起诉的典型案例,以供参照。要积极研究探索企业犯罪附条件不起诉制度。

二是大力提升程序适用能力。根据犯罪嫌疑人的犯罪性质，认罪认罚情况，准确选择适用速裁程序、简易程序还是普通程序。

(五) 提升认罪认罚从宽制度的运用能力

一是提升对犯罪嫌疑人的教育转化能力。开展教育转化，促使犯罪嫌疑人认罪认罚，是检察机关发挥主导作用、落实主导责任的重要切入点，也是适用认罪认罚从宽制度最重要的基础条件。检察官要善于通过证据开示、法律解读、情绪引导、量刑对比等方法与策略，对不认罪认罚、不悔改的犯罪嫌疑人做法治教育及思想转化工作，促使其认罪认罚和真心悔改。

二是提升对认罪认罚自愿性、合法性的审查能力。对认罪认罚自愿性、合法性的审查认定，是办理认罪认罚案件的核心。为准确识别犯罪嫌疑人、被告人认罪认罚的自愿性、合法性，需要大力提升检察官的审查能力。(1) 要准确把握认罪认罚自愿性、合法性的判断标准。对认罪认罚自愿性、合法性的判断，主要有三个标准：自愿（合法）、明知、明智。(2) 要准确把握认罪认罚自愿性、合法性的审查重点。认罪认罚主要通过犯罪嫌疑人的有罪供述体现出来，因此，在审查认罪认罚的自愿性、合法性时，口供便是审查的重点对象。对口供的审查，需要从形式和内容两个方面展开。(3) 准确把握认罪认罚自愿性、合法性的审查方法。认罪认罚自愿性、合法性的审查方法，主要有形式审查和实质审查相结合、① 点线面审查相结合②等。

三是提升认罪认罚协商能力。要准确把握认罪认罚协商的案件范围、协商的界限、协商的流程、方法、技巧等，增强与犯罪嫌疑人、被

---

① 形式审查，主要是对案卷材料进行的书面审查。实质审查是在形式审查的基础上，通过讯问、面对面听取意见、复核相关证据、审查讯问同步录音录像等方式，探究案卷材料背后的真实情况。

② 点，是对犯罪嫌疑人的单次供述进行审查；线，是对犯罪嫌疑人的多次供述形成的供述链条进行审查；面，是对全部证据材料形成的整体证据态势进行审查。

告人及其辩护人和值班律师协商的有效性。

四是提升提出确定刑量刑建议的能力。长期以来，检察官习惯于提出幅度刑量刑建议，没有掌握法院的量刑标准，难以在审查起诉阶段对量刑问题作出精准判断。要加大培训力度，可以邀请法官教学，掌握量刑公式计算方法，提升检察官量刑建议能力。通过编发类案典型案例，相互学习经验，平衡量刑建议区域差异，避免同案不同量刑建议的问题。要掌握大数据运用方法，检索类似案件的处刑情况，从而提出精准的量刑建议。

五是提升面对犯罪嫌疑人、被告人反悔的应对能力。犯罪嫌疑人、被告人认罪认罚后又反悔，或者在审判阶段不认罪，或者在法院判决后又提出上诉，在这些情况下，有的检察官束手无策，难以应对。要通过培训，使检察官了解犯罪嫌疑人、被告人反悔的一般成因，并根据反悔的具体情形，理性地、有针对性地采取应对之策。

（六）提升指控、证明犯罪的能力

提高庭前预测能力，针对案件的重点和争议焦点，制定周密的出庭预案，对于重大复杂敏感案件要制定临庭处置预案；提高庭上指控犯罪能力，做到讯问被告人重点突出、针对性强，示证质证组织编排证据合理明晰、增强指控犯罪的效果；提高庭上辩驳能力，做到条理清楚、说理充分、论证严谨、讲究策略；提高庭上应变能力，善于运用事实证据、法律规定和刑事政策，妥善应对被告人当庭翻供、证人翻证等情况；提高语言表达能力，做到用语规范、表述准确，增强语言的感染力和说服力，增强社会公众的认同感，树立检察官可亲、可信、可敬的执法形象。

要加强专业团队建设，提升指控、证明犯罪的综合效果。为应对金融证券类犯罪、知识产权类犯罪、网络犯罪等专业性极强的新型犯罪案件，检察机关除按案件类型设置内设机构外，还普遍设立了专业化的办案组织,专门办理某一类型案件。对于重大疑难复杂案件,不仅涉及层面广,而且法律关系比较复杂,如果检察官缺少其他检察官的配合与支持,很难完成指控证明犯罪的职责。因此,需要采取团队办案的形式,由数名检察官组成办案组共同出庭公诉,以提高指控证明犯罪的质量和效率。正如龙宗智教授所言:"某些重大案件的公诉,面临众多被告人和律师团队,罪名和指控事实众多,案情复杂,亦需集聚业务力量,组成通常由公诉团队办理案件,包括出庭公诉。"①

(七)提升诉讼监督能力

强化监督意识,突出监督重点,坚持将刑讯逼供、暴力取证、有罪判无罪、无罪判有罪、量刑畸轻畸重等作为监督的重点。坚持监督原则,讲究监督方法、既要敢于监督、敢于碰硬、秉公执法,忠实履行宪法和法律赋予的职责,又要善于监督、规范监督、理性监督,积极营造与侦查、审判机关的和谐关系。提高监督质量,坚持以事实为依据、以法律为准绳,依法正确行使权力、注重监督效果。拓宽监督思路,综合运用抗诉、纠正违法通知书、纠正违法审理意见书、检察建议等多种形式进行监督,既重视对错误轻判的监督,也重视对错误重判的监督;既重视对实体问题的监督,也重视对程序问题的监督。

(八)提升析法说理、化解矛盾的能力

要大力提升检察官析法说理能力,增强法律文书的说理性。对于不捕不诉的案件,检察官要充分说明不捕不诉的理由,减少侦查机关的复议复核,降低"案-件比"。注重检察职能向修复社会关系延伸,坚持把化解矛盾贯穿于检察工作始终,在审查批准逮捕、审查起诉、出庭公诉、抗诉等各个环节采取多种方式化解矛盾,解决合理诉求,做到案结事了。要积极开展司法救助,帮助被害人摆脱遭受犯罪侵害后面临的生

---

① 龙宗智:《检察官办案责任制相关问题研究》,载《中国法学》2015年第1期。

活困境,保障基本生活需要。

通过提升检察官的整体司法能力,使检察官更好地把握法律适用的原则性、掌控自由裁量的灵活性,优质高效地做好刑事案件犯罪嫌疑人、被害人以及律师和法官等的工作,切实把主导责任承担好。

三、强化检察官的客观公正义务

《检察官法》第5条规定:"检察官履行职责,应当以事实为根据,以法律为准绳,秉持客观公正的立场。检察官办理刑事案件,应当严格坚持罪刑法定原则,尊重和保障人权,既要追诉犯罪,也要保障无罪的人不受刑事追究。"这体现了新时代对检察官职业的根本要求。检察官既是犯罪的追诉者,也是无辜的保护者。检察官在履行职责过程中,要始终恪守客观公正义务,做到不枉不纵,不偏不倚。

一是要牢固树立"准法官"的意识。在大陆法系国家,一般将检察官视为司法官或"准司法官",检察官与法官任用资格相同,选拔方式类似,待遇大抵相当,而且可以互相交流。因此,检察官与法官性质的不同,"乃变成观念上之问题,而非实质上之差异"[①]。我国检察官与法官具有高度的同质性,都被认为是国家的司法官员,都应当秉持客观公正立场。检察官要牢固树立司法官意识,把自己视为一名"准法官",具备更高的司法检察能力。

二是全面考量对犯罪嫌疑人、被告人有利与不利的各种情节。检察官要克服单纯的追诉犯罪心理,既要收集、重视对犯罪嫌疑人、被告人不利的各种情节,也要收集、重视对犯罪嫌疑人、被告人有利的各种情节,保证犯罪嫌疑人、被告人认罪认罚的自愿性、真实性,保障犯罪嫌疑人、被告人的合法权益。

三是在捕诉一体中秉持客观公正立场。实行捕诉一体运行机制,由

---

① 黄东熊:《中外检察制度之比较》,"中央文物供应社"1986年版,第129页。

同一办案人员或同一办案组承担审查逮捕和审查起诉职责，可以防止将不能成功起诉的案件批准逮捕，在一定程度上降低羁押率。但从该机制运行情况看，目前暴露出以起诉的标准代替逮捕标准、将逮捕羁押作为获得犯罪嫌疑人口供的手段等问题。由于审查逮捕具有司法审查性质，因而更应强调检察官的客观中立性。检察官在审查逮捕中，要注意防止以起诉的标准代替逮捕的标准，造成打击犯罪不力。正确适用逮捕措施，既要最大限度保障人权，坚持"少捕慎捕"，摒弃"构罪即捕""认罪即捕"，又要充分考虑控制犯罪的能力和需要，当捕则捕。

四是在审判程序，负有协助法官公正审判的职责。检察机关应当负有协助法院公正审判的义务，即协助法院客观全面地调查证据，查明案件事实真相，公正地适用法律。① 在庭审中，检察官既要积极指控被告人有罪，也要注意被告人无罪、罪轻的事实和证据。一旦指控的事实和证据发生变化，检察官应当从客观公正的立场出发，公正处理。在事实、证据发生变化，对被告应当从轻或减轻处罚的，检察官应当及时发表从轻或者减轻处罚的量刑建议。当事实证据发生变化，被指控的犯罪事实难以成立时，检察官可以主张无罪判决。这正是检察官对客观义务的坚守与践行，是一个负责任、有担当的检察官应有的作为。②

五是正确对待被告人上诉，理性提出抗诉。对于认罪认罚案件的判决，被告人是否可以提出上诉，目前司法实务部门存在认识分歧。有的检察官认为，被告人的上诉是撕毁认罪认罚协议，因此应当抗诉。在司法实务中，出现了"上诉引发抗诉"的现象。被告人一旦提出上诉，检察官必提出抗诉。这虽然体现了检察官的斗争精神，但却有违检察官的客观公正立场。因此，应当区别情况，理性应对被告人上诉。对法院正

---

① 孙长永：《检察官客观义务与中国刑事诉讼制度改革》，载《人民检察》2007年第17期。
② 段明学：《论检察官法庭上的"言论自由权"》，载《辽宁公安司法管理干部学院学报》2018年第5期。

确的判决，应坚决维护；对于判决确有错误，符合抗诉条件的，依法抗诉，维护司法公信力。

四、健全检察官主导责任的监督制约机制

"过多的权力集中在检察官手里存在风险，当缺乏对检察官的有效控制机制时，此风险经常被提及。""为了防止权力滥用，需要在一定程度上对检察官的行为加以制约。"① 目前，检察系统内外对检察官主导责任不尽理解，有的认为这是在争地位，争权力。对检察官主导责任的担忧，主要有两个方面：

一是担忧检察官不担当，不愿意承担在刑事诉讼中的主导责任。当前部分地方推行认罪认罚从宽制度效果并不理想，认罪认罚从宽制度的适用率不高，与个别检察官欠缺积极性，不敢担当有直接关系。这在一定程度上印证了社会的担忧。为此，应当立足于激发并强化检察官的责任心与使命感，激励检察官勇于担当，加大各类刑事案件的适用力度。

二是担心检察官可能滥用其程序主导地位，违法滥权。在当前落实司法责任制的背景下，司法责任制之"放权"，捕诉一体之"集权"，认罪认罚之"协商"，都将导致检察官的权力增大，滥用权力以及由此带来的廉政风险也随之放大。针对这个问题，要用严格的监督程序、强力的追责机制加以约束。

（一）完善检察权的内部监督控制

加强上级院对下级院、检察长对检察官等的领导和监督管理，进一步明晰检察长、部门负责人的监督管理职责，完善办案组织之间、办案团队内部制约机制。落实随机分案为主、指定分案为辅的案件分配机

---

① ［瑞士］古尔蒂斯·里恩：《美国和欧洲的检察官》，王新玥等译，法律出版社2019年版，第264—265页。

制，明确指定分案的范围和条件，健全记录和公示制度，推进检察案件编号终身制，让司法责任分明、可追、可溯。建立重大案件报告制度，案件重大疑难复杂或者拟处理意见与已结案件发生冲突的，承办检察官及时向检察长、部门负责人报告。落实《人民检察院办理认罪认罚案件监督管理办法》，在认罪认罚案件出现"检察官处理意见与检察官联席会议多数检察官意见存在分歧""案件处理与监察机关、侦查机关、人民法院存在重大意见分歧需要报请检察长（分管副检察长）决定""变更、补充起诉"等情形时，部门负责人、分管副检察长应当报请检察长决定。建立与新型司法权力运行模式相适应的案件评查制度，加强对检察官办案的流程管理、质量评查和规范化检查。

（二）深化运用"案-件比"质效评价标准

"案-件比"是检察机关案件质量评价的核心指标，指发生在人民群众身边的"案"，与"案"进入司法程序后所经历的有关诉讼环节统计出来的"件"，形成的一组对比关系。"案-件比"是观测评价检察机关办案运行态势，反映各个办案环节工作的重要指标。张军检察长多次强调，建立"案-件比"质量评价体系，就是自我加压、建立倒逼机制、对内要求树立整体质量意识，每个办案环节都努力做到极致，防止、减少程序空转。据最高人民检察院工作报告显示，2019年刑事检察"案-件比"为1:1.87，"件"同比下降0.02，减少了约3万个不必要的办案环节。2020年刑事检察"案-件比"1:1.43，"件"同比下降0.44，压减了41.2万个非必要办案环节、统计中的"案件"。目前，"案-件比"指标主要运用于审前程序给当事人（或侦查机关）带来负面感受的不捕复议、不捕复核、（不）批捕申诉、延长侦查羁押期限、退回补充侦查、不诉复议、不诉复核、不服不起诉申诉等案件。要拓展"案-件比"的适用范围，对于庭审中（退回）补充侦查、变更起诉、追加起诉、补充起诉、撤回起诉、申请延期审理等案件，也应当运用

"案-件比"指标进行质效评价。

须指出的是,"案-件比"指标的目的是提升办案质量、效率、效果,不能片面理解这个指标,通过案件评查,进一步结合办案规律深度研判"案-件比"高的各种情况。要通过"案-件比"的研判,找出因为办案质量不高而徒增下一个案件办理程序,导致"案-件比"上升的问题,进而准确施策。

(三) 完善、落实人民监督员制度

党的十八届三中全会提出"广泛实行人民监督员制度,拓宽人民群众有序参与司法渠道。"《人民检察院组织法》第27条规定,人民监督员依照规定对人民检察院的办案活动实行监督。积极保障人民监督员依法履行职责,对于健全检察权运行的外部监督制约机制,促进司法公正,提升司法公信具有重要意义。建议最高检修订《人民检察院办案活动接受人民监督员监督的规定》,进一步细化规范人民监督员职责、选任方式、监督范围、履职程序、工作保障等内容。检察履职中,继续推行人民监督情况告知、人民监督信息通报等制度,方便人民监督员及时了解和掌握检察机关工作情况,把人民监督员监督与人大代表、政协委员监督、社会群众监督融合起来,更多地参与办案监督、信访监督、普法监督,切实增强外部监督实效。

(四) 深化检察听证,以公开促公正,树公信

"阳光是最好的消毒剂,电灯是最有效的警察。"要深化检务公开,进一步加强与人民群众的良性互动,不断提升公开服务水平,更好地接受人民群众监督,以公开提质效、促公正、树公信。《人民检察院组织法》第7条规定:"人民检察院实行司法公开,法律另有规定的除外。"近年来,检察机关在司法办案中积极发挥听证的作用,有力地促进了司法公开和矛盾化解。2020年10月,最高人民检察院发布了《人民检察

院审查案件听证工作规定》，实现了检察听证的制度化、规范化。"检察听证是落实司法公开，提升检察工作质量的创新方式，使检察权在阳光下运行，防止暗箱操作，倒逼、促使检察人员谨慎用权、恪尽职守，最大限度地实现司法公正。"① 听证包括公开听证和不公开听证两种形式。根据该规定第 5 条，拟不起诉案件、刑事申诉案件、民事诉讼监督案件、行政诉讼监督案件、公益诉讼案件的听证会一般公开举行。审查逮捕案件、羁押必要性审查案件以及当事人是未成年人案件的听证会一般不公开举行。检察机关要认真落实该规定，不断规范拓展听证范围，坚持"应听证尽听证"，防止"为听证而听证"。要通过听证，切实解决在事实认定、法律适用、案件处理等方面存在的较大争议问题，使案件的审查更加透明，更加公正。

---

① 杨建顺、高景峰等：《检察听证的理论依据与实践发展》，载《人民检察》2021 年第 1 期。

参考文献

一、论文类

1. 张军:《关于检察工作的几个问题》,载《人民检察》2019年第13期。

2. 张军:《认罪认罚从宽:刑事司法与犯罪治理"中国方案"》,载《人民论坛》2020年10月(下)。

3. 张军:《全面贯彻习近平法治思想 以高度的政治自觉法治自觉检察自觉履职尽责》,载《学习时报》2021年1月22日。

4. 童建明:《论不起诉权的合理运用》,载《中国刑事法杂志》2019年第4期。

5. 孙谦:《刑事侦查与法律监督》,载《国家检察官学院学报》2019年第4期。

6. 孙谦:《刑事立案与法律监督》,载《中国刑事法杂志》2019年第3期。

7. 陈国庆:《适用认罪认罚从宽制度的若干问题》,载《人民检察》2019年第23期。

8. 贺恒扬:《守正出新:检察权理论重述的时代意蕴》,载《西南政法大学学报》2019年第6期。

9. 王秉山、曾志平:《试析刑事诉讼中的检察法律关系》,载《人民检察》1997年第1期。

10. 徐家力:《美国检察官在刑事诉讼中的主导作用》,载《国家检察官学院学报》2002年第1期。

11. 蔡碧玉：《检警关系实务之研究》，载《法令月刊》1997年第1期。

12. 陈运财：《检警关系定位问题之研究——从贯彻检察官控诉原则的立场》，载《月旦法学杂志》2004年第5期。

13. 周庆东：《检警关系新探——以德国的检警关系为考察》，载《警察法学》2012年第11期。

14. 朱朝亮：《检察官之变革与愿景》，载倪英达、颜大和主编：《海峡两岸检察实务研究》，中国检察出版社2011年版。

15. 崔凯、彭魏倬加：《检察机关"审前主导"的客观阻碍和实施进路》，载《湖南社会科学》2016年第5期。

16. 陶建平：《充分发挥检察机关在审前程序中的主导作用》，载《人民检察》2017年第16期。

17. 陈卫东：《刑诉中检察官主导地位：形成、发展与未来》，载《检察日报》2019年8月21日。

18. 陈卫东：《"以审判为中心"与审前程序改革》，载《法学》2016年第12期。

19. 陈卫东：《检察机关适用不起诉权的问题与对策研究》，载《中国刑事法杂志》2019年第4期。

20. 李奋飞：《论检察机关的审前主导权》，载《法学评论》2018年第6期。

21. 李奋飞：《量刑协商的检察主导评析》，载《苏州大学学报（哲学社会科学版）》2020年第3期。

22. 曹东：《论检察机关在认罪认罚从宽制度中的主导作用》，载《中国刑事法杂志》2019年第3期。

23. 胡莲芳、陈杨林：《如何推进检察机关落实认罪认罚从宽制度主导责任》，载《检察日报》2019年9月22日。

24. 顾永忠：《检察机关的主导责任与认罪认罚案件的质量保障》，

载《人民检察》2019 年第 18 期。

25. 易文杰:《"捕诉一体"下检察机关审前主导的理论困境与突破》,载《江西警察学院学报》2019 年第 5 期。

26. 龚云飞:《检察机关在刑事诉讼中的主导责任——访中国政法大学教授樊崇义》,载《检察日报》2019 年 10 月 28 日。

27. 张建伟:《检察机关主导作用论》,载《中国刑事法杂志》2019 年第 6 期。

28. 万毅:《论检察官在刑事程序中的主导地位及其限度》,载《中国刑事法杂志》2019 年第 6 期。

29. 汪海燕:《认罪认罚从宽制度中的检察机关主导责任》,载《中国刑事法杂志》2019 年第 6 期。

30. 秦宗文:《"检察机关刑事诉讼主导责任论"辨析》,载《法治现代化研究》2020 年第 3 期。

31. 洪浩、朱良:《论检察机关在刑事审前程序中的主导地位》,载《安徽大学学报》(哲学社会科学版) 2020 年第 4 期。

32. 闫召华:《检察主导:认罪认罚从宽程序模式的构建》,载《现代法学》2020 年第 4 期。

33. 闵丰锦:《检察主导抑或审判中心:认罪认罚从宽制度中的权力冲突与交融》,载《法学家》2020 年第 5 期。

34. 刘华:《认罪认罚从宽制度下的检察官主导作用》,载《法治现代化研究》2020 年第 1 期。

35. 霍敏:《论检察官在刑事诉讼中的主导责任》,载《人民检察》2019 年第 19—20 期。

36. 罗庆东:《检察官在刑事诉讼中主导责任的履行》,载《人民检察》2020 年第 5 期。

37. 胡晴晴:《论刑事诉讼中检察官的主导责任》,载《人民检察》2020 年第 5 期。

38. 韩旭：《刑事诉讼中检察官主导责任的理论考察》，载《人民检察》2020年第5期。

39. 段明学：《检察官主导责任的法理依据》，载《人民检察》2020年第5期。

40. 段明学：《法国检警关系及对我国的启示——以勒芒凶杀案为视角》，载《中国检察官》2021年第6期。

41. 段明学：《论检察官法庭上的"言论自由权"》，载《辽宁公安司法管理干部学院学报》2018年第5期。

42. 段明学、孙琳：《辩方证人出庭作证研究》，载潘金贵主编：《证据法学论丛》，第二卷，中国检察出版社2013年版。

43. 段明学：《从女王诉莫莫杜案谈英国证人培训制度及对我国的启示》，载《中国检察官》2020年第6期。

44. 王剑虹：《证人准备基本问题研究》，载潘金贵主编：《证据法学论丛》，第二卷，中国检察出版社2013年版。

45. ［美］葛斯曼：《检察官指导证人之行为》，邝允铭译，载《东海大学法学研究》第52期（2017年8月）。

46. 林钰雄：《开启检察官定位的新纪元——从奥地利刑事诉讼与检察官制度的变革谈起》，载《侦查监督指南》2015年第3辑，中国检察出版社2015年版。

47. 《国际司法对话：法国司法制度和检法及检警关系》，杨蓉、高峻记录整理，载《中国检察官》2008年第1期。

48. 吴从周：《初探诉讼经济原则——一个法律继受的后设描述》，载《兴大法学》2010年第6期。

49. 张小玲：《审判中心背景下审前侦诉关系之重塑》，载《政法论坛》2016年第3期。

50. 郭吉助：《检察官客观性义务之研究》，台湾大学博士学位论文（2012年1月）。

51. 葛琳：《照本宣科还是娓娓道来——公诉人当庭宣读起诉书制度之反思与重构》，载《西南政法大学学报》2010年第4期。

52. 龙宗智：《法官该不该"主导"庭审》，载《法学》1998年第11期。

53. 孙长永、王彪：《刑事诉讼中的"审辩交易"现象研究》，载《现代法学》2013年第1期。

54. 刘卉：《在落实认罪认罚从宽制度中承担好检察主导责任》，载《检察日报》2019年4月22日。

55. 赵恒：《认罪认罚案件检察机关主导责任的域外镜鉴》，载《中国检察官》2019年第17期。

56. 赵恒：《论检察机关的刑事诉讼主导地位》，载《政治与法律》2020年第1期。

57. ［德］克劳思·罗科信：《论检察机关的法律地位：昨日与今天》，魏武译，载陈泽宪主编：《刑事法前沿》，第6卷，中国人民公安大学出版社2012年版。

58. ［法］爱黑克·马蒂阿斯：《论欧洲五国警察机关与检察机关的关系》，李晴兰、赵海峰译，载樊崇义主编：《诉讼法学研究》，第五卷，中国检察出版社2003年版。

59. ［美］迈克西摩·郎格：《从法律移植到"法律翻译"：辩诉交易的全球化与刑事诉讼的美国化》，程雷译，载樊崇义主编：《诉讼法学研究》，第九卷，中国检察出版社2005年版。

二、著作类

（一）中文著作

60. 童建明主编：《以审判为中心视角下的公诉实务研究》，中国检察出版社2017年版。

61. 贺恒扬主编：《检察机关适用认罪认罚从宽制度研究》，中国检察出版社 2020 年版。

62. 苗生明主编：《刑事检察专论》，法律出版社 2020 年版。

63. 潘金贵等著：《刑事庭审质证规则研究》，中国检察出版社 2019 年版。

64. 蔡碧玉等著：《检察官伦理规范释论》，中国检察出版社 2016 年版。

65. 傅美惠：《侦查法学》，中国检察出版社 2016 年版。

66. 林钰雄：《检察官论》，法律出版社 2008 年版。

67. 王兆鹏：《美国刑事诉讼法》（第二版），北京大学出版社 2014 年版。

68. 熊琦：《德国刑法问题研究》，元照出版有限公司 2009 年版。

69. 李心鉴：《刑事诉讼构造论》，中国政法大学出版社 1992 年版。

70. 龙宗智：《检察官客观义务论》，法律出版社 2014 年版。

71. 黄文：《刑事诉审关系研究》，西南师范大学出版社 2006 年版。

72. 门金玲：《侦审关系研究》，中国社会科学出版社 2011 年版。

73. 刘计划：《控审分离论》，法律出版社 2014 年版。

74. 刘炽主编：《构建新型检警、检审、检律关系机制研究》，中国检察出版社 2018 年版。

75. 胡锡庆主编：《刑事审判方式改革研究》，中国法制出版社 2001 年版。

76. 北京市人民检察院编：《检察机关主导和主体作用例证指导》，中国检察出版社 2018 年版。

77. 刘林呐：《法国检察制度研究》，中国检察出版社 2015 年版。

78. 魏武：《法德检察制度》，中国检察出版社 2008 年版。

79. 侯晓焱：《进退之间：证据不足不起诉实务研究》，中国检察出版社 2017 年版。

80. 最高人民检察院外事局编：《中国与欧盟刑事司法制度比较研

究》，中国检察出版社 2005 年版。

81. 陈光中主编：《公正审判与认罪协商》，法律出版社 2018 年版。

82. 段明学：《检察改革论略》，中国检察出版社 2016 年版。

83. 段明学：《比较检察制度研究》，中国检察出版社 2017 年版。

（二）中文译著

84. 王晋、刘生荣主编：《英国刑事审判与检察制度》，中国方正出版社 1999 年版。

85. ［英］麦高伟等：《英国刑事司法程序》，姚永吉等译，法律出版社 2003 年版。

86. ［英］约翰·斯普莱克：《英国刑事诉讼程序》，徐美君、杨立涛译，中国人民大学出版社 2006 年版。

87. ［英］麦高伟、路加·马什：《英国的刑事法官：正当性、法院与国家诱导的认罪答辩》，付欣译，商务印书馆 2018 年版。

88. ［瑞士］古尔蒂斯·里恩：《美国和欧洲的检察官》，王新玥等译，法律出版社 2019 年版。

89. ［美］琼·E. 雅各比、爱德华·C. 拉特利奇：《检察官的权力——刑事司法系统的守门人》，张英姿等译，法律出版社 2020 年版。

90. ［美］塞缪尔·沃克、查尔斯·M. 卡茨：《美国警察导论》（第 8 版），张小兵等译，中国人民公安大学出版社 2016 年版。

91. 蓝向东主编：《卓越与底限：美国检察官奖惩机制研究》，中国检察出版社 2015 年版。

92. ［美］爱伦·豪切斯泰勒·斯黛丽、南希·弗兰克：《美国刑事法院诉讼程序》，陈卫东、徐美君译，中国人民大学出版社 2002 年版。

93. ［美］诺曼·M. 嘉兰等：《执法人员刑事证据教程》（第 4 版），但彦铮等译，中国检察出版社 2007 年版。

94. ［美］乔恩·R. 华尔兹：《刑事证据大全》，何家弘译，中国人民公安大学出版社 2004 年版。

95. [美] 米尔吉安·R. 达马斯卡：《比较法视野中的证据制度》，吴宏耀等译，中国人民公安大学出版社 2006 年版。

96. [法] 贝尔纳·布洛克：《法国刑事诉讼法》，罗结珍译，中国政法大学出版社 2009 年版。

97. [英] 杰奎琳·霍奇森：《法国刑事司法——侦查与起诉的比较研究》，张小玲、汪海燕译，中国政法大学出版社 2012 年版。

98. [德] 托马斯·魏根特：《德国刑事程序法原理》，江溯等译，中国法制出版社 2021 年版。

99. [德] 托马斯·魏根特：《德国刑事诉讼程序》，岳礼玲等译，中国政法大学出版社 2004 年版。

100. [德] 托马斯·达恩史戴特：《失灵的司法：德国冤假错案启示录》，郑惠芬译，法律出版社 2017 年版。

101. [日] 田口守一：《刑事诉讼法》，第七版，张凌、于秀峰译，法律出版社 2019 年版。

102. [日] 田口守一：《刑事诉讼法》，刘迪等译，法律出版社 2000 年版。

103. [日] 田口守一：《刑事诉讼的目的》，张凌、于秀峰译，中国政法大学出版社 2011 年版。

104. [美] 戴维·T. 约翰逊：《日本刑事司法的语境与特色》，林喜芬译，上海交通大学出版社 2017 年版。

105. [日] 山室惠编著：《刑事诘问技术》，日本刑事法学研究会译，元照出版公司 2010 年版。

106. [荷] 皮特·J. P. 泰克编著：《欧盟成员国检察机关的任务和权力》，吕清、马鹏飞译，中国检察出版社 2007 年版。

107. [美] 艾瑞克·卢拉等主编：《跨国视角下的检察官》，杨先德译，法律出版社 2016 年版。

108. [美] 虞平、郭志媛编译：《争鸣与思辨：刑事诉讼模式经典论文选译》，北京大学出版社 2013 年版。

109. 李本灿编译：《合规与刑法：全球视野的考察》，中国政法大学出版社 2018 年版。

三、法规类

110. 《俄罗斯苏维埃联邦社会主义共和国司法改革构想》（上），於海梅译，载《金陵法律评论》2015 年春季卷，法律出版社 2015 年版。

111. 《俄罗斯苏维埃联邦社会主义共和国司法改革构想》（下），於海梅译，载《金陵法律评论》2015 年秋季卷，法律出版社 2016 年版。

112. 《俄罗斯联邦侦查委员会法》，黄道秀译，载《国家检察官学院学报》2014 年第 3 期。

113. 《俄罗斯联邦刑事诉讼法典》，黄道秀译，中国民主法制出版社 2021 年版。

114. 《法国刑事诉讼法典》，载《世界各国刑事诉讼法》（欧洲卷·上），中国检察出版社 2016 年版。

115. 《德国刑事诉讼法典》，载《世界各国刑事诉讼法》（欧洲卷·上），中国检察出版社 2016 年版。

116. 孙谦主编：《刑事起诉制度：外国刑事诉讼法有关规定》，中国检察出版社 2017 年版。

117. 最高人民检察院法律政策研究室编：《最新外国检察院组织法文献选编》，中国检察出版社 2017 年版。

118. 《皇家检察官准则》（2018 年，第 8 版），宋玉波，段明学译，载孙谦主编：《检察论丛》，第 24 卷，法律出版社 2020 年版。

119. 《全美检察准则》（第三版），张鸿巍等译，载孙谦主编：《检察论丛》，第 19 卷，法律出版社 2014 年版。

120. 《日本刑事诉讼法律总览》，张凌、于秀峰编译，人民法院出版社 2017 年版。

后　记

"苟日新，日日新，又日新。"① 我们所处的时代，是一个革故鼎新、推陈出新、破旧立新、焕然一新的"新时代"。

迈入新时代，新一届最高人民检察院党组以高度的政治自觉、法治自觉和检察自觉，坚持以习近平新时代中国特色社会主义思想为指引，全面贯彻习近平法治思想，认真落实各项司法改革任务，推动检察机关的重塑性变革。"从涅槃重生的机构重塑、到全系统思想观念的破冰、到新时代检察监督新格局的重造，阻力与压力远超预期。最高检党组不畏艰难，用最短的时间带领这支队伍实现结构一新、体制一新、格局一新、理念一新、面貌一新！"② 具有中国特色的检察权运行机制、司法责任体系、职业保障体系，以及刑事、民事、行政、公益诉讼"四大检察""十大业务"全面协调充分发展工作格局基本形成，"在办案中监督、在监督中办案""秉持客观公正立场""双赢多赢共赢""案－件比"等检察工作理念与时俱进、深入人心。

2019年4月，张军检察长在最高检领导干部业务讲座上正式提出检察官主导责任问题。在该讲座中，张军检察长27次提到

---

① 《礼记·大学》。
② 姜洪：《法律监督新格局："四梁八柱"守护法治晴空》，载《检察日报》2020年12月21日第1版。

"主导",20次提到"主导责任"。张军检察长讲到的检察官主导责任包括四个层面:检察官在整个刑事诉讼中承担主导责任;检察官在诉前阶段承担主导责任;检察官在指控、证明犯罪中承担主导责任;检察官在认罪认罚从宽制度中承担主导责任。

一石激起千层浪。张军检察长对检察官主导责任的论述迅速地在刑事诉讼法学界和检察实务部门产生强烈的反响。一些法学专家不吝笔墨,对检察官主导责任进行了多角度、多层次的研究和论证,初步回答了检察官主导责任的一些理论和实践问题。但从现有的理论研究看,也存在一些问题与不足:一是对检察官主导责任的理解不统一。目前,检察官主导责任缺乏统一的、权威性的界定,理论研究陷入自说自话的尴尬境地。二是为什么要提出检察官主导责任,目前还存在一些模糊认识。三是检察官在刑事诉讼中,包括在审前阶段、在庭审中是否承担主导责任,还存在不同的观点。

2019年8月,我有幸参加了重庆市人民检察院贺恒扬检察长主编的《检察机关适用认罪认罚从宽制度研究》一书的撰写。鉴于当时检察官主导责任的研究刚刚起步,我自告奋勇,主动承担起"认罪认罚从宽制度中检察官的主导责任"的撰稿任务。经过数月的苦苦求索,最终形成了3万余字的稿子,得到领导和同事的一致好评。

此后,我围绕检察官主导责任这一主题,博览文献资料,广泛涉猎,形成了一系列研究成果。撰写的《检察官主导责任的法理依据》在《人民检察》2020年第5期发表,并在第十届重庆市检察理论研究年会、"四大检察的基础实践运行"联合征文中获奖。参加重庆市人民检察院第二分院刘晴检察长主持的2020年重庆市人民检察院重点课题《刑事诉讼中检察机关主导责任研究》,

后 记

主持并完成了最高人民检察院2020年度检察应用理论研究课题《检察官指控、证明犯罪主导责任研究》。最高人民检察院对《检察官指控、证明犯罪主导责任研究》课题成果予以充分肯定，认为"能够立足检察工作实际，对于相关问题研究较为系统、深入，观点正确、材料详实，对检察工作具有一定参考价值和指导意义。"

2019年9月3日在重庆召开的"认罪认罚从宽制度检察实践研讨会"上，我幸会时任中国检察出版社总编的刘志远。记得是在2020年3月，刘总编给我来电，征集"检察官主导责任研究"书稿，拟纳入"四大检察文库"，并约定在8月交稿。我欣然应允。但由于检察官主导责任这一问题博大精深，极具挑战性，我力有不逮，加之事务繁杂、有所懈怠，竟辜负了刘总编的一番盛意，备感自责和惭愧。好在，刘总编并未计较。在他荣任检察日报社社长之后，仍一如既往地大力支持和鼓励，给了我莫大的信心和勇气。

时光飞逝，岁月如梭，转眼迎来2021年牛年春节。中国检察出版社黄学昌、马力珍编辑先后来电，关切地询问"检察官主导责任研究"的进展情况，并嘱咐在2021年3月交稿。虽觉重如千钧，仍义无反顾，砥砺前行。为此，不得不夜以继日、奋笔疾书；以至春节期间放弃了回家探亲（这也是响应党和政府的号召，为了防疫就地过年）。同时，为了如期交稿，不得不到重庆市检察院、一分院、二分院"搬救兵"，将一部分章节委托给具有较强理论功底、丰富实践经验的同事撰写。

本书是集体智慧的结晶。我独自撰写的内容占75%左右，其他撰稿人分工情况如下：

重庆市人民检察院第一分院程天民：撰写第八章。

重庆市人民检察院第二分院刘光辉：撰写第九章。

重庆市人民检察院第二分院董文超：撰写第三章第一节。

重庆市人民检察院第二分院廖祥勇、陈书敏：撰写第三章第二节。

重庆市人民检察院陈思：撰写第三章第三节、第四章第三节，第七章第一、第二节部分内容。

重庆市人民检察院第二分院邱瑢、尹畅、何格：撰写第三章第四节。

重庆市人民检察院第二分院王子毅、林国强：撰写第三章第五节。

此外，重庆市人民检察院宋能君、罗倩，重庆市人民检察院第一分院杨新慧、杨蜜，重庆市人民检察院第二分院宋飞亦对本书做出了贡献。

本书由段明学统稿，并对其他同志撰写的内容进行了必要的修改、调整，以尽量保持全书观点、文风的一致。

本书被列入"四大检察文库"，这是我们莫大的荣幸，也是对我们莫大的鼓励和鞭策。

重庆市人民检察院贺恒扬检察长、潘祥均专委十分关心本书的撰写，寄予厚望。一分院院领导高度重视、大力支持；二分院院领导指派精兵强将积极支援。我的硕士研究生导师，西南政法大学政治与公共管理学院宋玉波教授，西南政法大学法学院潘金贵教授，西南政法大学人工智能法学院曾令健副教授，重庆交通大学马克思主义学院魏艳副教授等专家，十分关心检察工作，对本书的撰写把脉问诊、指点迷津。

中国检察出版社朱建华社长，王守泉总编辑，黄学昌、马力珍编辑对本书的出版给予大力支持、鼎力相助。芦世玲编辑严谨细致、一丝不苟、字斟句酌、精益求精，提出了很多专业的、富有见地的意见建议，并付出了艰辛的劳动。

在此，对各位领导、各位专家的奖掖和扶持，对中国检察出版社领导、编辑的支持和奉献，对各位撰稿人的参与和付出，一并致以诚挚的谢意！由于时间紧迫，准备不足，加之各位撰稿人的功底、能力都难得面对如此宏大的课题，书中观点可能不成熟，错漏在所难免，恳请方家批评指正。

段明学

2021年10月28日

于重庆缙云山麓